Timo Stickler

Korinth und seine Kolonien

KLIO

Beiträge zur Alten Geschichte
Beihefte
Neue Folge Band 15

Unter Mitarbeit von
Manfred Clauss und
Hans-Joachim Gehrke
herausgegeben von
Hartwin Brandt und
Martin Jehne

Timo Stickler

Korinth und seine Kolonien

Die Stadt am Isthmus
im Mächtegefüge des klassischen Griechenland

Akademie Verlag

Bibliografische Information der Deutschen Nationalbibliothek
Die Deutsche Nationalbibliothek verzeichnet diese Publikation in der Deutschen
Nationalbibliografie; detaillierte bibliografische Daten sind im Internet über
http://dnb.dnb.de abrufbar.

ISBN 978-3-11-048458-8

ISSN 1438-7689

© Akademie Verlag GmbH, Berlin 2010
Der Akademie Verlag ist ein Unternehmen der R. Oldenbourg-Gruppe.

Das eingesetzte Papier ist alterungsbeständig nach DIN/ISO 9706.

Alle Rechte, insbesondere die der Übersetzung in andere Sprachen, vorbehalten.
Kein Teil dieses Buches darf ohne schriftliche Genehmigung des Verlages
in irgendeiner Form – durch Fotokopie, Mikroverfilmung oder irgendein
anderes Verfahren – reproduziert oder in eine von Maschinen, insbesondere von
Datenverarbeitungsmaschinen, verwendbare Sprache übertragen oder übersetzt werden.

Einbandgestaltung: Jochen Baltzer, Berlin
Druck und Bindung: Druckhaus „Thomas Müntzer", Bad Langensalza
Printed in the Federal Republic of Germany

Inhaltsverzeichnis

I.	Vorwort	8
II.	Ausgangspunkt und Fragestellung	10
III.	Korinth im Jahre 464 v. Chr.	24
	1. Korinth, eine ‚geschichtslose' Stadt?	24
	2. Die korinthische Verfassung nach dem Sturz der Kypseliden	25
	3. Pindars Dreizehnte Olympische Ode zu Ehren des Korinthers Xenophon	35
	4. Probleme einer historischen Interpretation von Pindars Oden	39
	5. Xenophon Thessalos' Sohn und das Geschlecht der Oligaithiden	43
	6. Die Grundlagen der Wohlfahrt Korinths nach Pindar	50
	7. Welchen Eindruck hat Pindar 464 v. Chr. von Korinth gewonnen?	57
	8. Ergebnis: Korinth am Vorabend des sog. Ersten Peloponnesischen Krieges	63
IV.	Die Ausgangsbedingungen für eine Erforschung der korinthischen Außenpolitik während der Pentekontaëtie	67
	1. Das Zeugnis der literarischen Quellen	67
	2. Zeugnisse korinthischer Außenpolitik bis zum Xerxeszug	72
	3. Korinther und Athener bei Herodot: Vorverweise auf die Konflikte der Pentekontaëtie?	83
	4. Der Rahmen korinthischer Außenpolitik nach dem Xerxeszug	100
V.	Zeugnisse korinthischer Außenpolitik nach dem Xerxeszug	115
	1. Hinweise auf korinthische Interessen in Nordwestgriechenland und im Korinthischen Golf nach 480/79 v. Chr.	115
	2. Hinweise für ein offensives Vorgehen Korinths gegen seine Nachbarn auf der Peloponnes und auf dem Isthmus nach 480/79 v. Chr.	159

VI.	Der Verlauf der Pentekontaëtie unter besonderer Berücksichtigung der korinthischen Perspektive	178
1.	Die Ausgangslage nach dem Xerxeszug 480/79 v. Chr.	178
2.	Die Erschütterung der lakedaimonischen Hegemonie auf der Peloponnes in den 470/60er Jahren v. Chr.	182
3.	Die Politik der Korinther bis zum Kriegsausbruch 461/60 v. Chr.	187
4.	Der Seitenwechsel Megaras 461/60 v. Chr. und die Folgen	194
5.	Die Rolle Spartas im korinthisch-athenischen Krieg der 450er Jahre v. Chr.	199
6.	Der Durchbruch zum sog. Dreißigjährigen Frieden 446/45 v. Chr.	209
7.	Die Bilanz der Kämpfe aus korinthischer Sicht	214
8.	Bis zur Eskalation des korinthisch-athenischen Verhältnisses 433 v. Chr.	218
VII.	Korinth und seine Bundesgenossen bei Anbruch des Peloponnesischen Krieges – ein ‚Kolonialreich'?	225
1.	Der Konflikt zwischen Korinth und Kerkyra um Epidamnos 435/33 v. Chr.	226
2.	Das Ringen der Korinther und Athener um Poteidaia 433/32 v. Chr.	236
3.	Hegemonialbestrebungen der Korinther gegenüber ihren Kolonien im Lichte der Äußerungen des Thukydides	248
4.	Die Hegemonie der Korinther: ein ‚Kolonialreich'?	265
5.	Ergebnis: Die Eigenart der korinthischen Hegemonie im fünften Jahrhundert v. Chr.	293
VIII.	Der Verlauf des Peloponnesischen Krieges unter besonderer Berücksichtigung der korinthischen Perspektive	300
1.	Das Problem der Periodisierung des Peloponnesischen Krieges	301
2.	Das Scheitern der seegestützten korinthischen Kriegsführung in Nordwestgriechenland nach 433 v. Chr.	304
3.	Die seegestützte korinthische Kriegsführung außerhalb Nordwestgriechenlands während der 420er Jahre v. Chr.	314
4.	Die korinthische Kriegsführung zu Lande beiderseits des Isthmus während des Archidamischen Krieges	319
5.	Der Nikiasfrieden im Frühjahr 421 v. Chr. – keine Verständigungsgrundlage für die Korinther	326
6.	Der Kampf der Korinther gegen den Nikiasfrieden und das athenisch-lakedaimonische Sonderbündnis	334
7.	Auf dem Weg zum Dekeleïschen Krieg	339
8.	Der erneute Ausbruch des offenen Krieges zwischen Korinth und Athen im Sommer 416 v. Chr.	346
9.	Hinweise auf eigenständige korinthische Aktionen während des Dekeleïschen Krieges	356
IX.	Ausblick und Zusammenfassung: die Grenzen der korinthischen Machtbildung in klassischer Zeit	363

X.	Bibliographie	372
	1. Quellen	372
	2. Literatur	374
XI.	Index	383
	1. Wortindex	383
	2. Stellenindex	390

I. Vorwort

Ein Buch zu schreiben, das der Auseinandersetzung mit Thukydides beträchtlichen Raum widmet und vor allem mit dem „Peloponnesischen Krieg" als Quelle arbeitet, ist heutzutage ein kühnes Unterfangen. Die Sorge, ob in Bezug auf den Sohn des Oloros und sein Werk nicht längst alles gedacht, gesagt oder formuliert worden ist, hat auch mich im Zuge meiner Arbeit immer wieder beschlichen. Die Masse an Sekundärliteratur, der sich der Thukydides-Exeget, aber auch der Erforscher der klassischen Zeit Griechenlands im allgemeinen gegenübersieht, ist einschüchternd.

Indes, die Aussagen zweier großer Philologen vom Beginn des 20. Jahrhunderts haben mich immer wieder angespornt, den einmal eingeschlagenen Weg nicht zu verlassen. Da ist zum einen Kurt von Fritz, der in seinem Werk über die griechische Historiographie einst geäußert hat, es seien „die gewaltigen Spannungen im Innern des Werkes [...], ohne deren Erkenntnis ein wirkliches Eindringen in den Geist der thukydideischen Geschichtsschreibung nicht möglich ist."[1] Diese Spannungen sind es, die mein Interesse immer wieder neu geweckt haben; sie freizulegen und ihre Bedeutung für das Werkganze deutlich zu machen, dazu will dieses Buch einen Beitrag leisten.

Zum zweiten habe ich mich in den letzten Jahren des öfteren an einer Äußerung von Eduard Schwartz orientieren können. Er hatte einst in seinem Buch „Das Geschichtswerk des Thukydides" Kritik an einem Forscherkollegen geübt, indem er ihm vorwarf, er sei „eben nicht von dem Schriftsteller selbst ausgegangen, sondern von dem, was über ihn geschrieben ist."[2] Ich habe diese angesichts der Fülle von Sekundärliteratur sich geradezu aufdrängende Vorgehensweise stets zu vermeiden versucht. Mein Buch ist zuallererst eine Auseinandersetzung mit den Quellen zur korinthischen Geschichte in klassischer Zeit. Der Dialog mit Thukydides, Pindar usw. ist das Primum, dem sich alles andere unterzuordnen hat.

Bei der vorliegenden Arbeit handelt es sich um die nur geringfügig veränderte Fassung meiner Habilitationsschrift, die im Wintersemester 2008/09 von der Philosophischen Fakultät der Heinrich-Heine-Universität Düsseldorf angenommen worden ist. Seither erschienene Literatur habe ich nur noch vereinzelt berücksichtigen können.

---

[1] Siehe v. Fritz, Griechische Geschichtsschreibung, Bd. 1, X.
[2] So Schwartz, Geschichtswerk des Thukydides 15.

I. Vorwort

Viele Kollegen, Freunde und Mitarbeiter des Lehrstuhles haben sich um die Entstehung des Buches verdient gemacht. Karlheinz Dietz (Würzburg) hat das Thema einst angeregt und seine Umsetzung in allen Entstehungsphasen mit großem Interesse begleitet. In den Jahren nach 2004 habe ich mein Habilitationsprojekt in Düsseldorf bei Bruno Bleckmann fortgesetzt; ich durfte zu jeder Zeit mit seiner Unterstützung, seiner Förderung und seinem Verständnis rechnen, wofür ich ihm herzlich danke.

Bruno Bleckmann, Karlheinz Dietz, Markus Stein (Düsseldorf) und Konrad Vössing (Bonn) haben das Manuskript zum Teil oder in seiner Gesamtheit gelesen. Ich habe viel von ihren Hinweisen und Anregungen profitieren dürfen. Mein Dank gilt auch meinem Kollegen und Büronachbarn Carsten Binder für die lebhaften Diskussionen, die ich mit ihm über diverse Einzelprobleme führen konnte und die dazu beigetragen haben, meine eigene Argumentation zu schärfen und transparenter zu machen.

Im Frühjahr 2005 durfte ich dank eines Forschungsstipendiums aus der Jubiläumsstiftung der Universität Würzburg eine mehrwöchige Forschungsreise nach Griechenland unternehmen, die mich an wichtige Schauplätze der korinthischen Geschichte führte. Von den dort gewonnenen Erkenntnissen hat mein Buch sehr profitiert, und ich denke gerne und dankbar an diese Zeit zurück. Besonders verbunden bin ich in diesem Zusammenhang dem Leiter der Ausgrabungen der American School of Classical Studies in Korinth, Guy D. R. Sanders, und seinem Team, die mich damals freundlich aufgenommen und bei der Klärung meiner Fragen bereitwillig unterstützt haben. Desgleichen gilt mein Dank Kostas Buraselis (Athen), Alastar H. Jackson (Isthmia/Manchester), Stephen G. Miller (Nemea/Berkeley) sowie Ulrich Sinn und Elisabeth Völling (beide Würzburg).

Die studentischen Hilfskräfte, insbesondere Açelya Bakır, Albert Resch, Annelie Schmidt, Fabian Strässer, Lina Unterbörsch und Henning Wirtz haben mich bei der Erschließung der reichen Sekundärliteratur und beim Korrekturlesen unterstützt. Für letzteres danke ich auch meinem Vater Gernot Stickler, der mich aufgrund seiner aufmerksamen Lektüre vor dem einen oder anderen Versehen bewahrt hat. Christian Demmler hat das fertige Manuskript für den Druck vorbereitet und sich der Indizes angenommen. Allen Genannten bin ich für ihr Engagement sehr dankbar.

Den Herausgebern der Neuen Folge der Klio Beihefte, Hartwin Brandt (Bamberg) und Martin Jehne (Dresden), danke ich für die Aufnahme des Buches in diese Reihe, ebenso Manfred Karras und Ullrich Bruchhold (beide Berlin) für die verständnisvolle und engagierte Betreuung im Namen des Akademie Verlags.

Ich widme das Buch meiner Frau Carolin. Sie hat ja nun schon Erfahrung damit, wie das ist, wenn wissenschaftliche Werke kurz vor dem Abschluß stehen, und ich danke ihr dafür, wie tapfer sie es ertragen hat, daß ich ein ums andere Mal das Schreiben in der „Klause" einem Spaziergang in der lockenden Frühlingssonne vorzog. Ich hoffe, das Ergebnis, wie es nun vorliegt, rechtfertigt diese Entbehrung.

Düsseldorf, im Dezember 2009   Timo Stickler

II. Ausgangspunkt und Fragestellung

Als der französische Schriftsteller Gustave Flaubert in den 1850er Jahren daranging, für seinen Karthago-Roman „Salammbô" Material zu sammeln, da machte er eine unangenehme, ja bittere Erfahrung: „On ne sait rien de Carthage!", schrieb er damals mißmutig seinem Freund Ernest Feydeau,[1] als ihm klar geworden war, daß die Kenntnisse, die zu seiner Zeit über den Gegenstand seines Romans existierten, überaus gering waren und zudem zum wenigsten auf authentischen punischen Quellen beruhten, sondern nahezu ausschließlich auf Zeugnissen der Feinde Karthagos, der Griechen und Römer. Wie aber sollte auf dieser Basis ein zutreffendes Bild von der Welt Salammbôs, der Tochter des Hamilkar Barkas und Priesterin der Tanit, entstehen? Natürlich konnte Flaubert noch nicht über die Erkenntnisse der modernen archäologischen Forschung in Tunesien verfügen; er war vielmehr ganz auf die Auswertung der hellenistischen, republikanischen und kaiserzeitlichen Literatur, soweit sie sich mit den Karthagern beschäftigte, angewiesen. Ansonsten war er gezwungen, sich von seiner schriftstellerischen Phantasie inspirieren zu lassen. So mancher ‚Fehler' in „Salammbô", etwa die Darstellung des grausamen Moloch-Opfers, geht auf dieses Dilemma zurück.

Die Erkenntnis, die Flaubert in bezug auf Karthago gewonnen hat, könnte man in gewissem Sinne auf große Teile der Geschichte Griechenlands in klassischer Zeit übertragen. In diesem Fall ist sie sogar noch bestürzender, denn die griechische Klassik ist doch die Epoche, aus der sich unsere Vorstellungen davon speisen, wie ‚die Griechen' waren, durch welche Werte sich ihre Lebenswelt auszeichnete und warum diese Werte uns möglicherweise heute noch etwas zu sagen haben. Natürlich verfügen wir über ein häufig dichtes Quellenmaterial zur Geschichte Athens im fünften und vierten Jahrhundert v. Chr. Die demokratische Verfassung zur Zeit des Perikles ist uns leidlich gut bekannt, und einzelne historische Handlungsstränge, etwa die Feldzüge der persischen Großkönige in Griechenland oder den Peloponnesischen Krieg, können wir dank vergleichsweise zuverlässiger Gewährsmänner wie Herodot und Thukydides detailliert nachvollziehen. Dem stehen andererseits auch in der athenischen Geschichte Zeiten gegenüber, die nur sehr unzureichend dokumentiert sind. Ob es sich nun um die forma-

---

[1] Der Brief wurde vor dem 24. Okt. 1858 verfaßt; siehe G. Flaubert, Œuvres complètes, Bd. 13: Correspondance 1850–1859, Paris 1974, 642.

II. Ausgangspunkt und Fragestellung

tive Phase der attischen Demokratie nach dem Sturz der peisistratidischen Tyrannis 510 v. Chr. handelt oder um die nahezu fünfzig Jahre zwischen dem Xerxeszug 480/79 und dem Beginn des Peloponnesischen Krieges 432/31 v. Chr.: in diesen und anderen Fällen ist unsere Quellengrundlage in ereignisgeschichtlicher, chronologischer und vielerlei anderer Hinsicht durchaus unbefriedigend.

Richtig düster sieht es aber erst aus, wenn wir unseren Blick von Athen ab- und dem übrigen Griechenland zuwenden. Schon über die Geschichte und Verfassung Spartas, des bedeutendsten machtpolitischen Rivalen der Athener in klassischer Zeit, wissen wir unverhältnismäßig schlechter Bescheid als über die attische. Dasselbe gilt in verschärftem Maße für die anderen mittleren und kleinen Stadtstaaten, die im fünften und vierten Jahrhundert v. Chr. zu Dutzenden Griechenland als historischen Raum konstituierten und in vielerlei Hinsicht ‚typischer' waren als die großen Ausnahmepoleis der klassischen Zeit, Athen und Sparta, gegen die sie sich wechselweise auflehnten oder denen sie sich unterwerfen mußten. Hans-Joachim Gehrke hat das Potential dieser ‚Grèce profonde' erkannt, als er im Jahre 1986 sein wegweisendes Buch „Jenseits von Athen und Sparta. Das Dritte Griechenland und seine Staatenwelt" veröffentlichte.[2] Man kann an der Tatsache Kritik üben, daß er, von der ökonomischen Struktur ausgehend, eine vielleicht zu schematische Einteilung der Einzelstaaten unternommen hat; auch die Verwendung der neuzeitlich beeinflußten Kategorie ‚Drittes Griechenland', überhaupt die Gegenüberstellung von Athen und Sparta auf der einen, allen übrigen Poleis aber auf der anderen Seite, all das ist problematisch.[3] Dennoch bleibt Gehrke ohne Zweifel das Verdienst, ein Desiderat der Forschung als solches erkannt und ins Zentrum des wissenschaftlichen Interesses gerückt zu haben.[4]

In meiner Arbeit soll von der Geschichte der Stadt Korinth und ihrer Kolonien im fünften Jahrhundert v. Chr. die Rede sein. Unter den Poleis des ‚Dritten Griechenland' ist die Stadt am Isthmus eine der bedeutendsten gewesen. Durch ihre große Bevölkerungszahl, ihre strategisch günstige Lage, ihren schon im Altertum sprichwörtlichen Reichtum und auch durch ihre politischen Ambitionen stach sie aus der Zahl der mittelgroßen griechischen Stadtstaaten hervor.[5] Dadurch, daß sie im Jahre 146 v. Chr. von den Römern gründlich zerstört worden ist und danach ein Jahrhundert lang mehr oder weniger brachlag, ist heutzutage vom archaischen und klassischen Korinth nur noch vergleichsweise wenig zu sehen, doch lassen selbst diese Reste, zusammen mit der eindrucksvollen Burg Akrokorinth, der Akropolis der Korinther, noch erkennen, wie be-

---

[2] Siehe H.-J. Gehrke, Jenseits von Athen und Sparta. Das Dritte Griechenland und seine Staatenwelt, München 1986.
[3] Siehe hierzu schon die ersten Rezensionen von P. Herrmann, Rez. H.-J. Gehrke, Jenseits von Athen und Sparta. Das Dritte Griechenland und seine Staatenwelt, München 1986, HZ 245, 1987, 680f. u. J. B. Salmon, Rez. H.-J. Gehrke, Jenseits von Athen und Sparta. Das Dritte Griechenland und seine Staatenwelt, München 1986, Gnomon 60, 1988, 366–368.
[4] So W. Schuller, Griechische Geschichte, München [5]2002, 158: „eine wahre Pionierarbeit."
[5] Eine allgemeine Charakterisierung des vorrömischen Korinth, die auf alle genannten Aspekte eingeht, bietet Will, Corinthe, la richesse et la puissance.

deutend die Stadt einst gewesen sein muß.⁶ Und dennoch kann man auf sie das oben zitierte Flaubertsche Diktum anwenden: „Wir wissen nichts über Korinth!"

So läßt uns etwa die epigraphische Überlieferung Korinths – vergleicht man sie mit anderen griechischen Städten – mehr oder weniger im Stich. Zumindest in archaischer und klassischer Zeit scheint es in der Isthmusstadt, anders als zum Beispiel in Athen⁷ – nicht allgemein üblich gewesen zu sein, Leistungen von Einzelpersonen oder Beschlüsse des gesamten Demos auf dauerhaftem Material zu publizieren.⁸ Unser numismatischer Befund ist zwar reichlich und läßt darüber hinaus Zusammenhänge zwischen der Münzprägung Korinths und derjenigen in den Kolonien etwa Nordwestgriechenlands erkennen, doch – wie häufig – geben diese Zeugnisse für sich genommen nicht genug Informationen für eine detaillierte historische Auswertung preis.⁹ In der jüngeren Forschung ist man immer vorsichtiger damit geworden, vorschnell Zusammenhänge zwischen politischen und ökonomischen Entwicklungen im archaischen und klassischen Griechenland zu konstruieren.¹⁰ Der Handel zwischen den Poleis jener Zeit wurde nicht vom Staat organisiert und – abgesehen von wenigen, vor allem in Kriegszeiten wichtigen Gütern wie Getreide, Holz und Metall – in der Regel auch nicht vom Staat kontrolliert.¹¹ Vor diesem Hintergrund wäre es voreilig, auf der Basis allein von materiellen oder numismatischen Befunden historische Schlüsse zu ziehen, *es sei denn*, diese ließen sich durch die Aussagen entsprechender literarischer Quellen erhärten.¹² Genau dies aber ist zumeist nicht der Fall.¹³

---

⁶ Einen Überblick über die archäologischen Arbeiten in Archaia Korinthos bietet der Jubiläumsband von Williams II/Bookidis, Corinth, the Centenary 1896–1996. Die Ergebnisse der laufenden Grabungen werden alljährlich in der Zeitschrift „Hesperia" publiziert.

⁷ Siehe die Bemerkungen von B. Smarczyk, Thucydides and Epigraphy, in: A. Rengakos/A. Tsakmakis (Hrsgg.), Brill's Companion to Thucydides, Leiden/Boston 2006, 495ff. über die „epigraphical culture" Athens zur Zeit des Thukydides.

⁸ So Dow, Corinthiaca 113ff.

⁹ Zur numismatischen Überlieferung Korinths und seiner Kolonien siehe u.a. Salmon, Wealthy Corinth 170ff., der sich auf Kraay, Archaic and Classical Greek Coins 78ff. stützt.

¹⁰ Siehe die unterschiedlich optimistischen Versuche von Graham, Colony and Mother City 121ff.; A. Stazio, Corinto e l'Occidente fino alla fine del V sec. a.C. nella documentazione numismatica, in: Pugliese Carratelli, Corinto e l'Occidente, 179–192 u. Smarczyk, Timoleon und die Neugründung von Syrakus 47ff.

¹¹ In diesem Sinne B. R. MacDonald, The import of Attic pottery to Corinth and the question of trade during the Peloponnesian war, JHS 102, 1982, 113–123 u. I. Hahn, Foreign Trade and Foreign Policy in Archaic Greece, in: P. Garnsey/Ch. R. Whittaker (Hrsgg.), Trade and Famine in Classical Antiquity, Cambridge 1983, 34ff.

¹² Beiträge gerade der jüngeren Zeit, die ökonomische Fragen an die politische Geschichte des 5. Jhs. v. Chr. herantragen, kommen deshalb an einer Auseinandersetzung mit der literarischen Überlieferung der Zeit nicht vorbei; siehe etwa L. Kallet-Marx, Money, Expense, and Naval Power in Tucydides' History 1–5,24, Berkeley u.a. 1993 u. Ch. Pébarthe, Fiscalité, empire athénien et écriture: retour sur les causes de la guerre du Péloponnèse, ZPE 129, 2000, 47–76.

¹³ Man muß sich im übrigen davor hüten, archäologische, numismatische und literarische Befunde vorschnell miteinander zu harmonisieren. Ein gutes Beispiel hierfür stellt das sog. „Punic amphora

II. Ausgangspunkt und Fragestellung

Literarische Werke, die von Korinthern verfaßt worden sind oder Korinth zum Thema haben, sind uns allenfalls in dürftigen Fragmenten erhalten geblieben. Diese Tatsache ist in ihrer Bedeutung nicht zu überschätzen. Wir wüßten erheblich mehr über die Verfassung der Isthmusstadt nach dem Sturz der kypselidischen Tyrannen, wenn uns Aristoteles' „Κορινθίων πολιτεία" erhalten geblieben wäre,[14] und das Bild der Korinther von ihrer mythischen Vergangenheit stünde uns plastischer vor Augen, verfügten wir über mehr als die wenigen Fragmente der Epen, die uns unter dem Namen des Dichters Eumelos von Korinth erhalten geblieben sind.[15] So bleiben wir also auf diejenigen Texte verwiesen, die Nicht-Korinther verfaßt haben; für das fünfte Jahrhundert v. Chr. handelt es sich dabei in erster Linie um die „Historien" des Herodot von Halikarnassos und um den „Peloponnesischen Krieg" des Thukydides von Athen. Letzteren könnte man geradezu als Hauptquelle dieser Arbeit bezeichnen, denn für die Ereignisse im Zeitraum zwischen 480/79 und 405/04 v. Chr., der im Mittelpunkt meiner Darstellung steht, ist er – mit all seinen Stärken und Schwächen – unser zuverlässigster Gewährsmann.

Thukydides hat bekanntermaßen seine Darstellung des Peloponnesischen Krieges auf einer Grundthese aufgebaut, nämlich derjenigen, daß es 432/31 v. Chr. zur großen Eskalation habe kommen *müssen*, weil die alte Hegemonialmacht Sparta durch den unaufhaltsamen Aufstieg der neuen Hegemonialmacht Athen so sehr unter Druck gesetzt worden sei, daß sie schließlich gezwungen war, zum letzten Mittel zu greifen, um den lästigen Konkurrenten in die Schranken zu weisen.[16] Dies sei die „wahrste Ursache" des Krieges, die ἀληθεστάτη πρόφασις gewesen. Die besagte Grundthese hat wahrscheinlich nicht von Anfang an Thukydides' Schreiben bestimmt; sie mag ihm schon bei Kriegsausbruch in den Sinn gekommen sein, aber erst im Laufe der Zeit prägte sie immer mehr seine Deutung der Geschehnisse in Griechenland, wie sie sich seit dem Xerxeszug 480/79 v. Chr. abgespielt hatten.[17] Man kann das gut daran erkennen, daß gerade in den ersten Büchern von Thukydides' Werk, im Grunde bis zum Ende der ersten Kriegsphase im Jahre 421, vom Autor vielfach Bezug auf Einzelereignisse und ganze Handlungsstränge genommen wird, die eigentlich nicht recht zu seiner Hauptthese passen. Bei den Passagen, die von der unmittelbaren Vorgeschichte des Peloponnesischen Krieges und den αἰτίαι der Kriegsgegner erzählen, wird dies besonders deutlich.

---

building" in Korinth dar, dessen im Fernhandel tätiger Besitzer um 430 v. Chr. sein Geschäft einstellte. Tat er das, weil ihn der Ausbruch des Peloponnesischen Krieges dazu zwang (so Zimmerman Munn, Corinthian Trade with the Punic West in the Classical Period 214f.)? Kann er nicht auch aus anderen Gründen den Fernhandel mit Spanien eingestellt haben?

[14] Nur zwei Fragmente dieses Werkes sind erhalten geblieben, Aristot. frg. 516 u. 517 (Rose) [= frg. 521 u. 522 (Gigon)].
[15] Es handelt sich um Eum. test. 1–15 u. frg. 1–10 (Bernabé).
[16] So Thuk. 1,23,4–6.
[17] Daß die Angst Spartas vor dem aufstrebenden Athen von Anfang an in Thukydides' Werk eine Rolle gespielt hat – wenn auch nicht sogleich die ausschlaggebende –, betont richtig Andrewes, Thucydides on the Causes of the War 224ff. gegen ältere Auffassungen.

Sie sind zwar stellenweise von Thukydides im Lichte seiner späteren Erkenntnisse bearbeitet und dadurch in einen neuen Kontext gestellt worden, doch weisen sie immer noch genug Merkmale seiner ursprünglichen, noch nicht von der Grundthese des sich stetig verschärfenden athenisch-lakedaimonischen Gegensatzes gelenkten historischen Arbeit auf. Zusammen mit dem Pentekontaëtie-Exkurs sind es diese Passagen, die uns im folgenden besonders interessieren werden.

Durch die im vorigen Absatz getroffenen Aussagen beziehe ich notwendig Position im Ringen um die Lösung der vieldiskutierten ‚thukydideischen Frage'. Seit Friedrich Wolfgang Ullrich 1845/46 mit seinen „Beiträgen zur Erklärung des Thukydides" an die Öffentlichkeit getreten ist, ist das Streitgespräch zwischen den Analytikern, die ein ums andere Mal die Brüche und Widersprüche innerhalb von Thukydides' Werktorso herausarbeiteten, und ihren Kontrahenten, den Unitariern, die dennoch an einer einheitlichen Komposition des Autors festhalten wollten, nicht verstummt.[18] Gerade in Deutschland hat das Ringen um die Beantwortung der ‚thukydideischen Frage' in den Jahrzehnten um 1900 die wissenschaftliche Diskussion bestimmt und dabei viele Kräfte absorbiert, die der Aufklärung anderer, nicht minder wichtiger Forschungsprobleme, die der „Peloponnesische Krieg" aufwirft, hätten zugute kommen können. All dies hat dazu geführt, daß nach den 1920er Jahren das Interesse an der vermeintlich unlösbaren Fragestellung allmählich erlahmte, zu Unrecht, wie Antony Andrewes 1959 richtig feststellte, denn: „The fact that earlier explorers quarrelled about the way, or took a demonstrably wrong track, does not mean that no track exists."[19] Derselbe Autor gibt zu, daß eine Annäherung an die ‚thukydideische Frage' nicht „without the airing of subjective impressions" erfolgen könne,[20] aber dennoch oder gerade deswegen kann man ihr nicht ausweichen, denn das jeweilige Vorverständnis von Thukydides' Prämissen und seiner Arbeitsweise hat in spürbarem Maße Einfluß auf die modernen, auf der Basis von seinem Werk erarbeiteten Forschungsergebnisse. Dieser Grundsatz gilt sicher auch für das vorliegende Buch und sei ihm deshalb ausdrücklich vorangestellt.

Daß die Beschäftigung mit der ‚thukydideischen Frage' seit den 1920er Jahren in eine Sackgasse geraten zu sein schien, hat sicherlich nicht zuletzt mit dem Buch „Das

---

[18] Siehe F. W. Ullrich, Beiträge zur Erklärung des Thukydides, 2 Bde., Hamburg 1845/46; mit Recht schreibt Schwartz, Geschichtswerk des Thukydides 3 dazu: „Der (scil. Ullrichs) Hauptgedanke, dass Thukydides' erster Plan nur den zehnjährigen Krieg umfasst, ist richtig und fruchtbar: das hat am sichersten die immer wieder dagegen versuchte Polemik erwiesen." – Die überbordende Literatur zur ‚thukydideischen Frage' ist kaum noch zu überblicken. Ich verweise nur auf v. Fritz, Griechische Geschichtsschreibung, Bd. 1, 565ff.; O. Luschnat, Thukydides der Historiker, Stuttgart 1971, 1183ff.; Gomme, Historical Commentary, Bd. 5, 384ff.; K. Meister, Griechische Geschichtsschreibung. Von den Anfängen bis zum Ende des Hellenismus, Stuttgart 1990, 54ff.; Will, Thukydides und Perikles 321ff.; H. Sonnabend, Thukydides, Hildesheim 2004, 36ff. sowie Meier, Probleme der Thukydides-Interpretation, bes. 136f. u. 161 Anm. 169, die ihrerseits Überblicke über die Forschungsgeschichte seit dem 19. Jh. geben.
[19] Andrewes, Thucydides on the Causes of the War 224.
[20] Ebd. 223 Anm. 1.

II. Ausgangspunkt und Fragestellung

Geschichtswerk des Thukydides" von Eduard Schwartz zu tun.[21] Dessen scharfsinnig erarbeitete, aber bisweilen apodiktisch vorgetragene und von spekulativen Argumentationsketten durchsetzte Ergebnisse wurden schon von den Zeitgenossen kritisch aufgenommen und haben es späteren Forschergenerationen zumindest schwer gemacht, an eine Lösung der von ihm aufgeworfenen und bearbeiteten Probleme weiter zu glauben.[22] Darüber ist vergessen worden, daß viele von Schwartzens Hauptgedanken immer noch aktuell sind und das Nachdenken über und das Verständnis von Thukydides' „Peloponnesischem Krieg" auch heute zu fördern vermögen, etwa derjenige, „daß die Geschichte nicht aus den Dingen selbst entsteht, sondern aus der Wirkung, die sie auf die Menschen ausgeübt haben."[23] Ein solches Verständnis vom Zustandekommen von Geschichte einerseits und ihrer Verarbeitung durch die Menschen andererseits führt ganz von selbst zu einer mehr oder weniger analytischen Position in der ‚thukydideischen Frage', ohne daß man die kühnen Rekonstruktionen und harschen Verdikte von Schwartz nun alle im einzelnen unterstützen muß.[24]

Vor diesem Hintergrund verwundert es gar nicht so sehr, daß die gegenwärtige Forschung überwiegend darin übereinstimmt, daß Thukydides' Werk „nicht aus einem Guß" ist,[25] daß es vielmehr Spuren unterschiedlicher Arbeitsphasen des Autors aufweist. Während Schwartz freilich von teilweise schroffen Brüchen im Werkganzen ausging, die ein postumer Herausgeber mehr oder weniger glücklich verfügt habe,[26] sieht man heutzutage

---

[21] Siehe Schwartz, Geschichtswerk des Thukydides.
[22] Siehe hierzu schon die Besprechungen von M. Pohlenz, Thukydidesstudien I-III, in: ders., Kleine Schriften, Bd. 2, hrsg. v. H. Dörrie, Hildesheim 1965, 210–280; auch Schadewaldt, Geschichtsschreibung des Thukydides 102 bemängelt „die oft überkühne, ja willkürliche literarische Analyse" Schwartzens. Aus jüngerer Zeit siehe das Verdikt von Stahl, Thukydides 18ff.; maßvoller Meier, Probleme der Thukydides-Interpretation 160, der von einer „analytischen Extremposition" des besagten Autors spricht, „die als Ganze heute nicht mehr zu überzeugen vermag."
[23] Schwartz, Geschichtswerk des Thukydides 19.
[24] Eine Auseinandersetzung mit Schwartzens Werk ist deshalb auch, nicht zuletzt in der jüngsten Forschung, immer wieder angemahnt worden; siehe Meier, Probleme der Thukydides-Interpretation 160. Vgl. auch Schadewaldt, Geschichtsschreibung des Thukydides 102 in seinem Nachwort von 1971: „Das bleibend Bedeutende an dem Werk von Eduard Schwartz ist [...] der Gedanke, daß zumal in der Retraktation der ersten vier Bücher sich ein Wandel der politischen Auffassung des Thukydides über die geschichtlichen Motive des großen Krieges vollzogen habe."
[25] So Meier, Probleme der Thukydides-Interpretation 137; siehe schon Andrewes, Thucydides on the Causes of the War 223f.
[26] Dieser Erklärungsansatz, der auf U. v. Wilamowitz-Moellendorff – vgl. etwa dens., Thukydideische Daten, Hermes 20, 1885, 486ff. – zurückgeht, wird von Schwartz, Geschichtswerk des Thukydides immer wieder bemüht, grundsätzlich verständnisvoll und lobend, etwa indem er dem postumen Herausgeber eine schonende Verfahrensweise zubilligt (ebd. 13f. u.ö.), im einzelnen jedoch auch nicht mit schulmeisterlicher Kritik sparend. Da heißt es dann z.B., die Gestaltung einer bestimmten Textstelle sei so unglücklich geraten, „dass Thukydides es nicht geschrieben haben kann" (ebd. 96). Solche Passagen zeigen deutlich, warum die an sich legitime Hypothese von der Existenz eines Herausgebers des „Peloponnesischen Krieges" zusehends an Überzeugungskraft einbüßen mußte. Am Ende hatte sie als Erklärung für sämtliche Unebenheiten herzuhalten, die Schwartzens philologischer Sachverstand

den „Peloponnesischen Krieg" eher als Resultat einer in erster Linie von Thukydides selbst verantworteten steten Be- und Überarbeitung, einer – wie schon Max Pohlenz formuliert hat – „allmähliche(n) Entwicklung" des Autors wie des Werkes, die von Fall zu Fall „zu einer Verschiebung in der subjektiven Wertung gegebener Fakta" geführt habe.[27] Diese stete Be- und Überarbeitung ist dafür verantwortlich, daß das thukydideische Werk bei all seinen tatsächlichen und vermeintlichen Brüchen gleichwohl einer inneren Einheit nicht entbehrt,[28] so daß eine unitarische Auffassung überhaupt erst entstehen konnte. Ich möchte sogar sagen, daß die künftigen Gegensätze zwischen Analytikern und Unitariern in der Arbeitsweise des Thukydides schon gleichsam angelegt waren, und daß dieser, noch während er lebte und schrieb, mit all den Problemen, die dies aufwarf, als erster, sozusagen als Rezipient seiner selbst, konfrontiert war.

Die Behandlung der Kriegsschuldfrage im „Peloponnesischen Krieg" kann hierfür als Beleg dienen. Von Andrewes und anderen Autoren ist schlüssig nachgewiesen worden, daß die ἀληθεστάτη πρόφασις für den Ausbruch der Feindseligkeiten im Jahre 432/31 v. Chr., nämlich der unausweichliche Konflikt zwischen den Großmächten Athen und Sparta, zu Beginn von Thukydides' Arbeit noch nicht im Mittelpunkt von dessen Überlegungen gestanden hat, sondern daß dieser vielmehr in Korinth und seinen Streitfällen mit Athen einen wichtigen, wenn nicht den ausschlaggebenden Grund für den Ausbruch des Krieges gesehen hat.[29] Die sorgfältige Ausarbeitung der Κερκυραϊκά und Ποτειδεατικά sowie die gleichzeitige Vernachlässigung des Megarischen Psephismas bezeugt dies.[30] Auffallend ist jedoch, daß Thukydides auch später, als er seine Meinung geändert hatte, diese Passagen im wesentlichen unverändert gelassen hat; es erfolgte eben nicht „a complete break with all that he had ever thought before".[31] Über die Gründe hierfür kann man nur spekulieren, aber es wäre sicherlich zu einfach, eine Erklärung lediglich im vorzeitigen Tod des Autors und in der Redaktionstätigkeit eines postumen Herausgebers zu suchen. Soweit wir sehen, scheint Thukydides bis zuletzt an seinem Werk gearbeitet zu haben, und es ist einfach nicht möglich, die Spuren seiner

---

in Thukydides' Werk aufgespürt hatte, denn dem Meister selbst glaubte dieser sie nicht zuschreiben zu dürfen.

[27] So Pohlenz, Thukydidesstudien I, 114.

[28] Siehe die abschließende Bemerkung von Meier, Probleme der Thukydides-Interpretation 167: „Daß es Thukydides selbst trotz allem gelungen ist, seinem [...] vielschichtigen Gesamtwerk dennoch eine innere Einheit zu verleihen, [...], dürfte eine der größten Leistungen des Historikers sein."

[29] Siehe Andrewes, Thucydides on the Causes of the War, bes. 224ff.; Ansätze schon bei Schwartz, Geschichtswerk des Thukydides 92ff. u. 117ff. Die Diskussion ist seither nicht zur Ruhe gekommen; siehe etwa v. Fritz, Griechische Geschichtsschreibung, Bd. 1, 657ff.; Gomme, Historical Commentary, Bd. 5, 415ff.; Cawkwell, Thucydides and the Peloponnesian War 20ff. u. D. Sertcan, War Thukydides ein Lügner? Zur Vorgeschichte des Peloponnesischen Krieges, Hermes 125, 1997, 269–293 mit ihren Stellungnahmen zum Thema.

[30] Auch Schwartz, Geschichtswerk des Thukydides 92 konstatiert, die Ereignisse um Kerkyra und Poteidaia lägen uns in der heutigen Fassung von Thukydides' Werk „ohne schwereren Anstoss" vor; siehe hierzu auch ebd. 249ff.; ferner Gomme, Historical Commentary, Bd. 5, 379f.

[31] So richtig Andrewes, Thucydides on the Causes of the War 231.

II. Ausgangspunkt und Fragestellung

eigenen Überarbeitungstätigkeit von der eines anderen, ja erst zu postulierenden Bearbeiters nach vernünftigen Kriterien zu scheiden.

Die Tatsache, daß mutmaßlich früher von Thukydides verfaßte Texte neben anderen, späteren, auf uns gekommen sind, ist in jedem Fall für die Rekonstruktion des Peloponnesischen Krieges und seiner Vorgeschichte von großem Nutzen.[32] Auch wenn die Ereignisse um Kerkyra und Poteidaia zu einem späteren Zeitpunkt für unseren Autor nicht mehr denselben Stellenwert wie einst gehabt haben mögen, so sind sie doch Ausdruck seines Umgangs mit den Ereignissen der Zeit unmittelbar vor 432/31 v. Chr., wie sie sich ihm ursprünglich – mutmaßlich während der 420er Jahre, jedenfalls bevor der Nikiasfrieden sich ihm als ‚fauler' Frieden offenbarte[33] – einmal dargestellt haben. Thukydides hat sich viele Gedanken darüber gemacht, wie er mit seinem Erzählstoff umzugehen und ihn dem Leser zu präsentieren habe. Im sogenannten Methodenkapitel Thuk. 1,22 besteht er darauf, die ereignisgeschichtlichen Fakten (ἔργα) nach mühsamer Erforschung und Überprüfung so beschrieben zu haben, daß seine Darstellung unter anderem vor den Kriterien der Wahrhaftigkeit (ἀλήθεια), Genauigkeit (ἀκρίβεια) und Klarheit (σαφές) Bestand habe. Hinsichtlich der Reden (λόγοι) sagt unser Autor, er habe sie ὅτι ἐγγύτατα τῆς ξυμπάσης γνώμης τῶν ἀληθῶς λεχθέντων konzipiert.[34]

Konrad Vössing hat sich mit der Deutung dieser schwierigen und folglich vielbehandelten Phrase zuletzt auseinandergesetzt.[35] Er geht von der zutreffenden Feststellung aus, daß die γνώμη der Redner, die Thukydides zu kennen glaubte, der eigentlichen Rede vorausgehen müsse, nicht umgekehrt.[36] Eine Übersetzung mit „Gesamtsinn", „Gedankengang" oder „Quintessenz" der einmal gehaltenen und nun referierten Reden verbiete sich deshalb. Vielmehr sei die ξύμπασα γνώμη die „generelle Einschätzung" der historischen Lage, über die die Akteure des thukydideischen Werkes verfügten und von der ausgehend der Autor des „Peloponnesischen Krieges" seine Reden konzipiert hat.[37]

Die Erkenntnisse Vössings haben nicht zu unterschätzende Folgen für die Interpretation der thukydideischen λόγοι. Sie bedeuten eine Abkehr von der Vorstellung,

---

[32] Und dies ungeachtet der Probleme, die dieser Sachverhalt ebenfalls nach sich zieht; mit Recht hebt Schwartz, Geschichtswerk des Thukydides 18 die Chancen hervor, die die Tatsache eröffnet, daß der Prozeß der Entstehung des thukydideischen Werkes „sich noch in einziger Weise verfolgen lässt dank dem Umstande, dass der Schriftsteller selbst daran verhindert wurde, die Spuren dieses Prozesses durch den völligen Abschluss seines Werkes zu tilgen."

[33] So die überzeugende Chronologie von Andrewes, Thucydides on the Causes of the War 238f.; siehe auch Will, Thukydides und Perikles 227ff.

[34] Thuk. 1,22,1.

[35] Siehe Vössing, Objektivität oder Subjektivität, Sinn oder Überlegung? mit einem Überblick über die frühere Forschung.

[36] So ebd. 212.

[37] Siehe ebd. 213 mit der Erläuterung ebd. 213ff. – In diese Richtung hatte bereits F. Egermann, Thukydides über die Art seiner Reden und über seine Darstellung der Kriegsgeschehnisse, Historia 21, 1972, 577ff. gedacht (die ξύμπασα γνώμη als „politische Gesamtwillensrichtung der Einzelnen wie auch eines Kollektivs"; ebd. 584); vgl. auch Erbse, Thukydides-Interpretationen 131ff.

Thukydides habe sich bemüht, die Reden seines Geschichtswerks mehr oder weniger so wiederzugeben, wie sie tatsächlich gehalten worden seien.[38] Die Fokussierung auf die γνώμη des Redners, die dem Gesagten mutmaßlich zugrunde liegt, läßt es zwar prinzipiell zu, daß inhaltliche Berührungspunkte zwischen den tatsächlich gehaltenen Reden und den vom Verfasser formulierten existiert haben, setzt dies jedoch nicht notwendig voraus. Denn Thukydides' Redner verkünden weder die Sichtweise des Autors des „Peloponnesischen Krieges" noch ihre eigene, tatsächlich einmal in einer Volksversammlung oder anderswo geäußerte, sondern sie verkünden *die nach Auffassung des Thukydides ihrer γνώμη in einer speziellen historischen Situation gemäße Sichtweise.*[39] Die thukydideischen λόγοι sind insofern in der Regel ehrlich, zugleich jedoch auch fiktiv, ganz im Gegensatz zu den ἔργα, für die die oben genannten Kriterien Wahrhaftigkeit, Genauigkeit und Klarheit Geltung haben.[40] Gerade durch diesen Umstand jedoch tragen die Reden zum Verständnis des Geschehens bei und vermögen sogar an die Stelle aufwendiger Situationsbeschreibungen zu treten. Auch wenn – wie es scheint – Thukydides in einer späteren Phase seiner Arbeit am „Peloponnesischen Krieg" zunehmend von einer konkreten Situationen verpflichteten Betrachtungsweise zu einer eher überzeitlichen, generalisierenden gelangt sein mag,[41] so ändert dies nicht grundsätzlich etwas am Sinn und Zweck der Reden in seinem Werk.

Wendet man die gewonnenen Erkenntnisse nun einmal auf Werkpassagen wie die Κερκυραϊκά, die Ποτειδεατικά oder die Verhandlungen vor der lakedaimonischen Volksversammlung an, so ergibt sich, daß diese, nicht nur, weil sie einer frühen Schaffensphase des Thukydides entstammen, besondere Aufmerksamkeit verdienen, sondern auch, weil aufgrund des thukydideischen Konzeptes der Widergabe von λόγοι davon auszugehen ist, daß die Reden, die bei ihm etwa kerkyraische und korinthische Gesandte vor der attischen Volksversammlung halten, Rückschlüsse zulassen auf deren γνώμη, wie sie Thukydides zum Zeitpunkt der Abfassung der betreffenden Passagen einschätzte. Dies muß nicht heißen, daß unser Autor mit seiner Einschätzung richtig lag, aber es ist doch mehr, als wenn wir von vornherein wüßten, daß er nur seine eigene, aus dem Rückblick gewonnene Sichtweise oder etwa die zeitgenössische, polemische der Athener aus den Anfangsjahren des Peloponnesischen Krieges vor dem Leser ausbreiten wollte. Thukydides blickt auf die γνώμη auch der Kerkyraier, der Korinther und anderer: Es handelt sich hierbei um einen Gesichtspunkt, den wir im Auge behalten müssen,

---

[38] Siehe hierzu den Literaturüberblick Vössing, Objektivität oder Subjektivität, Sinn oder Überlegung? 211f.; Noch in jüngster Zeit hat Will, Thukydides und Perikles 364 eine inhaltliche Bindung der thukydideischen λόγοι an die „wirklich gehaltenen Reden" postuliert.

[39] So Vössing, Objektivität oder Subjektivität, Sinn oder Überlegung? 215. Vgl. in diesem Zusammenhang eine Äußerung von Pohlenz, Thukydidesstudien I, 133 hinsichtlich der Gestaltung des sogenannten Melierdialogs: „Thukydides will uns also nicht etwa durch den Mund der Athener Lehren geben; er will den Geist zeichnen, in dem die athenische Politik damals geführt wurde."

[40] Zur Ehrlichkeit der thukydideischen Reden siehe Vössing, Objektivität oder Subjektivität, Sinn oder Überlegung? 215 Anm. 26.

[41] In diesem Sinne Meier, Probleme der Thukydides-Interpretation 164.

II. Ausgangspunkt und Fragestellung

denn er eröffnet Perspektiven jenseits der gewohnten Interpretationsrichtungen, jenseits der Großmächte Athen und Sparta, seien diese im einzelnen auch noch so dürftig und – aufgrund mangelnder Parallelen – noch so schwierig mit dem Bekannten, Geläufigen in Übereinstimmung zu bringen.

Was für die λόγοι des Thukydides gilt, gilt im übrigen nicht in gleicher Weise für die ἔργα.[42] Denn im Hinblick auf diese beanspruchte unser Autor ja, nach genauester Recherche und reiflicher Überlegung das tatsächlich Vorgefallene wirklich rekonstruiert zu haben. Insofern war in diesem Bereich eine wie auch immer geartete Fiktion nicht erlaubt. Statt dessen hat es Thukydides vermocht, durch die kunstvolle Anordnung der ἔργα, durch die Betonung des einen Handlungsstranges und die Vernachlässigung oder gar den Ausfall anderer seine Leser zu lenken.[43] Insofern erscheint klar – und die Forschung hat dies auch im Grundsatz seit langem erkannt, auch wenn nicht immer die notwendigen Konsequenzen daraus gezogen werden –, daß von einer irgendwie gearteten Objektivität des Thukydides in bezug auf die λόγοι, aber eben auch die ἔργα nur bedingt die Rede sein kann.[44]

Je klarer Thukydides der vermeintlich folgerichtige Ablauf des historischen Geschehens vor Augen lag, je stärker er von seiner Grundthese, der impliziten Notwendigkeit eines Entscheidungskampfes zwischen den Großmächten, überzeugt war, desto mehr komponierte er seinen „Peloponnesischen Krieg" auf Athen und Sparta hin. Man kann das ganz deutlich erkennen, vergleicht man etwa die ersten beiden Bücher mit dem unvollendeten achten. Die Korinther, die bei der Vorgeschichte der Auseinandersetzungen und bis in die 420er Jahre hinein eine bedeutende Rolle bei Thukydides spielen, treten in den späteren Teilen des Werkes immer mehr in den Hintergrund. Wenn der Fokus des Autors auf sie gerichtet ist, dann meist, weil ihre Aktionen den ohnehin vorhandenen athenisch-lakedaimonischen Gegensatz wieder einmal anfachen (so nach dem Nikiasfrieden 421 v. Chr.) oder ihm eine besondere Note geben (so während der Sizilien-Expedition 414/13 v. Chr.). Aufgrund der Unfertigkeit von Thukydides' Werk finden sich aber auch an vielen Stellen Notizen zu den verschiedensten Ereignissen, die,

---

[42] Auch dies hat Vössing bereits angedeutet; siehe Vössing, Objektivität oder Subjektivität, Sinn oder Überlegung? 215.
[43] So schon Gomme, Historical Commentary, Bd. 1, 25ff.; vgl. auch Schwartz, Geschichtswerk des Thukydides 207 u. Malitz, Thukydides' Weg zur Geschichtsschreibung 279.
[44] Siehe schon Schwartz, Geschichtswerk des Thukydides 132, der in bezug auf unseren Autor von einer „scheinbare(n) Objektivität dieser von dem unmittelbaren Anschauen der Dinge abrückenden Vereinfachung" spricht. Gerade in jüngster Zeit ist die Subjektivität des Thukydides von der Forschung immer stärker hervorgehoben worden, etwa von Malitz, Thukydides' Weg zur Geschichtsschreibung 257 („in Wirklichkeit eine höchste Subjektivität der Berichterstattung") u. Meier, Probleme der Thukydides-Interpretation 135 (Thukydides' schriftstellerische Tätigkeit möglicherweise als „Kontingenzbewältigungsunternehmen" zu betrachten). Siehe dazu auch Vössing, Objektivität oder Subjektivität, Sinn oder Überlegung? 215. Zuletzt hat sich T. Rood, Objectivity and Authority: Thucydides' Historical Method, in: A. Rengakos/A. Tsakmakis (Hrsgg.), Brill's Companion to Thucydides, Leiden/Boston 2006, 225–249 ausführlich der vielbehandelten Thematik gewidmet.

oft nur aus einem Satz bestehend, vom Autor nicht weiter ausgeführt worden sind.[45] Vielleicht hatte er sich für später eine weitere Ausarbeitung dieses Materials vorgenommen; vielleicht hätte er es auch zuletzt gestrichen. Man kann über die letzten Absichten des Thukydides in diesen Fällen nur spekulieren.

Es ist klar, daß die besagten Textstellen zusammen mit den Korinth betreffenden, zusammenhängenden Passagen der ersten Bücher des „Peloponnesischen Krieges" eine weitere wichtige Quelle für die Politik der Isthmusstadt zwischen 480/79 und 405/04 v. Chr. darstellen. Reinhold Bichler hat es 1995 bereits trefflich formuliert: „Thukydides hat diesen (scil. den Peloponnesischen) Krieg als ein Ganzes erfaßt und analysiert und damit erst so recht konstituiert. Er bestimmte die Kategorien, unter denen wir diesen Krieg wahrnehmen, hielt fest, was wir sehen, was nicht."[46] Das aber bedeutet im Umkehrschluß: Gerade dann, wenn Thukydides – aus welchen Gründen auch immer – von Ereignissen erzählt, die sich *nicht* oder nicht ohne weiteres in seine Grundthese vom unaufhaltsamen Aufeinanderprallen der Großmächte Athen und Sparta einfügen, wenn Dinge stehenbleiben, die eigentlich in sein Schema nicht (mehr) passen, gerade dann muß er als besonders glaubwürdig gelten. Das heißt nun keinesfalls, daß allen anderen Textstellen notwendigerweise mit Mißtrauen begegnet werden muß. Das grundsätzliche Vertrauen der Forschung in die Glaubwürdigkeit des Thukydides ist nach wie vor ungebrochen.[47] Aber unser Autor zeichnete sich eben auch durch ein gesundes Selbstbewußtsein aus;[48] man darf nicht unterschätzen, daß er den ihm vorliegenden Stoff im Sinne seiner Grundthese stark gestaltet hat.[49] Material, das dann schließlich nach gleichwohl gründlicher Prüfung von ihm als irrelevant identifiziert worden war, verschwand somit aus seiner Darstellung oder wurde doch stark an den Rand gedrängt. Die oben genannten Textstellen öffnen deshalb einen Spalt, der uns einen Blick auf Dinge ermöglicht, die in vielen anderen Fällen dem Verständnis des Autors davon, was im Sinne seiner Erzählabsicht überlieferungswürdig war, zum Opfer gefallen sein dürften.

Nun könnte man auf die Idee verfallen, Thukydides' Darstellung durch die literarische Parallelüberlieferung aus dem fünften Jahrhundert v. Chr. oder der Zeit danach auf ihre Tragfähigkeit zu überprüfen und, wo erforderlich, zu korrigieren.[50] Leider ist dieser

---

[45] Besonders charakteristisch Thuk. 5,115,3; dazu ausführlich unten S. 117ff.
[46] Bichler, Geschichte und Fiktion 84. Welche Kategorien dies waren und welche nicht, dazu bereits Gomme, Historical Commentary, Bd. 1, 25ff. mit den entsprechenden methodischen Konsequenzen ebd. 84ff.; hierzu einschränkend Hornblower, Commentary, Bd. 2, 1ff.
[47] Dies hebt Bichler, Geschichte und Fiktion 82ff. zu Recht hervor.
[48] Siehe die zutreffende Bemerkung von Malitz, Thukydides' Weg zur Geschichtsschreibung 258 Anm. 4: „Der Topos der Bescheidenheit [...] war ihm (scil. Thukydides) fremd."
[49] Auch in dieser Hinsicht liegt Bichler, Geschichte und Fiktion 82 richtig, wenn er Thukydides' Darstellung als distanziert-objektiv wirkend und doch von höchstem Engagement erfüllt charakterisiert. Siehe hierzu oben S.13ff.
[50] Einen Überblick über die literarische Parallelüberlieferung zu Thukydides bietet Gomme, Historical Commentary, Bd. 1, 29ff.; zuletzt M. Hose, Peloponnesian War: Sources Other Than Thucydides, in:

II. Ausgangspunkt und Fragestellung

Weg alles andere als leicht zu beschreiben: Unser Autor selbst beklagt an einer Stelle die Quellenarmut, mit der er sich habe herumschlagen müssen; seinem Zeitgenossen, dem Atthidographen Hellanikos von Lesbos aber, der uns nur fragmentarisch erhalten geblieben ist, wirft er zu große Kürze und Ungenauigkeiten in der chronologischen Abfolge vor.[51] Hinsichtlich der *nach* Thukydides schreibenden Autoren kann man generell sagen, daß sie zwar zum Teil erhalten geblieben sind, inhaltlich und konzeptionell aber diesem gegenüber doch stark abfallen. Diodor von Agyrion zum Beispiel, der im ersten Jahrhundert v. Chr. seine „Historische Bibliothek" verfaßte, hat viel Material aus der klassischen Zeit in seinem Werk verarbeitet. Hinsichtlich der Zeit nach dem Xerxeszug fußt er vor allem auf dem Universalhistoriker Ephoros von Kyme, der wiederum oft Thukydides folgt. Leider ist Diodors Abriß der Ereignisse nach 480/79 v. Chr. – und nicht nur dieser – voller Fehler, Dubletten und Mißverständnisse. Seine Versuche, einzelne Ereignisse aus diesem Zeitraum mit den Amtsjahren athenischer Archonten und römischer Konsuln in Übereinstimmung zu bringen, sind oft willkürlich und immer wieder schlicht falsch. Es ist zumindest problematisch, einzelne Daten oder auch nur Detailangaben, die Diodor überliefert, ernst zu nehmen und als wertvolle Sonderinformation in die griechische Ereignisgeschichte zu integrieren, wenn gleichzeitig der ganze chronologische und erzählerische Rahmen, den der Autor uns bietet, fragwürdig ist.[52]

Ein anderes Beispiel: Natürlich überliefert uns der kaiserzeitliche Schriftsteller Plutarch von Chaironeia in seinen „Parallelbiographien" zahlreiche Einzelheiten aus dem Leben von Politikern wie Themistokles, Kimon und Perikles, die für die Ereignisgeschichte des fünften Jahrhunderts v. Chr. von Bedeutung sind. Von besonderem Interesse ist sein Werk „*De malignitate Herodoti*", in dem er dem ‚Vater der Geschichtsschreibung' sachliche Fehler in den „Historien" nachweisen will und zu diesem Zweck tatsächlich Informationen beisteuert, die als echte Parallelüberlieferung zu diesen gelten können. Andererseits ist Plutarch kein Geschichtsschreiber; seine eigene Lebenszeit ist Hunderte von Jahren von derjenigen seiner Protagonisten entfernt. Was Herodot und Thukydides noch als im Prinzip offener geschichtlicher Verlauf erscheinen mochte, an dem sie teilhatten und den sie, indem sie ihn denkend mitvollzogen, immer besser zu begreifen glaubten, lag Plutarch bereits als eine Tradition vor, die in der Regel nicht hinterfragt wurde. Um so beachtlicher ist es deshalb, wenn unser Autor, aus welchen Gründen auch immer, dann doch an der einen oder anderen Stelle Herodot und Thukydides, deren Texte ihm beide bekannt waren, widerspricht. Ein Bild von der Geschichte des fünften Jahrhunderts v. Chr. geschaffen zu haben, das den Rahmen, den seine Vorgänger gesetzt hatten, erkennbar überschreitet, darf man von ihm freilich nicht erwarten.[53]

A. Rengakos/A. Tsakmakis (Hrsgg.), Brill's Companion to Thucydides, Leiden/Boston 2006, 669–690.

[51] Siehe Thuk. 1,97,2. Dazu Meier, Probleme der Thukydides-Interpretation 132 Anm. 7 mit weiterführenden Literaturhinweisen.

[52] Siehe hierzu exemplarisch S. 70f. u. 146 Anm. 152

[53] Siehe hierzu z.B. S. 64f.

II. Ausgangspunkt und Fragestellung

Die beiden genannten Beispiele haben deutlicher erkennen lassen, warum der Weg zur griechischen Ereignisgeschichte zwischen 480/79 und 432/31 v. Chr., auch der zur korinthischen, nur über Thukydides' „Peloponnesischen Krieg" führt. Das bedeutet nicht, daß in den folgenden Kapiteln, wo nötig, nicht auch andere literarische Quellen herangezogen werden, um Daten zu bestimmen, den Hergang von Ereignissen zu erklären und ihn um Details zu ergänzen. Gleich zu Beginn wird zum Beispiel ein Epinikion des boiotischen Dichters Pindar von Theben Ausgangspunkt unserer Überlegungen zur inneren Verfassung Korinths um das Jahr 464 sein. Aber wenn es dann später darum geht, die Rolle der Isthmusstadt in der Geschichte des fünften Jahrhunderts v. Chr. zu bestimmen und seine Spielräume zwischen den Großmächten Athen und Sparta zu ermessen, dann wird viel davon abhängen, ob es gelingt, bestimmte Informationen des Thukydides inmitten des Kontextes, in dem ihr Autor sie präsentiert, richtig zu verstehen. Diese Vorgehensweise ist zwar mühsam; sie ist notwendig mit Wiederholungen verbunden und zwingt bisweilen zu Detailuntersuchungen, die scheinbar vom Wege abführen. Aber sie scheint mir die einzig richtige zu sein, gemäß der Devise von Richard H. Tawney: „What historians need is not more documents but stronger boots."[54]

In den vergangenen Jahrzehnten sind nicht allzuviele Monographien erschienen, die allein der Geschichte Korinths gewidmet waren. Im Jahre 1955 verfaßte Edouard Will seine „Korinthiaka. Recherches sur l'histoire et la civilisation de Corinthe des origines aux Guerres Médiques". Fast dreißig Jahre später, 1984, erschien dann John B. Salmons „Wealthy Corinth. A History of the City to 330 BC". Beide Bücher haben in unterschiedlicher Weise die seitherige Forschung geprägt und werden zu Recht heute noch häufig zitiert und als Referenzwerke herangezogen. Meine Arbeit kann und will sie nicht ersetzen, denn sie nimmt nicht das ganze Korinth einschließlich der naturräumlichen Grundlagen, der Ökonomie, Religion usw. in den Blick, sondern – ganz thukydideisch im übrigen – nur die politisch-militärische Geschichte der Stadt zwischen 480/79 und 405/04 mit Ausblicken in die Zeit davor und danach. Gezeigt werden soll vor allem, daß die Korinther im fünften Jahrhundert v. Chr. eine Art von ‚Herrschaft' über ihre Kolonien ausübten, eine Hegemonie, die sie befähigte, überregional machtpolitische Ziele zu verfolgen. Nach einem Einblick in die inneren und äußeren Voraussetzungen, unter denen die Korinther während des fünften Jahrhunderts v. Chr. außenpolitisch agierten (Kap. II und III), werde ich deshalb systematisch die Zeugnisse besprechen, die uns von korinthischen Aktivitäten in Nordwestgriechenland, aber auch anderswo, während dieses Zeitraums unterrichten (Kap. IV). In Kapitel VI soll in Auseinandersetzung mit der bisherigen Forschung eine Antwort auf die Frage gesucht werden, wie die Hegemonie der Korinther über ihre Kolonien angemessen beschrieben und begrifflich erfaßt werden kann. In zwei ereignisgeschichtlichen Kapiteln schließlich werde ich die Geschehnisse zwischen dem Xerxeszug und dem Ende des Peloponnesischen Krieges aus korinthischer Perspektive darstellen und dadurch die eher systematisch gehaltenen Teile meiner Arbeit

---

[54] Zit. nach Pritchett, Thucydides' Pentekontaetia 4.

II. Ausgangspunkt und Fragestellung

in einen ereignisgeschichtlichen Rahmen einbetten (Kap. V und VII). Ein Ausblick ins vierte Jahrhundert v. Chr. beschließt meine Darlegungen (Kap. VIII).

Ronald S. Stroud hat 1994 in einem Aufsatz darauf hingewiesen, daß Thukydides bisweilen über ganz außergewöhnliche Detailkenntnisse hinsichtlich Korinths verfügte, etwa in bezug auf die Namen von Amtsträgern oder den Verlauf von Feldzügen.[55] Er vermutete, daß der Autor des „Peloponnesischen Krieges" eine gewisse Zeit seines Exils in der Stadt am Isthmus verbracht habe. Zu dieser spekulativen Schlußfolgerung kann man stehen, wie man will,[56] aber eines wird doch deutlich: Es ist erfolgversprechend, sich mit Thukydides als Führer in die korinthische Geschichte des fünften Jahrhunderts v. Chr. vorzuwagen. Der wohl größte antike Geschichtsschreiber hat, um seiner Grundthese vom unvermeidlichen Zusammenprall des athenischen und des lakedaimonischen Hegemonialsystems in klassischer Zeit noch mehr Durchschlagskraft zu verleihen, vieles weggelassen, vieles auch an den Rand gedrängt. Und dennoch bleibt immer noch genug Material übrig, um damit die griechische Geschichte jenseits von Athen und Sparta wenigstens in Umrissen zu rekonstruieren.

---

[55] Siehe hierzu Stroud, Thucydides and Corinth.
[56] Skepsis etwa bei Leppin, Thukydides und die Verfassung der Polis 17 Anm. 4.

III. Korinth im Jahre 464 v. Chr.

1. Korinth, eine ‚geschichtslose' Stadt?

Um den Spielraum zu ermessen, über den Korinth verfügte, als es sich anschickte, im Mächtespiel der großen Poleis Griechenlands seinen Platz zu finden, müssen wir unser Augenmerk zunächst auf die inneren Verhältnisse der Stadt im fünften Jahrhundert v. Chr. richten, auf ihre Verfassung und die Werte, die diese auszeichneten. Schon der Zeitgenosse Herodot hat die Zusammenhänge zwischen Innen- und Außenpolitik erkannt und am Beispiel Athens exemplifiziert:[1] Nach dem Sturz der Tyrannen und den kleisthenischen Reformen sei dessen Bürgerschaft durch ein ganz neuartiges Selbstbewußtsein gekennzeichnet gewesen, das sich prompt in militärischen Erfolgen gegenüber den Boiotern und Chalkidiern ausgezahlt habe. Herodot stand mit seiner Meinung nicht allein. Bei seinen Erklärungsversuchen für den Ausbruch des Peloponnesischen Krieges kommt Thukydides immer wieder auf die Bedeutung der inneren Verfaßtheit der Kontrahenten Athen und Sparta für ihr Verhalten vor 432/31 zu sprechen, und gerade die korinthischen Gesandten vor der lakedaimonischen Volksversammlung läßt er aussprechen, die Athener als dynamische νεωτεροποιοί seien dem in altväterlicher Tradition verhafteten Sparta an Tatkraft überlegen.[2]

Es ist also legitim und auch aus der Sichtweise der Zeitgenossen heraus begründet, den Blick auf die inneren Verhältnisse Korinths zu richten und in ihnen nach Hinweisen darauf zu suchen, wie sie die Außenpolitik der Stadt beeinflußt haben könnten. Freilich sind der Bearbeitung dieser Fragestellung beträchtliche Hindernisse in den Weg gestellt. Wir wissen nämlich fast nichts über die innere Ordnung Korinths zwischen dem Sturz der Kypseliden in der ersten Hälfte des sechsten Jahrhunderts und den krisenhaften Umbrüchen in der Stadt im Gefolge des Korinthischen Krieges 392 v. Chr.

---

[1] Hdt. 5,78.
[2] Thuk. 1,70.

2. Die korinthische Verfassung nach dem Sturz der Kypseliden

Nach dem Sturz der Tyrannen etablierte man am Isthmus ein politisches System, das spätere Jahrhunderte als gemäßigte Oligarchie auffassen konnten.[1] Hinsichtlich der genaueren Ausgestaltung dieser Verfassung ist nicht viel überliefert, erst recht nicht über etwaige Fortentwicklungen oder Änderungen in ihrem Gefüge. Korinth, so scheint es nach dem Befund der Quellen, durchlebte nach dem Ende des letzten Kypseliden eine Phase innenpolitischer Stabilität, sie erscheint als eine „cité ‚sans histoire'",[2] wie schon Edouard Will etwas ratlos formulierte, um dann doch die verstreut überlieferten Informationssplitter, über die wir verfügen, der Reihe nach gründlich durchzugehen.[3] Die Ergebnisse seiner Interpretation werden, unabhängig von den seitherigen Fortschritten in Einzelfragen, im Grunde bis heute akzeptiert:[4] Korinth habe seit dem Ende der Tyrannenzeit tatsächlich eine stabile Verfassung besessen, zwar mit – auch Will verwendet diese Charakterisierung[5] – oligarchischen Zügen, aber doch mit einer gewissen Durchlässigkeit gegenüber weniger gut betuchten Bevölkerungsschichten, so daß sich das Bedürfnis nach einer grundlegenden Umgestaltung der Verhältnisse offensichtlich nicht eingestellt habe.[6]

Ein besonderes Problem bei der Erforschung der inneren Verhältnisse Korinths im sechsten und fünften Jahrhundert v. Chr. stellt die Tatsache dar, daß unsere Quellen nicht nur spärlich fließen; sie sind auch in der Regel spät und präsentieren – oft isoliert und chronologisch nicht näher fixierbar – die für uns wichtigen Informationen gewöhnlich nebenbei im Kontext ganz anders gelagerter Interessen des jeweiligen Autors. Die einschlägige Monographie über die Verfassung der Korinther aus der Hand des Aristoteles oder eines seiner Schüler ist bis auf zwei in ihrer Bedeutung zweitrangige Fragmente verlorengegangen.[7] Sie war Teil eines großen, die Darstellung von 158 städtischen πολιτεῖαι umfassenden Projektes des Peripatos, das als Vorarbeit zur aristotelischen „Politik" gedacht war; die durch glückliche Umstände allein erhalten gebliebene „Ἀθηναίων πολιτεία" läßt uns ermessen, welchen Verlust wir mit diesem Corpus erlitten haben. Statt dessen also wenige Worte des kaiserzeitli-

---

[1] Exemplarisch Plut. Dion 53,4: (scil. Δίων) ὁρῶν καὶ τοὺς Κορινθίους ὀλιγαρχικώτερόν τε πολιτευομένους καὶ μὴ πολλὰ τῶν κοινῶν ἐν τῷ δήμῳ πράττοντας.
[2] Will, Korinthiaka 607. Offensichtlich ist er über die Jahrzehnte hin bei dieser Auffassung geblieben; vgl. Will, Corinthe, la richesse et la puissance 19: „Corinthe reste donc pour nous une cité silencieuse quant à ses affaires intérieures. Il faut sans doute nous y résigner."
[3] Will, Korinthiaka 609ff.
[4] Vgl. z.B. Salmon, Wealthy Corinth 231ff.
[5] Freilich übt Will, Korinthiaka 615ff. Kritik an dem üblichen Terminus „oligarchie modérée" und spricht lieber von „oligarchie isonomique" nach dem Vorbild von Thuk. 3,62.
[6] Vgl. in diesem Zusammenhang das Gesamturteil Wills über die korinthische Verfassung ebd. 615ff. Die Repräsentation des Demos als des „corps civique" (ebd. 616) sei offensichtlich in ausreichendem Maße gewährleistet gewesen.
[7] Aristot. frg. 516 u. 517 (Rose) [= frg. 521 u. 522 (Gigon)].

chen Autors Nikolaos von Damaskus, ein Lexikonartikel in der byzantinischen Suda, diverse Randbemerkungen bei Thukydides und einigen anderen. Das inschriftliche Material ist nicht in der Lage, die im Laufe der Jahrhunderte eingetretenen Quellenverluste auszugleichen.

2.1. Phylen und weitere Gliederungseinheiten der Polis

Werfen wir einen Blick auf die einzelnen Zeugnisse. Recht gut informiert sind wir über die personale und territoriale Untergliederung der korinthischen Polis in archaischer und klassischer Zeit. So sind etwa die Namen von Phylen und Phratrien bekannt.[8] Ursprünglich scheint es auch in der Stadt am Isthmus die drei alten dorischen Phylen – Dymanes, Hylleis und Pamphyloi – gegeben zu haben. Zwar sind sie in Korinth selbst nicht bezeugt, doch indirekt erschließbar, weil sie sicher in den ältesten korinthischen Kolonien, Syrakus und Kerkyra, existiert haben.[9] Zu einem späteren Zeitpunkt jedoch wurden in der Metropolis die alten dorischen Phylen durch acht neue ersetzt;[10] zwei davon – Kynophaloi und Aoreis[11] – sind uns namentlich bekannt. Wahrscheinlich erfolgte die angesprochene Phylenreform zur Zeit der Tyrannis der Kypseliden; darauf deutet hin, daß es auch in Kerkyra und Apollonia Hinweise auf eine neuartige Aufteilung der Bürgerschaft nach Art der Mutterstadt gibt.[12] Nun gehörte Kerkyra, soweit bekannt, lediglich einmal seit seiner Gründung, nämlich unter dem Tyrannen Periander, zum direkten korinthischen Herrschaftsgebiet;[13] eine Übernahme der Einteilung der Bürgerschaft in ὀκτάδες dürfte deshalb in diesen Zeitraum fallen. Apollonia war ohnehin eine Kolonie Korinths aus kypselidischer Zeit,[14] wird also die Neuerungen der Mutterstadt schon von vornherein übernommen haben.

Aus dem verstreuten epigraphischen Material – interessant ist vor allem eine Reihe von Buchstabengruppen in Verbindung mit Namensnennungen bei Gefallenenlisten und dergleichen – geht außer der Einteilung der Bürgerschaft in acht Phylen noch eine weitere Untergliederung dieser ὀκτάδες in ἡμιόγδοα und τριακάδες

---

[8] Siehe hierzu die ausführlichen Studien von N. F. Jones, The Civic Organization of Corinth, TAPhA 110, 1980, 161–193 u. Jones, Public Organization 97ff. Ergänzendes und Modifizierendes zuletzt bei Jones, Organization of Corinth Again.
[9] Jones, Public Organization 97, 159 u. 173ff.
[10] Ebd. 97ff. mit den Quellen; ergänzend Jones, Organization of Corinth Again.
[11] Ob die Phyle Aoreis zu den acht korinthischen Phylen in archaischer und klassischer Zeit zählte, ist allerdings nicht völlig sicher; dazu ebd. 53 u. 56.
[12] Jones, Public Organization 101f. u. – im einzelnen – ebd. 157ff. Eine nachkypselidische Phylenreform nimmt hingegen Lutz, Corinthian Constitution 419 an. – In Kerkyra scheinen die alten dorischen Phylen neben den neugeschaffenen weiterexistiert zu haben; siehe Jones, Public Organization 159ff.
[13] Dazu De Libero, Archaische Tyrannis 161ff. mit den Quellen.
[14] Diskussion des Quellenmaterials bei Salmon, Wealthy Corinth 211.

2. Die korinthische Verfassung nach dem Sturz der Kypseliden

hervor.[15] Nicholas F. Jones zufolge handelt es sich bei den sechzehn ἡμιόγδοα um territoriale Einheiten – aus Abkürzungen wie ΛΕ, ΣΙ, ΑΣ und ΣΥ kann man zum Beispiel Lechaion, Sidus, Asai und Sykusia rekonstruieren –, die sich wiederum nach militärischen Gesichtspunkten in je drei τριακάδες zerlegen ließen (vgl. die Abkürzungen ΕΠΙ, ΠΕΛ und ϜΙΛ für ἐπίλεκτοι, πελτασταί und Ϝῖλαι). Diese waren noch einmal in zwei Untereinheiten aufteilbar. Offensichtlich ist die Halbierung der acht Phylen und die Schaffung der τριακάδες erst zu einem späten Zeitpunkt erfolgt; einen Terminus ante quem setzt das inschriftliche Material, das sich auf ca. 450 v. Chr. datieren läßt.[16] Die erneute Reform der mutmaßlich kypselidischen Phylenordnung dürfte also in dem Jahrhundert zwischen dem Sturz der Tyrannen und diesem Datum erfolgt sein.

2.2. Organe der Polis

Stehen unsere Kenntnisse über die territoriale Gliederung der Polis Korinth aufgrund der Quellenlage auf wackeligen Füßen, so gilt dies erst recht für die verfassungsmäßigen Institutionen der Stadt.[17] Völlig unzureichend informiert sind wir zum Beispiel über die Ämter und Funktionen der Polis Korinth im sechsten und fünften Jahrhundert v. Chr. Thukydides erwähnt zwar an verschiedenen Stellen Strategen mit militärischen Aufgaben;[18] teilweise operieren fünf von ihnen gleichzeitig nebeneinander. Die Einzelheiten bleiben aber auch hier im dunkeln. Denkbar ist, daß jede der korinthischen Phylen zur Zeit des Peloponnesischen Krieges über einen Strategen verfügte, woraus sich dann ein (auf ein Jahr bestelltes?) Kollegium von acht Strategen ergäbe.[19] Doch auch hier lassen uns die Quellen im Stich.

Hinsichtlich anderer Institutionen wie Rat, Volksversammlung und dergleichen sieht es nicht viel besser aus. Aus einem leider verderbten Textfragment von Nikolaos von Damaskus erfahren wir von den ersten Maßnahmen des korinthischen Demos nach dem Sturz der Tyrannen.

---

[15] Die Aufbereitung des epigraphischen Materials bei Stroud, Tribal Boundary Markers from Corinth; Salmon, Wealthy Corinth 413ff.; G. R. Stanton, Territorial Tribes of Korinth and Phleious, California Studies in Classical Antiquity 5, 1986, 139–153; Jones, Public Organization 99ff. u.a. Eine aktuelle Zusammenstellung der Forschungsdiskussion bei Jones, Organization of Corinth Again.
[16] Stroud, Tribal Boundary Markers from Corinth 233ff.
[17] Zur Quellenlage Salmon, Wealthy Corinth 231ff.
[18] Die einzelnen Belege ebd. 232f.
[19] So die Vermutung ebd.

Es lautet – mit den Willschen Konjekturen – so:[20]

| αὐτὸς δὲ παραχρῆμα † ἐστρατεύσατο (κατεσκευάσατο, κατεστήσατο?) πολιτείαν τοιάνδε· μίαν μὲν ὀκτάδα προβούλων ἐποίησεν, ἐκ δὲ τῶν λοιπῶν <πολιτῶν> βουλὴν κατέλεξεν ἀνδρῶν † θι <ἐκ φυλῆς ἑκάστης>. | Es (scil. das Volk) führte aber sofort die folgende Verfassung ein: es schuf ein Gremium von acht Probulen; aus den übrigen (Bürgern) aber stellte es einen Rat von (je) neun Männern (aus jeder Phyle) zusammen. |

Aus diesen Worten geht hervor – so das überzeugende Ergebnis von Wills minutiöser Interpretation[21] –, daß nach dem Sturz von Perianders Neffen Psammetichos zwei Institutionen geschaffen wurden: ein Gremium von acht Probulen und eine βουλή, die aus ihnen und je neun Mitgliedern jeder Phyle gebildet wurde. Die 72 Buleuten und die acht Probulen ergaben somit einen Rat von insgesamt achtzig Männern, ähnlich wie in der Nachbarstadt Argos, wo wir gleichfalls von einem Gremium der ὀγδοήκοντα Kenntnis haben.[22] Alle Vermutungen, die über diese wenigen Aussagen hinaus angestellt worden sind, bleiben im ungewissen. Zum Beispiel geht aus den Formulierungen des Nikolaos von Damaskus nicht hervor, daß das Probulengremium der Korinther durch Kooptation ergänzt wurde, der Rat jedoch durch Wahl.[23] Diese Lösung Wills hat zwar aus allgemeinen Erwägungen heraus durchaus etwas für sich, doch, wie er selbst zugibt, „Nicolas ne précise pas ce point."[24]

Auch aus anderen antiken Textzeugnissen erfahren wir von bestimmten Institutionen der Korinther. So ist etwa bei Diodor anläßlich der Aussendung des Timoleon nach Sizilien 346/45 v. Chr. von einer Gerusie (bzw. einem Synhedrion) die Rede, die in einem Buleuterion zu tagen pflegte.[25] Möglicherweise handelt es sich hierbei um dieselbe Einrichtung wie der von Nikolaos erwähnte Rat. Aus Stellen bei Thukydides[26] und Plutarch[27] geht hervor, daß es in Korinth auch eine Volksversammlung gegeben hat, doch ist über ihre Kompetenzen – überhaupt über die Mitwirkung des Demos an der politischen Entscheidungsfindung – nichts weiter bekannt.[28] Allerdings finden sich in der

---

[20] Nikol. Dam. FGrHist 90 F 60,2. Dazu Will, Korinthiaka 609ff.
[21] Ebd. 612ff. gegen Lutz, Corinthian Constitution 418f., der eine eigens zur Stellung der Probulen vorgesehene φυλὴ προβούλων postulierte; den Willschen Ausführungen folgend Salmon, Wealthy Corinth 231ff.
[22] Siehe z.B. Thuk. 5,47,9, der allerdings zwischen den ὀγδοήκοντα und der argivischen βουλή einen Unterschied macht.
[23] So Will, Korinthiaka 612ff.
[24] Ebd. 614.
[25] Diod. 16,65,8 (συνέδριον) bzw. 16,65,9 (γερουσία).
[26] Thuk. 5,30,5 (ξύλλογον) in der Situation unmittelbar nach dem Nikiasfrieden 421 v. Chr.
[27] Plut. Dion 53,3f. anläßlich von Dions Verfassungsprojekt für Syrakus 355/54 v. Chr.
[28] Siehe Will, Korinthiaka 615: „Quant à la participation du dèmos à l'exercice de cette constitution, il est impossible de la préciser, aussi bien sur le plan électoral que sur le plan législatif." Siehe dazu auch Smarczyk, Timoleon und die Neugründung von Syrakus 38 Anm. 11.

2. Die korinthische Verfassung nach dem Sturz der Kypseliden

„Politik" des Aristoteles zwei Passagen, die von der Funktion der Probulen bzw. der προβούλευσις in einzelnen Verfassungen griechischer Staaten handeln. Eine Reihe von Wissenschaftlern hat diese Stellen auf die korinthischen Verhältnisse beziehen wollen, obwohl der Name der Isthmusstadt von Aristoteles nicht explizit genannt wird.[29]

In der ersten Passage[30] wird der Begriff πρόβουλοι von Aristoteles eingeführt und definiert. Es handele sich um eine Institution oligarchischer Verfassungen, nämlich um eine Reihe ausgewählter Bürger (προσαιρεῖσθαί τινας ἐκ τοῦ πλήθους) oder eine Behörde (ἀρχεῖον), die dann

[καὶ] περὶ τούτων χρηματίζειν περὶ ὧν ἂν οὗτοι προβουλεύσωσιν (οὕτω γὰρ μεθέξει ὁ δῆμος τοῦ βουλεύεσθαι, καὶ λύειν οὐθὲν δυνήσεται τῶν περὶ τὴν πολιτείαν).	mit dem Volk nur diejenigen Geschäfte verhandeln, die jene (scil. die Probulen) vorbesprochen haben; denn so erhält das Volk einen Anteil an den Beratungen und kann doch nicht die Verfassung umstürzen.

Später begründet Aristoteles noch einmal ausführlicher, warum er die Probulen für eine oligarchische Einrichtung – im Gegensatz zum Rat, der seiner Meinung nach zur Demokratie gehört – hält. Es heißt da:[31]

δεῖ μὲν γὰρ εἶναί τι τοιοῦτον ᾧ ἐπιμελὲς ἔσται τοῦ δήμου προβουλεύειν, ὅπως ἀσχολῶν ἔσται, τοῦτο δ', ἐὰν ὀλίγοι τὸν ἀριθμὸν ὦσιν, ὀλιγαρχικόν· τοὺς δὲ προβούλους ὀλίγους ἀναγκαῖον εἶναι τὸ πλῆθος, ὥστ' ὀλιγαρχικόν. ἀλλ' ὅπου ἄμφω αὗται αἱ ἀρχαί, οἱ πρόβουλοι καθεστᾶσιν ἐπὶ τοῖς βουλευταῖς· ὁ μὲν γὰρ βουλευτὴς δημοτικὸν, ὁ δὲ πρόβουλος ὀλιγαρχικόν.	Es muß nämlich eine Behörde geben, die sich darum kümmert, die Angelegenheiten für das Volk vorzuberaten, damit es keine Zeit verliert; wenn diese aus wenigen Menschen besteht, so ist dies oligarchisch, und die Probulen müssen notwendigerweise wenige sein; also ist dieses Amt ein oligarchisches. Wo aber beide Ämter (scil. Probulen und Rat) existieren, da sind die Probulen den Ratsmitgliedern vorgesetzt; denn der Ratsherr ist demokratisch, der Probule oligarchisch.

Die Kennzeichen, die in unseren Textstellen dem Probulenamt zugemessen werden, besonders aber die Behandlung seiner Funktionsweise zusammen mit der Institution des Rates, scheint wirklich gut zu dem wenigen zu passen, was Nikolaos von Damaskus über die Verfassung Korinths nach dem Ende der Kypselidenzeit berichtet. Den zitierten Passagen der „Politik" läßt sich entnehmen, daß Aristoteles eine gewisse Teilung der legislativen Befugnisse zwischen den Probulen und dem Rat voraussetzte, wobei die Kontrolle des Entscheidungsprozesses durch erstere allerdings sicherge-

---

[29] Siehe z.B. Lutz, Corinthian Constitution (teilweise allerdings sehr spekulativ) u. Will, Korinthiaka 609ff. (abgewogen); vgl. auch die vorsichtigen Stellungnahmen von Salmon, Wealthy Corinth 238f. u. Alessandrì, Dieci probuli 138f. mit Anm. 36.
[30] Aristot. pol. 4,14,1298b 26–41 (Übers. O. Gigon).
[31] Ebd. 4,15,1299b 30–38 (Übers. O. Gigon).

stellt war.³² Man muß bei alldem freilich zwei wichtige Gesichtspunkte berücksichtigen: Zum einen, daß Aristoteles sich bei seinen Ausführungen nur auf einen bestimmten Aspekt der προβούλευσις konzentriert hat, nämlich ihre Einbindung in den Prozeß der Legislative.³³ Zum anderen äußert sich der Philosoph in der zweiten Hälfte des vierten Jahrhunderts v. Chr., zu einem Zeitpunkt, als der Begriff ‚Oligarchie' längst in den allgemeinen verfassungstheoretischen Diskurs eingegangen war. Hundert Jahre zuvor war keineswegs klar, was ‚Oligarchie' eigentlich bedeutete und welche Kennzeichen ihr zweifelsfrei zuzuordnen waren.

2.3. Eine ‚gemäßigte Oligarchie'?

Damit ergibt sich am Schluß dieses Kapitels die Frage, wie wir die Verfassungsrealität Korinths, soweit sie durch unsere zeitlich weit auseinanderliegenden Informationssplitter überhaupt noch greifbar ist, etikettieren sollen. Zur Zeit des Aristoteles und später, bis hin zu Plutarch und anderen, galt sie, wie oben bereits erwähnt, als ‚gemäßigte Oligarchie', und daran hat auch die moderne Forschung seit dem 19. Jahrhundert angeknüpft. Woldemar Grüner etwa sah im Staat der Korinther „weder eine Adelsoligarchie noch eine reine Demokratie";³⁴ ihre Verfassung erschien ihm als „timokratisch, versetzt mit demokratischen Elementen."³⁵ In anderen Beiträgen wurde die durch die Rolle des Rates verbreiterte Machtbasis der korinthischen Aristokraten betont;³⁶ dadurch sei der politische Willensbildungsprozeß eben nicht eine Sache weniger Oligarchen gewesen, sondern habe die berechtigten Anliegen von Adel *und* Demos mit aufnehmen können. Will hat diese Sichtweise aufgegriffen und auf eine einprägsame Formel gebracht, indem er von „une sorte de compromis entre démocratie et oligarchie" in der Stadt am Isthmus sprach.³⁷ Zwar sei nach dem Sturz der Tyrannen die alte korinthische Aristokratie wieder an die Macht gekommen, doch habe es sich dabei angesichts der Beibehaltung wesentlicher kypselidischer Strukturreformen (zum Beispiel der Phylenreform) nicht um eine reaktionäre Rückkehr in die Vergangenheit gehandelt. Auch wenn die einzelnen Modalitäten unbekannt sind, kann doch kein Zweifel daran bestehen, daß die Basis, auf der in Korinth

---

[32] Siehe Will, Korinthiaka 610ff. Alessandrì, Dieci probuli 138 faßt auf Basis unserer Aristoteles-Stelle die Aufgaben der Probulen so zusammen: „una magistratura oligarchica che ha il compito di deliberare preventivamente su argomenti sui quali poi l'assemblea in qualche modo, secondo procedere specifiche, interviene, ma con poteri limitati."

[33] So richtig Alessandrì, Dieci probuli 137f.

[34] Grüner, Korinths Verfassung und Geschichte 6.

[35] Ebd. 7.

[36] So etwa durch Wilisch, Beiträge zur inneren Geschichte des alten Korinth 16ff. u. Lutz, Corinthian Constitution 419.

[37] Will, Korinthiaka 610. Ähnlich schon Wilisch, Beiträge zur inneren Geschichte des alten Korinth 16: die korinthische Verfassung als „Kompromiss zwischen dem erstarkten Demos und der Aristokratie."

2. Die korinthische Verfassung nach dem Sturz der Kypseliden

seit der Mitte des sechsten Jahrhunderts v. Chr. Politik gemacht wurde, breiter war als jemals zuvor.[38] Darin bestand die von der Forschung gerühmte Klugheit dieser Verfassung und das Geheimnis ihrer Stabilität.[39]

Angesichts der im vorausgegangenen Abschnitt referierten Einschätzungen von Will ist es verständlich, daß der französische Gelehrte in seinem abschließenden Urteil vor einer Etikettierung der korinthischen Verfassung als ‚gemäßigte Oligarchie' zurückschreckte.[40] Die Verwendung dieses Terminus sei zwar inhaltlich „sans doute [...] pas inexact",[41] bedeute aber doch eine gewisse Rückprojizierung von verfassungstheoretischen Vorstellungen aus klassischer Zeit, die zumindest unmittelbar nach dem Sturz der korinthischen Tyrannen noch nicht existiert haben können. Selbst die Begriffe ‚Oligarchie' und ‚Demokratie' sind ja, wie es scheint, erst in der zweiten Hälfte des fünften Jahrhunderts geläufig geworden.

Oligarchisches Denken im engeren Sinne gibt es erst seit den 440er Jahren v. Chr.[42] Unsere aus dieser frühen Zeit bedeutendste Quelle hierfür ist die „Ἀθηναίων πολιτεία" des Ps.-Xenophon,[43] in der ganz unverblümt an der attischen Demokratie als einer Mehrheitstyrannis des gemeinen Volkes Kritik geübt und statt dessen die Herrschaft der Vornehmen über die Gesetze gefordert wird; letzteres erscheint dem Autor als Verwirklichung von ‚guter Ordnung', von εὐνομία.[44] An dem besagten Zeugnis ist erkennbar, daß die Ausbildung oligarchischer Vorstellungen eine Reaktion auf die Entwicklung der athenischen Verfassung im fünften Jahrhundert gewesen ist[45] – so erscheint es zumindest heute aufgrund der Quellenlage, die uns nur die attischen Verhältnisse einigermaßen deutlich erkennen läßt. In den Jahrzehnten vor und nach 500 v. Chr. muß demgegenüber die Opposition zwischen den politischen Systemen – soweit man davon überhaupt sprechen kann – noch ganz anders gelautet haben; nicht Oligarchie oder Demokratie war damals die Alternative, sondern Tyrannis oder Isonomie.[46] Vor diesem Hintergrund läßt sich die Verfassung

---

[38] Siehe Will, Korinthiaka 616: „Il reste que le régime, oligarchique au sens arithmétique du terme, semble avoir été pourvu d'une base assez largement démocratique."

[39] Siehe ebd. 615: „prudent quant à sa tendence politique." Ähnlich Salmon, Wealthy Corinth 234ff.

[40] Will, Korinthiaka 617ff.

[41] Ebd. 615.

[42] Leppin, Thukydides und die Verfassung der Polis 32ff.; zu frühen Formen oligarchischen Denkens auch M. Ostwald, Oligarchia. The Development of a Constitutional Form in Ancient Greece, Stuttgart 2000, 13ff.

[43] Die Datierung dieser Schrift ist immer noch umstritten. Mit der Ansetzung in die 440er Jahre folge ich Leppin, Thukydides und die Verfassung der Polis 34ff.

[44] [Xen.] rep. Ath. 1,9. Dazu Leppin, Thukydides und die Verfassung der Polis 39: „Es geht (dem Autor) nicht um eine Ordnung, die Arm und Reich gerecht wird, sondern um die Erfüllung der Interessen der Vornehmen."

[45] Ebd. 33ff. Umgekehrt hat der Demokratie-Begriff erst in der Auseinandersetzung mit dem oligarchischen Denken Profil gewonnen. Auch er etabliert sich in der zweiten Hälfte des fünften Jahrhunderts v. Chr.; siehe ebd. 23ff. u. 30ff.

[46] Ebd. 22ff.

der Korinther sicher besser verstehen als unter Zuhilfenahme der viel später entwickelten aristotelischen Kategorien, die in den oben zitierten Textstellen benutzt worden sind.

‚Isonomie' ist ein Begriff, der sich ursprünglich aus aristokratischen Vorstellungen ableitet.[47] Er bezeichnet „die Gleichheit der Vollberechtigten im Gegensatz zur Vorherrschaft eines Einzelnen, zu Monarchie und Tyrannis."[48] Natürlich stellte sich bald die Frage, was ‚Gleichheit' in diesem Zusammenhang bedeutete und wer die ‚Vollberechtigten' waren, die von ihr profitieren sollten.[49] Eine Ausdehnung der ἰσότης auf breiteste Bevölkerungskreise, wie sie später in der attischen Demokratie erfolgen sollte, war nicht von vornherein die einzige, wenn auch eine mögliche Richtung, in die sich die Isonomie entwickeln konnte.[50] In Sparta zum Beispiel erleben wir eine ganz restriktive Auslegung des Begriffs, seine Anwendung auf wenige ὅμοιοι.

Die Isonomie korinthischer Prägung ist, wie Will zu Recht festgestellt hat, eine Folge zweier „Revolutionen", einer ersten, durch die Tyrannis ausgelösten, und einer zweiten, die durch den Sturz der Kypseliden herbeigeführt wurde.[51] Isonomie in der Stadt am Isthmus, das bedeutete, daß die stete Mißachtung der πάτριος πολιτεία durch einen einzelnen und sein Geschlecht ihr Ende gefunden hatte, und daß der Kreis derer, die mitreden durften, nun erweitert wurde. Das Ergebnis war natürlich keine Demokratie im perikleischen Sinne – wie auch? –, aber doch eine für die Verhältnisse im sechsten Jahrhundert v. Chr. moderne und vor allem, wie es scheint, zukunftsweisende Lösung. Die beiden entscheidenden Punkte unserer an Gustav Großmann orientierten Isonomie-Definition – der Begriff der ‚Gleichheit' und der der ‚vollberechtigten Bürger' – wurden von den korinthischen Aristokraten aufgegriffen und in einer zwar engen, aber nicht zu restriktiven Interpretation in ihr Verfassungswerk integriert: Die Gleichheit der Bürger war dadurch eingeschränkt, daß jeglicher Entscheidungsfindung das Gremium der Probulen vorgeschaltet war, somit nicht alle Politen in gleicher Weise – und sei es auch nur theoretisch – den legislativen Prozeß beeinflussen konnten. Auf diese Weise gab es natürlich Bürger, die in der Polis eine größere Rolle zu spielen vermochten – zum Beispiel diejenigen, die das Probulenamt bekleiden durften – und andere, die in der Volksversammlung und im Rat nur begrenzte Mitwirkungsrechte hatten. Insgesamt aber stellt sich die Verfassung der Stadt Korinth nach der Tyrannenzeit als ein Gebilde dar, das

---

[47] Siehe Ehrenberg, Eunomia 154ff. u. Großmann, Politische Schlagwörter 46ff.; ferner Schubert, Perikles 144ff.

[48] Großmann, Politische Schlagwörter 46. Vgl. auch die Definition von Ehrenberg, Eunomia 155: Isonomie als „Gleichheit der Adeligen gegenüber der Ungleichheit, die in der Herrschaft eines Einzelnen liegt."

[49] Großmann, Politische Schlagwörter 43ff. sieht in diesem Zusammenhang einen Gegensatz zwischen der „geometrischen Gleichheit" der Oligarchen (Rechte proportional zum Wert der Person) und der rein „arithmetischen Gleichheit" der Demokraten.

[50] Ehrenberg, Eunomia 155; siehe auch Leppin, Thukydides und die Verfassung der Polis 22.

[51] Will, Korinthiaka 621: „la réalité consécutive à deux révolutions, celle qui fonda la tyrannie et celle qui la renversa."

2. Die korinthische Verfassung nach dem Sturz der Kypseliden

auch durch Ausdrücke wie „oligarchie isonomique" oder „démocratie limitée à la base" nur unzureichend beschrieben werden kann.[52] Um nicht durch den Vorgriff auf Kategorien aus der Zeit des Peloponnesischen Krieges oder noch später, der des Aristoteles, falsche Assoziationen auszulösen, sollte man ganz darauf verzichten, die korinthische Verfassung zu etikettieren.[53] Will man aber doch Vergleiche ziehen und eine Einordnung versuchen, so empfiehlt sich eher das Vorbild Solons.[54] Mit seinen durchaus tiefgreifenden Reformen hat er der athenischen Bürgerschaft eine neue Grundlage zu schaffen versucht, nicht indem er alles Bisherige umstürzte, sondern indem er jedem die seiner Meinung nach ihm zukommenden Aufgaben und Rechte zuwies. Die Aristokraten waren hierbei natürlich mehr gefragt – mehr auch in der Pflicht! – als das gemeine Volk, das gleichwohl in adäquater Weise in der Polis repräsentiert zu sein hatte. So stellte sich Solons Eunomia dar, und ein solches Verständnis des Begriffs dürfte auch den korinthischen Aristokraten in den Jahrzehnten nach dem Wirken des attischen Reformers vertraut gewesen sein. Auch sie errichteten die Verfassung ihrer Polis nach dem Sturz der Tyrannen „au fond aristocratique."[55]

Ziehen wir eine kurze Bilanz. Es führt angesichts des Gesagten kein Weg daran vorbei, zu konstatieren, daß es auf der gegenwärtigen Informationsbasis nicht möglich ist, eine Beschreibung der korinthischen Verfassung nach Art der athenischen oder auch nur der lakedaimonischen oder boiotischen Verfassung zu leisten. Die dürftigen Spuren, die sich in unserem Quellenmaterial erhalten haben, sind auf den vorausgegangenen Seiten zusammengetragen worden. Ist es auf dieser Basis auch nahezu unmöglich, im Hinblick auf die Einzelheiten des Verfassungslebens zu mehr als einem hypothetischen Bild zu gelangen, so erfährt man doch durch Einrichtungen wie das achtköpfige Probulengremium und durch die zeitgenössische Diskussion über die Isonomie (eben nicht die Oligarchie) einiges über den Geist, der das politische Leben in Korinth nach dem Sturz der Tyrannis auszeichnete, und die Prinzipien, nach denen es mutmaßlich funktionierte. Auf diesem Weg gilt es nun weiterzugehen.

Wir verfügen über eine erstrangige zeitgenössische Quelle, mit deren Hilfe sich an das Gesagte anknüpfen und so die Atmosphäre rekonstruieren läßt, die in der ersten Hälfte des fünften Jahrhunderts v. Chr. am Isthmus herrschte, unmittelbar vor dem

---

[52] Beides Will, Korinthiaka 619. Der erste Begriff geht auf Thuk. 3,62,3 zurück, wo die Thebaner in einer Rede die ὀλιγαρχία ἰσόνομος als positiven Verfassungsentwurf der Tyrannis und der Demokratie entgegenstellen.

[53] Die Schwierigkeit der Charakterisierung ist nicht erst von Will, sondern schon von den Forschern der ersten Stunde im 19. Jh. empfunden worden; vgl. Grüner, Korinths Verfassung und Geschichte 6f., der urteilte, die nachkypselidische korinthische Verfassung sei „weder eine Adelsoligarchie noch eine reine Demokratie" gewesen und der sie – nicht unzutreffend –, in Abgrenzung von der lakedaimonischen, als „timokratisch-convervativ, versetzt mit demokratischen Elementen" bezeichnete. Ähnlich Wilisch, Beiträge zur inneren Geschichte des alten Korinth 16, der die neue Verfassung als „Kompromiss zwischen dem erstarkten Demos und der Aristokratie" auffaßte.

[54] So schon Will, Korinthiaka 620ff.

[55] Ebd. 621.

Ausbruch der athenisch-korinthischen Auseinandersetzungen, die in der Folge in den heute vielfach so genannten Ersten Peloponnesischen Krieg mündeten. Es handelt sich um die Dreizehnte Olympische Ode Pindars, ein Epinikion auf den erfolgreichen Athleten Xenophon Thessalos' Sohn, einen korinthischen Adeligen aus dem Geschlecht der Oligaithiden. Es ist ein seltsamer Umstand, daß dieses Gedicht, das durch die dazugehörigen Scholien sicher auf das Jahr 464 v. Chr. datiert werden kann,[56] bis heute keine ausführliche Behandlung aus historischer Sicht erfahren hat. Auch die einschlägigen Monographien zur korinthischen Geschichte führen die Ode an, beschränken sich aber bei der im engeren Sinne geschichtlichen Auswertung auf verhältnismäßig wenige Anmerkungen.[57] Es ist diese Dreizehnte Olympische Ode Pindars, der wir uns nun zuwenden wollen, um zu ergründen, ob sie Anhaltspunkte für eine Klärung der oben aufgeworfenen Fragen geben kann.

---

[56] Schol. in Pind. Ol. 13 metr. (Drachmann 1,356); siehe auch Diod. 11,70,1 u. Dion. Hal. 9,61,1. – Zu den Tücken bei der Datierung der pindarischen Oden siehe Hornblower, Thucydides and Pindar 41ff.
[57] Einschlägig sind in diesem Zusammenhang die Stellen bei Will, Korinthiaka 620ff. u. Salmon, Wealthy Corinth 233f. u. 397f.

3. Pindars Dreizehnte Olympische Ode zu Ehren des Korinthers Xenophon

Das Epinikion galt lange Zeit als eines der weniger gelungenen des Meisters, zu bemüht erschienen auf den ersten Blick die Aufzählungen der athletischen Erfolge Xenophons und seines Oligaithidengeschlechts.[1] Erst die jüngere Forschung hat diesen Eindruck nachhaltig korrigiert, allen voran Thomas K. Hubbard, der nachweisen konnte, daß Ol. 13 keineswegs den „semi-Oriental bazaar [...] profuse in the admired disorder of its wares" darstellt, als der sie noch Basil L. Gildersleeve erschien,[2] sondern daß sie ganz im Gegenteil einem thematisch bedeutsamen Grundmuster folgt, der Darstellung des spannungsreichen Gegensatzes von menschlicher Leistungsfähigkeit und menschlicher (Selbst-)Beschränkung.[3]

Das Gedicht setzt ein mit einem Lob auf die Heimatstadt des Gepriesenen, die ὀλβία Κόρινθος (v. 1ff.)[4]:

Τρισολυμπιονίκαν	Dreimalolympischgoldenes
ἐπαινέων οἶκον ἥμερον ἀστοῖς,	Preisend, das Haus, das freundlich ist zu den Bürgern
ξένοισι δὲ θεράποντα, γνώσομαι	und den Fremden zu Diensten, will ich wahrnehmen
τὰν ὀλβίαν Κόρινθον, Ἰσθμίου	das gesegnete Korinth, des isthmischen
πρόθυρον Ποτειδᾶνος, ἀγλαόκουρον[5];	Poseidon Vortor, das jugendprangende;[5]
ἐν τᾷ γὰρ Εὐνομία ναίει κασιγνήτα	Denn darin wohnt Eunomia und die Schwester,
τε βάθρον πολίων ἀσφαλές,	unerschütterlicher Grundstein der Städte,
Δίκα καὶ ὁμότροφος Εἰρήνα, ταμί'	Dike und, mit ihr großgezogen, Eirene,
ἀνδράσι πλούτου,	Verwalterin des Reichtums den Männern,
χρύσεαι παῖδες εὐβούλου Θέμιτος·	goldene Töchter der wohlratenden Themis;
ἐθέλοντι δ' ἀλέξειν	sie sind bereit, abzuwehren
Ὕβριν, Κόρου ματέρα θρασύμυθον.[10]	Hybris, des Hochmuts dreistredende Mutter.[10]

---

[1] Prägend für die weitere Forschung war sicherlich die skeptische Beurteilung durch Wilamowitz-Moellendorff, Pindaros 369ff., der spekulierte, Pindar habe Ol. 13 „als Last empfunden" (ebd. 369); er sei durch die mühevollen Aufzählungen der Erfolge seines Auftraggebers außer Atem gekommen und habe den Faden der Konstruktion verloren (ebd. 370). Geradezu vernichtend ist Wilamowitzens abschließendes Gesamturteil (ebd. 374): „Das Ganze ist doch nur ein *opus operatum*, in manchem *operosum*." Ähnliche Stellungnahmen schon bei Gildersleeve, Pindar 228 u. 235f., aber auch noch bei Bowra, Pindar 351f.

[2] Gildersleeve, Pindar 227; auch er schränkt allerdings ebd. ein: „But there is, after all, a certain Greek symmetry."

[3] Hubbard, Pegasus' Bridle 27 („opposition of mortal achievement and restraint").

[4] Ich zitiere, auch im folgenden, nach der Übersetzung von D. Bremer, lediglich im Hinblick auf Κόρος trete ich für die Übersetzung mit „Hochmut" statt „Überfluss" ein.

Es ist sicher kein Zufall, daß Pindar sein Lied mit einem Lobpreis auf Korinth beginnt. In der ersten Triade (v. 1–23) zeichnet er ein Bild von der Heimat des Xenophon, das den athletischen Ruhm des vornehmen Oligaithidensprosses in wirkungsvoller Weise aufnimmt und im Ruhm der Polis widerspiegelt. Korinth, schon von den ältesten Dichtern apostrophiert als wohlhabend und von den Göttern gesegnet – eben ὀλβία oder ἀφνειός[5] –, ist die Heimat der Horen, der drei Töchter der Themis. Eunomia, Dike und Eirene sind ihre Namen; so werden die ‚Wesenheiten' umschrieben, die dem Autor zufolge für das Blühen und Gedeihen der Stadt die unabdingbare Voraussetzung bilden.[6] Was unter diesen ‚Wesenheiten' im einzelnen zu verstehen ist, wie sie bei Pindar durch die Kontrastierung mit Hybris und Koros zusätzliches Profil gewinnen und inwieweit mit ihnen eine Aussage über das politische Klima in Korinth um 464 v. Chr. verbunden ist, darüber wird weiter unten noch ausführlich zu sprechen sein.

Die Eunomia, Dike und Eirene genannten ‚Wesenheiten' umschreiben eine Grundlage für das Zusammenleben der korinthischen Politen, die nur langfristig, bei steter Bewahrung und Pflege, ihre segensreiche Wirkung entfalten konnte, denn die Horen waren nach griechischer Auffassung zuständig für alles, was Zeit braucht, was heranreift.[7] Mit der Erwähnung bahnbrechender korinthischer Erfindungen (σοφίσματα) in v. 17–23 leitet Pindar nun zu einer Reihe punktueller Geschehnisse über, die ihm die Möglichkeit verschafft, zu den aktuellen athletischen Leistungen des Xenophon (v. 24–46) ebenso hinzuführen wie zum Mythos des Bellerophontes (v. 47–92). Letzterer wird eingeleitet und in seiner augenscheinlichen Bedeutung für das Gedichtganze hervorgehoben durch eine für Pindars Dichtung charakteristische Gnome (v. 47f.):[8]

ἕπεται δ' ἐν ἑκάστῳ	Verbunden aber ist mit jedem
μέτρον· νοῆσαι δὲ καιρὸς ἄριστος.	ein Maß; der richtige Augenblick ist am besten wahrzunehmen.

Ein Maß (μέτρον) gibt es also für alle Dinge, für Xenophon, den Helden zahlreicher athletischer Wettstreite ebenso wie für Pindar, den Künder seines Ruhms – und für die Korinther, aus deren Mitte der Oligaithide hervorgegangen ist? Die Forschung gibt

---

[5] Das Epitheton ἀφνειός findet sich schon bei Hom. Il. 2,570; dazu u.a. Hornblower, Thucydides and Pindar 56. Zur Bedeutung von ὄλβος siehe u.a. R. E. Doyle, Olbos, Koros, Hubris and Atê from Hesiod to Aeschylus, Traditio 26, 1970, bes. 303. J. Pinsent, Pindar, Nemean 1,24 & Olympian 13,3, LCM 8, 1983, 16 mißt Pindars Charakterisierung von Korinth als ὀλβία eine besondere Bedeutung zu; sie sei kein bloßes Attribut. Gildersleeve, Pindar 228 glaubt, daß der opulente Anfang in v. 1 mit dem ὄλβος der Stadt korrespondiert.

[6] Zum Begriff der ‚Wesenheit' und seiner besonderen Bedeutung für Pindar siehe Fränkel, Dichtung und Philosophie des frühen Griechentums 549ff.

[7] Dazu Gildersleeve, Pindar 229.

[8] Vgl. ebd. 232: „the central thought of the poem." Dazu auch Dickson, Damasiphrôn Khrusos 125f. u. ausführlich Theunissen, Pindar 847ff. – Grundsätzliches zur Bedeutung der Gnome im Epinikion nun bei J. Stenger, Poetische Argumentation. Die Funktion der Gnomik in den Epinikien des Bakchylides, Berlin/New York 2004, bes. 39ff.

Hinweise darauf, daß diese Frage positiv zu beantworten ist, denn die pindarischen Epinikien sind grundsätzlich nicht nur an ihren unmittelbaren Adressaten gerichtet, sondern auch an die Polisgemeinschaft, der er angehört.[9] Bestätigt wird diese eher generelle Aussage durch die Vielzahl von bewußt konstruierten Bezügen zwischen Xenophon, dem Heros Bellerophontes und den Korinthern, die im Verlaufe von Ol. 13 deutlich werden. Man könnte ganz simpel mit dem mehrfachen Dreiklang beginnen, der sich aus den drei olympischen Siegen der Oligaithiden, den drei Erfindungen der Korinther und den drei Töchtern der Themis ergibt.[10] Andere Beziehungen manifestieren sich nach typisch archaischer Art in Gegensatzpaaren,[11] so etwa der aktuelle, augenblickshafte, auf physischer Kraft beruhende Erfolg des Xenophon, der mit dem langfristigen, stillen und weisen Wirken der Horen kontrastiert. Oder die heimischen Erfindungen der Korinther,[12] die ihr Gegenstück in den panhellenischen athletischen Erfolgen der Oligaithiden haben. Es spricht alles dafür, daß Michael Theunissen mit seiner Einschätzung richtig liegt: „Korinth ist also ein zu treffender Punkt. Als ein Treffen des Kairos enthüllt sich die zu Beginn projektierte Erkenntnis der Stadt."[13] Dem Preis der Stadt Korinth am Anfang des Gedichts entspricht das Lob gegenüber einem seiner gegenwärtig ruhmreichsten Bürger und seinem Oikos, und all das spiegelt sich dann wider im Mythos von Bellerophontes, dem bedeutendsten Heroen der Polis. Welche Implikationen all das für eine historische Interpretation von Ol. 13 beinhaltet, auch das ist eine Frage, mit der wir uns noch ausführlich beschäftigen müssen.

Der Mythos von Bellerophontes nimmt den größten Teil von Pindars Epinikion auf Xenophon ein. Er umfaßt zwei Triaden mit insgesamt 45 Versen (v. 47–92). Nach einer kurzen Einleitung, in der die Erinnerung an andere bedeutende Figuren und Episoden der heroischen Frühgeschichte Korinths anklingt (Sisyphos, Medeia, Teilnahme der Korinther am Trojanischen Krieg auf *beiden* Seiten), konzentriert sich die Erzählung rasch auf die Zähmung des mythischen Pferdes Pegasos durch Bellerophontes an der Quelle Peirene. Alle Versuche scheitern zunächst, doch dann wird dem Heros in einem Traumbild von Athene ein Zaumzeug aus Gold geschenkt. Die Konsultation eines Sehers nach dem Erwachen,[14] des Koiraniden Polyidos, läßt Bellerophontes alle Zweifel überwinden, und tatsächlich gelingt es ihm, mit seinem „Pferdezauber" (φίλτρον τόδ' ἵππειον, v. 68), dem „zähmenden Zaubermittel" (φάρμακον πραΰ, v. 85), den Pegasos

---

[9] Den Zusammenhang von Siegerlob und Polislob bei Pindar betonen ausdrücklich Saïd/Trédé-Boulmer, Eloge 161ff., mit Pind. Ol. 13 als Fallbeispiel ebd. 166f.
[10] So Gildersleeve, Pindar 227.
[11] Vgl. Hubbard, Pegasus' Bridle 34, der das Denken in Antithesen – er spricht von „polarities" – als Kennzeichen der Dichtkunst Pindars ansieht; so allerdings auch schon Fränkel, Dichtung und Philosophie des frühen Griechentums 577.
[12] Pind. Ol. 13,17 betont den lokalen Aspekt, das Heimische, in diesem Zusammenhang ausdrücklich: ἅπαν δ' εὑρόντος ἔργον.
[13] Theunissen, Pindar 854.
[14] Farnell, Critical Commentary 96 sieht in dem von Pindar geschilderten Vorgang eine ἐγκοίμησις.

zu überwinden.[15] Zuletzt erfolgen knappe Hinweise auf Bellerophontes' übrige Heldentaten (Kampf gegen die Amazonen, die Chimaira und die Solymer) und eine für den Kontext des Gedichtes bezeichnende Andeutung seines unrühmlichen Endes (v. 91):

διασωπάσομαί οἱ μόρον ἐγώ.	Schweigen bewahren will ich über sein Todeslos.

Daß der wichtigste und beliebteste Heros der Korinther ein Opfer seiner Hybris geworden ist, als er versuchte, mit dem Pegasos den Himmel zu stürmen und so in den Wohnsitz der Götter einzudringen – das war offensichtlich ein Thema, mit dem sich Pindar am Festtag des adeligen Xenophon nicht allzu ausführlich beschäftigen wollte.[16] Statt dessen widmete er die letzte Triade seiner Ode (v. 93–115) den athletischen Erfolgen von dessen Oligaithidengeschlecht. Die Leistungen des Besungenen werden nun nicht mehr nur in Bezug gesetzt zu den auf Erfindungsgeist beruhenden Errungenschaften der Heimatstadt und zu den Taten der heimischen Heroen, sondern auch zu den agonalen Erfolgen seiner Familienmitglieder. Noch einmal scheint die Pindar so wohlvertraute aristokratische Welt der panhellenischen Feste auf, bevor der Dichter in einem abschließenden Segenswunsch Xenophon und die Seinen dem Zeus Teleios empfiehlt. Die Wortwahl ist bezeichnend (v. 112–115):

[...] καὶ πᾶσαν κάτα Ἑλλάδ' εὑρήσεις ἐρευνῶν μάσσον' ἢ ὡς ἰδέμεν.	[...] und über ganz Hellas hin wirst du finden, wenn du suchst, Größeres als du zu schauen vermagst.
ἄγε κούφοισιν ἔκνευσον ποσίν·	Auf! Schwimm hinaus mit leichten Füßen!
Ζεῦ τέλει', αἰδῶ δίδοι καὶ τύχαν τερπνῶν γλυκεῖαν.[115]	Zeus Vollender, gib Scheu und des Erfreulichen süßes Gelingen![115]

---

[15] Ausführlich beschäftigt sich Dickson, Damasiphrôn Khrusos 124ff. mit Pindars Technikverständnis in Ol. 13 und betont hierbei dessen letzthin magische (er spricht ebd. 129 von „pretechnological") Vorstellungswelt.

[16] In Pind. Isthm. 7,42–48 hingegen – allerdings vor thebanischem, nicht vor korinthischem Publikum – behandelt er das Ende des Bellerophontes ausführlicher.

4. Probleme einer historischen Interpretation von Pindars Oden

Die pindarische Chorlyrik ist eine Kunst, die sich dem heutigen Leser nicht ohne weiteres erschließt.[1] Das liegt an der festen Einbindung in den gesellschaftlichen Raum,[2] in dem sie entstand, der aristokratischen, dem adeligen Vortrefflichkeitsideal verbundenen Wertewelt, die sie nährte, von deren Vitalität sie aber auch abhängig war.[3] Der Anlaß für die Schaffung eines Epinikions war stets ein aktueller, bei der uns interessierenden Ode Ol. 13 der zweifache Sieg des Korinthers Xenophon in einem Wettkampf bei den Olympischen Spielen. Auch die Aufführung eines solchen Gedichts war ein in erster Linie aktuelles, an einen bestimmten, nicht wiederholbaren Augenblick geknüpftes Ereignis, etwa die Heimkehr des Siegers in seine Heimatstadt.[4] Kultische Handlungen lieferten hierbei einen festlichen Rahmen, und das Publikum, das an der Ehrung des Olympioniken teilnahm, bestand natürlich aus seinen Mitbürgern, einem Zuhörerkreis also, der dieselben geschichtlich-kulturellen Erfahrungen hatte wie er selbst und der somit seine Leistungen in den Kontext seines Oikos und seiner Polisgemeinschaft problemlos einzuordnen vermochte. Aus alldem geht hervor, daß die Aufführung eines Chorliedes von der Art unserer Ode zunächst einmal ein Akt mündlicher Vermittlung bestimmter Inhalte gewesen ist.[5] Dies schließt eine gleichzeitige schriftliche Fixierung und spätere textuelle Weiterverbreitung freilich nicht aus.[6]

‚Aktualität' ist freilich nur die eine Seite der Medaille, mit der die Bedeutung von Pindars Epinikien näher eingegrenzt werden kann. ‚Normsetzung', ‚Sinngebung' könnte man die andere nennen. Pindars Kunst ist anspruchsvoll, sie begreift sich als gesellschaftlich relevant.[7] Der Dichter verharrt nicht bei der Behandlung des bloßen Anlasses, dem er sein Engagement verdankt, sondern versucht diesen einzuordnen in einen größeren, die Aktualität überschreitenden Rahmen. „Nicht die Wirklichkeit verleiht dem Gedicht

---

[1] Die Darstellung von Fränkel, Dichtung und Philosophie des frühen Griechentums 483ff. ist zwar nicht mehr auf dem neuesten Forschungsstand, aber als Einführung in die Thematik immer noch zu empfehlen.

[2] Dies ist ein Aspekt, der in jüngerer Zeit insbesondere von Gentili, Poesia e pubblico herausgearbeitet worden ist; vgl. aber auch Krummen, Pyrsos Hymnon, bes. 267ff.

[3] Der Begriff Kalokagathie wird an dieser Stelle bewußt vermieden, da er erst in der zweiten Hälfte des fünften Jahrhunderts v. Chr., ausgehend von den Sophisten, zu einem Schlagwort geworden ist; siehe dazu umfassend Bourriot, Kalos Kagathos - Kalokagathia, 2 Bde., Hildesheim u.a. 1995, zusammenfassend ebd., Bd. 1, 611ff.

[4] Dazu Krummen, Pyrsos Hymnon u. Saïd/Trédé-Boulmer, Eloge 161ff.

[5] So Krummen, Pyrsos Hymnon 267.

[6] Auf welchen Wegen das geschehen konnte, hat Fränkel, Dichtung und Philosophie des frühen Griechentums 488f. gezeigt.

[7] Saïd/Trédé-Boulmer, Eloge 170 sprechen sogar von einer „politischen" Kunst wie im Falle der Tragödie. Siehe auch Hornblower, Thucydides and Pindar 35 u. Morgan, Debating Patronage 228.

‚Sinn', sondern die Dichtung der Wirklichkeit."[8] Deshalb greift Pindar immer wieder zu Bildern und Erzählungen aus dem Bereich des Mythos; sie dienen dazu, die vor Augen stehende Wirklichkeit zu deuten, aber auch sie zu stilisieren und zu überhöhen,[9] Zeitgebundenes und Zeitloses zusammenzuspannen, verpflichtende Normen in Erinnerung zu rufen und vor ihrem Vergessen zu warnen.[10] Der Olympionike wird bis an die Schwelle einer heroischen Existenz erhoben,[11] erfährt aber auch die potentiellen Gefährdungen, die eine solche beinhaltet. Dabei springt unser Autor bisweilen von einer mythischen Szene zur anderen und von einem Heros zum nächsten, denn nicht auf eine vordergründige Systematik kommt es ihm an: „Die erratischen Flüge, mit denen sich Pindars Dichtung von Thema zu Thema herüberschwingt, zeigen im Beispiel, wie innerhalb der Wertewelt auch das Entfernteste durch gültige Beziehungen miteinander zusammenhängt."[12]

Ein Gedicht nach der Art von Ol. 13 erzählt uns also nicht nur vom Ruhm des Xenophon und seiner Familie im Jahre 464 v. Chr., es vermittelt auch eine Vorstellung von den Werten, an denen sich die Oligaithiden damals messen ließen oder messen lassen mußten. Da das konkrete Publikum in seiner Gesamtheit ein ebenso berufener wie unbestechlicher Richter über die Einhaltung dieser Werte war, können wir darüber hinaus guten Gewissens postulieren, daß wir in dieser Ode auch etwas darüber erfahren, wie die korinthischen Bürger über ihre Gegenwart und (mythische) Vergangenheit dachten, welche Verhaltensweisen sie für gut hielten und welche eben nicht.[13] Der Mythos war hierbei ein Mittel zum Zweck, und zwar dazu, die Einbindung überkommener, durch die heroische Vergangenheit beglaubigter Normen in die aktuelle Gegenwart zu leisten und dadurch ihre Gültigkeit zu bekräftigen.[14] Pindar scheint dies selbst so gesehen zu haben, denn in v. 49–52 unseres Gedichts äußert er sich über die ihm zugedachte Aufgabe:

ἐγὼ δὲ ἴδιος ἐν κοινῷ σταλεὶς μῆτίν τε γαρύων παλαιγόνων⁵⁰	Ich aber, als einzelner in der Gemeinschaft bestellt, von Klugheit der Alten zu künden⁵⁰
πόλεμόν τ' ἐν ἡρωίαις ἀρεταῖσιν	und Kampf in Heroenleistungen,
οὐ ψεύσομ' ἀμφὶ Κορίνθῳ [...].	werde nicht lügen über Korinth, [...].

---

[8] Krummen, Pyrsos Hymnon 268.
[9] Vgl. Saïd/Trédé-Boulmer, Eloge 166: „une sorte de fusion entre gloire passée et gloire présente." Siehe auch Krummen, Pyrsos Hymnon 268f.
[10] Dieser Aspekt wird von Illig, Form der Pindarischen Erzählung 99ff. u. Fränkel, Dichtung und Philosophie des frühen Griechentums 537ff. besonders hervorgehoben.
[11] Saïd/Trédé-Boulmer, Eloge 167.
[12] Fränkel, Dichtung und Philosophie des frühen Griechentums 566. Gewisse Strukturprinzipien sind gleichwohl zu erkennen; vgl. z.B. Illig, Form der Pindarischen Erzählung 102, der von der allmählichen Verknüpfung verschiedener Inhalte zu einer „mehr oder weniger konzentrische(n) Ringanlage" spricht. Ähnlich in jüngerer Zeit Jouan, Mythe de Bellérophon, 276; auch er spricht – gerade in bezug auf Ol. 13 – von einer „composition annulaire" mit gewissen Haltepunkten („scènes appuyées").
[13] Nicht umsonst beginnt Pindar Ol. 13 mit einem Lob auf Korinth; zur Bedeutung der Gedichtanfänge bei Pindar Fränkel, Dichtung und Philosophie des frühen Griechentums 537ff.
[14] Siehe Illig, Form der Pindarischen Erzählung 28ff.

4. Probleme einer historischen Interpretation von Pindars Oden

Von den Erfindungen der Korinther, die sie der μῆτις παλαιγόνων verdanken, hat der Dichter zu diesem Zeitpunkt schon gesprochen; jetzt folgt die Darstellung der ἡρῷαι ἀρεταί in Gestalt der Abenteuer des Bellerophontes, und zwar in der Gemeinschaft der Korinther (ἐν κοινῷ σταλείς) und in stetem Bezug auf sie. Erst dadurch läßt sich aus dem Mythos ein ‚Sinn' herausarbeiten,[15] der dann – bei Ol. 13 zum Beispiel in Gestalt der griffigen Gnome von v. 47f. – das vordergründig heterogen erscheinende Gedicht zusammenhält. Laut Leonhard Illig ist dies geradezu der Hauptzweck der pindarischen Epinikien, daß nämlich „die Einheit der Erzählung in der Sinngebung des Mythos oder in seiner besonderen paradeigmatischen Anwendung zu suchen und dort auch zu finden" ist.[16]

Das Gesagte bringt es mit sich, daß Pindar für den Historiker prinzipiell keine direkt verwertbaren Informationen bereithält, sieht man einmal von der bloßen Nachricht eines erfolgreich von einem mehr oder weniger bekannten Aristokraten absolvierten Agons bei einem bedeutenden panhellenischen Fest ab. Denn es geht unserem Dichter ja nicht primär um einmalige Ereignisse rings um den Athleten und seine Heimatstadt. „Der Empirist hat seine Freude am Einmaligen und Besonderen; anders Pindar, für den der Einzelfall nur Probe und Beispiel ist."[17] Um über mehr als eine gewisse Kenntnis der Atmosphäre in der Polis und im näheren Beziehungskreis des Geehrten hinauszugelangen, müßten wir über viel mehr an Einzelheiten, nämlich über „the full local context of commemoration and patronage"[18] verfügen, doch dies bleibt uns zumeist versagt.[19]

Dennoch ist die Mühe um ein besseres Verständnis der historischen Hintergründe von Pindars Oden nicht von vornherein vergeblich. Sie erschließen sich nur gewöhnlich nicht in direkter Weise, etwa durch eine offene Anspielung des Dichters auf eine Schlacht oder einen politischen Umsturz. Es ist zum Beispiel auf den ersten Blick geradezu bestürzend, wie Pindar den Todeskampf des vom übermächtigen Nachbarn Athen bedrohten Aigina im Saronischen Golf scheinbar ignoriert. Zweifellos hat er die einst bedeutende Insel geschätzt und enge Beziehungen zu ihren aristokratischen Eliten gepflegt – bis zum Schluß im übrigen, denn sein letztes datierbares Gedicht, die Achte Pythische Ode aus

---

[15] Ähnlich Erbse, Pindars Umgang mit dem Mythos 30.
[16] Illig, Form der Pindarischen Erzählung 100. Krummen, Pyrsos Hymnon 267 spricht in durchaus vergleichbarer Weise von einem „poetischen Umwandlungsprozeß von Wirklichkeit in gedeutete Wirklichkeit." Der Mythos sei das Mittel, mit Hilfe dessen dieser Umwandlungsprozeß in Gang gesetzt werden kann.
[17] Fränkel, Dichtung und Philosophie des frühen Griechentums 564.
[18] Siehe Morgan, Debating Patronage 216.
[19] Siehe die Versuche bei Bowra, Pindar 99ff. in dem Kapitel „Echoes of Politics". – Barrett, Oligaithidai 4 weist mit Recht darauf hin, daß auch die Scholien zu Pindar uns häufig im Stich lassen, weil ihre vermeintlich wertvollen Informationen allzuoft lediglich aus dem Text der Oden herausgesponnen sind. Zur Problematik der Einordnung der vielen, von Pindar mitgeteilten Einzelheiten vgl. auch Krummen, Pyrsos Hymnon 268: die Interpretation eines Gedichts könne oft nur dann gelingen, „wenn die Aussagen Pindars historisch so genau wie möglich eingegrenzt werden." Gerade dies aber ist häufig nicht möglich.

dem Jahre 446 v. Chr., richtet sich an den Ringkämpfer Aristomenes von Aigina.[20] Doch erst bei näherem Hinsehen erschließt sich die Teilnahme Pindars am Schicksal dieser Polis. Da wird das Ideal der Hesychia gepriesen, die Voraussetzung von Wohlfahrt und Reichtum, der Gegensatz von στάσις im Inneren und πόλεμος nach außen.[21] Die Mythen und Gnomen, die der Dichter wählt, erzählen von Habgier und Hybris und ihrer Bestrafung.[22] Den Aigineten wünscht er in seinem Schlußgebet zu den Göttern einen von Freiheit bestimmten Weg in die Zukunft.[23] Wer würde nicht in all dem einen Kommentar des Dichters zu den politischen Zerwürfnissen im athenisch-aiginetischen Verhältnis während der 450er und 440er Jahre v. Chr. zumindest in Erwägung ziehen?[24] Indessen, die Aussagen von Pyth. 8 sind nicht deutlich, nicht ausdrücklich genug, können es auch aufgrund der Gesetzmäßigkeiten des literarischen Genus Chorlyrik nicht sein, und wenn man der Ansicht ist, daß die idealisierende Wirklichkeitsschilderung Pindars tagespolitische Anklänge von vornherein ausschließt,[25] muß man die Ode für Aristomenes als historische Quelle ausschließen. Eine solche Position begibt sich freilich ohne Not der Möglichkeiten, die das zweifellos schwierige Material uns bietet.

Im folgenden soll deshalb der Versuch unternommen werden, Pindars Dreizehnte Olympische Ode auf historisch verwertbare Informationen zur Lage Korinths um 464 v. Chr. zu überprüfen. Es wäre ebenso voreilig wie ungerechtfertigt, dies nicht zu tun, denn wir haben es hier mit einem zeitgenössischen, in Korinth selbst verortbaren Zeugnis zu tun. Der sogenannte Erste Peloponnesische Krieg hatte noch nicht begonnen, der Prozeß des sich stetig verstärkenden Gegensatzes zwischen Athen und Sparta und ihren jeweiligen Bündnern mit allen daraus resultierenden Folgen für Gesamtgriechenland war noch nicht recht in Gang gekommen. An folgenden Punkten läßt sich ansetzen: Erstens, bei der Familie Xenophons, den Oligaithiden, offensichtlich einem der führenden Adelsgeschlechter Korinths. Zweitens, bei den zentralen Begrifflichkeiten, die Pindar zur Charakterisierung der Heimat des Athleten verwendet. Was bedeutet es, wenn Korinth seiner Meinung nach durch Eunomia, Dike und Eirene ausgezeichnet ist? Drittens schließlich, beim Bellerophontes-Mythos. Wenn die generelle Aussage zutrifft, daß Pindar mit Hilfe von Mythen und Gnomen für ihn zentrale Aussagen formuliert,

---

[20] Das Verhältnis Pindars zu Aigina würdigt ausführlich Hornblower, Thucydides and Pindar 207ff.
[21] Zur Hesychia siehe Dickie, Hêsychia and Hybris in Pindar 83ff.; Krischer, Pindars achte Pythische Ode 116ff.; Pfeijffer, Pindar's Eighth Pythian 158ff.; Erbse, Pindars Umgang mit dem Mythos 29 u. Hornblower, Thucydides and Pindar 60ff.
[22] So z.B. Pind. Pyth. 8,15: βία δὲ καὶ μεγάλαυχον ἔσφαλεν ἐν χρόνῳ.
[23] Vgl. ebd. 98f.: Αἴγινα φίλα μᾶτερ, ἐλευθέρῳ στόλῳ ὁ πόλιν τάνδε κόμιζε [...].
[24] Dies tun sowohl Krischer, Pindars achte Pythische Ode 119ff. als auch Pfeijffer, Pindar's Eighth Pythian 160ff., jeweils mit unterschiedlichen Akzenten; skeptisch diesbezüglich Hornblower, Thucydides and Pindar 223ff. Siehe auch Figueira, Athens and Aigina 84ff. u. 88ff.
[25] So Erbse, Pindars Umgang mit dem Mythos 30. Dickie, Hêsychia and Hybris in Pindar, bes. 83 u. 100f. lehnt zwar nicht prinzipiell die Möglichkeit einer Bezugnahme der pindarischen Epinikien auf historische Ereignisse ab; in Pind. Pyth. 8 sei eine solche jedoch nicht zu finden. Das Gedicht gehöre ganz dem Kontext des Symposions an.

dann stellt sich hiervon ausgehend die Frage: Was bedeutet Bellerophontes' Ruhm und Scheitern nicht nur für Xenophon und die Oligaithiden, sondern auch für die Bürgergemeinschaft der Korinther? Wo steht die Stadt am Isthmus nach der Meinung des Dichters im Jahre 464 v. Chr.? Wie ist das bisherige Handeln ihrer aristokratischen Eliten aus seiner Sicht zu charakterisieren, wie ihr künftiges zu prognostizieren?

5. Xenophon Thessalos' Sohn und das Geschlecht der Oligaithiden

Pindars Ol. 13 ist die einzige erhaltene, die sich an einen siegreichen Athleten in Korinth wendet. Andere Poleis, wie Aigina oder seine Heimatstadt Theben, tauchen weitaus öfter in unserem Corpus auf. Daraus weitreichende Schlüsse zu ziehen – etwa dahingehend, bei Ol. 13 habe es sich um eine „Pflichtübung" des Dichters gehandelt[1] –, wäre allerdings voreilig, zumal ein beträchtlicher Teil der pindarischen Gedichte uns nicht überliefert worden ist. Auch deutet die Formulierung γνώσομαι / τὰν ὀλβίαν Κόρινθον (v. 3f.) nicht unbedingt auf ein erstmaliges oder außergewöhnliches Engagement Pindars in der Stadt am Isthmus hin;[2] sie ist eher als imaginär aufzufassen, mit dem Zweck, die Positionierung des stadtfremden Sängers in der heimischen Zuhörerschaft zu leisten: Der Autor Pindar kommt als Auswärtiger in die Polis Korinth, um für den siegreichen Athleten, seine Familie und die ganze Bürgerschaft die zurückliegenden ruhmreichen Ereignisse in die mythische Vergangenheit einzuordnen und sie so deuten zu helfen.

5.1. Die Spannweite des Einflusses innerhalb und außerhalb Korinths

Das Haus der Oligaithiden, das geht aus vielen, über das Gedicht verstreuten Bemerkungen hervor, muß eines der wohlhabendsten und einflußreichsten von Korinth gewesen sein.[3] Schon in v. 2f. weist Pindar darauf hin, daß sich seine Mitglieder um ihre Mitbürger ebenso sorgten wie um Fremde, die sie aufsuchten (ἐπαινέων οἶκον ἥμερον ἀστοῖς, / ξένοισι δὲ θεράποντα).[4] Auch als der zu ehrende Xenophon in der zweiten Triade des Gedichts erstmalig namentlich genannt wird, steht er nicht für sich: Das Ge-

---

[1] Stimmen dazu oben S. 35.
[2] So allerdings Wilamowitz-Moellendorff, Pindaros 371ff.; besser Farnell, Critical Commentary 89. Siehe auch J. Pinsent, Pindar, Nemean 1,24 & Olympian 13,3, LCM 8, 1983, 16.
[3] Zum Geschlecht der Oligaithiden siehe ausführlich Barrett, Oligaithidai; ebd. 9 ein Stammbaum der uns bekannten Familienmitglieder.
[4] Letzteres dürfte für Pindar persönlich von Bedeutung gewesen sein, denn solcher θεραπεία verdankte der umherreisende Chorlyriker seinen Dichterlohn; dazu Fränkel, Dichtung und Philosophie des frühen Griechentums 489ff., der Pindars Dichtkunst und ihre Entlohnung mit der Praxis des aristokratischen Gabentauschs in Verbindung bringt.

bet an den Vater Zeus in v. 27f., er möge dem siegreichen Athleten eine gute Zukunft gewähren, bezieht das Volk von Korinth wie selbstverständlich mit ein (τόνδε λαὸν ἀβλαβῆ νέμων / Ξενοφῶντος εὔθυνε δαίμονος οὖρον).

Befand sich das Oligaithidengeschlecht innerhalb der korinthischen Bürgerschaft an exponierter Stelle, so galt dies offensichtlich in gleichem Maße auch außerhalb der heimatlichen Polis. Zweimal hat Xenophon bei den Olympischen Spielen den Siegeskranz errungen, einmal sein Vater Thessalos. In v. 32ff. ist von weiteren athletischen Großtaten die Rede, bei den Isthmischen und bei den Nemeischen Spielen, in Delphi, Athen und selbstverständlich in Korinth selbst. Beim erneuten Aufgreifen der oligaithidischen Siegesliste in v. 93ff. kommen weitere Orte und Landschaften hinzu: Argos, Theben, Arkadien, Pellene, Sikyon, Megara, Aigina, Eleusis, Marathon, Sizilien und Euboia. Im ganzen griechischen Kulturraum, so verkündet es Pindar, hat das Geschlecht des Xenophon seine Spuren hinterlassen und damit Kontakte von wahrhaft panhellenischem Zuschnitt geknüpft. Auch dies korrespondiert mit dem Geist der Stadt, der es entstammt, dem wohlhabenden, urbanen und erfindungsreichen Korinth. Schon die Heroen von einst beschränkten sich nicht auf ihre Heimat am Isthmus, sondern wirkten – wie Pindar mit kurzen Strichen andeutet (v. 49ff. und erneut 87ff.) – vor Troja, in Lykien und anderswo. In ihrem Leben und in dem des Xenophon und seiner Ahnen spiegelt sich das Selbstverständnis Korinths wider als „cosmopolitan center of trade and commerce which both receives and disseminates influences worldwide."[5] Ob man so weit gehen möchte, hinter der Nennung der oligaithidischen Wirkungsorte Interessen politischer Art zu vermuten, sei hierbei dahingestellt, denn es werden keine substantiellen Aussagen weiterführender Art gemacht.[6] Aber wichtige Interessengebiete Korinths im fünften Jahrhundert v. Chr. (Isthmusgebiet, nördliche Peloponnes, Korinthischer und Saronischer Golf, Sizilien) sind in der Tat durch Pindars Aufzählung abgedeckt, ein Umstand, der wohl kein bloßer Zufall ist.[7] Es waren Aristokraten wie Xenophon und seine Verwandten, die mit ihren Kontakten den Handlungsspielraum ihrer Heimatstadt erschlossen und somit auch einen Einfluß darauf hatten, wohin sich korinthische ‚Außenpolitik' überhaupt entwickeln konnte.

5.2. Repräsentation im kultischen Bereich

Wenden wir uns einem weiteren Gesichtspunkt zu, der Xenophon und sein Geschlecht aus der Polisgemeinschaft heraushebt und ihn zugleich fest in sie integriert. Es ist die

---

[5] Hubbard, Pegasus' Bridle 45.
[6] So ebd. 46; Hubbard spricht im Zusammenhang mit der zweiten Siegerliste von einer „political association".
[7] Der Name von Xenophons Vater, Thessalos, deutet ebenfalls auf adelige Kontakte der Oligaithiden hin, im betreffenden Falle nach Thessalien. Vgl. in diesem Zusammenhang die Namensgebung des athenischen Politikers Kimon, Miltiades' Sohn; laut Plut. Kim. 16,1 hießen zwei seiner Söhne Lakedaimonios und Thessalos. Dazu Blamire, Plutarch. Life of Kimon 165.

5. Xenophon Thessalos' Sohn und das Geschlecht der Oligaithiden

Rede von der religiösen Sphäre, die, wie bereits angeklungen ist, eine wichtige Rolle bei der Ausgestaltung und Präsentation eines Epinikions spielte. Durch eine glückliche Überlieferung sind uns Bruchstücke eines Enkomions von Pindar überliefert, in dem dieser eine Weihung Xenophons an Aphrodite besingt.[8] Der Olympionike hatte der in Korinth hochverehrten Göttin für den Fall seines Erfolges die Stiftung von hundert[9] Mädchen als Dankesschuld gelobt, die er nun, nach vollbrachter Tat, auch abstattete. Die einzelnen Forschungsprobleme, die mit diesem Fragment verbunden sind, sind in unserem Zusammenhang nicht weiter von Interesse;[10] wichtig ist nur, daß schon an Pindars Enkomion klar wird, daß Xenophons Erfolg in Olympia eine Sache der gesamten Bürgergemeinschaft, eine offizielle Angelegenheit war. Seine feierliche Rückkehr in die Heimat wurde öffentlichkeitswirksam unter Einbeziehung des Aphroditekults vollzogen; durch die kostspielige Weihung der Jungfrauen exponierte sich der Oligaithide vor der ganzen Bürgerschaft und untermauerte die Bedeutung und den Ruhm seines Geschlechts.

Doch um den angesprochenen Sachverhalt zu verdeutlichen, bedarf es gar nicht des erwähnten Pindarfragments. Auch Ol. 13 ist voll von frommen Anspielungen, Gebeten und kultischen Handlungen. Schon zu Beginn in v. 4f. wird das von den Göttern gesegnete (ὄλβία) Korinth mit einem Epitheton in den Text eingeführt, das seinen besonderen Schutz durch den isthmischen Poseidon hervorhebt (Ἰσθμίου / πρόθυρον Ποτειδᾶνος). Alle drei von Pindar genannten Erfindungen der Korinther haben mit der religiösen Sphäre zu tun, Dithyrambos und Tempelgiebel ohnehin, aber auch das vermeintlich profane Pferdegeschirr, das in v. 20 erstmals genannt wird.[11] Im Verlaufe der Bellerophontes-Erzählung taucht es in v. 78 wieder auf, nun ein von Athene im Traum offenbartes „zähmendes Goldgerät" (δαμασίφρονα χρυσόν), mit Hilfe dessen erst der Heros das Wunderpferd Pegasos zu bändigen vermag.

Die Positionierung dieser Geschichte an zentraler Stelle in Ol. 13,63–92 ist kein Zufall.[12] Die Überwindung des Pegasos durch Bellerophontes an der Quelle Peirene war offensichtlich ein wichtiger lokaler Mythos in der Stadt am Isthmus. Seine identitätsstiftende Kraft für die Polisgemeinschaft läßt sich nicht zuletzt daran erkennen, daß die korinthischen Münzen, die sogenannten ‚Fohlen' (πῶλοι), seit dem sechsten Jahrhundert gewöhnlich den Pegasos auf dem Avers, das Haupt der Göttin Athene auf dem Revers

---

[8] Pind. frg. 122 (Snell/Maehler), überliefert bei Ath. 573f-574b.
[9] Die Deutung von Pind. frg. 122 (Snell/Maehler), (19) [ἑκατόγγυιον] ist allerdings umstritten.
[10] Diskutiert wurde vor allem, ob das Fragment ein Zeugnis für die Praxis der Tempelprostitution im Korinth des 5. Jhs. v. Chr. darstellt. Siehe hierzu z.B. Conzelmann, Korinth und die Mädchen der Aphrodite u. H.-D. Saffrey, Aphrodite à Corinthe. Réflexions sur und idée reçue, RB 92, 1985, 359–374 Zusammenfassendes zum korinthischen Aphroditekult bei Reichert-Südbeck, Kulte von Korinth und Syrakus 33ff.; siehe zuletzt auch T.S. Scheer, Tempelprostitution in Korinth?, in: dies. (Hrsg.):, Tempelprostitution im Altertum. Fakten und Fiktionen, Berlin 2009, 221–266. Allgemein zu Pind. frg. 122 (Snell/Maehler) B. A. van Groningen, Pindare au banquet. Les fragments des scolies édités avec un commentaire critique et explicatif, Leiden 1960, 19ff.
[11] So auch Hubbard, Pegasus' Bridle 38f.
[12] Gentili, Poesia e pubblico 167.

trugen.¹³ In Korinth wurde Athene unter dem Beinamen Chalinitis verehrt, wodurch direkt an das Zaumzeug (χαλινός) erinnert wurde, das die Göttin ihrem Schützling im Traum geschenkt hatte. Wenn Pindar auf all diese Dinge Rücksicht nimmt und sie in seine Erzählung des Bellerophontes-Mythos einbezieht, so befindet er sich also auf dem Boden einer korinthischen Lokaltradition,¹⁴ vielleicht sogar einer aitiologischen Erzählung, die am Beginn der Schaffung des Kultes der Athene Chalinitis stand.¹⁵

Freilich sind die Einzelheiten rings um die Athene-Verehrung in der Stadt am Isthmus mehr als umstritten. Neben Chalinitis finden sich in unserer Überlieferung weitere dieser Göttin zugewiesene lokale Epitheta, nämlich Phoinix, Hippia¹⁶ und Hellotis.¹⁷ Es ist umstritten, ob man es hierbei jeweils mit eigenständigen Kulten oder lediglich mit im Laufe der Zeit divergierenden Benennungen zu tun hat.¹⁸ Je nachdem, in welche Epoche man die Einrichtung des hippischen Athene-Kults in Korinth datierte, konnte man ihn als altaristokratischen Pferdekult aus bakchiadischer Zeit – also noch aus den Jahrzehnten vor der Schaffung der Tyrannis herrührend – deuten,¹⁹ oder man vermutete in seiner Schaffung eine Reaktion des korinthischen Adels auf den Sturz der Kypseliden.²⁰ Alle diese Interpretationen stehen auf tönernen Füßen, weil sie auf Prämissen aufbauen, die ihrerseits umstritten sind.²¹ Wir brauchen sie aber auch nicht, um die Bedeutung der Erzählung von der Zähmung des Pegasos durch Bellerophontes für Xenophon und die Hörer seines Epinikions zu ermessen. Die Tatsache, daß Pindar die athletische Leistung des Oligaithiden im Lichte eines ebenso bekannten wie für das Selbstverständnis der korinthischen Polisgemeinschaft zentralen Mythos gespiegelt hat, sagt alles aus über die von ihm beabsichtigte „dialectic between private interest and public interest."²² Die Gnome, mit der der Dichter das Handeln seines Heros kommen-

---

[13] Dazu ausführlich Kraay, Archaic and Classical Greek Coins 78ff.; zusammenfassend Salmon, Wealthy Corinth 170ff.
[14] Siehe Wilamowitz-Moellendorff, Pindaros 373ff. u. Farnell, Critical Commentary 97f.
[15] So Yalouris, Athena als Herrin der Pferde 24 u. Hubbard, Pegasus' Bridle 28ff.
[16] Sie wird in Pind. Ol. 13,82 erwähnt.
[17] Auf ihr mit einem Fackellauf verbundenes Fest, die Hellotien, wird auch in Pind. Ol. 13,40 hingewiesen.
[18] Zu dieser Frage siehe die unterschiedlichen Antworten von Yalouris, Athena als Herrin der Pferde 19ff.; Will, Korinthiaka 129ff.; Ch. K. Williams II, Pre-Roman Cults in the Area of the Forum of Ancient Corinth, Philadelphia 1978, 40ff.; Hubbard, Pegasus' Bridle 28f. u. Reichert-Südbeck, Kulte von Korinth und Syrakus 81ff.
[19] So M. Detienne/J.-P. Vernant, Les ruses de l'intelligence. La mètis des Grecs, Paris 1974, 188f.
[20] So Hubbard, Pegasus' Bridle 28 Anm. 5.
[21] Denken wir nur an die leidige Frage, in welchen Zeitraum die Tyrannis der Kypseliden datiert werden muß. Dazu exemplarisch – allein aus jüngerer Zeit – zwei völlig konträre Beiträge, H.-J. Gehrke, Herodot und die Tyrannenchronologie, in: W. Ax (Hrsg.), Memoria rerum veterum. Neue Beiträge zur antiken Historiographie und Alten Geschichte. Festschrift für C. J. Classen zum 60. Geburtstag, Stuttgart 1990, 33–49 u. V. Parker, Zur griechischen und vorderasiatischen Chronologie des sechsten Jahrhunderts v. Chr. unter besonderer Berücksichtigung der Kypselidenchronologie, Historia 42, 1993, 385–417.
[22] Hubbard, Pegasus' Bridle 43.

5.3. Spiegelung im Mythos

Führen wir uns kurz noch einmal die wesentlichen Inhalte des Bellerophontes-Mythos in seiner pindarischen Fassung vor Augen.[23] Auf die einleitende Gnome (v. 47f.) und den gerafften Überblick über bedeutende Gestalten Korinths im heroischen Zeitalter (v. 49–62) folgt die eigentliche Erzählung (v. 63–86). Es ist ein Bild der Ohnmacht, mit dem Pindar anhebt; Bellerophontes ist es bisher nicht gelungen, den Pegasos zu überwinden. Doch im Schlaf auf dem Altar der Athene wird dem Erschöpften die Rettung zuteil. Die Göttin selbst überreicht dem Helden im Traum das goldene Zaumzeug, mit dem er sein Abenteuer bestehen kann. Schon mit dem Erwachen deutet sich die Wende an (ἀνὰ δ' ἔπαλτ' ὀρθῷ ποδί, v. 72). Der Seher Polyidos verschafft über die Deutung der Vorgänge letzte Klarheit, und erst jetzt wird Bellerophontes erstmals mit Namen genannt (v. 84). Es scheint, als habe er durch die zurückliegenden Vorgänge gleichsam zu sich selbst gefunden.[24] Nach den obligaten Dankesleistungen an Poseidon und Athene Hippia glückt nun rasch die Zähmung des Pegasos an der Peirene-Quelle. Pindar läßt allerdings über die Identität der eigentlich für den Erfolg Verantwortlichen keinen Zweifel aufkommen (v. 83):

τελεῖ δὲ θεῶν δύναμις καὶ τὰν παρ' ὅρκον καὶ παρὰ ἐλπίδα κούφαν κτίσιν.	Es vollendet aber der Götter Macht auch die wider Schwur und wider Erwarten verlaufende Unternehmung leicht.

Es folgt ein Epilog, in dem die glanzvollen Taten des Bellerophontes und sein Scheitern in kurzen Worten angedeutet werden (v. 87–92).

Pindars Erzählung von der Bändigung des Pegasos fügt sich in einige Grundmotive seiner Dichtkunst trefflich ein: Der Mensch als einzelner, auf sich allein gestellt, ist nicht dazu in der Lage, große Taten zu vollbringen. Er bedarf dazu der Macht und Unterstützung (δύναμις) der Götter. Insofern ist er auch nur „the recipient and not the true agent" seines Erfolges, wie Keith M. Dickson richtig festgestellt hat.[25] Erst durch die Hilfe der Athene kann Bellerophontes zu heroischer Identität vordringen, erst durch die Anerkennung seiner eigenen Begrenztheit vermag er die Entfaltung der ihm prinzipiell

---

[23] Allgemein zum Bellerophontes-Mythos u.a. Will, Korinthiaka 145ff.; R. Peppermüller, Die Bellerophontessage. Ihre Herkunft und Geschichte, Tübingen 1961 u. St. Hiller, Bellerophon. Ein griechischer Mythos in der römischen Kunst, München 1970, 9ff.; in bezug auf Pindar Jouan, Mythe de Bellérophon, der ebd. 277 von einer bewußt fabrizierten „version mixte" des Dichters spricht. Ob der Bellerophontes-Mythos schon von dem korinthischen Epiker Eumelos thematisiert worden ist, ist umstritten; dazu Yalouris, Athena als Herrin der Pferde 26 u. Hubbard, Pegasus' Bridle 30f.

[24] Dickson, Damasiphrôn Khrusos 130.

[25] Ebd. 123.

innewohnenden Fähigkeiten zu bewerkstelligen.[26] In der Erkenntnis dessen liegt für ihn das von Pindar eingeforderte μέτρον von v. 47f. Das Scheitern des Bellerophontes erfolgt, weil der Heros nach dem Ereignis an der Peirene-Quelle die ihm durch das Zaumzeug der Athene verliehenen Möglichkeiten eigensüchtig ausnutzt und so das Maß verliert. Die Steigerung seiner Leistungsfähigkeit durch die neuartige τέχνη hätte auch der Entwicklung eines besonderen Verantwortungsbewußtseins bedurft; daran gescheitert zu sein, ist der implizite Vorwurf Pindars an den korinthischen Helden.[27]

Das Verdikt über den Heros Bellerophontes stellt gleichzeitig eine Warnung gegenüber dem Olympioniken Xenophon und seinen korinthischen Mitbürgern dar. Hatte nicht auch der Oligaithide außergewöhnliche Taten vollbracht, die nun ein ebenso außergewöhnliches Verantwortungsbewußtsein erforderten? So wie Bellerophontes durch seinen Himmelssturm das menschliche Maß überschritten und die Götter herausgefordert hatte, so bestand auch für Xenophon die Gefahr, der Hybris anheimzufallen, wenn es nicht gelang, „achievement and restraint" zu kontrollieren, „ambition and mortal self-consciousness" im Gleichgewicht zu halten.[28]

Die Warnung Pindars richtete sich aber – wie schon gesagt – nicht nur an den Adressaten seines Gedichts, sondern auch an alle Korinther. Bellerophontes war ein Heros, mit dem sich die ganze Stadt identifizieren konnte.[29] Das Zaumzeug, mit dem er seine Heldentat am Pegasos vollbracht hatte, galt als eine ihrer drei berühmtesten Erfindungen.[30] „Plus encore que Xénophon, plus encore que les Oligaithides, c'est la cité civilisatrice tout entière qui se retrouve dans son héros."[31] Welches war das μέτρον, das zu beachten der Stadt am Isthmus aufgegeben war? Worin bestand die Gefahr seiner Mißachtung? Pindar hat in der ersten Triade von Ol. 13 die Leistungen Korinths gerühmt, seine Werte gepriesen, seine Erfindungen namentlich aufgeführt. Durch Xenophon und das Oligaithidengeschlecht führt er exemplarisch vor Augen, zu welchen Leistungen diese Polis imstande war, welchen Radius ihr rastloses Streben sich zu erschließen vermochte, zu welchen neuen Herausforderungen es sie drängte.[32] Es ist nicht ein Bild beschaulichen Krämergeistes, das er zeichnet, eher schon eines, das von Agilität und unternehmungslustiger Aktivität zeugt, ähnlich wie die Beschreibung der Athener durch die korinthischen Gesandten bei Thukydides[33] – und dies alles ohne den Hintergrund

---

[26] Dickson, Damasiphrôn Khrusos, 131.
[27] Ebd. 135ff.
[28] Hubbard, Pegasus' Bridle 40.
[29] Vgl. Jouan, Mythe de Bellérophon 287, der Bellerophontes als „modèle aux Corinthiens" bezeichnet.
[30] Andere Erfindungen der Korinther nennen Thuk. 1,13,2 (Triëre) u. Aristeid. or. 46,29 (Gewichte, Waage, Maße). – Zur korinthischen Trense aus archäologischer Sicht ausführlich Yalouris, Athena als Herrin der Pferde 30ff.
[31] Jouan, Mythe de Bellérophon 285. Ähnlich Gentili, Poesia e pubblico 167: Der Bellerophontes-Mythos sei ein „simbolo eroico dell'aristocrazia corinzia" gewesen.
[32] Auch Hubbard, Pegasus' Bridle 34 Anm. 24 sieht in den von Pindar hervorgehobenen Erfindungen und athletischen Erfolgen der Korinther Hinweise auf deren Überlegenheit.
[33] Vgl. Thuk. 1,70f.

5. Xenophon Thessalos' Sohn und das Geschlecht der Oligaithiden

einer demokratischen Verfassungsform, die nach der Meinung dieses Geschichtsschreibers für die Ausbildung der athenischen Mentalität in perikleischer Zeit doch eine wichtige Rahmenbedingung darstellte.

Das Korinth, das Pindar im Jahre 464 v. Chr. kennengelernt hat, war selbstbewußt und der eigenen Stärke gewiß. Dem Dichter scheint dies nicht nur gefallen zu haben, sonst hätte er in sein ehrliches Lob nicht die warnende Gnome von der Bewahrung des μέτρον eingefügt und sie durch den Bellerophontes-Mythos illustriert. Mit Recht hat Cecil M. Bowra „an undertone of warning" in Ol. 13 registriert.[34] Die Gefahr bestand darin, daß die Korinther die Lehre aus dem Schicksal ihres wichtigsten Heroen nicht mehr beherzigten, nämlich „daß wir das Maß verlieren, wenn wir die Macht mißbrauchen, die es uns verleiht."[35] Pindar wäre aber nicht er selbst gewesen, hätte er es bei warnenden Hinweisen belassen. In der ersten Triade seiner Ode benennt er die Dinge, die seiner Meinung nach Korinth groß gemacht haben, die das μέτρον umreißen, dessen Beachtung der Stadt am Isthmus Wohlfahrt und göttlichen Segen auch in Zukunft sichert. Dieser positiven Vision Pindars wollen wir uns nun zuwenden.

---

[34] Bowra, Pindar 296; siehe auch ebd. 145f. u. Jouan, Mythe de Bellérophon 286f.
[35] Theunissen, Pindar 856.

6. Die Grundlagen der Wohlfahrt Korinths nach Pindar

Gleich zu Beginn seines Gedichts äußert sich Pindar ausführlich darüber, welche Werte er für die Größe und Wohlfahrt der Polis Korinth verantwortlich macht. Der Einfachheit halber sei die entscheidende Passage hier nochmals im Zusammenhang zitiert (v. 6–10):

ἐν τᾷ γὰρ Εὐνομία ναίει κασιγνήτα	Denn darin wohnt Eunomia und die Schwester,
τε βάθρον πολίων ἀσφαλές,	unerschütterlicher Grundstein der Städte,
Δίκα καὶ ὁμότροφος Εἰρήνα, τάμι'	Dike und, mit ihr großgezogen, Eirene,
ἀνδράσι πλούτου,	Verwalterin des Reichtums den Männern,
χρύσεαι παῖδες εὐβούλου Θέμιτος·	goldene Töchter der wohlratenden Themis;
ἐθέλοντι δ' ἀλέξειν	sie sind bereit, abzuwehren
Ὕβριν, Κόρου ματέρα θρασύμυθον.[10]	Hybris, des Hochmuts dreistredende Mutter.[10]

Die Horen also wohnen in Korinth und versehen die Stadt mit allem, was nach einer gewissen Reifezeit reiche Frucht bringt. Die Siegespreise derer, die sich durch Spitzenleistungen (ἄκραι ἀρεταί, v. 15) auszeichnen, gehören ebenso dazu wie die bereits mehrfach genannten Erfindungen der Vorfahren (ἀρχαῖα σοφίσματα, v. 17). Auch das Gedeihen der Musenkunst und das Heranwachsen einer kampfkräftigen Jugend sind durch die Metapher des „Blühens" (ἀνθεῖ, v. 23) deutlich mit dem Wirken der Horen verbunden.[1]

Vor allem aber sind es die ‚Wesenheiten' im Fränkelschen Sinne,[2] die im Mittelpunkt von Pindars Lobpreis auf die Stadt am Isthmus stehen: Eunomia, Dike und Eirene, die Töchter der Themis. Es handelt sich keineswegs um „ethical, political ‚numina' never vividly personalised"[3], wie Lewis R. Farnell geglaubt hat, sondern um mit Leben erfüllte, sich im Handeln der Korinther konkretisierende Prinzipien einer erfolgreichen Polisgemeinschaft. „Sie sind immer mitten unter uns, sie geschehen direkt an uns und durch uns."[4] Die mit ihnen verbundenen Inhalte näher zu erfassen, muß deshalb das nächste Ziel sein, um das Panorama, das sich Pindar bei den Festlichkeiten zu Ehren des Oligaithiden Xenophon im Jahre 464 v. Chr. bot, weiter zu vervollständigen.

6.1. Themis

Beginnen wir mit der Themis. Sie ist laut v. 8 die Mutter der Horen und wird durch das Epitheton „wohlratend" (εὔβουλος) gekennzeichnet. Die genealogische Verbindung

---

[1] Den Zusammenhang zwischen Musenkunst und Eunomia, Dike u. dgl. betont H. Gundert, Pindar und sein Dichterberuf, Frankfurt 1935, 74.
[2] Fränkel, Dichtung und Philosophie des frühen Griechentums 549ff.
[3] Farnell, Critical Commentary 89.
[4] Fränkel, Dichtung und Philosophie des frühen Griechentums 552.

6. Die Grundlagen der Wohlfahrt Korinths nach Pindar

von Themis mit Eunomia, Dike und Eirene hat nicht Pindar erfunden; sie geht wohl auf Hesiod zurück, in dessen „Theogonie" sie erstmals bezeugt ist:[5]

δεύτερον ἠγάγετο λιπαρὴν Θέμιν, ἣ τέκεν Ὥρας,	Zweitens nahm er (scil. Zeus) die prächtige Themis, die ihm die Horen,
Εὐνομίην τε Δίκην τε καὶ Εἰρήνην τεθαλυῖαν,	Eunomia, Dike und Eirene, die blühende, geboren –
αἳ ἔργ' ὠρεύουσι καταθνητοῖσι βροτοῖσι.	sie besorgen den sterblich geborenen Menschen die Werke.

Die Fixierung verwandtschaftlicher Beziehungen zwischen Themis und den Horen durch Hesiod stellt wohl eine Reaktion auf die Entwicklung der griechischen Poleis in archaischer Zeit dar.[6] Θέμις war ursprünglich der Rat gewesen, der von autoritativer Stelle kommt.[7] Zwar war sie an βουλή und ἐπιμέλεια gebunden, doch letzthin waren die θέμιστες doch Ausdruck eines patriarchalischen Regiments der adeligen Herren, auf deren vermeintlich höherer Einsicht beruhend, im günstigen Fall fürsorglich und wohlwollend, doch immer mit einem Hang zur Willkür versehen.

Die Genealogie Hesiods bedeutete demgegenüber einen Fortschritt, und zwar dahingehend, daß die Themis nunmehr an zusätzliche Werte angebunden und durch sie näher definiert, mithin berechenbarer wurde. Rudolf Hirzel hat dies in bezug auf die Vorstellung der Griechen vom Recht sehr schön gezeigt.[8] Während die Themis ein Begriff ist, der in die Zukunft gerichtet ist, der sich auf einen künftigen Nutzen konzentriert, der realisiert werden soll, blickt die Dike auf bereits Vorhandenes, auf die zu findende, freizulegende Wahrheit und hat insofern keine primäre Realisierungsabsicht. Zusammengespannt durch die hesiodeische Genealogie verkörpern beide, θέμις καὶ δίκη, nun das Recht in seiner Gesamtheit.

Durch die Einbindung der Themis in die Gesellschaft der Horen wurde die in ihr verkörperte Norm der Adelsgesellschaft konkretisiert;[9] Themis selbst aber büßte dadurch im Laufe der Zeit begreiflicherweise Profil ein. Weiterführende Einsichten sind deshalb im folgenden nicht von ihr zu erwarten, sondern von ihren Töchtern, Eunomia, Dike und Eirene, sowie von deren Widersachern, Hybris samt ihrer Mutter Koros.[10]

---

[5] Hes. Theog. 901–903.
[6] Siehe Hirzel, Themis, Dike und Verwandtes 30f. u. Ehrenberg, Eunomia 139ff.
[7] So Hirzel, Themis, Dike und Verwandtes 31 Anm. 2.
[8] Ebd. 56ff.
[9] Ehrenberg, Eunomia 140.
[10] Die genealogische Verbindung von Hybris und Koros durch Pindar hat im übrigen zeitgenössische Parallelen bei Aischyl. Ag. 763–767 u. Hdt. 8,77,1; dazu Farnell, Critical Commentary 90 u. Dickie, Hêsychia and Hybris in Pindar 108f.

6.2. Eunomia

Korinth ist bei weitem nicht die einzige Polis, die von Pindar mit diesem Begriff charakterisiert wird. So bezeichnet er in Isthm. 5 Aigina als „wohlgeordnete Stadt" (εὔνομον πόλιν);[11] dem sizilischen Aitne erfleht er von Zeus „gesetzliche Ordnung [...] auf Dauer" (μοῖραν δ' εὔνομον / [...] δαρόν).[12] Das lokrische Opus erscheint ihm als die Stadt, „die Themis und ihre Tochter, die Retterin, sich erlost hat, die großansehnliche Eunomia" (ἂν Θέμις θυγάτηρ τέ οἱ σώτειρα λέλογχεν / μεγαλόδοξος Εὐνομία).[13] Und auch Pindars Heimatstadt Theben befindet sich unter den Poleis, in denen die Ὧρα[ί] τε Θεμίγονοι – darunter auch die „besonnene Eunomia" (σώ]φρονος [...] εὐνομίας), walten, wie aus Pai. 1 hervorgeht.[14]

Εὐνομία ist kein episches Wort. Bei Homer kommt es zwar einmal vor, allerdings in einem unpolitischen Kontext.[15] Davon und von anderen Zeugnissen ausgehend, ist es sehr wahrscheinlich, daß die Eunomia ursprünglich keine „condition of the state"[16] bezeichnete, sondern das Verhalten des einzelnen in der Gemeinschaft im Blick hatte.[17] Εὔνομος war derjenige, der sich in seinem Tun am durch die Tradition legitimierten Brauch, an herkömmlicher Sitte und Ordnung – so die ursprüngliche Bedeutung von νόμος bis weit ins fünfte Jahrhundert v. Chr. – orientierte.[18] Insofern war Eunomia eine individuelle Eigenschaft („quality"), nicht der Zustand („condition") einer von Menschen gebildeten staatlichen Gemeinschaft.[19] Wer über Eunomia nicht verfügte, war ἄνομος, auch dies eine – in diesem Falle disqualifizierende – Bezeichnung für eine menschliche Verhaltensweise.

Als mittelbare Folge der Genealogie Hesiods, die die Personifizierung unseres Begriffs als Tochter der Themis mit Dike und Eirene verband, konnte sich freilich im Laufe der Zeit eine zweite Bedeutung von Eunomia mit politischen Implikationen entwickeln. Sie bezeichnete nun eine überkommene (νόμος), auf einer gottgewollten Ordnung (θέμις)beruhende menschliche Gemeinschaft.[20] Auch jetzt noch spielten moralische Kategorien bei der Konkretisierung des Begriffs im politischen Alltag eine zentrale Rolle:

---

[11] Pind. Isthm. 5,22.
[12] Ebd. Nem. 9,29f.
[13] Ebd. Ol. 9,15f.
[14] Ebd. frg. 52a, 6 u. 10 (Snell/Maehler).
[15] Siehe Hom. Od. 17,487: Gastfreundliches Verhalten gegenüber den Göttern wird als εὐνομίη bezeichnet, im Gegensatz zu ὕβρις.
[16] A. Andrewes, Eunomia, CQ 32, 1938, 89; siehe auch zusammenfassend ebd. 91: „My conclusion is that the word at all times refers primarily to the behaviour of the citizens, and not directly to any sort of constitution."
[17] Dies gilt im übrigen unabhängig davon, ob sich εὐνομία von νόμος oder νέμεσθαι herleitet. Zur umstrittenen Etymologie des Begriffs Eunomia siehe Hirzel, Themis, Dike und Verwandtes 242 Anm. 4; Ehrenberg, Eunomia 142ff. u. Großmann, Politische Schlagwörter 83ff.
[18] Dazu Ehrenberg, Eunomia 142ff. u. Ostwald, Nomos 62ff.
[19] So Ostwald, Nomos 70.
[20] So Ehrenberg, Eunomia 145.

6. Die Grundlagen der Wohlfahrt Korinths nach Pindar

Eunomia bedeutete – so hat es zum Beispiel Solon gesehen[21] –, daß jede Gruppe in der Polis das ihr Angemessene zugewiesen bekam.[22] Wer nach mehr strebte oder die herkömmlichen Prinzipien des Umgangs mit Besitzständen verrücken wollte, der drohte eben keine „gute", sondern eine „schlechte Ordnung" (δυσνομία) herbeizuführen. Auch die Tyrannen der archaischen Zeit handelten insofern gegen die Eunomia, vergingen sie sich doch durch ihr an der reinen Faktizität der Machtausübung orientiertes politisches Handeln an der überkommenen Verfassung der Bürgergemeinde, der πάτριος πολιτεία.[23]

Die moralische Auffassung von Eunomia, wie sie bei Solon spürbar ist, ist auch in Ol. 13 noch deutlich zu erkennen, besonders wenn diese im Lichte des von Pindar gestalteten Bellerophontes-Mythos gelesen wird. Auch hier geht es nicht um politische Strukturen im weitesten Sinne, sondern um menschliche Verhaltensweisen, die als ‚gut' oder ‚schlecht' beurteilt werden können. Wie bei Solon ist die von Pindar konstatierte Eunomia Korinths nicht Resultat einer Verfassung, die zu einem bestimmten Zeitpunkt in einem bewußten Akt eingerichtet worden ist, sie ist vielmehr Ausdruck der „seelischen Haltung"[24] der Bürger. Insofern ist sie auch nichts ‚Fertiges', kein unverlierbares oder auf politischem Wege zu verteidigendes Gut; sie ist ein Ideal, um dessen Aktualisierung stets aufs neue gerungen werden muß.

Zwei positive Wirkungen sind laut Pindar eine Folge der Eunomia: Da ist zum einen der Wohlstand. Hinsichtlich dieses Punktes erübrigen sich fast die Belege. Schon in den ersten Versen von Ol. 13 ist zweimal von ihm die Rede.[25] Wohlstand ist hierbei nicht nur materiell definiert, sondern auch ideell, als athletischer Ehrgeiz und erfinderische Regsamkeit (v. 14–22),[26] in Gestalt einer blühenden Musenkunst und einer tatendurstigen Jugend (v. 22f.).[27] Eunomia scheint Pindar zufolge eine wesentliche Voraussetzung für den materiellen Überfluß und das ideelle Gedeihen einer Polis zu sein.[28] Sie immunisiert darüber hinaus gegen die negative Begleiterscheinung des Wohlergehens, die Hybris (v. 9f.).

Die zweite positive Folge der Eunomia ist die Eintracht.[29] Pindar hebt dies ausdrücklich in Pyth. 5,66f. hervor, wo es heißt, der Gott Apollon habe „kampflose Wohlgesetzlichkeit in die Gesinnungen" der Bürger von Kyrene eingepflanzt (ἀπόλεμον ἀγαγών / ἐς πραπίδας εὐνομίαν). Gemeint ist die Abwesenheit innenpolitischer Spannungen in einem von der Eunomia geprägten Staatswesen, das Fernbleiben von Stasis.[30] Pindar

---

[21] Dazu Ehrenberg, Eunomia 148ff. mit Bezug auf Sol. frg. 4 (West) und andere Fragmente.
[22] Leppin, Thukydides und die Verfassung der Polis 20f.
[23] Großmann, Politische Schlagwörter 47 Anm. 59.
[24] Ehrenberg, Eunomia 152.
[25] Pind. Ol. 13,4 (τὰν ὀλβίαν Κόρινθον) u. 7 (τάμι' ἀνδράσι πλούτου).
[26] Einen Zusammenhang von Eunomia und athletischem Erfolg sieht auch Xenoph. frg. 2 (West); dazu Ehrenberg, Eunomia 153.
[27] Die umfassende, auch immaterielle Bedeutung von ὄλβος betont Keil, EIPHNE 45 Anm. 1.
[28] Ehrenberg, Eunomia 152f.
[29] Zur Verbindung von Eunomia und Eintracht siehe Großmann, Politische Schlagwörter 30ff.
[30] Zur Stasis bei Pindar siehe Hornblower, Thucydides and Pindar 76ff.

steht mit dieser Sichtweise keineswegs allein; schon Hesiod hatte in seiner „Theogonie" in umgekehrter Weise die Dysnomia als Tochter des Streits (ἔρις) bezeichnet,[31] und Solon formuliert seine Vision eines Ausgleichs zwischen Adel und Volk von Athen ausgerechnet in der sogenannten Eunomia-Elegie.[32]

Sowohl in Ol. 13 als auch sonst wird nicht deutlich, ob Pindar eine bestimmte Verfassungsform im Auge gehabt hat, die der Umsetzung seines Eunomia-Konzepts besonders entsprochen hätte. Das bisher Gesagte spricht weithin dagegen, daß er derartige Überlegungen in den Mittelpunkt seines Nachsinnens gerückt hat. In Pyth. 11 äußert sich der Dichter einmal recht konkret zu politischen Dingen, hier allerdings in seiner Heimatstadt Theben und ohne einen Bezug auf die Eunomia. Es heißt da (v. 52f.):

| [...] τῶν γὰρ ἀνὰ πόλιν εὑρίσκων τὰ μέσα μακροτέρῳ | [...] In den Staatsdingen finde ich die Mitte in längerem |
| {σὺν} ὄλβῳ τεθαλότα, μέμφομ' αἶσαν τυραννίδων. | Segen kraftvoll, und ich verwerfe tyrannische Staatsformen. |

Die μεσότης in Staatsdingen paßt recht gut zum μέτρον der Gnome in Ol. 13,47f., und auch die Ablehnung der Tyrannis korrespondiert mit der Beachtung des Herkommens, also auch der herkömmlichen Verfassung (πάτριος πολιτεία), durch die Eunomia.[33] Dennoch läßt sich keine Gewißheit über Pindars Einstellung zu Verfassungsfragen gewinnen.[34] In der bereits zitierten Nem. 9 wünscht der Dichter der Stadt Aitne auf Sizilien Eunomia für lange Zeit,[35] doch gerade diese Stadt war eine Neugründung des Tyrannen Hieron I. von Syrakus, eines Mannes, dem Pindar mit Pyth. 1 noch dazu eines seiner berühmtesten und schönsten Lieder gewidmet hat. Dies allein schon sollte davor bewahren, in der ersten Triade von Ol. 13 einen Lobpreis des Verfassungssystems Korinths zu sehen, wie es sich im Jahre 464 v. Chr. darstellte. Viele Autoren – zum Beispiel Bowra – haben dies jedoch getan, oder es wenigstens durch die Art ihrer Darstellung suggeriert.[36] Demgegenüber muß an dieser Stelle nochmals festgehalten werden, daß Pindars Eunomia in erster Linie eine positiv zu bewertende Verhaltensweise von Politen beschreibt, nicht die positiv zu bewertende Ordnung einer Polis.[37]

---

[31] Hes. Theog. 230.
[32] Sol. frg. 4 (West). Der Name der Elegie geht allerdings nicht auf Solon zurück; er ist modern.
[33] Zur μεσότης in Verfassungsfragen siehe Großmann, Politische Schlagwörter 12ff.
[34] Siehe hierzu auch die zutreffenden Anmerkungen von Leppin, Thukydides und die Verfassung der Polis 27f.
[35] Pind. Nem. 9,29f.
[36] Vgl. Bowra, Pindar 145: „[...], and while he praises Corinth for her political system and her soldiers, [...]. He may have admired them (scil. the aristocratic families of Corinth)." Ähnliches bei Will, Korinthiaka 621 u. Salmon, Wealthy Corinth 397f.
[37] Vgl. Großmann, Politische Schlagwörter 73: Eunomia als „das sich der Ordnung einfügende Wohlverhalten des Einzelnen, die Ordentlichkeit."

6.3. Dike und Eirene

Werfen wir nun einen kurzen Blick auf die beiden übrigen Töchter der Themis, die von Pindar in Ol. 13,6–10 erwähnt werden. Die Charakterisierungen, mit denen sie von ihm bedacht werden, greifen die oben erwähnten zwei Kennzeichen der Eunomia, Wohlstand und Eintracht, auf. Dike wird eingeführt als „unerschütterlicher Grundstein der Städte" (βάθρον πολίων ἀσφαλές, v. 6); Eirene wird bezeichnet als „Verwalterin des Reichtums den Männern" (τάμι' ἀνδράσι πλούτου, v. 7).[38] Dies deutet darauf hin, daß die beiden Horen als Konkretisierung der Eunomia verstanden werden können. Sie haben aber darüber hinaus durchaus ein gewisses Eigenleben, wie im folgenden zu zeigen sein wird.

Auch hier ist der Ausgangspunkt das oben erwähnte Zitat aus der „Theogonie" Hesiods.[39] Wir hatten gesagt, daß die Ausdifferenzierung der Themis in Eunomia, Dike und Eirene eine Reaktion auf die Konflikte der Polisgemeinschaft in archaischer Zeit darstellt. Eine geräuschlose Führung der Bürgerschaft durch die θέμιστες der adeligen Herren fand immer geringere Zustimmung, war insofern auch immer weniger praktikabel. Statt dessen wurde Themis nun durch Dike ergänzt. Zwar versprachen sich Menschen wie Hesiod hiervon einen größeren Schutz vor Willkür (ὕβρις) und Gewalt (βία),[40] doch zunächst einmal bedeutete die Akzentverschiebung auf Dike noch keine moralisch bessere Leitung der Bürgerschaft und ihrer Rechtsstreitigkeiten, sondern lediglich eine größere Transparenz und Nachvollziehbarkeit der einmal gefallenen Entscheidungen.[41] Bezeichnenderweise wird in den Inschriften noch lange moralisches Gutsein nicht durch das Adjektiv δίκαιος ausgedrückt, sondern durch ἀγαθός, ἐσθλός und dergleichen.[42]

Im Verein mit der Themis bildet Dike also ein wirksames Gespann im Kampf gegen adelige Hybris. „Die θέμις sucht ihr vorzubeugen, die δίκη unterdrückt sie, wenn sie ihr Haupt erhebt."[43] Mittelfristig mußte dies natürlich soziale und politische Folgen nach sich ziehen. Schon bei Hesiod, der das Recht der Schwachen und die Interessen der Gemeinschaft gegen die Hybris der mächtigen Adeligen ausspielt, ist das gut erkennbar.[44] Dike konnte von da ausgehend zu einem Strukturprinzip weiterentwickelt werden, mit dem die πάτριος πολιτεία einer Stadt verändert werden konnte. Bei Pindar ist mit einem

---

[38] Zur Verbindung von εἰρήνη und πλοῦτος siehe Keil, EIPHNE 37.
[39] Hes. Theog. 901–903.
[40] Zur häufig auftretenden Vergesellschaftung von Hybris und Bia siehe Hirzel, Themis, Dike und Verwandtes 131 Anm. 1.
[41] Vgl. M. Gagarin, Dikê in Archaic Greek Thought, CPh, 69, 1974, 186: Dike als Ausdruck des Wunsches nach einem „judicial system for settling property disputes peacefully and fairly"; ebd. 187 zur Entwicklung des Begriffes δίκη in archaischer Zeit: „Dikê still does not develop into a general moral force, but remains primarily a legal term."
[42] Ebd. 195f.
[43] Hirzel, Themis, Dike und Verwandtes 166.
[44] Siehe M. Gagarin, Dikê in the Works and Days, CPh, 68, 1973, bes. 94, wo er zwar betont, Hesiod sei nicht als „moral prophet or religious reformer" zu sehen, aber: „Hesiod certainly makes an important contribution to the theory of a peacefully functioning society, and he prepares the way for later expansion of the meaning of δίκη."

solchen Verständnis des Begriffs allerdings sicher nicht zu rechnen.[45] Für ihn stellte die Dike – wie auch die anderen in Ol. 13,6–10 genannten ‚Wesenheiten' – einen Ausdruck der göttlich verbürgten Werteordnung der Polis dar;[46] sie war insofern kein politisches Instrument, erst recht nicht zur Veränderung von als unverbrüchlich erachteten Gegebenheiten. Pindars Dike-Verständnis ist ganz im aristokratischen Kontext zu sehen. Ihre Funktion als „unerschütterlicher Grundstein der Städte" (βάθρον πολίων ἀσφαλές, v. 6) besteht nicht darin, daß sie Mittel an die Hand gibt, soziale Unterschiede oder Spannungen auszugleichen, sondern darin, daß sie jeden den ihm zugewiesenen Platz einnehmen läßt und es ihm ermöglicht, diesen in Kenntnis der eigenen Grenzen (des μέτρον!) durch Verwirklichung persönlicher ἀρετή in vorbildlicher Weise auszufüllen und so nicht dem Erzübel der adeligen Lebensweise, der Hybris, anheimzufallen. Dann herrscht Sicherheit in der Polis, Abwesenheit von Stasis, Wohlfahrt und Mannesruhm.

Eirene, die letzte der drei Töchter der Themis, fügt sich in dieses Bild bestens ein.[47] Stellt Dike eine Konkretisierung der Eintracht dar, die die Vollendung der Eunomia mit sich bringt, so Eirene eine solche des Wohlstandes. Durch das Wort ὁμότροφος („mit ihr großgezogen", v. 7) ist sie eng an Dike angebunden, und in der Tat stellt ihre Gabe, der Reichtum, eine unmittelbare Folge von deren Wirken dar. Die Bedeutung von εἰρήνη ist in unserem Zusammenhang sehr umfassend, ähnlich wie schon bei ὄλβος. Gemeint ist nicht nur der Friedenszustand, sondern auch der Zeitraum des Friedens und das Glück des Friedens, kurzum, sämtliche äußeren Voraussetzungen für eine gedeihliche Entwicklung der Polis.[48] In anderen Gedichten hat Pindar statt des Begriffes Eirene den der Hesychia gewählt, um ähnliche Phänomene zu erfassen, zum Beispiel in Pyth. 8,1–4:[49]

Φιλόφρον Ἡσυχία, Δίκας	Freudsinnige Ruhe, der Gerechtigkeit
ὦ μεγιστόπολι θύγατερ,	stadtstärkende Tochter,
βουλᾶν τε καὶ πολέμων	im Rat wie im Krieg
ἔχοισα κλαῖδας ὑπερτάτας.	verfügend über die höchsten Schlüssel.

Wie im Falle der Eunomia, so ist auch bei Eirene und Dike darauf hinzuweisen, daß diese nicht als planbare Resultate eines wohleingerichteten Staatswesens betrachtet werden dürfen, sondern als Folge einer dem Herkommen verpflichteten, am μέτρον sich orientierenden Lebensweise. Am Gegner der Horen und ihrer Mutter wird dies hinreichend deutlich, handelt es sich doch bei der Hybris ebenfalls um eine persönliche Einstellung, eine Haltung, die dann wiederum ein bestimmtes Handeln nach sich zieht.[50]

---

[45] E. Thummer, Die Religiosität Pindars, Innsbruck 1957, 113ff.
[46] Vgl. sein Wort von der εὐθεῖα δίκη in Pind. Nem. 10,12.
[47] Zur Eirene im allgemeinen Keil, EIPHNE, im Hinblick auf Pindar ebd. 37ff.
[48] Ehrenberg, Eunomia 140.
[49] Siehe auch Pind. Ol. 4,16 (Ἡσυχίαν φιλόπολιν); Pyth. 1,71 (σύμφωνον ἐς ἡσυχίαν) u. Pyth. 8,1f. (Φιλόφρον Ἡσυχία, Δίκας / ὦ μεγιστόπολι θύγατερ); dazu Bowra, Pindar 104.
[50] Zur Hybris bei Pindar siehe u.a. Dickie, Hêsychia and Hybris in Pindar 101ff.

Unpersönliche Verfassungsstrukturen hingegen, zum Beispiel die einer Polis, können keine Hybris haben.

7. Welchen Eindruck hat Pindar 464 v. Chr. von Korinth gewonnen?

Auf den vorausgegangenen Seiten sind alle möglichen Aspekte von Ol. 13 besprochen worden, begriffs- und religionsgeschichtliche, mythologische, auch im engeren Sinne historische. Es stellt sich nun die Frage, ob aus der wahrhaft pindarischen Fülle all dieser Gegenstände ein Gesamtbild hervorgeht, mit dem sich weiterarbeiten läßt. Die Frage muß lauten: Welchen Eindruck bekam Pindar von der Stadt Korinth, als er am Isthmus weilte bzw. die Präsentation seines Liedes vorbereitete? Welche Erfahrungen spiegeln sich in seinem Werk wider und wie lassen sie sich für eine Darstellung der inneren und äußeren Verhältnisse Korinths im Jahre 464 v. Chr. nutzbar machen?

Wie oben schon erwähnt, glaubte man lange Zeit, daß Pindar sich mit der Ode auf Xenophon einer eher ungeliebten Pflichtaufgabe unterzogen habe. Nicht nur für Ol. 13 wurde dies postuliert, sondern auch für das Enkomion anläßlich der Weihung der hundert Jungfrauen an Aphrodite. Vielleicht waren es auch moralische Bedenken, die Forschern wie Bowra den Gedanken eingaben, der einem von Werten erfüllten Leben hingegebene Meister habe sich nicht mit kultischer Prostitution zu Ehren einer Göttin identifizieren können und deshalb seinen Lobpreis auf Xenophon mit einem „gentle touch of humour" gemischt.[1] „Jedes Ding ist gut, das keiner zu wenden vermag." (σὺν δ' ἀνάγκᾳ πᾶν καλόν [...].)[2] Die Worte, mit denen Pindar den Jungfrauen der Aphrodite ihren Dienst an der Göttin versüßen wollte, scheinen dieser Ansicht zufolge quasi die Überschrift für das gesamte korinthische Engagement des Meisters abzugeben.

Bei einem unvoreingenommenen Blick auf Ol. 13 kann dieses Verdikt, wie man es geradezu nennen möchte, allerdings nicht bestätigt werden. Im Gegenteil, Pindar scheint sich viel Mühe gemacht zu haben bei der Abfassung seiner Lieder für den Oligaithiden Xenophon. Das Enkomion anläßlich der Weihung der Jungfrauen für Aphrodite ist nicht vollständig erhalten. Eine lückenlose Interpretation dieses Gedichts ist deshalb ebensowenig möglich wie seine abschließende Einordnung in das Gesamtwerk Pindars.[3] Anders ist die Ausgangslage bei Ol. 13. Dieses Gedicht ist vollständig erhalten, der Kontext und die Gattungsfrage hinreichend gesichert: Alle Bedingungen sind

---

[1] Bowra, Pindar 390; vgl. auch die Beurteilung von Pind. frg. 122 (Snell/Maehler) durch Fränkel, Dichtung und Philosophie des frühen Griechentums 536f. mit dem Resümee ebd. 537: „Er (scil. Pindar) kann es sich leisten, die Konventionen sehr unkonventionellen Zwecken dienstbar zu machen."

[2] Pind. frg. 122 (Snell/Maehler), 9.

[3] Dies ist im übrigen ein Umstand, der von so manchem Interpreten des Enkomions, etwa Conzelmann, Korinth und die Mädchen der Aphrodite 253ff., nicht hinreichend berücksichtigt worden ist.

erfüllt für eine Interpretation; nichts hindert uns zu fragen, was der Meister den Korinthern zu sagen hatte, als er sich anschickte, den aktuellen Ruhm des Xenophon „einzuweben [...] in ein Bild aus allen Wertbereichen."[4]

Die Epinikien Pindars behandeln zumeist eine auf den ersten Blick verwirrende Fülle von Stoffgebieten,[5] doch befindet sich darunter auch stets eine Stellungnahme des Dichters selbst zu seiner Kunst; manchmal ist diese eher allgemein gehalten, manchmal auf die aktuell anstehende Ode gemünzt. In unserer Ol. 13 spricht unser Autor gleich zu Beginn. Er weist darauf hin, daß ihm der Lobpreis Xenophons, seines Geschlechts und seiner Heimatstadt ein Anliegen ist, nicht nur ein bloßer Auftrag, sondern ein tieferes Bedürfnis, dem er folgen *muß* (v. 11f.):

ἔχω καλά τε φράσαι, τόλμα τέ μοι	Ich habe Schönes zu zeigen, und gerader Mut
εὐθεῖα γλῶσσαν ὀρνύει λέγειν.	treibt mir die Zunge zum Reden.

Natürlich schwingt in diesen Zeilen eine gewisse *captatio benevolentiae* mit, mit deren Hilfe Pindar sein Publikum zu gewinnen sucht, aber die Rolle des Dichters, der als ein einzelner in einer ihm fremden Gemeinschaft (ἐγὼ δὲ ἴδιος ἐν κοινῷ σταλείς, v. 49)[6] berufen ist, seine Ansichten kundzutun, behält er im folgenden bei und zwar mit Konsequenzen, die geeignet sind, beim Publikum Stirnrunzeln zu verursachen (v. 52): „Ich werde nicht lügen über Korinth." (οὐ ψεύσομ' ἀμφὶ Κορίνθῳ.) Die Aussage, die Pindar unmittelbar vor der Erzählung des Bellerophontes-Mythos trifft, ist, wie es scheint, ein Programm für die gesamte Ol. 13. Nach einer langen und gewundenen Erzählung über die Wirkung göttlichen Beistands und die Folgen menschlicher Hybris verschweigt er zwar diskret das klägliche Ende des korinthischen Heroen (διασωπάσομαί οἱ μόρον ἐγώ, v. 91), doch ein mahnendes Resümee bleibt den Zuhörern nicht erspart (v. 104–106):

νῦν δ' ἔλπομαι μέν, ἐν θεῷ γε μάν	Für jetzt habe ich zwar Hoffnung, bei Gott allerdings liegt
τέλος· εἰ δὲ δαίμων γενέθλιος ἔρποι,[105]	das Ende; wenn der angestammte Schutzgeist mitgeht,[105]
Δὶ τοῦτ' Ἐνυαλίῳ τ' ἐκδώσομεν πράσσειν. [...].	wollen wir Zeus und Enyalios dies auszuführen überlassen. [...].

Schon die wenigen Stellen, die wir angeführt haben, zeigen, daß die Rolle Pindars, des Autors und Interpreten von Ol. 13, eine zweischneidige ist, und zwar in mehrfacher Hinsicht, in bezug auf Xenophon Thessalos' Sohn selbst, in bezug auf dessen Familie und schließlich in bezug auf die Gemeinschaft der Korinther insgesamt.

---

[4] Fränkel, Dichtung und Philosophie des frühen Griechentums 567.
[5] Siehe ebd. 500 u. 511. Fränkel unterscheidet fünf Themengebiete: Aktualität (der Sieger, seine Familie und seine Heimat), Poesie (das eigene Lied und seine Kunst), Gnomik (die lebensbestimmenden Kräfte, daraus folgende Lehren für den einzelnen und die Gemeinschaft), Religion (Kultisches, Beziehung zu den Göttern) und Mythos.
[6] Zu dieser Formulierung Péron, Images maritimes de Pindare 36ff.

7. Welchen Eindruck hat Pindar 464 v. Chr. von Korinth gewonnen?

Zweifellos ist der Respekt, den der Sänger aus Theben für den Adressaten seiner Dichtkunst ausdrückt, echt. Den zweifachen Sieg des Athleten in Olympia feiert er mit ehrlicher Begeisterung. Daß sich die Erfolge Xenophons in ebenso großen Taten der Angehörigen seiner Familie widerspiegeln, relativiert sie nicht,[7] steigert vielmehr noch ihre Bedeutung, denn dadurch hat der Sohn des Thessalos gewährleistet, daß auch in seiner eigenen Generation das altaristokratische Ideal, „immer der erste zu sein und vorzustreben vor andern",[8] lebendig geblieben ist. Überhaupt scheint der Oikos der Oligaithiden mit Xenophon als seinem durch die aktuellen Ereignisse hervorgehobenen Mittelpunkt die Werte des adeligen Vortrefflichkeitsethos in idealer Weise zu verkörpern. Pindar registriert die einzelnen Elemente dieser Idealität zunächst, ohne einen Schatten auf sie fallen zu lassen: Die Oligaithiden erringen athletische Erfolge in allen möglichen Disziplinen, bei den vier großen panhellenischen Festen ebenso wie bei kleineren Wettkämpfen, auf der Peloponnes und in Mittelgriechenland, aber auch auf Sizilien. Zu Hause in Korinth erfreuen sie sich ihres Reichtums und ihrer Macht. Freundlich sind sie zu den Mitbürgern, gastlich gegenüber Fremden; fromm erfüllen sie ihre Gelübde gegenüber den Göttern.

Erst durch die Erzählung des Bellerophontes-Mythos wird Wasser in diesen Wein der Vortrefflichkeit und Vorbildlichkeit gegossen, den Pindar den Oligaithiden zuvor kredenzt hat. Nicht daß der Gang der Geschichte von der Zähmung des Pegasos durch das Zaumzeug der Athene (v. 63–92) direkt Bezug nähme auf Xenophon und die Seinen. Aber die Zusammenhänge sind doch unleugbar. Pindar rahmt die Bellerophontes-Handlung gewissermaßen ein mit einschlägigen Signalen, mit der Gnome in v. 47f., die an μέτρον und καιρός erinnert, und mit der Mahnung in v. 104f., die ein jegliches Gelingen auf das Wirken der Götter zurückführt (ἐν θεῷ γε μάν / τέλος). Die Botschaft ist klar: Der Oligaithide Xenophon hat Großes geleistet und den ererbten Ruhm seiner Familie gemehrt. Die Felder, auf denen er sich ausgezeichnet hat, sind seiner adeligen Herkunft angemessen; die Werte, denen er gefolgt ist, entsprechen den Vorstellungen, die Pindar von einem geglückten Leben entwickelt hat. Doch darf Xenophon eine Erkenntnis, die Bellerophontes nach seiner Ruhmestat in den Wind geschlagen hatte, nicht vergessen, daß nämlich die Hilfe der Götter unabdingbar ist für alles Gelingen, und daß es nicht opportun ist, die durch das Maß gesetzten Grenzen der eigenen Existenz zu überschreiten. Dann mag es ihm gelingen, noch größere Leistungen zu vollbringen als die schon erbrachten.

Bellerophontes war ein bei den Korinthern besonders beliebter und für ihr Selbstverständnis zentraler Heros. Wenn Xenophons Leistungen gerade in *seinen* Taten gespiegelt wurden, so bedeutete dies für ihn zweifellos eine besondere Auszeichnung. So wie in den Ruhmestaten des Bellerophontes konnte sich die Polis Korinth nun auch in den Siegen des Oligaithiden wiederfinden. Freilich bedeutet diese „célébration de

---

[7] So allerdings Theunissen, Pindar 853f.
[8] Hom. Il. 6,208 (αἰὲν ἀριστεύειν καὶ ὑπείροχον ἔμμεναι ἄλλων). Dazu Strasburger, Herodot und das perikleische Athen, bes. 109ff.

Corinthe à travers son champion"⁹ in alßer Konsequenz eben auch, daß die Lehren und Mahnungen aus dem Bellerophontes-Mythos – in seiner pindarischen Fassung selbstverständlich – auch auf die Stadt am Isthmus angewandt werden müssen. Wie kann Pindar sich das vorgestellt haben?

Suzanne Saïd und Monique Trédé-Boulmer haben in ihrem Beitrag zu den Epinikien Pindars zeigen können, wie der Autor die Heimatstädte der von ihm besungenen Sieger in das von ihm erzählte Geschehen einbezog.¹⁰ Durch die Verwendung bestimmter Epitheta aus der epischen Dichtung und das Auftreten ausgewählter Helden an bedeutungsträchtigen, immer noch existierenden Örtlichkeiten wurde die heroische Vergangenheit der Polis in Erinnerung gerufen und in Beziehung zur Gegenwart gesetzt. Auf diese Weise ereignete sich vor den Zuhörern „une sorte de fusion entre gloire passée et gloire présente."¹¹ Auch im Falle von Ol. 13 können wir dieses Vorgehen Pindars beobachten.¹² Die Peirene-Quelle, der Altar der Athene Hippia usw., alle diese Lokalitäten machten den Zuhörern Pindars das mythische Geschehen buchstäblich greifbar und verstärkten das Gefühl der Kontinuität von der heroischen Vergangenheit bis in die aktuelle Gegenwart.

Doch nicht nur die gleichsam handfesten Gegebenheiten waren es, die den Korinthern von vornherein klarzumachen vermochten, daß in Ol. 13 nicht nur von Bellerophontes und Xenophon, sondern von ihrer gesamten Polisgemeinschaft die Rede war. Der „elogio di Corinto"¹³ in der ersten Triade des Gedichts, der ja dem Lobpreis auf die Oligaithiden vorausgeht, deutet darauf hin, daß Pindar den Korinthern in ihrer Gesamtheit genauso gegenüberzutreten gedenkt wie dem Oikos des Xenophon. Οὐ ψεύσομ' ἀμφὶ Κορίνθῳ.¹⁴ Zunächst also das Lob auf die Stadt am Isthmus, ihre durch das Wirken der Horen begünstigte Entwicklung. Eunomia, Dike und Eirene sind die Stichworte; wir haben sie oben ausführlich nach allen Seiten hin abgeklopft.¹⁵ Mitten in seinem Lobpreis auf Korinth spricht Pindar plötzlich davon, daß es unmöglich sei „zu verbergen das angestammte Verhalten."¹⁶ Handelt es sich um eine Formulierung, aus der Hoffnung und Zuversicht sprechen? Auch die Korinther können ihr συγγενὲς ἦθος nicht verbergen, ihre aus der Vergangenheit überlieferte, jedem Bürger seinen Ort zuweisende, Wohlstand und inneren Frieden sichernde Eunomia.

Das Leben in der Eunomia verbürgte den Korinthern einst die Gunst der Götter. Ihr Wohlstand und Erfindungsreichtum legt davon in beredter Weise Zeugnis ab. Wie Bellerophontes erst dadurch, daß er von Athene das Zaumzeug erhielt, in die Lage versetzt wurde, den Pegasos zu zähmen und so das in ihm selbst angelegte heroische Po-

---

[9] Jouan, Mythe de Bellérophon 278.
[10] Saïd/Trédé-Boulmer, Eloge 163ff.
[11] Ebd. 166.
[12] Ebd. 166f.
[13] Gentili, Poesia e pubblico 167.
[14] Pind. Ol. 13,52.
[15] Siehe oben S. 52ff.
[16] Ebd. 13,13 (ἄμαχον δὲ κρύψαι τὸ συγγενὲς ἦθος).

7. Welchen Eindruck hat Pindar 464 v. Chr. von Korinth gewonnen?

tential zu entfalten, so haben auch die Bewohner der Isthmusstadt nur dadurch zu der ihnen zugedachten Lebensform als einem von Eunomia erfüllten Gemeinwesen gefunden, daß sie die ihnen von den Göttern geschenkten σοφίσματα bzw. τέχναι annahmen und – hier kündigt sich die Einschränkung an – mit Maß (μέτρον) benutzten.[17]

Offensichtlich hat sich Pindar um die Beachtung des μέτρον durch die Korinther ähnliche Sorgen gemacht wie im Falle der Oligaithiden. Die korinthischen Heroen, an die er in seinem Gedicht erinnert, zeichnen sich durch einen ungeheuren Radius ihres Wirkens aus – ganz wie Xenophon und seine Verwandten. Ferne Länder wie Kolchis und Lykien, exotische Völker wie die Solymer und Amazonen, selbstverständlich eine tragende Rolle beim Ringen um Troja (und zwar auf beiden Seiten in diesem epochalen Konflikt der Vorzeit):[18] wie ihre Nachfahren waren die korinthischen Heroen an exponierter Stelle vertreten in den Händeln ihrer Zeit. An alldem war auch nichts auszusetzen, doch war für Pindar klar, daß die Korinther, wollten sie nicht wie Bellerophontes enden, sich der Grundlagen ihrer Größe neu vergewissern mußten.[19] Die Mahnungen der letzten Triade galten auch ihnen: Hochgemutes Auftreten ja, aber nur in Kenntnis und unter Beachtung des von den Göttern den Menschen auferlegten Maßes. In den letzten beiden Versen von Ol. 13 kommt dieser Gedanke noch einmal zum Ausdruck (v. 114f.):

ἄγε κούφοισιν ἔκνευσον ποσίν·　　　　　Auf! Schwimm hinaus mit leichten Füßen![20]

Ζεῦ τέλει', αἰδῶ δίδοι καὶ τύχαν τερπνῶν　　Zeus Vollender, gib Scheu und des Erfreuli-
γλυκεῖαν.[115]　　　　　　　　　　　　　chen süßes Gelingen![115]

Pindar hat – das mag man konservativ nennen – das Gelingen menschlichen Zusammenlebens auf die Beachtung bestimmter Werte und daraus resultierender Verhaltensmaximen zurückgeführt. Unsere Darstellung der Eunomia und ihrer Schwestern hat dies immer wieder in der erforderlichen Deutlichkeit gezeigt. Pindar wäre nie auf die Idee gekommen, Schritte zu empfehlen, die die von den Göttern verbürgte πάτριος πολιτεία in Frage gestellt oder auch nur an entscheidender Stelle modifiziert hätten. Er war aber auch kein Vertreter reaktionärer Adelsherrschaft, kein Vordenker

---

[17] Vgl. die Ausführungen von Dickson, Damasiphrôn Khrusos 130f. zur „transformation" (ebd. 131) des Bellerophontes und Pegasos in Pind. Ol. 13,83–86. Eine vergleichbare Transformation der menschlichen δύναμις durch die Götter muß analog auch für den Oligaithiden Xenophon (Realisierung der in ihm angelegten heroischen Potenz) und für die Stadt Korinth insgesamt – in der im Text vertretenen Form – angenommen werden.

[18] Zum Ruhm der Korinther, auf beiden Seiten im Trojanischen Krieg gekämpft zu haben, siehe Farnell, Critical Commentary 95. Vielleicht geht er auf Simonides von Keos (vgl. Simon. frg. 67 [Page] = Aristot. rhet. 1,6,1363a 16) zurück.

[19] Vgl. Jouan, Mythe de Bellérophon 284: „Corinthe s'est donc illustrée par sa ‚technè'. Celle-ci est facteur de puissance, mais Pindar sait déjà qu'elle peut mener au mal comme au bien."

[20] Zu diesem Motiv Péron, Images maritimes de Pindare 229ff.

dessen, was man ab den 440er Jahren v. Chr. dann als ‚Oligarchie' bezeichnen konnte.[21] In der Regel äußerte sich der Dichter aus Theben überhaupt nicht zu aktuellen Verfassungsfragen; dies war nicht sein Thema.[22]

Statt dessen also die Empfehlung von Handlungsmaximen. Auch im letzten Vers von Ol. 13 folgt Pindar dieser Linie, indem er von Zeus αἰδώς für die Korinther erbittet (v. 115). Die Bedeutung dieses Begriffes, der „Scheu", „Ehrfurcht" und „Rücksicht" – und zwar gegenüber Göttern wie Menschen – beinhaltet,[23] knüpft eng an die Vorstellungen an, die der Dichter über die ganze Ode hin in stets wechselnden Bildern, Erzählungen und Gnomen evoziert hat. Die αἰδώς ist im übrigen – auch dies paßt ins Bild –, im Laufe der Zeit zusammen mit Begriffen wie νόμοι ἄγραφοι, σωφροσύνη und weiteren, zunehmend an die Eunomia und die mit ihr verbundenen Vorstellungen angenähert worden.[24] Dies ging sogar soweit, daß oligarchische Regime im späten fünften Jahrhundert v. Chr. für sich in Anspruch nahmen, Eunomia und Sophrosyne zu besitzen, nur weil sie eine Verfassungsform praktizierten, die auf der Herrschaft der wenigen beruhte.[25] Pindar hätte einen solchen Automatismus nicht gutgeheißen. Er betonte die Verantwortung des einzelnen Bürgers, wobei durchaus dem Aristokraten aufgrund des Herkommens Größeres zugedacht war als dem gemeinen Mann. Das Entscheidende aber ist, daß sich nur durch die Addition vieler einzelner, am μέτρον orientierter Lebenswege Eunomia bewerkstelligen ließ. Den Optimismus des Alten Oligarchen, daß sich allein aufgrund einer Veränderung in der Verfassungsstruktur eine εὐνομουμένη πόλις kreieren ließe, hätte Pindar, dessen Vorstellung von moralischer Vortrefflichkeit eine „equation of being with doing" voraussetzte,[26] nicht geteilt.

---

[21] Sonst hätte er sich nicht so positiv über Tyrannen wie Hieron I. von Syrakus (vgl. Pind. Ol. 1 sowie Pyth. 1 u. 2) und Könige wie Arkesilaos IV. von Kyrene (vgl. Pind. Pyth. 4 u. 5) äußern können.
[22] Einen Ausnahmefall – ebd. 11,52f. – haben wir oben auf S. 54f. behandelt.
[23] Zum Begriff αἰδώς siehe aus jüngerer Zeit die umfassende Darstellung D. L. Cairns, Aidôs. The psychology and Ethics of Honour and Shame in Ancient Greek Literature, Oxford 1993; zur αἰδώς bei Pindar siehe ebd. 176f.
[24] Siehe Keil, EIPHNE 39 Anm. 1; Großmann, Politische Schlagwörter 70ff. u. Ostwald, Nomos 71ff.
[25] So sieht es z.B. [Xen.] rep. Ath. 1,5 u. 8f.. Dazu Großmann, Politische Schlagwörter 87f.
[26] Dickson, Damasiphrôn Khrusos 130.

8. Ergebnis: Korinth am Vorabend des sog. Ersten Peloponnesischen Krieges

In den zurückliegenden Kapiteln standen die inneren Verhältnisse Korinths im Blickpunkt unseres Interesses. Von vornherein waren dem Bestreben, einen tieferen Einblick in diese Thematik zu erlangen, schwere Hindernisse in den Weg gelegt, denn die Quellen lassen uns dabei so sehr im Stich, daß es nicht möglich ist, beispielsweise die korinthische Verfassung, ihre Organe und deren Zusammenwirken auch nur einigermaßen vollständig zu beschreiben. In den Standardwerken von Will und Salmon nehmen die diesbezüglichen Passagen fünfzehn bzw. neun Seiten ein,[1] ein Umstand, der geradezu unbegreiflich erscheint angesichts der Bedeutung und Stabilität, die die nach dem Sturz der Tyrannen eingerichtete πολιτεία der Korinther vom sechsten bis zum vierten Jahrhundert v. Chr. gehabt hat. Kritik ist allerdings nicht angebracht: Wir wissen wirklich nahezu keine Einzelheiten über die Verfassung der Stadt am Isthmus und die Art ihres Funktionierens.

Nun ist es für eine Beurteilung der Rolle Korinths in der hellenischen Politik der klassischen Zeit unabdingbar, einen gewissen Einblick auch in die inneren Verhältnisse dieser Stadt zu gewinnen. Der Ausweg, auf den wir deshalb verfallen sind, bestand in einer intensiven Analyse der Dreizehnten Olympischen Ode des thebanischen Dichters Pindar, die dieser im Jahre 464 v. Chr. zu Ehren eines korinthischen Adeligen, des Oligaithiden Xenophon, verfaßt und aufgeführt hat. In diesem Gedicht erfährt man zwar nichts über Einzelheiten des korinthischen Verfassungslebens, aber doch über die Atmosphäre, die in den 460er Jahren, unmittelbar vor dem Ausbruch schwerer Auseinandersetzungen in der gesamten griechischen Welt, in Korinth herrschte. Daß Pindar ein Dichter eher konservativen Zuschnitts war, stellt dabei nicht unbedingt einen Nachteil dar, dürfte er dadurch doch um so sensibler gewesen sein, wenn es darum ging, Neues – nicht unbedingt Negatives! – wahrzunehmen und auch noch so zarte Änderungen im Wertegefüge der Zeit zu registrieren.

Das Bild, das Pindar zeichnet, ist das einer selbstbewußten und wohlhabenden Stadt, einer Polis, die sich ihrer Bedeutung bewußt ist. Schon im heroischen Zeitalter haben sich ihre Bewohner und Abkömmlinge durch großartige, manchmal aber auch monströse und schreckliche Taten ausgezeichnet. Der Radius ihres Wirkens umfaßte die ganze hellenische Welt und reichte sogar noch darüber hinaus, bis in die Länder von fernen Barbaren und phantastischen Wesen. Durch die Huld der Götter gelang es den Korinthern auch nach dem heroischen Zeitalter nicht nur, sich auf dem Felde der ἀρετή vor allen anderen auszuzeichnen, sondern auch auf dem der μῆτις. Bedeutende Erfindungen und ein umtriebiges, Wohlstand schaffendes Wesen legen davon Zeugnis ab.

Das grandiose Bild der heroischen Vergangenheit spiegelt sich laut Pindar wider in der Gegenwart. Die besten Köpfe Korinths wie Xenophon Thessalos' Sohn eifern den Heroen nach, in der Spannweite ihrer rastlosen athletischen Tätigkeit ebenso wie in der

---

[1] Vgl. Will, Korinthiaka 609–624 u. Salmon, Wealthy Corinth 231–239.

großen Zahl ihrer unzweifelhaft berechtigten Erfolge. Pindar kann nichts gegen diesen Ruhm gehabt haben, denn er befindet sich ganz auf der Linie des aristokratischen Vortrefflichkeitsideals, das er so oft besungen hat. Was konnte den Dichter aus Theben trotzdem veranlassen, sein Lob auf den Oligaithiden um eine Gnome herum zu gruppieren, die zur Beachtung des rechten Maßes aufforderte?

Plutarch erzählt uns in seiner Biographie des athenischen Staatsmannes Kimon von einer Szene, die sich mutmaßlich im Jahre 462 v. Chr. zugetragen hat.[2] Damals befand sich der genannte Politiker mit einem Heer, vom messenischen Ithome kommend, auf dem Weg zurück in die Heimat, als er, noch auf korinthischem Territorium, in einen heftigen Disput mit einem gewissen Lachartos verwickelt wurde. Letzterer beschwerte sich darüber, daß die Athener sich anschickten, den Isthmus zu überqueren, ohne vorher bei den Korinthern um Erlaubnis gebeten zu haben (πρὶν ἐντυχεῖν τοῖς πολίταις). Die Antwort Kimons lautete Plutarch zufolge so:[3]

„ἀλλ᾿ οὐχ ὑμεῖς [...] ὦ Λάχαρτε τὰς Κλεωναίων καὶ Μεγαρέων πύλας κόψαντες, ἀλλὰ κατασχίσαντες εἰσεβιάσασθε μετὰ τῶν ὅπλων, ἀξιοῦντες ἀνεῳγέναι πάντα τοῖς μεῖζον δυναμένοις."	„Aber ihr (Korinther), [...], Lachartos, habt bei den Kleonaiern und Megarern nicht einmal an die Tür geklopft, sondern habt sie aufgerissen und seid mit Waffengewalt eingebrochen in der Meinung, daß den Mächtigeren alles offen stehen müsse."

Gewiß, es gibt genügend Gründe, den Quellenwert der zitierten Stelle zu bestreiten oder zumindest herabzusetzen. Die Lachartos-Szene wird in keinen größeren politischen Zusammenhang gestellt; der korinthische Gesprächspartner Kimons ist uns sonst völlig unbekannt. Überhaupt scheint die Stelle nur dazu zu dienen, die Schlagfertigkeit des Protagonisten von Plutarchs Biographie zu illustrieren. Und auch bei einem Blick auf die inhaltliche Seite von Kimons Aussage findet die Kritik leichten Halt. So paßt das Recht des Stärkeren, das die Korinther angeblich gegenüber Kleonai und Megara praktizierten, nicht in die 460er Jahre v. Chr., besser hingegen in die Zeit des Peloponnesischen Krieges, als derartiges sophistisches Gedankengut schon weit in politischen Kreisen aller Couleur verbreitet war. Für den Jahrhunderte später schreibenden Plutarch hatte dies allerdings sicher nur nachgeordnete Bedeutung.

Doch ungeachtet der genannten, den Quellenwert von Plut. Kim. 17,1f. einschränkenden Gesichtspunkte muß darauf hingewiesen werden, daß sich eine Reihe von Einzelheiten, die unser kaiserzeitlicher Autor nennt, in das schon existierende lückenhafte Bild von der korinthischen Politik am Ende der 460er Jahre bestens einfügt. Auch Thukydides weiß von Aggressionen der Stadt am Isthmus gegen ihren Nachbarn Megara.[4] Ein Vorgehen gegen Kleonai zu dieser Zeit ist in unseren Quellen zwar nicht explizit bezeugt, doch gibt es Hinweise, die darauf hindeuten, daß Plutarchs Worte nicht aus der Luft ge-

---

[2] Plut. Kim. 17,1f.
[3] Ebd. 17,2 (Übers. Ziegler); dazu der Kommentar von Blamire, Plutarch. Life of Kimon 171f.
[4] Thuk. 1,103,4 (τι αὐτοὺς Κορίνθιοι περὶ γῆς ὅρων πολέμῳ κατεῖχον).

8. Ergebnis: Korinth am Vorabend des sog. Ersten Peloponnesischen Krieges

griffen sind.[5] Vor allem aber beginnt nur kurz nach der Heimkehr Kimons von Ithome 462 v. Chr. und seiner Verbannung im darauffolgenden Frühjahr eine Periode offener Feindschaft zwischen Korinth und Athen. Zumindest in der Anfangsphase dieses sogenannten Ersten Peloponnesischen Krieges lag die Initiative immer wieder bei der Stadt am Isthmus; erst bei den Ereignissen rings um die Schlacht bei Tanagra 458 v. Chr. trat Sparta, das Haupt des Peloponnesischen Bundes, erstmals in für uns heute noch sichtbarer Weise als Akteur auf. Die Einzelheiten all dieser Geschehnisse und ihre Einordnung in die Geschichte Korinths zur Zeit der Pentekontaëtie sollen erst in den folgenden Kapiteln behandelt werden.[6] Fürs erste aber gilt folgende Feststellung:

Die Korinther waren Ende der 460er Jahre offensichtlich dazu bereit, offensiv ihre Interessen gegenüber ihren Nachbarn, aber auch gegenüber der griechischen Großmacht Athen zu vertreten. Zumindest teilweise agierten sie hierbei mit offener Aggression, sonst hätten sich ihre unmittelbaren Nachbarn nicht gezwungen gesehen, ihrerseits bei ihren eigentlich ungeliebten und keineswegs weniger gefährlichen Anrainern Schutz zu suchen – Megara bei den Athenern und Kleonai bei den Argivern. Die Motive für das Handeln der Korinther liegen völlig im dunkeln, will man nicht doch den anachronistischen Worten Kimons bei Plutarch eine gewisse Bedeutung zumessen und eine bei den Aristokraten am Isthmus kursierende Ideologie vom natürlichen Recht des Stärkeren nach Art des Kallikles vermuten.[7] Freilich geben uns die Erkenntnisse zu Ol. 13 eine weitere Möglichkeit an die Hand, das angesprochene Geschehen zu deuten.

Pindars Worten folgend, haben wir es bei den korinthischen Eliten Ende der 460er Jahre v. Chr. mit vorbildlichen Aristokraten zu tun, denen es gelungen war, nach dem Sturz der kypselidischen Tyrannis ein auf Eunomia gegründetes Gemeinwesen zu schaffen. Doch nun strebten sie nach Höherem, wollten die althergebrachten Wirkungskreise der Politik beiderseits des Isthmus sprengen oder zumindest den eigenen ausdehnen. Es bedurfte dazu keiner weiteren, etwa durch wirtschaftliche Interessen oder soziale Spannungen bewirkten Anreize;[8] die Übersteigerung des überkommenen agonalen adeligen Selbstverständnisses genügte vollkommen.[9] Die Nachbarn der Korinther haben

---

[5] So gibt es Hinweise darauf, daß Korinth zu einem bestimmten Zeitpunkt die Kontrolle über die Nemeischen Spiele – eigentlich ein Vorrecht der Kleonaier – ausgeübt hat (siehe Schol. in Pind. hyp. Nem. [Drachmann 3,3 u. 5]). Auch in der Dauerauseinandersetzung mit Argos scheint Kleonai als Bundesgenosse der Argiver im Visier der Korinther gewesen zu sein. Siehe zu all diesen Fragen unten S. 159ff.

[6] Siehe bes. S. 177ff.

[7] Vgl. Plat. Gorg. 483c 6 - 484c 3. Dazu G. B. Kerferd/H. Flashar, Die Sophistik, in: H. Flashar (Hrsg.), Die Philosophie der Antike, Bd. 2/1: Sophistik. Sokrates, Sokratik. Mathematik. Medizin, Basel 1998, 13ff. mit weiteren Beispielen.

[8] Will, Korinthiaka 615 Anm. 6 warnt zu Recht vor einer voreiligen „tendence ‚manchesterienne' " in der Beurteilung der korinthischen Verantwortlichen im sechsten und fünften Jahrhundert v. Chr. – Salmon, Wealthy Corinth 397f. sieht in Pindars Ol. 13 u.a. auch eine Reaktion auf soziale Spannungen in der korinthischen Bürgerschaft.

[9] Morgan, Debating Patronage, bes. 261ff. zeigt sehr schön, wie sich in der Bedeutungszunahme der lokal und regional bedeutenden Wettkämpfe in klassischer Zeit die Spannungen zwischen den Poleis

diesen Politikwechsel, der ihre staatliche Existenz, wie es scheint, bedrohte, sofort erkannt und ihre Konsequenzen gezogen. Für Pindar aber stellte all das eine Überschreitung des von den Göttern gesetzten Maßes, des μέτρον, dar, auch eine mittelbare Gefährdung des adeligen Selbstverständnisses herkömmlicher Prägung.

Es war eine Zeit des Neubeginns in den 460er Jahren. Spätestens seit der Schlacht am Eurymedon zu Beginn dieses Dezenniums war klar, daß der Perserkrieg der Jahre 480/79 so schnell nicht wiederkehren würde. Um dieselbe Zeit wurde auch immer deutlicher, daß der Delisch-Attische Seebund im Begriffe war, sich zu einem hegemonialen Instrument der Athener zu entwickeln. Bündner, die das nicht hatten wahrhaben wollen, bezahlten blutiges Lehrgeld. Es war höchste Zeit und keine schlechte Gelegenheit für Korinth, um aktiv zu werden, denn Athen schien nach dem Aufstand auf der Insel Thasos und dem Ärger um die gescheiterte Gründung von Amphipolis im Land der thrakischen Edonen noch geschwächt zu sein, und Sparta lag, nachdem es ihm zu Beginn des Jahrzehnts gelungen war, notdürftig seine peloponnesische Allianz zusammenzuhalten, seit 464 v. Chr. im Krieg mit den Heloten. Die Lakedaimonier waren so verunsichert durch diesen Dritten Messenischen Krieg, daß sie die gutgemeinte Hilfe Kimons im Jahre 462 ausschlugen und so ihn und seine philolakonische Politik völlig diskreditierten. Mit der Verbannung Kimons aber und dem endgültigen Zerbrechen des alten Hellenenbundes von 481 v. Chr. war das letzte feste Band zwischen den zwei mächtigsten Poleis Griechenlands zerschnitten. Was lag näher für die Abkömmlinge des Bellerophontes, als die Gunst dieser Stunde zu nutzen und sich neben der alten und der neuen Großmacht in Hellas einen angemessenen ‚Platz an der Sonne' zu erkämpfen?

---

zu dieser Zeit widerspiegeln. – Die Tatsache, daß sich [Xen.] rep. Ath. 1,14ff. gegen die attische Seebundspolitik ausspricht, bedeutet nicht, daß expansive Bestrebungen nur eine Sache der Demokratie gewesen wären. Der Alte Oligarch übt ja nicht Kritik an der Unterdrückung der Bündner als solcher, sondern an der Tatsache, daß diese Politik zu Hause in Athen der Herrschaft des gemeinen Volkes nützt. Dazu G. A. Lehmann, Oligarchische Herrschaft im klassischen Athen. Zu den Krisen und Katastrophen der attischen Demokratie im 5. und 4. Jahrhundert v. Chr., Opladen 1997, 28f.

IV. Die Ausgangsbedingungen für eine Erforschung der korinthischen Außenpolitik während der Pentekontaëtie

1. Das Zeugnis der literarischen Quellen

Die Zeit zwischen dem Xerxeszug und dem Beginn des Peloponnesischen Krieges wird von der Forschung in Anlehnung an Thukydides[1] gemeinhin als Pentekontaëtie bezeichnet. Sie umfaßt eine nahezu fünfzigjährige Epoche, in der sich wesentliche politische, gesellschaftliche und kulturelle Entwicklungen des Polisgriechentums vollzogen haben. Die Ausbildung einer sich in zahlreichen Spannungen artikulierenden, schließlich in die finale Konfrontation des Peloponnesischen Krieges mündenden bipolaren Struktur zwischen Sparta und dem Peloponnesischen Bund auf der einen, Athen und dem Delisch-Attischen Seebund auf der anderen Seite, ist sicherlich das wichtigste Ergebnis der Jahre zwischen 480/79 und 432/31 v. Chr. Thukydides hat dies ganz richtig gesehen, wenn man auch zu Recht kritisiert hat, daß er darüber andere zentrale Entwicklungen des betreffenden Zeitraumes in unzulässiger Weise verkürzt oder gar gänzlich vernachlässigt hat. Arnold W. Gomme hat in seinem Kommentar die ‚Versäumnisse' unseres Autors minutiös aufgelistet,[2] und tatsächlich: So bedeutende Gegenstände wie den Abschluß der Perserkriege oder den inneren Ausbau des Seebundes zu einer athenischen ἀρχή hat Thukydides nicht oder doch nur sehr kursorisch behandelt. Es kam ihm in seinem Exkurs, seiner „Ausbuchtung" (ἐκβολή),[3] offensichtlich auf anderes, ihm Wichtigeres an.[4]

---

[1] Vgl. Thuk. 1,118,2: ἐν ἔτεσι πεντήκοντα μάλιστα.
[2] Siehe Gomme, Historical Commentary, Bd. 1, 365ff.; vgl. in diesem Zusammenhang auch die zum Teil thukydideskritischen Anmerkungen von Cawkwell, Thucydides and the Peloponnesian War 8ff.
[3] So der Sprachgebrauch des Thukydides; siehe Thuk. 1,97,2: τὴν ἐκβολὴν τοῦ λόγου.
[4] Was dieses ‚Wichtigere' denn nun gewesen sei, darüber streitet die Forschung schon seit langer Zeit. Als Einführung in die Probleme von Thukydides' Pentekontaëtie mag immer noch Gomme, Historical Commentary, Bd. 1, 361ff. dienen, aus jüngerer Zeit – selbstverständlich mit jeweils aktueller Forschungsliteratur – Hornblower, Commentary, Bd. 1, 133ff.; O. Lendle, Einführung in die griechische

Die soeben gewonnene Erkenntnis von der Natur der thukydideischen Pentekontaëtie hat freilich Folgen und kreiert ein neues, nicht leicht zu lösendes Problem: Wenn es so ist, daß Thuk. 1,89–117 unter einem ganz spezifischen Blickwinkel ihres Autors geschrieben worden ist, nämlich um eine Antwort auf die Frage zu liefern, wie sich der Aufstieg Athens zur zweiten Großmacht in Griechenland vollzogen hat, und wie dadurch dessen Rivale Sparta in eine Situation manövriert worden ist, die ihn schließlich zum Kriegsentschluß nötigte, dann muß man unser Textstück als stark im Hinblick auf die Gesamtkomposition des „Peloponnesischen Krieges" gestaltet begreifen. Die in ihm geschilderten Ereignisse erscheinen dann in erster Linie als ein Instrument zu dem Zweck, die Hauptthese des Thukydides zu untermauern,[5] sie werden nicht nur deshalb referiert, um eine Lücke in der Geschichtsschreibung zu füllen – obwohl der Autor auch dies für sich in Anspruch nimmt.[6] Ziel der infolgedessen selektiven Auswahl an Ereignissen ist es in erster Linie, τῆς ἀρχῆς ἀπόδειξιν [...] τῆς τῶν Ἀθηναίων ἐν οἵῳ τρόπῳ κατέστη,[7] zu präsentieren.

Angewandt auf die Thematik dieses Kapitels ist klar, wo die Schwierigkeiten liegen. Wie sollen wir an authentische Informationen über die korinthische Außenpolitik zur Zeit der Pentekontaëtie gelangen, da unsere Hauptquelle Thukydides einen recht einseitigen Filter an das ihm zur Verfügung stehende Material angelegt hat? Zwar kommen die Korinther immer wieder in verschiedenen, zeitlich vor den Κερκυραϊκά anzusiedelnden Passagen vor, doch geschieht dies bereits in der eindeutigen Absicht, auf die unmittelbare Vorgeschichte und den Ausbruch des Peloponnesischen Krieges vorauszuweisen. Schon in der sogenannten Archäologie führt Thukydides Korinth als erste hellenische Seemacht der im eigentlichen Sinne historischen Zeit ein. Es erlangte diesen Status ihm zufolge durch technische Innovationen im Schiffbau, die Bereitschaft zur Anwendung militärischer Mittel über den lokalen Rahmen hinaus und Rührigkeit im Bereich der Wirtschaft und des Handels.[8] Im Kontext derselben Textstelle wird den Korinthern zugeschrieben, sie hätten als erste überhaupt eine Schlacht zur See geschlagen, dies bezeich-

---

Geschichtsschreibung. Von Hekataios bis Zosimos, Darmstadt 1992, 92ff. u. U. Walter, Pentekontaëtie, DNP 9, 2000, 526f.

[5] So schon Schwartz, Geschichtswerk des Thukydides 164: Die Pentekontaëtie sei lediglich „der historische Beweis für eine vom Geschichtsschreiber aufgestellte These."

[6] Thuk. 1,97,2: ὅτι τοῖς πρὸ ἐμοῦ ἅπασιν ἐκλιπὲς τοῦτο ἦν τὸ χωρίον.

[7] Vgl. jedoch auch den vorausgehenden Paragraphen ebd. 1,97,1 sowie das Resümee am Schluß der Pentekontaëtie, ebd. 1,118,2: Auch hier herrscht derselbe Tenor. – Unter den entsprechenden Wertungen der Sekundärliteratur sei an dieser Stelle lediglich verwiesen auf die prägnante, doch überzeugende Stellungnahme von Petzold, Die Gründung des Delisch-Attischen Seebundes I, 420 sowie Petzold, Die Gründung des Delisch-Attischen Seebundes II, 30.

[8] Thuk. 1,13,2–5. Hierzu die Kommentare von Gomme, Historical Commentary, Bd. 1, 121ff. u. Hornblower, Commentary, Bd. 1, 42ff. Zum Motiv der Thalassokratie siehe u.a. H. T. Wallinga, Ships and sea-power before the great Persian war. The ancestry of the ancient Trireme, Leiden u.a. 1993, bes. 13ff.; Ph. de Souza, Towards thalassocracy? Archaic Greek naval developments, in: N. Fisher/H. van Wees (Hrsgg.), Archaic Greece: new approaches and new evidence, London 1998, 271–293 u. Pagès, Recherches sur les thalassocraties antiques 15ff., in bezug auf Korinth ebd. 111ff.

1. Das Zeugnis der literarischen Quellen

nenderweise gegen Kerkyra, ihre eigene Kolonie.[9] Geradezu leitmotivisch läßt Thukydides durch solche Aussagen bereits Themen seines Werkes und Elemente seiner Geschichtsauffassung anklingen: Aufgeschlossenheit gegenüber Neuem als Auftakt zu machtpolitischem Handeln; technische Experimentierfreude, politisch-militärische Aggressivität und ökonomischer Aufschwung als Antriebskräfte eines einmal in Gang gesetzten geschichtlichen Ablaufs; schließlich die Seeschlacht der Korinther und Kerkyraier selbst. Ist nicht gerade sie, wenn auch von Thukydides durch die Datierung in graue Vorzeit verfremdet, ein Vorverweis auf die ganz ähnliche Konstellation der Jahre unmittelbar vor dem Ausbruch des Peloponnesischen Krieges mit der blutigen Eskalation durch die Seeschlachten bei Leukimme 435 und bei Sybota 433 v. Chr.?[10]

Es ist vor diesem Hintergrund schwierig, die Tragfähigkeit der Aussagen des Thukydides im einzelnen zu ermessen. Auch wenn es keinen unmittelbaren Anlaß gibt, an der grundsätzlichen Glaubwürdigkeit des Autors zu zweifeln, so muß doch die Funktion seiner Κορινθιακά im Kontext des Werkganzen immer mitbedacht werden – und das gilt eben nicht nur für die genannte Textstelle aus der Archäologie, sondern auch für die weitaus zahlreicheren der Pentekontaëtie.

Erschwert wird unsere Suche nach verwertbaren Quellen für eine Rekonstruktion der korinthischen Politik zwischen dem Xerxeszug und dem Peloponnesischen Krieg im übrigen dadurch, daß uns jenseits von Thukydides' kurzem Abriß keine gleichwertige Überlieferung zur Verfügung steht, die es erlaubt, diesen zu korrigieren oder substantiell zu ergänzen.[11] Gewiß, das epigraphische Material insbesondere Athens füllt so manche Lücke, doch bietet es naturgemäß nur Momentaufnahmen, nicht einen irgendwie gestalteten Zusammenhang, wie es eine gute literarische Quelle vermag. Diese aber sind dazu geeignet, den Eindruck des Kursorischen und Ausschnitthaften, den die thukydideische Pentekontaëtie hinterläßt, eher noch zu akzentuieren, als ihn abzumildern.[12]

Freilich verfügen wir nicht über die erwünschte zusätzliche, qualitativ hochstehende, einen Zusammenhang präsentierende literarische Quelle für den uns interessierenden Zeitraum. Thukydides selbst läßt die Schwierigkeiten erkennen, die es ihm bereitet haben muß, das Material für die Pentekontaëtie zusammenzutragen. Neben ihm habe nur der Atthidograph Hellanikos von Lesbos sich der Thematik gewidmet, allerdings βραχέως τε καὶ τοῖς χρόνοις οὐκ ἀκριβῶς.[13] Überhaupt, die Zuverlässigkeit bei der Einordnung und Datierung von Ereignissen: William K. Pritchett hat mit Recht auf die

---

[9] Siehe Thuk. 1,13,4.
[10] So sicher richtig Hornblower, Commentary, Bd. 1, 44f.
[11] Einen ersten Überblick über das Quellenmaterial zur Geschichte der Pentekontaëtie bieten z.B. G. F. Hill (Hrsg.), Sources for Greek history between the Persian and the Peloponnesian wars, Oxford ²1966 u. C. W. Fornara (Hrsg.), Archaic times to the end of the Peloponnesian War, Cambridge ²2004, 58ff.
[12] Daß wir über keine nennenswerten epigraphischen Zeugnisse aus Korinth selbst verfügen, erklärt Will, Corinthe, la richesse et la puissance 18 – unter Verweis auf Dow, Corinthiaca 113ff. – versuchsweise damit, daß die herrschenden Schichten der Isthmusstadt auf die Praxis, offizielle Dokumente inschriftlich zu publizieren, bewußt verzichtet hätten.
[13] Thuk. 1,97,2.

Fragwürdigkeit des Großteils der Daten vor dem Peloponnesischen Krieg hingewiesen.[14] Sie alle beruhen auf Rekonstruktionsversuchen schon der antiken Gewährsleute, auch derer des Hellanikos und Thukydides. Gelegenheiten für Irrtümer, Fehler oder bewußte Fälschungen gab es viele, und es ist bezeichnend, daß die angeführte Kritik des letzteren an seinem direkten literarischen Konkurrenten auf ihn selbst zurückfällt: Auch die thukydideische Pentekontaëtie weist Unschärfen und Inkonsequenzen auf, wie wir noch sehen werden; auch sie lädt infolgedessen zu kritischen Nachfragen ein.

Hellanikos' Werke sind bis auf wenige Fragmente verlorengegangen.[15] Was uns zur Verfügung steht, sind diverse Textstellen bei Autoren viel späterer Epochen, wie zum Beispiel Pausanias oder Plutarch, doch welche Tücken solches Material bietet, das Ereignisse des fünften Jahrhunderts v. Chr. oft aus dem Zusammenhang reißt und in den Kontext ganz anderer, zum Teil nichthistorischer Interessen des Autors stellt, muß nicht eigens hervorgehoben werden; am Ende des vorigen Kapitels haben wir eine Kostprobe diesbezüglich erhalten.[16] So stehen im Grunde nur die Bücher 11 und 12 von Diodors „Historischer Bibliothek" als Parallelquelle zu Thukydides zur Verfügung. Auf den ersten Blick allerdings nur, denn auch dieser Autor ist von seinen manchmal besseren, manchmal schlechteren Vorlagen – für unseren Zeitraum vor allem Ephoros von Kyme aus dem vierten Jahrhundert v. Chr. – abhängig, und er neigt zu so vielen Fehlern und Mißverständnissen, daß der Großteil der Forschung in seinen Passagen zur Pentekontaëtie keine ernstzunehmende Alternative zum Autor des „Peloponnesischen Krieges" erblickt.[17] Selbst da, wo Diodor vermeintliche Ergänzungen zur Überlieferung des Thukydides bereithält, ist er mit Vorsicht zu genießen. Eine wechselseitige Ergänzung beider Autoren, wie sie Ernest Badian an verschiedenen Stellen vorgeschlagen und praktiziert hat,[18] löst deshalb nicht das Problem, es schafft nur neue.[19]

Thukydides ist und bleibt also unsere wesentliche Quelle für die Zeit vom Xerxeszug bis zum Ausbruch des Peloponnesischen Krieges. Seine Angaben sind, soweit sie nicht eindeutig widerlegt werden können, Fixpunkte einer jeden Rekonstruktion der Pentekontaëtie. Daß Thukydides sich darüber hinaus an seine eigene Vorgabe gehalten hat, nicht willentlich gegen die chronologische Folgerichtigkeit – τοῖς χρόνοις [...]

---

[14] Siehe Pritchett, Thucydides' Pentekontaetia 20f. in Anlehnung an A. A. Mosshammer, The Chronicle of Eusebius and Greek Chronographic Tradition, Lewisburg 1979, 84ff., bes. 92: „All the dates of our sources prior to the Peloponnesian Wars are, in varying degree, products of reconstruction."

[15] Siehe Hellanik. FGrHist 323a u. 608a.

[16] Vgl. oben S. 64f. zu Plut. Kim. 17,1f.

[17] Pritchett, Thucydides' Pentekontaetia 23f. u. 59ff. weist dies an exemplarischen Fällen nach. Siehe auch Hornblower, Greek World 5.

[18] Exemplarisch sei hierbei Badians Versuch genannt, das große lakonische Erdbeben von 464 v. Chr. mit Hilfe von Diodor fünf Jahre hochzudatieren; siehe Badian, Toward a Chronology of the Pentekontaetia 89ff.

[19] In diesem Sinne Pritchett, Thucydides' Pentekontaetia 81: „Utter confusion reigns in this pick-and-choose method of rewriting history."

1. Das Zeugnis der literarischen Quellen

ἀκριβῶς, im Gegensatz zu Hellanikos[20] – zu verstoßen, muß als Prämisse akzeptiert werden, solange das Gegenteil nicht nachzuweisen ist.[21] Jedes andere methodische Vorgehen würde rasch in den Bereich der Spekulation führen und kann nicht Grundlage der folgenden Darstellung sein.[22] Neben Thukydides, der also unser – freilich problembehafteter – Ausgangspunkt für die Rekonstruktion auch der korinthischen Geschichte im fünften Jahrhundert v. Chr. sein soll, kann nichtsdestoweniger die literarische Parallelüberlieferung, so sie hilfreich ist, neben archäologischem, epigraphischem oder numismatischem Quellenmaterial punktuell herangezogen werden.

---

[20] Thuk. 1,97,2.
[21] So richtig Pritchett, Thucydides' Pentekontaetia 4 gegen einen Teil der Forschung: „The (scil. Thucydides') framework is chronological." Zu einem ähnlichen Ergebnis war schon Schwartz, Geschichtswerk des Thukydides 164 gelangt.
[22] Ein Beispiel hierfür stellen diverse Beiträge von Johan H. Schreiner dar, in denen der Autor sich gegen die Tragfähigkeit der thukydideischen Überlieferung wendet, allerdings vielfach unter Berufung auf eine uns weitgehend nicht mehr im Wortlaut zur Verfügung stehende Parallelüberlieferung; siehe exemplarisch dens., Hellanikos, Thukydides and the Era of Kimon, Aarhus 1997, eine Art Summe von dessen Studien zur Pentekontaëtie. M. P. Milton, The date of Thucydides' synchronism of the siege of Naxos with Themistokles' flight, Historia 28, 1979, 272f. hat die Schwächen von Schreiners Vorgehensweise aufgedeckt und schließt zu Recht mit der Aussage, „that his (scil. Schreiner's) response to Thucydides' evidence is quite inadequate and that he has not justified abandoning what is undoubtedly our best source for the period in favour of a speculative reconstruction of the contents of largely lost ancient writers." (ebd. 273)

2. Zeugnisse korinthischer Außenpolitik bis zum Xerxeszug

Um die Entwicklung Korinths seit 480/79 besser verstehen zu können, ist es erforderlich, zunächst einen Blick auf die Zeit davor zu werfen. Κορινθιακά vor dem Xerxeszug sind uns zwar nur punktuell und in der Regel völlig zusammenhanglos überliefert, dennoch vermögen sie eine Vorstellung zu vermitteln, von der ausgehend die Räume und Themen, die Gestaltungskraft und Intensität korinthischer Außenpolitik während der Pentekontaëtie deutlicher werden. Eine unserer erzählenden Hauptquellen ist auch für diesen, noch der Archaik zuzurechnenden Zeitraum Thukydides, doch treten neben und vor ihn die „Historien" Herodots, in denen, über das ganze Werk verteilt, immer wieder Bezug auf Korinthisches genommen wird, vor allem auf die Politik der Kypseliden, eines der mächtigsten Tyrannengeschlechter in der zweiten Hälfte des siebten und der ersten Hälfte des sechsten Jahrhunderts v. Chr.

2.1. Korinth als überregional agierende Seemacht in archaischer Zeit

Versucht man die Informationen unserer Überlieferung chronologisch zu ordnen, so steht am Beginn dessen, was wir über Korinth in historischer Zeit – also nicht im mythischen Zeitalter der Heroen – erfahren, die bereits erwähnte Aussage des Thukydides, die Stadt am Isthmus sei als erste griechische Polis eine Seemacht im engeren Sinne gewesen.[1] Es ist oben schon deutlich geworden, daß die thukydideischen Kriterien – technische Innovation, militärisches Engagement, ökonomische Rührigkeit – nicht von ungefähr kommen und mit Vorsicht rezipiert werden müssen. Andererseits gewinnen seine Angaben durch weitere Zeugnisse an Glaubwürdigkeit und Plausibilität. So schreibt Herodot, die Korinther seien diejenigen von allen Griechen, die die Handwerker am wenigsten verachteten[2], und Pindar rühmt in seiner Dreizehnten Olympischen Ode ihren Erfindungsgeist.[3] Zwar entstammen auch die zuletzt genannten Quellen nicht der archaischen Zeit, sondern ebenfalls dem fünften Jahrhundert v. Chr., doch zeigt das Ganze immerhin, daß Thukydides' Vorstellung von dem frühzeitig hohen Entwicklungsstand der Korinther, von der Dynamik ihrer Polis und der Macht ihrer Tyrannen keinen Einzelfall darstellt, sondern eine verbreitete, vielleicht sogar allgemeine Anschauung unter den Griechen widerspiegelt.

Thukydides hatte den ökonomischen Aufschwung Griechenlands und in diesem Kontext den Aufstieg Korinths zur ersten Seemacht des archaischen Hellas in Verbindung

---

[1] Thuk. 1,13,2–5.
[2] Hdt. 2,167,2: ἥκιστα δὲ Κορίνθιοι ὄνονται τοὺς χειροτέχνας.
[3] Pind. Ol. 13,17: ἀρχαῖα σοφίσμαθ'. Vgl. auch das Folgende ebd. 17–22.

2. Zeugnisse korinthischer Außenpolitik bis zum Xerxeszug

gebracht mit dem Aufkommen der sogenannten älteren Tyrannis.[4] In der Tat sind die meisten Informationen, über die wir hinsichtlich einer archaischen korinthischen Außenpolitik verfügen, mit dem Geschlecht der Kypseliden verbunden, vor allem mit dem zweiten Herrscher aus dieser Familie, Periander, dem Sohn des Dynastiegründers Kypselos.[5] Verstreute Hinweise bei Herodot und anderen lassen auf weitreichende Kontakte der korinthischen Tyrannen mit Griechen wie Barbaren schließen. So habe Periander in engem Kontakt zum Tyrannen von Milet, Thrasybulos, gestanden,[6] gleichzeitig aber auch gute Beziehungen zu den lydischen Königen gepflegt.[7] Durch diese komfortable Position kann der Machthaber durchaus in der Lage gewesen sein, in dem spannungsreichen Beziehungsgeflecht zwischen Joniern und Lydern an der kleinasiatischen Küste eine Vermittlerposition einzunehmen. Zumindest anläßlich des Streits zwischen Mytilene und Athen um Sigeion nahe dem Hellespont ist er jedenfalls in der östlichen Ägäis als διαιτητής gut bezeugt.[8] Der ägyptische Name von Perianders Neffen Psammetichos läßt zudem auf Kontakte der Kypseliden bis hin zu den saïtischen Pharaonen Ägyptens schließen.[9] Doch muß man nicht glauben, daß sich die außenpolitischen Aktivitäten der korinthischen Machthaber in den Jahrzehnten um 600 v. Chr. immer nur auf die diplomatische Sphäre beschränkt haben: Das wichtige Ereignis der Gründung der Kolonie Poteidaia auf der chalkidischen Halbinsel Pallene ist dafür ebenso Zeugnis[10] wie die Nachricht von der Eroberung des euboischen Kerinthos, die wir einer isolierten Bemerkung im *Corpus Theognideum* verdanken.[11] Die Lückenhaftigkeit unserer Überlieferung läßt allerdings nur eine bloße Registrierung solcher Geschehnisse zu; weitere Schlußfolgerungen sind auf ihrer Basis kaum möglich.

---

[4] Thuk. 1,13,1.
[5] Zusammenfassend zu den Kypseliden u.a. Will, Korinthiaka 441ff.; Berve, Tyrannis 14ff.; G. Zörner, Kypselos und Pheidon von Argos. Untersuchungen zur frühen griechischen Tyrannis, Marburg 1971 sowie Salmon, Wealthy Corinth 186ff.; siehe aus jüngerer Zeit De Libero, Archaische Tyrannis 135ff., die allen Taten, die unsere Überlieferung den Tyrannen zuschreibt, allerdings mit (zu) großer Skepsis gegenübersteht.
[6] Hdt. 1,20 u. 5,92ζ,1–3.
[7] Darauf läßt die Geschichte von der beabsichtigten Sendung der 300 kerkyraischen Knaben zum Lyderkönig Alyattes schließen; vgl. Hdt. 3,48f. Ob auch die ebd. 1,14 u. 50f. erwähnte Deponierung lydischer Weihgeschenke im korinthischen Schatzhaus von Delphi Rückschlüsse auf enge kypselidisch-lydische Beziehungen zuläßt, ist möglich, aber nicht zu beweisen. Zwar war der betreffende θησαυρός ursprünglich ein von den korinthischen Tyrannen errichtetes Gebäude, wie Hdt. 1,14,2 selbst berichtet, doch wurde er später in den Besitz der Polis überführt. Die zu Herodots Zeit dort ausgestellten lydischen Weihgeschenke können auch erst im Laufe der Wiederaufbaumaßnahmen nach dem großen Brand von 548/47 v. Chr. dorthin gelangt sein. In diesem Sinne Salmon, Wealthy Corinth 225 Anm. 152; siehe auch Will, Korinthiaka 552f.
[8] Hdt. 5,95,2; siehe auch Strab. 13,1,38 u. Diog. Laert. 1,74 (= Apollod. Ath. FGrHist 244 F 27a)).
[9] Hierzu Will, Korinthiaka 439 u. Berve, Tyrannis 21.
[10] Zur Gründung von Poteidaia siehe Alexander, Potidaea 14ff. mit den antiken Zeugnissen.
[11] Siehe Theog. 891–894. Dazu u.a. De Libero, Archaische Tyrannis 166f.

2.2. Korinth und seine Kolonien in archaischer Zeit: das Beispiel Kerkyra

Ausführlich erzählt Herodot davon, wie der Tyrann Periander mit Kerkyra, einer Kolonie der Korinther noch aus der Zeit der Bakchiaden, verfahren ist.[12] 300 von ihm vergeiselte Knaben aus vornehmen kerkyraischen Familien habe der Tyrann dem Lyderkönig Alyattes zwecks Kastrierung zuschicken lassen. Offensichtlich war es Periander gelungen, die Insel in seine Gewalt zu bringen: ἐπεκράτεε γὰρ καὶ ταύτης.[13] Jedenfalls lebte Herodot zufolge der Kypselide Lykophron auf Geheiß des Vaters in Kerkyra, und dieser selbst habe am Ende seines Lebens mit dem Gedanken eines Rückzugs auf die Insel gespielt. Wir müssen über die Historizität und Plausibilität des Bildes, das Herodot vor unseren Augen entwickelt, im einzelnen nicht urteilen; das wäre angesichts der novellenhaften Züge, die die Erzählung des *pater historiae* aufweist, auch ein schwieriges, vielleicht sogar fruchtloses Unterfangen. Entscheidend ist im Blick zurück von der klassischen auf die archaische Zeit vielmehr, daß die Rivalität zwischen Korinth und Kerkyra, der wiederkehrende Versuch der Mutterstadt, die Kolonie zu unterwerfen, eben kein Phänomen nur des fünften Jahrhunderts v. Chr. war, sondern offensichtlich damals schon als Kontinuum der korinthischen Außenpolitik empfunden wurde.[14] Herodot muß das so gesehen haben, denn er sagt über die beiden Kontrahenten: νῦν δὲ αἰεὶ ἐπείτε ἔκτισαν τὴν νῆσον εἰσὶ ἀλλήλοισι διάφοροι ἐόντες συγγενέες ἑωυτοῖσι.[15] Und auch Thukydides stimmt dieser Auffassung implizit zu, wenn er die erste Seeschlacht überhaupt, von der er Kenntnis hat, Korinther und Kerkyraier miteinander austragen läßt.[16]

Es sollte trotzdem sogleich betont werden, daß die Beziehungen zwischen der Stadt am Isthmus und einer ihrer ältesten Kolonien nicht als reine Konfliktgeschichte beschrieben werden können.[17] Auch hierfür finden sich sowohl bei Herodot als auch bei Thukydides Hinweise. Ersterer berichtet, angesichts einer Niederlage der Syrakusaner in der Schlacht am Heloros gegen den Tyrannen Hippokrates von Gela hätten Korinther und Kerkyraier vereint zugunsten der unterlegenen Polis – auch sie war ja eine Kolonie Korinths – vermittelnd eingegriffen (καταλλάξαντες) und ihr, wenn auch unter Einbu-

---

[12] Siehe Hdt. 3,48–53.
[13] Ebd. 3,52,6.
[14] Zu den korinthisch-kerkyraischen Beziehungen in archaischer Zeit Piccirilli, Corinto e l'Occidente 145ff. Auch De Libero, Archaische Tyrannis 161ff. akzeptiert, daß die Kypseliden zumindest phasenweise Kerkyra beherrschen wollten und dies auch getan haben, obwohl sie prinzipiell engen Beziehungen zwischen Korinth und seinen Kolonien während der Tyrannenzeit eher skeptisch gegenübersteht; vgl. ebd. 155f.
[15] Hdt. 3,49,1.
[16] Thuk. 1,13,4. Über das Ergebnis der Schlacht verlautet an besagter Stelle bezeichnenderweise nichts. Entscheidend ist für Thukydides offenbar lediglich die Konstellation: das konfliktreiche Gegenüber von Mutterstadt und Kolonie.
[17] So zu Recht Graham, Colony and Mother City 146ff. gegen Kahrstedt, Griechisches Staatsrecht 358 u.a. Siehe auch Intrieri, Bíaios didáskalos 30ff.

2. Zeugnisse korinthischer Außenpolitik bis zum Xerxeszug 75

ßen, die Selbständigkeit gerettet.[18] Das in die Zeit um 493/92 zu datierende Ereignis ist in seiner Tragweite nicht zu unterschätzen; Herodot selbst schreibt, als einzige von zahlreichen sizilischen Städten hätte sich nur Syrakus in dieser Zeit dem Zugriff des aufstrebenden Deinomenidengeschlechts entziehen können – eben durch die Hilfe von außen.[19] Wir erfahren an besagter Stelle erstmals von einem politischen Engagement Korinths zugunsten seiner Kolonie Syrakus in Sizilien. Ähnlich wie bei späteren Fällen im fünften und vierten Jahrhundert wird die Mutterstadt von einer oder mehreren der von ihr gegründeten Poleis unterstützt. Der Großteil dieser Gründungen war zur Zeit der Kypseliden erfolgt,[20] und zumindest bei Periander kann man vermuten, daß er von der κτίσις einer Stadt auch bestimmte Herrschaftsrechte ableitete – der im vorigen Absatz behandelte Umgang mit Kerkyra ist hierfür ein gutes Beispiel. Andererseits galten eine Reihe der von ihm initiierten Koloniegründungen zumindest im nachhinein als korinthisch-kerkyraische Gemeinschaftsprojekte.[21] Dies zeigt, daß sich auch zu Beginn des sechsten Jahrhunderts in den Beziehungen zwischen beiden Poleis Phasen der Konfrontation mit solchen, die von Vertrauen und Zusammenarbeit geprägt waren, abgelöst haben müssen. Die Tatsache, daß die spätere antike Überlieferung über die Frage keine Einigkeit mehr erzielen konnte, ob Apollonia nun korinthische oder korinthisch-kerkyraische Ursprünge gehabt habe, illustriert die dargestellten Zusammenhänge.[22] Hinsichtlich der modernen Forschung hat das fragmentierte und teilweise widersprüchliche Bild unserer Quellen dazu geführt, daß unterschiedlichste Modelle von der kypselidischen und nachkypselidischen Kolonialpolitik und ihren Wirkungen entwickelt werden konnten, bis hin zu Ulrich Kahrstedts „korinthischem Kolonialreich".[23] Die Tragfähigkeit derartiger Konzeptionen wird weiter unten noch eingehend zu überprüfen sein.[24]

---

[18] Hdt. 7,154,3. Syrakus mußte das von ihm gegründete Kamarina an Hippokrates abtreten. – Die Episode behandelt ausführlich Piccirilli, Gli arbitrati interstatali greci 58ff., der Wert auf das Wirken der Korinther als Vermittler, nicht Schiedsrichter – „mediazione", nicht „arbitrato" (ebd. 59) – in dem syrakusanisch-geloischen Konflikt legt. Siehe auch Seibert, Metropolis und Apoikie 109f. u. Graham, Colony and Mother City, 143.
[19] Hdt. 7,154,2.
[20] Siehe die Zusammenstellung der einschlägigen Zeugnisse bei Will, Korinthiaka 517ff. u. Salmon, Wealthy Corinth 209ff.
[21] S. C. Bakhuizen, The Continent and the Sea: Notes on Greek Activities in Ionic and Adriatic Waters, in: P. Cabanes (Hrsg.), L'Illyrie méridionale et l'Epire dans l'Antiquité I. Actes du colloque international de Clermont-Ferrand (22–25 Octobre 1984), Clermont-Ferrand 1987, 190f. spricht geradezu von einem „monopoly of colonization" (ebd. 190) der Korinther und Kerkyraier an den Küsten zwischen Epidamnos und Molykreion. Freilich sei mit der Zeit eine faktische Zweiteilung der Region in eine korinthische und eine kerkyraische Einflußzone erfolgt.
[22] Dazu Braccesi, Grecità adriatica 92f. u. Piccirilli, Corinto e l'Occidente 148ff. mit der Diskussion der Quellen.
[23] So die von Kahrstedt, Griechisches Staatsrecht 357–368 gewählte Überschrift eines eigens diesem Thema gewidmeten Appendix.
[24] Siehe unten S. 279ff.

2.3. Nach dem Ende der Tyrannis: zunehmende Orientierung an der Großmacht Sparta

Die zuletzt besprochene herodoteische Textstelle zeigt, daß eine enge Zusammenarbeit zwischen der Isthmusstadt und ihren Kolonien unter den zweifellos veränderten Rahmenbedingungen nach dem Ende der korinthischen Tyrannis weiterhin möglich war. Αἱ γοῦν ἄλλαι ἀποικίαι τιμῶσιν ἡμᾶς, καὶ μάλιστα ὑπὸ ἀποίκων στεργόμεθα,[25] läßt Thukydides die korinthischen Gesandten vor der athenischen Volksversammlung sagen und sie damit die Querelen der Κερκυραϊκά vom Regelfall herzlichen Einvernehmens abgrenzen. Überhaupt gibt es trotz der Gewaltsamkeit, die dem Regiment der Kypseliden um 583/82 v. Chr. ein Ende setzte,[26] keine Hinweise darauf, daß es in Korinth analog zum revolutionären Umsturz der inneren Ordnung auch einen grundsätzlichen Bruch mit der Außenpolitik der Tyrannenzeit gegeben habe. Wieder kann uns Herodot als Gewährsmann für diese Aussage dienen. Im Zusammenhang mit seinen Erzählungen von den Taten des Polykrates von Samos berichtet er von einem Feldzug der Lakedaimonier gegen diesen Tyrannen um das Jahr 525/24 v. Chr.[27] Die Korinther unterstützten Sparta willig (προθύμως)[28] bei seinem Vorhaben, rührte ihr Groll (ἀπομνησικάκεον)[29] auf die Samier, so Herodot, doch schon von der Zeit der Kypseliden her; es folgt die Geschichte von den 300 kerkyraischen Jünglingen, die wir oben bereits referiert haben.

Die Teilnahme an der samischen Expedition ist die bedeutendste, geographisch am weitesten ausgreifende militärische Unternehmung des nachkypselidischen Korinth, von der wir durch unsere Quellen Kenntnis erhalten. Daß die Korinther in diesem Fall bereits den – aufgrund seiner Seegeltung unerläßlichen[30] – Juniorpartner der Lakedaimonier stellten, muß nicht heißen, daß sie um 525/24 schon Mitglied des Peloponnesischen Bundes waren.[31] Freilich scheint Sparta zu dieser Zeit bereits die führende Macht Griechenlands gewesen zu sein. Als sich die von Theben bedrängten Plataier einige Jahre nach den Ereignissen um Polykrates von Samos nach Hilfe umsahen, da wandten sie sich, so Herodot, zuerst an den lakedaimonischen König Kleomenes I.; erst als dieser Hilfe ablehnte, gingen sie nach Athen und hatten diesmal Erfolg.[32] In den Auseinandersetzungen, die sich hieraus ergaben, bemühte sich Korinth, wenn auch

---

[25] Thuk. 1,38,3.
[26] Nikol. Dam. FGrHist 90 F 60,1 erzählt, daß im Gefolge des Umsturzes in Korinth sogar die Gräber der Kypseliden aufgebrochen und geschändet worden seien.
[27] Hdt. 3,44–56. Dazu u.a. Salmon, Wealthy Corinth 243ff.; Shipley, History of Samos 72 u. 97 sowie Welwei, Sparta 101f.
[28] Hdt. 3,48,1.
[29] Ebd. 3,49,2.
[30] Durch das Engagement der Korinther kam die Kampagne, so ebd. 3,48,1 (τοῦ στρατεύματος τοῦ ἐπὶ Σάμον ὥστε γενέσθαι), überhaupt erst zustande.
[31] Das Verhältnis Korinths zum Peloponnesischen Bund und der Zeitpunkt seines ‚Beitritts' werden unten auf S. 112ff. besprochen.
[32] Ebd. 6,108. Zur Diskussion um die Historizität dieser Passage siehe unten S. 96f.

2. Zeugnisse korinthischer Außenpolitik bis zum Xerxeszug

letztlich erfolglos, zwischen den Kontrahenten zu vermitteln.[33] Daraus ergibt sich zweierlei: Zum einen befand sich die Stadt am Isthmus, die noch unter den Kypseliden griechenlandweit agiert und sich durch ein dichtes Beziehungsgeflecht zu Hellenen und Barbaren ausgezeichnet hatte, am Ende des sechsten Jahrhunderts machtpolitisch in der zweiten Reihe. Zum anderen aber vermochte sie immer noch überregionale und erst recht lokale Wirksamkeit zu entfalten, wenn die Lage es erforderte.

Anhand einer Reihe von Zeugnissen mag die zuletzt getroffene Aussage verdeutlicht werden. Schon für die archaische Zeit erfahren wir immer wieder von Konflikten zwischen Korinth und Poleis seiner näheren Umgebung. Ob Sikyon oder Megara, Epidauros oder Argos: nachbarschaftliche Streitigkeiten scheint es mit jeder dieser Städte irgendwann einmal und immer wieder gegeben zu haben, doch das Quellenmaterial dafür ist dürftig, und allzuoft gibt es bis auf die Bestätigung der schieren Tatsache, daß es von Zeit zu Zeit Spannungen gegeben haben muß, wenig her.[34] So ist es zum Beispiel im Falle von Argos, wo man an den wenigen Fragmenten des berühmten korinthischen Epikers Eumelos aus frükarchaischer Zeit erkennen zu können glaubt, wie dieser eine mythische Vergangenheit seiner Heimatstadt erst eigentlich erschuf, eine Tradition, die in Konkurrenz zu einer damals schon weiter verbreiteten Überlieferung treten sollte, die dem argivischen Nachbarn im Süden eine wesentlich größere Rolle während des heroischen Zeitalters zugestand als der Stadt am Isthmus.[35] Auch sonst geben uns die Quellen Hinweise auf Spannungen zwischen Korinth und Argos, insbesondere zur Zeit des Tyrannen Pheidon. Da letzterer freilich eine fast schon mythische Figur ist, der von der antiken Überlieferung alle möglichen Taten und Ereignisse angeheftet worden sind und die sich obendrein einer sicheren Datierung notorisch entzieht, tut sich die Forschung auch an dieser Stelle schwer damit, glaubwürdige Informationen über die korinthisch-argivischen Beziehungen in archaischer Zeit zu gewinnen.[36] In jüngster Zeit hat Alastar H. Jackson eine Auseinandersetzung der beiden Nachbarn zwischen ca. 530 und 495 v. Chr. postuliert; er gelangte zu diesem Schluß, indem er beschriftete Rüstungsgegenstände auswertete, die zu dieser Zeit in Olympia als Weihgeschenke deponiert worden sind.[37] Mögen auch im einzelnen seine

---

[33] Hdt. 6,108,5f.
[34] Eine erste Orientierung auf diesem Gebiet bietet Will, Korinthiaka 339ff. u. 540ff.
[35] Siehe Eum. test. 1–15 u. frg. 1–10 (Bernabé). Redlicherweise muß allerdings darauf hingewiesen werden, daß die Existenz der Dichterpersönlichkeit Eumelos bis heute umstritten und der Umfang und der Inhalt seines Werkes alles andere als klar ist; siehe z.B. M. L. West, ‚Eumelos': a Corinthian epic cycle?, JHS 122, 2002, 109–133, doch auch J. Latacz, Eumelos (5), DNP 4, 1998, 249f. – Zur Bedeutung des Mythos für die argivische und korinthische Politik der archaischen Zeit siehe auch Adshead, Politics of the Peloponnese 32ff. mit allerdings problematischen Schlußfolgerungen.
[36] Entsprechend hypothetisch bleiben selbst vorsichtige Einordnungsversuche wie die von Tausend, Amphiktyonie und Symmachie 101f.; siehe auch Tomlinson, Argos and the Argolid 79ff. – Zuletzt hat sich M. Kõiv, The dating of Pheidon in antiquity, Klio 83, 2001, 327–347 der schwierigen Thematik von Pheidons Datierung gewidmet.
[37] Siehe Jackson, Argos' Victory over Corinth, bes. 295 u. 305ff.

Ergebnisse noch zu korrigieren sein,[38] so belegt doch der Befund Jacksons in jedem Fall, daß bewaffnete Auseinandersetzungen zwischen Korinth und Argos auch in spätarchaischer Zeit noch stattfanden und viele Opfer forderten.[39]

Hinsichtlich Sikyons sieht die Quellenlage keineswegs deutlicher aus als im zuvor referierten Fall: Hinweise auf Spannungen zwischen den beiden Nachbarstädten sind hier mit den Namen der Tyrannen Kleisthenes und Periander und obendrein mit dem schwierigen Problem des in seinen Einzelheiten umstrittenen sogenannten Ersten Heiligen Krieges verbunden.[40] Bei Epidauros hilft uns einmal mehr Herodot weiter, der von einem Heiratsbündnis Perianders mit dem dortigen Tyrannen Prokles spricht.[41] Die Knüpfung von Verwandtschaftsbeziehungen zwischen herausragenden Adelsgeschlechtern kann man als positives Pendant zu gewaltsam ausgetragenen nachbarschaftlichen Konflikten in dieser Phase der archaischen Zeit betrachten; so erfahren wir in bezug auf die Kypseliden etwa von der Ehe des ambrakiotischen Tyrannen Archinos mit der Argiverin Timonassa[42] oder von der Werbung des Atheners Hippokleides Teisandros' Sohn – καὶ κατ' ἀνδραγαθίην ἐκρίνετο καὶ ὅτι τὸ ἀνέκαθεν τοῖσι ἐν Κορίνθῳ Κυψελίδῃσι ἦν προσήκων[43] – um die Tochter des Tyrannen Kleisthenes von Sikyon.[44] Im Falle von Epidauros allerdings entwickelten sich die Verhältnisse Herodot zufolge in eine ungute Richtung. Nach dem Tode von Perianders Gattin Melissa sei es zu einem Zerwürfnis zwischen Schwiegersohn und Schwiegervater gekommen, das mit der Eroberung von Epidauros und der Gefangennahme des Prokles geendet habe.[45]

Am vielfältigsten und sichersten bezeugt sind Grenzkonflikte zwischen Korinth und Megara.[46] Von der sogenannten Orsippos-Inschrift über Thukydides bis hin zu

---

[38] Jacksons Interpretation des Befundes beruht zu wesentlichen Teilen auf der Datierung des Neubaus des olympischen Stadions in die Zeit um oder kurz nach 500 v. Chr. durch J. Schilbach. Siehe dens., Olympia, die Entwicklungsphasen des Stadions, in: W. D. E. Coulson/H. Kyrieleis (Hrsgg.), Proceedings of an International Symposium on the Olympic Games 5–9 September 1988, Athen 1988, 37: „Das Stadion II ist daher im ausgehenden 6. oder zu Beginn des 5. Jhs. entstanden."

[39] Allein die Tatsache, daß sich bei der Beschriftung der aufgefundenen Gegenstände – es müssen ursprünglich viel mehr gewesen sein – acht oder neun Hände unterscheiden lassen, spricht für ein großes Weihgeschenk und einen großen Sieg der Argiver; siehe Jackson, Argos' Victory over Corinth 297f. u. 300ff.

[40] Die schwierige Quellenproblematik wird von Freitag, Golf von Korinth 228ff., in bezug auf Korinth bes. 230f., erörtert. Siehe auch Griffin, Sikyon 52ff.; Tausend, Amphiktyonie und Symmachie 161ff. u. De Libero, Archaische Tyrannis 165f.

[41] Siehe Hdt. 3,50,2: ὁ μητροπάτωρ Προκλέης. Zu den zeitweise engen Beziehungen zwischen Korinth und Epidauros seit archaischer Zeit siehe aus archäologischer Perspektive W. K. Lambrinudakis, Staatskult und Geschichte der Stadt Epidauros, Archaiognosia 1, 1980, 53ff.

[42] Siehe Aristot. Ath. pol. 17,4; Plut. Cato mai. 24,8; vgl. Hdt. 5,94,1. Dazu u.a. De Libero, Archaische Tyrannis 154 u. 165.

[43] Hdt. 6,128,2. Dazu u.a. De Libero, Archaische Tyrannis 166.

[44] Dazu Griffin, Sikyon 54ff.

[45] Hdt. 3,50–52. Dazu u.a. Will, Korinthiaka 441ff.; Berve, Tyrannis 21 u. 526f. sowie De Libero, Archaische Tyrannis 163ff.

[46] Siehe ausführlich Legon, Megara 59ff.; ferner Tausend, Amphiktyonie und Symmachie 99ff.

2. Zeugnisse korinthischer Außenpolitik bis zum Xerxeszug 79

Pausanias und Plutarch reicht hier das Spektrum der Schriftquellen.[47] Archäologische Zeugnisse wie das Schatzhaus der Megarer in Olympia treten hinzu.[48] Besonders früher hat man die zwischen beiden Poleis gelegene Halbinsel Peiraion (heute Perachora) als Zankapfel gesehen und postuliert, jene sei zuerst von den Megarern, später von den Korinthern besessen worden. Doch hat gerade die Forschung der jüngsten Zeit, vor allem die archäologische, Indizien dafür zusammengetragen, daß Peiraion mit seinem überregional bekannten Hera-Heiligtum schon sehr früh zum Territorium der Isthmusstadt gehörte.[49] Gründe für weitere Streitigkeiten περὶ γῆς ὅρων[50] mag es auch so die gesamte archaische und klassische Zeit hindurch gegeben haben.[51] Letztendlich hat sich Korinth in dieser Auseinandersetzung aber gegenüber dem kleineren Nachbarn durchgesetzt, allen Einzelerfolgen ihrer Feinde zum Trotz. Auch die Ausweitung des Konfliktes durch die Megarer mit Hilfe eines Bündnisses mit Argos, dem südlichen Nachbarn der Korinther, scheint Episode geblieben zu sein.[52]

Nachbarschaftskonflikte wie die korinthisch-megarischen folgten in gewisser Weise eigenen Gesetzen. Sie vermochten sich von Generation zu Generation stets zu erneuern, denn das Problem – die Konkurrenz um begrenzte Ressourcen zur Sicherstellung des Lebensunterhalts, der Autarkie – blieb ja bestehen, solange nicht einer der Kontrahenten eine eindeutige Überlegenheit gegenüber dem jeweiligen ‚Erbfeind' aufzubauen vermochte. Es ist nicht verwunderlich, daß in der kleinräumigen griechischen Poliswelt Konfliktbeziehungen dieses Musters häufig sind. Im Falle Korinths kann diesbezüglich neben dem Verhältnis zu Megara noch auf die Beziehungen zu Aigina und sogar auf die zu Athen verwiesen werden. Auch hierfür gibt es schon Belege aus der Zeit vor dem Xerxeszug. So erfahren wir, daß die Korinther nur kurze Zeit vor diesem Ereignis durch die Vermietung von zwanzig Schiffen die Athener in ihrem Kampf gegen die Aigineten unterstützten. Οἱ δὲ Κορίνθιοι, ἦσαν γάρ σφι

---

[47] Siehe IG VII 52; Thuk. 1,103,4; Paus. 6,19,13f.; Plut. Kim. 17,1f. u. ders. mor. 295b-c. Dazu u.a. Hornblower, Commentary, Bd. 1, 27f.

[48] Die Datierung des Schatzhauses der Megarer auf 510/00 v. Chr. unterstützt Jackson, Argos' Victory over Corinth 297. Er hält es, anknüpfend an Paus. 6,19,12–14, für nicht ausgeschlossen, daß dieses aus demselben Anlaß gestiftet worden ist wie das Weihgeschenk der Argiver, schränkt freilich ein: „But though it may be reasonable it may not be quite certain, and so the equation is treated here as a possibility not as a certainty."

[49] So Freitag, Golf von Korinth 188ff., der die einschlägige Literatur zu diesem Thema zusammengestellt hat und ebd. 189 resümiert: „Manches spricht [...] dafür, daß Korinth schon früh in Besitz der Peraion-Halbinsel gekommen war." Siehe auch C. A. Morgan, The Evolution of a Sacral ‚Landscape': Isthmia, Perachora, and the Early Corinthian State, in: S. Alcock/R. Osborne (Hrsgg.), Placing the Gods. Sanctuaries and Sacred Space in Ancient Greece, Oxford u.a. 1994, 129ff.

[50] Thuk. 1,103,4.

[51] So soll z.B. das Gebiet um Krommyon auf dem Isthmus laut Strab. 8,6,22 ursprünglich megarisch gewesen sein; erst später sei es von den Korinthern erobert worden.

[52] Nur Paus. 6,19,14 ist unsere Quelle dafür: λέγονται δὲ καὶ Ἀργεῖοι μετασχεῖν πρὸς τοὺς Κορινθίους Μεγαρεῦσι τοῦ ἔργου.

(scil. τοῖσι Ἀθηναίοισι) τοῦτον τὸν χρόνον φίλοι ἐς τὰ μάλιστα [...], wie Herodot erklärt.[53]

Vielleicht rührte die besagte attisch-korinthische Freundschaft noch aus der Zeit nach dem Sturz der Tyrannis in Athen 510 v. Chr. her. Lediglich der Hilfe der damals auch überregional aktiven Großmacht Sparta hatte es die athenische Opposition zu verdanken gehabt, daß das langjährige Regiment der Peisistratossöhne schließlich doch noch ihr Ende gefunden hatte. Doch sorgte dieses Ereignis keinesfalls sofort für eine Lösung aller machtpolitischen Probleme: Das Zerwürfnis zwischen den maßgeblichen athenischen Politikern löste vielmehr neue bürgerkriegsähnliche Unruhen aus, die den lakedaimonischen König Kleomenes I. zu immer neuen Interventionen bewogen, um seine eigenen Interessen und die seiner Heimatstadt zu wahren. In dieser Situation haben die Korinther als Bundesgenossen der Lakedaimonier zweimal ihr politisches Gewicht in die Waagschale geworfen, um eine erneute Invasion Attikas zu verhindern, und zwar erfolgreich:[54] Beim ersten Mal im Jahre 506, kurz nach der kleisthenischen Phylenreform, gab ihr Urteil den Ausschlag dafür, daß die Bündner der Lakedaimonier einen schon begonnenen Feldzug Kleomenes' I. mit dem Ziel, Isagoras Teisandros' Sohn zum Tyrannen von Athen zu machen, boykottierten.[55] Beim zweiten Mal schließlich, ein Jahr später, wehrten sich die Korinther von vornherein, eine Neuauflage der Peisistratidenherrschaft durch Hippias, diesmal allerdings unter lakedaimonischen Vorzeichen, zu unterstützen.[56] Herodot hat die Rolle, die sie in der damaligen Entscheidungssituation spielten, durch die ausführliche Wiedergabe der Rede ihres Mitbürgers Sosikles akzentuiert.[57]

2.4. Korinth am Vorabend der Perserkriege: sein Potential und seine Grenzen

Die zuletzt genannten Geschehnisse sind gut geeignet, um den Standort Korinths im machtpolitischen Kräftespiel Griechenlands am Vorabend der Perserkriege zu illustrieren. Im Unterschied zur Kypselidenzeit beobachten wir, daß die Stadt am Isthmus in den Jahrzehnten um 500 v. Chr. des öfteren im Schlepptau der neuen Großmacht Sparta agiert. Kann man bei der Expedition gegen Samos noch darüber streiten, so liegt im Falle der Feldzüge in Attika nach dem Sturz der Peisistratiden offen zutage, daß die Korinther an ihnen als zwar herausragende, aber doch einer größeren Gruppe von Bündnern zuzu-

---

[53] Hdt. 6,89; vgl. auch Thuk. 1,41,2. Er läßt die Korinther in diesem Zusammenhang von εὐεργεσία sprechen. Zu der ganzen Episode siehe Salmon, Wealthy Corinth 251f.; Welwei, Das klassische Athen 41 u. 355 Anm. 187 sowie Blösel, Themistokles bei Herodot 77ff.
[54] Die Zusammenhänge bei Salmon, Wealthy Corinth 247ff.; Welwei, Das klassische Athen 22ff. u. Welwei, Sparta 108ff.; siehe auch Tausend, Amphiktyonie und Symmachie 118ff.
[55] Hdt. 5,74f.
[56] Ebd. 5,91–93.
[57] Ebd. 5,92α-η.

2. Zeugnisse korinthischer Außenpolitik bis zum Xerxeszug

rechnende σύμμαχοι Spartas teilnahmen. Herodot drückt das verschiedentlich auch so aus,[58] und spätestens bei der in Hdt. 5,91–93 geschilderten Versammlung anläßlich der geplanten Rückführung des Hippias ist klar, daß es sich bei dieser Gesamtheit von Bündnern um den in der Forschung so genannten Peloponnesischen Bund handelt.[59]

Der Großteil der Ereignisse, die Herodot vor der Erzählung des Xerxeszuges mit den Korinthern in Verbindung bringt, charakterisiert sie als Akteure in der näheren Umgebung des heimischen Isthmus.[60] Plataiai, Theben, Athen, Aigina, das allfällige Sparta – das sind die Poleis, mit denen sie es zu tun haben. Das Verhalten der Korinther in den bei Herodot erzählten Episoden folgt den herkömmlichen Mustern von Nachbarschaftskonflikten, wie sich leicht zeigen läßt: So wird Plataiai in seinem Bemühen um Selbstbestimmung gegenüber der boiotischen Vormacht Theben unterstützt und dadurch erreicht, daß die kleine Polis der Stadt am Isthmus zu Dank verpflichtet ist, eine Haltung, die sich in etwaigen Auseinandersetzungen mit dem korinthischen Dauerkontrahenten Megara dereinst auszahlen mochte.[61] Doch auch hinsichtlich der Auswirkungen auf Theben und Athen konnten die korinthischen Verantwortlichen zufrieden sein. Die Entzweiung der beiden Nachbarn wegen des kleinen Plataiai war kein vorübergehendes Ereignis, sondern entfaltete bis weit in das fünfte Jahrhundert v. Chr. hinein immer wieder ihre konfliktschürende Wirkung.[62]

Daß Athen von korinthischer Einflußnahme in diesem Fall, aber auch zur Jahrhundertwende hin, in den Auseinandersetzungen mit Sparta oder, noch kurz vor dem Xerxeszug, im Kampf mit Aigina, vom korinthischen Eingreifen profitiert hat, bedeutet übrigens nicht, daß wir es hier mit einem Bündnis auf Dauer oder auch nur einer strategischen Interessengleichheit zu tun hätten. Es handelt sich einfach um ein punktuelles Zusammenwirken, eine Verwirklichung gemeinsamer Interessen in einer ganz spezifi-

---

[58] Vgl. Hdt. 5,74,1 (Kleomenes I. zieht ein Heer ἐκ πάσης Πελοποννήσου zusammen; die Korinther gehören offensichtlich dazu) u. ebd. 5,75,2 (οἱ λοιποὶ τῶν συμμάχων ziehen nach dem Abzug der Korinther ebenfalls nach Hause); siehe auch die identische Wortwahl Herodots im Zusammenhang mit der von Kleomenes I. einberufenen Versammlung der Bündner ebd. 5,93,2 (οἱ δὲ λοιποὶ τῶν συμμάχων).

[59] Ein Teil der Forschung sieht im Zusammentreten dieser sog. Bundesversammlung einen wichtigen Präzedenzfall für die weitere Entwicklung des Verhältnisses zwischen Sparta und seinen σύμμαχοι im Peloponnesischen Bund. Dies gilt z.B. für Cawkwell, Sparta and Her Allies 374ff., der allerdings von einem lakedaimonischen Bündnissystem im thukydideischen Sinne erst für das 5. Jh. v. Chr. sprechen will. Andere Wissenschaftler, wie etwa Lendon, Thucydides and the ‚Constitution' of the Peloponnesian League, veranschlagen die Bedeutung von Hdt. 5,91–93 für die lakedaimonische Herrschaftspraxis eher gering. – Die kaum noch zu überblickende Literatur zum Peloponnesischen Bund erschließt nun Baltrusch, Außenpolitik, Bünde und Reichsbildung in der Antike 43ff. u. 135ff.

[60] Zur korinthischen Außenpolitik vor dem Xerxeszug siehe u.a. Will, Korinthiaka 625ff. u. Salmon, Wealthy Corinth 240ff.

[61] Siehe Hdt. 6,108.

[62] Noch zu Beginn des Peloponnesischen Krieges ist das eigentliche Kampfgeschehen durch den nächtlichen Überfall der Thebaner auf Plataiai im Frühjahr 431 v. Chr. ausgelöst worden; siehe Thuk. 2,2–6.

schen Situation. Rund dreißig Jahre nach der Vermietung seiner zwanzig Schiffe an Athen, zu Beginn der 450er Jahre, unterstützte Korinth mit gleichem Engagement die Aigineten in ihrem Überlebenskampf gegen die gesammelten Kräfte des Delisch-Attischen Seebundes.[63] Die Interessen Korinths hatten sich seither eben grundlegend verschoben: Schien vor dem Xerxeszug die Insel Aigina noch eine echte Konkurrenz im Kampf um die begrenzten ökonomischen Mittel zu sein, die es im Saronischen Golf zu verteilen galt, so war nach 480/79 v. Chr. die aufstrebende athenische Großmacht mit ihren zahllosen ägäischen und jonischen Bündnern eine weitaus größere Gefahr. Es lag ganz in der Logik traditioneller Nachbarschaftskonflikte um Macht und Ressourcen, wie Korinth sich in dieser Situation verhielt. Kontrahenten aus der Vergangenheit, sogar ‚Erbfeinde' wie Megara, konnten davon profitieren, indem das Zusammenwirken mit ihnen für die korinthischen Verantwortlichen plötzlich wieder attraktiv war.

Die Anbindung an Sparta ist das eine, die Pflege nachbarschaftlicher Feindschaften und Freundschaften das andere. Ein Drittes kommt hinzu: Es ist die aus der Zeit der Großen Kolonisation herrührende enge Beziehung Korinths zu seinen Kolonien. Betrachtet man die Namen der in unseren Quellen genannten Oikisten, so drängt sich der Eindruck auf, daß zumindest ein Teil der korinthischen Koloniegründungen auf das Engagement seiner Tyrannen zurückgeht. Pylades in Leukas, Echiades in Anaktorion, Gorgos in Ambrakia und Euagoras in Poteidaia – sie alle sollen Kypseliden gewesen sein, und wenn unsere Überlieferung auch nicht über jeden Zweifel erhaben ist, so spricht doch ihr schieres Vorhandensein dafür, daß schon in der Antike – mutmaßlich in Korinth selbst – eine Vorstellung existierte, die die Schaffung und den Ausbau der korinthischen Kolonialmacht mit der Zeit der Tyrannen verband.[64] Daß auch nach deren Sturz die Beziehungen zwischen der Metropolis und ihren Tochterstädten eng blieb, bezeugen unsere Quellen, nicht zuletzt Herodots Darstellung der Perserkriege, wie wir im folgenden sogleich sehen werden. Doch nicht nur im Kriegsfall hatten sich die durch die κτίσις einst geknüpften Bande zu bewähren. Auch im politischen und ökonomischen Alltag erschlossen die Routen zu den Kolonien den Aktionsraum der Staatsmänner und Händler aus der Isthmusstadt. Sizilien, der südliche Adriaraum, die Jonischen Inseln, der Korinthische Golf: an vielen Stellen, wo wir schon in den vorausgehenden Abschnitten korinthisches Wirken – wenn auch nur punktuell – verfolgen konnten, war der Weg durch die koloniale Tätigkeit seit dem achten Jahrhundert v. Chr. vorgezeichnet. Neben die ‚internationalen' Kontakte der Kypseliden zu Jonien, Lydien und Ägypten und den engeren Aktionsraum der Korinther zu beiden Seiten des Isthmus trat diese geographische Perspektive als drittes, immer wieder aktivierbares und aktiviertes Betätigungsfeld hinzu.

---

[63] Siehe Hdt. 6,89 u. Thuk. 1,41,2 sowie demgegenüber ebd. 1,105,2–4.
[64] Das schwierige und disparate Quellenmaterial erschließen u.a. Will, Korinthiaka 517ff.; Berve, Tyrannis 524f. u. 526f.; Domingo-Forasté, A History of Northern Coastal Akarnania to 167 B.C. 6ff. sowie De Libero, Archaische Tyrannis 153ff.

3. Korinther und Athener bei Herodot: Vorverweise auf die Konflikte der Pentekontaëtie?

Die Hinweise, die wir bei Herodot zur Geschichte Korinths in archaischer Zeit finden, dürfen – das ist eine Binsenweisheit – nicht für sich allein, isoliert von dem Geschehen, in das sie eingeordnet sind, betrachtet werden. Denn die „Historien" sind kein Steinbruch, aus dem wir uns je nach Erkenntnisinteresse bedienen dürfen, ohne die Struktur des Ganzen oder die Gesamtintention des Verfassers zu berücksichtigen. Deshalb ist es zwar nicht leicht, aber doch notwendig, den, wie Hermann Strasburger es einmal formuliert hat, „schmalen und gewundenen Urwaldpfaden des vorthukydideischen Geschichtsdenkens" Herodots zu folgen.[1] Je mehr das von ihm geschilderte Geschehen auf die Perserkriege zusteuert, je deutlicher sich bestimmte Elemente künftiger Konflikte zwischen den Poleis ankündigen – wir haben die steigende Präsenz Spartas bei Herodot in den Jahren vor 500 bereits registriert –, desto größer ist auch die Wahrscheinlichkeit, daß Herodot Reflexe der nach 480/79 sich entfaltenden Spannungen zwischen Athen und Korinth in seinem Werk plaziert hat. Deshalb sollen im folgenden einige Passagen aus den „Historien" besprochen werden, die für eine derartige Ausdeutung in Frage kommen. Es handelt sich vorwiegend, aber nicht nur, um Textstellen aus den letzten Büchern von Herodots Werk.

3.1. Korinths Beteiligung an der Abwehr der Perser 480/79 v. Chr.

Die Abwehr der Perser durch die Griechen während des sogenannten Xerxeszugs ist der Höhepunkt von Herodots Werk. Zwar trugen Sparta und Athen in den kritischen Monaten der Auseinandersetzung den Hauptteil der Verantwortung und der Lasten, doch darf ein Blick auf die Rolle Korinths unter den Alliierten des Hellenenbundes in unserer Darstellung nicht fehlen.[2] Gleichzeitig wird dadurch unser knapper Überblick über die korinthische Außenpolitik vor der Pentekontaëtie abgeschlossen.

Herodot erwähnt die Korinther in den einschlägigen Büchern 7 bis 9 an vielen Stellen. Aufschlußreich ist sicher schon die Tatsache, daß sich der Hellenenbund, die Symmachie der zur Verteidigung gegen Xerxes entschlossenen Griechenstädte,[3] während der Kampagnen der Jahre 480 und 479 v. Chr. immer wieder auf korinthischem Territorium, auf dem Isthmus, versammelte.[4] Natürlich war das dortige Heiligtum des Poseidon ein geo-

---

[1] Strasburger, Herodot und das perikleische Athen 575.
[2] Einen Überblick über unsere Kenntnisse vom korinthischen Beitrag während des Xerxeszugs bietet Salmon, Wealthy Corinth 253ff.; die Ereignisse im Zusammenhang u.a. bei Lazenby, Defence of Greece.
[3] Zum Hellenenbund siehe u.a. Kienast, Hellenenbund sowie Baltrusch, Außenpolitik, Bünde und Reichsbildung in der Antike 46ff. u. 137ff. mit weiterführenden Hinweisen.
[4] So etwa als Reaktion auf die Niederlage bei den Thermopylen (Hdt. 8,71f.) oder nach der siegreichen Schlacht bei Salamis (ebd. 8,123). Vgl. auch die Textstellen ebd. 7,195 u. 9,88, die ebenfalls darauf

graphisch günstig gelegener Tagungsort; dennoch zeigt seine Auswahl, daß Korinth von Anfang an eine wichtige Rolle im Lager des Widerstands gegen die Perser gespielt hat; es ist nicht erst später zur Koalition der zur Abwehr Entschlossenen hinzugestoßen.

Schon bei den Thermopylen sehen wir die Korinther mit 400 Hopliten aktiv an den Kämpfen mitwirken; sie gehörten allerdings zu denjenigen Truppenteilen, die sich vor der Einschließung durch die Perser auf die Peloponnes zurückzogen.[5] In der Seeschlacht beim Artemision kämpften vierzig korinthische Schiffe, das zweitgrößte Kontingent nach dem 127 Schiffe umfassenden athenischen.[6] Nachdem die Kunde vom Durchbruch der Perser auf dem Festland zur griechischen Flotte gelangt war, beschlossen deren Befehlshaber, sich Richtung Süden in den Saronischen Golf zurückzuziehen; auch bei dem folgenden Absetzmanöver werden die Korinther als diejenigen, die die Vorhut stellten, von Herodot eigens erwähnt.[7] Bei Salamis stellten sie dann mit abermals vierzig Schiffen erneut das zweitgrößte Kontingent nach den Athenern.[8] Unterstützt wurden sie von sieben Schiffen der Ambrakioten und dreien der Leukadier, ἔθνος ἐόντες οὗτοι Δωρικὸν ἀπὸ Κορίνθου.[9]

Während der Kampagne des Jahres 479 rückten die Korinther zusammen mit den Lakedaimoniern und den anderen Peloponnesiern über das Kithairongebirge nach Boiotien vor und nahmen an der Schlacht bei Plataiai teil. Sie bildeten damals mit 5.000 Hopliten die drittgrößte Streitmacht nach Sparta und Athen.[10] Auch korinthische Kolonien waren – wie schon im Vorjahr – an den Kampfhandlungen beteiligt, so etwa Poteidaia, das sich nach Salamis gegen die Perser erhoben hatte, mit 300 Hopliten, Ambrakia mit 500, Leukas und Anaktorion zusammen mit 400.[11] Die Aussagen einer bald nach den Geschehnissen verfaßten Elegie des Simonides von Keos bestätigen das an sich schon eindrucksvolle Bild:[12] In dem Gedicht werden die Korinther an exponierter Stelle genannt, gleich nach den Lakedaimoniern, Δώρου δ[ὲ] / παισὶ καὶ Ἡρακλέος [.[13] Zwar

---

hindeuten, daß sich am Isthmus von Korinth zumindest zeitweise eine Art Hauptquartier des Hellenenbundes befunden hat. Dazu Kienast, Hellenenbund 46f.

[5] So Hdt. 7,202 u. 207.
[6] Ebd. 8,1,1.
[7] Ebd. 8,21,2.
[8] Ebd. 8,43.
[9] Ebd. 8,45. Nicht beteiligt waren allerdings die Kerkyraier; siehe ebd. 7,168.
[10] Ebd. 9,28,3.
[11] Ebd. 9,28,3 u. 5. Der Aufstand Poteidaias gegen die Perser nach Salamis wird von Herodot ebd. 8,126–129 ausführlich gewürdigt; dazu Alexander, Potidaea 31ff. – Im Kontext der Schlacht bei Mykale erwähnt Hdt. 9,95 einen Seher Euenios aus Apollonia, den die Korinther mitgebracht hätten (ἀγόντων Κορινθίων), auch dies möglicherweise ein Zeichen für die funktionierenden Beziehungen zwischen der Mutterstadt und der betreffenden Kolonie in Kriegszeiten.
[12] Zu den Simonides-Fragmenten siehe u.a. D. Boedeker/D. Sider (Hrsg.), The New Simonides. Contexts of Praise and Desire, Oxford 2001; ferner Jung, Marathon und Plataiai 225ff. Zur Textherstellung von Simon. frg. 15. u. 16 (West²) siehe W. Luppe, Die Korinther in der Schlacht von Plataiai bei Simonides nach Plutarch, APF 40, 1994, 21–24.
[13] Siehe Simon. frg. 13 (West²), 9f.

wird die Bedeutung Spartas für den Ausgang der Schlacht bei Plataiai von Simonides hervorgehoben, aber das ändert nichts daran, daß die Leistung der Hopliten vom Isthmus – παντοίης ἀρετῆς ἴδριες ἐν πολέμωι[14] – von unserem Autor nicht kleingeredet, geschweige denn unterschlagen wird. Mit Recht kommt Michael Jung am Ende seiner Analyse deshalb zu der Erkenntnis, daß die simonideischen Korinther „innerhalb des Hellenenbunds sicher nicht nur als eine von mehreren peloponnesischen Mächten im Gefolge Spartas, sondern als eine politische Kraft *sui generis* anzusprechen" sind.[15]

Bei Herodot haben die Korinther und ihre Kolonien in die Schlacht bei Plataiai wegen ihres chaotischen Verlaufs nicht entscheidend eingreifen können;[16] ruhmreicher erscheint bei ihm deshalb der korinthische Beitrag zum Sieg bei Mykale in demselben Jahr.[17] Demgegenüber können wir im Lichte der Simonides-Fragmente hinzufügen: Auch in der entscheidenden Landschlacht des Jahres 479 v. Chr. haben die Korinther, wie es scheint, einen wichtigen und sichtbaren Beitrag zum Sieg des Hellenenbundes geleistet. Man konnte dies zumindest unmittelbar nach dem Ereignis behaupten, ohne sich allzu offenkundig vor der Allgemeinheit ins Unrecht zu setzen.[18] Jahrzehnte später hat Herodot diese Überlieferung nur bedingt rezipiert; die Korinther sind bei ihm zwar zahlreich an der Schlacht bei Plataiai beteiligt, haben auf ihren Ausgang jedoch praktisch keinen Einfluß. Schon dem Herodot-Kritiker Plutarch, der Teile der genannten Simonides-Elegie zitiert, ist dies aufgefallen.[19] Er hat sich nicht gescheut, an der vorliegenden Darstellung Kritik zu üben, auch an anderer Stelle seines umfangreichen schriftstellerischen Werkes. In der Aristeides-Vita äußert Plutarch hinsichtlich der Schlacht bei Plataiai unverhohlen: ἦν γὰρ ἐν ἀξιώματι μεγίστῳ μετὰ τὴν Σπάρτην καὶ τὰς Ἀθήνας ἡ Κόρινθος.[20]

Ungeachtet aller Abstriche erscheint Korinth in Herodots Schilderung des Xerxeszugs nicht nur als militärisch, sondern auch als politisch aktive Stadt. Man kann annehmen, daß sich bei ihm hinter Ausdrücken wie σύμμαχοι oder Πελοποννήσιοι oftmals die Korinther verbergen, gerade wenn es um Fragen der Seekriegsführung geht, die diese als die zweitgrößte Seemacht im Hellenenbund nach den Athenern besonders betrafen. Dies dürfte etwa bei der Auseinandersetzung unter den Bundesgenossen, welche Stadt den Oberbefehl über die Flotte ausüben solle, der Fall gewesen sein.[21] Auch als es nach Mykale darum ging, zu entscheiden, ob man angesichts der eingetretenen Erfolge einen erneuten Jonischen Aufstand gegen den persischen Großkönig unterstützen solle, waren es die Πελοποννήσιοι, die dagegen argumentierten. Interessant ist, daß Herodot in bezug

---

[14] So Simon. frg. 15 (West²), 2.
[15] So Jung, Marathon und Plataiai 237 Anm. 45.
[16] Hdt. 9,69.
[17] Siehe ebd. 9,102, bes. aber 105: μετὰ δὲ Ἀθηναίους Κορίνθιοι καὶ Τροιζήνιοι καὶ Σικυώνιοι ἠρίστευσαν.
[18] Zur Datierung der Simonides-Elegie auf 478/77 v. Chr. siehe Jung, Marathon und Plataiai 226 mit Anm. 3.
[19] Siehe Plut. mor. 872d-e. Er zitiert in diesem Zusammenhang Simon. frg. 15 (West²).
[20] Plut. Arist. 20,2.
[21] Hdt. 8,2f.

auf die athenischen Unterhändler in dieser Situation eine Formulierung verwendet, die wir in ähnlicher Weise aus der Argumentation der Korinther während der Auseinandersetzung mit Kerkyra in den 430er Jahren v. Chr. kennen: Ἀθηναίοισι δὲ οὐκ ἐδόκεε [...] Πελοποννησίους περὶ τῶν σφετέρων ἀποικιέων βουλεύειν.[22] In ganz ähnlicher Weise läßt Thukydides noch nicht fünfzig Jahre nach Mykale die Korinther vor der athenischen Volksversammlung sprechen:[23] Der Status als Kolonie konstituiere ein wie auch immer geartetes Nahverhältnis zu der Mutterstadt. Die Gesandten beanspruchen in diesem Zusammenhang, ἡγεμόνες ihrer Pflanzstadt zu sein; das Verhalten der Kerkyraier hingegen wird als ἀφιστάναι und ὑβρίζειν denunziert.[24] Einmischung in dieses Verhältnis von außen sei Unrecht (ἀδικεῖν).[25] Kann es sein, daß sich in der Wortwahl Herodots Diskussionen widerspiegeln, die in der zweiten Hälfte des fünften Jahrhunderts v. Chr., als er die „Historien" abfaßte, in den politisch interessierten Kreisen Griechenlands geführt wurden? Eine einzige Textstelle ist freilich zu wenig, um eine solche These zu fundieren. Es bedarf weiterer Bausteine, um sie zu untermauern.

3.2. Die Korinther Adeimantos und Aristeas bei Herodot

Im Zuge von Herodots Schilderung der militärischen Kampagnen des Jahres 480 v. Chr. taucht als Anführer der korinthischen Seekontingente immer wieder ein gewisser Adeimantos Okytos' Sohn auf. Er ist der einzige Vertreter der Stadt am Isthmus, der namentlich von unserem Autor genannt wird und der neben den eigentlichen Protagonisten der Kämpfe wie Themistokles oder Eurybiades so etwas wie ein eigenes Profil erhält.[26]

Leider ist dieses Profil alles andere als schmeichelhaft: Adeimantos erscheint bei Hero-dot als wenig sympathische Figur im Verlauf des hellenischen Freiheitskampfes gegen Xerxes. Schon vor der Schlacht beim Artemision will er angesichts der persischen Übermacht die Stellung am Nordende der Insel Euboia aufgeben und sich nach Süden zurückziehen.[27] Nur durch ein Bestechungsgeld des Themistokles in Höhe von drei Talenten Silber läßt er sich zum Bleiben bewegen.[28] Durch die Worte, die der Athener

---

[22] Hdt. 9,106,3. Vgl. in diesem Zusammenhang die Einschätzung von Petzold, Die Gründung des Delisch-Attischen Seebundes I, 429: Durch den Plan einer Umsiedlung der aufständischen Jonier nach Griechenland habe die Gefahr bestanden, daß Sparta – und nicht mehr Athen – künftig in die Rolle einer Metropolis gegenüber diesen hineinwachsen würde. Siehe auch Smarczyk, Untersuchungen zur Religionspolitik und politischen Propaganda Athens, bes. 407ff.
[23] Vgl. Thuk. 1,37–43.
[24] So ebd. 1,38,1f.
[25] Ebd. 1,42,2.
[26] Zu Adeimantos Okytos' Sohn und seiner Familie siehe Westlake, Aristeus the son of Adeimantus u. Fornis Vaquero, Prosopografía corintia.
[27] Zu Herodots Gestaltung der Situation vor und nach der Schlacht beim Artemision siehe ausführlich Blösel, Themistokles bei Herodot 132ff.
[28] Hdt. 8,4f. Allerdings hatte sich auch der Lakedaimonierkönig Eurybiades, der formale Oberbefehlshaber der griechischen Flotte, durch fünf Talente umstimmen lassen. Das Geld hatte Themistokles

3. Korinther und Athener bei Herodot

dabei an ihn richtet, entsteht überdies beim Leser der Eindruck, Adeimantos sei ein potentieller Verräter der griechischen Sache gewesen.[29]

Auch später, vor der Seeschlacht bei Salamis, erscheint Adeimantos in schiefem Licht.[30] Während der entscheidenden Beratungen der griechischen Heerführer über das weitere Vorgehen führt er sich Themistokles gegenüber arrogant und geradezu feindselig auf, bis hin zu dem Diktum, der Athener sei ein ἄπολις ἀνήρ und solle deshalb nicht gehört werden.[31] Adeimantos gehört bei Herodot zu denjenigen, die für den Rückzug der griechischen Flotte zum Isthmus eintreten.[32] Als es dann doch zur Schlacht kommt, versagen ihm schmählich die Nerven;[33] nur göttliches Eingreifen kann seine Flucht im letzten Moment verhindern, doch das Urteil über sein Handeln ist klar: ᾿Αδείμαντε, σὺ μὲν ἀποστρέψας τὰς νέας ἐς φυγὴν ὅρμησαι καταπροδοὺς τοὺς ῞Ελληνας. Offensichtlich hat selbst Herodot daran gezweifelt, daß es sich so verhalten hat. Mehrfach weist er darauf hin, daß die Geschichte von den Athenern so erzählt werde,[34] die Korinther hingegen würden sie heftig bestreiten und versichern, sie hätten tapfer bei Salamis mitgekämpft. Sie standen mit dieser Version nicht allein: μαρτυρέει δέ σφι καὶ ἡ ἄλλη ῾Ελλάς.[35]

Es ist in unserem Zusammenhang glücklicherweise möglich, die von Herodot überlieferte Version der Athener mittels anderer Quellen zu überprüfen und auf diese Weise zu beweisen, daß die Korinther und ἡ ἄλλη ῾Ελλάς recht hatten mit ihrer Behauptung, sie sei falsch. In seiner Schrift „De malignitate Herodoti" listet Plutarch nämlich unter den zahlreichen Fehlern und Fälschungen des von ihm attackierten Autors auch die Adeimantos-Passagen des achten Buches auf.[36] Die Gegenargumente des kaiserzeitlichen Literaten sind schlagend: Zum einen weist er mit Recht darauf hin, daß es die Athener in ihrer bei Thukydides überlieferten Rede gegen die Korinther vor der lakedaimonischen Volksver-

---

Herodot zufolge von den Euboiern erhalten und selbst einen großen Teil der ursprünglichen Summe in die eigene Tasche gesteckt.

[29] Siehe Hdt. 8,5,2: Themistokles kündigt Adeimantos an, ihm mehr Geld geben zu wollen als der Großkönig. Dazu Blösel, Themistokles bei Herodot 136.

[30] Zu den einschlägigen Passagen und ihrem Erzählzusammenhang in den „Historien" Herodots siehe einmal mehr Blösel, Themistokles bei Herodot 186ff.

[31] Vgl. Hdt. 8,59–63, hier 8,61,1 : πόλιν γὰρ τὸν Θεμιστοκλέα παρεχόμενον ἐκέλευε (scil. ὁ ᾿Αδείμαντος) οὕτω γνώμας συμβάλλεσθαι.

[32] Dies geht aus der in der vorigen Anmerkung genannten Textstelle hervor; siehe auch ebd. 8,79,4.

[33] Der Name des Adeimantos bedeutet im Griechischen „unerschrocken", „furchtlos". Die Tatsache, daß der korinthische Feldherr zu Beginn der Schlacht bei Salamis von Panik ergriffen wird – Hdt. 8,94,1 verwendet die Worte ἐκπλαγής und ὑπερδείσας – kann deshalb eine bewußte Spitze der (athenischen) Erfinder dieser Version gegen ihn sein. Dazu Bowen, Malice of Herodotus 141.

[34] Hdt. 8,94. Auch Bowen, Malice of Herodotus 141 sieht Anzeichen dafür, daß sich Herodot von Anfang an von der athenischen Version der Adeimantos-Geschichte ironisch distanziert: „Perhaps H. is mocking the story from the start."

[35] Hdt. 8,94,4.

[36] Plut. mor. 870b–871b. Gerade zu Beginn des angegebenen Textstücks (ebd. 870b) verwendet Plutarch Vokabeln wie ψεύδεσθαι und καταψεύδεσθαι, um Herodots Darstellungsweise zu denunzieren. Dazu Bowen, Malice of Herodotus 140ff.

sammlung sicher nicht unterlassen hätten, die Schande ihrer Kontrahenten aus dem Jahre 480 zu erwähnen.[37] Zum anderen aber führt er eine Reihe von Inschriften an, die beweisen, daß die Version der Korinther von ihren Leistungen bei Salamis zutrifft. Die Nennung der Stadt am Isthmus an dritter Stelle auf der Schlangensäule von Delphi, das Grabepigramm der in der Seeschlacht gefallenen Korinther, schließlich das Epitaph des Adeimantos selbst, das ihn als denjenigen rühmt, ὃν διὰ πᾶσα / Ἑλλὰς ἐλευθερίας ἀμφέθετο στέφανον:[38] das sind nur einige der epigraphischen Zeugnisse, die Plutarch in seinem Text wörtlich zitiert und die zeigen, daß der Beitrag der Korinther zum Sieg des Hellenenbundes 480/79 v. Chr. nicht nur von ihnen selbst als substantiell aufgefaßt wurde, sondern auch von anderen Poleis. Anders ist der Gedenkstein für die korinthischen Salamis-Kämpfer nicht erklärbar, wurde er doch offensichtlich mit Billigung der Polis Athen auf der Attika vorgelagerten Insel am Grabmal der Gefallenen errichtet.

Wenn auf diese Weise schon die adeimantoskritische Version des besagten Geschehens zurückzuweisen ist, dann stellt sich freilich die Frage, wie Herodot an diese gelangen konnte. Wer hat ihm die entsprechenden Informationen vermittelt, und wann ist dies geschehen? Es besteht zum Beispiel die Möglichkeit, daß tatsächliche Spannungen im Kriegsrat zwischen Themistokles und Adeimantos den Kern der Aversionen darstellen, die wir in den „Historien" noch zu erkennen vermögen.[39] Es ist auch möglich, daß Mißverständnisse dem Ganzen zugrunde lagen; in der Forschung ist etwa erwogen worden, daß die Korinther mit ihren Schiffen die Nordseite des Sundes von Salamis gegen eine Umgehung durch die Perser zu schützen hatten. Um diese Aufgabe zu erfüllen, mußten sie sich natürlich vom Hauptschlachtfeld entfernen – schon war für uneingeweihte Beobachter ‚die Flucht' des Adeimantos perfekt.[40] Schließlich gibt es aber noch eine weitere Möglichkeit, warum der Anführer der Korinther bei Herodots athenischen Informanten so schlecht weggekommen ist. An einer Stelle weit vor den Ereignissen bei Salamis wird Adeimantos nämlich schon einmal erwähnt:[41] Er ist der Vater des Aristeas, der zusammen mit anderen Gesandten zu Beginn des Peloponnesischen Krieges von den Athenern am Hellespont aufgegriffen und später hingerichtet wurde. Herodot berichtet die Episode nur kurz, gleichsam nebenbei. Sein Hauptinteresse liegt auf dem Schicksal der lakedaimonischen Gesandten, die damals ebenfalls aufgegriffen wurden,

---

[37] Vgl. Thuk. 1,73–78; es geht in dieser Rede ebd. 1,73,2–74,4 nicht zuletzt um die Verdienste der Athener gegenüber allen Griechen während des Xerxeszugs.

[38] Plut. mor. 870d–871b, hier ebd. 870f. Die beiden zuerst genannten Inschriften sind uns erhalten geblieben; vgl. Syll.³ 31 (ML 27) u. IG I² 927 (ML 24). Zur Deutung der Schlangensäule siehe u.a. Jung, Marathon und Plataiai 242ff.

[39] Angesichts der nervösen Stimmung unmittelbar vor der drohenden Entscheidungsschlacht gegen die persische Weltmacht – es ging schließlich bei Salamis für die griechische Seite wirklich ums Ganze! – sollte man diese Möglichkeit nicht von vornherein ausschließen; so allerdings mit beträchtlichem argumentativen Aufwand Blösel, Themistokles bei Herodot 186ff., bes. 195f. u. 230f.

[40] In diesem Sinne J. C. Carrière, Oracles et prodiges de Salamine. Hérodote et Athènes. DHA 14, 1988, 236ff. u. zuletzt Blösel, Themistokles bei Herodot 218f.

[41] Hdt. 7,133–137, hier 7,137,3.

und bald kehrt er mit der Formulierung, dies habe sich alles erst viel später ereignet, zu seiner eigentlichen Erzählung zurück.

Ταῦτα μέν νυν πολλοῖσι ἔτεσι ὕστερον ἐγένετο τοῦ βασιλέος στόλου.[42] Wenn es Herodot tatsächlich nur darauf angekommen wäre, die Vergeltung eines Gottes bzw. Heros noch nach langer Zeit durch ein eindrückliches Beispiel vorzuführen, dann hätte er bei der Erzählung um die Lakedaimonier Sperthies und Bulis den Aristeas Adeimantos' Sohn betreffenden Halbsatz weglassen können.[43] Er hat es aber nicht getan, sondern den Namen des Korinthers im Kontext einer Passage belassen, die aus der Perspektive der Leser der „Historien" auf die jüngste Vergangenheit abzielte. Im übrigen steht unsere Textstelle auch nicht für sich allein. Wenig später erzählt Herodot vom Verhalten des thebanischen Heereskontingents in der Schlacht bei den Thermopylen und erwähnt, der Sohn von dessen Anführer Leontiades, Eurymachos, sei später zu Beginn des Peloponnesischen Krieges in Plataiai gefallen.[44] Auch hier haben wir es also mit einem Vorverweis auf die letzten Lebensjahre Herodots zu tun, eine Zeit, die der Durchschnittsleser der „Historien" größtenteils bewußt erlebt hatte, so wie es auch Thukydides später für sich in Anspruch nahm.[45] Tatsächlich bezeugt gerade dieser, daß Aristeas Adeimantos' Sohn zu Beginn des Peloponnesischen Krieges eine bedeutende Rolle in den Auseinandersetzungen gespielt hat.[46] Offensichtlich wie sein Vater ein einflußreicher korinthischer Politiker, organisierte er 432 v. Chr. quasi im Alleingang – Thukydides sagt, die ersten Maßnahmen des Aristeas seien ἰδίᾳ, nicht δημοσίᾳ erfolgt[47] – den Widerstand der Poteidaiaten und ihrer Mutterstadt Korinth gegen die athenische Aggression. Auch nach einer Niederlage in offener Feldschlacht setzte er seine Bemühungen um die Rettung der Kolonie fort, indem er von außen gleichsam einen Guerillakrieg gegen die Belagerer Poteidaias initiierte. Erst die Festnahme des Aristeas am Hellespont Ende Sommer des Jahres 430 v. Chr. und seine Auslieferung an die Athener setzten seinem durchaus erfolgreichen Wirken ein Ende.[48]

---

[42] Hdt. 7,138,1.
[43] Dies wünscht sich offenbar auch Bowen, Malice of Herodotus 140: „Aristeas, whom he could comfortably have omitted from his text."
[44] Hdt. 7,233.
[45] Vgl. Thuk. 5,26,5: ἐπεβίων δὲ διὰ παντὸς αὐτοῦ αἰσθανόμενός τε τῇ ἡλικίᾳ καὶ προσέχων τὴν γνώμην, ὅπως ἀκριβές τι εἴσομαι.
[46] Siehe ebd. 1,60–65. Bei ihm wird er allerdings Aristeus genannt. Zu Aristeas/Aristeus und seiner Rolle während der Ποτειδεατικά siehe ausführlich unten S. 235ff.
[47] Ebd. 1,66. Auch heißt es ebd. 1,60,2, Aristeas habe persönliche Gründe gehabt, aktiv für Poteidaia einzutreten: ἦν γὰρ τοῖς Ποτειδεάταις αἰεί ποτε ἐπιτήδειος; vgl. auch ebd. 5,30,2, wo Thukydides die Korinther sagen läßt: ὀμόσαι γὰρ αὐτοῖς ὅρκους ἰδίᾳ τε, ὅτε μετὰ Ποτειδεατῶν τὸ πρῶτον ἀφίσταντο, καὶ ἄλλους ὕστερον. – All diese Stellen sind nicht ausschlaggebend für De Ste. Croix, Origins of the Peloponnesian War 82ff., der ἰδίᾳ mit „separately from the other Peloponnesian states" (ebd. 83) übersetzt.
[48] Thuk. 2,67.

Aristeas ist in den Jahren zwischen 432 und 430 v. Chr. einer der erbittertsten und gefährlichsten Feinde der Athener gewesen.[49] Seinem zunächst privaten Engagement hatten es die Poteidaiaten zu verdanken, daß die Bedrängung und schließlich Belagerung ihrer Stadt zuerst in Korinth, dann im Peloponnesischen Bund, endlich in ganz Griechenland zu einem Thema auf der politischen Tagesordnung wurde. Thukydides – und warum nicht Herodot und seine Leser? – hat das gewußt. Unter den am Hellespont gefaßten Peloponnesiern wird Aristeas als erster genannt. In Athen werden die Gefangenen ohne Prozeß oder auch nur eine Anhörung hingerichtet und ihre Leichen wie die von Verbrechern geschändet. Ausdrücklich nennt Thukydides als Motiv für das rechtswidrige Verhalten der Athener ihre Furcht, τὸν Ἀριστέα μὴ αὖθις σφᾶς ἔτι πλείω κακουργῇ διαφυγών, ὅτι καὶ πρὸ τούτων τὰ τῆς Ποτειδαίας καὶ τῶν ἐπὶ Θρᾴκης πάντα ἐφαίνετο πράξας.[50] Sein Unbehagen an ihrem Verhalten ist deutlich erkennbar; vor diesem Hintergrund müssen wir die Nennung von Aristeas' Namen im Kontext von Hdt. 7,133–137 und die Darstellung seines Vaters Adeimantos in den einschlägigen Passagen rings um Salamis nun nochmals bedenken.

Sowohl der Vater als auch der Sohn waren zu ihrer Zeit – um 480 bzw. 430 v. Chr. – herausragende, in ganz Griechenland bekannte Vertreter ihrer Polis; beide waren Protagonisten in der μεγίστη κίνησις ihrer Generation, um es thukydideisch auszudrücken.[51] Aristeas war allerdings ein Adeliger, der seine Gaben nicht mehr dazu einsetzte, um Hellas den Kranz der Freiheit zu erwerben, wie es die Grabinschrift seines Vaters kündet;[52] er kämpfte vielmehr mit aller Kraft gegen Athen und seinen Seebund. Noch die Erklärung für seine widerrechtliche Hinrichtung, die wir bei Thukydides lesen können, offenbart den Haß und die Furcht, die Aristeas in Athen entgegenschlugen. Mag nicht hierin die Wurzel für das düstere Bild liegen, das die „Historien" von dessen Vater Adeimantos an verschiedenen Stellen seines Werkes zeichnen? Das hochmütige Selbstbewußtsein des Adeligen, wie es sich gegenüber dem vermeintlichen ἄπολις Themistokles äußert, wird in der athenischen Überlieferung, die bei Herodot greifbar ist, kontrastiert durch zutiefst unrühmliches Verhalten: mangelnde Einsichtsfähigkeit, Bestechlichkeit und Feigheit vor dem Feind.[53]

---

[49] Auch in der modernen Forschung wird dies hervorgehoben; siehe Alexander, Potidaea 74 („the valiant and forceful Aristeus"). Anders allerdings Westlake, Aristeus the son of Adeimantus 27: „Aristeus played a minor part in the development of the quarrel between Athens and the Peloponnesian powers, and his achievements were unimpressive." Die Bedeutung des Korinthers für den Verlauf der Kämpfe um Poteidaia sei von Thukydides, wohl aus persönlichen Motiven, übertrieben worden; so ebd. 26ff.
[50] Thuk. 2,67,4.
[51] Ebd. 1,1,2.
[52] Siehe Plut. mor. 870f: ἐλευθερίας [...] στέφανον.
[53] Zu den Forschern, die vermuten, daß das negative Bild des Adeimantos bei Herodot ein Ergebnis attischer Propaganda aus der Anfangszeit des Peloponnesischen Krieges darstellt, zählt z.B. De Ste. Croix, Origins of the Peloponnesian War 211f. Vgl. demgegenüber allerdings die Zweifel von Westlake, Aristeus the son of Adeimantus 30.

Andererseits hat sich Herodot von der adeimantosfeindlichen Tradition, die er, seinem Darstellungsprinzip folgend,[54] gleichwohl nicht unterschlagen wollte, immer wieder diskret, aber doch erkennbar, distanziert: Er hält fest an der Leistung der Korinther bei Salamis und rettet so implizit das Andenken des Adeimantos, wenn auch nicht so ostentativ empört, wie es Plutarch in „*De malignitate Herodoti*" tun wird. Herodot registriert also einen Konflikt, dessen Eskalation er zum Ende seines Lebens hin noch selbst erfahren mußte, ohne ihn gutzuheißen. Wir können das auch an der Passage erkennen, in deren Verlauf vom Tod des Aristeas die Rede ist. Für die lakedaimonischen Boten erfüllt sich ihr Schicksal gleichsam als eine Fernwirkung des Frevels, der einst an Gesandten des Perserkönigs Dareios verübt worden war. Die Verhaftung und Hinrichtung des sie begleitenden Sohnes des Adeimantos wird von Herodot lediglich registriert, doch in keiner Weise ausgeschmückt. Waren nicht einige der persischen Gesandten einst von den Lakedaimoniern in eine Schlucht gestürzt worden?[55] Ebenso widerfuhr es nun Aristeas und seinen Gefährten.[56] Verstießen die Athener nicht mit der willkürlichen Tötung der peloponnesischen Gesandten ein zweites Mal gegen göttliches und menschliches Recht? Daß Herodot schreibt, er wisse nicht, ob die Athener ihren Frevel an den Persern jemals gebüßt haben,[57] kann vor diesem Hintergrund und angesichts der Erzählung von den Lakedaimoniern Sperthies und Bulis nur bittere Ironie genannt werden. Er rechnete zweifellos damit, im Falle der ermordeten Perser ebenso wie im Falle der ermordeten Peloponnesier.

3.3. Die Rede des Korinthers Sosikles wider die Tyrannis

Die im vorausgehenden Unterkapitel interpretierten Herodot-Passagen zeigen, welche Aussagen man vom Autor der „Historien" in bezug auf die griechische Geschichte nach dem Xerxeszug erwarten kann. Zum einen ist das Resultat wenig befriedigend: Konkrete Ereignisse, wie sie Thukydides in den Κερκυραϊκά oder, wenn auch noch so reduziert, in seinem Exkurs zur Pentekontaëtie schildert, dürfen wir nicht erwarten; mit der Belagerung und Eroberung der persischen Festung Sestos im Winter 479/78 v. Chr. endet seine Behandlung der Geschichte von Griechen und Barbaren. Andererseits hat die Beschäftigung mit Adeimantos und Aristeas gezeigt, daß unser Autor das historische Geschehen seiner eigenen Lebenszeit bis zum Schluß verfolgt hat, daß er es auch bewertete und sich nicht davor scheute, öffentlich Stellung zu beziehen. Reinhold Bichler hat die Vorgehensweise Herodots dahingehend beschrieben, daß dieser sich damit begnügte, „in einer Reihe von knappen und verstreuten Bemerkungen [...] den Ver-

---

[54] Hdt. 7,152,3: ἐγὼ δὲ ὀφείλω λέγειν τὰ λεγόμενα, πείθεσθαί γε μὲν οὐ παντάπασιν ὀφείλω, καί μοι τοῦτο τὸ ἔπος ἐχέτω ἐς πάντα τὸν λόγον.
[55] Ebd. 7,133,1.
[56] Dies erfahren wir allerdings von Thuk. 2,67,4, nicht von Herodot, der es aber sicher gewußt hat, wenn er sich so für den Fall interessierte.
[57] Hdt. 7,133,2.

laufsprozeß des Wandels anzudeuten", der sich in den Jahrzehnten nach Mykale vollzog.[58] Seine Aussagen sind gleichwohl wichtig, weil sie jenseits des ereignisgeschichtlich Relevanten einen Einblick darin geben, worüber man zu Beginn der zweiten Hälfte des fünften Jahrhunderts v. Chr. nachdachte und diskutierte, vorausgesetzt, man verfügte über einen ähnlichen Bildungs- und Erfahrungshorizont wie der Forscher aus Halikarnassos. Im Mittelpunkt unseres spezifischen Interesses müssen dabei Textstellen Herodots stehen, die es ermöglichen, die Rolle Korinths im gesamtgriechischen Mächtegeflecht nach den Perserkriegen besser zu verstehen, weshalb im folgenden einer bestimmten Passage eine genauere Betrachtung zuteil werden soll: Es handelt sich um die Rede des Korinthers Sosikles über die Tyrannis im allgemeinen und die seiner Heimatstadt im besonderen.

Die Rede gehört in den Kontext der Ereignisse nach dem Sturz der Tyrannis in Athen 510 v. Chr.[59] Nach einigen vergeblichen Versuchen der Lakedaimonier, dauerhaften Einfluß auf die politischen Erben der Peisistratiden zu gewinnen, entschloß sich, so Herodot, König Kleomenes I. dazu, deren Herrschaft zu restaurieren. Auf einer Versammlung der Bundesgenossen, die eigentlich dazu dienen sollte, die Heimführung des Exiltyrannen Hippias im Konsens zu beschließen und das weitere Vorgehen vorzubereiten, kam es jedoch unter den lakedaimonischen Bündnern zu Unmutsbekundungen, die der Korinther Sosikles schließlich durch eine Rede artikulierte.[60] Diese Rede wird von Herodot außergewöhnlich umfangreich gestaltet;[61] sie erstreckt sich über viele Paragraphen und mündet in ein leidenschaftliches Bekenntnis gegen jegliche Tyrannenherrschaft.[62] Auch eine ebenso engagierte, vom Autor kurzgehaltene Gegenrede des Hippias vermochte daraufhin nichts mehr am Erfolg des Sosikles zu ändern: Die Bundesgenossen der Lakedaimonier lehnten die Restauration der Tyrannis in Athen nun offen ab, und das Projekt Kleomenes' I. war gescheitert.[63]

Daß die Sosikles-Rede in Hdt. 5,92 eine Bedeutung in Herodots Werk hat, die über die konkrete historische Situation, in die sie vom Autor eingebettet worden ist, hinausgeht, hat die Forschung schon lange erkannt; auch Beiträge aus jüngerer Zeit zweifeln daran nicht. Der Konsens der Experten erschöpft sich dann, wenn es darum geht, zu bestimmen, *worin* denn nun die Bedeutung unserer Passage besteht. Hermann Strasburger hat in seiner wegweisenden Analyse das Augenmerk vor allem auf den Schluß der

---

[58] Bichler, Herodots Welt 366.
[59] Siehe Hdt. 5,91–93. Die ereignisgeschichtlichen Zusammenhänge u.a. bei Welwei, Das klassische Athen 1ff. u. Welwei, Sparta 108ff.
[60] Hdt. 5,92,1 komponiert das Geschehen bewußt so, daß der Korinther Sosikles zum Sprecher aller lakedaimonischen Bündner avanciert: οἱ μέν νυν ἄλλοι ἡσυχίην ἦγον, Κορίνθιος δὲ Σωσικλέης ἔλεξε τάδε.
[61] Die betreffende Passage ebd. 5,92α-η erstreckt sich über mehr als sechs Teubner-Seiten.
[62] Vgl. ebd. 5,92η,4f.: τοιοῦτο μὲν ὑμῖν ἐστι ἡ τυραννίς, ὦ Λακεδαιμόνιοι, καὶ τοιούτων ἔργων. [...] ἐπιμαρτυρόμεθά τε ἐπικαλεόμενοι ὑμῖν θεοὺς τοὺς Ἑλληνίους μὴ κατιστάναι τυραννίδας ἐς τὰς πόλις.
[63] Ebd. 5,93.

herodoteischen Schilderung gelenkt. Erst die prägnante Gegenrede des Hippias mit seiner Ankündigung, ἦ μὲν Κορινθίους μάλιστα πάντων ἐπιποθήσειν Πεισιστρατίδας, ὅταν σφι ἥκοσι ἡμέραι αἱ κύριαι ἀνιᾶσθαι ὑπ' Ἀθηναίων,[64] führe das Geschehen dem Höhepunkt zu. Die pathetische Gestaltung der Szene, in der beide Kontrahenten vor den Augen der peloponnesischen Bündner ihre jeweilige Position mit Eiden bekräftigen, die gleichsam prophetischen Fähigkeiten des Peisistratiden, der laut Herodot am besten von allen Menschen Orakelsprüche zu verstehen vermochte,[65] all das stützt Strasburgers These, hier vollziehe sich etwas Zentrales vor dem Leser.[66] Man muß dabei nicht so weit gehen, wie er in unserer Passage eine Reaktion Herodots auf die Versammlung der lakedaimonischen Bündner im Jahre 432, am Vorabend des Peloponnesischen Krieges, zu erblicken.[67] Aber der Zusammenhang, auf den Herodot hinweisen will, die lange Linie, die er zieht,[68] ist doch offenkundig: Der Dienst, den die Korinther in den Jahren nach 510 Athen erwiesen haben, daß sie nämlich eine Invasion der Lakedaimonier nach Attika zweimal verhinderten, wird nicht belohnt werden. Das geradezu herzliche Einvernehmen, das Korinther und Athener noch nach 490 v. Chr. in der Feindschaft zu Aigina miteinander verband, wird ausgerechnet im Augenblick der gefahrvollen Bewährung während des Xerxeszugs sein Ende finden. Und in den Jahrzehnten nach 480/79 wird Korinth ein Hauptleidtragender der neuentfachten attischen Großmachtambitionen sein.

Sosikles hatte die Interessen seiner eigenen Heimatstadt und die der anderen Bündner dadurch zur Geltung bringen können, daß er das ängstliche Schweigen gegenüber der lakedaimonischen Hegemonialmacht durch seine engagierte Rede aufbrach. Herodot insistiert mehrfach auf diesem Punkt. Die freimütige Rede des Korinthers (εἴπαντος ἐλευθέρως) habe auch die übrigen Peloponnesier ermutigt, ihre Meinung offen kundzutun (φωνὴν ῥήξας) –, mit den besagten Folgen für Kleomenes' Feldzug.[69] Ist es nicht geradezu tragisch zu nennen, daß die Praktizierung freier Rede für die Stadt am Isthmus solch schlimme Fernwirkungen haben sollte? Δηλοῖ δὲ οὐ κατ' ἓν μοῦνον ἀλλὰ πανταχῇ ἡ ἰσηγορίη ὡς ἐστὶ χρῆμα σπουδαῖον, hatte Herodot noch kurz vor den Ereignissen um die Sosikles-Rede jubiliert und darin eine Voraussetzung für den Aufstieg Athens nach dem Sturz der Tyrannis gesehen.[70] Für die Korinther hingegen wird sich Herodots Wort von der freien Rede als χρῆμα σπουδαῖον geradezu als Hohn erweisen;[71] die Isegorie wird im Lichte von Hdt. 5,93,1 vielmehr „Not" (ἀνιᾶσθαι) zur Folge

---

[64] Hdt. 5,93,1.
[65] Ebd. 5,93,2: Ἱππίης μὲν τούτοισι ἀμείψατο οἷά τε τοὺς χρησμοὺς ἀτρεκέστατα ἀνδρῶν ἐξεπιστάμενος.
[66] Siehe Strasburger, Herodot und das perikleische Athen 583ff., v.a. 592.
[67] Siehe ebd. 589ff., bes. 591 Anm. 44.
[68] Die Formulierung benutzt Bichler, Herodots Welt 375, um Herodots Methode zu charakterisieren.
[69] Hdt. 5,93,2.
[70] Ebd. 5,78.
[71] Auch Johnson, Herodotus' Storytelling Speeches 6ff. diskutiert die Aufmerksamkeit, die Herodot Sosikles' freimütiger Rede widmet, legt den Schwerpunkt seiner Argumentation jedoch auf den aktu-

haben und damit einmal mehr bezeugen, daß sich der Autor der „Historien" nicht ohne weiteres auf eine einmal fixierte Meinung festlegen läßt.[72]

David M. Johnson hat in seinem Beitrag zum Thema – anders als Strasburger – sein Augenmerk nicht so sehr auf die Rahmenhandlung der Sosikles-Rede gelegt, sondern auf ihren Inhalt. Mit Hilfe seines „contextual approach"[73] versucht er zu ergründen, welchen Sinn die vermeintlich disparaten Erzählungen des Korinthers von der Tyrannis des Kypselos und Periander im Gefüge der von Herodot gestalteten Gesamtszene gehabt haben. Auch Johnson sieht einen entscheidenden Punkt in der Tatsache, daß Sosikles den Bündnern dabei hilft, sich über ihre Interessen klar zu werden und sie offen zu artikulieren.[74] Den Sinn des Erzählzusammenhangs von Hdt. 5,91–93 sieht er aber nicht in erster Linie darin, einen subtilen Kommentar zu den Entwicklungen während der Pentekontaëtie oder gar zur Vorgeschichte des Peloponnesischen Krieges zu liefern. Vielmehr sucht er ganz bewußt nach Möglichkeiten, das in den „Historien" beschriebene Geschehen auch in die letzten Jahre des sechsten Jahrhunderts v. Chr. überzeugend einzuordnen. Da gerät vor allem Sparta in den Blickpunkt sowohl Herodots als auch seines Interpreten Johnson: Die Rahmenhandlung ebenso wie die Erzählungen des Sosikles von Kypselos und Periander lassen sich problemlos deuten als Kritik an Entwicklungen innerhalb des Peloponnesischen Bundes in spätarchaischer Zeit. Hätte der Korinther nicht vor der Versammlung der Bündner seine mutige Rede gehalten, so hätte der von den Lakedaimoniern nach Attika geführten Koalition leicht eine ‚Tyrannis' ihres immer mächtigeren Hegemons blühen können. „So[si]cles was worried about Sparta becoming a tyrant city of sorts by limiting the role of her allies."[75]

Die Erkenntnisse Strasburgers und Johnsons führen uns noch einmal vor Augen, wie vielschichtig die Darstellungsweise Herodots ist, welch unterschiedliche Perspektiven sie eröffnet. Es ist sicherlich nicht statthaft, sich lediglich auf eine von ihnen zu konzentrieren und die anderen demgegenüber zu vernachlässigen. Sosikles hat weder die einstige Tyrannis der Kypseliden allein und ihre Schrecknisse im Blick, noch zielt er eindimensional auf das Schicksal Athens, Korinths oder Spartas ab. „At a certain point emphasizing one level of the speech's meaning renders one blind to the others."[76] Wir sind deshalb zunächst einmal darauf angewiesen, die verschiedenartigen Aspekte, die der Text bietet, für sich zu registrieren und zu erklären. Herodot selbst macht an verschiedenen Stellen immer wieder deutlich, wie sehr die Protagonisten seines Werkes

---

ellen Erfolg des Korinthers. Durch die Aufrüttelung der Bündner sei Spartas Macht im Peloponnesischen Bund eingegrenzt worden.

[72] Siehe Strasburger, Herodot und das perikleische Athen 579f., auch ebd. 604, wo er eine „(absichtliche?) Abwesenheit einer dialektischen Gedankenschärfe" bei Herodot erwägt.

[73] Johnson, Herodotus' Storytelling Speeches 4.

[74] Siehe ebd. 6: „Thus Socles' most pressing goal is not to show that the Corinthian tyrants Cypselus and Periander were bad for Corinth, or to prove that tyranny is evil, but to lead the allies to speak and act on beliefs they already hold about tyranny."

[75] Ebd. 12.

[76] Ebd. 8 Anm. 19.

auf Ratschläge und Hinweise angewiesen sind, die von außen an sie herangetragen werden.[77] Ist nicht auch Hippias' pathetische Antwort auf die Rede des Sosikles deshalb so ernst zu nehmen, weil dieser sich wegen seiner Kenntnisse der χρησμοί besonders gut auf das „decipherment of signs" versteht?[78] Es ist dies eine Qualifikation, über die auch der Herodot-Interpret verfügen sollte, denn erst aus einem möglichst vollständigen, in den jeweiligen Kontext der „Historien" passenden Gesamtbild mögen schließlich Antworten auf Fragen an den Text hervorgehen, die sich auf die Zeit nach dem Ende des Xerxeszugs 480/79 v. Chr. beziehen. Im Hinblick auf Korinth sei diesbezüglich nun nochmals, ausgehend von der Sosikles-Rede, ein Versuch gewagt.

3.4. Eine Zwischenbilanz: die Korinther bei Herodot

Der Sosikles Herodots spricht zu einer Zeit, die auf vielfache Weise im Schnittpunkt zwischen zwei Epochen der griechischen Geschichte liegt: Noch ist Sparta die einzige überregionale Großmacht in Hellas, unterstützt von seinen Bundesgenossen im Peloponnesischen Bund, zu denen auch Korinth zu zählen ist. Doch auf der anderen Seite ist bereits der Aufstieg Athens zu beobachten, einer Polis, die, befreit vom Joch des Tyrannen Hippias, den Weg eingeschlagen hat zu einer von Isegorie bestimmten Verfassungsform. Im Hintergrund kündigt sich die Eskalation der Perserkriege an. Schon hat der persische Großkönig athenischen Gesandten seine Forderung nach ‚Erde und Wasser' übermitteln lassen;[79] bald wird sein Expansionsstreben nicht nur die zum Widerstand entschlossenen Hellenen der entscheidenden Bewährungsprobe unterziehen, sondern auch die bereits jetzt schon – vor 500 v. Chr. – grundsätzlich angelegten innergriechischen Spannungen zum Ausbruch bringen. Herodot hat diese ‚Inkubationszeit' von Konfliktkonstellationen der klassischen Epoche zumindest im nachhinein als solche erkannt und sie durch seine um die Sosikles-Rede angeordnete Geschichte erzählerisch gestaltet.[80]

Es ist bezeichnend, daß ein Korinther die Hauptrolle in der Szenerie von Hdt. 5,91–93 spielen darf. Die Stadt am Isthmus war zwar keine traditionelle oder künftige Hegemonialmacht wie Sparta und Athen, aber sie war Herodot zufolge mächtig genug, um als bedeutendste unter den verbündeten Poleis der Lakedaimonier eine eigenständige Position zu beziehen und – bei günstiger politischer Konstellation und genügend Überzeugungskraft – einen Plan der peloponnesischen Vormacht schon einmal zu Fall zu bringen. Die Erzählungen des Sosikles von den Taten der kypselidischen Tyrannen dienen zwar dazu, die Tyrannis und eher noch tyrannisches Verhalten als problematisch, gefährlich und gar schändlich zu entlarven, doch andererseits verkünden sie auch die

---

[77] Siehe z.B. Hdt. 1,19,2f.; 1,61,1–3 u. 1,191,1. Dazu Gray, Herodotus and Images of Tyranny 382.
[78] Vgl. Hdt. 5,93,2. Mit dem herodoteischen Motiv des „decipherment of signs" beschäftigt sich ausführlich Gray, Herodotus and Images of Tyranny 380ff.
[79] Siehe Hdt. 5,73.
[80] So in ähnlicher Weise schon – wenn auch nicht ohne Fragezeichen – Strasburger, Herodot und das perikleische Athen 599f.

große Vergangenheit der Stadt Korinth. War diese Polis, deren Ruhm und Reichtum noch vor drei Generationen auf ganz Griechenland ausgestrahlt hatte, nicht berufen und dazu in der Lage, auch jetzt eine Rolle, und sei es die eines eigensinnigen Auslösers und Schürers von Konflikten zwischen den Großmächten Sparta und Athen, zu spielen?

Natürlich ist die soeben formulierte Frage gewagt, wenn nicht sogar spekulativ: Es entspricht nicht Herodots Auffassung von Geschichtsschreibung – „die Verfolgung der Fäden menschlicher und nationaler Schicksale durch das Dickicht des göttlichen Willens und der menschlichen Kunde darüber"[81] –, sich in der von uns erwünschten Weise prononciert zu äußern. Aber die Zeichen, deren Dekodierung er uns überläßt, weisen doch in eine bestimmte Richtung, auch wenn sie nur punktuell auftauchen, wenn sie in bestimmte Kontexte eingebunden sind, die keinesfalls ausgeblendet werden können, selbst dann, wenn sie auf den ersten Blick einander nicht zu entsprechen scheinen.

Ein gutes Beispiel für diese vermeintliche Widersprüchlichkeit haben wir mit der herodoteischen Berichterstattung zu Adeimantos und seinem Sohn Aristeas kennengelernt. Im Gegensatz zur kypselidischen Tyrannenzeit erfahren wir hier nicht von herausragenden oder wenigstens monströsen Taten, sondern von einem Verhalten, das von Arroganz, Feigheit und Niedertracht geprägt ist. Nichts wäre jedoch voreiliger, als Herodot in diesem Zusammenhang „mutability of attitude" in bezug auf die Korinther zu unterstellen.[82] Der Autor der „Historien" hat kein festes Bild von der Stadt am Isthmus und ihren Funktionsträgern entwickelt, von dem er sich im Laufe der Niederschrift seiner neun Bücher schließlich hätte distanzieren können. Wann immer Korinth in seiner Darstellung auftaucht, erfüllt es eine bestimmte Funktion im Kontext des Erzählganzen, wie beispielsweise an den Erzählungen über die Tyrannen Kypselos und Periander in Hdt. 3,48–53 und Hdt. 5,91–93 gezeigt werden kann. Das Geschehen, an dem die Polis beteiligt ist, kann freilich im einzelnen auch über die konkrete historische Situation hinausweisen: Dies ist zum Beispiel bei Adeimantos und Aristeas der Fall, auch bei der Rede des Sosikles und ihrer Rahmenhandlung. Herodot weist in den einschlägigen Passagen auf eine Zeit voraus, in der ebensoviel Unheil über die Griechen kommen sollte wie zur Zeit der Kriege gegen Dareios und Xerxes, und zwar ἀπ' αὐτῶν τῶν κορυφαίων – gemeint sind die griechischen Anführer selbst – περὶ τῆς ἀρχῆς πολεμεόντων.[83] Die historische Exaktheit der Angaben in den „Historien" ist in diesem Zusammenhang im übrigen zweitrangig – für Herodot ohnehin, aber auch für den Leser. Wir wissen nicht, ob Sosikles aus Korinth vor einer Versammlung des Peloponnesischen Bundes im letzten Jahrzehnt des sechsten Jahrhunderts wirklich in der uns überlieferten Art und Weise gesprochen oder ob er überhaupt jemals existiert hat. Es ist auch nicht entscheidend. Wir wissen ebenso nicht,

---

[81] Strasburger, Herodot und das perikleische Athen 580.
[82] So allerdings H. R. Immerwahr, Form and Thought in Herodotus, Cleveland 1966, 229, der überdies ebd. „two separated periods" der korinthischen Geschichte bei Herodot unterscheiden zu können glaubt: eine frühere, durchaus positiv gezeichnete, und – etwa ab Marathon – eine spätere, klar negative.
[83] Hdt. 6,98,2.

ob die Geschichte Herodots einen realen Hintergrund hat, wonach die Korinther einstmals dem für die Geschichte des fünften Jahrhunderts hochrelevanten Bündnis zwischen Athen und Plataiai den Weg geebnet hätten, weil sie zufällig vor Ort waren (παρατυχόντες)[84] und so zwischen Athen und Theben vermitteln konnten. Die Forschung hat eine Menge Argumente zusammengetragen, die Zweifel daran erlauben, bis hin zu der Ansicht, Hdt. 6,108 sei eine Geschichte, die erst nach der Einnahme von Plataiai durch die Peloponnesier im Jahre 427 in Umlauf gesetzt worden sei, um die Niedertracht und Perfidie seiner Eroberer herauszustreichen.[85] Doch auch hier gilt es festzuhalten, daß dies nicht unbedingt entscheidend ist. Herodot zeichnet eine Szenerie, die, selbst wenn das nur *ein*, nicht der *einzige* Gesichtspunkt für den Autor der „Historien" gewesen sein sollte, in der Tat erst durch die grausamen Ereignisse zu Beginn des Peloponnesischen Krieges ihre volle Wirkung zu entfalten vermochte. Aber auch ohne diese Voraussetzung konnte das herodoteische Bild von den Lesern in der zweiten Hälfte des fünften Jahrhunderts dekodiert werden: Das kleine Plataiai ist in einen unbarmherzigen Nachbarschaftskonflikt mit der boiotischen Vormacht Theben verwickelt, doch die mächtigen Lakedaimonier, die es um Hilfe angeht, scheuen sich, Verantwortung zu übernehmen; demgegenüber nutzt Athen beherzt die dargebotene Chance. Und als alles auf einen Krieg zusteuert, erscheint plötzlich Korinth auf der Bildfläche. Es ist nicht stark genug, um den Konfliktpartnern eine Lösung aufzuoktroyieren, aber es kann selbständig agieren, Pläne der Kontrahenten durchkreuzen,[86] auch vermitteln, wenngleich nicht zur Zufriedenheit aller. Korinth spielt seine Rolle, aber letztlich ohne machtpolitischen Zugewinn für sich selbst; nach dem Abmarsch der Korinther brechen die Feindseligkeiten abermals aus und enden mit einem Sieg Athens, der Großmacht der Zukunft. Spiegelt sich in dieser Ereignisfolge nicht eine grundsätzliche Erfahrung der Pentekontaëtie wider, wie sie Herodot und seine Zeitgenossen bis in die 430er Jahre hinein immer wieder haben machen können?

Setzt man die in den vergangenen Abschnitten intensiver betrachteten Herodot-Passagen in Beziehung zu allen übrigen Quellen, die wir über die korinthische Außenpolitik bis hin zum Xerxeszug haben, so ergibt sich ein kohärentes Bild, das durch die in spätarchaischer Zeit reichlicher zur Verfügung stehenden Informationen nicht etwa widerlegt, sondern zusätzlich akzentuiert wird. Es ist das Bild einer hellenischen Polis, die früh ihre lokalen Begrenzungen zu überwinden trachtete. Ihre Seegeltung bereits im siebten Jahr-

---

[84] Hdt. 6,108,5.
[85] So D. Hennig, Herodot 6,108: Athen und Plataiai, Chiron 22, 1992, 13–24, bes. 22ff. Die traditionelle Sicht der Episode repräsentiert Salmon, Wealthy Corinth 245ff., und selbstverständlich gibt es auch weiterhin genügend Wissenschaftler, die an der prinzipiellen Glaubwürdigkeit Herodots festhalten (so etwa Baltrusch, Symmachie und Spondai 12ff. u. Kienast, Hellenenbund 69 Anm. 138) und sogar das Datum 519/18 v. Chr. für den Abschluß des athenisch-plataiischen Bündnisses retten wollen (z.B. N. G. L. Hammond, Plataea's relations with Thebes, Sparta and Athens, JHS 112, 1992, 143ff.).
[86] Hdt. 6,108,5 hebt diese Fähigkeit der Korinther, dazwischenzugehen und eine von ihnen nicht gewünschte Entwicklung zu stoppen, ausdrücklich hervor: μελλόντων δὲ συνάπτειν μάχην Κορίνθιοι οὐ περιεῖδον. Ihr konstruktiver Lösungsansatz gegenüber Thebanern und Athenern scheitert allerdings.

hundert v. Chr. ist dafür ebenso Zeugnis wie ihre ökonomische Rührigkeit, durch die sie schon den epischen Dichtern als ἀφνειὸς Κόρινθος[87] erschien. Doch damit nicht genug: Schon vor den Kypseliden beginnen die Korinther damit, Kolonien entlang der westlichen Seeroute nach Italien zu gründen. Die Befähigung der Tyrannen zu konkurrenzlosem Engagement innerhalb der Adelsgesellschaft ihrer Polis scheint diesen einmal eingeschlagenen Weg noch begünstigt zu haben. Auf diese Weise erlangte die Stadt am Isthmus unter Kypselos Eetions Sohn und Periandros Kypselos' Sohn eine überregionale Wirksamkeit, die innerhalb Griechenlands zu Beginn des sechsten Jahrhunderts v. Chr. nahezu konkurrenzlos war. Der Aktionsradius der Korinther reichte in dieser Zeit über die Straße von Otranto hinweg nach Sizilien und Unteritalien; den Eingang zur Adria kontrollierten sie ebenso wie den zum Korinthischen Golf, denn die maßgeblichen Jonischen Inseln befanden sich in ihrer Hand.[88] Der Isthmus, der die Halbinsel Peloponnes und das mittelgriechische Festland ebenso miteinander verbindet wie die Seewege Richtung Italien einerseits, Richtung Ägäis und Jonien andererseits, gehörte zum Polisterritorium der Korinther; dies war die strategische Voraussetzung für den Aufstieg der Stadt in archaischer Zeit, wie Thukydides mit dem ihm eigenen Blick für die ökonomischen Grundlagen von Macht sofort erkannt hat, denn er schreibt, οἰκοῦντες γὰρ τὴν πόλιν οἱ Κορίνθιοι ἐπὶ τοῦ Ἰσθμοῦ αἰεὶ δή ποτε ἐμπόριον εἶχον.[89] Eben durch die Kontrolle dieses Kreuzungspunktes der Land- und Seerouten – des „carrefour isthmique", wie man ihn genannt hat[90] – hätten die Korinther den Ausgangspunkt für ihren Reichtum geschaffen, denn τῶν Ἑλλήνων τὸ πάλαι κατὰ γῆν τὰ πλείω ἢ κατὰ θάλασσαν, [...], διὰ τῆς ἐκείνων (scil. τῆς πόλεως τῆς τῶν Κορινθίων) παρ' ἀλλήλους ἐπιμισγόντων.[91] Das Wort Wills von Korinth als einem „centre du monde" mit Interaktionsmöglichkeiten in alle Himmelsrichtungen[92] ist vor diesem Hintergrund nicht ohne Berechtigung.

Hinsichtlich der zuletzt besprochenen Stellen aus Herodots „Historien" wird erkennbar, daß sich am grundsätzlichen Potential Korinths, wie wir es soeben auf Basis der Quellen zur archaischen Zeit nachzeichnen konnten, auch am Vorabend des Xerxeszugs nichts geändert hatte. Die Zeit der glanzvollen Kypselidentyrannen war zwar vorüber, und die Rücksichtnahme auf die neue griechische Großmacht Sparta erforderte anpassungsfähiges Verhalten im Einzelfall. Aber ansonsten begegnen wir Altbekanntem: überregionales Engagement zur See, politisches und militärisches Zusammenwirken mit

---

[87] Siehe Hom. Il. 2,570; vgl. auch Thuk. 1,13,5.
[88] Zu den geopolitischen Voraussetzungen, an denen sich die Korinther in den beschriebenen Regionen zu orientieren hatten, siehe Freitag, Golf von Korinth 1ff. u. 309ff.; Thiry, Aspects géopolitiques sowie Pagès, Recherches sur les thalassocraties antiques 111. Letzterer charakterisiert Korinth als „intermédiaire entre l'Égée et l'Occident" und „lieu de rencontre entre l'Orient et l'Occident". Vgl. auch Zimmerman Munn, Corinthian Trade with the Punic West in the Classical Period 196f. u. 213f.
[89] Thuk. 1,13,5.
[90] Will, Corinthe, la richesse et la puissance 19.
[91] Thuk. 1,13,5. Ähnlich im übrigen Strab. 8,6,20.
[92] Will, Corinthe, la richesse et la puissance 21.

den einstigen Kolonien;[93] selbst die strategische Schlüsselposition des korinthischen Isthmus spielt erneut eine Rolle, diesmal als Hauptquartier und letztes Bollwerk gegen den übermächtigen persischen Feind. Doch gleichzeitig weist Herodot mit einzelnen Elementen seiner Darstellung über die Geschehnisse des Xerxeszugs hinaus auf die Jahrzehnte nach 480/79: die Rolle der Bundesgenossen im Peloponnesischen Bund gegenüber der Vormacht Sparta, Spannungen zwischen den beiden Seemächten Korinth und Athen, die Fähigkeit der Isthmusstadt, zumindest punktuell eine Rolle als Zünglein an der Waage zwischen den griechischen Hegemonialmächten des fünften Jahrhunderts v. Chr. zu spielen. All dies zeichnet Herodot als einen Historiker aus, der die Konfliktlinien der Pentekontaëtie, die Sollbruchstellen im Verhältnis zwischen den Siegern bei Salamis und Plataiai bereits verstanden hat. Wir dürfen deshalb darauf vertrauen, daß die dürren Informationen, die Thukydides und andere Quellen für die Zeit von 479 bis 431 bereithalten, nicht für sich alleine stehenbleiben, sondern im Lichte der Aussagen des Halikarnassiers zusätzliche Konturen gewinnen.

---

[93] Hdt. 9,28,3 sagt, die 300 Poteidaiaten hätten bei Plataiai 479 v. Chr. auf ausdrücklichen Wunsch der Korinther neben deren 5.000 Hopliten Aufstellung genommen: παρὰ δὲ σφίσι (scil. τοῖσι Κορινθίοισι) εὕροντο παρὰ Παυσανίεω ἑστάναι Ποτειδαιητέων τῶν ἐκ Παλλήνης τοὺς παρεόντας τριηκοσίους.

4. Der Rahmen korinthischer Außenpolitik nach dem Xerxeszug

Unsere Zeugnisse zu Korinth und seinen Protagonisten in der Zeit vor den Perserkriegen, insbesondere die Aussagen Herodots im Verlauf seiner „Historien", können gleichsam als Grundierung für eine Analyse der Außenpolitik der Isthmusstadt während der Pentekontaëtie dienen. Bevor wir jedoch die einschlägigen Stellen der Überlieferung durchgehen, muß noch der geschichtliche und politische Rahmen, in den diese einzuordnen sind, wenigstens in Grundzügen abgesteckt werden. In der Zeit nach 480/79 v. Chr. war die politische Landschaft der hellenischen Welt nicht mehr im selben Maße unstrukturiert und vergleichsweise machtschwach wie noch in der vorausgegangenen archaischen Epoche. Der allgemeine Trend ging statt dessen in zwei Richtungen: Zum einen kann man in zunehmendem Ausmaß die Herausbildung überregional aktiver hegemonialer Symmachien beobachten, die die überkommene griechische Polisautonomie zu überwölben vermochten, jedoch auch in ein problematisches Spannungsverhältnis zu ihr traten.[1] Zum anderen sehen wir, wie der geographische Raum, innerhalb dessen ‚griechische' Politik in archaischer Zeit praktiziert worden war, im Verlauf des fünften Jahrhunderts v. Chr. immer mehr in die Peripherien der hellenischen Welt – zum Beispiel Thrakien, Makedonien, aber auch Aitolien, Akarnanien, Epeiros – ausgedehnt wurde. Darunter befanden sich Landschaften, in denen die Korinther seit Jahrhunderten als Händler und Kolonisten aktiv gewesen waren; allein aus diesem Grund muß die Stadt am Isthmus von dieser Entwicklung berührt worden sein.

Edouard Will ist mit Recht bei seinem Versuch, das politische und militärische Potential Korinths in archaischer und klassischer Zeit zu taxieren, von der prinzipiellen Relativität von Macht ausgegangen: „Dans le concert des Etats, un Etat n'est vraiment puissant que dans le mesure où d'autres ne le sont pas plus que lui."[2] Es stellt sich vor dem Hintergrund einer solchen „puissance relative" die Frage, ob die Bedingungen, die Korinth zur Zeit der Kypseliden mächtig erscheinen ließen, auch nach 480/79 v. Chr.

---

[1] Das Konzept ‚hegemoniale Symmachie' wird in einem Teil der jüngeren Forschung problematisiert; siehe Baltrusch, Außenpolitik, Bünde und Reichsbildung in der Antike 134, der mit Recht darauf hinweist, daß der Begriff an sich von den Griechen nicht verwendet worden ist. V. Alonso Troncoso, L'institution de l'hégémonie: entre la coutume et le droit écrit, in: G. Thür/F. J. Fernández Nieto, Symposion 1999, Köln u.a. 2003, 345ff. zeigt, daß Symmachien zwischen mächtigeren und weniger mächtigen griechischen Poleis von Situation zu Situation durchaus verschiedene „normes coutumières et [...] principes non-écrits" (ebd. 345) implizieren konnten. Den Begriff deshalb gänzlich aufzugeben, erscheint meines Erachtens zum jetzigen Zeitpunkt allerdings voreilig, denn ohne Zweifel läßt sich mit dem Konzept ‚hegemoniale Symmachie' die Stiftung von Abhängigkeitsverhältnissen unter griechischen Poleis erfassen und beschreiben. Bevor uns nichts Besseres an die Hand gegeben ist, ist es legitim, mit dieser, wenn auch noch so sehr defizitären Kategorie weiterzuarbeiten.

[2] Will, Corinthe, la richesse et la puissance 24.

4. Der Rahmen korinthischer Außenpolitik nach dem Xerxeszug

noch in gleichem Maße wirksam waren oder ob sie sich unter dem Einfluß der genannten Trends verändert haben. Nicht zuletzt dies gilt es im folgenden zu untersuchen.

4.1. Der sogenannte Peloponnesische Bund: οἱ Λακεδαιμόνιοι καὶ οἱ σύμμαχοι

Als ein wichtiger Akteur der griechischen Politik zur Zeit der Pentekontaëtie wird in der Forschung bis heute der sogenannte Peloponnesische Bund vorausgesetzt.[3] Der Ausdruck an sich ist bekanntermaßen modern – in der Antike ist unspezifisch von οἱ Λακεδαιμόνιοι καὶ οἱ σύμμαχοι die Rede[4] –, doch zweifelt niemand an der Existenz und Bedeutung dieser hegemonialen Symmachie unter der Führung Spartas, stellt sie doch das willkommene Gegenstück zum Delisch-Attischen Seebund dar, wodurch das Bild eines athenisch-lakedaimonischen Dualismus als *dem* Kontinuum des fünften Jahrhunderts v. Chr. erst seine vollständige Plausibilität erlangt.[5]

Nun gibt es in der Tat in unserer Überlieferung etwa seit der Mitte des sechsten Jahrhunderts v. Chr. Anzeichen für eine überregionale Machtbildung Spartas, die das herkömmliche, den Griechen vertraute Maß überschritt und eben nicht nur auf bloßer Expansion beruhte, sondern offenbar auch Resultat politischer Bemühungen der lakedaimonischen Führungsschicht war. Schon zu der Zeit, als sich der Lyderkönig Kroisos zum Entscheidungskampf gegen die Perser rüstete – also kurz vor 547 –, erschienen diesem laut Herodot die Lakedaimonier τοὺς ἂν Ἑλλήνων δυνατωτάτους ἐόντας.[6] Warum er diese Auffassung vertrat, wird einige Abschnitte danach, immer noch im Kontext der Kroisos-Geschichte, deutlich: ἤδη δέ σφι καὶ ἡ πολλὴ τῆς Πελοποννήσου ἦν κατεστραμμένη.[7] Etwas präziser wird es bei Thukydides später heißen, die Lakedaimonier hätten zu seiner Lebenszeit zwei Fünftel der Peloponnes, nämlich Lakonien und Messenien, beherrscht (νέμονται) und, so fügt er hinzu, τῆς τε ξυμπάσης ἡγοῦνται, nämlich mit Hilfe ihrer hegemonialen Symmachie, eben des Peloponnesischen Bundes.[8]

---

[3] Aus der jüngsten Sparta-Forschung seien nur die einschlägigen Passagen bei Thommen, Sparta 51ff. u. Welwei, Sparta 102ff. genannt. Siehe auch den Überblick von Baltrusch, Außenpolitik, Bünde und Reichsbildung in der Antike 43ff. u. 135ff. mit weiterführenden Literaturhinweisen.

[4] Siehe beispielsweise die Ausdrucksweise des Zeitgenossen Thukydides anläßlich der Aufzählung des lakedaimonischen und des athenischen Militärpotentials zu Beginn des Peloponnesischen Krieges. Er sagt Λακεδαιμονίων μὲν οἵδε ξύμμαχοι (Thuk. 2,9,2) bzw. αὕτη μὲν Λακεδαιμονίων ξυμμαχία (ebd. 2,9,3).

[5] Dies ist das Bild, das auch heute die Lehr- und Handbücher bestimmt; vgl. exemplarisch noch aus jüngster Zeit Schulz, Athen und Sparta, z.B. die Zusammenfassung ebd. 69ff. unter der Überschrift „Athen und Sparta – Zwei Antworten auf die Herausforderungen der Zeit".

[6] Hdt. 1,56,1. Vielleicht beanspruchten auch die Lakedaimonier selbst damals schon für sich, προστάται τῆς Ἑλλάδος zu sein; siehe ebd. 1,152,3. Dazu Kienast, Hellenenbund 46 mit Anm. 23.

[7] Hdt. 1,68,6.

[8] Siehe Thuk. 1,10,2.

Wir haben im vorausgehenden Kapitel feststellen können, daß auch Korinth gegen Ende des sechsten Jahrhunderts v. Chr. eng mit Sparta zusammengearbeitet hat. Freilich ist der genaue Zeitpunkt, wann die Stadt am Isthmus ‚Mitglied' des Peloponnesischen Bundes wurde, unklar, und es ist auch keineswegs einfach zu bestimmen, worin solch eine ‚Mitgliedschaft' bestand und was sie im einzelnen bedeutete. Um das Jahr 525/24 hatten die Korinther eine Expedition der Lakedaimonier gegen Polykrates von Samos unterstützt; daß dies eine Aktion des Peloponnesischen Bundes gewesen sei, wird allerdings von Herodot nirgends behauptet.[9] Im Gegenteil, der Feldzug wird als eine Unternehmung allein Spartas und Korinths geschildert, wobei die speziellen Interessen von letzterem durchaus genannt und durch die Anfügung einer Geschichte eigens erläutert werden.[10] Herodot schreibt sogar, daß die Korinther die samische Expedition eigentlich erst ermöglicht hätten: συνεπελάβοντο δὲ τοῦ στρατεύματος τοῦ ἐπὶ Σάμον ὥστε γενέσθαι καὶ Κορίνθιοι προθύμως.[11] Wegen der im Gegensatz zu den Lakedaimoniern maritimen Ausrichtung ihrer Polis ist das gut denkbar. Auf jeden Fall unterstützten die Korinther die Unternehmung von 525/24 v. Chr. nicht aufgrund einer wie auch immer gearteten politisch-militärischen Abhängigkeit von Sparta, etwa als Mitglied des Peloponnesischen Bundes.[12] Es ist wahrscheinlicher, daß die Symmachie während der Kampagne dieses Jahres eine gesonderte, aktuell auf den vorliegenden Fall zugeschnittene gewesen ist.[13]

Ein Teil der Forschung hat nicht nur die samische Expedition von 525/24 v. Chr. als Beleg für ein enges und dauerhaftes Zusammengehen von Korinth und Sparta im sechsten Jahrhundert gesehen, sondern diesbezüglich noch weiter in die Vergangenheit zurückgehen wollen. So erwägt etwa John B. Salmon schon für die Zeit kurz vor 547, als Kroisos im Westen Verbündete suchte, eine Abhängigkeit der Isthmusstadt von der damals schon mächtigsten Polis der Peloponnes.[14] Daß Plutarch schreibt, die Tyrannis der Kypseliden sei – neben vielen anderen Tyrannenherrschaften in Griechenland – von den Lakedaimoniern gestürzt worden, scheint auf den ersten Blick einen solchen Ansatz zu stützen und obendrein noch einen chronologischen Fixpunkt – um 583/82 v. Chr. – für ein korinthisch-lakedaimonisches Zusammengehen zu bieten.[15] Doch ist das Zeugnis aus „*De malignitate Herodoti*" für sich genommen zu iso-

---

[9] Siehe Hdt. 3,44–56.
[10] Ebd. 3,48–53.
[11] Ebd. 3,48,1.
[12] So allerdings Tausend, Amphiktyonie und Symmachie 169f. und – zurückhaltender – Salmon, Wealthy Corinth 240.
[13] In diesem Sinne Thommen, Sparta 54f. u. Welwei, Sparta 101f. gegen die ältere Auffassung von Wickert, Der peloponnesische Bund 16f.
[14] Siehe Salmon, Wealthy Corinth 240; vgl. auch Wickert, Der peloponnesische Bund 15ff. u. Cartledge, Sparta and Laconia 139f.
[15] Vgl. Plut. mor. 859d. Er spricht von der Vertreibung der Kypseliden durch die Lakedaimonier sowohl aus Korinth selbst als auch aus dessen Kolonie Ambrakia.

4. Der Rahmen korinthischer Außenpolitik nach dem Xerxeszug

liert und unsicher, um eine Grundlage für eine solche Vermutung darzustellen.[16] Wahrscheinlich beruht Plutarchs Äußerung auf der schon in klassischer Zeit verbreiteten Vorstellung von der prinzipiellen Tyrannenfeindschaft Spartas; blickt man jedoch auf die vergleichsweise zeitnahe Überlieferung Herodots, so erweist diese sich geradezu als Legende: Hatte Kleomenes I. nach 510 nicht Isagoras und Hippias dabei unterstützen wollen, (erneut) eine Tyrannis in Athen zu errichten? Und wenn die Lakedaimonier solche Tyrannenfeinde waren und sogar die Kypseliden gestürzt hatten, warum spielten diese Aspekte in der leidenschaftlichen Argumentation des Korinthers Sosikles bei Hdt. 5,92 keine Rolle?[17]

Wenn dem so ist, daß weder die samische Expedition bei Herodot noch die Aufzählung gestürzter Tyrannen bei Plutarch sichere Rückschlüsse auf den Charakter der korinthisch-lakedaimonischen Beziehungen im sechsten Jahrhundert v. Chr. zulassen, so verbleibt uns zu guter Letzt nur der erneute Blick auf die Ereignisse, die dem Sturz des Peisistratiden Hippias im Jahre 510 folgten. Im Verlauf des fünften Buchs der „Historien" finden sich in der Tat einigermaßen tragfähige Hinweise darauf, daß Korinth Mitglied einer von Sparta angeführten hegemonialen Symmachie, also des Peloponnesischen Bundes, gewesen ist. Daß es sich um einen Zusammenschluß solcher Art und nicht um eine einmalige Kampagne gehandelt haben muß, zeigen die Details von Herodots Erzählung: Da führt der König Kleomenes I. einmal die peloponnesischen Bundesgenossen ins Feld, ohne sie über die Ziele des anstehenden Feldzugs zu unterrichten;[18] ein andermal jedoch versammelt er sie vor Beginn der Expedition, um sie zu informieren und mit ihnen das weitere Vorgehen zu besprechen.[19] Am Ende dieser Bundesversammlung, auf der die Gesandten aller σύμμαχοι ihre Meinung frei äußern können, erfolgt eine Abstimmung, der sich auch die Lakedaimonier zu fügen haben.[20] Man könnte nun einwenden, Herodot habe die geschilderten Szenerien anachronistisch gestaltet, in Anlehnung an Spartas Herrschaftspraxis zu seiner eigenen Lebens- und

---

[16] Zur Problematik der genannten Stelle im Zusammenhang von Plut. mor. 859b-e siehe schon den Kommentar von Bowen, Malice of Herodotus 117ff.; dazu Salmon, Wealthy Corinth 271 Anm. 2. Alles in allem scheint die Aufzählung der Leistungen Spartas durch Plutarch v.a. von rhetorischen Gesichtspunkten bestimmt zu sein; es geht schließlich darum, Herodots Geschichtsdarstellung möglichst wirkungsvoll in Zweifel zu ziehen. Doch auch inhaltlich ergeben sich Zweifel: So berichtet Aristot. pol. 5,4,1304a 31–33, der letzte Tyrann von Ambrakia, ein Kypselide namens Periander, sei durch innere Unruhen gestürzt worden, nicht etwa durch die Lakedaimonier.

[17] Die Legende von der prinzipiellen Tyrannenfeindschaft der Lakedaimonier, wie sie etwa schon bei Thuk. 1,18,1 belegt ist, hat nachhaltig R. Bernhardt, Die Entstehung der Legende von der tyrannenfeindlichen Außenpolitik Spartas im sechsten und fünften Jahrhundert v. Chr., Historia 36, 1987, 257–289, bes. 288f. erschüttert.

[18] Siehe Hdt. 5,74,1: (scil. Κλεομένης) συνέλεγε ἐκ πάσης Πελοποννήσου στρατόν, οὐ φράζων ἐς τὸ συλλέγει [...].

[19] Ebd. 5,91,2: μεταπεμψάμενοι καὶ τῶν ἄλλων συμμάχων ἀγγέλους.

[20] Vgl. ebd. 5,93,2: ἐπείτε δὲ Σωσικλέος ἤκουσαν εἴπαντος ἐλευθέρως, ἅπας τις αὐτῶν φωνὴν ῥήξας αἱρέετο τοῦ Κορινθίου τὴν γνώμην.

Schaffenszeit in der zweiten Hälfte des fünften Jahrhunderts,[21] doch gibt es Argumente, die gegen eine solche These sprechen: Herodot schildert ja nicht *die übliche Praxis* der Lakedaimonier oder auch nur des lakedaimonischen Königs, so daß man eine bloße Übertragung von Gegebenheiten der Zeit um 430 auf die Zeit um 505 v. Chr. postulieren könnte. Vielmehr zeigt uns der Autor der „Historien" einen historisch und chronologisch auf die Zeit um 505 datierbaren *Wandel* an, eine *Veränderung* der Praxis Spartas im Umgang mit seinen Bündnern, die aus einer ganz spezifischen historischen Situation erwachsen ist. Diese Veränderung ist ihm offensichtlich wichtig, denn sie wird durch Sosikles' Rede deutlich markiert und erlangt gegenüber der eigentlichen Thematik – der geplanten Rückführung des Hippias nach Athen – ein beträchtliches Eigengewicht. Hätte Herodot lediglich die Herrschaftspraxis seiner eigenen Zeit auf die Vergangenheit übertragen wollen, so hätte er seine Erzählung nicht so arrangiert, er hätte eine solche Gestaltung sogar eher vermeiden müssen.

Herodot wollte seinen Lesern in den einschlägigen Passagen seiner „Historien" also einen Wandel im Verhältnis zwischen den Λακεδαιμόνιοι und ihren σύμμαχοι vorführen; seine Erzählungen rings um die Vertreibung der Peisistratiden aus Athen und die Konflikte, die sich daraus ergaben, lenken unseren Blick nicht nur auf die Ereignisgeschichte Attikas und Mittelgriechenlands in den Jahren nach 510, sie weisen nicht nur voraus auf den Aufstieg Athens zur Großmacht während der Pentekontaëtie, sondern sie reflektieren ebenso die Entwicklung des Machtinstruments Spartas, des Peloponnesischen Bundes, in dieser Zeit. David M. Johnson hat den angesprochenen Aspekt überzeugend herausgearbeitet;[22] Korinth spielte in diesem Prozeß seiner Meinung nach eine nicht zu unterschätzende Rolle: „The fact that Sparta's hegemony did not become oppressive [...] hardly rules out a prior concern that it could become oppressive. Indeed, it is in part thanks to the speech of So[si]cles that Spartan leadership did not become harsh."[23] Welche Rolle hatte der Autor der „Historien" der Stadt am Isthmus innerhalb des Peloponnesischen Bundes zugedacht? Wie verhält sich sein Bild von den Λακεδαιμόνιοι καὶ οἱ σύμμαχοι zu dem von Thukydides für den Vorabend des Peloponnesischen Krieges gezeichneten? Was läßt sich daraus für die Politik Korinths zur Zeit der Pentekontaëtie und seine Bewegungsfreiheit im Mächtegefüge des klassischen Griechenland ableiten?

Die frühere Forschung hat in ihren Bemühungen um ein besseres Verständnis des Peloponnesischen Bundes dazu geneigt, diesen als ein funktionierendes Herrschaftsinstrument der Lakedaimonier von Anfang an zu betrachten.[24] Nach dem siegreichen

---

[21] Dieser Gedanke liegt nahe, wenn man wie Strasburger, Herodot und das perikleische Athen 591 Anm. 44 Hdt. 5,91–93 als Spiegel von Thuk. 1,67–87 interpretiert.
[22] Johnson, Herodotus' Storytelling Speeches 8ff.
[23] Ebd. 10. Ebenso Salmon, Wealthy Corinth 249f.
[24] Exemplarisch Wickert, Der peloponnesische Bund 7ff. Die jüngere Forschung hat diesem Bild gegenüber Modifikationen angebracht, so etwa Welwei, Sparta 102ff., indem er die Entstehung des eigentlichen Peloponnesischen Bundes an das Ende des 6. Jhs. v. Chr. rückt, jedoch darauf beharrt, „daß Sparta von Anfang an bei den Vertragsschlüssen der dominierende Partner war." (ebd. 104).

4. Der Rahmen korinthischer Außenpolitik nach dem Xerxeszug

Abschluß der Messenischen Kriege und der Aufgabe der Expansionspolitik gegenüber Eleiern und Arkadern hätten sich die Lakedaimonier darauf verlegt, ein System bilateraler Verträge zu schaffen, das ihnen seit den mittleren Jahrzehnten des sechsten Jahrhunderts v. Chr. die Vorherrschaft zuerst über ihre nächsten Nachbarn, dann über den größten Teil der Peloponnes verschafft habe.[25] Am systematischsten hat Ulrich Kahrstedt mit dem ersten (und einzigen) Band seines griechischen Staatsrechts „Sparta und seine Symmachie" zu fassen versucht.[26] Doch auch wenn die Wissenschaft seither die Unmöglichkeit anerkennen mußte, auf Basis unserer derzeitigen Quellengrundlage solch große Würfe zu wagen, verblieb sie doch im wesentlichen auf dem einmal eingeschlagenen Weg. Ein gutes Beispiel hierfür ist Geoffrey E. M. de Ste. Croix, der thesenfreudig, aber scharfsinnig und stets bedenkenswert unsere Überlieferung zum Peloponnesischen Bund gesichtet und bewertet hat.[27] Viele seiner Erkenntnisse sind zweifellos richtig und führen zu einem vertieften Verständnis dessen, was man sich unter den Λακεδαιμόνιοι καὶ οἱ σύμμαχοι in archaischer und klassischer Zeit vorzustellen hat. Dennoch entsteht allein aufgrund von de Ste. Croix' systematischer Beschreibung der Kompetenzen, Institutionen und Zwecke, die dem Bündnis (angeblich) innewohnten, das Bild eines über spezifische historische Situationen hinaus – wie sie etwa für die Jahre um 506/05 bei Herodot und um 432/31 bei Thukydides greifbar sind – festgefügten Organismus, „a Staatenbund, with a ‚constitutional' structure, if a rudimentary one".[28]

Gerade der Standpunkt hinsichtlich einer ‚Verfassung' (‚constitution') des Peloponnesischen Bundes ist es, wodurch sich die jüngste Forschung von der genannten älteren unterscheidet. So betonte etwa Jon E. Lendon, daß das Verhältnis zwischen Sparta und seinen Bündnern durch viele verschiedene, zu unterschiedlichen Zeiten und oft nur für den Augenblick vereinbarte Abmachungen geregelt worden sei. Selbst die bei Hdt. 5,91,2 erstmals erwähnte Bundesversammlung der Peloponnesier konnte er vor diesem Hintergrund in ihrer Bedeutung für die Gesamtheit der Λακεδαιμόνιοι καὶ οἱ σύμμαχοι relativieren, und am Ende stand dann das mit gleichem Selbstbewußtsein wie bei de Ste. Croix vorgetragene Bekenntnis: „The Peloponnesian League had no ‚constitution'."[29]

---

[25] So in etwa das von Tausend, Amphiktyonie und Symmachie 167ff. gezeichnete Bild. Er sieht in der Entstehung des Peloponnesischen Bundes einen einheitlichen, von Anfang an auf lakedaimonische Initiative zurückgehenden historischen Prozeß (ebd. 167).
[26] Siehe Kahrstedt, Griechisches Staatsrecht, bes. 26ff., 81ff. u. 273ff.
[27] De Ste. Croix, Origins of the Peloponnesian War 101ff.; vgl. auch Cartledge, Sparta and Laconia 147ff. u. Baltrusch, Symmachie und Spondai 19ff.
[28] De Ste. Croix, Origins of the Peloponnesian War 117. Vgl. auch ebd. 104: der Peloponnesische Bund als „a ‚Staatenbund' or at any rate a ‚Bündnissystem'." – Freilich gibt es auch Äußerungen von de Ste. Croix wie diejenige ebd. 118, wo er mit einer Ausprägung des Peloponnesischen Bundes im eigentlichen Sinne erst in den Jahrzehnten nach ca. 505 v. Chr. rechnet.
[29] Lendon, Thucydides and the ‚Constitution' of the Peloponnesian League 177. Er steht mit dieser Einschätzung nicht allein; vgl. Baltrusch, Symmachie und Spondai 21 u. Thommen, Sparta 54; siehe auch Adshead, Politics of the Peloponnese 30ff.

Die Tatsache, daß man aus nahezu derselben Quellengrundlage so unterschiedliche Schlußfolgerungen ziehen und sie jeweils überzeugend begründen kann, macht mißtrauisch. Schaut man näher hin, so muß man allerdings zur Kenntnis nehmen, daß so zentrale Zeugnisse wie die in Plutarchs „*Quaestiones Graecae*" erwähnte Alpheios-Stele[30] oder die Inschrift mit dem Staatsvertrag zwischen den Lakedaimoniern und den Αἰτωλοὶ Ἐρξαδιεῖς[31] bis heute von der Forschung nicht einmütig datiert werden. Nun kann es im folgenden nicht darum gehen, sämtliche Einzelprobleme zur Entstehung und Weiterentwicklung der lakedaimonischen Hegemonie zu untersuchen und zu bewerten, bevor eine Position der in unserem Zusammenhang zentralen Frage formuliert werden kann, welche Rolle Korinth im Peloponnesischen Bund während des sechsten und fünften Jahrhunderts v. Chr. gespielt hat. Wenn man allerdings von den (wenigen) Punkten ausgeht, in denen in der Forschung ein Konsens hergestellt werden konnte und man sich im Sinne der jüngeren Forschung der Neigung versagt, die lakedaimonische Hegemonie als in sich abgeschlossenes System zu beschreiben, ergeben sich doch Möglichkeiten, etwas Licht ins Dunkel zu bringen.

4.2. Die lakedaimonische Hegemonie in der Praxis

Sicherlich entspricht die Hypothese, daß der Peloponnesische Bund in archaischer und klassischer Zeit etwas geradezu Fluktuierendes, Unabgeschlossenes, sich stets Weiterentwickelndes gewesen sei, den Aussagen unserer Quellen in höherem Maße als die Annahme einer im sechsten Jahrhundert begründeten Kontinuität, die sich dann mehr oder weniger unverändert bis zum siegreichen Ende des Peloponnesischen Krieges anhand unseres Materials nachvollziehen lasse.[32] Selbst wenn wir einmal von παλαιοὶ ὅρκοι lesen, die die Lakedaimonier und ihre Bundesgenossen untereinander ausgetauscht hätten,[33] ergibt der Zusammenhang nicht notwendig, daß es sich um Eide han-

---

[30] Siehe Plut. mor. 292b (= Aristot. frg. 592 [Rose] = frg. 609,1 [Gigon]). Die Datierungen reichen von der Mitte des 6. Jhs. v. Chr. (z.B. De Ste. Croix, Origins of the Peloponnesian War 96f.; Tausend, Amphiktyonie und Symmachie 168; Baltrusch, Symmachie und Spondai 25 u. Welwei, Sparta 94) bis weit ins 5. Jh. v. Chr. (etwa Cawkwell, Sparta and Her Allies 368ff. u. Thommen, Sparta 53).

[31] Zum Text siehe W. Peek, Ein neuer spartanischer Staatsvertrag, Berlin 1974, 4 und die seitherigen Ergänzungen in SEG 26, 461 u. 28, 408. Die Datierungen reichen von 500–470 (Tausend, Amphiktyonie und Symmachie 174ff.) über die 470er Jahre (Welwei, Sparta 103) bis in das beginnende 4. Jh. v. Chr. hinein (Baltrusch, Symmachie und Spondai 21ff.).

[32] So allerdings Cartledge, Sparta and Laconia 147, der postuliert, im Peloponnesischen Bund „there do not seem to have been any momentous innovations between 500 and the 380s." Daß De Ste. Croix, Origins of the Peloponnesian War 89 die Gefahr anachronistischer Schlüsse für den modernen Forscher angesichts des Konservatismus der lakedaimonischen Eliten reduziert sieht, ist im übrigen reines Wunschdenken.

[33] Vgl. hierzu die Argumentation der Lakedaimonier und Korinther anläßlich des Streites um die Annahme des Nikiasfriedens 421 v. Chr. bei Thuk. 5,30. Offensichtlich beinhalteten die Bestimmungen der Eide, εἰρημένον κύριον εἶναι ὅτι ἂν τὸ πλῆθος τῶν ξυμμάχων ψηφίσηται, ἢν μή τι θεῶν ἢ

4. Der Rahmen korinthischer Außenpolitik nach dem Xerxeszug

delte, die den Peloponnesischen Bund als solchen konstituierten.[34] Sie können ebenso zu einem anderen Zeitpunkt geschworen worden sein, als Antwort auf den Zerfall des Hellenenbundes Ende der 460er Jahre zum Beispiel,[35] oder gar als verbindliche Absprache der Bündner beim Ausbruch des Krieges mit Athen 432/31 v. Chr.[36] Ähnliche Unsicherheiten bestehen hinsichtlich der Beurteilung der Bundesversammlung der Peloponnesier. In zwei sehr speziellen Situationen um 505 und 432 spielte sie, wie wir gesehen haben, tatsächlich eine wichtige historische Rolle.[37] Doch auch hier ist alles in allem unsere Überlieferung viel zu lückenhaft, um Genaueres oder über den gegebenen Anlaß hinaus Verbindliches aussagen zu können. Daß Herodot uns durch seine Gestaltung von Hdt. 5,91–93 einen Fingerzeig geben will, wohin die langfristige Entwicklung des Peloponnesischen Bundes im Gegensatz zum Delisch-Attischen Seebund ging, ist eine plausible, auch hier mit Sympathie vertretene Hypothese, mehr jedoch nicht.[38] Von einem Wendepunkt für die hegemoniale Praxis der Lakedaimonier kann jedoch eher nicht gesprochen werden, wie Lendon im Hinblick auf das bei der Bundesversammlung von ca. 505 praktizierte Mehrheitsvotum der Bündner gezeigt hat.[39] Er bringt genügend Belege dafür zusammen, daß von einer regelmäßigen Beteiligung der σύμμαχοι an der Entscheidungsfindung der Lakedaimonier nach diesem Zeitpunkt nicht gesprochen werden kann.[40] Für die Position einer großen Polis wie Korinth muß das kein grundsätz-

---

ἡρώων κώλυμα ᾖ (ebd. 5,30,1). Vgl. dazu u.a. De Ste. Croix, Origins of the Peloponnesian War 118ff.

[34] Dies legt allerdings Wickert, Der peloponnesische Bund 29f. nahe.

[35] Dies ist die Meinung von Cawkwell, Sparta and Her Allies, bes. 375ff. Kienast, Hellenenbund 64ff. zufolge ist der Hellenenbund allerdings durch das Zerwürfnis von 462 v. Chr. nicht als solcher erloschen.

[36] So Lendon, Thucydides and the ‚Constitution' of the Peloponnesian League 160ff. Er spricht ebd. 164 von einem „pre-war agreement" zwischen Sparta und seinen σύμμαχοι zwecks Erhalt des Bündnisses im Krieg. Ähnlich schon Baltrusch, Symmachie und Spondai 26ff.

[37] In unseren Zusammenhang gehört wohl auch Thuk. 1,40,5. Hier ist die Rede davon, die Korinther hätten während des Aufstandes der Insel Samos gegen Athen eine Einmischung des Peloponnesischen Bundes in den Konflikt mit verhindert. Thukydides erzählt nicht viel von der Episode; er fügt sie lediglich als Argument in eine Rede der korinthischen Gesandten vor der attischen Ekklesie ein. Aber es ist in unserer Stelle von ψῆφον προστιθέναι, δίχα ψηφίζεσθαι und ἀνταγορεύειν die Rede, Ausdrücken, die eine Bundesversammlung der Peloponnesier nahelegen.

[38] Siehe oben S. 101ff.

[39] So allerdings Baltrusch, Polis und Gastfreundschaft 186: „Eine Neuorientierung spartanischer Außenpolitik gegen Ende des 6. Jahrhunderts ist nach meiner Auffassung nicht von der Hand zu weisen." Baltrusch arbeitet ebd. 181ff. eine sog. Kleomenes-Doktrin heraus, die zwischen ca. 510 und 432/31 v. Chr. dafür gesorgt habe, daß Spartas außenpolitische Interessen zunehmend auf die Peloponnes und ihre Anrainerpoleis beschränkt blieben.

[40] Siehe Lendon, Thucydides and the ‚Constitution' of the Peloponnesian League 167ff. mit den Belegen; ähnlich schon Cawkwell, Sparta and Her Allies 367f. Demgegenüber steht die ältere Forschungsmeinung von De Ste. Croix, Origins of the Peloponnesian War 115, der in der Einberufung und Befragung der Bundesversammlung eine „modification" der ursprünglich noch ausgedehnteren lakedaimonischen Hegemonialbefugnisse sieht; ähnlich Thommen, Sparta 57f. Baltrusch, Symmachie und Spondai 26f. glaubt, daß die Bundesversammlung nur bei Unternehmungen konsultiert wurde, die

licher Nachteil gewesen sein. Die genannten historischen Fallbeispiele zeigen es in aller Deutlichkeit: Die Durchsetzung korinthischer Interessen bedurfte keiner institutionellen Absicherung im Peloponnesischen Bund;[41] wann immer wir von einer Mobilisierung der lakedaimonischen Bündner durch die Korinther erfahren, hatte diese auch Aussicht auf Erfolg.[42] Erst die strukturelle Schwächung der Isthmusstadt durch die Auseinandersetzungen mit Athen in den 430er und 420er Jahren v. Chr. scheint dies geändert zu haben. Nach 421 agitierten die Verantwortlichen in Korinth zwar gegen den Nikiasfrieden; sie wurden in ihrem politischen Gewicht jedoch bald von anderen Mächten, insbesondere Argos, übertroffen und kehrten deshalb in den Schutz der lakedaimonischen Hegemonie zurück.[43]

Hat man erst einmal akzeptiert, daß der Peloponnesische Bund von seiner Anlage her keine ‚Verfassung' hatte und diese auch durch die Ereignisse nach 510 nicht entwickelte, so fügen sich viele Dinge besser zu einem Gesamtbild zusammen, und auch die Position Korinths als Bundesgenosse der Lakedaimonier wird besser verständlich. Für die ältere Forschung war es immer ein Rätsel gewesen, warum die Stadt am Isthmus überhaupt ‚Mitglied' des Peloponnesischen Bundes geworden war. Wollte man nicht der auf schwacher Quellengrundlage beruhenden These von Sparta als dem Tyrannenfeind par excellence beipflichten, so blieb nur die Zuflucht zu geopolitischen oder soziologischen Erwägungen. Im ersten Fall deutete man das lakedaimonisch-korinthische Bündnis dann als Einkreisungsversuch gegenüber dem gemeinsamen ‚Erbfeind' Argos, im zweiten verwies man auf die Solidarität zwischen den Führungsschichten beider Städte, repräsentierten sie doch in der zweiten Hälfte des sechsten Jahrhunderts v. Chr. in vergleichbarer Weise ein tyrannenfeindliches, letzthin aristokratisches Regime.[44] Solche Erwägungen entbehren grundsätzlich nicht der Plausibilität, dennoch: Konnte all das genug sein, um der korinthischen Führungsschicht eine dauerhafte Unterstellung ihrer Polis unter die politische und militärische Hegemonie Spartas abzunötigen?

Wesentlich eingängiger ist doch die Vorstellung, daß das Nichtvorhandensein eines hegemonialen Bündnis*systems* der Lakedaimonier bis weit ins fünfte Jahrhundert v. Chr. grundsätzliche Berührungsängste der korinthischen und anderer peloponnesischer Poliseliten gegenüber dem mächtigen südlichen Nachbarn gar nicht erst aufkommen ließ. Gewiß, gemeinsame Feldzüge der Λακεδαιμόνιοι καὶ οἱ σύμμαχοι hat es immer wieder gegeben, und je erfolgreicher sie verliefen, desto stärker war der Impuls, diese Option

---

über die Kernziele des Peloponnesischen Bundes (Verhinderung eines Helotenaufstandes, Abwehr eines Angriffs auf lakedaimonisches Territorium) hinausreichten.

[41] Anders Tausend, Amphiktyonie und Symmachie 177f., der annimmt, daß in dem mutmaßlichen Abkommen zwischen Sparta und Korinth aus der Zeit nach 550 v. Chr. eine Klausel existierte, die letztere von einem Feldzug gegen Athen dispensierte.

[42] Auch Bauslaugh, Concept of Neutrality 65ff. hebt die Bewegungsfreiheit Korinths innerhalb des Peloponnesischen Bundes deutlich hervor.

[43] Dies war schon im Sommer 420 v. Chr. der Fall; siehe Thuk. 5,48,3. Dazu unten S. 325ff.

[44] Den ersten Punkt hat Will, Korinthiaka 632ff. besonders herausgestrichen. Beide Möglichkeiten werden von Tausend, Amphiktyonie und Symmachie 170f. erwogen.

4. Der Rahmen korinthischer Außenpolitik nach dem Xerxeszug

stets aufs neue in Anspruch zu nehmen. Die militärische Dominanz der lakedaimonischen Hopliten mag dabei naturgemäß eine von Mal zu Mal selbstverständlicher erscheinende, zunehmend auch politische Führungsrolle Spartas bedingt haben. Daß über die ursprüngliche Zielsetzung des Peloponnesischen Bundes bis heute gerätselt werden kann, ist eine Folge dieses von seiner Anlage her unspezifischen Charakters der von Sparta geführten hegemonialen Symmachie.[45] Daß sie nun in erster Linie gegen Tyrannen gerichtet gewesen ist und damit der Errichtung oligarchischer Regime diente,[46] daß sie ein Instrument lakedaimonischer Expansionspolitik mit anderen Mitteln darstellte[47] oder nur Resultat der Helotenfurcht der Spartiaten war[48] – all dies ist gleichermaßen richtig.[49]

Von einer konkreten Situation zur anderen begründete der Peloponnesische Bund seine Existenz gleichsam neu, doch in der Zeit dazwischen schien er, ganz im Unterschied zum späteren Delisch-Attischen Seebund, nicht allzu präsent zu sein.[50] Denn er bedurfte zu seiner eigenen Aktualisierung, nachdem sich die Rollen einmal eingespielt hatten, stets der Ausübung der Hegemonie durch die Lakedaimonier. Wirkten sie bei einem politischen oder militärischen Projekt aus welchen Gründen auch immer nicht mit – wir werden solche Fälle noch näher betrachten –, dann war auch der Peloponnesische Bund faktisch nicht existent. Vor diesem Hintergrund erklären sich zwei Aspekte, die während der Pentekontaëtie und noch im unmittelbaren Vorfeld des Peloponnesischen Krieges die Handlungen der σύμμαχοι Spartas maßgeblich mitbestimmt haben und auf den ersten Blick geradezu widersprüchlich erscheinen: Zum einen ist da die Tatsache, daß zwischen den Bundesgenossen Spartas untereinander keine Friedens- und Beistandspflicht existierte.[51] Selbst der ‚Austritt' aus dem Pelo-

---

[45] Baltrusch, Mythos oder Wirklichkeit? 20f. betont die Augenblicksbezogenheit des von Sparta geführten Kriegsbündnisses so sehr, daß er ihm sogar hegemoniale Implikationen abspricht. Gleichwohl beobachtet auch er trotz der von ihm postulierten Kleomenes-Doktrin eine machtpolitische Ausgestaltung des ‚Peloponnesischen Bundes' im Verlaufe des 5. Jahrhunderts v. Chr.; siehe auch Baltrusch, Polis und Gastfreundschaft 186ff.

[46] So z.B. Cawkwell, Sparta and Her Allies 371ff.; siehe allerdings oben S. 103 Anm. 17.

[47] So z.B. Tausend, Amphiktyonie und Symmachie 179.

[48] So z.B. De Ste. Croix, Origins of the Peloponnesian War 89ff. u. 96ff. sowie Baltrusch, Mythos oder Wirklichkeit? 11ff.

[49] Vgl. hierzu die richtige Feststellung von Welwei, Sparta 104: „Da die Verträge von den Spartanern nacheinander in einem längeren Zeitraum geschlossen wurden, fehlt im Unterschied zur Konstitution des Attischen Seebundes, [...], ein Hinweis auf eine programmatische Zielsetzung des Bundes."

[50] Ähnlich schon Wickert, Der peloponnesische Bund 33, der die lakedaimonische Symmachie als ein Bündnissystem bezeichnet, „das nur nach außen als Einheit in Erscheinung tritt, sich aber auf die Beziehungen der beteiligten Staaten untereinander nur geringfügig auswirkt."

[51] Dazu De Ste. Croix, Origins of the Peloponnesian War 106f., 113f. u. 118ff. Modifizierend Wickert, Der peloponnesische Bund 29f., der auf Basis von Syll.³ 9 (ML 17) eine Verpflichtung zur Konsultation zwischen den Angehörigen des Peloponnesischen Bundes erschließt. Die Bundesversammlung von ca. 505 v. Chr. mit ihren Reden und ihrem abschließenden Mehrheitsbeschluß sei die logische Weiterentwicklung dieser Abstimmungspflicht gewesen. Dies setzt voraus, daß die vertragschließenden Eleier und Heraier zum Zeitpunkt der Inschriftsetzung – nach ca. 570 – beide schon Verbündete der Lakedaimonier gewesen sind, wofür uns unsere Quelle freilich keinen Anhaltspunkt gibt; jüngere

ponnesischen Bund – wenn dieser Terminus aufgrund des soeben Gesagten überhaupt statthaft ist – war möglich, wenn er nicht gerade während einer Kampagne der Λακεδαιμόνιοι καὶ οἱ σύμμαχοι erfolgte. Während man also für den Fall, daß keine aktuelle Krise vorlag, die militärisches und politisches Handeln erforderte, von einem Trend zur Verflüchtigung des Bundes sprechen kann, beobachten wir andererseits die gegenläufige Tendenz, daß es gerade im Interesse von σύμμαχοι, die in Auseinandersetzungen welcher Art auch immer verwickelt waren, liegen mußte, eine solche Verflüchtigung zu verhindern und statt dessen im eigenen Interesse die Aktualisierung der hegemonialen Strukturen des Peloponnesischen Bundes zu bewerkstelligen. Denn ausschlaggebend war, daß Sparta in seine Verpflichtungen gegenüber seinen Partnern eintrat. Darüber entschied es jedoch alleine, wie in der Forschung immer wieder zu Recht betont worden ist;[52] die Zustimmung einer in einigen, vielleicht eher seltenen Fällen einberufenen Bundesversammlung konnte zwar im Einzelfall von historischer Bedeutung sein, aber sie war selbst noch am Vorabend des Peloponnesischen Krieges 432 v. Chr. nicht das ausschlaggebende Kriterium. Vielmehr war Sparta selbst – in Gestalt seiner verfassungsmäßigen Organe – die entscheidende Größe, das Ringen um die Aktivierung seiner Rolle als Hegemon das zentrale Geschehen. Es fällt nicht schwer, zu Zeiten der Pentekontaëtie Beispiele für die genannten, wie man fast meinen möchte, geradezu zwangsläufigen Verhaltensweisen der lakedaimonischen Bundesgenossen zu finden. Sowohl die korinthisch-athenische Eskalation nach 461/60 als auch die der Jahre nach 435 v. Chr. läßt sich vor dem geschilderten Hintergrund besser verstehen und erst eigentlich erklären.

Die lakedaimonische Hegemonie zeichnete sich also durch eine gewisse Inkohärenz aus; daß sie dennoch zweifellos existierte, auch leidlich funktionierte und unter dem Etikett ‚Peloponnesischer Bund' in der modernen Forschungsliteratur verankert werden konnte, muß freilich seine Gründe gehabt haben. Gerade wissenschaftliche Bemühungen aus jüngster Zeit haben hierfür plausible Antworten gefunden, indem sie ihren Blick von dem – wie wir gesehen haben – wenig ergiebigen Bereich des Institutionellen weg- und auf informelle Praktiken der lakedaimonischen Ausübung und Erhaltung von Macht hingelenkt haben. Schon de Ste. Croix hatte von den Mitgliedern des Peloponnesischen Bundes als einem „inner circle" gesprochen, einer Gruppe von Bundesgenossen, die im Vergleich zu anderen – zum Beispiel Verbündeten, die außerhalb der Halbinsel lebten – besonders eng an Sparta gebunden waren.[53] Auch durch die innenpolitische Angleichung an den mächtigen Hegemon, etwa durch die Einrichtung oligarchischer Regime, sei diese

---

Interpretationen, z.B. Baltrusch, Symmachie und Spondai 9ff., kommen deshalb mit Recht ohne diese Annahme aus.

[52] Siehe z.B. Lendon, Thucydides and the ‚Constitution' of the Peloponnesian League 171: „Sparta was not obliged to consult her allies or canvass their votes." Auch 432 v. Chr. sei die Entscheidung zum Krieg im Grundsatz schon vor Einberufung der Bundesversammlung gefallen gewesen (ebd. 174ff.). Siehe dazu ferner De Ste. Croix, Origins of the Peloponnesian War 109ff.

[53] So De Ste. Croix, Origins of the Peloponnesian War 102.

4. Der Rahmen korinthischer Außenpolitik nach dem Xerxeszug

starke Bindung gefördert worden.⁵⁴ Bei Autoren wie David C. Yates und Sarah Bolmarcich wird diesem Aspekt nun noch mehr, geradezu ausschließliches Gewicht zugemessen. Ersterer behauptet, bis zum fünfjährigen Waffenstillstand mit Athen 451/50 v. Chr. „the Spartan alliance was bound by no such foreign policy obligations as seen in later treaties, but rather by a series of treaties whose goal was merely the institution and preservation of an influential pro-Spartan faction within allied cities."⁵⁵ Allein durch die intensive Pflege von Kontakten zu den jeweiligen Eliten der verbündeten Poleis sei es den Lakedaimoniern gelungen, ein politisches Klima auf der Peloponnes zu schaffen, das, ungeachtet etwaiger Verpflichtungen, die man im einzelnen vertraglich vereinbart hatte, der Durchsetzung ihrer Interessen dienlich war.⁵⁶

Bolmarcich nun hat die doch etwas eindimensional und apodiktisch anmutende These von Yates insofern präzisiert, als auch sie zwar das Eingreifen Spartas in die Innenpolitik seiner Bündner hervorhebt, andererseits aber doch Raum für Differenzierungen läßt.⁵⁷ Sie weist darauf hin, daß nicht alle σύμμαχοι der Lakedaimonier denselben Status gehabt haben. Einige hätten sich nach militärischen Auseinandersetzungen deren hegemonialem Anspruch ausdrücklich fügen müssen, andere hingegen hätten sich freiwillig unter ihren Schutz begeben, eine dritte Gruppe schließlich – hierzu würde dann Korinth gehören, aber auch zum Beispiel Theben oder Elis – verfügte über so viel eigenen Spielraum, daß auch Sparta selbst ihre Wünsche berücksichtigen mußte. Bolmarcichs Schlußfolgerungen sind im Grundsatz zutreffend und passen ausgezeichnet zu den Ergebnissen der vorausgegangenen Abschnitte, etwa wenn sie schreibt: „The Athenian Empire was built on the visible manifestation of Athenian power, her navy and her money; the Peloponnesian League was built on Spartan politicking."⁵⁸ Indem sie das, was wir ‚Peloponnesischen Bund' nennen, als ein flexibles hegemoniales Konzept beschreibt, erklärt sie in viel überzeugenderer Weise, als es früher der Fall war, das Verhältnis zwischen vergleichsweise mächtigen Bundesgenossen und ihrer lakedaimonischen Hegemonialmacht. Das auf den ersten Blick schwer zu verstehende Verhalten Korinths gegenüber

---

⁵⁴ So De Ste. Croix, Origins of the Peloponnesian War 98f. Allerdings ist seine Argumentation in diesem Zusammenhang stark von marxistischen Deutungsmustern geprägt, die zur Interpretation der Gegebenheiten in archaischer und klassischer Zeit nur in bedingtem Maße geeignet sind.

⁵⁵ D. C. Yates, The Archaic Treaties between the Spartans and their Allies, CQ 55, 2005, 65; vgl. auch ebd. 72: „Rather, I propose that before 451 Sparta used its primacy over most of the Peloponnese merely to ensure its own domestic stability and promote a political climate favourable to its interests among the allies."

⁵⁶ So ebd. 74. Siehe in diesem Zusammenhang auch Baltrusch, Polis und Gastfreundschaft, bes. 181ff.; auch er betont, wie wichtig die Mechanismen überregionalen adeligen Miteinanders für den Aufbau der Macht Spartas gewesen sind, postuliert freilich als Folge der von ihm so genannten Kleomenes-Doktrin charakteristische Veränderungen der früheren Praxis, z.B. die Monopolisierung etwa der lakedaimonischen Proxenie-Verhältnisse durch den Staat.

⁵⁷ Siehe Bolmarcich, Thucydides 1.19.1 and the Peloponnesian League, z.B. 7: „I will argue that the Peloponnesian League had two types of *symmachoi*, those independent of and those subservient to Sparta."

⁵⁸ Ebd. 32.

Sparta zu verschiedenen Zeiten im fünften Jahrhundert v. Chr. erhält so eine überzeugende Motivation, denn „ ‚rebellions' of states like Corinth are not rebellions, and are the more easily explained if such allies were not as closely bound to Sparta as has been assumed."[59] Nehmen wir diese Aussage nun zum Ausgangspunkt, um Korinths Rolle gegenüber Sparta und seine Position innerhalb der lakedaimonischen Hegemonie, also des Peloponnesischen Bundes, abschließend zu bestimmen.

4.3. Die Korinther als σύμμαχοι der Lakedaimonier

„Sparta could control Aetolia" – gemeint sind die Αἰτωλοὶ Ἐρξαδιεῖς –; „she could not control Corinth."[60] Mit diesem Beispiel versucht Sarah Bolmarcich die Inhomogenität des Peloponnesischen Bundes aufzuzeigen und gleichzeitig die Methoden lakedaimonischer Hegemonialpraxis anzudeuten. Die historischen Rahmenbedingungen Griechenlands am Ende des sechsten Jahrhunderts v. Chr. hatten sich gegenüber denen zu seinem Beginn stark verändert. Durch das energische Wirken einzelner ehrgeiziger Tyrannen, aber auch die Rührigkeit der zahlreichen alteingesessenen Polisaristokratien, aus denen ein Kypselos oder Peisistratos erst hervorgegangen war, hatte sich das politische Leben der Hellenen in bisher nie dagewesenem Ausmaß verdichtet und intensiviert. Dies implizierte ebenso Chancen wie Gefahren, auch für eine verhältnismäßig große und reiche Polis wie Korinth. Die Gegebenheiten, die die „puissance relative"[61] der verkehrsgünstig gelegenen Stadt am Isthmus einst ausgemacht hatten, hatten sich verändert und erzwangen deshalb eine Reaktion, eine Anpassung an die neue Lage.

Daß wir am Ende des sechsten Jahrhunderts v. Chr. Korinth unter den σύμμαχοι der Lakedaimonier vorfinden, scheint ein Teil der Antwort zu sein, die die verantwortlichen Akteure der Stadt angesichts der skizzierten Veränderungen gegeben haben. Längst war Sparta zum mächtigsten Gemeinwesen auf der peloponnesischen Halbinsel geworden. Der Kranz abhängiger Poleis, den die Lakedaimonier um sich scharten, indem sie ein durch Verträge strukturiertes Glacis unter ihren arkadischen und eleischen Nachbarn schufen, mag letztlich dazu gedient haben, ihre gar nicht so stabile Staats- und Gesellschaftsordnung nach außen abzusichern.[62] Aber die Intentionen Spartas bei der Schaffung dessen, was einmal in der Forschung ‚Peloponnesischer Bund' heißen sollte, sind für das korinthische Kalkül zweitrangig. Entscheidend ist, daß in den Dezennien seit der Jahrhundertmitte eine griechische Großmacht neuen Typs heranwuchs, mit der man

---

[59] Bolmarcich, Thucydides 1.19.1 and the Peloponnesian League 32.
[60] Ebd. 33.
[61] Will, Corinthe, la richesse et la puissance 24.
[62] Daß entgegen der Bewunderung antiker Beobachter für die Stabilität der von den lakedaimonischen ὅμοιοι getragenen Verfassung auch die Staats- und Gesellschaftsordnung Spartas von beträchtlichen Spannungen erfüllt gewesen sein muß, zeigt allein für unseren Zeitpunkt am Ende des 6. Jahrhunderts v. Chr. die erbitterte Auseinandersetzung zwischen den Königen Damaratos und Kleomenes I. um die richtige Politik gegenüber Athen; siehe Hdt. 5,75.

4. Der Rahmen korinthischer Außenpolitik nach dem Xerxeszug

auch am Isthmus rechnen mußte. Wir wissen buchstäblich nichts darüber, wie sich die Annäherung der korinthischen Eliten an die Lakedaimonier in dieser Zeit vollzogen hat, welche Interessen man etwa miteinander teilte. Am Ende dieses Prozesses befand sich Korinth jedenfalls in der politisch-militärischen Gefolgschaft einer Macht, der es gelungen war, durch stete Aktualisierung ihrer Führungsrolle im Feld eine dauerhafte, über einzelne Kampagnen hinausreichende hegemoniale Symmachie zu schmieden. Als Kleomenes I. 506 v. Chr. auszog, um Isagoras Teisandros' Sohn zum Tyrannen von Athen zu machen, da fühlte er sich nicht einmal bemüßigt, den Zweck des gemeinsamen Feldzugs der Λακεδαιμόνιοι καὶ οἱ σύμμαχοι bekanntzugeben.[63] Die Beziehung der Bundesgenossen zu ihrer Vormacht war an einem kritischen Punkt angelangt, an dem sich entscheiden mußte, ob die Entwicklung des Peloponnesischen Bundes weiter in Richtung eines willfährigen Instruments lakedaimonischer Großmachtpolitik gehen sollte oder nicht. Durch die Rede des Sosikles und ihre Einbettung in die Rahmenerzählung von der Bundesversammlung der Peloponnesier hat Herodot diesen Wendepunkt markiert. Wohlgemerkt, es ist kein Wendepunkt, der in erster Linie über Einzelheiten der inneren Ausgestaltung des lakedaimonischen Bündnissystems entschied, eher einer, der ihre grundlegende Ausrichtung bestimmte. Folgen wir Herodot, so war es zu wesentlichen Teilen den Korinthern zu verdanken, daß die Grundsatzentscheidung damals zugunsten der Autonomie der Bündner in inneren und äußeren Fragen fiel:[64] Die Entwicklung des Peloponnesisches Bundes mündete um 500 v. Chr. – anders als hundert Jahre später – nicht in eine ἀρχή oder Tyrannis, wie sie im fünften Jahrhundert der Delisch-Attische Seebund darstellen sollte. Zumindest die bedeutenderen unter den σύμμαχοι vermochten weiterhin eine eigenständige Politik gegenüber ihrem Hegemon zu artikulieren und von Fall zu Fall auch durchzusetzen.

Die bedrohliche Dominanz Spartas im Peloponnesischen Bund und ihre Begrenzung ist freilich nur die eine Seite der Medaille. Wäre sie die allein ausschlaggebende gewesen, so hätte das Bündnis der Λακεδαιμόνιοι καὶ οἱ σύμμαχοι die Jahrzehnte vor Marathon mit der exzentrischen Machtpolitik Kleomenes' I. zweifellos nicht überstanden. Aber es gab eben auch noch einen anderen Gesichtspunkt: Für eine Stadt wie Korinth war der Peloponnesische Bund eine stete Option, um im Konfliktfall die eigenen, begrenzten Kräfte zu potenzieren. Glaubt man der Darstellung Herodots, so waren sich die Korinther Ende des sechsten Jahrhunderts v. Chr. keinesfalls bewußt, wie nötig sie Sparta und die mit seiner Hegemonie verbundenen Ressourcen noch haben würden. Der Aufstieg Athens zur zweiten Großmacht in Griechenland kündigte sich erst hinter den Kulissen an, und im Zweifelsfall unterstützte man am Isthmus, der Logik nachbarschaftlicher Konflikte folgend, die von Fall zu Fall als schwächer, kalkulierbarer oder warum auch immer als unproblematischer eingeschätzte Polis gegen Thebaner, Aigineten oder Lakedaimonier. Doch schon während des Xerxeszugs änderte sich das Bild: Zumindest in Herodots Darstellung stehen

---

[63] Siehe Hdt. 5,74,1.
[64] Vgl. ebd. 5,93,2: ἅπας τις αὐτῶν (scil. τῶν συμμάχων) φωνὴν ῥήξας αἱρέετο τοῦ Κορινθίου τὴν γνώμην.

sich nun stellvertretend der Korinther Adeimantos und der Athener Themistokles geradezu feindlich gegenüber. Ersterer sucht enge Anlehnung an den lakedaimonischen Oberkommandierenden Eurybiades und versucht nicht zuletzt dadurch, die Position seines attischen Widersachers zu schwächen.[65] Überhaupt verschwinden die Κορίνθιοι im Verlauf von Herodots Darstellung oft hinter den Πελοποννήσιοι. An zentralen Wendepunkten des Geschehens wird zwischen ihrem Standpunkt und dem der übrigen lakedaimonischen Bundesgenossen nicht unterschieden.[66]

Man kann sagen, daß dieses Panorama der Möglichkeiten und Grenzen korinthischen Einflusses, das Herodot für die Zeit um 480/79 v. Chr. zeichnet, dieses Schlußbild, mit dem er uns aus seiner Darstellung entläßt, auch durch unsere Zeugnisse für die Geschichte der Pentekontaëtie bestätigt wird. Die immer stärkere Ausbildung der Frontstellung zwischen Athen und Sparta zwang die Korinther geradezu zu einer Politik des Lavierens zwischen den jeweiligen hegemonialen Symmachien, wollten sie eine Reduzierung ihres bisherigen Handlungsspielraums verhindern oder zumindest eingrenzen. Im folgenden wollen wir auf die (wenigen) Quellen blicken, die uns über die Ereignisgeschichte Griechenlands zwischen dem Xerxeszug und dem Ausbruch des Peloponnesischen Krieges unterrichten. Die scheinbare Widersprüchlichkeit dessen, was wir durch sie über die korinthische Politik in dieser Zeit erfahren, die Schroffheit der scheinbaren Kehrtwenden, die die Stadt am Isthmus augenscheinlich wieder und wieder vollzog, auch die Aggressivität, die sie als Akteur des öfteren – und nicht nur bei Thukydides – auszeichnete; all dies erscheint erst vor dem Hintergrund des Gesagten erklärbar und verständlich.

---

[65] Siehe Hdt. 8,59–63. Eurybiades stellte sich freilich zuletzt doch auf die Seite des Themistokles.
[66] So etwa vor der Schlacht bei Salamis (ebd. 8,49: Diskussionen über die weitere Kriegsführung angesichts der sich vollziehenden Eroberung Attikas durch die Perser) und nach der Schlacht bei Mykale (ebd. 9,106: Streit um die Aufnahme der jonischen Griechen in den Hellenenbund).

V. Zeugnisse korinthischer Außenpolitik nach dem Xerxeszug

Da die Überlieferung für die Ereignisse zwischen 480/79 und 432/31 v. Chr. durch die thukydideische Konzeption von der Pentekontaëtie als Vorgeschichte des Peloponnesischen Krieges geprägt ist, sollte man meinen, daß Aktionen der Korinther während dieses Zeitraumes in unseren Zeugnissen vorwiegend als eine Reaktion auf den Aufstieg und die Festigung des von Athen geführten Delisch-Attischen Seebundes gezeichnet werden. Dies ist nun aber keineswegs der Fall. Selbst unsere Hauptquelle Thukydides, an der sich jede Darstellung orientieren muß, läßt immer wieder schlaglichtartig Motive Korinths (und anderer Städte) aufscheinen, die nichts oder nicht in erster Linie etwas mit der lakedaimonisch-athenischen Rivalität des fünften Jahrhunderts v. Chr. zu tun haben. Wahrscheinlich ist die genannte, dem Gesamtwerk zugrunde liegende Konzeption sogar die Erklärung dafür: Während Aktionen Spartas und insbesondere Athens von Thuky-dides nicht zuletzt nach dem Gesichtspunkt ausgesucht und überliefert wurden, ob sie seine These zum Kriegsausbruch illustrierten oder nicht, konnte er bei Ereignissen, die Poleis zweiter oder dritter Ordnung betrafen, kulanter sein. Allerdings erkauft sich der Historiker unserer Tage diesen unfreiwillig-positiven Aspekt thukydideischer Überlieferungspraxis mit einem Nachteil an anderer Stelle: Die Ereignisse zu Korinth und anderen Städten, die nicht im Sinne der Gesamtintention des „Peloponnesischen Krieges" präsentiert werden, sondern aus anderen Gründen, werden vom Autor allzuoft ohne nötige Hintergrundinformationen in den Text integriert, mit allen Folgen für einen schlüssigen Interpretationsversuch. Wir werden im folgenden mehrere solcher Beispiele kennenlernen.

1. Hinweise auf korinthische Interessen in Nordwestgriechenland und im Korinthischen Golf nach 480/79 v. Chr.

Immer wieder gibt uns Thukydides Hinweise darauf, daß Nordwestgriechenland, also die Landschaften nördlich des Korinthischen Golfs vom Ozolischen Lokris über Aitolien, Akarnanien und Epeiros bis hinauf ins Gebiet der illyrischen Barbaren, während der Pentekontaëtie eine Interessensphäre der Korinther gewesen ist. Dies ist nicht verwunderlich, denn hier und auf den vorgelagerten Jonischen Inseln war seit dem achten Jahrhundert v. Chr. ein Schwerpunkt von deren Kolonialtätigkeit gewesen.[1] Selbstverständlich ist Thukydides' Interesse an diesem Raum von der Bedeutung bestimmt, die er den Κερκυραϊκά für den Ausbruch des Peloponnesischen Krieges zumaß. Schon die Erwähnung der angeblich allerersten Seeschlacht unter Griechen – nämlich derjenigen zwischen Korinthern und Kerkyraiern im siebten Jahrhundert v. Chr. – läßt sich so erklären: Sie ist ein Vorverweis auf die Eskalation der späten 430er Jahre.[2]

1.1. Themistokles' Schiedsspruch zwischen den Korinthern und den Kerkyraiern

Orientiert man sich an der chronologischen Abfolge der Ereignisse, so dürfte die Textstelle Thuk. 1,136,1 ein erster, wenn auch subtiler Hinweis auf korinthische Interessen in Nordwestgriechenland während des fünften Jahrhunderts v. Chr. sein. Es heißt hier, Themistokles, der Sieger von Salamis, sei auf der Flucht vor seinen athenischen und außerathenischen Feinden über das peloponnesische Argos auf die Insel Kerkyra gelangt. Er erhoffte sich dort wohl Hilfe, denn, so Thukydides, der Sohn des Neokles hatte sich Verdienste gegenüber den Kerkyraiern erworben (ὢν αὐτῶν εὐεργέτης). Um welche Art Leistung es sich dabei handelte, wird von ihm allerdings verschwiegen. Wir erfahren jedoch Näheres bei Plutarch:[3] Auch dieser spricht von der εὐεργεσία des Themistokles gegenüber den Kerkyraiern. Im Streit mit Korinth um die Kolonie Leukas habe dieser, zum Schiedsrichter (κριτής) bestellt, den Korinthern eine Geldbuße von zwanzig Talenten auferlegt und sie dazu verpflichtet, zusammen mit den Kerkyraiern Λευκάδα κοινῇ νέμειν ἀμφοτέρων ἄποικον.

Es stellt sich die Frage, wie man das bei Thukydides und Plutarch erzählte Geschehen chronologisch und historisch einordnen soll. Hierzu hat es verschiedene Vorschläge gegeben, die allesamt mit Unwägbarkeiten behaftet sind und deshalb keine letzte Gewißheit verschaffen können. Hinsichtlich der Datierung neigt die Forschung dazu, ein frühes Datum, vor dem Xerxeszug 480/79, vielleicht sogar vor dem Archontat des Themistokles 483/82 v. Chr. anzunehmen.[4] Die Begründung ist inhaltlicher Art: Das Flottenbauprogramm des Themistokles Ende der 480er Jahre, spätestens die Verwerfungen im Vorfeld der Seeschlacht bei Salamis, hätten sicherlich zur Folge gehabt, daß nach diesem Zeitpunkt eine Vermittlung des Atheners von den Korinthern nicht mehr akzep-

---

[1] Zur frühesten Kolonialtätigkeit der Korinther im Westen siehe u.a. Will, Korinthiaka 38ff.; Braccesi, Grecità adriatica 36ff. u. Salmon, Wealthy Corinth 62ff. u. 81ff., bes. aber Morgan, Corinth, the Corinthian Gulf and Western Greece. Siehe auch H.-J. Gehrke, Die kulturelle und politische Entwicklung Akarnaniens vom 6. bis zum 4. Jahrhundert v. Chr., GeogrAnt 3/4, 1994/95, 46ff.
[2] Siehe Thuk. 1,13,4.
[3] Plut. Them. 24,1.
[4] So etwa Piccirilli, Gli arbitrati interstatali greci 63f. u. Frost, Plutarch's Themistocles 203.

1. Korinthische Interessen in Nordwestgriechenland

tiert worden wäre. Dieser Argumentation kann man beipflichten, wenngleich sie nicht über jeden Zweifel erhaben ist:[5] Wir wissen nahezu nichts über die korinthische Innenpolitik der Jahre nach 480/79 v. Chr. Können wir wirklich voraussetzen, daß die Abneigung des Adeimantos gegen Themistokles, die sich in der angespannten Situation vor Salamis aufgebaut hatte, auch nach dem Xerxeszug in gleicher Weise fortexistierte? Spielte der Befehlshaber des korinthischen Kontingents während der Seekampagne des Jahres 480 in den Jahren nach Salamis überhaupt noch eine herausragende Rolle in der Stadt am Isthmus?[6]

Wenn die schiedsrichterliche Tätigkeit des Themistokles in Leukas in die Zeit vor dem Xerxeszug fällt, dann bedeutet dies zugleich, daß das Plutarch zu entnehmende Vorgehen der Korinther gegen Kerkyra nicht dazu gedient haben kann, die einstige Kolonie wegen Medismos zu bestrafen.[7] Denn Bestrebungen, echte oder vermeintliche griechische Bundesgenossen der Perser zur Verantwortung zu ziehen, hatte es erst nach der Schlacht bei Plataiai 479 v. Chr., insbesondere in Sparta, gegeben.[8] Fällt das Agieren des Themistokles als κριτής hingegen in die Zeit nach dem Xerxeszug, so ist ein Zusammenhang mit Medismos-Vorwürfen der Korinther zwar grundsätzlich denkbar. Andererseits spricht kein einziges konkretes Detail in unseren Textstellen für eine solche Deutung. Eher das Gegenteil ist der Fall, denn Plutarch hüllt sich hinsichtlich der näheren Umstände von Themistokles' Wirken nicht in Schweigen.[9] Er spricht davon, daß es im Falle von Leukas um Besitzanteile der Korinther und Kerkyraier in der vom Isthmus aus gegründeten Polis ging. Wohl schon seit der Kypselidenzeit gab es in vielen, einstmals rein korinthischen Gründungen kerkyraische Siedler.[10] Deren Anwesenheit scheint auch nach dem Sturz der Tyrannis um

---

[5] Deshalb hat es in der Forschung auch Stimmen gegeben, die den Schiedsspruch des Themistokles in der Zeit nach dem Xerxeszug 480/79 v. Chr. verortet haben, z.B. De Ste. Croix, Origins of the Peloponnesian War 212 u. Salmon, Wealthy Corinth 258.

[6] Zwar wurde Adeimantos eine ehrenvolle Grabinschrift gesetzt (siehe Plut. mor. 870f), und sein Sohn Aristeas spielte Ende der 430er Jahre v. Chr. offensichtlich eine wichtige Rolle in Korinth, doch sagt all das nichts darüber aus, über welchen kontinuierlichen Einfluß die Familie während des gesamten Zeitraums zwischen Xerxeszug und Peloponnesischem Krieg in der Politik der Isthmusstadt verfügt hat. Eine in manchem spekulative Gesamtbewertung versucht Fornis Vaquero, Prosopografía corintia. Im übrigen hat auch ein Perikles im Athen des 5. Jhs. v. Chr. um seine Position als πρῶτος ἀνήρ stets aufs neue kämpfen müssen.

[7] Dies wurde in der Forschung in Anlehnung an Schol. Thuk. 1,136,1 immer wieder erwogen; siehe Piccirilli, Gli arbitrati interstatali greci 63; Frost, Plutarch's Themistocles 201 u. Salmon, Wealthy Corinth 273 Anm. 10.

[8] Siehe z.B. das (geplante) Vorgehen gegen die Thebaner (u.a. Hdt. 9,86–88) und die Thessaler (u.a. ebd. 6,72). Themistokles hat Plut. Them. 20,3f. zufolge bei der Schonung der des Medismos Bezichtigten eine wichtige Rolle gespielt.

[9] Es ist etwas voreilig, die von ihm präsentierte Überlieferung mit Gomme, Historical Commentary, Bd. 1, 438 von vornherein als „very suspicious" zu denunzieren. Gomme steht der gesamten Themistokles-Überlieferung sehr skeptisch gegenüber; vgl. ebd. 267ff.

[10] Graham, Colony and Mother City 129 u. 132 vermutet, daß sie zugezogen sind, als Kerkyra von einem Sohn des korinthischen Tyrannen Periander regiert wurde und somit wie Leukas, Anaktorion

583/82 v. Chr. fortgedauert zu haben, so daß sich in der Folge immer dann Spannungen zwischen der Mutterstadt und der selbstbewußten Inselpolis an der Straße von Otranto ergeben mußten, wenn die Interessen beider Rivalen im nordwestgriechischen Raum intensiviert wurden und somit zwangsläufig kollidierten.[11] Tendenziell scheint sich in der Zeit vor 480/79 eher Kerkyra durchgesetzt zu haben; sein Aufstieg in spätarchaischer und frühklassischer Zeit wird sowohl von Herodot als auch von Thukydides bezeugt.[12] Schon am Vorabend des Xerxeszugs verfügten die Kerkyraier über eine der leistungsfähigsten Flotten von Griechenland.[13] Für Korinth kann das nur bedeuten, daß es sicher Schwierigkeiten damit hatte, etwaige Ansprüche im Konfliktfall durchzusetzen – vor, aber auch unmittelbar nach Salamis. Auch aus den soeben referierten Gesichtspunkten läßt sich deshalb kein fester Anhaltspunkt für eine Datierung von Themistokles' Schiedsrichtertätigkeit in bezug auf Leukas ableiten.

Halten wir als Ergebnis fest: Es gibt Hinweise darauf, daß Korinth zu der Zeit, als der athenische Staatsmann Themistokles politisch aktiv und über seine Heimatstadt hinaus mit Prestige versehen war[14] – das kann vor und nach der Schlacht bei Salamis 480 v. Chr. gewesen sein – in Nordwestgriechenland Interessen gegenüber seiner Kolonie Kerkyra durchzusetzen versuchte. Offensichtlich richteten sich die korinthischen Bestrebungen gegen Verhältnisse, die sich seit längerem, vielleicht seit der Kypselidenzeit, eingestellt hatten; dafür würde – eine gewisse Unparteilichkeit vorausgesetzt – Themistokles' Schiedsspruch zugunsten der Kerkyraier sprechen. Doch trotz des Rückschlages sind die von Plut. Them. 24,1 überlieferten Ereignisse Zeugnis für ein neues Engagement der Isthmusstadt im nordwestgriechischen Raum während der ersten Hälfte des fünften Jahrhunderts v. Chr., „un rinnovato interesse",[15] das sich, wie wir im folgenden sehen werden, nicht auf Leukas oder die Jonischen Inseln beschränken wollte. Der Terminus ante quem für die geschilderten Ereignisse liegt in der Mitte der 460er Jahre: Damals flüchtete – leider ist die exakte Chronologie um-

---

und andere Poleis zur Herrschaftssphäre der Kypseliden gehörte. Auch Frost, Plutarch's Themistocles 202f. sieht die Wurzeln der kerkyraisch-leukadischen Beziehungen in der Kypselidenzeit.

[11] Zum sogenannten „impero corinzio-corcirese" (Piccirilli, Gli arbitrati interstatali greci 62) siehe u.a. Graham, Colony and Mother City 128ff.

[12] Siehe Hdt. 7,168 sowie Thuk. 1,14,2 u. 1,25,4. F. K. Kiechle, Korkyra und der Handelsweg durch das Adriatische Meer im 5. Jh. v. Chr., Historia 28, 1979, 175ff. glaubt, daß der Aufstieg Kerkyras vor 480/79 v. Chr. damit zusammenhängt, daß die Stadt in dieser Zeit den adriatischen See- und Handelsverkehr kontrollierte.

[13] So zumindest ihre eigene Aussage bei Hdt. 7,168,3: ἔχοντες δύναμιν οὐκ ἐλαχίστην οὐδὲ νέας ἐλαχίστας παρασχόντες ἂν ἀλλὰ πλείστας μετά γε Ἀθηναίους.

[14] Daß das Prestige des Staatsmannes Themistokles außerhalb Athens ausschlaggebend für seine Tätigkeit als κριτής für Korinther und Kerkyraier gewesen ist, erscheint sinnvoller anzunehmen, als sich auf etwaige, nur in einem Teil der Überlieferung (Nep. Them. 1,2) behauptete verwandtschaftliche Beziehungen des Salamissiegers nach Akarnanien zu verlassen. Dazu Frost, Plutarch's Themistocles 60ff.

[15] Piccirilli, Corinto e l'Occidente 149 u. 150, hier in bezug auf den Raum Apollonia.

1. Korinthische Interessen in Nordwestgriechenland

stritten[16] – Themistokles von der Peloponnes über Kerkyra und Epeiros, schließlich die Ägäis durchquerend, ins Perserreich.

1.2. Hinweise auf korinthischen Einfluß im illyrischen und epeirotischen Hinterland

Gegenstand des vorausgegangenen Abschnitts war eine isolierte ereignisgeschichtliche Begebenheit, die uns – wenn sie auch aufgrund der Quellenlage schemenhaft und erklärungsbedürftig bleibt – von korinthischen Interessen und Maßnahmen im nordwestgriechischen Raum in klassischer Zeit in Kenntnis setzt. Doch auch jenseits von Thuk. 1,136,1 und Plut. Them. 24,1 existieren Zeugnisse, die den gewonnenen Eindruck erhärten und unser noch unklares Bild zu präzisieren vermögen. Vor allem bei Thukydides finden sich immer wieder Hinweise darauf, daß das den Jonischen Inseln gegenüberliegende epeirotische und illyrische Festland vor dem Peloponnesischen Krieg zu einem gewissen Teil von Korinth kontrolliert wurde, zumindest aber in freundlichen Beziehungen zu der Stadt am Isthmus gestanden haben muß.[17]

So heißt es schon im Vorfeld der Seeschlacht von Leukimme 435 v. Chr., die Korinther hätten sich auf dem Landweg (πεζῇ) von der Peloponnes nach Apollonia, ihrer auf der Route nach Epidamnos gelegenen Kolonie im Süden Illyriens, aufgemacht.[18] Sie konnten das, weil große Teile des Festlandes zwischen Ambrakia und Apollonia ihnen freundlich gesonnen waren. Daß dem so war, geht aus dem weiteren Verlauf der thukydideischen Κερκυραϊκά hervor. Bei der neuerlichen Eskalation des Krieges zwi-

---

[16] Die Diskussion entzündet sich an der alten Frage, ob Themistokles seinen Weg durch die Ägäis über Naxos oder Thasos genommen hat. Die jeweilige Entscheidung hängt nicht zuletzt von der Beurteilung der mit textkritischen Problemen behafteten Stelle Plut. Them. 25,2 ab, eine Streitfrage, die in unserem Zusammenhang freilich nicht entschieden werden muß. Ein Konsens der Forschung ist nicht in Sicht; vgl. exemplarisch Schumacher, Themistokles und Pausanias 239ff., der Themistokles um 466/65 v. Chr. über Thasos ins Perserreich fliehen läßt, und Parker, Chronology of the Pentecontaetia 130f., der sich für die Route über Naxos im Jahre 465 entscheidet. Eine dritte Variante bietet Pritchett, Thucydides' Pentekontaetia 85ff., der bedenkenswerte Argumente für eine Datierung der Themistokles-Flucht nach dem August 465 v. Chr. (Thronbesteigung von Großkönig Artaxerxes' I.) und zwar via Thasos anbringt.

[17] Die Begriffe ἤπειρος und ἠπειρῶται werden von Thukydides noch nicht als geographische bzw. politische Namensbezeichnungen verwendet; sie kennzeichnen lediglich das Festland und seine Bewohner. So schon P. R. Franke, Alt-Epirus und das Königtum der Molosser, Kallmünz 1955, 11ff.

[18] Thuk. 1,26,2; dazu Beaumont, Corinth, Ambracia, Apollonia 64ff. Mit Recht weist Gomme, Historical Commentary, Bd. 1, 160 darauf hin, daß das korinthische Detachement, das im Jahre 435 den belagerten Epidamniern zu Hilfe eilte, entgegen dem Wortlaut des Thukydides nicht ausschließlich den Landweg durch Epeiros und Illyrien nahm. Zumindest bis Ambrakia konnten die Korinther bequem und relativ ungefährdet zur See fahren; erst danach drohte Gefahr von seiten der Kerkyraier, μὴ κωλύωνται ὑπ' αὐτῶν κατὰ θάλασσαν περαιούμενοι. Auch für die letzte Wegstrecke von Apollonia nach Epidamnos vermutet Gomme ebd. die Nutzung eher des Seeweges als der beschwerlichen Landroute entlang der Küste.

schen Tochterstadt und Metropole im Jahre 433 richteten die Korinther zunächst nahe dem Vorgebirge Cheimerion an der epeirotischen Küste einen provisorischen Stützpunkt ein. Dann bereiteten sie sich auf die bevorstehende militärische Auseinandersetzung vor, indem sie Hilfstruppen bei den Barbaren des Hinterlandes rekrutierten: οἱ γὰρ ταύτῃ ἠπειρῶται αἰεί ποτε αὐτοῖς φίλοι εἰσίν.[19]

Daß die Korinther vor dem Peloponnesischen Krieg und auch noch einige Zeit nach dessen Ausbruch über gute Kontakte in den genannten Regionen Nordwestgriechenlands verfügten, läßt sich anhand der unterschiedlichsten Stellen von Thukydides' Geschichtswerk nachweisen. Gerade weil es sich für gewöhnlich – wie bei den bereits genannten Beispielen – um gleichsam nebenbei gemachte Bemerkungen handelt, die nicht die Kernaussage des Autors berührten, das κτῆμα ἐς αἰεί, das er mit seinem Text dem Leser vermitteln wollte, sind diese um so glaubwürdiger. So erfahren wir etwa im zweiten Buch, daß die Lakedaimonier und ihre Bundesgenossen anläßlich der Sommerkampagne des Jahres 429 in Akarnanien auch auf einheimische Hilfstruppen zurückgegriffen hätten.[20] Thukydides zeigt sich über Einzelheiten gut informiert: Er nennt nicht nur die Namen der Barbarenvölker, die der vom Spartiaten Knemos angeführten Kriegskoalition zu Hilfe kamen, sondern gibt auch Auskunft über deren Anführer bzw. Könige, so daß uns sozusagen beiläufig ein Überblick über die verfassungsmäßigen Zustände in Epeiros und (Ober-)Makedonien in der Zeit um 430 präsentiert wird.[21]

Thukydides nennt in Thuk. 2,80,5–7 folgende Völker: die, wie er sich ausdrückt, „königslosen" (ἀβασίλευτοι) Chaonen und Thesprotier, die monarchisch verfaßten Molosser und Atintanen, Parauaier und Oresten, schließlich die Makedonen. An der von ihm im folgenden geschilderten, mit einer Niederlage vor dem akarnanischen Hauptort Stratos endenden Kampagne haben die Korinther selbst im übrigen gar nicht teilgenommen, weil der Oberbefehlshaber Knemos das Eintreffen der Flotte vom Isthmus nicht mehr abwarten wollte und statt dessen mit den ihm zur Verfügung stehenden Kontingenten voreilig aufbrach.[22] Dennoch dürfen wir den Akarnanienfeldzug des Jahres 429 getrost *auch* als ein Projekt der Korinther ansprechen. Thukydides selbst betont deren großes Interesse an dem Vorhaben, das ursprünglich auf eine Initiative der korinthischen Kolonie Ambrakia zurückgegangen war: ἦσαν δὲ Κορίνθιοι ξυμπροθυμούμενοι μάλιστα τοῖς Ἀμπρακιώταις ἀποίκοις οὖσιν.[23] Die Logistik Korinths und die Mitwirkung seiner Tochterstädte ermöglichten überhaupt erst die Kampagne des Sommers 429 v. Chr. Ihr Scheitern hatte somit auch weitreichende Folgen: als die

---

[19] Thuk. 1,47,3. Zur Ausdehnung des Barbarenbegriffs im 5. Jh. v. Chr. auf die Epeiroten siehe Funke, Aiakidenmythos und epeirotisches Königtum 123ff.

[20] Thuk. 2,80f.

[21] Zur Geschichte von Epeiros nach den Perserkriegen und zur Verfaßtheit des epeirotischen Ethnos in dieser Zeit siehe u.a. Hammond, Epirus 487ff.; Beck, Polis und Koinon 135ff. u. Funke, Aiakidenmythos und epeirotisches Königtum, bes. 117ff. Thuk. 2,80,5–7 gilt ihnen allen als zentrale Quelle.

[22] Siehe Thuk. 2,80,8; vgl. ebd. 2,83,1.

[23] Ebd. 2,80,3. – Zu den Ereignissen in Akarnanien zu Beginn des Archidamischen Krieges siehe auch unten S. 303ff.

1. Korinthische Interessen in Nordwestgriechenland

Ambrakioten im Winter 426/25 den Krieg durch einen Angriff auf das den Akarnanen verbundene Argos Amphilochikon mit Hilfe eines peloponnesischen Heeres, diesmal unter der Führung des Spartiaten Eurylochos, wiederaufzunehmen suchten,[24] konnten sie nicht mehr über zahlreiche epeirotische und andere barbarische Hilfstruppen verfügen wie noch drei Jahre zuvor. Lediglich Salynthios, der König der aitolischen Agraier, unterstützte sie,[25] doch mußte auch er nach der verheerenden Doppelschlacht bei Olpai und Idomene bald der Übermacht der Sieger weichen und sich mit den Athenern und ihren Bundesgenossen verständigen.[26]

Für die Korinther bedeutete diese Niederlage einen doppelten Schlag: Nicht nur, daß ihre Kolonie Ambrakia mit derartig großen Menschenverlusten innerhalb so kurzer Zeit ein Unglück erlitten hatte wie keine zweite griechische Polis während des Krieges,[27] auch die korinthischen Einbußen an Macht und Einfluß in der Region rings um den Ambrakischen Golf waren deutlich. Zwar verstärkte die Stadt am Isthmus ihre militärische Präsenz in der bedrängten Kolonie durch eine dauerhafte Besatzungstruppe von 300 Mann, doch mußte sie das definitive Ausscheiden Ambrakias aus dem Krieg gegen die Akarnanen und die daraus resultierenden Folgen hinnehmen und verkraften.[28] Nichts charakterisiert die neue Lage deutlicher als Thukydides' beiläufige Mitteilung, die korinthischen Hopliten unter ihrem Kommandanten Xenokleidas Euthykles' Sohn seien auf dem schwierigen Landweg in Ambrakia eingetroffen.[29] Es war eben nicht mehr wie noch vor zehn oder auch nur fünf Jahren: Nach der Verbindung zur See war den Korinthern durch den Seitenwechsel der barbarischen Völker des Hinterlandes auch der ungehinderte Zugang zum Ambrakischen Golf via Aitolien und Epeiros verlorengegangen.[30]

Unser kurzer Ausblick auf das Geschehen zu Beginn des Peloponnesischen Krieges hat eigentlich zu weit geführt, indem er sich Ereignissen widmete, die in dem Zeitraum außerhalb der Pentekontaëtie anzusiedeln sind. Doch läßt unsere Hauptquelle

---

[24] Thukydides schildert diesen Feldzug bemerkenswert ausführlich; siehe Thuk. 3,105–114. Dazu Hammond, Epirus 245ff. u. 500ff. sowie Domingo-Forasté, A History of Northern Coastal Akarnania to 167 B.C. 88ff.

[25] Siehe Thuk. 3,106,2 u. 111,4. Zu den Agraiern und der strategischen Bedeutung ihres Territoriums C. Antonetti, Agraioi et Agrioi. Montagnards et bergers: un prototype diachronique de sauvagerie, DHA 13, 1987, 200ff.

[26] Dies war im Jahre 424 v. Chr. der Fall; siehe Thuk. 4,77,2.

[27] So ebd. 3,113,6, offensichtlich mit Bezug auf den Archidamischen Krieg; in diesem Sinne Gomme, Historical Commentary, Bd. 2, 425.

[28] Die unmittelbare Folge des Ausscheidens Ambrakias aus dem Krieg war die Eroberung der korinthischen Kolonie Anaktorion durch die vereinigten Athener und Akarnanen im Jahre 425 (siehe Thuk. 4,49). Im Jahr darauf mußte sich auch Oiniadai – Οἰνιάδας αἰεί ποτε πολεμίους ὄντας μόνους Ἀκαρνάνων – der feindlichen Übermacht fügen (siehe ebd. 4,77,2).

[29] Siehe ebd. 3,114,4: οἳ (scil. οἱ ὁπλῖται) κομιζόμενοι χαλεπῶς διὰ τῆς ἠπείρου ἀφίκοντο.

[30] Kennzeichnend für die neue Konstellation ist das enge Verhältnis, das in diesen Jahren der molossische König Tharyps zu den Athenern eingegangen ist. Sogar das athenische Bürgerrecht hat er offensichtlich erhalten (vgl. IG II² 226 = Syll.³ 228); hierzu Lepore, Ricerche sull'antico Epiro 156ff.; Hammond, Epirus 504ff. u. Funke, Aiakidenmythos und epeirotisches Königtum 132ff.

Thukydides kein anderes Vorgehen zu: Die Ausgangslage im nordwestgriechischen Raum während der 430er und 420er Jahre, die der Autor der Erzählung der ihn interessierenden Geschehnisse zugrunde legt, ist der dürftige Strohhalm, nach dem wir greifen können, wenn es im folgenden darum geht, den Einfluß zu ermessen, über den Korinth in den Jahrzehnten nach Salamis im illyrischen und epeirotischen Hinterland fernab den Küsten des Mittelmeeres verfügte.

Die thukydideische Stoffauswahl hat naturgemäß zur Folge, daß wir von einem Zusammenwirken der Korinther und ihrer Verbündeten mit Epeiroten oder Illyrern vor allem im Kontext kriegerischer Ereignisse erfahren. Dabei ist zu berücksichtigen, daß als Partner der barbarischen Festlandsbewohner nicht immer nur Korinth selbst erscheint, sondern auch seine Kolonien an der Küste des Jonischen Meeres und der Adria. So erfahren wir anläßlich der Kampagne vom Sommer 429, daß die Stadt Ambrakia schon im Jahre zuvor gegen Argos Amphilochikon, eine mit den Akarnanen verbündete Stadt, Krieg geführt hatte.[31] Von Korinth ist in diesem Zusammenhang bei Thukydides nicht die Rede. Gleichwohl kämpften auch damals Chaonen und andere benachbarte Barbaren auf seiten der korinthischen Kolonie.[32] Man kann sagen, daß der Feldzug von 429 v. Chr. die mit größerem Aufwand bewerkstelligte Fortsetzung der für die Ambrakioten unbefriedigend verlaufenen Auseinandersetzung des Vorjahres darstellt. Auch diesmal werden sie deshalb bei der Rekrutierung der barbarischen Hilfstruppen ihre Hände im Spiel gehabt haben, mehr noch als die Korinther und Lakedaimonier.

Die Erkenntnis ist naheliegend: Kontakte zwischen Griechen und Barbaren konnten vor allem in den an der epeirotischen und illyrischen Küste gelegenen Poleis geknüpft werden, denn sie dienten als Orte nicht nur des Güteraustauschs, sondern auch der politischen Fühlungnahme.[33] Als die Anhänger der epidamnischen Adelspartei im Jahre 435 v. Chr. von ihren Gegnern aus der Stadt vertrieben wurden, flüchteten sie zu den benachbarten illyrischen Taulantiern und terrorisierten mit ihnen zusammen das Umland ihrer Heimatstadt, um ihre Rückkehr zu erzwingen.[34] Sie aktivierten also Kontakte, die mutmaßlich schon lange existierten.[35] Wir können über ihre Natur mangels Zeugnissen nur weniges aussagen, aber allein auf bloßen, noch dazu sporadischen Geschäftsbeziehungen können sie nicht beruht haben, dafür hatten die epidamnischen δυνατοί zu viel zu verlieren. Durch eine isolierte Mitteilung bei Plutarch erlangen wir die interessante Nachricht, daß es in Epidamnos das Amt des sogenannten πωλητής

---

[31] Thuk. 2,68,9.
[32] Ebd.: στρατείαν [...] αὐτῶν (scil. τῶν Ἀμπρακιωτῶν) τε καὶ Χαόνων καὶ ἄλλων τινῶν τῶν πλησιοχώρων βαρβάρων.
[33] Deswegen ist die Bedeutung dieser Kontaktzone von der Forschung verschiedentlich immer wieder besonders hervorgehoben worden; siehe etwa Lepore, Ricerche sull'antico Epiro, 126ff. u. Hammond, Epirus 425ff. Die jüngere Forschung hat diesen Konsens allerdings relativieren wollen, so z.B. Funke, Aiakidenmythos und epeirotisches Königtum 112f.
[34] Thuk. 1,24,5f.
[35] Laut App. civ. 2,39 haben die Taulantier schon bei der Gründung von Epidamnos eine Rolle gespielt, indem sie die ersten Kolonisten gegen feindliche liburnische Piraten unterstützten.

1. Korinthische Interessen in Nordwestgriechenland

gegeben habe, der dafür zuständig gewesen sei, die Barbaren zu besuchen (ἐπιφοιτῶν τοῖς βαρβάροις) sowie die Märkte und das Handelsgeschehen der Stadt zu kontrollieren.[36] Die Tatsache, daß es eines solchen „intermédiaire unique entre la cité et le monde barbare"[37] bedurft hat, zeigt, daß – aus Gründen innenpolitischer Labilität? – in Epidamnos das Bestreben vorhanden war, Beziehungen zu den umwohnenden Völkern zu kanalisieren und das Entstehen von Beziehungsnetzwerken zwischen Bürgern und Fremden zu verhindern. Es war der Versuch, einer prinzipiell barbarischen Zuwanderern aufgeschlossenen Politik[38] einen Riegel vorzuschieben, vielleicht, weil man schlechte Erfahrungen gemacht hatte. Angesichts all dessen dürfen wir davon ausgehen, daß im fünften Jahrhundert zwischen den epidamnischen δυνατοί und den Großen der umwohnenden Taulantier gewachsene, auch in der Krise belastbare politische Freundschaften existierten, die Phasen der Unsicherheit und Spannung durchaus zu überstehen vermochten.[39] Thuk. 1,24,5f. ist ein Reflex dessen.

Auch die Adelspartei von Kerkyra konnte bei der Eskalation des Bürgerkriegs auf der Insel im Jahre 427 v. Chr. auf 800 Mann Hilfstruppen vom Festland zurückgreifen.[40] Die betreffende Nachricht ist in diesem Falle zu isoliert, um weitergehende Vermutungen wie bei den epidamnischen δυνατοί wagen zu können. Doch eine Kontaktzone zwischen den Kerkyraiern und den Barbaren gab es auch hier, verfügten erstere doch in Epeiros über eine durch befestigte Plätze geschützte Terraferma, mit deren Hilfe sie die gesamte Straße von Korfu zu kontrollieren vermochten;[41] Nicholas G. L. Hammond hat sie mit nachvollziehbaren Gründen bei Buthroton auf der Halbinsel Ksamili lokalisieren wollen.[42] Die Gelegenheit zu intensiven nachbarschaftlichen Kontakten bis hin zum Aufbau von

---

[36] So Plut. mor. 297f-298a.
[37] So Cabanes u.a., Corpus des Inscriptions grecques d'Illyrie méridionale et d'Epire, Bd. 1.1, 25f.
[38] Siehe Ail. var. 13,16, der schreibt, im Gegensatz zu den Apolloniaten, die eine den Lakedaimoniern ähnliche ξενηλασία praktiziert hätten, seien die Epidamnier einer Zuwanderung von Fremden gegenüber aufgeschlossen gewesen. Dazu, unter Hinzuziehung onomastischen Materials, Cabanes, Apollonie et Epidamne-Dyrrhachion: épigraphie et histoire 150ff.; vgl. auch Cabanes u.a., Corpus des Inscriptions grecques d'Illyrie méridionale et d'Epire, Bd. 1.1, 26.
[39] Gerade im Falle von Epidamnos erwähnt Thuk. 1,24,4, daß die Stadt nach langjährigen inneren Wirren eines Großteils ihrer Macht von den Barbaren beraubt worden sei. Nutznießer dieser offensichtlich letzten innenpolitischen Kämpfe vor der Stasis des Jahres 435 v. Chr. war wohl die Adelspartei, die in diesem Jahr vom Volk vertrieben wurde. Vielleicht hatten die δυνατοί schon bei der von Thukydides erwähnten früheren Auseinandersetzung mit den Taulantiern gegen den Demos zusammengearbeitet.
[40] Siehe ebd. 3,73: ἐκ τῆς ἠπείρου ἐπίκουροι ὀκτακόσιοι.
[41] Thukydides erwähnt sie als Rückzugsort der Adelspartei nach ihrer Niederlage gegen den Demos; siehe dens. 3,85,2: τείχη [...], ἃ ἦν ἐν τῇ ἠπείρῳ bzw. τῆς πέραν οἰκείας γῆς. Dazu Intrieri, Bíaios didáskalos 35 Anm. 121 – Auch in der mythischen Tradition haben sich die engen Beziehungen zwischen Kerkyra und seinem gegenüberliegenden Festland niedergeschlagen; dazu L. Antonelli, Corcira arcaica tra Ionio e Adriatico, in: L: Braccesi/M. Luni (Hrsgg.), Hesperia 15: I greci in Adriatico 1, Rom 2002, 190f. u. C. Antonetti, Die Rolle des Artemisions von Korkyra in archaischer Zeit: Lokale und überregionale Perspektiven, in: K. Freitag u.a. (Hrsg.), Kult - Politik - Ethnos. Überregionale Heiligtümer im Spannungsfeld von Kult und Politik, Stuttgart 2006, bes. 69.
[42] Siehe Hammond, Epirus 499f.

Freundschaften oder gar politischen Bündnissen war also auch im Falle Kerkyras gegeben. Vielleicht ist es kein Zufall, daß sowohl hier als auch in Epidamnos gerade die Angehörigen der Adelspartei die Barbaren als Helfer hinzugezogen und ihnen so das Eingreifen in einen ursprünglich innenpolitischen Konflikt, eine Stasis, erst ermöglicht haben. Als δυνατοί ihrer Heimatpolis waren sie für ihre illyrischen bzw. epeirotischen Partner ganz natürlich die ersten Ansprechpartner und ‚Türöffner'. Aus Thuk. 2,80,5–7 geht zwar hervor, daß nicht alle barbarischen Festlandsvölker monarchische Verfassungen hatten, doch auch Jahresbeamte wie die aus einem vornehmen Geschlecht stammenden Chaonen Photios und Nikanor oder der Vormund des minderjährigen molossischen Königs Tharyps, Sabylinthos, dürften gewußt haben, an wen zuerst zu wenden sich lohnte.

Wie weit gingen die Einflußmöglichkeiten, die Städte wie Ambrakia, Kerkyra oder Epidamnos auf dem barbarischen Festland hatten? Konnte Korinth als Mutterstadt der genannten Kolonien deren Kontaktnetzwerke nutzen, um mit ihnen eigene Interessen in Nordwestgriechenland durchzusetzen? Die Frage ist keineswegs einfach zu beantworten. Der oben bereits genannte Hammond hat in seinem Standardwerk zur epeirotischen Geschichte prägnant formuliert: „The traditional alignment of the tribes in Epirus was with Corinth and not with Athens."[43] In den 430er und 420er Jahren v. Chr. sei das nordwestgriechische Festland nördlich von Ambrakia von der Stadt am Isthmus kontrolliert worden. Schon vorher hatte Robert L. Beaumont das beachtliche Engagement der Korinther in der Region gewürdigt. Er vermochte darin Interessen zu entdecken, die über bloßes „sentiment and anxiety for prestige" zweifellos hinausgingen.[44] Im Lichte unserer Quellen wird man zumindest dieser zuletzt genannten Ansicht beipflichten können: Die Unterstützung der Korinther in der Auseinandersetzung mit Kerkyra nach 435 durch Barbaren vom Festland erfolgte laut Thukydides ausdrücklich deshalb, weil diese ihnen αἰεί ποτε freundschaftlich gesonnen waren.[45] Da sich Heer und Flotte damals nahe Cheimerion versammelten, ist damit zu rechnen, daß die Hilfstruppen der Korinther vorwiegend aus Epeiroten, in diesem Falle Thesprotiern und Chaonen, bestanden. Erstere wohnten im Hinterland des genannten Vorgebirges, beginnend im Süden am Golf von Ambrakia bis zum Fluß Thyamis hinauf; letztere schlossen nördlich daran an, wodurch ihr Territorium unmittelbar an die kerkyraische Terraferma grenzte – möglicherweise Grund genug für die Chaonen, an einem Unternehmen mitzuwirken, von dem sie sich eine Schwächung ihres lästigen griechischen Nachbarn versprachen.

---

[43] Hammond, Epirus 487f.
[44] Siehe Beaumont, Corinth, Ambracia, Apollonia 63. Vgl. auch seine eingangs des Aufsatzes getroffene Feststellung: „It is certain that the north-west ranked as one of Corinth's vital interests."
[45] Siehe Thuk. 1,47,3. Thukydides verwendet an der betreffenden Stelle sogar das Präsens (φίλοι εἰσίν), um das freundschaftliche Verhältnis zwischen Korinthern und festländischen Barbaren zu charakterisieren; er hielt die Aussage also zumindest zur Zeit der Niederschrift der Κερκυραϊκά noch für gültig. Wann diese freilich erfolgte, wissen wir leider nicht genau. Immerhin geht der Konsens der Gelehrten dahin, Thuk. 1,24–55 zu den eher frühen Werkteilen des „Peloponnesischen Krieges" zu rechnen; siehe dazu oben S. 13ff.

1. Korinthische Interessen in Nordwestgriechenland

Im Jahre 429 v. Chr. kämpften die Thesprotier und Chaonen, beide ἀβασίλευτοι, unter gemeinsamem Oberbefehl. Ob dies in den Jahren zuvor auch schon so gewesen ist, wissen wir nicht. Überhaupt ist die ganze Konstellation dieser Sommerkampagne nicht dazu geeignet, sie nahtlos auf die Zeit um 435 zu übertragen. Auch wenn die barbarischen Völker des Festlandes αἰεί ποτε den Korinthern zur Seite standen, so war doch die treibende Kraft in den Jahren 430/29 und 426/25 v. Chr. zweifelsfrei nicht die Stadt am Isthmus, sondern ihre Kolonie Ambrakia. Korinth unterstützte das Unternehmen zur Eroberung von Argos Amphilochikon und zur Unterwerfung der Akarnanen, vielleicht vermochte es durch seinen Einfluß im epeirotischen Hinterland die Schlagkraft der zusammengestellten Koalition zu vergrößern, doch Ambrakia, die Chaonen, Thesprotier und all die anderen einfach als Transmissionsriemen korinthischer Interessen zu begreifen, würde zu weit führen. Als Ergebnis dieses Abschnitts läßt sich vielmehr festhalten: Die Korinther verfügten über ein dichtes, möglicherweise bis in die Zeit der Kypseliden[46] zurückreichendes Netzwerk von Kontakten in Nordwestgriechenland, ebenso wie ihre Kolonien vor Ort. Zur Zeit der Pentekontaëtie – das zeigen die Κερκυραϊκά – ließ sich dieses Netzwerk im Einzelfall für machtpolitische Zwecke aktivieren. Dann mochte es so scheinen, als habe die Stadt am Isthmus die „informal control of the north-west" inne.[47] Doch war dies allenfalls einer von mehreren Bausteinen, die sie zum Aufbau einer auf Dauer angelegten, hegemonialen Machtbildung am Jonischen Meer benötigte. Um den Weg zu einem „impero coloniale del nord-ovest della Grecia"[48] zu eröffnen, bedurfte es mehr, doch wurden alle Ansätze hierzu durch die Niederlagen in den ersten Jahren des Peloponnesischen Krieges zunichte gemacht.

---

[46] Dies legt zumindest Hdt. 5,92η,2 nahe, demzufolge der Tyrann Periander eine Gesandtschaft zu den Thesprotiern geschickt habe, um im Nekyomanteion am Fluß Acheron ein Totenorakel einzuholen.
[47] So Salmon, Wealthy Corinth 275.
[48] Der Begriff stammt von Piccirilli, Corinto e l'Occidente 147, hier mit Bezug auf das Bestreben der Kypseliden.

1.3. Die Beziehungen zwischen Korinth und Apollonia während der Pentekontaëtie

Es war schon oben die Rede davon, daß das korinthische Hilfskontingent, das im Jahre 435 v. Chr. auf dem Landweg nach Epidamnos zog, auch in Apollonia Station machte.[49] Offensichtlich befand sich die Polis mit der Stadt am Isthmus in gutem Einvernehmen, obwohl sie im Einzugsfeld Kerkyras lag und die Pietäts- und Besitzverhältnisse der Kolonie nicht viel unkomplizierter gewesen sein können als im Falle von Leukas, Epidamnos oder Anaktorion.[50] Auch hier hatte es offensichtlich ein jahrzehntelanges Nebeneinander kerkyraischer und korinthischer Einflüsse gegeben, so daß den Späteren nicht einmal mehr hinreichend klar war, welche Polis denn nun als Gründerin Apollonias anzusprechen sei.[51] Wie dem auch sei, im Jahre 435 v. Chr. jedenfalls konnte sich Korinth auf die in Illyrien gelegene Tochterstadt verlassen; von Unruhen, gar einer Vertreibung oder Gefangennahme kerkyraischer Siedler aus Apollonia hören wir nichts.[52] Um diese Zeit scheinen die Besitzverhältnisse zugunsten Korinths bereits geklärt gewesen zu sein.

Wir verfügen noch über eine weitere Quelle, die die bisherige Forschung dazu herangezogen hat, das Verhältnis zwischen Apollonia und Korinth während der Pentekontaëtie zu illustrieren. Es handelt sich um eine Passage aus Pausanias' „Beschreibung Griechenlands".[53] Im Zuge der Begehung des Heiligtums von Olympia spricht der Perieget von einem Weihgeschenk der Apolloniaten, auf dem in der Mitte Zeus mit Thetis und Hemera (Eos) dargestellt waren, zu beiden Seiten aber verschiedene Helden aus dem Trojanischen Krieg, wie sie einander kampfbereit gegenüberstanden, zuvorderst Achill und Memnon.[54] Die zeitliche Einordnung des Monuments ist nicht einfach; sie muß sich an der Schaffenszeit seines Schöpfers Lykios Myrons Sohn orientieren, dessen *floruit* auf etwa 450 v. Chr. datiert wird.[55] Daraus ergeben sich dann

---

[49] Siehe Thuk. 1,26,2.
[50] Zu den korinthisch-apolloniatischen Beziehungen ausführlich Piccirilli, Corinto e l'Occidente 148ff.
[51] Thukydides allerdings charakterisiert Apollonia zu Beginn der Κερκυραϊκά als als Κορινθίων οὖσαν ἀποικίαν; siehe Thuk. 1,26,2.
[52] Vgl. demgegenüber das Szenario in Anaktorion nach der Seeschlacht bei Sybota 433 v. Chr. bei ebd. 1,55,1.
[53] Paus. 5,22,2–4.
[54] Zum Weihgeschenk der Apolloniaten in Olympia und seiner Interpretation siehe grundlegend F. Eckstein, Anathêmata. Studien zu den Weihgeschenken strengen Stils im Heiligtum von Olympia, Berlin 1969, 15ff.; dazu aus jüngster Zeit Ioakimidou, Statuenreihen griechischer Poleis 92ff. u. 243ff. mit weiteren Literaturangaben.
[55] So mit anderen Ioakimidou, Statuenreihen griechischer Poleis 96. An Versuchen, das Werk des Lykios trotz der Tatsache, daß es weitgehend verloren ist, näher zu charakterisieren, hat es bis in jüngste Zeit nicht gefehlt; siehe z.B. J. Dörig, Lykios, fils de Myron, Akten des XIII. Internationalen

unterschiedliche Ansätze der verschiedenen Forscher, die sich aber alle im zweiten und dritten Drittel des fünften Jahrhunderts bewegen.[56] Auf dem Denkmal war im übrigen eine Inschrift angebracht, die Pausanias in seinem Werk zitiert und von der man Teile in Olympia wiedergefunden hat. Sie lautet:[57]

Μνάματ' Ἀπολλωνίας ἀνακείμεθα, τὰς ἐνὶ πόντωι	Als Mal Apollonias stehen wir hier, das am Jonischen Meer
Ἰονίωι Φοῖβος ὤκισ' ἀκερσεκόμας·	Phoibos gründete, langwallenden Haares.
οἳ γᾶς τέρμαθ' ἑλόντες Ἀβαντίδος ἐνθάδε ταῦτα	Die das abantische Grenzland eroberten, stellten es hier auf
ἔστασαν σὺν θεοῖς ἐκ Θρονίου δεκάταν.	Mit Götterhilfe aus dem Zehnten von Thronion.

Offensichtlich war es der Sieg in einem kriegerischen Konflikt, der den Apolloniaten den Anlaß dafür lieferte, dem olympischen Zeus die betreffende Statuengruppe zu weihen. Leider gibt die Inschrift des Monuments nur unvollständig Auskunft über die näheren Hintergründe. Das Territorium der Abanten wird für gewöhnlich südlich von Apollonia am Oberlauf des Flusses Aoos gesucht.[58] Ob es sich bei ihnen um Griechen oder Barbaren handelte, geht aus unseren Quellen nicht sicher hervor. Pausanias' Erläuterungen zeigen, daß zumindest zu seiner Zeit Bezugspunkte zwischen den Abanten und den griechischen Landschaften Euboia und Ostlokris gesucht und gefunden werden konnten, doch für das fünfte Jahrhundert v. Chr. muß das nichts bedeuten. Auch die von den Zeitgenossen akzeptierte Anbindung des aiakidischen Königsgeschlechts an den griechischen Heros Neoptolemos konnte nicht verhindern, daß Thukydides dessen molossische Untertanen – und darüber hinaus alle Epeiroten – als Barbaren galten.[59] Daß die Apolloniaten bei der Gestaltung ihres Monuments achaische und trojanische Helden einander gegenübergestellt haben, mag ein Hinweis darauf sein, daß auch *sie* ihre Auseinandersetzung mit den

---

Kongresses für Klassische Archäologie, Mainz 1990, 300f. Das Weihgeschenk der Apolloniaten spielt bei all diesen Bemühungen stets eine zentrale Rolle.

[56] Siehe hierzu den knappen Überblick bei Ioakimidou, Statuenreihen griechischer Poleis 96f. Sie selbst spricht sich ebd. 97 für den Terminus ante quem 440 v. Chr. aus: „Eine Datierung der apolloniatischen Statuenreihe zwischen 460 und 440 v. Chr. ist also naheliegend."

[57] Paus. 5,22,3. Vgl. hierzu Cabanes u.a., Corpus des inscriptions grecques d'Illyrie méridionale et d'Epire, Bd. 1.2, 78f.

[58] Die Postulierung eines Zusammenhangs zwischen den Abanten und der in derselben Region lokalisierten Landschaft Amantien war schon für antike Gelehrte verführerisch (siehe Steph. Byz. s.v. Ἀβαντίς u. s.v. Ἀμαντία), doch bleibt Hammond, Epirus 494ff. zu Recht zurückhaltend. Die Gleichsetzung unterstützen hingegen Cabanes u.a., Corpus des Inscriptions grecques d'Illyrie méridionale et d'Epire, Bd. 1.1, 32 u. Ioakimidou, Statuenreihen griechischer Poleis 245.

[59] Zum Hellenentum der Epeiroten ausführlich Funke, Aiakidenmythos und epeirotisches Königtum, bes. 123ff. Hinsichtlich der Abanten wird das Problem von Ioakimidou, Statuenreihen griechischer Poleis 245f. diskutiert.

Abanten als Kampf gegen Barbaren sahen und ihren Sieg als deren Niederringung interpretierten.[60]

Ein wesentliches Ergebnis des Krieges bestand laut Weihinschrift in der Eroberung der abantischen Stadt Thronion durch die Apolloniaten. Aus dem Zehnten der dabei errungenen Beute war die Statuengruppe zu Ehren des Zeus Olympios finanziert worden. Zwar ist sich die Forschung uneins, wo genau das antike Thronion gelegen hat, doch ist man sich einig, daß es in südlicher Nachbarschaft zu Apollonia gesucht werden muß.[61] Seine Bedeutung könnte darin gelegen haben, daß es die Asphaltlagerstätten von Nymphaion nebst ihren Zugängen kontrollierte. Durch die Eroberung von Thronion hätten die Apolloniaten mithin zwei Ziele erreicht: Sie hätten ihr Polisterritorium in Richtung auf das illyrische Hinterland substantiell vergrößert und zudem eine einträgliche Geldquelle erworben.[62] Mit Recht weist Chrissula Ioakimidou darauf hin, daß die Größe des Monuments und die Anzahl der aufgestellten Statuen die wertvolle Beute widerspiegelt, die den Apolloniaten bei der Niederringung Thronions zuteil geworden ist.[63]

Ganz am Ende seiner Ausführungen fühlt sich Pausanias noch bemüßigt, einige Worte zu Apollonia selbst zu verlieren. Leider ist der betreffende Satz verderbt, wodurch seine Interpretation erschwert wird. Er lautet: Ἀποικισθῆναι δὲ ἐκ Κορκύρας τὴν Ἀπολλωνίαν, *** οἱ δὲ Κορινθίοις αὐτοῖς μετεῖναι λαφύρων.[64] Pausanias referiert also die Ansicht, Apollonia sei einst von Kerkyra aus gegründet worden. Daß die nahe Inselpolis in irgendeiner Weise an der Frühgeschichte der Stadt beteiligt gewesen sei, ist eine Meinung, die in der Antike immer wieder auftaucht, doch meist in der Version, Kerkyraier und Korinther hätten eben gemeinsam an der κτίσις mitgewirkt.[65] Auch Pausanias scheint diese Meinung vertreten zu haben, wenn er nicht sogar von Korinth als alleiniger Mutterstadt ausgegangen ist, denn die auf die verderbte Stelle folgenden Worte, in denen davon die Rede ist, die Stadt am Isthmus habe einen wie auch immer gearteten Anteil des Beutegut der Apolloniaten erhalten, läßt sich nur im Kontext des Verhältnisses zwischen Metropole und Apoikie verstehen. Pausanias hat, so müssen wir annehmen, an der nicht mehr rekonstruierbaren Stelle sinngemäß geschrieben, Korinth

---

[60] So Ioakimidou, Statuenreihen griechischer Poleis 246ff. Anders Cabanes, Apollonie et Epidamne-Dyrrhachion: épigraphie et histoire 146ff. u. erneut P. Cabanes, La tradition de la migration troyenne en Epire et en Illyrie méridionale, in: L. Braccesi/M. Luni (Hrsgg.), I Greci in Adriatico, 1, Rom 1999, 62ff., der im Gegenteil die dargestellten trojanischen Helden als Identifikationsfiguren für die Apolloniaten sieht und das Bildprogramm des Monuments als Angebot zur Aussöhnung interpretiert; siehe allerdings die überzeugenden Gegenargumente von Ioakimidou, Statuenreihen griechischer Poleis 254 Anm. 32.

[61] Im Gespräch waren v.a. die heutigen Orte Ploçë (Beaumont, Corinth, Ambracia, Apollonia 67f.) und Kanina (Hammond, Epirus 495f.), doch vgl. auch Cabanes u.a., Corpus des Inscriptions grecques d'Illyrie méridionale et d'Epire, Bd. 1.1, 32, die eine Identifizierung mit Triport nahe Vlora, direkt am Mittelmeer, erwogen haben.

[62] So überzeugend Hammond, Epirus 493ff.

[63] Siehe Ioakimidou, Statuenreihen griechischer Poleis 245.

[64] Paus. 5,22,4.

[65] So Strab. 7,5,8 u. Ps.-Skymn. 439.

1. Korinthische Interessen in Nordwestgriechenland

sei die Metropole der Apolloniaten gewesen und habe deshalb von ihnen Beuteanteile, nämlich als Ehrengeschenk, erhalten. Daß derartige Akte der Pietät gegenüber der Mutterstadt im fünften Jahrhundert v. Chr. üblich waren, läßt sich bei Thukydides – ausgerechnet aus korinthischem Munde übrigens – nachlesen.[66]

In einem nicht unbeträchtlichen Teil der Forschung hat man aus der besagten Pausanias-Stelle allerdings noch weiter reichende Konsequenzen gezogen. Mit seiner Aussage am Ende von Paus. 5,22,4 habe der Perieget nicht die übliche Praxis einer Kolonie gegenüber ihrer Mutterstadt charakterisieren wollen; vielmehr habe es sich bei den Beuteanteilen, die die Apolloniaten an den Isthmus schickten, um ganz bestimmte λάφυρα gehandelt, nämlich diejenigen aus dem Abantenkrieg.[67] Läßt sich diese Ansicht noch mit den (erschließbaren) Angaben unseres Textes vereinbaren, so ist dies bei der nächsten Folgerung nicht mehr der Fall: Die Korinther, so zum Beispiel Beaumont[68] und Ioakimidou,[69] hätten ihren Beuteanteil nicht nur aus Pietät erhalten, sondern weil sie Apollonia in seinem Kampf um Thronion direkt unterstützt hatten. Die an den Isthmus gesandten λάφυρα seien insofern Ausdruck eines engen Zusammenwirkens zwischen Mutterstadt und Kolonie in der Zeit um 450 v. Chr. und damit Zeugnis der korinthischen Bemühungen in dieser Zeit, seinen Einfluß in Nordwestgriechenland zu stärken und die mutmaßliche Vorherrschaft Kerkyras in diesem Raum abzulösen.[70] Wenn dem so wäre, so würde sich aus dem Weihgeschenk für Zeus Olympios mit einem Schlag eine Konstellation von großer Tragweite ablesen lassen: Wir hätten es nun tatsächlich mit einem Zeugnis dafür zu tun, daß offensive korinthische Bestrebungen in Nordwestgriechenland nicht erst in der Zeit um 435 v. Chr., sondern schon fünfzehn Jahre früher spürbar waren. Das Ringen der Kontrahenten im „north-west theatre"[71] wäre also in eine größere zeitliche Kontinuität eingebettet, die unsere oben genannten Zeugnisse für korinthisch-kerkyraische Spannungen um Leukas mit dem von Thukydides geschilderten Kampf um Epidamnos gleichsam verbände.[72]

Leider können die aufgezeigten Konsequenzen aus dem Wortlaut von Paus. 5,22,4 nicht abgeleitet werden. Es steht nicht einmal ohne Zweifel fest, daß die von Pausanias erwähnten λάφυρα wirklich die Beute aus dem Abantenfeldzug bezeichnen. Der Aorist μετεῖναι erzwingt diese Deutung keineswegs, und damit ist der ohnehin schon dünne

---

[66] Siehe Thuk. 1,38. Vor allem in der gebührenden Achtung vor dem Herkommen (τὰ εἰκότα θαυμάζεσθαι) sehen die korinthischen Gesandten bei Thukydides eine Verpflichtung der Kolonien gegenüber der Mutterstadt. Dazu konnte eben auch die Sendung einer Ehrengabe aus der Beute nach erfolgreichem Kriegszug gehören.
[67] So z.B. G. Maddoli/V. Saladino (Hrsgg.), Pausania: Guida della Grecia, Bd. 5: L'Elide e Olimpia, Mailand 1995, 323 u. Ioakimidou, Statuenreihen griechischer Poleis 93.
[68] Siehe Beaumont, Corinth, Ambracia, Apollonia 65f.
[69] Siehe Ioakimidou, Statuenreihen griechischer Poleis 93.
[70] In diesem Sinne Beaumont, Corinth, Ambracia, Apollonia 65f. u. noch jüngst Piccirilli, Corinto e l'Occidente 148ff.; ähnlich, wenn auch vorsichtiger Salmon, Wealthy Corinth 274 mit Anm. 13.
[71] Hammond, Epirus 503.
[72] In diesem Sinne auch Graham, Colony and Mother City 132.

Faden zerrissen, der eine direkte Beteiligung der Korinther an der Eroberung von Thronion zumindest plausibel erscheinen lassen wollte. Vermutlich sagte Pausanias an der genannten Stelle nicht mehr, als daß es Zweifel an einer kerkyraischen Gründung Apollonias gebe, weil dessen Einwohner doch Beutestücke nach Korinth zu senden pflegten bzw. im Falle Thronions tatsächlich sandten.[73]

Die Quellen dieses Abschnitts zeigen wie schon die des vorigen, wie schwer es ist, allein auf ihrer Basis Aussagen über korinthische Aktivitäten im nordwestgriechischen Raum zu treffen. Thukydides' Bemerkungen sind immer im Lichte der Ereignisse zu lesen, die seine eigene Aufmerksamkeit fesselten; weil ihn die Umstände der korinthischen Politik in Illyrien und Epeiros, ihre historischen Wurzeln und ihre kontinuierliche Gestaltung, nicht interessierten, thematisierte er sie auch nicht. Aus seinen wenigen Bemerkungen geht deshalb nicht hervor, ob wir es mit korinthischen Einzelaktionen zu tun haben, mit Bündnissen, die nur aus aktuellem Anlaß geschlossen wurden, oder ob sich hinter alldem mehr verbirgt. Späte Quellen wie Plutarch und Pausanias, die die Zusammenhänge des fünften Jahrhunderts v. Chr. im Gegensatz zu Thukydides nicht etwa bewußt beiseite ließen, sondern schlichtweg nicht mehr kannten, machen es uns zugegebenermaßen nicht eben leichter, doch ist dies keine Rechtfertigung dafür, Rettungsversuche zu unternehmen, wo es keine Rettung gibt.[74] Paus. 5,22,2–4 scheidet als Quelle für konkrete Details der korinthischen Politik im südillyrischen Raum aus. Wir bleiben auf Thuk. 1,26,2 beschränkt, der uns gute Beziehungen zwischen Apollonia und seiner Metropole im Jahre 435 v. Chr. bescheinigt. Angesichts der Entfernung zwischen beiden Städten einerseits und der latent feindseligen Politik der Kerkyraier andererseits, ist dies mehr, als zu erwarten war.

1.4. Hinweise auf eine machtpolitische Präsenz der Korinther rings um den Golf von Ambrakia

Für die südlich an Epeiros anschließenden Regionen bietet sich ein ähnliches Bild, wie wir es bereits aus den Gegenden nördlich des Golfs von Ambrakia kennen. Wir erfahren stichpunktartig und verstreut von korinthischen Interessen und Stützpunkten in diesem Raum. Da Thukydides die einzige nennenswerte Quelle ist, darf man sich nicht wundern, daß alle Ereignisse von ihm in das große Kontinuum der lakedaimonisch-athenischen Auseinandersetzungen vor und während des Peloponnesischen Krieges eingeordnet worden sind. Doch auch so lassen die Vielzahl und die

---

[73] Siehe hierzu beispielhaft die Bemerkungen von M. Casevitz u.a. (Hrsgg.), Pausanias: Description de la Grèce, Bd. 5: L'Elide (I), Paris 1999, 240. Er entscheidet sich für eine minimale Ergänzung des Textes – ἀποικισθῆναι δὲ ἐκ Κορκύρας τὴν Ἀπολλωνίαν <φασί> οἱ δὲ Κορινθίοις αὐτοῖς μετεῖναι λαφύρων –; „la suite pouvant se comprendre, si l'on ne suppose pas qu'il y ait eu mention de péripéties guerrières."

[74] Dies aber tut die auf S. 129f. genannte Forschung, die Paus. 5,22,2–4 als Beleg für eine korinthische Großmachtpolitik in Nordwestgriechenland während der Pentekontaëtie nimmt.

1. Korinthische Interessen in Nordwestgriechenland

Art der verschiedenen Zeugnisse erahnen, wie bedeutend die Position der Isthmusstadt an den Küsten dieser Region gewesen ist.

Bereits im vorausgegangenen Abschnitt war die Rede von den Auseinandersetzungen um Amphilochien und Akarnanien, die in den ersten Jahren des Peloponnesischen Krieges stattgefunden haben. Wir haben dabei gesehen, daß ein wichtiges machtpolitisches Movens in diesem Konflikt die Polis Ambrakia, eine Gründung der Kypseliden, gewesen ist. Vor der Katastrophe im Winter 426/25 v. Chr., als die Bürgerschaft dieser Stadt durch die doppelte Niederlage von Olpai und Idomene dezimiert wurde, war die korinthische Kolonie die mit Abstand stärkste politische und ökonomische Größe in der Region rings um den nach ihr benannten Golf.[75] Wie selbstverständlich orientierten sich insbesondere die als barbarisch geltenden Völker des Umlandes auf die durch ihren Reichtum attraktive und kulturell ausstrahlende Polis hin. An Thuk. 2,68 wird klar, wie man sich diesen Vorgang in der Praxis vorzustellen hat; es handelt sich um einen kleinen Rückblick, bevor Thukydides dazu übergeht, den Angriff der Ambrakioten auf die Stadt Argos Amphilochikon im Jahre 430 zu erzählen – die Initialzündung für jene Kämpfe, die dann über vier Jahre später zur vernichtenden Niederlage der Aggressoren führen sollten.

Thukydides' Rückblick will eine Erklärung dafür liefern, warum die Ambrakioten und ihre amphilochischen Nachbarn zu Beginn der 420er Jahre in so großer Feindschaft miteinander lebten. Sein kurzer Exkurs beginnt zwar im heroischen Zeitalter, stößt dann aber doch rasch in historische Zeiten vor. Die Einwohner von Argos Amphilochikon hätten viele Generationen nach dem Trojanischen Krieg (πολλαῖς γενεαῖς ὕστερον) die Ambrakioten selbst in ihre Stadt geholt, weil sie sich in einer Notlage befanden.[76] Sie hätten sich diesen kulturell, zum Beispiel durch die Übernahme der griechischen Sprache, angepaßt. Freilich sei das zu Beginn herrschende Einvernehmen zwischen den beiden Partnern nicht von Dauer gewesen. Thukydides macht nur eine vage Angabe darüber, wie viel Zeit bis zur Eskalation verging: Χρόνῳ, so sagt er – ein Ausdruck, der bei ihm den Zeitraum von Wochen, aber auch Jahren und Jahrzehnten umfassen kann[77] – hätten die Ambrakioten die Amphilochier aus der gemeinsamen Stadt hinausgedrängt und diese für sich allein in Besitz genommen.[78] Dies wiederum habe die Unterlegenen an die Seite der benachbarten Akarnanen getrieben und damit aus dem lokalen Konflikt

---

[75] Dies zeigen nicht zuletzt die Ergebnisse der laufenden archäologischen Ausgrabungen, die unser Bild vom antiken Ambrakia in einem fort konkretisieren; siehe hierzu den Überblick von I Andréou, Ambracie, une ville ancienne se reconstitue peu à peu par les recherches, in: P. Cabanes (Hrsg.), L'Illyrie méridionale et l'Epire dans l'antiquité II, Paris 1993, 91–101. Von besonderer Bedeutung war in jüngerer Zeit die Auffindung eines monumentalen Polyandrions mit der archaischen Inschrift SEG 41, 540; dazu zuletzt J. Bousquet, Deux épigrammes grecques (Delphes, Ambracie), BCH 116, 1992, 585–606 u. G. B. D'Alessio, Sull'epigramma dal polyandrion di Ambracia, ZPE 106, 1995, 22–26.

[76] Thuk. 2,68,5: ὑπὸ ξυμφορῶν.

[77] Zur Bedeutung von χρόνῳ bei Thukydides vgl. ebd. 1,64,2 (allenfalls einige Wochen); 5,16,3 (fast zwanzig Jahre) u. 1,8,4 (möglicherweise Jahrzehnte).

[78] So ebd. 2,68,6.

eine Sache der großen Politik gemacht. Von den Amphilochiern und Akarnanen herbeigerufen, sei ein athenisches Flottenkontingent von dreißig Schiffen unter dem Strategen Phormion Asopios' Sohn in den Golf von Ambrakia eingefahren, habe Argos Amphilochikon mit den neuen Verbündeten erobert und die dabei gefangenen Ambrakioten versklavt. Die Akarnanen und Athener aber hätten zum ersten Mal (πρῶτον) ein Bündnis (ξυμμαχία) miteinander geschlossen.[79]

Die sogenannte Phormion-Expedition, wie wir sie hier in kurzen Strichen nachgezeichnet haben, ist in der Forschung bis heute ein umstrittener Gegenstand, weil sie sich in die Ereignisgeschichte des fünften Jahrhunderts nicht ohne weiteres einordnen läßt.[80] Thukydides erwähnt die Begebenheit nicht im Zuge seiner Pentekontaëtie, stellte sie doch keinen wichtigen Markstein im Verlauf der athenisch-lakedaimonischen Beziehungen dar.[81] Aus Thuk. 2,68 geht nicht hervor, wie lange vor 430 die Vertreibung der Ambrakioten aus Argos Amphilochikon stattgefunden hatte; es heißt nur: οἱ δὲ Ἀμπρακιῶται τὴν μὲν ἔχθραν ἐς τοὺς Ἀργείους ἀπὸ τοῦ ἀνδραποδισμοῦ σφῶν αὐτῶν πρῶτον ἐποιήσαντο, ὕστερον δὲ ἐν τῷ πολέμῳ τήνδε τὴν στρατείαν ποιοῦνται […].[82] Es schließt sich die Schilderung der Kampagne von Ende Sommer 430 v. Chr. an. An Thukydides' Formulierung fällt auf, daß die Reaktion der Ambrakioten auf die Phormion-Expedition gleichsam in zwei Schritten erfolgt: Zuerst (πρῶτον) pflegen sie ihren Haß wegen des erlittenen Unheils – ein Vorgang, der nicht punktuell aufzufassen ist, sondern für sich genommen das Verstreichen eines gewissen Zeitabschnitts impliziert. Erst dann, und zwar im Verlaufe des von Thukydides geschilderten Peloponnesischen Krieges (ὕστερον δὲ ἐν τῷ πολέμῳ), bekamen die Ambrakioten die Gelegenheit zur Tat. In jedem Falle also führt die Geschichte um Argos Amphilochikon in die Vorkriegszeit. Auch das ποτέ in Thuk. 3,105,1, mit dem der Autor auf die Ereignisse von 2,68 zu verweisen scheint, deutet auf eine solche Einordnung hin, macht aber eine chronologische Präzisierung nicht eben leichter.

Die zeitliche Verortung des Ringens um Argos Amphilochikon ist für die Einschätzung des Verhältnisses zwischen Athen und Korinth vor dem Peloponnesischen Krieg von eminenter Bedeutung, weswegen es in der Vergangenheit nicht an Versuchen gefehlt hat, das betreffende Problem zu lösen. Immerhin bedeutete das Einfahren der dreißig Trieren Phormions in den Golf von Ambrakia, daß sich der Stratege entschlossen hatte, in einer Meeresbucht aktiv zu werden, die man aus historischen Gründen geradezu als „korinthischen Binnensee" bezeichnen konnte.[83] Drei kypselidische Kolonien – Ambrakia, Anaktorion und Leukas – lagen an ihren Küsten, und im Gegensatz zu

---

[79] Thuk. 2,68,7f.
[80] Einen ersten Überblick über die Wege der Forschung bietet Hornblower, Commentary, Bd. 1, 351ff.; siehe auch Domingo-Forasté, A History of Northern Coastal Akarnania to 167 B.C. 76ff.
[81] Insofern ist dies kein Grund für eine Spätdatierung, wie schon Gomme, Historical Commentary, Bd. 2, 416 gegen Busolt, Griechische Geschichte, Bd. 3.2, 763 Anm. 6 u.a. richtig festgestellt hat.
[82] Thuk. 2,68,9.
[83] So zutreffend Busolt, Griechische Geschichte, Bd. 3.2, 762.

1. Korinthische Interessen in Nordwestgriechenland

Kerkyra etwa, wo wir allenthalben von Spannungen zwischen Kolonie und Mutterstadt erfahren, oder zu Apollonia und Epidamnos, wo unser Material zu wenig hergibt, verfügen wir in bezug auf diese über ausreichende Zeugnisse, die für das fünfte Jahrhundert v. Chr. ein gutes Verhältnis zu der Stadt am Isthmus nachweisen. Alle drei Poleis kämpften schon in den Perserkriegen an der Seite Korinths.[84] Auch wenn nach 480/79 der Einfluß der Mutterstadt partiell schwächer gewesen sein sollte und nicht permanent aufrechterhalten werden konnte, so ist doch deren Bemühen um Geltung in der Region rings um den Golf von Ambrakia immer wieder spürbar.[85] Bei Beginn des Peloponnesischen Krieges stehen Ambrakia und Leukas fest an der Seite Korinths und des Peloponnesischen Bundes;[86] immer wieder spielen sie gerade in den ersten Jahren der Auseinandersetzung eine wichtige Rolle als Ausgangspunkt für Unternehmungen im nordwestgriechischen Raum.[87] Die Korinther sind auch direkt im Golf von Ambrakia militärisch aktiv, wie die Eroberung Anaktorions im Jahre 433 v. Chr. zeigt; offensichtlich drohte die Stadt durch die vorausgegangenen Niederlagen gegen Kerkyra ihrem Einfluß zu entgleiten.[88] Noch bei der Kampagne vom Sommer 429 waren die Korinther die Mitinitiatoren eines Engagements des Peloponnesischen Bundes unter lakedaimonischer Führung in Akarnanien.[89]

Der Golf von Ambrakia war also eine Region, in der wir ein gesteigertes korinthisches Engagement während des fünften Jahrhunderts v. Chr. bei unterschiedlichen Gelegenheiten registrieren. Die Gründe dafür dürften einerseits in der langen, weit in archaische Zeit zurückreichenden korinthischen Präsenz vor Ort liegen, andererseits aber auch in aktuellen Interessen der Isthmusstadt – gerade unmittelbar vor dem Peloponnesischen Krieg sind diese besonders deutlich greifbar. Für die Phormion-Expedition könnte dies bedeuten, daß sie genau in diese Phase eingeordnet werden muß, in die 430er Jahre v. Chr. Der Feldzug der dreißig athenischen Triëren zugunsten der Amphilochier und Akarnanen müßte dann in den Kontext der Eskalation eingeordnet werden, die sich rings um die Κερκυραϊκά entwickelte. In der Tat hat ein Teil der Forschung diese Konsequenz gezogen. Henry Th. Wade-Gery etwa sah das Ringen der Ambrakioten um Argos Amphilochikon im Zusammenhang mit der Einnahme von Anaktorion durch die Korinther Ende Sommer 433, „two attempts by Korinth, on the morrow of Sybota, to secure at least the Ambrakiot Gulf." Die Expedition des Phormion sei daraufhin im Frühling

---

[84] Siehe Hdt. 8,45 u. 9,28,5.
[85] Dies zeigt Plut. Them. 24,1. Dazu oben S. 116ff.
[86] Siehe Thuk. 2,9,2.
[87] Gerade beim Ringen um Argos Amphilochikon wird dies deutlich; siehe ebd. 2,80,2f.: Leukas als Ausgangspunkt der Expedition des Knemos.
[88] Siehe ebd. 1,55,1; die Anwesenheit vieler Kerkyraier in der Stadt war der Hauptgrund für die Eroberung. In der vorausgegangenen, in der Seeschlacht bei Sybota kulminierenden Kampagne hatten die Anaktorier nichtsdestotrotz ein Kriegsschiff zur Unterstützung der korinthischen Flotte gestellt; so ebd. 1,46,1.
[89] Als Grund wird ausdrücklich angegeben, daß die Korinther aus kolonialer Verbundenheit zu Ambrakia so handelten; siehe ebd. 2,80,3.

432 v. Chr. erfolgt, die erfolgreiche Vertreibung der Ambraktioten aus Amphilochien aber und der Abschluß eines athenisch-akarnanischen Bündnisses sei „a direct check to Korinthian expansion" gewesen.[90]

Wade-Gery rückt also die Ereignisse um Argos Amphilochikon unmittelbar an den Beginn des Peloponnesischen Krieges heran, er fügt sie sogar in die Κερκυραϊκά ein. Eine solche Lösung eröffnet jedoch zahlreiche Probleme. So stellt sich die Frage, warum Thukydides, der die Konflikte in Nordwestgriechenland während der 430er Jahre doch sehr ausführlich beschreibt,[91] ausgerechnet die Phormion-Expedition unterschlagen haben sollte. Sie stellte gegenüber dem Eingreifen der Athener bei den Sybota-Inseln doch eine weitere Eskalationsstufe dar, indem sie dem ersten Bündnis der Akarnanen mit der attischen Großmacht die Bahn ebnete: μετὰ δὲ τοῦτο ἡ ξυμμαχία πρῶτον ἐγένετο Ἀθηναίοις καὶ Ἀκαρνᾶσιν.[92] In der Argumentation der Korinther vor der Volksversammlung in Athen hätte all dies zur Sprache kommen müssen, will man nicht annehmen, sie hätten sich für das Schicksal ihrer bedrängten Kolonie Ambrakia plötzlich nicht mehr interessiert oder seien ihrerseits bereits zu schwach gewesen, um selbstbewußt und fordernd auf der Pnyx aufzutreten.[93]

Um den angesprochenen Problemen auszuweichen, hat ein Teil der Forschung die Lösung gewählt, die Phormion-Expedition nicht auf das Ende, sondern auf den Beginn der 430er Jahre v. Chr. zu datieren.[94] Hierdurch wird eine direkte zeitliche Berührung mit den Κερκυραϊκά vermieden; als Terminus post quem dient in diesem Falle für gewöhnlich der Samische Aufstand von 441/39 v. Chr., in dessen Verlauf, so Thukydides, die Korinther ein Eingreifen des Peloponnesischen Bundes unter lakedaimonischer Führung zugunsten der Samier verhindert hätten.[95] Die Argumentation der Verfechter dieser These postuliert, daß es damals noch keine korinthisch-athenischen Spannungen gegeben haben könne, sonst hätte sich die Stadt am Isthmus nicht so vehement für die

---

[90] So H. Th. Wade-Gery, Thucydides the son of Melesias, JHS 52, 1932, 216 Anm. 45. Ähnlich urteilt Beaumont, Corinth, Ambracia, Apollonia 62f., der die Phormion-Expedition auf das Jahr 433 datiert.
[91] Auch die Ausstrahlung der Κερκυραϊκά auf die südlich angrenzenden Regionen Griechenlands nimmt er wahr, z.B. die Plünderungszüge der Kerkyraier bis hin zu den Küsten der Peloponnes (Thuk. 1,30,2) oder eben die Einnahme Anaktorions durch die Korinther (ebd. 1,55,1).
[92] Thuk. 2,68,8.
[93] So bereits Beaumont, Corinth, Ambracia, Apollonia 62f., der daraus allerdings die Konsequenz zieht, die Phormion-Expedition in die Zeit *nach* dem Abschluß des athenisch-kerkyraischen Bündnisses 433 v. Chr. zu datieren.
[94] So bereits Busolt, Griechische Geschichte, Bd. 3.2, 763 mit Anm. 6, der die Phormion-Expedition auf „um 437" datiert. Bis heute findet dieser Datierungsvorschlag – mit kleinen Nuancen – zahlreiche Anhänger, wie der Kommentar von Hornblower, Commentary, Bd. 1, 353f. zeigt. Im allgemeinen bewegen sich die Datierungen zwischen 438 v. Chr. (Freitag, Der Akarnanische Bund 82f.) und 436/35 (R. Develin, Athenian Officials 684–321 B.C., Cambridge u.a. 1989, 96). De Ste. Croix, Origins of the Peloponnesian War 87f. entscheidet sich für einen Zeitpunkt in den frühen 430er Jahren („perhaps the most likely time"), schließt aber auch einen früheren nicht völlig aus. Welwei, Das klassische Athen 135 tritt für eine Datierung „vermutlich in der Zeit nach dem Samischen Aufstand" ein.
[95] Siehe Thuk. 1,40,5.

1. Korinthische Interessen in Nordwestgriechenland

Aufrechterhaltung des Dreißigjährigen Friedens eingesetzt.[96] Mit Recht hat man davor gewarnt, die Tragfähigkeit dieser Beweisführung zu überschätzen,[97] aber die Aufgabenstellung bleibt: Mißt man der Phormion-Expedition im Kontext der korinthisch-athenischen Beziehungen eine nicht nur marginale Bedeutung zu, dann muß man sie innerhalb eines Zeitraumes verorten, der Spannungen zwischen den beiden betreffenden Poleis zumindest zuläßt, ohne in direkte Berührung mit den Κερκυραϊκά zu kommen. Simon Hornblower hat nicht zuletzt deshalb an einer Datierung zu Beginn der 430er Jahre festhalten wollen: „On any dating the Akarnanian alliance was relevant to the build-up of tension between Corinth and Athens, the more relevant the later we put it (50s, 40s, 30s), and I take it to be very late and very relevant."[98] Doch was spricht eigentlich gegen eine Datierung vor dem Dreißigjährigen Frieden von 446/45 v. Chr.?

Zunächst einmal fällt an der Art und Weise, wie Thukydides die Phormion-Expedition erzählt, auf, daß er in keiner Weise aktuelle Bezüge sucht; das spannungsreiche Verhältnis zwischen Korinth und Athen, wie es sich spätestens seit 433 v. Chr. darstellte, wird durch Thuk. 2,68 in keiner Weise zusätzlich illustriert. Dabei wäre es für unseren Autor zweifellos ein leichtes gewesen, dies zu bewerkstelligen: Phormion Asopios' Sohn war zu Beginn des Peloponnesischen Krieges ein erfolgreicher Stratege, auch und gerade auf den nordwestlichen Kriegsschauplätzen. In den ersten zwei Büchern seines Werkes erwähnt Thukydides ihn oft; seine Erfolge werden von ihm mit Sympathie und Freude am Detail geschildert.[99] Was hätte da näher gelegen, als das Bild der erfolgreichen Politik Phormions durch einen klaren Verweis auf dessen erfolgreiche Kampagne in Amphilochien abzurunden, die immerhin einen sensationellen Einbruch in die korinthische Interessensphäre am Golf von Ambrakia zur Folge hatte, ganz zu schweigen von dem ersten Bündnis zwischen Athenern und Akarnanen überhaupt?

Doch nicht nur der inhaltliche Gesamtzusammenhang legt eine eindeutige zeitliche Trennung der Phormion-Expedition von den Κερκυραϊκά oder gar dem Beginn des Peloponnesischen Krieges nahe. Wenn bei Thuk. 3,105,1 davon die Rede ist, die Akarnanen hätten „einst" (ποτέ) eine Richtstätte im amphilochischen Olpai benutzt,[100]

---

[96] So bereits Busolt, Griechische Geschichte, Bd. 3.2, 763 Anm. 6.
[97] Siehe schon Gomme, Historical Commentary, Bd. 2, 416: „Or a date in the late 40's is possible. Corinth's ‚friendly attitude' towards Athens in 440 can be explained in many ways." – Im übrigen stellt sich die Frage nach der Historizität der in Thuk. 1,40,5 erwähnten Ereignisse; hierzu unten S. 217ff.
[98] Hornblower, Commentary, Bd. 1, 354.
[99] Ich nenne exemplarisch nur die Schilderung der Ereignisse am Kap Rhion 429 v. Chr. in Thuk. 2,83–92.
[100] Umstritten ist in der Forschung, auf wen sich der Ausdruck κοινὸν δικαστήριον bezieht; der bloße Wortlaut legt nahe, daß Olpai eine gemeinsame Richtstätte nur der Akarnanen, allerdings auf dem Gebiet der Amphilochier, gewesen sei. Will man in Olpai hingegen – wie es inhaltlich naheliegt – eine gemeinsame Richtstätte der Akarnanen *und* Amphilochier nach der Befreiung von Argos Amphilochikon sehen, so bietet sich eine Ergänzung des Textes an: Ὄλπας, τεῖχος [...], ὃ ποτε Ἀκαρνᾶνες <καὶ Ἀμφίλοχοι> τειχισάμενοι κοινῷ δικαστηρίῳ ἐχρῶντο. In diesem Sinne überzeugend B. Niese, Der Text des Thukydides bei Stephanos von Byzanz, Hermes 14, 1879, 428f. unter Berufung auf Steph. Byz. s.v. Ὄλπαι; ihm folgend Gomme, Historical Commentary, Bd. 2, 416f.

dann scheint dieses „einst" doch weiter zurückzuliegen als nur fünf oder zehn Jahre. Es muß sich um einen Ort gehandelt haben, über den sie erst nach der Übernahme von Argos Amphilochikon und der Vertreibung der Ambrakioten verfügen konnten.[101] Ähnlich verhält es sich mit dem Ausdruck αἰεί ποτε in Thuk. 2,102,1. „Von jeher", so heißt es hier, sei Oiniadai nahe der Acheloos-Mündung den Athenern feindlich gesonnen gewesen, und zwar als einzige unter allen Akarnanen (Οἰνιάδας αἰεί ποτε πολεμίους ὄντας μόνους Ἀκαρνάνων). Thukydides trifft diese Aussage zum Winter 429/28 anläßlich von Phormions letztem Feldzug.[102] Auch hier kann man sich fragen, ob eine solche Formulierung wenige Jahre nach dem ersten Bündnis zwischen Athenern und Akarnanen, angesichts noch derselben Akteure zumindest auf attischer Seite, adäquat ist. Das thukydideische αἰεί ποτε deutet doch eher auf eine lange Konfliktgeschichte zwischen Athen und Oiniadai hin.

In der Tat erfahren wir schon Jahrzehnte vor Phormions letzten Aktivitäten von Spannungen zwischen beiden Städten. Es ist Thukydides selbst, der uns davon unterrichtet, freilich in völlig anderem Zusammenhang. Im Zuge seiner Darstellung der Pentekontaëtie schildert er, wenn auch äußerst knapp, die Kriegshandlungen der 450er Jahre, die sich sowohl auf den Nahen Osten (besonders Ägypten) als auch auf Griechenland selbst erstreckten. Da es Thukydides offenbar vor allem darum ging, die ungeheure Dynamik des attischen Demos aufzuzeigen – seiner Meinung nach Auslöser lakedaimonischer Ängste und somit mittelbar des Peloponnesischen Krieges –, dürfen wir keine übermäßig ausführliche, etwa Hintergründe und Zusammenhänge erschließende Darstellung von ihm erwarten. Die einzelnen Aktionen erscheinen demgegenüber vielfach unmotiviert und kurzatmig, immer aber illustrieren sie die unbändige Agilität und Aggressivität der attischen Großmacht in der Zeit nach dem Sturz Kimons im Frühjahr 461 v. Chr.

Im Zuge dieser Textpassagen also erzählt Thukydides von einem Feldzug der Athener im Korinthischen Golf. Unter der Führung von Perikles Xanthippos' Sohn – er wird an dieser Stelle erstmals vom Autor erwähnt – segelten sie vom megarischen Pegai aus zunächst nach Sikyon. Nachdem sie das Aufgebot dieser Polis in einer Schlacht geschlagen hatten, stachen die Athener erneut in See und begaben sich mit achaischer Verstärkung nach Oiniadai: διαπλεύσαντες πέραν τῆς Ἀκαρνανίας ἐς Οἰνιάδας ἐστράτευσαν καὶ ἐπολιόρκουν. Doch gelang ihnen die Eroberung der Stadt nicht; das Unternehmen wurde abgebrochen und die Flotte segelte nach Hause.[103] Unsere Parallelquellen Diodor und Plutarch reichern das dürre Handlungsgerüst, das Thukydides

---

Ebenso M. Schoch, Die Schiedsstätte Olpai, in: P. Berktold u.a. (Hrsgg.), Akarnanien. Eine Landschaft im antiken Griechenland, Würzburg 1996, 87ff.

[101] So überzeugend Gomme, Historical Commentary, Bd. 2, 416f.; skeptisch allerdings Hornblower, Commentary, Bd. 1, 353f.

[102] Im Sommer 429 war Phormion offenbar nicht mehr am Leben; er wurde auf ausdrücklichen Wunsch der Akarnanen von seinem Sohn Asopios auf dem nordwestlichen Kriegsschauplatz vertreten; siehe Thuk. 3,7,1.

[103] Siehe ebd. 1,111,2f. Dazu u.a. Griffin, Sikyon 62f.; Welwei, Das klassische Athen 102 u. Lehmann, Perikles 120f.

bietet, hier und da mit (ruhmvollen) Einzelheiten an, doch prinzipiell ändert sich an der Darstellung der Ereignisse nichts:[104] Die Aktion des späteren πρῶτος ἀνήρ erscheint als ein Plünderungs- und Verwüstungszug zu beiden Seiten des Korinthischen Golfs. Sämtliche Aktionen des Perikles haben nur ephemere Wirkung – die Heimsuchung der Sikyonier, die Belagerung von Oiniadai, selbst das Bündnis mit den Achaiern.[105] Und doch erfahren wir hier, in der zweiten Hälfte der 450er Jahre v. Chr., von Geschehnissen, die Thukydides' späteres Urteil, Oiniadai sei αἰεί ποτε den Athenern feind gewesen, begründen können.

Wir verfügen über eine weitere Quelle, die uns darüber unterrichtet, wie schlecht die Beziehungen zwischen Athen und Oiniadai zur Zeit der Pentekontaëtie waren. Es handelt sich um eine Passage aus Pausanias' „Beschreibung Griechenlands".[106] Hier heißt es, die gerade erst im lokrischen Naupaktos von den Athenern angesiedelten Messenier hätten beschlossen, sich nicht mit dem zufriedenzugeben, was sie nun hatten, vielmehr seien sie bestrebt gewesen, eigene Eroberungen zu tätigen. So fiel ihr Augenmerk auf das akarnanische Oiniadai, wußten sie doch, so Pausanias, Οἰνιάδας Ἀκαρνάνων γῆν τε ἔχοντας ἀγαθὴν καὶ Ἀθηναίοις διαφόρους τὸν πάντα ὄντας χρόνον.[107] Es gelang ihnen auch, die Stadt zu erobern, doch provozierten sie dadurch einen gemeinsamen Gegenangriff der übrigen Akarnanen. Die Kämpfe gestalteten sich in der Folge so verlustreich, daß die Messenier schließlich Oiniadai aufgaben und sich nach Naupaktos zurückzogen. Ein Jahr hatten sie die Stadt besessen, über sieben Monate hatten sie der Belagerung durch die Akarnanen getrotzt.

Die in Paus. 4,25 erzählte Geschichte läßt sich nicht auf frühere Quellen zurückführen, dennoch hat die Forschung zu Recht gezögert, sie vorschnell aus unserem Material auszusondern,[108] denn sie fügt sich in das Bild, das unsere übrigen Zeugnisse von den Verhältnissen an der Nordküste des Korinthischen Golfs während der Pentekontaëtie zeichnen, bestens ein. Wir haben da zum einen die Stadt Oiniadai; strategisch günstig nahe dem Acheloos-Delta gelegen, war sie hervorragend dazu geeignet, den Ausgang

---

[104] Vgl. Diod. 11,85 u. 11,88,1f. sowie Plut. Per. 19,2f. Sowohl Diodor als auch Plutarch machen Angaben über die Größe der Flotte, die Perikles mit sich führte. Insbesondere ersterer vergrößert den Ruhm des Strategen durch einzelne Nuancen seiner Erzählung: Sikyon wird von ihm belagert (Diod. 11,88,2), bis ein lakedaimonisches Entsatzheer eintrifft. In Akarnanien gewinnt Perikles alle Städte bis auf Oiniadai für Athen (ebd. 11,85: πλὴν Οἰνιαδῶν ἁπάσας τὰς πόλεις προσηγάγετο). Diodor hat die solchermaßen ausgestaltete Version von Thuk. 1,111,2f. wohl schon von seiner Vorlage, Ephoros von Kyme, übernommen; so Busolt, Griechische Geschichte, Bd. 3.1, 21ff. u. 334 Anm. 2.

[105] Zu Beginn des Peloponnesischen Krieges befand sich Pellene auf seiten der Lakedaimonier, später ganz Achaia; siehe Thuk. 2,9,2. – Zur Rolle des Perikles in der thukydideischen Pentekontaëtie siehe Will, Thukydides und Perikles 187f.

[106] Siehe Paus. 4,25.

[107] Ebd. 4,25,1.

[108] Siehe Freitag, Der Akarnanische Bund 78ff. – Skeptischer hingegen M. Casevitz/J. Auberger, Description de la Grèce, Bd. 4: La Messénie, Paris 2005, 188, die glauben, daß Paus. 4,25 einer „tradition locale qu'il (scil. Pausanias) recueillit oralement" folgte: „Le manque de précisions incline à le penser."

des Korinthischen Golfs ins Jonische Meer einerseits und die Übergänge von Akarnanien zur Halbinsel Peloponnes andererseits zu kontrollieren.[109] Kein Wunder, daß die Athener nach dem Gewinn von Naupaktos auch die Eroberung dieser wichtigen Polis erstrebten, doch wollten sie die Arbeit die Messenier tun lassen, die ihnen dadurch, daß sie sie erst kürzlich vor den Lakedaimoniern gerettet hatten, verpflichtet waren. Diese Messenier nun wurden jedoch in einen Krieg verwickelt, der das erwartete Maß bei weitem überstieg. Zwar gelang es ihnen, Oiniadai zu erobern, doch provozierten sie dadurch einen Angriff der Gesamtheit der Akarnanen (οἱ Ἀκαρνᾶνες ἀπὸ πασῶν συλλέξαντες τῶν πόλεων).[110] Paus. 4,35 erfaßt sämtliche Grundgegebenheiten des Konflikts zutreffend: die maritime Ausrichtung von Oiniadai, die die Messenier wohl daran zweifeln ließ, daß die übrigen Akarnanen sich zu einer Unterstützungsaktion aufraffen würden;[111] die Frontstellung zwischen den Akarnanen einerseits, den Aitolern andererseits, die den naupaktischen Messeniern in ihrem Kampf vermeintlich zugute kam. Schließlich wird auch die akarnanisch-athenische Frontstellung von Pausanias angesprochen, eben mit der Formulierung, Oiniadai sei den Athenern τὸν πάντα [...] χρόνον feindlich gesonnen gewesen.[112] Da sich die Stadt damals noch auf die Hilfe ihrer akarnanischen Stammesgenossen verlassen konnte, muß sich die Episode von Paus. 4,25 vor der Phormion-Expedition ereignet haben, die dann erst das erste Bündnis zwischen Athenern und Akarnanen zur Folge hatte, denn falls letztere überhaupt zum Zeitpunkt der Auseinandersetzung mit den Messeniern intensivere Kontakte zu Griechenstädten gepflegt haben sollten, dann zu den korinthischen Kolonien am Golf von Ambrakia und zu Korinth selbst.

Kehren wir zu Thuk. 2,68 zurück und damit zu den Problemen, die diese Textstelle aufwirft. Wir haben Anhaltspunkte dafür gefunden, daß die Ausdrücke, mit denen Thukydides auf die Ereignisse um Argos Amphilochikon Bezug nimmt, in eine Vergangenheit weisen, die nicht unmittelbar vor dem Beginn des Peloponnesischen Krieges – also in den 430er Jahren – zu suchen ist. Die Ereignisse rings um Oiniadai, die wir soeben besprochen haben, lassen es demgegenüber plausibler erscheinen, die Phormion-Expedition in der Zeit vor dem Dreißigjährigen Frieden von 446/45 v. Chr. zu suchen. Vielleicht ist der Feldzug des Perikles in den 450er Jahren eine direkte Reaktion auf das mißlungene Engagement der naupaktischen Messenier in Oiniadai gewesen. Die wenigen Sätze des Thukydides beschränken sich auf das Nötigste, aber sie sagen doch soviel, daß das Hauptziel der Athener nicht die Plünderung oder Er-

---

[109] Noch Pol. 4,65,8–10 hebt die Gunst der Lage von Oiniadai hervor. Dazu K. Freitag, Oiniadai als Hafenstadt. Einige historisch-topographische Überlegungen, Klio 76, 1994, 212–238.

[110] Paus. 4,25,3.

[111] Mit Recht hat Freitag, Der Akarnanische Bund 76 darauf hingewiesen, daß sich der Grundkonflikt in der Region nördlich des Korinthischen Golfs nicht in erster Linie zwischen Akarnanen und Nicht-Akarnanen oder Aitolern und Nicht-Aitolern abspielte, sondern zwischen Bewohnern des Binnenlandes und solchen der Küste. Der Sachverhalt wird – hinsichtlich des gesamten Meeresarms und seiner Anrainer – auch von Freitag, Golf von Korinth 369ff. betont.

[112] Paus. 4,25,1.

1. Korinthische Interessen in Nordwestgriechenland

oberung ganz Akarnaniens, sondern im speziellen der Gewinn von Oiniadai war (ἐς Οἰνιάδας ἐστράτευσαν καὶ ἐπολιόρκουν, οὐ μέντοι εἷλόν γε).[113] Mit der Erstürmung dieser Stadt hätten sie neben Naupaktos eine weitere Schlüsselposition an der Nordküste des Korinthischen Golfs in ihrem Besitz gehabt.

Nun sind die meisten Datierungen für die griechische Geschichte zwischen 480/79 und 432/31 v. Chr. alles andere als sicher; daß der Perikles-Feldzug nach beiden Seiten des Korinthischen Golfs in die 450er Jahre fällt, ergibt sich aus seiner Plazierung im Verlaufe der thukydideischen Pentekontaëtie, die zeigt, daß er nach der Niederlage der Athener bei Tanagra, auch nach dem Periplus des Tolmides Tolmaios' Sohn,[114] aber vor dem fünfjährigen Waffenstillstand zwischen Athenern und Lakedaimoniern einzuordnen ist.[115] Es würde an dieser Stelle zu weit führen, in die diffizile Diskussion um die genaue chronologische Verortung all dieser Ereignisse einzutreten.[116] Einstweilen nur so viel: Wenn die durch Thuk. 1,112,1 überlieferte Waffenruhe tatsächlich fünf Jahre vor dem Dreißigjährigen Frieden von 446/45 geschlossen wurde, also 451/50 v. Chr., und die Expedition des Perikles nach dem Wortlaut des Thukydides weitere drei Jahre zuvor erfolgte, dann kommen wir auf das Datum 454/53.[117] Unmittelbar vor diesem Jahr also mag das Unternehmen der Messenier gegen Oiniadai stattgefunden haben; irgendwann danach, aber wohl noch im Kontext der kriegerischen Ereignisse der 450er und 440er Jahre, die Phormion-Expedition.[118]

Die vorgeschlagene Datierung der in Thuk. 2,68 berichteten Ereignisse ist keineswegs neu; sie ist auch von anderen Forschern bereits erwogen worden.[119] Ihr Vorteil

---

[113] Thuk. 1,111,3.
[114] Siehe ebd. 1,107f.
[115] Siehe ebd. 1,107,5–108,1 (Schlacht bei Tanagra); 1,108,1 (Periplus des Tolmaios) u. 1,112,1 (fünfjähriger Waffenstillstand).
[116] Die Schwierigkeiten, die die Chronologie der Pentekontaëtie bereithält, zeigen exemplarisch Bayer/Heideking, Chronologie 95ff. auf.
[117] Vgl. die Einordnung des fünfjährigen Waffenstillstandes durch Thuk. 1,112,1: διαλιπόντων ἐτῶν τριῶν. Dazu Bayer/Heideking, Chronologie 135 („Herbst 454"); siehe auch Gomme, Historical Commentary, Bd. 1, 410 u. Meritt u.a., Athenian Tribute Lists, Bd. 3, 178.
[118] Skeptisch bleiben Bayer/Heideking, Chronologie 169: „Höhere Datierungen [...]" – gemeint ist jenseits der frühen 430er Jahre – „sind möglich, aber nicht sehr wahrscheinlich."
[119] So z.B. von Gomme, Historical Commentary, Bd. 2, 416: „I now incline to put this a good deal earlier, perhaps in the 50's, at least as early as the Athenian campaign at Delphi in c. 448." Entscheidungsfreudiger ist Domingo-Forasté, A History of Northern Coastal Akarnania to 167 B.C. 81: „The positive evidence requires a date of c. 457 B.C." Vgl. auch Hammond, Epirus 496f., der allerdings die Phormion-Expedition mit dem Periplus des Tolmides in Verbindung bringt und sie damit vor den Feldzug des Perikles im Korinthischen Golf datiert; zutreffend demgegenüber Salmon, Wealthy Corinth 422f. – Eine Zusammenfassung der Diskussion mit weiterer älterer Literatur findet sich im übrigen auch bei P. Krentz/Ch. Sullivan, The date of Phormion's first expedition to Akarnania, Historia 36, 1987, 241–243; allerdings rührt deren Harmonisierung von Diod. 11,85 u. 11,88,1f. mit Thuk. 2,68 zu sehr ans Spekulative.

besteht darin, daß sie inhaltlich stimmig ist[120] und gleichzeitig mit Thukydides' Vorgehensweise und Erzählfolge korreliert. Denn bei der Gestaltung der Pentekontaëtie in Thuk. 1,89–117 bestand für unseren Autor nicht unbedingt die Veranlassung, Ereignisse in Amphilochien am Golf von Ambrakia zu erwähnen, illustrierten sie doch nicht seine Hauptthese vom unaufhaltsamen Aufstieg des Delisch-Attischen Seebundes und der daraus resultierenden Athenerfurcht der Lakedaimonier. Um diese zu untermauern, genügte es, den Periplus des Tolmides zu streifen oder den ersten großen Feldzug des Perikles im Korinthischen Golf in knappen Strichen nachzuzeichnen. Hätte die Phormion-Expedition in der Zeit nach dem Dreißigjährigen Frieden 446/445 v. Chr. stattgefunden, hätte Thukydides so nicht mehr verfahren können. Augenblicklich hätte die Frage im Raum gestanden, was denn nun das Ringen um Argos Amphilochikon für den Ausbruch des Peloponnesischen Krieges bedeutet hat. Seine Berücksichtigung bei der Erklärung des epochalen Konflikts durch den Gestalter der Κερκυραϊκά und Ποτειδεατικά wäre nicht zu vermeiden gewesen, und dieser hätte auch keinen Anlaß gehabt, solches zu tun.

John B. Salmon hat mit Recht darauf hingewiesen, daß die Aktivität der Athener im Golf von Ambrakia und die Knüpfung von freundschaftlichen Beziehungen mit dem Großteil der Akarnanen zu jedem Zeitpunkt zwischen dem Perikles-Feldzug und dem Dreißigjährigen Frieden erfolgt sein kann; auch der fünfjährige Waffenstillstand von 451/50 v. Chr. steht dem nicht entgegen.[121] Zwar wurde er zwischen den Athenern und „den Peloponnesiern" geschlossen[122] – Korinth zählte also in jedem Falle dazu –, aber ob Ambrakia und irgendwelche akarnanischen bzw. amphilochischen Poleis in den Waffenstillstand einbezogen gewesen sind, ja ob sie in den 460er und 450er Jahren überhaupt Kriegsteilnehmer waren, ist völlig offen. Salmon postuliert, durch seine Politik rings um den Golf von Ambrakia habe Athen Korinth schädigen wollen. Ebenso wie bei der Wegnahme der Stadt Chalkis im Korinthischen Golf durch Tolmides sei es Phormion im Falle von Argos Amphilochikon darum gegangen, „to deprive Corinth of another of the strong points through which she exercised her influence in north-west Greece."[123] Der politisch-militärische Zusammenhang, der hier zwischen Nordwestgriechenland und dem Korinthischen Golf als den zentralen Interessensphären der Korinther geknüpft wird, muß im folgenden untersucht und für das fünfte Jahrhundert v. Chr. erst noch erwiesen werden.

---

[120] Dies trifft selbst auf die Person Phormions zu, obgleich dieser uns noch von 432 bis 429 als Stratege bei Thukydides begegnet. Mit Recht haben Gomme, Historical Commentary, Bd. 2,416; Hammond, Epirus 497 Anm. 1 u.a. darauf hingewiesen, daß Phormions Sohn Asopios im Jahre 428 v. Chr. als Befehlshaber in Akarnanien fungierte (so Thuk. 3,7,1). Phormion war also schon relativ betagt in der Zeit um 430; er war „more or less contemporary with Pericles" (Hammond, Epirus ebd.) und kann gut 25 Jahre vorher schon als Stratege fungiert haben.

[121] So Salmon, Wealthy Corinth 422: „Phormio might have sailed at any time between 454 and 446, for the Five Years Truce presumably did not cover activity of this kind."

[122] Siehe Thuk. 1,112,1: Ὕστερον δὲ διαλιπόντων ἐτῶν τριῶν σπονδαὶ γίγνονται Πελοποννησίοις καὶ Ἀθηναίοις πεντέτεις.

[123] Salmon, Wealthy Corinth 422f.

1.5. Korinthische Stützpunkte im Korinthischen Golf während der Pentekontaëtie

Die südöstlich an den Golf von Ambrakia anschließenden Landschaften sind lange Zeit im Blickfeld der Korinther gewesen. Nicht nur die Benennung des Korinthischen Golfs nach der Stadt am Isthmus weist darauf hin, sondern auch zahlreiche archäologische Befunde, die den Meeresarm nördlich der Peloponnesischen Halbinsel als den „Proche-Occident corinthien"[124] und – ökonomisch betrachtet – ihre „artère nourricière"[125] erweisen. Um so überraschender ist es, daß sich in dem ganzen Gebiet östlich des Acheloos-Flusses keine einzige korinthische Kolonie vom Alter und der Bedeutung Kerkyras oder Ambrakias befindet. Weder die Bakchiaden noch die Kypseliden scheinen an den Küsten rings um den Korinthischen Golf als Städtegründer aktiv geworden zu sein; ihr Interesse richtete sich offenkundig auf Landschaften, die jenseits von ihm gelegen waren, Akarnanien und Epeiros zu Beginn, später Unteritalien und Sizilien. Dafür, daß dies so gewesen ist, spricht das Schweigen unserer literarischen Überlieferung, die von archaischen korinthischen Koloniegründungen, die zwischen Ambrakia und der Mutterstadt gelegen waren, nichts weiß. Doch auch die Ergebnisse der archäologischen Forschung in den zurückliegenden Jahrzehnten weisen in dieselbe Richtung;[126] offensichtlich diente der Korinthische Golf den Verantwortlichen am Isthmus in archaischer Zeit in erster Linie als „channel of communications",[127] nicht jedoch als Kolonisationsgebiet. Auch wo gehäuft Fundmaterial korinthischer Provenienz ans Tageslicht gekommen ist – etwa im boiotischen Medeon oder auf der Insel Ithaka, schon außerhalb des Golfs – lassen die Indizien allenfalls auf intensive Handelskontakte zwischen den betreffenden Orten und Korinth schließen, nicht aber auf mehr.[128] Daß die Bezeichnung ‚Korinthischer Golf' erst nach der Lebenszeit des Thukydides an die Stelle der alten, ‚Golf von Krisa', getreten ist, bestätigt das Gesagte im übrigen. Die Einflußnahme der Korinther auf den Meeresarm von der Acheloos-Mündung bis zum Isthmus scheint den Zeitgenossen in der Zeit vor und nach 400 v. Chr. präsenter gewesen zu

---

[124] Will, Evolution des rapports 459 u.ö.
[125] Will, Corinthe, la richesse et la puissance 24.
[126] Vgl. in diesem Zusammenhang Morgan, Corinth, the Corinthian Gulf and Western Greece, die allerdings in erster Linie die Verhältnisse des 8. Jhs. v. Chr. in den Blick nimmt; dazu auch Freitag, Golf von Korinth 203f. mit weiteren Literaturhinweisen.
[127] Vgl. Morgan, Corinth, the Corinthian Gulf and Western Greece 338: „The Corinthian Gulf was thus a channel of communications, and for much of the eighth century, most surrounding regions developed free from external influence."
[128] Insbesondere hinsichtlich Ithakas ist von der Forschung immer wieder die Möglichkeit einer Kolonisierung durch die Korinther diskutiert worden; siehe jedoch die berechtigte Skepsis bei Freitag, Golf von Korinth 205 Anm. 1093; zu den einschlägigen archäologischen Befunden auf Ithaka siehe Morgan, Corinth, the Corinthian Gulf and Western Greece 315f. u. 329ff. sowie W. D. E. Coulson, The ‚Protogeometric' from Polis reconsidered, ABSA 86, 1991, 43–61.

sein als in früheren Jahrhunderten.[129] Ihre Sichtweise kann nicht nur eine Reminiszenz an die Zeit der Kypseliden gewesen sein; altehrwürdige, aus archaischer Zeit herrührende korinthische Kolonien existierten südlich von Ambrakia, Anaktorion und Leukas schließlich nicht. Die Ereignisse, die der Namensgebung des Korinthischen Golfs zugrunde lagen, waren also eher jüngeren Datums, so dünn die Belegdichte dafür auch ist.

Blicken wir im folgenden auf das Material, das uns Thukydides, einmal mehr unser verläßlichster Gewährsmann, im Verlauf seines „Peloponnesischen Krieges" anbietet. An mehreren Stellen seines Werkes werden Städte im Einzugsbereich des Korinthischen Golfs von ihm als Gründungen oder Besitztümer der Korinther bezeichnet. Schon während des ersten Buches, im Zuge seiner Kurzdarstellung der Ereignisse während der Pentekontaëtie, spricht Thukydides von der Hafenstadt Chalkis, Κορινθίων πόλιν.[130] Sie sei von dem athenischen Feldherrn Tolmides Tolmaios' Sohn während dessen Periplus um die Peloponnes erobert worden. Diese berühmte Umfahrung der gesamten Halbinsel fiel in eine Zeit starker athenisch-lakedaimonischer Spannungen; die Forschung setzt sie im Archontenjahr 457/56 oder 456/55 v. Chr., in jedem Falle nach der Schlacht bei Tanagra, an.[131] Bei seinem Heereszug legte Tolmides immer wieder auf dem Festland an, um dem Feind Schaden zuzufügen, doch während die Angriffe auf die Chora der Lakedaimonier und Sikyonier zwar beträchtliche, aber letzthin doch behebbare Zerstörungen anrichteten,[132] war das Ergebnis hinsichtlich des korinthischen Chalkis dauerhaft: Die Athener eroberten (εἷλον) die Stadt; noch während des Peloponnesischen Krieges diente sie ihnen als Flottenstützpunkt, wie Thukydides selbst bezeugt.[133]

Chalkis war in einem Küstenstrich namens Aiolis gelegen, einer Landschaft, die zwar in späterer Zeit zu Aitolien gerechnet wurde, im fünften Jahrhundert v. Chr. aber über eine durchaus eigenständige politische und kulturelle Identität verfügte.[134] Gestützt auf polisartige Strukturen, fühlten sich die Gemeinden der Aiolis in höherem Maße den Menschen der ihnen vor Augen liegenden achaischen Gegenküste verbunden als den

---

[129] Die antiken Benennungen des Korinthischen Golfs diskutiert Freitag, Golf von Korinth 9ff. Die erste Erwähnung eines Κορινθιακὸς κόλπος erfolgt bei Xen. hell. 6,2,9.

[130] Thuk. 1,108,5.

[131] Das Problem ist verwickelt, wie man der von Bayer/Heideking, Chronologie 132ff. dokumentierten Forschungsdiskussion entnehmen kann. Letztendlich hängt alles davon ab, ob man mehr den Angaben von Diod. 11,84 u. Schol. Aischin. 2,75 Glauben schenken will oder der relativen Chronologie der Thukydides-Angaben. Beispiele für die erste Lösung sind z.B. Badian, Toward a Chronology of the Pentekontaetia 102 u. Parker, Chronology of the Pentecontaetia 142, für die zweite, auch von mir vorgezogene Meritt u.a., Athenian Tribute Lists, Bd. 3, 168ff.

[132] So Thuk. 1,108,5. Diod. 11,84,6–8 u. Paus. 1,27,5 fügen dem Bericht des Thukydides weitere Einzelheiten hinzu, deren Glaubwürdigkeit in der Forschung unterschiedlich beurteilt worden ist. Insbesondere trifft dies für den Zeitpunkt der Gewinnung von Naupaktos durch die Athener zu. Nach Diod. 11,84,7 erfolgte diese im Zuge des Tolmides-Periplus; Thuk. 1,103,3 hingegen läßt andere Datierungsmöglichkeiten zu. Siehe hierzu unten S. 145ff.

[133] Vgl. Thuk. 2,83,3.

[134] So Bommeljé, Aeolis in Aetolia. Siehe auch Freitag, Golf von Korinth 369ff., bes. 377ff. Zu Chalkis Freitag, Golf von Korinth 53ff.

Angehörigen des aitolischen Ethnos in ihrem bergigen Hinterland.[135] Ebenso wie in Ost-West-Richtung stellte der Korinthische Golf auch in Nord-Süd-Richtung nicht etwa eine Kommunikationsbarriere dar; vielmehr stimulierte er den Verkehr der Menschen untereinander, ermöglichte den Austausch von Waren und Ideen. Auf diese Weise trug er dazu bei, einen gemeinsamen „Lebens- und Interaktionsraum" seiner Anrainer erst zu schaffen.[136] Daß Chalkis dem Thukydides als Κορινθίων πόλις galt,[137] zeigt, daß Korinth in der Gestaltung dieses Prozesses bis weit ins fünfte Jahrhundert hinein aktiv und erfolgreich mitwirkte. Der Ort war sicherlich kein isolierter Flottenstützpunkt, sondern Glied in einer Kette von πόλεις und πολίσματα, die sich vom Isthmus aus, an der Nordküste des Korinthischen Golfs entlang, bis nach Akarnanien und zu der Insel Leukas erstreckten.[138] Thukydides nennt freilich nur wenige von ihnen und diese gleichsam beiläufig, während er die erfolgreichen Vorstöße Athens nach Nordwestgriechenland bis in die Zeit des Peloponnesischen Krieges nachzeichnet. Um das Ausmaß der korinthischen Durchdringung dieses Raumes *vor* der Ankunft der Athener ermessen zu können, ist es deshalb unvermeidlich, sich seine Perspektive anzueignen und von ihr ausgehend die Ereigniszusammenhänge zu rekonstruieren.

Das Vordringen der Athener in den nordwestgriechischen Raum vollzog sich in einem langen Zeitraum, von den 450er bis in die 420er Jahre v. Chr. Wir haben im vorausgegangenen Abschnitt von den Ergebnissen der Phormion-Expedition gehört, die Akarnanien und den Golf von Ambrakia dem Zugriff der Athener eröffnete.[139] Selbst wenn – wofür es allerdings, wie gesehen, gute Gründe gibt – diese Unternehmung *nicht* in den späten 450er Jahren stattgefunden haben sollte, so ist doch unverkennbar, daß gerade in diesem Jahrzehnt das attische Engagement im Korinthischen Golf und in den Gewässern des sich anschließenden Jonischen Meeres besonders ausgeprägt gewesen ist. Leider sind die Einzelheiten, wie so oft in der thukydideischen Pentekontaëtie, in ihrem genauen Ablauf und in ihrer Datierung umstritten, doch die Zusammenhänge sind klar: Spätestens seit dem Gewinn des Hafens Pegai durch das Bündnis mit Megara im Winter 461/60 v. Chr. waren die Athener dazu in der Lage, mit Flottenverbänden im Korinthischen Golf zu operieren.[140] Wie die Ereignisse um die Mitte des folgenden Jahrzehnts zeigen, war ihre Offensivkraft damals trotz des zur selben Zeit intensivierten Krieges gegen den Perserkönig keinesfalls gebrochen. So fürchteten die Lakedaimonier, die während der Kampagne des Jahres 458 ein Heer

---

[135] So Bommeljé, Aeolis in Aetolia 309ff. u. Freitag, Golf von Korinth 377ff.
[136] Freitag, Golf von Korinth 403; vgl. auch ebd. 323ff u. 401ff. Auch Bommeljé, Aeolis in Aetolia 311f. u. 314 betont diesen Sachverhalt.
[137] Vgl. Thuk. 1,108,5.
[138] So auch Salmon, Wealthy Corinth 277ff.
[139] Siehe oben S. 130ff.
[140] Der Zusammenhang wird schon bei Thuk. 1,103,4 ausdrücklich hergestellt. – Im übrigen hebt die Forschung hervor, daß Pegai an sich über keinen günstigen Naturhafen verfügt; siehe Freitag, Golf von Korinth 186 mit weiterführenden Angaben. Gleichwohl vermochte es für Athen die Funktion eines direkten Zugangs zum Korinthischen Golf zu erfüllen.

nach Mittelgriechenland geführt hatten, sie könnten von den Athenern an der Rückkehr auf die Peloponnes gehindert werden, da sie zu dieser Zeit dazu imstande waren, den Seeweg über den Korinthischen Golf zu sperren.[141]

Der Periplus des Tolmides wenig später zeigt, daß die lakedaimonischen Ängste berechtigt waren: Wie auch immer man den Zweck und die Ergebnisse dieses spektakulären Kriegszugs einschätzt,[142] er bewies den Zeitgenossen doch, daß die Athener nicht nur in der Ägäis gleichsam wie in einem *mare nostrum* zu agieren vermochten, sondern überall in griechischen Gewässern. Da die Lakedaimonier schon seit der ausgehenden archaischen Zeit maritime Abenteuer eher vermieden, können sich derartige Demonstrationen der Stärke in erster Linie eigentlich nur gegen Korinth gerichtet haben, das seit dem megarisch-athenischen Bündnis von 461/60 v. Chr. in einer erbitterten Fehde mit Athen lag.[143] An dem energischen Kampf um die Vorherrschaft im Korinthischen Golf kann man insofern zweierlei erkennen: Nicht allein die außerordentliche, aggressive Dynamik der aufstrebenden attischen Großmacht in diesem Bereich der griechischen Welt wird durch ihn illustriert – dies ist der Gesichtspunkt, der Thukydides wichtig war, um die Grundthese seines Werkes von der Zwangsläufigkeit der Entwicklung hin zum Peloponnesischen Krieg zu untermauern. Darüber hinaus aber zeugt der Bericht des Historikers *auch* davon, wie zahlreich die Positionen der Korinther in dem westlich des Isthmus sich erstreckenden Meeresarm gewesen sein müssen, wie festgegründet ihre Macht dort gewesen sein muß, da die Athener gezwungen waren, ein intensives, über viele Jahre stets erneuertes Engagement in Nordwestgriechenland zu gewährleisten.

Den Athenern gelang es in dem kriegerischen Jahrzehnt nach 461/60 v. Chr. nicht nur, das korinthische Chalkis zu erobern; auch an anderen Stellen des Korinthischen Golfs waren sie gleichermaßen aktiv wie erfolgreich. Ein wichtiges, wenn nicht sogar das wichtigste Ergebnis lag hierbei in der Gewinnung der strategisch günstig gelegenen Hafenstadt Naupaktos im Ozolischen Lokris. Mit ihrer Hilfe vermochten die Athener die engste Stelle des Korinthischen Golfs am Kap Rhion zu kontrollieren und dadurch gegebenenfalls Korinth und seinen Hafen Lechaion zu blockieren.[144] Für die traditionell nach Nordwestgriechenland, Unteritalien und Sizilien orientierten Handlungsträger am Isthmus muß dies ein schwerer Schlag gewesen sein, doch erfahren wir von Thukydides darüber nichts. Nicht einmal die chronologische Verortung der Einnahme von

---

[141] Siehe Thuk. 1,107,3.
[142] Dazu u.a. Kagan, Outbreak of the Peloponnesian War 96; Meiggs, Athenian Empire 100 u. Welwei, Das klassische Athen 100f.
[143] Dies ist der Aspekt, den Thuk. 1,103,4 im Zusammenhang mit dem Wechsel Megaras auf die attische Seite noch einmal eigens hervorhebt, nicht etwa die Absicht der Athener, Sparta zu schaden. Daß die gewonnene Bewegungsfreiheit rings um die Peloponnes später auch dazu genutzt worden ist, offensiv gegen die Lakedaimonier vorzugehen, steht auf einem anderen Blatt.
[144] Grundsätzliches zu Naupaktos bei Lerat, Les Locriens de l'Ouest, Bd. 2, 29ff. u. Freitag, Golf von Korinth 67ff. Charakteristisch für die strategischen Vorteile seiner Lage am Kap Rhion ist das antike Sprichwort φρουρῆσαι ἐν Ναυπάκτῳ; vgl. Suda Φ 742.

1. Korinthische Interessen in Nordwestgriechenland

Naupaktos durch die Athener leistet er in zufriedenstellender Weise:[145] Die Passage, in deren Verlauf er darauf zu sprechen kommt, ist keine, die athenisch-korinthische Streitfälle thematisiert, vielmehr ist sie – wie nicht anders zu erwarten – dem Verhältnis zwischen Athen und Sparta gewidmet.[146] Es heißt da, die Messenier hätten sich nach Jahren des Aufstandes gegen ihre lakedaimonischen Bedrücker zur Kapitulation entschlossen.[147] Nachdem ihnen freier Abzug von ihrer letzten Zuflucht, dem Berg Ithome, zugesichert worden sei, hätten sie sich mit ihren Frauen und Kindern aus dem Machtbereich Spartas entfernt. Dann kommt der in unserem Zusammenhang entscheidende Satz des Thukydides:[148] [...] καὶ αὐτοὺς οἱ Ἀθηναῖοι δεξάμενοι κατ' ἔχθος ἤδη τὸ Λακεδαιμονίων ἐς Ναύπακτον κατῴκισαν, ἣν ἔτυχον ᾑρηκότες νεωστὶ Λοκρῶν τῶν Ὀζολῶν ἐχόντων. Die relative Chronologie der Ereignisse ist trotz aller Verschachtelungen des Satzbaus klar: Naupaktos war einst eine Stadt der ozolischen Lokrer (ἐχόντων); dann wurde es von den Athenern in Besitz genommen (ἔτυχον ᾑρηκότες νεωστὶ). Dies geschah nicht allzulange vor der Kapitulation der Messenier, wie das Adverb νεωστὶ anzeigt;[149] die chronologische Nähe zwischen den Geschehnissen in Naupaktos und denen am Berg Ithome ist augenscheinlich bewußt von Thukydides hervorgehoben worden. Hätten Jahrzehnte zwischen beiden Ereignissen gelegen, hätte seine Formulierung keinen rechten Sinn.

Die Messenier wurden von den Athenern schließlich in Naupaktos angesiedelt, κατ' ἔχθος ἤδη τὸ Λακεδαιμονίων,[150] wie es bei Thukydides heißt. Vom Haß auf die Lakedaimonier kann, der Logik des Pentekontaëtie-Exkurses folgend, eigentlich erst nach 462/61 v. Chr. die Rede sein. Damals zerbrach das aus den Zeiten der Perserkriege herrührende Bündnis zwischen Athen und Sparta, und Kimon Miltiades' Sohn, der

---

[145] Zu diesem Problem existiert inzwischen eine reiche Spezialliteratur, die stets von der Frage ausgeht, ob Thukydides die Ereignisse der Pentekontaëtie in (relativer) chronologischer Reihenfolge aufzählt oder eben nicht. Siehe hierzu exemplarisch aus jüngster Zeit Parker, Chronology of the Pentecontaetia 129ff.; Badian, Toward a Chronology of the Pentekontaetia 73ff. u. 89ff.; Badian, Athens, the Locrians and Naupactus sowie Pritchett, Thucydides' Pentekontaetia 1ff.

[146] Siehe Thuk. 1,103,1–3.

[147] Ebd. 1,103,1 heißt es, δεκάτῳ ἔτει hätten die Messenier vom Berg Ithome kapituliert. Pritchett, Thucydides' Pentekontaetia 24ff. hat viele gute Argumente zusammengetragen, die nahelegen, daß der uns heute vorliegende Text des „Peloponnesischen Krieges" an der betreffenden Stelle einen Fehler aufweist, der auf die Verschreibung von Zahlzeichen zurückgeht. Der Aufstand der Messenier muß also nicht „im zehnten Jahr" zu Ende gegangen sein, die Kapitulation kann auch – wie er mit anderen vorschlägt – τετάρτῳ ἔτει, „im vierten Jahr", erfolgt sein. Allerdings halten viele Autoren am überlieferten Thukydides-Text fest und lehnen eine Konjektur ab, so z.B. schon R. A. McNeal, Historical methods and Thucydides 1,103,1, Historia 19, 1970, 306–325; vgl. auch Parker, Chronology of the Pentecontaetia 129f.

[148] Thuk. 1,103,3.

[149] Das Adverb νεωστὶ bezieht sich auf die Inbesitznahme von Naupaktos durch die Athener, nicht auf die Gründung von Naupaktos durch die ozolischen Lokrer; so richtig Pritchett, Thucydides' Pentekontaetia 72ff. gegen Badian, Athens, the Locrians and Naupactus 166ff.

[150] Thuk. 1,103,3.

eifrigste Befürworter einer Politik, die auf einen Interessenausgleich zwischen den beiden hellenischen Großmächten abzielte, wurde aus seiner Heimatstadt verbannt.[151] Während also die Aufnahme der Messenier in den athenischen Machtbereich und ihre Ansiedlung in Naupaktos gegenüber der peloponnesischen Küste tatsächlich mit Thukydides als antilakedaimonischer Akt gewertet werden kann, ist dies hinsichtlich der vorher schon erfolgten Einnahme der lokrischen Hafenstadt durch die Athener nicht ohne weiteres der Fall, sonst wäre das von Thukydides auch so gesagt worden. Das κατ' ἔχθος ἤδη τὸ Λακεδαιμονίων bezieht sich bei ihm nur auf die Ansiedlung der Messenier, nicht aber auf vorausgehende Ereignisse.

Naupaktos war, wie bereits gesagt, von herausragender militärstrategischer Bedeutung im Korinthischen Golf. Insofern rührte sein Besitz nicht unmittelbar an lakedaimonische, wohl aber an korinthische Interessen. Wenn wir uns vergegenwärtigen, daß Athen und Korinth seit dem Winter 461/60 in eine sich stets intensivierende kriegerische Auseinandersetzung verstrickt waren, so ist mit der Einnahme von Naupaktos durch die Athener am ehesten in einem der auf dieses Datum folgenden Jahre zu rechnen.[152] Vor der Kampagne nach Mittelgriechenland 458 v. Chr. hat sich Sparta in dem athenisch-korinthischen Krieg nicht erkennbar engagiert.[153] Die Lakedaimonier kehrten in besagtem Jahr nicht sofort auf die Peloponnes zurück, nachdem sie ihre Ziele erreicht hatten, sondern verharrten statt dessen zunächst in Boiotien; offenbar hing dieses Verhalten damit zusammen, daß sie durch das sichtbare Engagement der Athener in den Gewässern des Korinthischen Golfs verunsichert waren. Thukydides schreibt, daß der lakedaimonische Heerführer Nikomedes Kleombrotos' Sohn seinerzeit einen etwaigen Rückweg über das Meer nicht mehr wagte, weil er erfahren hatte, daß eine attische Flotte hier operierte.[154] Naupaktos *kann* bereits damals, *muß* aber freilich nicht, ein Stützpunkt der Athener gewesen sein – der Autor der Pentekontaëtie schweigt sich darüber aus.

---

[151] Der Erzählung der Geschehnisse rings um Naupaktos geht deshalb folgerichtig Thukydides' Bericht von der Kapitulation der Messenier auf dem Berg Ithome voraus; siehe Thuk. 1,102. – Zur ‚Wende' von 462/61 v. Chr. im lakedaimonisch-athenischen Verhältnis siehe u.a. Kagan, Outbreak of the Peloponnesian War 77ff.; Lewis, Mainland Greece, 479–451 B.C. 110ff.; Welwei, Das klassische Athen 91ff. u. Hornblower, Greek World 23ff.

[152] Daß die Athener Naupaktos erst im Kontext der Ereignisse um Tanagra bzw. im Zuge des Periplus des Tolmides in Besitz genommen hätten, ist demgegenüber ein ohne Not zu spät gewählter Ansatz; so allerdings Lerat, Les Locriens de l'Ouest, Bd. 2, 34f.; Parker, Chronology of the Pentecontaetia 135ff.; Badian, Athens, the Locrians and Naupactus 168 Anm. 13 sowie Badian, Toward a Chronology of the Pentekontaetia 102 mit Anm. 50 u. 53. Diod. 11,84,7, auf den man sich hierbei stützen kann, ist ein problematischer Gewährsmann, wie Badian selbst ebd. eingestehen muß. In diesem Sinne auch Pritchett, Thucydides' Pentekontaetia 78.

[153] So auch Holladay, Sparta's role in the First Peloponnesian War 57ff.

[154] Siehe Thuk. 1,107,3. T. T. B. Ryder, Thucydides and Athenian strategy in the early 450s: a consensus of mistranslations, G & R 25, 1978, 121–124 hat gezeigt, daß das thukydideische περιπλεύσαντες die tatsächliche Anwesenheit einer athenischen Flotte im Korinthischen Golf zur Zeit der Kampagne des Jahres 458 v. Chr. ausdrückt.

Infolgedessen mag unser Ergebnis hinsichtlich der Interpretation von Thuk. 1,103,3 – bei allen Unwägbarkeiten des von Thukydides dargebotenen Textes – vorläufig so lauten: Die Brisanz der Inbesitznahme von Naupaktos durch die Athener für Sparta und den Peloponnesischen Bund in seiner Gänze ergab sich erst seit der Kampagne des Jahres 458 v. Chr., als lakedaimonische Truppen im unmittelbaren Vorfeld Athens agierten und vor einer direkten Auseinandersetzung mit der aufstrebenden ägäischen Großmacht nicht zurückschreckten.[155] *Jetzt* erst war Sparta von der Sperrung des Korinthischen Golfs durch die Athener tatsächlich betroffen; eine Ansiedlung der seit der Kapitulation auf dem Ithome heimatlosen Messenier in Naupaktos ergab *jetzt* erst eigentlich einen Sinn. Wenn die Athener aber schon vor 458 v. Chr. im Korinthischen Golf aktiv gewesen sind, so kann der ursprüngliche Adressat ihrer Aggressionen nur Korinth gewesen sein. Die Festsetzung Athens im Ozolischen Lokris erfolgte also mutmaßlich zwischen Winter 461/60 und Sommer 458 v. Chr. im Zuge der Auseinandersetzungen mit der Stadt am Isthmus. Erst zu diesem späteren Zeitpunkt kann Naupaktos – die Ansiedlung der aus der Peloponnes vertriebenen Messenier ist hierfür ein Zeichen[156] – eine ausdrücklich antilakedaimonische Funktion zugedacht gewesen sein, Zeugnis eines ἔχθος ἤδη τὸ Λακεδαιμονίων, dem seit 462/61 v. Chr. zwar der Boden bereitet war, der aber fünf Jahre später durch das militärisch erfolgreiche Ausgreifen Spartas nach Mittelgriechenland zusätzlich angefacht wurde.

Wir haben gesehen, daß sowohl die Dauerhaftigkeit und Beharrlichkeit des Engagements der Athener im Korinthischen Golf seit den 450er Jahren v. Chr. als auch einzelne ihrer Maßnahmen – die Einnahme von Naupaktos, die Eroberung von Chalkis – Rückschlüsse auf Positionen der Korinther in diesem Raum zur selben Zeit zulassen, und dies, obwohl Thukydides kein besonderes Interesse für diesen Sachverhalt an den Tag legt, obwohl er seinen Blick auf ein ganz anderes Thema richtet. Schauen wir nun, welche weiteren Bausteine sich zusammentragen lassen, um den gewonnenen Eindruck zu festigen.

Naupaktos war ein Hafen am Nordufer des Korinthischen Golfs, kurz bevor die Meeresbucht am Kap Rhion ihre engste Stelle erreicht. Nun war es in der Antike so, daß unmittelbar nach der Überwindung dieses Sundes zur Rechten ein weiterer Hafen gelegen war, Molykreion. Nach ihm wird die genannte Engstelle in unseren Quellen bisweilen auch τὸ Ῥίον τὸ Μολυκρικόν[157] genannt. Die Stadt, deren genaue Lage bis heute nicht mit abschließender Sicherheit ermittelt werden konnte, gebot über ein Heiligtum

---

[155] Die exakte Datierung der Schlacht von Tanagra auf 458 v. Chr. ist freilich in der Forschung umstritten. Ich folge hier Meritt u.a., Athenian Tribute Lists, Bd. 3, 170f. gegen zahlreiche andere Wissenschaftler, z.B. Hornblower, Commentary, Bd. 1, 167ff. (Datierung auf 457 v. Chr.) u. Parker, Chronology of the Pentecontaetia 141f. (Datierung auf 456 v. Chr.); vgl. auch Bayer/Heideking, Chronologie 135ff.

[156] Sowohl Badian, Toward a Chronology of the Pentekontaetia 102 als auch Pritchett, Thucydides' Pentekontaetia 71f. treten dafür ein, die Kapitulation der Messenier vom Ithome und ihre Ansiedlung in Naupaktos durch die Athener voneinander zu trennen. Ebenso Freitag, Der Akarnanische Bund 78 Anm. 17.

[157] So auch Thukydides selbst; siehe Thuk. 2,86,2.

des Poseidon und richtete dort vielbesuchte Spiele, die Ῥίεια, aus;[158] sie verfügte insofern über eine überlokale Ausstrahlung, die also nicht nur auf ihrer strategisch günstigen Position beruhte.[159] Molykreion muß, seiner späteren Bedeutungslosigkeit zum Trotz, zur Zeit der Pentekontaëtie eine recht bedeutende Stadt gewesen sein, ähnlich wie Naupaktos einige Seemeilen weiter östlich.[160] Thukydides nun setzt uns gleichsam beiläufig davon in Kenntnis, daß dieser Ort einst eine korinthische Kolonie gewesen sei. Er übermittelt dem Leser diese Information im Zuge der Kampagne vom Sommer 426 v. Chr.[161] Nach der Überwindung eines athenischen Invasionsheeres dringen die Aitoler zusammen mit dem Heer des Spartiaten Eurylochos vom Binnenland aus an die Küste des Korinthischen Golfs vor, um die Gunst der Stunde zu nutzen und möglichst viele Plätze des Feindes in ihre Hand zu bekommen: ἐπί τε Μολύκρειον ἐλθόντες τὴν Κορινθίων μὲν ἀποικίαν, Ἀθηναίων δὲ ὑπήκοον, αἱροῦσιν.[162] Den Verbündeten gelang damals die Eroberung zahlreicher Städte; lediglich der Gewinn von Naupaktos blieb ihnen verwehrt. Damit aber war aus korinthischer Sicht ein wichtiges Kriegsziel einmal mehr verfehlt worden. Die Stadt an der Küste des Ozolischen Lokris verblieb in den Händen der Athener und vermochte ihre Kontrollfunktion im Korinthischen Golf noch über viele Jahre erfolgreich auszuüben. Erst mit dem Ende des Peloponnesischen Krieges 405/04 v. Chr. gelangte sie in die Hand der Lakedaimonier, und die ansässigen Messenier wurden nach fast sechzig Jahren aus der Stadt vertrieben.[163]

In unserer Textstelle ist davon die Rede, daß Molykreion einst von den Korinthern gegründet worden sei, und zwar als regelrechte Kolonie (ἀποικία); Thukydides spricht nicht von der Stadt als einer πόλις Κορινθίων oder einem πόλισμα Κορινθίων, wie er das in anderen Fällen durchaus tut.[164] Nun ist uns nichts darüber bekannt, daß die Bakchiaden oder die Kypseliden in archaischer Zeit Molykreion gegründet hätten. Von den meisten Wissenschaftlern ist deshalb in der Vergangenheit angenommen worden, bei dieser Stadt hätte es sich, wie auch im Falle von Chalkis, um eine spätere Gründung gehandelt, die dazu dagewesen sei, die Kommunikationsroute von Korinth nach Nordwestgriechenland, Unteritalien und Sizilien aufrechtzuerhalten.[165] Ob das so gewesen ist, und

---

[158] Dazu Lerat, Les Locriens de l'Ouest, Bd. 2, 150.
[159] Grundlegendes zu Molykreion bei Freitag, Golf von Korinth 58ff.
[160] Aufgrund seiner Kontrolle über das Kap Rhion weist Freitag, ebd. 314 Molykreion gar „eine immense strategische Bedeutung" im Korinthischen zu.
[161] Siehe Thuk. 3,100–102.
[162] Ebd. 3,102,2.
[163] Siehe Diod. 14,34,2f. sowie Paus. 4,26,2 u. 10,38,10.
[164] Vgl. z.B. Thuk. 1,108,5 (Chalkis als πόλις Κορινθίων); ebd. 2,30,1 (Sollion als πόλισμα Κορινθίων) u. ebd. 4,49 (Anaktorion als πόλις Κορινθίων). Zum Sprachgebrach des Thukydides in diesen Fällen siehe Graham, Corinthian Colonies and Thucydides' Terminology.
[165] In diesem Sinne Salmon, Wealthy Corinth 277ff. u. Freitag, Golf von Korinth 54f. – Die Sicherung des Korinthischen Golfs und darüber hinaus der Seewege bis nach Italien und Spanien durch „waystations or friendly harbours" ist allerdings ein Motiv, das nach Ch. K. Williams II, Archaic and Classical Corinth, in: Pugliese Carratelli, Corinto e l'Occidente, 32 schon seit dem 8. Jh. v. Chr. ein wichtiges Ziel der Korinther gewesen ist.

1. Korinthische Interessen in Nordwestgriechenland

wann sich die betreffenden Ereignisse zugetragen haben sollen, ist aufgrund unserer spärlichen Nachrichtenlage nicht feststellbar. Genauso ungewiß ist, wann Molykreion in die Hände der Athener geriet. Die Formulierung des Thukydides – τὴν Κορινθίων μὲν ἀποικίαν, Ἀθηναίων δὲ ὑπήκοον[166] – läßt keine Rückschlüsse darauf zu, wie weit in der Vergangenheit zurückliegend er sich den Herrschaftswechsel denkt. Als Terminus ante quem kommt der Sommer 429 v. Chr. in Betracht; damals errangen die Athener im Korinthischen Golf einen Seesieg über die Peloponnesier unter der Führung des Spartiaten Knemos. Anschließend zogen sie sich in Richtung Molykreion zurück und errichteten auf der nördlichen Seite der Meerenge von Kap Rhion ein Siegeszeichen.[167] Das entsprechende Gebiet auf dem Territorium der einstigen Κορινθίων ἀποικία gehörte also zu diesem Zeitpunkt zweifellos zum Herrschaftsbereich der Athener.

Naupaktos im Ozolischen Lokris, dann das Kap Rhion mit dem Poseidonheiligtum, direkt daran anschließend Molykreion, das sich – wenn es mit der Lokalität Velvina/Elliniko identisch ist[168] – in Sichtweite der Meerenge befand, schließlich das aiolische Chalkis auf einem küstennahen Hügel beim heutigen Kato Vasiliki:[169] diese Örtlichkeiten bilden eine regelrechte Kette von möglichen Stützpunkten an der Nordküste des Korinthischen Golfs, die bis auf den erstgenannten zu einem bestimmten, von Thukydides leider nicht näher bezeichneten Zeitraum in korinthischem Besitz gewesen sein müssen. Der Charakter der lokrischen und aiolischen Küste, die sich vielfach zerklüftet und oft steil abfallend präsentiert, bot dem antiken Seefahrer nicht viele zusätzliche Gelegenheiten, an Land zu gehen. Man kann also sagen, bevor die Athener in den 450er Jahren in den nordwestgriechischen Gewässern Präsenz zu zeigen begannen, waren diese unter der Kontrolle der Korinther: Mit Hilfe von Molykreion und Chalkis vermochten sie die Meerenge von Kap Rhion unter Beobachtung zu nehmen und gegen eine Blockierung durch etwaige Feinde zu schützen. Naupaktos stellte zu dieser Zeit, da es noch nicht in den athenischen Machtbereich geraten war, keine Gefahr dar. Es war auf jeden Fall weiter von Kap Rhion entfernt als Molykreion, und seine lokrischen Einwohner waren stets durch ihre aitolischen Nachbarn aus dem Hinter-

---

[166] Thuk. 3,102,2.
[167] So ebd. 2,84,4 u. 86,2f.
[168] Die Identifizierung von Molykreion mit Velvina/Elliniko diskutiert Freitag, Golf von Korinth 65ff. Denkbar ist, daß sich hier die eigentliche Stadt befand, während in unmittelbarer Nähe des Kap Rhion der Hafen von Molykreion mit dem überregional bedeutsamen Poseidon-Heiligtum gelegen war. In diesem Sinne P. M. Fraser, Rez. L. Lerat, Les Locriens de l'Ouest, 2 Bde., Paris 1952, Gnomon 26, 1954, 250, unter Berufung auf Pol. 5,94,7f.; vgl. auch S. Bommeljé/P. K. Doorn (Hrsgg.), Aetolia and the Aetolians. Towards the interdisciplinary study of a Greek region, Utrecht 1987, 112.
[169] Das aiolische Chalkis ist gerade in jüngster Zeit Ziel neuer archäologischer Kampagnen gewesen; siehe S. Dietz u.a., Surveys and Excavations in Chalkis, Aetolias, 1995–1996. First preliminary report, Proceedings of the Danish Institute at Athens 2, 1998, 233–317 u. dies., The Greek-Danish Excavations in Aetolian Chalkis 1997–1998. Second Preliminary report, Proceedings of the Danish Institute at Athens 3, 2000, 219–305.

land bedroht.[170] Die inschriftliche Überlieferung aus Naupaktos läßt darüber hinaus Rückschlüsse darauf zu, daß die dortige Polisgemeinschaft in der Zeit nach 500 v. Chr. von inneren Spannungen heimgesucht worden ist; es ging in zeittypischer Weise um die Modalitäten, wie Land verteilt und politische Partizipation geregelt werden sollte.[171] Eine solchermaßen geschwächte und bedrohte Stadt stellte für die Korinther keine Gefahr dar. Erst das Eingreifen der Athener nach 461/60 v. Chr. hat die Situation von Grund auf verändert. Für die Naupaktier war die Ansiedlung der Messenier zwar mit Härten verbunden; sie hatte aber auch ihre Vorteile: Gemeinsam vermochten die Μεσσάνιοι καὶ Ναυπάκτιοι[172] fortan nicht nur ihren aitolischen Feinden zu trotzen, sondern darüber hinaus, im Schlepptau der attischen Großmachtpolitik, eine regionale Wirksamkeit im Korinthischen Golf zu entfalten, die in früheren Zeiten unmöglich gewesen wäre.[173] Es muß den Korinthern schon sehr bald in den 450er Jahren v. Chr. aufgegangen sein, welche Chance sie sich hatten entgehen lassen, als sie es versäumten, die inneren und äußeren Probleme von Naupaktos wahrzunehmen und die daraus resultierende Schwäche der Polis für sich auszunutzen.

Blickt man von Chalkis aus weiter nach Westen und Nordwesten, so kann man erkennen, daß sich auch hier Orte finden, die korinthischen Einfluß in der Zeit nach dem Xerxeszug aufweisen. Sie bilden gleichsam das Bindeglied zwischen den Örtlichkeiten im Korinthischen Golf, von denen soeben die Rede war, und denjenigen an den Küsten des Jonischen Meeres, die im vorausgegangenen Kapitel behandelt worden sind. Thukydides erwähnt sie im Zusammenhang mit dem Ausbruch des Peloponnesischen Krieges und seiner ersten Phase, dem Archidamischen Krieg, doch läßt seine Darstellung Rückschlüsse zu auf die Verhältnisse in den Jahrzehnten zuvor, während der Pentekontaëtie. Es handelt sich bei den Orten im einzelnen um Oiniadai, Astakos, Pale und Sollion sowie um die bereits im 7. Jh v. Chr. von den Kypseliden gegründeten Kolonien Leukas und Anaktorion.

Am Ende der Sommerkampagne des ersten Kriegsjahres, 431 v. Chr., segelten die Athener laut Thukydides mit hundert Schiffen rings um die Peloponnes herum, gingen

---

[170] Dazu Freitag, Golf von Korinth 69f. u. Pritchett, Thucydides' Pentekontaetia 64ff. Noch im Verlauf des Peloponnesischen Krieges war diese traditionelle Gegnerschaft zwischen den Aitolern und den Naupaktiern ein wichtiges Movens des Kriegsgeschehens, besonders deutlich bei den Kämpfen im Sommer 426 v. Chr.; siehe Thuk. 3,94–98 u. 100–102.

[171] Siehe auch hierzu Freitag, Golf von Korinth 69f. u. Pritchett, Thucydides' Pentekontaetia 67ff., unter Bezug auf IG IX 1² 3,609 (= ML 13) u. IG IX 1² 3,718.

[172] Dies scheint der offizielle Name der neuen Polisgemeinschaft gewesen zu sein; siehe IvOl 259 (= ML 74). Ob die Grundlage des Zusammenlebens von Naupaktiern und Messeniern seit der Ansiedlung der letzteren als Sympolitie aufzufassen ist, kann auch auf Basis der nach Jahrzehnten endlich edierten Inschrift SEG 51, 642 nicht entschieden werden. Die Integration der messenischen Neuankömmlinge in den bestehenden Polisverband scheint allerdings nicht ohne Reibungen vonstatten gegangen zu sein. Dazu A. P. Matthaiou/E. Mastrokostas, Συνθήκη Μεσσηνίων καὶ Ναυπακτίων, Horos 14/16, 2000/03, 433–454.

[173] Man denke nur an die im vorausgegangenen Kapitel geschilderte Beteiligung der naupaktischen Messenier am Kampf um Oiniadai wohl in der zweiten Hälfte der 450er Jahre v. Chr.

1. Korinthische Interessen in Nordwestgriechenland

an verschiedenen Stellen an Land und suchten ihren Gegnern durch Verheerungen und Plünderungen Schaden zuzufügen, wo sie nur konnten.[174] Sie wurden dabei von fünfzig Schiffen aus Kerkyra unterstützt, jener widerspenstigen Kolonie Korinths, die sich erst kurz zuvor mit athenischer Hilfe gegen die Übergriffe ihrer Mutterstadt erfolgreich zur Wehr gesetzt hatte. Nachdem die Expeditionsflotte Verwüstungen in Lakonien und Elis angerichtet hatte, segelte sie zum Abschluß in die Gewässer vor der Küste Akarnaniens. Insbesondere hier waren ihre Erfolge deutlich sichtbar:[175] Sollion, ein Κορινθίων πόλισμα, wurde erobert und der mit den Athenern befreundeten Stadt Palairos übereignet.[176] Doch damit nicht genug: Die Insel Kephallenia wurde von den Athenern dazu gezwungen, auf die Seite des Delisch-Attischen Seebundes zu wechseln, die Stadt Astakos erstürmt. Der Machthaber dieser Stadt, der von Thukydides als „Tyrann" bezeichnet wird,[177] hielt es offensichtlich mit den Peloponnesiern. Er wurde deshalb vertrieben, versuchte aber im darauffolgenden Winter gewaltsam in die Heimat zurückzukehren. Für seine Ziele vermochte er die Korinther zu gewinnen. Sie stellten ihm eine Flotte von vierzig Schiffen und Mannschaften im Umfang von 1.500 Hopliten zur Verfügung, die ihn zurückführen sollten (ἑαυτὸν κατάγειν).[178] Dieses Ziel wurde im Winter 431/30 v. Chr. tatsächlich erreicht. Astakos wurde von den Korinthern eingenommen und Euarchos als Machthaber wieder eingesetzt: καὶ πλεύσαντες κατήγαγον.[179] Der anfängliche Erfolg ließ die Hoffnung aufkeimen, man werde auch andernorts die Ergebnisse der athenischen Sommerkampagne rückgängig machen können. Doch hierin sahen sich Euarchos und seine korinthischen Bundesgenossen getäuscht. Sowohl bei dem Versuch, weitere Plätze in Akarnanien zu gewinnen, scheiterten sie, als auch bei einem abschließenden Abstecher nach Kephallenia. Bei Kranioi geriet eine korinthische Landungstruppe in einen Hinterhalt und mußte unverrichteter Dinge und unter Verlusten den Weg zurück an den Isthmus antreten.

Die Ereignisse, die in Thuk. 2,25,30 u. 33 erzählt werden, scheinen auf den ersten Blick keine größere Tragweite gehabt zu haben. Der Periplus der Athener am Ende der Sommerkampagne 431 v. Chr. – ein Befehlshaber wird von Thukydides nicht genannt – stellte gewissermaßen eine Reaktion auf den Einfall der Peloponnesier nach Attika zu

---

[174] Siehe Thuk. 2,25 u. 30. Siehe hierzu die Kommentare von Gomme, Historical Commentary, Bd. 2, 82ff. u. 91f. sowie Hornblower, Commentary, Bd. 1, 281 u. 289f.; ferner unten S. 303ff.

[175] Siehe Thuk. 2,30.

[176] Die geographische Lage von Sollion ist in der Forschung notorisch umstritten. Die Meinung von P. Berktold/G. W. Faisst, Die Lage von Sollion, Chiron 23, 1993, 1–11, Sollion habe sich am nordwestlichen, nicht etwa am südlichen Ende der Halbinsel Plagia befunden, wird heute nicht mehr vertreten; siehe Ch. Wacker, Die antike Stadt Palairos auf der Plagia-Halbinsel in Nordwest-Akarnanien, in: P. Berktold u.a. (Hrgg.), Akarnanien. Eine Landschaft im antiken Griechenland, Würzburg 1996, 97 mit Anm. 45.

[177] Vgl. Thuk. 2,30,1: Ἀστακόν, ἧς Εὔαρχος ἐτυράννει. Daß Astakos keine Kolonie der Korinther gewesen ist, betont zu Recht Freitag, Der Akarnanische Bund 75f.; ebenso Ch. Wacker, Astakos, in: P. Berktold u.a. (Hrgg.), Akarnanien. Eine Landschaft im antiken Griechenland, Würzburg 1996, 99.

[178] Siehe Thuk. 2,33,1f.

[179] Ebd. 2,33,2.

Beginn desselben Jahres dar. Die Zerstörungen im Gebiet des Feindes mögen für diejenigen, die über Wochen hinweg der Verheerung ihres Landes durch die Lakedaimonier und ihre Bundesgenossen hatten zusehen müssen, eine gewisse Genugtuung dargestellt haben, aber kriegsentscheidend war das alles nicht, was die Landungstruppen der attischen Schiffe in Methone, Pheia oder anderswo an Zerstörungen hinterließen.

Bei näherem Hinsehen stellt sich das Gesamtbild freilich etwas differenzierter dar: Wie beim Periplus des Tolmides rund fünfundzwanzig Jahre zuvor verzichteten die Athener bei der Umsegelung der Peloponnes darauf, sich auf der Halbinsel, sozusagen im Kernbereich der lakedaimonischen Macht, festzusetzen;[180] sie beschränkten sich statt dessen ganz auf Plünderungen und Zerstörungen. Nicht so hingegen im nordwestgriechischen Raum, wo die Korinther der Hauptgegner der attischen Expeditionsflotte waren: *Sie* sollten zweifellos *dauerhaft* geschädigt werden. Ihre eigenen Stützpunkte (Sollion) und diejenigen ihrer Bundesgenossen (Astakos) wurden nicht gebrandschatzt, sondern erobert, feindliche Besatzungen und Machthaber vertrieben. Auch der Abstecher der Athener nach Kephallenia fügt sich in dieses Bild bestens ein. Thukydides schreibt selbst eingangs der genannten Textstelle, daß die betreffende Insel zu seiner Zeit aus vier Poleis bestand. Eine von ihnen, die kleine Stadt Pale im Westen, hatte in den 430er Jahren v. Chr. bei den bewaffneten Auseinandersetzungen zwischen Korinth und Kerkyra an der Seite der Isthmusstadt gestanden und diese mit vier Schiffen aktiv unterstützt.[181] Daß die Athener (und ihre kerkyraischen Bundesgenossen) im Jahre 431 nach Kephallenia zogen, kann man nicht zuletzt als Reaktion auf diese Parteinahme betrachten.[182] Da sie nun einmal da waren, nutzten die attischen Befehlshaber die Gunst der Stunde, um gleich die gesamte Insel unter ihre Kontrolle zu bringen. Ihre Aktion hatte dauerhaften Erfolg: Nicht nur, daß den Korinthern und ihren Unterstützern zu Beginn des darauffolgenden Winters die Rückgewinnung ihrer Positionen auf der Insel mißlang, auch sonst erfahren wir von Thukydides an unterschiedlichen Stellen, daß die Kephallenier während des Peloponnesischen Krieges fest an der Seite der Athener standen.[183] Dabei kam letzteren sicherlich zugute, daß sie schon vor

---

[180] Dies geschah erst später, in den Jahren 425 (Pylos, Methone) und 424 v. Chr. (Kythera).

[181] Siehe Thuk. 1,27,2.

[182] Schon unmittelbar nach der Schlacht bei Leukimme 435 v. Chr. hatten die Kerkyraier einen Rachefeldzug gegen die Korinther und ihre Bundesgenossen initiiert, der sie bis in die Gewässer von Leukas und weiter bis nach Elis führte; vgl. Thuk. 1,30,2–4. Pale auf Kephallenia wird in diesem Zusammenhang zwar nicht namentlich genannt, liegt aber im potentiellen Einzugsbereich der kerkyraischen Offensive.

[183] Siehe Thuk. 2,80,1: Bei der Vorbereitung der Sommerkampagne des Jahres 429 v. Chr. ist die Eroberung der Jonischen Inseln Kephallenia und Zakynthos eines neben anderen Zielen des Expeditionsheeres unter dem Spartiaten Knemos; ebd. 3,94f.: Im Jahre 426 v. Chr. verstärken Einheiten aus Kephallenia und Zakynthos das athenische Heer im Kampf gegen Leukas. Sie folgen dem Strategen Demosthenes Alkisthenes' Sohn auch, als dieser die ursprünglichen Kriegspläne aufgibt und gegen die Aitoler zieht; ebd. 7,31,1 u. 57,7: Im Jahre 413 v. Chr. verstärken Einheiten aus Kephallenia und Zakynthos das attische Unterstützungsheer, das der soeben genannte Demosthenes nach Sizilien führt.

1. Korinthische Interessen in Nordwestgriechenland

431 v. Chr. erste Kontakte in Akarnanien und auf den Jonischen Inseln geknüpft hatten. Bei Diodor heißt es etwas pauschal, schon im Zuge des Periplus des Tolmides 457 v. Chr. seien Kephallenia und Zakynthos in die Abhängigkeit Athens geraten.[184] Größere Gewißheit besteht darüber, daß zu einem späteren Zeitpunkt die Stadt Kranioi mit ihm besonders verbunden war. Im Jahre 421 v. Chr., kurz nach dem Ende des Archidamischen Krieges, brachten die Athener Heloten und lakedaimonische Überläufer, die bisher von Pylos aus auf der Peloponnes ihr Unwesen getrieben hatten, nun aber aufgrund der Friedensvereinbarungen abgezogen werden mußten, nach Kephallenia; im Gebiet von Kranioi fanden sie eine neue Heimat.[185] Es hatte also seinen Sinn, daß die Korinther bei ihrem Angriff auf die Insel im Winter 431/30 v. Chr. ausgerechnet im Territorium dieser Polis an Land gegangen waren.

Die Tatsache, daß die Expeditionsflotte der Athener im ersten Jahr des Peloponnesischen Krieges in der nordwestgriechischen Interessensphäre der Korinther und ihrer Bundesgenossen durch Eroberungen und militärische Besatzungen Fakten schuf, während sie das peloponnesische Kerngebiet der rivalisierenden Großmacht Sparta lediglich punktuell und gleichsam im Vorbeigehen heimsuchte, zeigt, daß zu diesem Zeitpunkt die athenischen Absichten beiden Konkurrenten gegenüber durchaus unterschiedlich waren.[186] In bezug auf Sparta sah der Plan des Perikles, wie stets zu Recht betont worden ist,[187] ein geradezu defensives Verhalten vor. Nicht so im nordwestgriechischen Raum: Hier wurde ein Konflikt ausgetragen, der nicht erst mit dem Ausbruch der gesamtgriechischen Auseinandersetzungen im März 431 v. Chr. seinen Anfang genommen hatte, sondern bereits seit über zwanzig Jahren – freilich mit Unterbrechungen – im Gange war. Die Kette von korinthischen Stützpunkten und Kolonien, die sich vom Kap Rhion bis nach Epeiros und darüber hinaus erstreckte, war immer im Blickfeld des athenischen πρῶτος ἀνήρ geblieben, seit er im Herbst 454 v. Chr. selbst eine Expedition nach Akarnanien angeführt hatte. In den ersten Jahren des Archidamischen Krieges war das Engagement der Athener auf den nordwestgriechischen Schauplätzen aggressiver, direkter und erfolgreicher als anderswo. Insofern ist es nicht verwunderlich, daß der ‚Parallelkrieg' gegen die Korinther, den sie hier seit 431 neben dem eigentlichen, gegen Sparta gerichteten, führten, bis zum Jahre 424 v. Chr. besonders klare Ergebnisse aufwies. Erst

---

[184] Siehe Diod. 11,84,7. Es heißt in unserem Text: (scil. ὁ Τολμίδης) ἔπλευσε τῆς Κεφαλληνίας εἰς Ζάκυνθον; Diodor zufolge befand sich Zakynthos also um 457 v. Chr. in Abhängigkeit von seinem nördlichen Nachbarn. Tatsächlich werden die beiden Inseln auch bei Thukydides oft zusammen genannt.

[185] Siehe Thuk. 5,35,7.

[186] Daß dahinter System steckte, zeigt der Feldzug des Asopios im Sommer 428 v. Chr., also noch nach Perikles' Tod (siehe ebd. 3,7). Auch er begann seine Expedition mit einer Umfahrung der Peloponnes. Καὶ παραπλέουσαι αἱ νῆες τῆς Λακωνικῆς τὰ ἐπιθαλάσσια χωρία ἐπόρθησαν (ebd. 3,7,2); doch dann zogen die Athener gegen Oiniadai und Leukas. Zumindest die erste Stadt wollte der Sohn des berühmten Phormion augenscheinlich zur Übergabe zwingen (vgl. ebd. 3,7,4: ὡς δ' οὐ προσεχώρουν).

[187] Zuletzt von Lehmann, Perikles 222ff.

mit der Zeit wurden beide Auseinandersetzungen durch den einmal in Gang gesetzten Lauf der Dinge immer enger miteinander verknüpft; das Hervortreten lakedaimonischer Befehlshaber in Nordwestgriechenland – die Spartiaten Knemos und Eurylochos wurden bereits erwähnt – zeigt dies seit Beginn der 420er Jahre v. Chr. an.[188]

Daß der große panhellenische Konflikt wie ein Strudel Auseinandersetzungen in sich hineinzog, die einst unabhängig von ihm entstanden waren, ist angesichts des epochalen Charakters des Peloponnesischen Krieges als „größte Erschütterung" für die Zeitgenossen nicht verwunderlich: κίνησις γὰρ αὕτη μεγίστη δὴ τοῖς Ἕλλησιν ἐγένετο καὶ μέρει τινὶ τῶν βαρβάρων, ὡς δὲ εἰπεῖν καὶ ἐπὶ πλεῖστον ἀνθρώπων.[189] Doch darf es in Anbetracht dieser schon von Thukydides registrierten Gesetzmäßigkeit nicht unterlassen werden, Krisenherde, die sich zeitlich und räumlich teilweise doch sehr voneinander unterschieden, in ihrer Eigenheit zu verstehen, ihren spezifischen ereignisgeschichtlichen Verlauf zu klären und so erst die Ausgangslage zu verstehen, von der ausgehend sich die Geschehnisse zwischen 431 und 404 v. Chr. erst zu entfalten vermochten. Die athenisch-korinthischen Kämpfe zu Beginn der 420er Jahre zeichneten sich dadurch aus, daß sie nicht etwa dilatorisch geführt wurden, wie man es auf einem vermeintlichen Nebenkriegsschauplatz erwarten würde, sondern im Gegenteil dadurch, daß die Kontrahenten gerade hier dauerhafte Ergebnisse zu erzielen suchten. Die athenischen Befehlshaber gingen geradezu systematisch vor. Nachdem die kleineren korinthischen Besitzungen in Akarnanien und den vorgelagerten Inseln erobert worden waren, konzentrierten sich die Kämpfe vor allem auf Oiniadai und Leukas, die letzten, aber auch wichtigsten Positionen des Feindes in diesem Raum.[190]

Wir haben es bei den korinthisch-athenischen Auseinandersetzungen zu Beginn des Peloponnesischen Krieges also mit einem Konflikt zu tun, der gesonderte Wurzeln hatte; er war kein Ableger der lakedaimonisch-athenischen Frontstellung, fügte sich allenfalls in diese im nachhinein ein. Folgt man der Darstellung des Thukydides, so könnte man den Eindruck gewinnen, daß er dadurch an Kraft verloren, sich gleichsam durch den über ihn hinwegrollenden Zweikampf der hellenischen Großmächte erledigt hätte. Doch gibt es Hinweise darauf, daß dem nicht so ist: Gewiß stehen seit dem vierten Buch des „Peloponnesischen Krieges" zunehmend andere Schauplätze als Nordwestgriechenland im Vordergrund der Darstellung, etwa Pylos in Messenien, das Delion in Boiotien und die Chalkidike in der nördlichen Ägäis. Doch liegt das unter anderem daran, daß sich die Erzählung des Thukydides zum Ende des Archidamischen Krieges hin mehr und mehr auf die Schilderung der Taten zweier herausragender Gegenspieler konzentriert. Die Bedeutung des Atheners Kleon Kleainetos' Sohn und des Lakedaimoniers Brasidas Tellis' Sohn erreichen ihren Höhe- und Wendepunkt in der Schlacht bei

---

[188] Als erster wird von Thuk. 2,66 der lakedaimonische Befehlshaber Knemos als Anführer einer seegestützten Operation gegen die Insel Zakynthos 429 v. Chr. erwähnt.
[189] Ebd. 1,1,2.
[190] Vgl. z.B. Ebd. 2,102,1f. (Phormion vor Oiniadai; Winter 429/28 v. Chr.); 3,7 (Asopios vor Oiniadai und Leukas; Sommer 428 v. Chr.) u. noch 3,94,1f. (Demosthenes vor Leukas; Sommer 426 v. Chr.).

1. Korinthische Interessen in Nordwestgriechenland

Amphipolis 422 v. Chr.: Beide Protagonisten fallen im Kampf, wodurch der Weg zum Nikiasfrieden endgültig eröffnet wird.

Die Verlagerung des Erzählschwerpunktes im vierten Buch des „Peloponnesischen Krieges" hat sicherlich dazu beigetragen, daß Ereignisse auf anderen Schauplätzen von Thukydides vernachlässigt und nicht mehr angemessen in ihrer Bedeutung gewürdigt wurden. Dennoch fehlt es nicht an Hinweisen, die die von unserem Autor in Kauf genommenen Lücken erahnen lassen. So werden etwa die Folgen der Niederlage in der Doppelschlacht von Olpai und Idomene im Winter 426/25 v. Chr. von ihm beiläufig erwähnt. Schon Ende des darauffolgenden Sommers griffen die siegreichen Akarnanen Anaktorion am Südufer des Golfs von Ambrakia an und zwangen die Stadt zur Unterwerfung: καὶ ἐκπέμψαντες [Κορινθίους] αὐτοὶ ᾿Ακαρνᾶνες οἰκήτορας ἀπὸ πάντων ἔσχον τὸ χωρίον.[191] Im Jahr darauf kapitulierten dann die Agraier unter ihrem König Salynthios gegenüber den Akarnanen; zuletzt fügte sich die Stadt Oiniadai und trat in ein Bündnisverhältnis zu Athen.[192] Die Stadt nahe der Acheloos-Mündung war in den Jahren bis 424 ein hartnäckiger Gegner gewesen, so daß Thukydides ihre Bewohner als αἰεί ποτε πολεμίους ὄντας μόνους ᾿Ακαρνάνων bezeichnen konnte.[193] Immer wieder hatte sie die Lakedaimonier und Korinther gegen Athen und seine Bundesgenossen vor Ort unterstützt und ihnen – gerade bei Fehlschlägen – einen sicheren Rückzugsraum geboten.[194]

Die Tatsache, daß der Autor des „Peloponnesischen Krieges" von αἰεί ποτε spricht, um die Feindschaft zwischen Oiniadai und Athen zu charakterisieren, zeigt, daß er Konstellationen im Auge hatte, die weit in die Vergangenheit zurückreichten. Es war nicht nur der Krieg gegen expansive Ambrakioten und widerspenstige Akarnanen, der im Sommer 424 mehr oder weniger abgeschlossen wurde, sondern es endete ein Ringen um die Vorherrschaft im Golf von Ambrakia und an der Nordküste des Korinthischen Golfs, das mutmaßlich seit 461/60 v. Chr. im Gange war. Thukydides hat dieses wichtige Ergebnis des Archidamischen Krieges nicht als solches gewürdigt. Der Schlußpunkt, den Demosthenes Alkisthenes' Sohn im Sommer 424 mit der Übernahme Oiniadais setzte, steht bei ihm schon ganz im Kontext der geplanten Offensive dieses Jahres gegen Boiotien. Dabei scheiterte die besagte Unternehmung kläglich und mündete schließlich in die schwere Niederlage beim Delion zu Beginn des darauffolgenden Winters. Der dauerhafte

---

[191] Thuk. 4,49. Beim Abschluß des Hundertjährigen Friedens im Winter 426/25 v. Chr. hatten sich die Akarnanen ausdrücklich ausbedungen, daß Ambrakia seiner Schwesterkolonie künftig nicht mehr militärisch beistehen dürfe; vgl. ebd. 3,114,3. Siehe dazu auch unten S. 308ff.

[192] Siehe Thuk. 4,77,2.

[193] Ebd. 2,102,2.

[194] Vgl. ebd. 2,82: Nach der Niederlage vor Stratos 429 v. Chr. zieht sich das Herr des Spartiaten Knemos in das Territorium von Oiniadai zurück; ebd. 2,102: Im Winter 429/28 v. Chr. scheitert ein Angriff der Athener, Messenier – gemeint sind diejenigen aus Naupaktos – und Akarnanen auf Oiniadai an der Witterung. Auch der Sohn Phormions, Asopios, führt im darauffolgenden Sommer den Krieg gegen Oiniadai fort (ebd. 3,7,3f.); ebd. 3,94,1 u. 114,2: Sowohl im Sommer 426 als auch Winter 426/25 v. Chr. kämpft Oiniadai als einzige akarnanische Stadt auf seiten der Ambrakioten und ihrer Bundesgenossen.

Erfolg in Nordwestgriechenland ist trotzdem nicht, gleichsam als Ausgleich für die erlittenen Verluste, von Thukydides in adäquater Weise thematisiert worden. Die dortigen Kriegsschauplätze hatten in der zweiten Hälfte der 420er Jahre seiner Meinung nach angesichts der nun tatsächlich auf eine immer direktere Konfrontation zwischen Athen und Sparta hinauslaufenden Auseinandersetzung ihre Bedeutung verloren.

Erst im Kontext des Nikiasfriedens 421 v. Chr. tauchen bei Thukydides Handlungsmotive aus der Anfangszeit des Peloponnesischen Krieges wieder auf. Korinth hatte sich ursprünglich Friedensverhandlungen gegenüber aufgeschlossen gezeigt und in eine Beteiligung am Waffenstillstand zwischen den Parteien im Frühjahr 423 v. Chr. eingewilligt.[195] Dem endgültigen Friedensschluß zwei Jahre später wollte die Stadt am Isthmus dann freilich doch nicht beitreten.[196] Thukydides hat die Gründe, die die Korinther angaben, überliefert: Sie hätten ihren Verbündeten auf der Chalkidike einst, im Kontext der Ποτειδεατικά Ende der 430er Jahre, Eide geschworen, denen sie sich weiterhin verpflichtet fühlten. Ihre alten Bundesgenossen nun im Stich zu lassen, sei ein Verstoß gegen diese παλαιοὶ ὅρκοι, mithin ein „religiöses Hindernis" (κώλυμα θεῖον) für einen Vertragsabschluß.[197] Für unseren Autor ist dies allerdings nur die eine Seite der Medaille, ein Vorwand für die eigentlichen Motive, die hinter dem Verhalten der korinthischen Unterhändler standen.[198] Seine Formulierung ist aufschlußreich: (scil. οἱ Κορίνθιοι) ἀντέλεγον τοῖς Λακεδαιμονίοις, ἃ μὲν ἠδικοῦντο οὐ δηλοῦντες ἄντικρυς, ὅτι οὔτε Σόλλιον σφίσιν ἀπέλαβον παρ' Ἀθηναίων οὔτε Ἀνακτόριον εἴ τέ τι ἄλλο ἐνόμιζον ἐλασσοῦσθαι.[199] Die Korinther glaubten also Unrecht erfahren zu haben, und dieses Unrecht bestand in der Eroberung der Stützpunkte Sollion und Anaktorion durch die Athener in den Jahren 431 bzw. 425 v. Chr. Thukydides bestreitet nicht den Standpunkt der Korinther: Die Wegnahme der beiden Städte war tatsächlich ein Unrecht (ἠδικοῦντο), wenn auch eines, das jetzt, nach langen Jahren eines Krieges, der immer größere Teile der griechischen Welt erfaßt hatte, vielfach relativiert worden war. Die Gefangennahme von etwa 120 Spartiaten in der Schlacht bei Sphakteria oder die Erschütterung des gesamten thrakischen Steuerbezirks im Delisch-Attischen Seebund durch die Offensive des Brasidas wogen demgegenüber – zumindest aus der Sicht der Lakedaimonier und Athener – viel schwerer, und die Position der Korinther in der Auseinandersetzung um den Nikiasfrieden erscheint deshalb in der Darstellung des Thukydides geradezu als kleinlich. Demgegenüber soll die Zulässigkeit von deren Sichtweise im folgenden noch einmal ausdrücklich hervorgehoben werden.

---

[195] Vgl. Thuk. 4,119,2. Zu den Waffenstillstandsbedingungen im Frühjahr 423 v. Chr. siehe ebd. 4,118f.
[196] Siehe ebd. 5,17,2. Auch andere Bundesgenossen der Lakedaimonier – Boioter, Eleier, Megarer – sprachen sich im Winter 422/21 v. Chr. gegen den Nikiasfrieden aus; vgl. ebd. u. 5,22,1.
[197] Siehe ebd. 5,30,2–4.
[198] Daß dem keineswegs so ist, wird unten auf S. 325ff. gezeigt.
[199] Thuk. 5,30,2.

1.6. Zusammenfassung: Die nordwestgriechische Interessensphäre der Korinther im Lichte der Bemerkungen des Thukydides

Die Besprechung verschiedenster Passagen aus den ersten Büchern von Thukydides' Werk hat gezeigt, welche Bedeutung die Verhältnisse im nordwestgriechischen Raum für den Gang der griechischen Politik zur Zeit der Pentekontaëtie insgesamt gehabt haben. Es handelt sich um Textstellen, die sich auf Ereignisse an den Küsten des Korinthischen Golfs beziehen, ebenso aber auf solche nördlich davon, bis hin nach Epeiros und Illyrien. Der Zusammenhang zwischen beiden Räumen ist evident: Akarnanien und der Golf von Ambrakia scheinen geradezu die Drehscheibe der korinthischen und später athenischen Aktivitäten in Nordwestgriechenland gewesen zu sein. Die verstreuten Angaben des Thukydides lassen erkennen, daß Korinth die Berücksichtigung seiner Interessen in diesem Gebiet dadurch sicherstellte, daß es ein Netz von Kolonien und Stützpunkten unterhielt. Städte wie Leukas und Anaktorion waren schon in der Kypselidenzeit gegründet worden – auch im fünften Jahrhundert v. Chr. waren sie Korinth, wie es scheint, eng verbunden und unterstützten es aktiv bei der Verfolgung seiner machtpolitischen Ziele. Auch andere Orte wie Molykreion, Chalkis oder Sollion, die in ihrem Alter nicht näher zu bestimmen sind, dürften als Stützpunkte der Isthmusstadt fungiert haben. Zum Teil sind sie vielleicht erst nach dem Xerxeszug von den Korinthern etabliert worden, um die seit archaischer Zeit vorhandenen Bindungen nach Nordwestgriechenland noch zu intensivieren und gegen Widerstand vor Ort wie gegen Konkurrenz durch andere, überregionale Interessen verfolgende griechische Poleis zu schützen. Wieder an anderen Stellen begegnen wir Städten und Ethne, die in freundschaftlichen Beziehungen zu den Korinthern standen. Astakos und Oiniadai in Akarnanien, die Agraier unter ihrem König Salynthios: sie alle wurden nicht direkt von der Stadt am Isthmus beherrscht, stellten aber doch – oder gerade deswegen – wichtige Bindeglieder dar, um deren Einfluß in den vom Meer entfernteren Gebieten Nordwestgriechenlands zu potenzieren.

Berücksichtigt man alle einschlägigen Informationen, die Thukydides in den ersten Büchern des „Peloponnesischen Krieges" zusammengetragen hat, so ergibt sich auf dieser gleichwohl dünnen Grundlage das Bild einer tatsächlichen, mehr oder weniger geschlossenen Interessensphäre der Korinther in dem Raum, den Edouard Will als ihren „Proche-Occident"[200] bezeichnet hat. Von der Engstelle am Kap Rhion – hier lag Molykreion – bis nach Ambrakia erstreckte sich zur Zeit der Pentekontaëtie das Band der Orte und Völker, die enge Bindungen zu ihnen pflegten. Auch einige der vorgelagerten Inseln, wie Leukas und Kephallenia, zählten dazu. Wir brauchen gar nicht die Κερκυραϊκά im unmittelbaren Vorfeld des Peloponnesischen Krieges zu bemühen, um das korinthische Streben nach Einfluß in Nordwestgriechenland zu belegen. Die Ereignisse in den 430er Jahren v. Chr. können auch als lediglich weiterer Schritt gewertet

---

[200] Will, Evolution des rapports 459 u.ö.

werden, die Interessensphäre der Korinther noch weiter nach Nordwesten, in Richtung auf Epidamnos und selbstverständlich Kerkyra auszudehnen.

Freilich trafen die Bemühungen der Korinther in Nordwestgriechenland während des fünften Jahrhunderts v. Chr. immer wieder auf Ablehnung und offenen Widerstand. In Akarnanien läßt sich dies besonders gut beobachten, denn die wohl doch in die 450er Jahre v. Chr. gehörende Phormion-Expedition war zwar in erster Linie gegen Ambrakia, eine Kolonie der Korinther, gerichtet; mittelbar aber wirkte sich das Bündnis zwischen den Ethne im Hinterland des Golfs von Ambrakia und Athen jedoch auch auf die Isthmusstadt selbst aus. Daß dem so ist, zeigt sich daran, daß die Frontlinien und Kampfbündnisse der 450er und der 420er Jahre v. Chr. offenbar dieselben waren: Athener, naupaktische Messenier und der größte Teil der Akarnanen auf der einen Seite; Korinth, Oiniadai, Ambrakia und diverse Barbarenvölker aus Epeiros und Aitolien auf der anderen Seite. Oft griffen mehrere Konflikte ineinander – diejenigen zwischen Korinthern und Athenern, zwischen Hellenen und Barbaren, zwischen Küstenbewohnern und Menschen im Hinterland. Das Ringen um Nordwestgriechenland schien allen Beteiligten ein langandauernder Prozeß zu sein, geradezu ein Charakteristikum des betreffenden Raumes. Thukydides verwendet Ausdrücke wie πρῶτον-ὕστερον[201] und ἀιεί ποτε,[202] um die verwickelten Verhältnisse vor Ort zeitlich einzuordnen; vielleicht wußte er selbst nichts Genaueres, oder er hat sich zumindest nicht bemüht, präzisere Angaben zu erhalten. Schon bei der Vorbereitung der entsprechenden Passagen im zweiten Buch seines „Peloponnesischen Krieges" muß ihm klar gewesen sein, daß er seine Darstellung der Geschehnisse einem anderen Deutungsmuster unterordnen würde: dem des lakedaimonisch-athenischen Dualismus.

All das ändert jedoch nichts daran, daß das Wirken der Korinther in Nordwestgriechenland und ihre Kämpfe mit den dortigen Einheimischen wie mit den Athenern vor und nach dem Ausbruch des Peloponnesischen Krieges 431 v. Chr. eine wichtige Leitschnur für den damaligen zeitgenössischen Betrachter sein konnten, wenn es darum ging, die Ereignisgeschichte zu ordnen, zu deuten und in gemeingriechische Zusammenhänge einzufügen. Die Κερκυραϊκά hätten nie eine so große Bedeutung zu Beginn von Thukydides' Werk einnehmen können, wenn dem Autor diese Perspektive nicht zur Verfügung gestanden hätte. Die korinthischen Gesandten, die sich im Winter 422/21 v. Chr. gegen den Nikiasfrieden sperrten, entwickelten ihre Argumentation aus einem ähnlichen, dem nordwestgriechischen Blickwinkel heraus. Daß sie damit nicht durchdrangen, lag nicht nur an den zum Ende der 420er Jahre hin objektiv veränderten Rahmenbedingungen hellenischer Politik, sondern auch am Willen der beiden Großmächte, auf andere Interessen als die ihren nicht mehr als erforderlich einzugehen. Es ist bezeichnend, daß die Korinther damals nicht allein standen mit ihrer Ablehnung des Friedensschlusses. Die Boioter, die Megarer, die Eleier – sie alle dachten noch immer in den Frontstellungen der Vorkriegszeit und suchten über den großen panhellenischen

---

[201] Vgl. Thuk. 2,68,9.
[202] So ebd. 2,102,1.

Konflikt ihre eigenen, begrenzten Ziele zu verwirklichen. Es waren keine unbilligen Absichten, die die Betreffenden hatten – Thukydides verurteilt sie nicht –, fügten sie sich doch in die Logik traditioneller Konflikte, wie sie unter griechischen Poleis üblich waren, bestens ein. Daß sowohl die Lakedaimonier als auch die Athener dieser Logik nicht entsprechen wollten, legte den Keim dafür, daß der Peloponnesische Krieg im Frühjahr 421 v. Chr. eben nicht zu Ende ging, sondern nach einigen Jahren brüchigen Friedens von neuem aufflammen sollte.

2. Hinweise für ein offensives Vorgehen Korinths gegen seine Nachbarn auf der Peloponnes und auf dem Isthmus nach 480/79 v. Chr.

In den zurückliegenden Kapiteln ging es in erster Linie darum, auf der Basis von Thukydides' „Peloponnesischem Krieg" Indizien dafür zusammenzutragen, daß Korinth zur Zeit der Pentekontaëtie im nordwestgriechischen Raum eine aktive, auf die Mehrung und Verteidigung seines dortigen Einflusses abzielende Machtpolitik verfolgt hat. Dieselbe Aufgabe muß nun für den Bereich der unmittelbaren Nachbarschaft der Polis durchgeführt werden. Lassen sich Hinweise darauf finden, daß die Korinther in den Jahrzehnten nach dem Xerxeszug in der nordöstlichen Peloponnes, auf dem Isthmus und im Bereich des Saronischen Golfs eine Politik der Aggression initiiert haben? Zielten die Maßnahmen der Verantwortlichen, soweit wir sie überhaupt noch im Detail verfolgen können, lediglich darauf ab, sich des sich stets steigernden Drucks durch die Athener und ihren Delisch-Attischen Seebund zu erwehren, oder verfolgten sie eigene, hegemoniale Ziele in ihrem näherem Umfeld?

2.1. Die Beziehungen zu Kleonai und das Ringen um die Ausrichtung der Nemeischen Spiele in den 460er Jahren v. Chr.

Welcher Art die Probleme sind, die uns im folgenden beschäftigen werden, kann gut an einer Begebenheit exemplifiziert werden, die in unserem Quellenmaterial äußerst dürftigen Widerhall gefunden hat. Es handelt sich um die Auseinandersetzungen, die während des fünften Jahrhunderts v. Chr. um die Frage entbrannten, welche Polis die sogenannten Nemeischen Spiele ausrichten dürfe.[1] Immerhin handelte es sich hierbei um eine panhellenische Veranstaltung, zu der Wettkämpfer und Besucher aus der ganzen griechischen Welt in dem Heiligtum des Zeus auf der peloponnesischen Halbinsel zu-

---

[1] Die betreffenden Ereignisse sind in ihrer Tragweite erstmals von Lewis, Origins of the First Peloponnesian War 74ff. gewürdigt worden. Siehe ferner Perlman, City and Sanctuary in Ancient Greece 131ff.; Hornblower, Thucydides and Pindar 264f. u. Morgan, Debating Patronage 257ff.

sammenkamen. In klassischer Zeit wurden die Spiele für gewöhnlich von Kleonai ausgerichtet, einer kleinen, agrarisch orientierten Polis ohne eigenen Zugang zum Meer, die im Grenzgebiet zwischen den größeren Nachbarn Korinth und Argos gelegen war. Im Falle bewaffneter Auseinandersetzungen finden wir die Kleonaier häufig an der Seite der Argiver, doch war ihre Abhängigkeit von diesen offenbar erst im Verlaufe des vierten Jahrhunderts v. Chr. so groß, daß die Organisation der Nemeischen Spiele von letzteren übernommen und schließlich sogar die Austragung der Wettkämpfe von Nemea nach Argos verlegt wurde.[2] Zur Zeit der Pentekontaëtie jedenfalls lag diese Entwicklung, die mittelfristig den Niedergang des ursprünglichen Zeusheiligtums nach sich ziehen sollte, noch in weiter Ferne.

Bliebe es bei diesem Befund, so stellten die Nemeischen Spiele in unserem Zusammenhang kein weiteres Problem dar. Es gibt nun aber Hinweise darauf, daß bereits im fünften Jahrhundert v. Chr. die Kontrolle über die Polis Kleonai als Ausrichterin der Wettkämpfe bzw. die Organisation der Wettkämpfe selbst von niemand anderem als den Korinthern angestrebt wurde. Die literarische Überlieferung ist dürftig; es handelt sich im Grunde um lediglich zwei Textstellen aus den Scholien zu Pindars Nemeischen Oden. In der vorgeschalteten Einleitung, vor der Besprechung der einzelnen Epinikien, heißt es hier, nachdem kurz zuvor der den Spielen zugrunde liegende Mythos referiert worden ist: προέστησαν δὲ τοῦ ἀγῶνος καὶ Ἀργεῖοι καὶ Κορίνθιοι καὶ Κλεωναῖοι.[3] Wenig später findet sich eine ähnlich summarische Angabe: προέστησαν δὲ τοῦ ἀγῶνος πρῶτοι μὲν Κλεωναῖοι, εἶτα Κορίνθιοι.[4] Aus unserem Text geht klar hervor, daß Korinth zu einem bestimmten, nicht näher charakterisierten Zeitpunkt die Nemeischen Spiele ausgerichtet hat. Auch wenn sich den antiken Pindar-Scholien nur schwerlich eine belastbare Aussage zur genauen zeitlichen Abfolge der Geschehnisse entnehmen läßt, so wird doch deutlich, daß die korinthische Kontrolle der Wettkämpfe allenfalls eine Episode in der Geschichte des Heiligtums gewesen sein kann. Die Qualität unserer Quelle ist schwer einzuschätzen, und archäologische Befunde aus Nemea, die Auseinandersetzungen im Heiligen Bezirk zur Zeit der Pentekontaëtie bezeugen, fehlen gänzlich.[5] Es hat deshalb zu keiner Zeit an Wissenschaftlern gefehlt, die die Relevanz von Schol. Pind. hyp. Nem. (Drachmann 3,3 u. 5) für die Ereignisgeschichte des fünften Jahrhunderts v. Chr. rundweg bestritten haben.[6]

Eine definitive Anwort auf die Frage, was sich hinter den Angaben verbirgt, die sich in den antiken Pindar-Scholien erhalten haben, ist zugegebenermaßen nicht zu erwarten; die Unbekannten der Gleichung, die es in diesem Falle zu lösen gilt, sind zu zahlreich.

---

[2] So Perlman, City and Sanctuary in Ancient Greece 141ff.
[3] Schol. Pind. hyp. Nem. (Drachmann 3,3).
[4] Schol. Pind. hyp. Nem. (Drachmann 3,5).
[5] Erst für die Zeit um 415/10 v. Chr. sind Zerstörungen im Heiligtum von Nemea nachgewiesen; hierzu St. G. Miller, Nemea. A Guide to the Site and Museum, Athen 2004, 53.
[6] Siehe etwa das Urteil des maßgeblichen Ausgräbers, St. G. Miller (Hrsg.), Excavations at Nemea, Bd. 3: The Coins, Berkeley u.a. 2005, 15 Anm. 35.

2. Hinweise für ein offensives Vorgehen Korinths gegen seine Nachbarn

Dennoch sollen im folgenden einige Gesichtspunkte zusammengetragen werden, die zeigen, daß sich die zitierten Aussagen in das Tableau der peloponnesischen Ereignisgeschichte in der Zeit nach den Perserkriegen zumindest gut einfügen lassen.

Da ist zum einen die Frontstellung zwischen Korinth und Kleonai. Wie bereits oben bemerkt, ist die Geschichte der kleinen Polis südwestlich der Isthmusmetropole stark von ihrer geographischen Lage bestimmt gewesen. Das Territorium der Kleonaier war mit etwa 135 km² Grund relativ klein; die Gesamtbevölkerungszahl mag in hellenistischer Zeit etwa 8.000 Menschen betragen haben.[7] Außerhalb der eigentlichen Stadt gab es nur wenige Siedlungen; die meisten Kleonaier werden Bauern gewesen sein, und diesbezüglich bot ihnen das Land im Tal des oberen Longopotamos beste Bedingungen zu einer wirtschaftlich autarken und politisch autonomen Entwicklung. Die Fruchtbarkeit der Kleonaia war jedoch nur der eine Aspekt, der die Existenz ihrer Bewohner prägte; der andere war ihre Funktion als Durchgangsland von Korinth nach Argos einerseits, Nemea und Phleius andererseits.[8] Der bequemste Paß, der vom Isthmusgebiet aus in die südlichen Teile der Peloponnes führte – der sogenannte Tretos, dem auch der kaiserzeitliche Autor Pausanias in seiner „Beschreibung Griechenlands" noch eine Passage gewidmet hat[9] – war nur zu erreichen, indem man ihr Territorium durchquerte. Der Zugriff auf Kleonai und seine Infrastruktur war also von allergrößter Bedeutung für die beiden mächtigen Nachbarn der kleinen Polis.[10] Sollte Korinth in archaischer und klassischer Zeit hegemoniale Ambitionen gehabt haben, die über die Beherrschung des eigenen Territoriums in der nordöstlichen Peloponnes und am Isthmus hinausgingen, so war der Gewinn der Gebiete am oberen Longopotamos nicht nur der erste, sondern auch ein entscheidender Schritt zu deren Verwirklichung. Umgekehrt war die Kontrolle der Kleonaia für die Argiver ein wirksames Mittel, um etwaige Angriffe der Korinther in ihr Land von vornherein auszuschließen. Mit den Worten von Timothy E. Gregory: „This plain cannot reasonably have supported many large settlements, but its strategic location and the richness of the soil gave it considerable importance, [...]."[11] Die Polis Kleonai, so lautet das

---

[7] So die Schätzungen von Sakellariou/Pharaklas, Corinthia - Cleonaea 128. Allgemein zur Topographie und Geschichte Kleonais siehe ebd. 122ff.; ferner Adshead, Politics of the Peloponnese 4ff. u. zuletzt J. C. Marchand, Well-built Kleonai. A history of the Peloponnesian city based on a survey of the visible remains and a study of the literary and epigraphic sources, Ann Arbor 2002.

[8] Adshead, Politics of the Peloponnese 15 spricht von der Route Korinth - Kleonai - Argos - Tegea als dem „main arterial highway" auf der Peloponnes.

[9] Siehe Paus. 2,15,2. Dazu der Kommentar von G. Roux, Pausanias en Corinthie (Livre II, 1 à 15). Texte - Traduction - Commentaire archéologique et topographique, Paris 1958, 172f.

[10] Zur Verkehrsinfrastruktur der nordöstlichen Peloponnes und ihrer eminenten Bedeutung für die Politik in diesem Raum siehe ausführlich Sakellariou/Pharaklas, Corinthia - Cleonaea 21ff; Adshead, Politics of the Peloponnese 1ff., zuletzt M. R. Bynum, Studies in the Topography of Southern Corinthia, Ann Arbor 1995 u. Y. Pikoulas, Ὁδικὸ δίκτυο καὶ ἄμυνα. Ἀπὸ τὴν Κόρινθο στὸ Ἄργος καὶ τὴν Ἀρκαδία (Road-network and Defence. From Korinth to Arkadia via Argos), Athen 1995, zusammenfassend 437ff. u. Tausend, Verkehrswege der Argolis, bes. 19ff.

[11] T. E. Gregory, From Kleonai to Agios Vasilios. A journey through an ancient landscape, in: P. N. Doukellis/L. G. Mendoni (Hrsgg.), Structures rurales et sociétés antiques, Paris 1994, 351.

Resümee, vermochte offensichtlich eine bedeutendere Rolle im Spiel der peloponnesischen Mächte einzunehmen, als es auf den ersten Blick möglich erscheint.

Die Tatsache allein, daß die Kleonaia fruchtbar, günstig gelegen und somit geeignet war, Begehrlichkeiten der größeren Nachbarstaaten zu wecken, ist freilich noch kein Beleg dafür, daß dieser Fall auch eingetreten ist. Damit ihre besondere strategische Lage politisch aktualisiert werden konnte, bedurfte es der Ambitionen der Nachbarn Korinth und Argos. Der Impuls, der Kleonai in das Spiel um Macht und Prestige auf der Peloponnes zu stürzen vermochte, mußte in jedem Fall von außen kommen. Tatsächlich verfügen wir über Zeugnisse, die belegen, daß es so gekommen ist.

Wir haben oben bereits gesehen, daß es eine Rivalität zwischen Korinth und Argos schon in archaischer Zeit gegeben hat.[12] Bis in die mythische Frühgeschichte läßt sich der Gegensatz zwischen den beiden dorischen Städten zurückverfolgen, und der Befund der olympischen Weihgeschenke, die Alaster H. Jackson ausgewertet hat, legt nahe, daß auch in den Jahrzehnten um 500 v. Chr. regelmäßig Kämpfe zwischen den beiden Nachbarn stattfanden, wie es den Gesetzmäßigkeiten derartiger, von Generation zu Generation weitergereichter Konflikte entsprach.[13] Vor diesem Hintergrund waren die Verantwortlichen in Kleonai sicher schon frühzeitig dazu aufgefordert, Position zu beziehen. Einen eigenständigen, sozusagen dritten Weg zwischen den beiden mächtigeren Kontrahenten zu verfolgen, war von vornherein wenig realistisch. So fiel die Entscheidung schließlich zugunsten der Argiver als den weiter entfernt lebenden Nachbarn aus.[14] Während des fünften und vierten Jahrhunderts v. Chr. sehen wir Kleonai bei unterschiedlichen Gelegenheiten als „independent ally"[15] an der Seite von Argos auftreten. Schon in der Zeit des Xerxeszugs engagierten sie sich zum Beispiel nicht auf seiten des Hellenenbundes, sondern blieben wie die Argiver den Kämpfen fern – im Gegensatz zu anderen kleineren Poleis auf der nordöstlichen Peloponnes wie Tiryns und Mykenai, die sich gerade durch ihr panhellenisches Engagement von ihrem übermächtigen Nachbarn abzugrenzen versuchten.[16]

Nach 480/79 v. Chr. initiierten die verantwortlichen Politiker von Argos eine selbstbewußte Politik, die auf Expansion und Machtgewinn abzielte und zeitweise auch vor der offenen Konfrontation mit Sparta als *der* Vormacht der peloponnesischen Halbinsel nicht zurückschreckte.[17] Dabei wurde im Verlauf der 470er und 460er Jahre v. Chr. Tiryns bezwungen, Mykenai aber erobert und zerstört. Gerade im letzteren Fall soll Kleonai zusammen mit Tegea die Argiver aktiv unterstützt haben.[18] Auf lange Sicht sollte sich dies

---

[12] Siehe oben S. 77f.
[13] Siehe Jackson, Argos' Victory over Corinth. Seine auf archäologischen Kriterien fußende Datierung grenzt den Zeitraum der argivisch-korinthischen Kämpfe auf ca. 530 bis ca. 495 v. Chr. ein.
[14] Vgl. Perlman, City and Sanctuary in Ancient Greece 139: „Kleonai may have joined with Argos in part because geography protected her from Argive aggression."
[15] Ebd. 138.
[16] Vgl. Hdt. 7,202 sowie 9,28 u. 31.
[17] Diese Ereignisse beschäftigen uns noch einmal im folgenden Kapitel; siehe deshalb S. 181ff. mit Quellen- und weiterführenden Literaturangaben.
[18] So Strab. 8,6,19.

2. Hinweise für ein offensives Vorgehen Korinths gegen seine Nachbarn

für die kleine Stadt im oberen Longopotamos-Tal auszahlen. Sie blieb in der Folge nicht nur vor etwaigen Aggressionen aus dem Südwesten verschont, sondern konnte im Spannungsfall sogar mit der Unterstützung und dem Schutz der Argiver rechnen. Im Gegensatz etwa zu Mykenai lag Kleonai nicht im direkten Zugriffsbereich von Argos, sondern war von diesem durch nicht ohne weiteres zu passierende Gebirge getrennt. Die prinzipielle Respektierung der kleonaischen Autonomie durch den stärkeren Partner bis weit ins vierte Jahrhundert v. Chr. hinein ist deshalb nicht etwa verwunderlich, im Gegenteil, sie war eine sinnvolle, da den Gegebenheiten jenseits des Tretos-Passes entsprechende Handlungsoption. Erst zur Zeit des beginnenden Hellenismus, als sich die Rahmenbedingungen, unter denen auf der Peloponnes Politik gemacht wurde, im Vergleich zu früher stark verändert hatten, wurde Kleonai in den Staatsverband von Argos inkorporiert. Erst jetzt auch wurden die Nemeischen Spiele eine allein argivische Angelegenheit.[19]

Die Tatsache, daß Kleonai schon in den 460er Jahren v. Chr. gemeinsame Sache mit Argos gemacht hat, läßt umgekehrt den Schluß zu, daß das Verhältnis dieser Polis zu ihrem nordöstlichen Nachbarn Korinth in dieser Zeit problematisch gewesen sein muß. Ausdrückliche Zeugnisse dafür sind in den Schriftquellen freilich eher dünn gesät. Wir erfahren etwa im Kontext der plutarchischen Parallelbiographien, daß um das Jahr 462 v. Chr., als Kimon das zu den Lakedaimoniern entsandte attische Hilfsheer vom Berg Ithome zurück nach Athen führte, Spannungen zwischen der Isthmusstadt und Kleonai bekannt und im Gespräch waren.[20] Die Worte, die der Sohn des Miltiades an den Korinther Lachartos richtet, müssen sich dabei nicht auf einen konkreten Grenzkonflikt beziehen, der sich in der jüngsten Vergangenheit ereignet hatte. Vielmehr illustrieren die Worte des athenischen Politikers eine grundsätzliche politische Konstellation: Korinth befand sich in den 460er Jahren v. Chr. im dauernden Konflikt mit seinen Nachbarn – neben Kleonai wird von Kimon auch Megara genannt – und gerade deshalb konnte man pauschal auf seine aggressive Politik nach außen verweisen. Freilich, Plutarch schreibt viele Jahrhunderte nach den betreffenden Ereignissen; er verfolgt bestimmte Absichten mit seiner Gestaltung der Szene.[21] Dennoch, daß es in der klassischen Zeit eine Frontstellung zwischen Korinth und Kleonai gegeben haben muß, die allgemein bekannt war und von der auch Plutarch noch gewußt hat, ist evident. Auch in einer anderen seiner Parallelbiographien hat der kaiserzeitliche Autor darauf Bezug genommen. Zu Beginn seiner Timoleon-Vita verweist er darauf, daß Korinth und das mit Argos verbündete Kleonai zu Beginn der 360er Jahre v. Chr. einander feindlich gegenüberstanden.[22]

---

[19] Dazu Perlman, City and Sanctuary in Ancient Greece 143ff.
[20] Siehe Plut. Kim. 17,2: ἀλλ' οὐχ ὑμεῖς [...] ὦ Λάχαρτε τὰς Κλεωναίων καὶ Μεγαρέων πύλας κόψαντες, ἀλλὰ κατασχίσαντες εἰσεβιάσασθε μετὰ τῶν ὅπλων, ἀξιοῦντες ἀνεωγέναι πάντα τοῖς μεῖζον δυναμένοις.
[21] Siehe hierzu oben S. 64f.
[22] Siehe Plut. Timol. 4,1.

Führt man sich die Informationen noch einmal vor Augen, über die wir hinsichtlich der Verhältnisse in der nordöstlichen Peloponnes verfügen, so lassen sich für die Zeit der Pentekontaëtie – wenn auch mit der gebotenen Vorsicht – folgende Schlüsse ziehen: Kleonai war zwar nur eine kleine, binnenländische Polis im Grenzgebiet zwischen Korinth und Argos, aber sie stand wirtschaftlich auf eigenen Füßen und es gelang ihr, ihre strategisch günstige Lage dahingehend auszunutzen, daß sie gegenüber ihren viel mächtigeren und reicheren Nachbarn Spielraum erlangte und sich langfristig zu behaupten vermochte. Die größere Bedrohung muß für Kleonai von Korinth ausgegangen sein. Die Stadt am Isthmus lag näher an ihrem Territorium; die Burg Akrokorinth stand den Kleonaiern täglich sichtbar vor Augen; ihre Chora und die der Korinther waren nicht durch schützende Gebirge voneinander geschieden. Aus diesem Grund wandten sie sich schließlich den Argivern als den entfernteren und insofern weniger gefährlichen Nachbarn zu. Spätestens in der Zeit nach dem Xerxeszug 480/79 v. Chr., wahrscheinlich aber schon früher, begaben sie sich unter den Schutz von Argos und unterstützten, sozusagen als Gegenleistung dafür, die ambitionierte Stadt am Inachos im Kampf gegen ihre Feinde. Bei der Eroberung von Mykenai in den 460er Jahren v. Chr. bewährte sich die Waffenbrüderschaft. Die ohnehin vermutlich schwierigen Beziehungen von Kleonai zu Korinth konnten sich durch all das nur verschlechtern. Die Aussagen in der Kimon- und der Timoleon-Vita deuten darauf hin, daß nachbarschaftliche Reibereien zwischen den beiden Städten in klassischer Zeit die Regel waren. Auch Plutarch wußte Jahrhunderte später noch von dieser geradezu typischen Konfliktbeziehung und verstand sie in seine Lebensbilder zu integrieren.

In diesen Zusammenhang nun fügen sich die Aussagen von Schol. Pind. hyp. Nem. (Drachmann 3,3 u. 5) im Grunde bestens ein. Die Tatsache, daß Kleonai zwischen Argos und Korinth lavieren mußte und stets in seiner Autonomie gefährdet war, machte auch die Ausrichtung der Nemeischen Spiele, die traditionell von dieser kleinen Stadt verantwortet wurde, zum Politikum. Erst jüngst hat Catherine A. Morgan überzeugend herausgearbeitet, daß die zahlreichen, regional und überregional bedeutsamen Wettkämpfe auf der peloponnesischen Halbinsel Gelegenheiten für die teilnehmenden Poleis darstellten, miteinander zu rivalisieren und ihre politischen Konflikte sozusagen auf einer anderen Ebene, der des sportlichen Wettkampfs und seiner Festivitäten, fortzusetzen.[23] Gerade die Nemeischen Spiele boten sich hierfür an, verfügten sie doch im Gegensatz zu Olympia, Delphi und Isthmia nicht über eine lange, in die Dunklen Jahrhunderte zurückreichende Kulttradition. Auch eine Anbindung Nemeas an die „civic cult system(s)"[24] der sie umgebenden Poleis läßt sich nicht in gleicher Weise beobachten wie bei den genannten anderen panhellenischen Festspielstätten. Das Heiligtum des Zeus existierte für sich; es wirkte außerhalb der Wettkämpfe nicht prägend auf sein regionales Umfeld. Morgan zufolge ist die Tatsache, daß in unserer Überlieferung auf die mythistorische Verankerung der Nemeischen

---

[23] Siehe Morgan, Debating Patronage, zusammenfassend 261 ff. Zu den Nemeischen Spielen ebd. 257 ff.
[24] Ebd. 257.

2. Hinweise für ein offensives Vorgehen Korinths gegen seine Nachbarn

Spiele – die Gestaltung und Ausschmückung der Geschichte von Opheltes bzw. Archemoros – große Anstrengung verwendet worden ist, ein Zeichen dafür, daß der Kultort sich im Spannungsfeld rivalisierender politischer Interessen behaupten mußte.[25] Die Prägung der Überlieferung des Heiligtums konnte Ausdruck der tatsächlichen Kontrolle über dieses sein.

Es ist gut möglich, ja sogar wahrscheinlich, daß die Korinther in einem solchen Ringen um die Beherrschung Nemeas in der ersten Hälfte des fünften Jahrhunderts v. Chr. mitgewirkt haben. Katherine Adshead glaubt als ihr Ziel eine „territorial hegemony on the basis of Dorian tradition and heritage"[26] ausmachen zu können und sieht in dieser religiöse wie militärische Komponenten beinhaltenden Politik ein offensives Gegenkonzept der korinthischen Eliten angesichts der Herausforderungen durch Argos und Athen, mit denen sie sich in dieser Zeit konfrontiert sahen.[27] Ziel sei die Vorherrschaft über die gesamte nordöstliche Peloponnes gewesen, die Kontrolle der ausschlaggebenden Straßen und Kommunikationslinien, dies allerdings „on the basis of traditional politics through the archaic modalities of agones and their myths."[28] Die Ausrichtung der Nemeischen Spiele durch Korinth erscheint vor diesem Hintergrund lediglich als Baustein einer aufs große Ganze zielenden Politik.

Leider geht Adshead bei ihrer Deutung der Ereignisse ein wenig holzschnittartig vor, und es ist fraglich, ob die Kategorien, die sie gebraucht – „Dorian tradition", „old politics" und dergleichen – überhaupt tauglich sind, um das komplizierte Geschehen auf der Peloponnes in den Jahrzehnten nach 480/79 v. Chr. adäquat zu verstehen und zu beschreiben. Dennoch ist es berechtigt und weiterführend, daß die Autorin die kultisch-religiösen und mythistorischen Aspekte der griechischen Geschichte in diesem Zeitraum hervorgehoben und in das Zentrum ihrer Betrachtungen gestellt hat. Wir haben oben gesehen, wie Pindar in seiner Dreizehnten Olympischen Ode den Korinthern ihre Welt in Bildern aus ebendiesen Bereichen gedeutet hat. Der Weg, den Adshead beschritten hat, ist also legitim; er ist freilich schwer gangbar. Was bedeutet es, daß der Siegeskranz bei den Isthmischen Spielen, der traditionell aus Fichtenzweigen bestand, in den 470er Jahren v. Chr. durch Sellerie ersetzt wurde?[29] Sellerie wurde auch in Nemea zur Ehrung der Wettkämpfer verwendet. Besteht hier also ein Zusammenhang, etwa dahingehend, daß Korinth durch die Angleichung der Siegeskränze seinem religiös-politischen Anspruch auf beide panhellenischen Festspielorte Ausdruck verleihen wollte?[30] Der Gedanke liegt nahe, auch wenn mit einer

---

[25] Morgan, Debating Patronage 257ff.; vgl. hierzu auch Adshead, Politics of the Peloponnese 59ff.
[26] Ebd. 72.
[27] Siehe ausführlich ebd. 67ff.
[28] Ebd. 82.
[29] Dazu O. Broneer, The Isthmian Victory Crown 66, 1962, 259–263. Gebhard, The Beginnings of Panhellenic Games at the Isthmus 227f. tritt für eine Datierung vor 464 v. Chr. ein.
[30] So Adshead, Politics of the Peloponnese 76ff.; siehe auch Gebhard, The Beginnings of Panhellenic Games at the Isthmus 226f.

solchen Deutung nicht so weitgehende Folgerungen verbunden werden können, wie Adshead es getan hat.[31]

Daß wir so wenig über die Ereignisse und Zusammenhänge wissen, die sich hinter Textzeugnissen wie Schol. Pind. hyp. Nem. (Drachmann 3,3 u. 5) verbergen, liegt daran, daß unsere wichtigste Quelle für die Zeit der Pentekontaëtie, Thukydides, sich zu ihnen nicht äußert. Der Autor des „Peloponnesischen Krieges" schweigt sich notorisch über religiöse Dinge aus. Simon Hornblower hat in einem Aufsatz vor einigen Jahren nochmals ausdrücklich auf diesen Sachverhalt hingewiesen und dargestellt, welch wichtige Episoden und Konstellationen aus der Zeit nach dem Xerxeszug 480/79 v. Chr. Thukydides nur gestreift oder gar gänzlich ignoriert hat.[32] Im Falle des Ringens um die Kontrolle über Delphi in den 450er und 440er Jahren v. Chr. ist diese Vorgehensweise besonders signifikant und wirkt sich sogar auf die Darstellung und Interpretation der athenisch-lakedaimonischen Spannungen in dieser Zeit aus.[33] Doch fällt selbstverständlich auch unser Beispiel, der Streit um den Vorsitz über die Nemeischen Spiele und überhaupt die Austragung von Polis-Rivalitäten im Kontext panhellenischer Wettkämpfe, in den Bereich von Ereignissen, die Thukydides eher stiefmütterlich behandelt.

Daß die Geschichte der nördlichen Peloponnes in der ersten Hälfte des fünften Jahrhunderts v. Chr. beim Autor des „Peloponnesischen Krieges" so merkwürdig blaß bleibt, liegt sicherlich nicht nur an „Thucydides' narrow view about the kind of thing that mattered."[34] Aber man darf den Sachverhalt auch nicht ignorieren. Gerade bei den Auseinandersetzungen unmittelbar vor Beginn des Peloponnesischen Krieges, die unser Autor im Rahmen seiner Κερκυραϊκά so ausführlich beschrieben hat, scheinen religiöse und kultische Aspekte eine wichtige Rolle bei dem Zerwürfnis zwischen der Mutterstadt Korinth und ihrer Kolonie Kerkyra gespielt zu haben. Vielleicht waren diese Aspekte für die Vorstellung der Korinther davon, was ihnen ‚Herrschaft' oder ‚Hegemonie' bedeutete, von größerer Bedeutung, als Thukydides (und manchen seiner modernen Interpreten) lieb war bzw. ist. Halten wir fürs erste fest: Das Ringen um den Vorsitz der Nemeischen Spiele ist nur *ein* Indiz für vitale korinthische Herrschaftsinteressen auf der peloponnesischen Halbinsel zur Zeit der Pentekontaëtie. Man muß den Verantwortlichen am Isthmus nicht, wie Adshead, ein festes, religiös-ideologisch unterfüttertes Gesamtkonzept unterstellen. Das Ziel, das ihrer Meinung nach die Korinther haben – „(to) become a land power at the head of a loosely-grouped company of cities along the land isthmus which she dominated from Acrocorinth"[35] –, kann auch aus ganz

---

[31] Sie sieht im Übergang von Fichte zu Sellerie die Betonung der „authenticity of Corinth's role in the region, the true Dorian flavour, the legitimate προστασία of her fraternal states." (Adshead, Politics of the Peloponnese 82)

[32] Siehe Hornblower, Religious Dimension; aus jüngster Zeit Furley, Thucydides and Religion 415–438.

[33] Der Feldzug der Lakedaimonier nach Doris 457 v. Chr. (Thuk. 1,107,2–4) wird von Thukydides nicht in einen religiösen Kontext gestellt; dem sogenannten Zweiten Heiligen Krieg werden ganze zwei Sätze gewidmet (ebd. 1,12,5); dazu Hornblower, Religious dimension 177ff. u. 180ff.

[34] Ebd. 180.

[35] Adshead, Politics of the Peloponnese 82.

traditionellen Motiven, aus nachbarschaftlicher Rivalität und aristokratisch-agonaler Lebensweise schrittweise erwachsen sein.

2.2. Der Seitenwechsel Megaras ins attische Lager 461/60 v. Chr.: Beginn eines ‚Ersten Peloponnesischen Krieges'?

Anders als bei den Ereignissen, die sich in der ersten Hälfte des fünften Jahrhunderts v. Chr. an der Kleonai und Argos zugewandten Grenze der Korinthia vollzogen, ist Thukydides in bezug auf die Geschehnisse, die zur selben Zeit am Isthmus stattfanden, gesprächiger. Das ist auch nicht verwunderlich, denn diese wirkten sich auf die Beziehungen zwischen Athen und Sparta, wenn nicht sofort, so doch mittelfristig aus, tangierten also das Hauptinteresse des Autors, die Entwicklung der Rivalität zwischen den beiden hellenischen Großmächten nachzuzeichnen und so den Ausbruch des Peloponnesischen Krieges im Jahre 431 zu erklären. Versuchen wir jedoch zunächst die thukydideische Sichtweise einmal mehr auszublenden und zu ergründen, was 461/60 v. Chr. aus korinthischer Sicht geschehen ist.

In Thuk. 1,103,4 erzählt unser Autor, unmittelbar nachdem er die Kapitulation der Messenier vom Ithome vermeldet hat – sie könnte, wenn Pritchetts Deutung zutrifft, in das Jahr 462/61 v. Chr. fallen[36] – vom Austritt Megaras aus dem Peloponnesischen Bund: προσεχώρησαν δὲ καὶ Μεγαρῆς Ἀθηναίοις ἐς ξυμμαχίαν Λακεδαιμονίων ἀποστάντες, ὅτι αὐτοὺς Κορίνθιοι περὶ γῆς ὅρων πολέμῳ κατεῖχον.[37] Die Athener, so Thukydides weiter, ergriffen die Gelegenheit entschlossen beim Schopf, versicherten sich des megarischen Hafens Pegai am Korinthischen Golf und bauten ihren neuen Verbündeten Lange Mauern von Megara nach Nisaia am Saronischen Golf, wofür sie sogar die Besatzung stellten. Dann erfolgt das Resümee; merkwürdigerweise ist es nicht etwa die Erbitterung der Lakedaimonier, auf die Thukydides abschließend hinweist, obwohl sie doch durch den Abfall ihrer Bundesgenossen seinen eigenen Worten zufolge die in erster Linie Betroffenen waren. Stattdessen gibt er einen Einblick in die Befindlichkeit der Korinther in dieser Zeit: καὶ Κορινθίοις μὲν οὐχ ἥκιστα ἀπὸ τοῦδε τὸ σφοδρὸν μῖσος ἤρξατο πρῶτον ἐς Ἀθηναίους γενέσθαι.[38] Dieses Ereignis also sei es vor allem gewesen (ἀπὸ τοῦδε), das den gewaltigen Haß (τὸ σφοδρὸν μῖσος) der Korinther auf die Athener ausgelöst habe. Es war anscheinend nicht der einzige Anlaß, der die Verantwortlichen am Isthmus so erzürnte; der Ausdruck οὐχ ἥκιστα deutet darauf hin, daß es auch andere Streitpunkte zwischen den beiden Städten gegeben haben muß. Wenn wir uns in Erinnerung rufen, daß die Athener unmittelbar nach dem Bruch mit Sparta im Jahre 462/61 v. Chr. ein Bündnis mit Argos ge-

---

[36] Siehe Pritchett, Thucydides' Pentekontaetia 24ff. Voraussetzung dafür ist freilich, daß der Wortlaut von Thuk. 1,103,1: δεκάτῳ ἔτει in τετάρτῳ ἔτει emendiert wird; dazu oben S. 145 Anm. 147.
[37] Thuk. 1,103,4. Zum Seitenwechsel Megaras im Winter 461/60 v. Chr. siehe u.a. Legon, Megara 183ff.
[38] Thuk. 1,103,4.

schlossen haben,³⁹ so wird deutlich, was Thukydides mit seiner Wortwahl vielleicht ausdrücken wollte: Durch das Vorgehen gegen Kleonai und den mutmaßlichen Versuch, die Ausrichtung der Nemeischen Spiele an sich zu reißen, waren die Korinther in den Jahren zuvor bereits mit den Argivern aneinandergeraten und hatten allem Anschein nach den kürzeren gezogen. Jetzt waren sie auch an den östlichen Grenzen ihres Territoriums mit einem Gegner konfrontiert, der sich ihren Ambitionen entgegenstellte, und der neue Feind war auch noch ein Bundesgenosse des alten geworden.

Kämpfe zwischen Korinth und Megara waren im Grunde nichts Neues. Ähnlich wie im Falle Kleonais aus traditioneller nachbarschaftlicher Rivalität erwachsen, lassen sie sich bereits in archaischer Zeit nachweisen.⁴⁰ Es ging bei dieser Art von Konflikten für gewöhnlich darum, konkurrierende Interessen im Grenzgebiet auszufechten – Nutzung von Wegen, Weiden und Äckern, Zugang zu und Pflege von Heiligtümern –; auch die thukydideische Formulierung, die Korinther und Megarer hätten περὶ γῆς ὅρων gekämpft,⁴¹ läßt diese traditionelle Motivlage noch erkennen. Aber in der Situation um 461/60 v. Chr. konnte man nicht mehr darauf vertrauen, daß ein solcher, gleichsam herkömmlicher Konflikt lokal begrenzt blieb. Das von Korinth bedrängte Kleonai vermochte sich hilfesuchend an Argos zu wenden, Megara an Athen;⁴² vermeintlich bilaterale Auseinandersetzungen wuchsen sich zu veritablen regionalen Konflikten aus und drohten die gesamte (Un-)Sicherheitsarchitektur Griechenlands in Mitleidenschaft zu ziehen. Darin mag der Irrtum der Verantwortlichen am Isthmus gelegen haben, als sie sich Ende der 460er Jahre v. Chr. dazu entschlossen, Megara anzugreifen und unter Druck zu setzen.⁴³ Die Megarer müssen sich in ihrer Existenz bedroht gefühlt haben; anders ist ihr schwerwiegender Schritt, Sparta den Rücken zu kehren und sich ausgerechnet dem übermächtigen Nachbarn Athen anzuvertrauen, nicht zu erklären. Seit vielen Jahrzehnten waren sie Teil des Peloponnesischen Bundes gewesen,⁴⁴ eines Bündnissystems, das – wie wir oben gesehen haben⁴⁵ – durch seine im Vergleich zum Delisch-Attischen Seebund wenig ausgeprägten Hegemonialstrukturen der Autonomie auch seiner kleinen und mittleren Mitglieder beträchtliche Freiräume beließ. Diese Stärke war allerdings gegebenenfalls auch eine Schwäche: Es herrschte keine grundsätzliche Friedenspflicht zwischen den einzelnen Mitgliedern des Bündnisses. Folglich haben sich die Lakedaimonier in die Kämpfe zwischen Korinthern und Megarern Ende der 460er Jahre v. Chr. auch nicht notwendig einmischen

---

³⁹ Vgl. Thuk. 1,102,4.
⁴⁰ Oben auf S. 78f. sind die Zeugnisse dafür zusammengetragen worden.
⁴¹ Thuk. 1,103,4.
⁴² Plut. Kim. 17,2 nennt die Angriffe der Korinther auf Kleonai und Megara in einem Atemzug (τὰς Κλεωναίων καὶ Μεγαρέων πύλας κόψαντες), sieht sie also als Folge ein und derselben aggressiven Außenpolitik.
⁴³ Die völlig unvorhergesehene Hinwendung der Megarer zu den Athenern betont auch Salmon, Wealthy Corinth 262.
⁴⁴ Vermutlich seit der zweiten Hälfte des 6. Jhs. v. Chr.; siehe ausführlich Legon, Megara 141ff.
⁴⁵ Siehe oben S. 101ff.

2. Hinweise für ein offensives Vorgehen Korinths gegen seine Nachbarn

müssen. Es ist dies ein Gesichtspunkt, der bei den Entscheidungen beider Parteien in der krisenhaft zugespitzten Situation, wie sie sich unmittelbar vor dem Seitenwechsel Megaras darstellte, eine große Rolle gespielt haben muß. Auch für Thukydides' Interpretation der Vorgänge ist er von Bedeutung. Unser Autor betont bei allen Ereignissen seit der Brüskierung der Athener während der Ithome-Kampagne 462 v. Chr. die Geschehenselemente, die für Sparta gefährlich, provozierend oder zumindest ärgerlich gewesen sind. Was bedeutete also das Bündnis zwischen Megara und Athen im Jahre 461/60 v. Chr. und die ihm folgenden kriegerischen Verwicklungen aus seiner Sicht, und warum hebt er das σφοδρὸν μῖσος der Korinther so ausdrücklich hervor?

Die Ereignisse zwischen 461/60 und 446/45 v. Chr. werden in der heutigen Forschungsliteratur gern unter dem Begriff ‚Erster Peloponnesischer Krieg' zusammengefaßt.[46] Der Ausdruck setzt die Ereignisse der betreffenden Jahrzehnte in eine gewisse Beziehung zum eigentlichen, somit ‚zweiten' Peloponnesischen Krieg von 431 bis 404 v. Chr. und verlängert somit die thukydideische Sichtweise der griechischen Geschichte des fünften Jahrhunderts v. Chr. bis weit in die Pentekontaëtie hinein.[47] Der sogenannte Erste Peloponnesische Krieg wäre in dieser Perspektive der Vorläufer des zweiten, seine πρόφασις, der unausweichliche Konflikt zwischen den hellenischen Großmächten Athen und Sparta wäre für die Zeit um 460 v. Chr. ebenso das Movens der Geschichte gewesen wie dreißig Jahre später. Nun ist schon seit langem erkannt worden, daß von einer Einheit der Geschehnisse, die in den Zeitraum des angeblichen Ersten Peloponnesischen Krieges fallen, keine Rede sein kann.[48] Thukydides selbst unternimmt keine Anstrengungen, die Ereignisse, die er in den betreffenden Passagen seines ersten Buches in schneller Folge, geradezu hastig, referiert, in dem angesprochenen Sinne zu ordnen und zu deuten, obwohl er zweifellos über die Fähigkeiten und das nötige Selbstbewußtsein dazu verfügt hätte.[49] Auch sonst in der Antike hat man einen derartigen Versuch nicht unternommen.[50] So bleibt der Erste Peloponnesische Krieg letztlich ein modernes Konstrukt.[51]

---

[46] Auch der jüngste Thukydides-Kommentar, Hornblower, Commentary, Bd. 1, 161, verwendet den Begriff, ohne ihn zu problematisieren.

[47] So in bezug auf die Ereignisse von 461/60 bis 446/45 v. Chr. ausdrücklich De Ste. Croix, Origins of the Peloponnesian War 180: „Yet surely we ought to treat this as part of ‚the Peloponnesian war'." Zutreffend hingegen die einleitenden Bemerkungen von Lewis, Origins of the First Peloponnesian War 72.

[48] Bahnbrechend war in dieser Hinsicht der in der vorigen Fußnote genannte Aufsatz von Lewis, Origins of the First Peloponnesian War.

[49] Hierzu De Ste. Croix, Origins of the Peloponnesian War 50f., der einerseits die Schwierigkeiten, Informationen zu erlangen, dafür verantwortlich macht, daß Thukydides die Ereignisse von 461/60 bis 446/45 v. Chr. nur streift, andererseits aber postuliert, der sog. Erste Peloponnesische Krieg habe für unseren Autor kein historisches Eigengewicht besessen. In diesem letzteren Sinne auch Strauss, Problem of periodization 170: „For Thucydides, the war beginning in 431 was ‚his war' in a way that the war beginning c. 460 was not."

[50] Vgl. etwa Plat. Menex. 241e-242c, der allerdings die Ereignisse in unzulässiger Weise auf die Kampagnen von Tanagra und Oinophyta 458 v. Chr. zusammenzieht. Auslöser für die damaligen Kämpfe

Es wurde oben bereits erwähnt, daß die Ereignisse in Thuk. 1,102f. vom Autor so präsentiert werden, daß gerade deren spartafeindliche Aspekte dem Leser bewußt werden. Da schließen die Athener nach der brüskierenden Heimsendung ihres Hilfskontingents durch die Lakedaimonier ein Bündnis mit den Argivern, τοῖς ἐκείνων πολεμίοις.[52] Nach dem Ende des Messenischen Aufstandes siedeln die Athener die vom Ithome kommenden Flüchtlinge in Naupaktos an, κατ' ἔχθος ἤδη τὸ Λακεδαιμονίων.[53] Auch der Bündnisschluß mit den Megarern gehört in diese Kategorie von Nachrichten: Diese werden nun ξύμμαχοι der Athener, Λακεδαιμονίων ἀποστάντες.[54] Um so überraschender ist es, daß bei der Erzählung der folgenden Ereignisse Sparta überhaupt keine Rolle spielt. Eine zeitnahe militärische Reaktion auf die ständigen Provokationen durch die Athener unterbleibt völlig. Als Gegner Athens werden bei den Gefechten unmittelbar nach 461/60 v. Chr. nur die Korinther und ihre jeweiligen Bundesgenossen genannt;[55] auch wenn Thukydides von Πελοποννήσιοι spricht,[56] scheint er damit nicht etwa an den Peloponnesischen Bund unter Einschluß Spartas zu denken. Hier sind offensichtlich ebenfalls peloponnesische Verbündete der Korinther oder diese selbst gemeint.[57]

Die ganze Ereigniskette, die Thuk. 1,103,4–115,1 beschreibt, ist, der Intention des Autors folgend, gekennzeichnet von der ungeheuren Dynamik Athens in den Jahren zwischen 461/60 und 446/45 v. Chr. Das Engagement seiner führenden Politiker und Feldherrn erstreckte sich nicht etwa nur auf Griechenland selbst oder den ägäischen Raum. Vielmehr war das gesamte östliche Mittelmeer die Bühne für die Zurschaustellung des neuen Selbstbewußtseins, das der attische Demos seit dem siegreich überstandenen Xerxeszug und der Einführung der Demokratie gewonnen hatte. Durch eine relativ ausführlich geschilderte Episode der Kriegshandlungen gleich zu Beginn macht Thukydides diesen Sachverhalt dem Leser unmißverständlich klar: Während der Belagerung von Aigina durch die Athener rücken die Korinther in die Megaris vor,

---

seien ζῆλος und φθόνος der übrigen Hellenen gegenüber Athen gewesen. – Grundsätzliche Zweifel an Platon als Historiker bei Fowler, Thucydides 1.107–108 and the Tanagran Federal Issues 169 Anm. 16.
[51] Auch der Begriff ‚Erster Peloponnesischer Krieg' ist modern; siehe Lewis, Origins of the First Peloponnesian War 72.
[52] Thuk. 1,102,4.
[53] Ebd. 1,103,3.
[54] Ebd. 1,103,4.
[55] Vgl. ebd. 1,105f.
[56] Ebd. 1,105,1 u. 3.
[57] In diesem Sinne bereits Grüner, Korinths Verfassung und Geschichte 17f.; ferner Holladay, Sparta's role in the First Peloponnesian War 57ff. u. Hornblower, Commentary, Bd. 1, 166: „ ‚Peloponnesians' at 105.1 and 3 must then be taken as a geographical rather than a political expression." Anders freilich De Ste. Croix, Origins of the Peloponnesian War 187f., der eine Teilnahme der Lakedaimonier an den Kämpfen von Anfang an ohne rechte Beweisgrundlage postuliert. Salmon, Wealthy Corinth 264 erkennt demgegenüber zwar an, daß Sparta am Anfang des Krieges passiv bleibt; dennoch sei spätestens seit der Schlacht bei Halieis um oder kurz nach 460 v. Chr. der gesamte Peloponnesische Bund in den Krieg involviert gewesen.

2. Hinweise für ein offensives Vorgehen Korinths gegen seine Nachbarn

νομίζοντες ἀδυνάτους ἔσεσθαι Ἀθηναίους βοηθεῖν τοῖς Μεγαρεῦσιν ἔν τε Αἰγίνῃ ἀπούσης στρατιᾶς πολλῆς καὶ ἐν Αἰγύπτῳ.[58] Sie täuschten sich in dieser Hoffnung gründlich, denn die Athener rüsteten mit Hilfe der jüngsten und der ältesten Wehrfähigen ein drittes Heer aus und zogen ihren Feinden entgegen. Ihrer Entschlossenheit, sich zu behaupten und stets neue Beweise für ihren Wagemut zu liefern, war keine Grenze gesetzt. Das Verhalten der Athener ist gleichsam eine Veranschaulichung der Charakterisierung, die ihnen im Jahre 432 v. Chr. vor der Bundesversammlung der Peloponnesier von einem anonymen korinthischen Redner zuteil werden sollte: αὖθις δὲ οἱ (scil. οἱ Ἀθηναῖοι) μὲν καὶ παρὰ δύναμιν τολμηταὶ καὶ παρὰ γνώμην κινδυνευταὶ καὶ ἐν τοῖς δεινοῖς εὐέλπιδες.[59] In der folgenden Kampagne siegten sie folglich, und es ist für einige Zeit das letzte Mal, daß wir von einer offensiven Aktion der Korinther hören.

Thukydides schildert also in der Passage Thuk. 1,103,4–115,1 die Verhaltensweisen der Athener so, daß das von ihm gezeichnete Bild mit demjenigen übereinstimmt, das er für den Vorabend des Peloponnesischen Krieges entworfen hat. Betrachten wir unter diesem Blickwinkel nun die Taten der Lakedaimonier nach 461/60 v. Chr. In der Rede der Korinther vor der Bundesversammlung erscheint die Gemeinschaft der Spartiaten als ein Hort des Konservatismus.[60] Die stete Furcht, das Althergebrachte im Innern zu verändern, führt ihrer Meinung nach dazu, daß die Lakedaimonier auch im Bereich des Auswärtigen zögerlich und langsam sind. Zaudern und Nichtstun καὶ ἔργῳ οὐδὲ τἀναγκαῖα ἐξικέσθαι,[61] das ist es, wodurch sich nach Meinung der korinthischen Gesandten – und es ist Thukydides, der sie so sprechen läßt – die Politik Spartas vor 432/31 v. Chr. ausgezeichnet hat.

Die die Ereignisse nach 461/60 v. Chr. betreffenden Passagen im ersten Buch illustrieren den Charakter der Lakedaimonier durch die Darstellung ihrer Taten in ähnlicher Weise, wie sie dies auch in bezug auf die Athener tun. Sie tun nämlich zunächst einmal – gar nichts; scheinbar seelenruhig nimmt Sparta hin, daß die Zahl der athenischen Bundesgenossen immer mehr zunimmt. Die Niederlagen der Korinther und ihrer Bundesgenossen rings um den Saronischen Golf veranlassen es nicht zum Eingreifen. Erst im Jahre 458 v. Chr., fast zu spät und als die Athener schon mächtiger und gefährlicher geworden waren als je zuvor,[62] kommt es zu einem lakedaimonischen Feldzug nach Mittelgriechenland. Aber auch wenn die Kampagne dieses Sommers auf das Schlachtfeld von Tanagra führte, so ist doch keineswegs ausgemacht, daß die Verantwortlichen

---

[58] Thuk. 1,105,3.
[59] Ebd. 1,70,3.
[60] Vgl. ebd. 1,70f.
[61] Ebd. 1,70,2. Vgl. auch zuvor (ebd. 1,69,4): συχάζετε γάρ, μόνοι Ἑλλήνων, ὦ Λακεδαιμόνιοι, οὐ τῇ δυνάμει τινά, ἀλλὰ τῇ μελλήσει ἀμυνούμενοι [...].
[62] Vgl. in diesem Zusammenhang die Anspielung in der Rede der Korinther vor der peloponnesischen Bundesversammlung (Thuk. 1,69,4): die Lakedaimonier seien μόνοι οὐκ ἀρχομένην τὴν αὔξησιν τῶν ἐχθρῶν διπλασιουμένην δὲ καταλύοντες.

in Sparta dies von vornherein so geplant hatten.⁶³ Das eigentliche Ziel war ursprünglich Doris nahe Delphi gewesen; erst nachdem die Lakedaimonier diese kleine Landschaft, die sie als ihre Metropolis betrachteten, gegen deren Feinde, die Phoker, verteidigt hatten, zogen sie Richtung Attika.

Es existierten zweifellos Spannungen mit Athen in diesem Sommer; die Lakedaimonier fühlten sich augenscheinlich bedroht, spätestens, seit sie über den Korinthischen Golf nach Mittelgriechenland übergesetzt waren; darauf deutet auch der Wortlaut des Thukydides hin.⁶⁴ Aber worin nun ganz konkret die Streitpunkte zwischen den Kontrahenten bestanden, die sie zum Waffengang veranlaßten, wie die Bewußtseinslage in Athen und Sparta unmittelbar vor Tanagra war, darüber macht unser Autor nur unzureichende, im Ungefähren verbleibende Angaben. Von den Lakedaimoniern heißt es zunächst, ihnen sei von den Athenern der Rückweg auf die Peloponnes zu Lande und zu Wasser versperrt worden. Ihr längerer Aufenthalt in Mittelgriechenland sei mithin dadurch zustande gekommen, daß sie erst einmal dazu gezwungen gewesen seien, abzuwarten und darüber nachzudenken, wie sie am sichersten nach Hause durchkämen.⁶⁵ Unmittelbar daran anschließend heißt es jedoch, außerdem habe die Aussicht darauf bestanden, daß es in Athen zu einem Umsturz gegen die Demokratie käme; konservative Oppositionelle, denen nicht zuletzt der Bau der Langen Mauern Unbehagen bereitete, hätten heimlich (κρύφα) Kontakt mit dem lakedaimonischen Heer aufgenommen.⁶⁶ Das gleiche, undeutliche Bild bei den Athenern: Von ihnen heißt es zunächst, sie seien gegen die Lakedaimonier ausgerückt, in der Annahme, diese säßen in Mittelgriechenland fest, und gleich darauf ist vom Argwohn in der Stadt (ὑποψία) wegen des drohenden Sturzes der Demokratie die Rede.⁶⁷

Offensichtlich sind dies die Erklärungsversuche, die Thukydides vorgefunden hat, als er sich anschickte, die Geschehnisse vom Sommer 458 v. Chr. darzustellen. Deren zufriedenstellende Einpassung in den großen Ereigniszusammenhang der Pentekontaëtie ist ihm freilich nicht gelungen. Viele tausend Hopliten hatten auf beiden Seiten am Kampf teilgenommen; die Bündnissysteme sowohl Athens als auch Spartas waren aktiviert worden,⁶⁸ und das sollte lediglich der Fall gewesen sein, weil die Gelegenheit nun

---

⁶³ Über die Motive der lakedaimonischen Kampagne vom Sommer 458 v. Chr. herrscht weithin Unklarheit. Die Tatsache, daß Sparta ein mit über zehntausend Mann doch ungewöhnlich großes Heer in Marsch gesetzt hat, hat immer wieder Spekulationen darüber angefacht, was das Ziel des Feldzuges über die Rettung von Doris hinaus gewesen sein könnte. Siehe z.B. Fowler, Thucydides 1.107–108 and the Tanagran Federal Issues 167ff. u. Plant, Battle of Tanagra 263ff. Einen instruktiven Kurzüberblick über die lakedaimonischen Interessen in Mittelgriechenland gibt Hornblower, Commentary, Bd. 1, 168f. Vgl. auch Zeilhofer, Sparta, Delphoi und die Amphiktyonen im 5. Jh. v. Chr. 43ff.
⁶⁴ Vgl. Thuk. 1,107,3f.
⁶⁵ Siehe ebd. 1,107,4: ἔδοξε δ' αὐτοῖς ἐν Βοιωτοῖς περιμείνασι σκέψασθαι ὅτῳ τρόπῳ ἀσφαλέστατα διαπορεύσονται.
⁶⁶ Ebd.
⁶⁷ Siehe ebd. 1,107,6.
⁶⁸ Die Bedeutung der Schlacht und die große Zahl der beteiligten Bundesgenossen geht nicht zuletzt aus den inschriftlichen Quellen IvOl 253 (= ML 36) sowie IG I² 931 u. 932 (= ML 35) hervor.

2. Hinweise für ein offensives Vorgehen Korinths gegen seine Nachbarn

einmal günstig war und später irgendwelche Putschgerüchte die Runde machten? Viel wahrscheinlicher ist es, daß Thukydides selber nichts Genaueres über die Hintergründe der Schlacht bei Tanagra in Erfahrung hat bringen können; hätten sie das Potential dazu gehabt, ihm als Angelpunkt für seine These vom sich stets zuspitzenden Konflikt der beiden hellenischen Großmächte vor 431 v. Chr. zu dienen, so hätte er sich diese Chance sicher nicht entgehen lassen.

In einem Punkt ist es Thukydides dann doch gelungen, die Kampagne von 458 v. Chr. seinen Zwecken dienstbar zu machen: Sowohl Lakedaimonier als auch Athener handeln in diesem Sommer ihrer Wesensart gemäß, so wie sie in Thuk. 1,68–71 ausführlich beschrieben worden ist.[69] Erstere begegnen den Herausforderungen, mit denen sie konfrontiert sind, zögerlich und nahezu behäbig, ohne Nachdruck und Entschlossenheit, doch bewährt sich in der Schlacht dann doch ihre unwiderstehliche Tapferkeit vor dem Feind. Anders die Athener, die aggressiv eine vermeintlich günstige Gelegenheit nutzen, um ihre ohnehin stets wachsende Macht noch weiter auszudehnen. Das spannungsvolle Ringen um die noch nicht gefestigte Demokratie hemmt ihren Tatendrang nicht etwa, sondern stachelt ihn noch an. Und selbst als die Athener bei Tanagra eine schwere Niederlage erleiden, stecken sie nicht etwa zurück, sondern kehren nach dem Abzug der Lakedaimonier sogleich nach Boiotien zurück und erobern in einem Zug ganz Mittelgriechenland. Es war im Sinne seiner Darstellung ganz zutreffend, was Thukydides die Korinther fünfundzwanzig Jahre später vor der peloponnesischen Bundesversammlung sagen ließ: (scil. οἱ Ἀθηναῖοι) κρατοῦντές τε τῶν ἐχθρῶν ἐπὶ πλεῖστον ἐξέρχονται καὶ νικώμενοι ἐπ' ἐλάχιστον ἀναπίπτουσιν.[70]

Thukydides sieht die Pentekontaëtie von ihrem Endergebnis, dem Ausbruch des Peloponnesischen Krieges her, und deswegen sucht er die Position Spartas und Athens in dieser Phase der Geschichte des fünften Jahrhunderts mit Hilfe derjenigen Kategorien zu erfassen, die er für die Geschehnisse von 432/31 v. Chr. entwickelt hatte. Nimmt man diesen Blickwinkel ein, dann ist tatsächlich die Phase zwischen 461/60 und 446/45 in gewisser Weise präfigurierend für diejenige von 431 bis 404 v. Chr., aber nicht etwa, weil die betreffenden kriegerischen Konflikte von ihrer Anlage her tatsächlich miteinander vergleichbar gewesen wären, so daß sich eine Durchnumerierung als Erster Peloponnesischer Krieg und (zweiter) Peloponnesischer Krieg rechtfertigte, sondern deshalb, weil die thukydideischen Lakedaimonier und die thukydideischen Athener die ganze Zeit über seiner Meinung nach dieselben blieben. Daß dies so war, setzte Thukydides gleichsam voraus; er konnte davon erzählerische Elemente ableiten, die es ihm, wie wir im Falle der Sommerkampagne von 458 v. Chr. gesehen haben, erlaubten, das von ihm referierte Geschehen zu strukturieren und zu deuten, auch dann, wenn er nur über wenige harte Fakten verfügte.

---

[69] Auch Plant, Battle of Tanagra 260ff. bemerkt, daß Thukydides im Kontext der Sommerkampagne 458 v. Chr. seine Aufmerksamkeit v.a. den Motiven und Absichten der Beteiligten widmet.
[70] Thuk. 1,70,5.

Ist die thukydideische Vorgehensweise erst einmal verstanden, dann ergibt sich in unserem Zusammenhang die Frage, ob wir auch in bezug auf die Korinther Anhaltspunkte dafür haben, daß unser Autor deren Verhalten nach 461/60 in ähnlicher Weise geschildert hat wie im unmittelbaren Vorfeld des Peloponnesischen Krieges Ende der 430er Jahre v. Chr. In der Tat gibt es hierfür einige Indizien, denen wir uns nun zuwenden wollen. Die Korinther der 460er Jahre verfolgen bei Thukydides wie diejenigen der 430er Jahre zunächst einmal eigene, von Sparta unabhängige Interessen. Thukydides spricht dies nur im Falle Megaras offen aus,[71] aber an der Tatsache, daß die Isthmusstadt unmittelbar nach Ausbruch des Krieges mit Athen auf Bündnispartner in der Peloponnes zurückgreifen konnte, ohne daß der Peloponnesische Bund von vornherein in seiner Gesamtheit aktiviert wurde, zeigt, daß sie, solange sie über die Machtmittel dazu verfügte, aus eigenem Antrieb handelte.[72] Einmal ist sogar ausdrücklich von den Κορίνθιοι μετὰ τῶν ξυμμάχων die Rede.[73] Dieser Befund nun deckt sich mit den Ereignissen unmittelbar vor dem Ausbruch des Peloponnesischen Krieges 432/31 v. Chr. Auch damals suchten die Korinther Bundesgenossen für den Kampf gegen Kerkyra zu gewinnen. Sie fanden sie nicht nur in Nordwestgriechenland (Leukas, Ambrakia, Anaktorion, Pale), wo zahlreiche ehemalige Kolonien ihrer Mutterstadt schon aus Gründen von Tradition und Pietät zu Hilfe kamen, sondern auch auf der Peloponnes (Megara, Epidauros, Hermione, Troizen, Phleius, Elis) und sogar in Mittelgriechenland (Theben).[74] Auch in diesem Zusammenhang verwendet Thukydides einmal den Ausdruck οἱ Κορίνθιοι καὶ οἱ ξύμμαχοι.[75] Halten wir also fest: Die thukydideischen Korinther stehen in den 460er wie in den 430er Jahren v. Chr. vor einem vergleichbaren Problem. Sie kämpfen gegen einen renitenten Feind, und an ihrer Seite sind zahlreiche Bundesgenossen. Darunter befindet sich in beiden Fällen nicht der Peloponnesische Bund in seiner Gesamtheit. Im chronologisch später angesiedelten Konflikt mit Kerkyra werden die sich daraus ergebenden politischen Verwicklungen ausführlich von Thukydides thematisiert; ganz zu Beginn der Krise versuchen die Bundesmitglieder Sparta und Sikyon noch, durch Vermittlung zu verhindern, daß sich der korinthisch-kerkyraische Konflikt ausweitet und die Λακεδαιμόνιοι καὶ οἱ σύμμαχοι in ihrer Gänze in seinen Bann gezogen werden.[76] Erst später gelingt es den Korinthern, den Peloponnesischen Bund für die Durchsetzung ihrer eigenen Ziele zu aktivieren.

---

[71] Es handelt sich ausdrücklich um einen Krieg zwischen Korinth und Megara περὶ γῆς ὅρων; siehe Thuk. 1,103,4.

[72] Thukydides ist in seiner Terminologie schwankend; ausdrücklich genannt werden auf seiten der Korinther im Verlaufe des Krieges bis 446/45 v. Chr. die Epidaurier (ebd. 1,105,1 u. 3 sowie 1,114,1), Aigineten (ebd. 1,105,2f.), Sikyonier (ebd. 1,114,1) und Megarer (ebd. 1,114,1), doch spricht er auch einfach von den Πελοποννήσιοι (ebd. 1,105,1 u. 3) , die mit den Korinthern gegen die Athener kämpften.

[73] Siehe ebd. 1,105,3.

[74] Siehe ebd. 1,27,2 u. 46,1.

[75] Ebd. 1,30,2. Dazu unten S. 250f.

[76] Siehe ebd. 1,28,1.

2. Hinweise für ein offensives Vorgehen Korinths gegen seine Nachbarn

Ein weiterer interessanter Gesichtspunkt ergibt sich für den Leser des „Peloponnesischen Krieges" durch die Darstellung des Verhältnisses zwischen den Korinthern und den Athenern. In beiden Fällen, sowohl 461/60 als auch 433 v. Chr., führt die Einmischung der letzteren in die korinthischen Streitfälle mit Megara bzw. Kerkyra zu einer gefährlichen Eskalation der Lage. Die Aussagen des Thukydides sind bei aller Knappheit des Pentekontaëtie-Exkurses in diesem Punkt doch deutlich. So ist der Satz, die Korinther hätten von dem Zeitpunkt an, da die Megarer ein Bündnis mit den Athenern geschlossen hatten, ein σφοδρὸν μῖσος [...] ἐς ᾿Αθηναίους gehegt,[77] als klare Ankündigung einer weit in die Zukunft wirkenden Eskalation aufzufassen, die sich mit dem Dreißigjährigen Frieden eben nicht erledigt hatte, sondern vor dem Hintergrund der Κερκυραϊκά und der Ποτειδεατικά der 430er Jahre nochmals ihre volle Brisanz entfaltete.[78] Nach 461/60 ringen Korinther und Athener im gesamten Einzugsgebiet des Saronischen Golfs zu Lande und zu Wasser miteinander.[79] Alte Allianzen werden umgekehrt – die Korinther kämpfen nun nicht mehr zusammen mit den Athenern gegen Aigina, sondern stehen, ganz im Gegensatz dazu, der kleinen Insel im Kampf gegen den übermächtigen, nun gemeinsamen attischen Feind bei.[80] Die wütenden Angriffe der Stadt am Isthmus erreichen ihren Höhe- und Wendepunkt mit einem massiven Vorstoß in die Megaris, wohl noch im Jahre 460 v. Chr.[81] Thukydides widmet der Darstellung vom Scheitern dieser Invasion gegenüber dem athenischen Befehlshaber Myronides Kallias' Sohn verhältnismäßig großen Raum;[82] das klägliche Ende der auf einem Grundstück eingeschlossenen Korinther, die von den siegreichen Athenern zu Tode gesteinigt werden, erzählt er trotz der allgemeinen Gerafftheit, durch die sich der Pentekontaëtie-Exkurs sonst auszeichnet und läßt dadurch eine geradezu allgemeinmenschliche Dimension des Geschehens aufscheinen: καὶ πάθος μέγα τοῦτο Κορινθίοις ἐγένετο.[83]

Auch im Jahre 434/433 v. Chr. ist das Bündnis der Athener mit den Kerkyraiern und deren militärische Unterstützung ein wichtiger Wendepunkt in den Beziehungen zwischen Athen und Korinth. Vor der attischen Volksversammlung warnen die korinthischen Gesandten ausdrücklich davor, Freundschaftsverhältnisse voreilig aufs Spiel zu setzen: φίλον τε γὰρ ἡγοῦνται (scil. οἱ ἄνθρωποι) τὸν ὑπουργοῦντα, ἢν καὶ

---

[77] Thuk. 1,103,4.
[78] Auch De Ste. Croix, Origins of the Peloponnesian War 213 hat diesen Aspekt hervorgehoben: „We have seen that the animosity felt by Corinth towards Athens from c. 460 onwards had just one identifiable cause: in a word, Megara."
[79] Siehe Thuk. 1,105f.
[80] Siehe ebd. 1,105,2f. In der Zeit zwischen 490 und 480 v. Chr. hatten die Korinther den Athenern noch im Kampf gegen Aigina geholfen; siehe hierzu Hdt. 6,89 u. Thuk. 1,41,2.
[81] Zur Datierung siehe Meritt u.a., Athenian Tribute Lists, Bd. 3, 174f., ausgehend von IG I² 929 (= ML 33).
[82] Vgl. Thuk. 1,105,3–106,2.
[83] Ebd. 1,106,2.

πρότερον ἐχθρὸς ᾖ, πολέμιόν τε τὸν ἀντιστάντα, ἢν καὶ τύχῃ φίλος ὤν, [...].[84] Nach der verlorenen Seeschlacht bei Sybota tragen sich die Korinther mit Rachegedanken;[85] vor der Bundesversammlung der Peloponnesier lassen sie dann ihren Gefühlen freien Lauf: Von den Athenern würden sie verhöhnt;[86] sie seien Opfer ihrer offenen Angriffe und ihrer geheimen Ränke.[87] Ihr Resümee klingt bitter: ὥστε εἴ τις αὐτοὺς ξυνελὼν φαίη πεφυκέναι ἐπὶ τῷ μήτε αὐτοὺς ἔχειν ἡσυχίαν μήτε τοὺς ἄλλους ἀνθρώπους ἐᾶν, ὀρθῶς ἂν εἴποι.[88]

Mit ihrer bitteren Anklage gelingt es den Korinthern und ihren Unterstützern in der Bundesversammlung, die Lakedaimonier von der Notwendigkeit eines Kriegseintritts zu überzeugen. Thukydides hat einen beträchtlichen Teil seiner darstellerischen Fähigkeiten darauf verwendet, diesen Vorgang im ersten Buch nachzuzeichnen und für den Leser transparent zu machen. Für die Zeit um und nach 461/60 v. Chr. gibt er uns hingegen keinen Hinweis darauf, daß es vergleichbare Diskussionen im Lager der Peloponnesier gegeben hat. Die Lakedaimonier ziehen 458 v. Chr. nach Mittelgriechenland und kämpfen anschließend gegen Athen. So war es, und so sagt es Thukydides. Sie befinden sich auch danach mutmaßlich im Kriegszustand mit dem Delisch-Attischen Seebund, sonst hätte Tolmides im Verlauf seines Periplus keine Veranlassung dazu gehabt, die lakedaimonische Reede von Gytheion anzugreifen. Aber ein Vorläufer für die Ereignisse von 431 bis 404, ein ‚Erster Peloponnesischer Krieg', ist das alles für Thukydides offenbar nicht, er hätte es sonst sicher so gesagt, denn es wäre ein herrlicher Beleg für seine These vom beständigen Anwachsen der Spannungen zwischen Athen und Sparta gewesen. Im Gegensatz zu vielen Forschern heute hat Thukydides darauf verzichtet, die Kämpfe der 460/50er Jahre v. Chr. lediglich als Präfigurierung des Peloponnesischen Krieges eine Generation später zu deuten.[89] Die Gemeinsamkeiten zwischen beiden Ereigniskomplexen gaben dies seiner Meinung nach nicht her, obwohl er doch, wie wir gesehen haben, keine Scheu davor hatte, etwa bezüglich des Charakters und der Verhaltensweisen der Akteure Parallelen in der Vergangenheit zu suchen.[90] Die Tatsache, daß Thukydides letztendlich doch davor zurückschreckte, diejenigen Konsequenzen aus der Anordnung und Präsentation seines Materials zu ziehen, die dann viele seiner modernen Historikerkollegen gezogen haben, erleichtert es uns, bei der Rekonstruktion des Geschehensablaufs zwi-

---

[84] Thuk. 1,41,3.
[85] Siehe ebd. 1,56,2: τῶν γὰρ Κορινθίων πρασσόντων ὅπως τιμωρήσονται αὐτούς, [...].
[86] Siehe ebd. 1,68,2: ὑβριζόμενοι.
[87] Siehe ebd. 1,68,3f.: ἀφανεῖς που ὄντες ἠδίκουν τὴν Ἑλλάδα [...] Κέρκυράν τε ὑπολαβόντες βίᾳ ἡμῶν εἶχον [...].
[88] Ebd. 1,70,9.
[89] Wiederholt und mit Nachdruck De Ste. Croix, Origins of the Peloponnesian War, z.B. 51: der Erste Peloponnesische Krieg als „a mere prelude" des eigentlichen Peloponnesischen Krieges.
[90] Daraus zieht Plant, Battle of Tanagra 263 zu Recht den Schluß, an den Fakten, die Thukydides überliefert, brauche man nicht zu zweifeln, wohl aber an den Motiven und Absichten, die er den athenischen und lakedaimonischen Akteuren unterstellt.

schen 480/79 und 432/31 v. Chr. einen erneuten Blick auf Einzelheiten zu richten, die nicht ohne weiteres in das strenge Korsett des athenisch-lakedaimonischen Dualismus eingeordnet werden können. Der sogenannte Erste Peloponnesische Krieg hat *nicht* stattgefunden. Wie lassen sich statt dessen die Ereignisse zur Zeit der Pentekontaëtie, besonders zwischen den Jahren 461/60 und 446/45 v. Chr., in einen sinnvollen Zusammenhang bringen?

VI. Der Verlauf der Pentekontaëtie unter besonderer Berücksichtigung der korinthischen Perspektive

Die folgende Gesamtdarstellung des Ereigniszusammenhangs zwischen dem Xerxeszug 480/79 v. Chr. und dem Beginn des Peloponnesischen Krieges 432/31 v. Chr. beruht zum Teil – es kann angesichts der Quellenlage auch nicht anders sein – auf Hypothesen. Ich glaube aber durch die Ergebnisse der vorausgegangenen Kapitel genug Argumentationsmaterial zusammengetragen zu haben, um diese Hypothesen stichhaltig begründen zu können. Das von Thukydides zu Recht hervorgehobene Faktum, daß Athens Machtausweitung das entscheidende Movens für die Geschichte der Pentekontaëtie gewesen ist,[1] wird auch in meiner Darstellung nicht grundsätzlich bestritten. Dennoch darf es nicht verwundern, wenn daneben im folgenden Ereignisse ins Zentrum gerückt werden, denen der Autor des „Peloponnesischen Krieges" keine oder nur wenig Beachtung geschenkt hat, denn um das Verhalten von Städten wie Korinth oder etwa Argos während unseres Zeitraums zu verstehen und zu erklären, sind gerade diese besonders geeignet.

1. Die Ausgangslage nach dem Xerxeszug 480/79 v. Chr.

Nach der Niederringung des persischen Feldheeres unter seinem Anführer Mardonios auf dem Schlachtfeld von Plataiai war im selben Sommer 479 v. Chr. auch die Flotte des Großkönigs am Kap Mykale entscheidend geschlagen worden. Der Hellenenbund hatte damit seine beiden wichtigsten Ziele erreicht, ja sie geradezu übertroffen. Der Invasionsversuch aus dem Osten war definitiv abgewehrt worden; große Teile der thrakischen, ägäischen und kleinasiatischen Verbündeten des Xerxes nutzten die Gunst der Stunde und begannen die persische Herrschaft abzuschütteln.

---

[1] So explizit Thuk. 1,23,6: τὴν μὲν γὰρ ἀληθεστάτην πρόφασιν, ἀφανηστάτην δὲ λόγῳ, τοὺς Ἀθηναίους ἡγοῦμαι μεγάλους γιγνομένους καὶ φόβον παρέχοντας τοῖς Λακεδαιμονίοις ἀναγκάσαι ἐς τὸ πολεμεῖν.

1. Die Ausgangslage nach dem Xerxeszug 480/79 v. Chr.

Schon befanden sich griechische Truppen in Jonien und am Hellespont, um den Krieg, der nun zum Rachekrieg geworden war, ins Land des Großkönigs zu tragen.[2] Eine sofortige, weitere Offensive des Xerxes war für den Augenblick nicht zu erwarten. Zwar konnten die griechischen Zeitgenossen nicht wissen, daß sie Zeuge des tatsächlich letzten massiven Eroberungsversuchs der Perser auf dem europäischen Kontinent geworden waren,[3] aber auch so waren die Erfolge der letzten beiden Kriegskampagnen erstaunlich genug und gaben Hoffnung für die Zukunft.

Freilich harrten mit dem Ende der akuten Bedrohung auch einige Fragen ihrer Beantwortung, die schon während des Xerxeszugs aufgeworfen und keineswegs befriedigend gelöst worden waren. Sowohl Herodot als auch Thukydides haben die Brisanz der politischen Probleme erkannt, die sich hinter den grandiosen Siegen von Salamis und Plataiai auftaten.[4] Letztendlich ging es um die Frage der προστασία τῆς Ἑλλάδος, die im Raum stand. Sparta hatte diese seit dem ausgehenden sechsten Jahrhundert nahezu unangefochten innegehabt;[5] auch während des Xerxeszugs war seine politische und militärische Vorrangstellung innerhalb des Hellenenbundes nicht bestritten worden.[6] Dabei hatten sich schon damals Situationen ergeben, die die Sinnhaftigkeit einer alleinigen lakedaimonischen προστασία über Griechenland in Frage stellten. Vor allem die Austragung von Schlachten auf dem Meer und – gegen Ende des Krieges – die Verlagerung des Geschehens in die östliche Ägäis, weit weg von Mittelgriechenland und erst recht von der Peloponnes, führte dazu, daß Alternativen zur Vorherrschaft Spartas innerhalb des Hellenenbundes denkbar und schließlich auch zur Sprache gebracht wurden.[7]

---

[2] Die Kampagne von Plataiai und Mykale mit ihren unmittelbaren Folgen wird u.a. von Lazenby, Defence of Greece 217ff. dargestellt – Zum Motiv der Rache ab 479 v. Chr. siehe Thuk. 1,96,1: πρόσχημα γὰρ ἦν ἀμύνεσθαι ὧν ἔπαθον δῃοῦντας τὴν βασιλέως χώραν; dazu u.a. K. A. Raaflaub, Beute, Vergeltung, Freiheit? Zur Zielsetzung des Delisch-Attischen Seebundes, Chiron 9, 1979, 18ff.; Petzold, Die Gründung des Delisch-Attischen Seebundes II, 2ff. u. Hornblower, Greek World 13f. Siehe auch Hornblower, Commentary, Bd. 1, 144f.

[3] Der Xerxeszug ist sogar als „der letzte expansive Reichskrieg des persischen Großreichs" überhaupt bezeichnet worden; so Bayer, Griechische Geschichte 177.

[4] Thukydides' ganzes Werk ist aus der Beschäftigung mit dieser Erkenntnis erwachsen, doch die wenigen, gleichwohl prononcierten Äußerungen bei Hdt. 8,3 u. 9,106,3f. weisen ebenfalls daraufhin, daß bereits der Historiker aus Halikarnaß sich der Tragweite der Ereignisse, die zur Gründung des Delisch-Attischen Seebundes führten, bewußt war.

[5] Siehe Kienast, Hellenenbund 46 mit Anm. 23.

[6] So richtig Petzold, Die Gründung des Delisch-Attischen Seebundes I, 421ff.: Sowohl 480 als auch 479 v. Chr. sei die lakedaimonische Hegemonie unter den Mitgliedern des Hellenenbundes prinzipiell unbestritten gewesen. Auch M. Zahrnt, Überlegungen zu den athenisch-spartanischen Beziehungen im Zeitalter der Perserkriege, in: B. Bleckmann (Hrsg.), Herodot und die Epoche der Perserkriege. Realitäten und Fiktionen, Köln u.a. 2007, 79ff. hat diesen Sachverhalt jüngst noch einmal überzeugend gegen Steinbrecher, Delisch-Attischer Seebund 127ff. herausgearbeitet.

[7] Aus Hdt. 8,2f. geht diese Problemlage besonders deutlich hervor, doch ist sie auch ansonsten im Hintergrund des Geschehens stets präsent. Vgl. etwa das Ringen um die richtige Strategie vor der Schlacht bei Salamis in Hdt. 8,59–63. Stets waren die Lakedaimonier und ihre peloponnesischen

Nach Plataiai und Mykale mündeten diese Überlegungen – zwar nicht ohne Reibereien, aber letztendlich doch friedlich und in gegenseitigem Einverständnis[8] – in eine neue bipolare Struktur Griechenlands. Auf der einen Seite befand sich die alte hellenische Vormacht Sparta einschließlich seines altvertrauten Peloponnesischen Bundes, eines Herrschaftsinstruments, das zwar zweifellos dessen Macht multiplizierte, diese aber auch in gewisser Weise relativierte, denn die Lakedaimonier mußten auf ihre Verbündeten Rücksicht nehmen und waren durch die Zusammensetzung ihres Bundes an die Peloponnes und allenfalls Mittelgriechenland als vornehmliche Aktionsräume gebunden. Die an der kleinasiatischen Westküste und in der Ägäis gelegenen Poleis, die angesichts der griechischen Siege von Xerxes abgefallen waren, waren deshalb erleichtert, als im Winter 478/77 v. Chr. ein Sonderbund[9] innerhalb des Hellenenbundes unter der Führung Athens geschlossen wurde. Der Delisch-Attische Seebund, wie ihn die Forschung heute nennt, diente dazu, den Krieg, den der Großkönig begonnen hatte, weiterzuführen, Rache zu nehmen für die von ihm verantworteten Verwüstungen, bereits abgefallene griechische Poleis vor den Persern zu schützen und weitere diesen abtrünnig zu machen.[10] Auf diese Weise, so das Kalkül, mochte verhindert werden, daß Xerxes in naher Zukunft mit einem großen Heer zurückkehrte und den Krieg wieder zu den Griechen brächte.

Der Delisch-Attische Seebund war nicht von vornherein ein Herrschaftsinstrument in der Art, wie es uns bei Thukydides zu Beginn des Peloponnesischen Krieges entgegentritt. Am Anfang erfreuten sich die Athener sicherlich ehrlicher Beliebtheit; der Sinn und der Zweck ihrer Hegemonie über die ägäischen und ionischen Griechen stand jedermann vor Augen und war durch die Erfolge der athenischen Feldherrn über lange Jahre gerechtfertigt.[11] Aber im Laufe der Zeit wurde der Seebund immer mehr (athenischen) In-

---

Bundesgenossen während des Xerxeszugs dazu verurteilt, auf Athen angesichts seiner Stärke zur See Rücksicht zu nehmen, und zwar ungeachtet dessen, daß der Spartiat Eurybiades Eurykleides' Sohn formal Oberbefehlshaber der vereinigten griechischen Flotte war.

[8] Thuk. 1,95f., bes. 1,95,7 betont das zumindest stillschweigende Einverständnis der Lakedaimonier mit der Gründung des Delisch-Attischen Seebundes durch die Athener; demgegenüber findet Hdt. 8,3,2 schärfere Worte: (scil. οἱ Ἀθηναῖοι) ἀπείλοντο τὴν ἡγεμονίην τοὺς Λακεδαιμονίους. Dazu Petzold, Die Gründung des Delisch-Attischen Seebundes I, 436ff. Einen aktuellen Überblick über die reiche Literatur zum Thema bietet Baltrusch, Außenpolitik, Bünde und Reichsbildung in der Antike 48ff. u. 141ff.

[9] Petzold, Die Gründung des Delisch-Attischen Seebundes I, 443 bezeichnet den Seebund von 478/77 v. Chr. als „eine im wesentlichen anders zusammengesetzte Einheit" als den Hellenenbund der Perserkriegszeit. Demgegenüber hat Kienast, Hellenenbund 54f. mit Recht auf die Gemeinsamkeiten zwischen beiden Bündnissystemen verwiesen. Man darf beide Auffassungen nicht gegeneinander ausspielen: Die von den Lakedaimoniern angeführten hegemonialen Symmachien der zurückliegenden Jahre waren eben der Maßstab, den die Athener auch an ihre eigene Politik anlegten.

[10] So Petzold, Die Gründung des Delisch-Attischen Seebundes II, 8. Siehe auch Meiggs, Athenian Empire 42ff u. Hornblower, Greek World 9ff.

[11] Ein Zeugnis für die Akzeptanz der athenischen Hegemonie in der griechischen Öffentlichkeit zum Ende der 470er Jahre v. Chr. hin stellen Bakchyl. 17 u. 18 (Snell/Maehler) dar; dazu Petzold, Die Gründung des Delisch-Attischen Seebundes II, 17.

1. Die Ausgangslage nach dem Xerxeszug 480/79 v. Chr.

teressen dienstbar gemacht, die mit dem Krieg gegen den persischen Großkönig nichts mehr zu tun hatten. Thukydides war am Verständnis dieses Vorgangs in besonderer Weise interessiert und hat weite Teile seines Pentekontaëtie-Exkurses dazu verwendet, ihn zu illustrieren. Sein Bild ist insofern einseitig, wie Karl-Ernst Petzold feststellt: „Herausgehoben werden [...] vor allem jene Handlungen, welche die im Bündnis für eine politische Hegemoniebildung enthaltenen Elemente aktivierten und somit gegen den Geist der Symmachie verstießen."[12] Demgegenüber betont letzterer zu Recht, daß die athenische ἀρχή „das Ergebnis eines Prozesses im Sinne von challenge and response" gewesen ist, aus dem der Wille zur Herrschaft erst hervorgewachsen sei.[13]

Der Xerxeszug hat also eine Entwicklung angestoßen. Wie alle Kriege schuf er nicht nur für den Verlierer eine neue Situation, mit der dieser sich zu arrangieren hatte, er veränderte auch die Sieger. Gewiß, der am Vorabend des Konflikts 481 v. Chr. geschlossene Hellenenbund mit dem προστάτης Sparta an der Spitze existierte fort, mindestens bis zum Bruch zwischen den Athenern und Lakedaimoniern im Jahre 462/61 v. Chr., vielleicht sogar darüber hinaus.[14] Aber daneben gab es mit dem Delisch-Attischen Seebund nun ein weiteres Bündnis, das durch seine schiere Existenz, seine Agilität und seine daraus resultierenden Erfolge das Koordinatensystem der griechischen Politik stärker veränderte als zunächst erwartet. Es gab auch in Sparta Personen, die das schnell verstanden; die Hinweise in unseren Quellen auf lakedaimonische ‚Falken', die eine Auseinandersetzung mit Athen baldigst wünschten, führen bis in die 460er, vielleicht sogar die 470er Jahre v. Chr. hinauf.[15] Mit der Zeit veränderte die von den Athenern im Winter 478/77 v. Chr. angestoßene Dynamik die ganze griechische Politik – Thukydides hat das ganz richtig erkannt, als er die Korinther die Athener als νεωτεροποιοί schmähen ließ[16] –; zuletzt wurde auch Sparta samt dem Peloponnesischen Bund in ihren Bann gezogen. Allein aus Selbstschutz mußte es der Dynamik, mit der es konfrontiert war, etwas entgegensetzen. Spätestens der Peloponnesische Krieg hat dazu geführt, daß sich die Bündnissysteme der beiden Großmächte in ihrer Struktur einander annäherten. Doch wenn schon das mächtige Sparta in seinen Reaktionen auf

---

[12] Petzold, Die Gründung des Delisch-Attischen Seebundes II, 30.
[13] Ebd. 31. Auffallend ist, daß diese Entwicklung des Delisch-Attischen Seebundes hin zu einer ἀρχή offensichtlich nicht nur ein Projekt der sog. radikalen Demokratie gewesen ist, sondern von Strategen aus allen politischen Lagern Athens mitgestaltet wurde; siehe z.B. mit Blick auf den Philaiden Kimon Steinbrecher, Delisch-Attischer Seebund 87ff. u. 143ff. sowie Stein-Hölkeskamp, Kimon 145ff.
[14] So Kienast, Hellenenbund 64ff. Siehe allerdings Baltrusch, Außenpolitik, Bünde und Reichsbildung in der Antike 47f. u. 139f., der für ein Ende des Hellenenbundes im Winter 478/77 v. Chr., parallel zur Entstehung des Delisch-Attischen Seebundes eintritt.
[15] Dann müßte allerdings – wie z.B. De Ste. Croix, Origins of the Peloponnesian War 170f. u. Hornblower, Greek World 10f. annehmen – die von Diod. 11,50 erzählte Geschichte von Hetoimaridas, einem Angehörigen der lakedaimonischen Gerusie, einen wahren Kern haben. Dieser soll 475 v. Chr. oder gar noch früher (so Meiggs, Athenian Empire 454) erfolgreich Tendenzen in Sparta entgegengetreten sein, sich in Konkurrenz zu Athen stärker zur See zu engagieren.
[16] Siehe Thuk. 1,70,2.

Dauer von seinem Rivalen Athen bestimmt wurde, wie sehr muß das gleiche bei weniger mächtigen Poleis der Fall gewesen sein wie Theben, Argos und Korinth?

2. Die Erschütterung der lakedaimonischen Hegemonie auf der Peloponnes in den 470/60er Jahren v. Chr.

Es ist keineswegs so, daß sich Sparta nach 478 v. Chr. völlig zurückgezogen und es ganz den Athenern überlassen hätte, die Chancen, die der Sieg über Xerxes eröffnete, auszunutzen. Gerade in den ersten Jahren hören wir durchaus von Taten lakedaimonischer Feldherrn außerhalb der Peloponnes. Pausanias Kleombrotos' Sohn zum Beispiel, der Sieger von Plataiai, verfolgte in den 470er Jahren im Gebiet der Meerengen eine ambitionierte, auf die Errichtung einer lokalen Machtstellung ausgerichtete Politik, die ihn allerdings bald in Konflikt mit den Athenern einerseits, den Behörden seiner Heimatpolis andererseits brachte.[1] Auch der andere lakedaimonische Protagonist des Kriegsjahres 479 v. Chr., König Leotychidas, sorgte nach dem Xerxeszug dafür, daß die Präsenz Spartas auf dem gesamtgriechischen Parkett zunächst erhalten blieb.[2] Er führte ein Heer nach Thessalien, um das dort ansässige Herrschergeschlecht der Aleuaden für seine Kollaboration mit dem Perserkönig zu bestrafen.[3] Der Vorwurf des Medismos war ein probates Mittel in den Jahren nach 480/79, um militärische Interventionen zu rechtfertigen und althergebrachte politische Strukturen, deren Träger sich durch ihr Verhalten während der Kriegskampagnen diskreditiert hatten, in Frage zu stellen.[4] Schon unmittelbar nach der Schlacht bei Plataiai waren die führenden Männer der mit den Persern verbündeten Stadt Theben von Pausanias eigenmächtig hingerichtet worden.[5] Die machtpolitische Stellung der an sich bedeutendsten mittelgriechischen Polis war in der Folge für einige Zeit stark eingeschränkt; vielleicht ist der von ihr angeführte Boiotische Bund damals sogar aufgelöst worden.[6] Die Thebaner hatten es, glaubt

---

[1] Zum Schicksal des Pausanias nach 479 v. Chr. siehe Lewis, Mainland Greece, 479–451 B.C. 100f.; ausführlicher Schumacher, Themistokles und Pausanias u. – mit Verweisen auf die jüngste Literatur zum Thema – Welwei, Sparta 166ff.

[2] Zur Person des Leotychidas siehe z.B. Lewis, Mainland Greece, 479–451 B.C. 97ff.; ferner Welwei, Sparta 173f.

[3] Siehe Hdt. 6,72; Plut. mor 859d u. Paus. 3,7,9f. Die betreffenden Ereignisse werden in der Forschung in die Zeit zwischen 479 und 469 v. Chr. datiert; hierzu Bayer/Heideking, Chronologie 106ff. u. D. M. Lewis, Chronological notes, in: ders. u.a. (Hrsgg.), The Cambridge Ancient History, Bd. 5: The Fifth Century B.C., Cambridge u.a. 1992, 499.

[4] Zum Begriff des Medismos und seiner Verwendung durch die Griechen ausführlich D. F. Graf, Medism. Greek collaboration with Achaemenid Persia, Ann Arbor 1979.

[5] Siehe Hdt. 9,86–88.

[6] Die Frage ist aufgrund unseres dürftigen Quellenbestandes schwerlich zu entscheiden, doch überwiegen inzwischen die Zweifel; siehe Buck, History of Boeotia 141ff.

2. Die Erschütterung der lakedaimonischen Hegemonie

man Plutarch, allein Themistokles zu verdanken, daß sie nicht darüber hinausgehende Sanktionen hinzunehmen hatten.[7] Statt dessen vermochten sie ihre traditionelle Vorrangstellung in Mittelgriechenland bald wiederzuerlangen. In den Auseinandersetzungen nach etwa 460 v. Chr. jedenfalls war der von den Thebanern kontrollierte Boiotische Bund wieder ein wichtiger Machtfaktor, der von den an diesem Raum interessierten auswärtigen Mächten ins Kalkül miteinbezogen werden mußte.[8]

Sowohl die Thebaner als auch die Thessaler waren Mitglieder der Pylaisch-Delphischen Amphiktyonie, einer Kultgenossenschaft, an der die Lakedaimonier über ihre Metropolis Doris seit alters her mitbeteiligt waren.[9] Man hat deshalb aus den Maßnahmen des Pausanias und des Leotychidas in den 470er Jahren v. Chr. das lakedaimonische Bestreben ableiten können, durch die Ausschaltung der des Medismos Verdächtigen zusätzlichen Einfluß in der Amphiktyonie zu gewinnen.[10] Daß dieses Ziel dann weder in der Situation unmittelbar nach der Schlacht bei Plataiai noch in den Jahren danach erreicht werden konnte, steht wiederum auf einem ganz anderen Blatt. Festzuhalten bleibt: Sparta zog sich nach dem Xerxeszug keineswegs etwa grundsätzlich aus der großen Politik zurück, es verfolgte weiterhin seine Interessen außerhalb der Peloponnes – nur eben nicht in der östlichen Ägäis und an den Meerengen, sondern im nahen Mittelgriechenland. Es ist sicher kein Zufall, daß in den 450er Jahren v. Chr. das erste große militärische Engagement der Lakedaimonier nach dem Messenischen Aufstand genau diesem Raum gewidmet ist. Thukydides verliert über all diese Zusammenhänge nicht viele Worte, vermutlich weil er die Verquickung von politischen und religiösen Interessen, die das Ringen um die Machtverhältnisse in der Pylaisch-Delphischen Amphiktyonie bedeutete, aus prinzipiellen Erwägungen heraus nicht in den Vordergrund seiner Darstellung geraten lassen wollte.[11] Es verhält sich ähnlich wie im Falle der Streitigkeiten um den Vorsitz der Nemeischen Spiele, von denen bereits die Rede war:[12] Auch diese Angelegenheit verfügte über das Potential dazu, eine ganze Region,

---

[7] So Plut. Them. 20,3f. Die Zweifel an der Tragfähigkeit dieser Überlieferung hat allerdings Sánchez, L'Amphictionie des Pyles et de Delphes 98ff. jüngst noch einmal zusammengetragen.

[8] In der Version Diodors von der Vorgeschichte der Schlacht bei Tanagra kommt dies besonders gut zur Geltung; vgl. Diod. 11,81,1–3. Zu den Schwächen dieser auf Ephoros von Kyme zurückgehenden Überlieferung R. J. Buck, Boiotian Historiography, 479–432 B.C., in: H. Beister/J. Buckler (Hrsgg.), Boiotika, München 1989, 87–93.

[9] Grundlegendes zur Pylaisch-Delphischen Amphiktyonie und ihren Mitgliedern bei Zeilhofer, Sparta, Delphoi und die Amphiktyonen im 5. Jh. v. Chr. 34ff.; Tausend, Amphiktyonie und Symmachie 34ff.; sehr ausführlich Sánchez, L'Amphictionie des Pyles et de Delphes.

[10] In diesem Sinne schon Zeilhofer, Sparta, Delphoi und die Amphiktyonen im 5. Jh. v. Chr. 34ff.; anders Sánchez, L'Amphictionie des Pyles et de Delphes 99: „En tous les cas, rien ne permet de penser que Léotychidas ait eu pour mission de châtier tous les membres de l'Amphictionie et de prendre ainsi le contrôle de la Grèce centrale."

[11] Siehe Hornblower, Religious dimension 175ff. mit der Schlußfolgerung ebd. 178, „that our impression that the fifth-century amphiktiony [...] was a negligible entity, is due to Thucydides' systematic policy of silence."

[12] Siehe oben S. 159ff.

in diesem Falle die nordöstliche Peloponnes, in Unruhe zu versetzen, doch ist sie in der Darstellung des Thukydides nicht etwa nur unterrepräsentiert, sondern sogar gänzlich weggelassen worden. Die Folgen für die Kohärenz und die Folgerichtigkeit der thukydideischen Pentekontaëtie haben wir bereits angedeutet.

Die lakedaimonischen Helden des Jahres 479 v. Chr. scheiterten sämtlich mit ihren Ambitionen; auch König Leotychidas, dessen Feldzug gegen die Aleuaden sich zunächst gut angelassen hatte, brach seine Operationen in Thessalien schließlich aus nicht mehr abschließend zu klärenden Gründen ab und kehrte nach Sparta zurück. Hier wurde er von seinen innenpolitischen Feinden der Bestechlichkeit verdächtigt und ins Exil nach Tegea gezwungen.[13] Daß Leotychidas ausgerechnet auf dem Territorium dieser Stadt, im Heiligtum der Athene Alea, Zuflucht gefunden hat, zeigt, daß sich zum damaligen Zeitpunkt die politischen Rahmenbedingungen auf der Peloponnes bereits so verändert hatten, daß weiterreichende lakedaimonische Ambitionen – so es sie gegeben hat – von vornherein behindert wurden. Es war alles mögliche zusammengekommen: der Rückzug aus dem Perserkrieg in der Ägäis, das unglückliche Agieren des Pausanias an den Meerengen, die unbefriedigenden Ergebnisse der Kampagne in Thessalien. All das führte Ende der 470er Jahre v. Chr. nicht nur zu offenen Auseinandersetzungen unter den Mitgliedern der spartiatischen Führungsschicht – man denke nur an die spektakuläre Tötung des Pausanias im Tempel der Athene Chalkioikos[14] –, sondern auch zu weitverbreiteter Verunsicherung in deren peloponnesischem Umfeld. Schließlich machte sich innerhalb des hegemonialen Bündnissystems der Lakedaimonier eine gefährliche Tendenz zur Desintegration bemerkbar. Ende der 470er Jahre v. Chr. erfolgte in Elis ein Umsturz; das bisherige aristokratische Regierungssystem wurde zugunsten eines demokratischen umgestaltet. Damit einher ging ein Synoikismos der Bürgerschaft und ihre Neugliederung in zehn Phylen.[15]

Das Ganze erinnert bis in die Einzelheiten sehr an die kleisthenischen Reformen im letzten Jahrzehnt des sechsten Jahrhunderts v. Chr., die in Athen das Tor zur Demokratie aufgestoßen hatten.[16] In der Tat hält es die Forschung für wahrscheinlich, daß nicht zuletzt attische Einflußnahme in dieser Zeit die hegemoniale Stellung der Lakedaimonier auf der Peloponnes unterminierte.[17] Themistokles war soeben per

---

[13] Zu den Quellen siehe oben S. 181 Anm. 3.
[14] Die zur Tötung des Pausanias führenden Ereignisse werden von Thukydides ausführlich berichtet; siehe Thuk. 1,94f. u. 1,128–134. Dazu u.a. Schumacher, Themistokles und Pausanias 224ff. u. Welwei, Sparta 166ff. Siehe auch Gomme, Historical Commentary, Bd. 1, 431ff. u. Hornblower, Commentary, Bd. 1, 211ff.
[15] Siehe Diod. 11,54,1; Strab. 8,3,2 u. Paus. 5,9,5. Dazu U. Bultrighini, Pausania e le tradizioni democratiche (Argo ed Elide), Padua 1990, 174ff. u. J. Roy, The Synoikism of Elis, in: Th. Heine Nielsen (Hrsg.), Even More Studies in the Ancient Greek Polis, Stuttgart 2002, 249–264.
[16] Diesbezüglich einschränkend allerdings Welwei, Die griechische Polis. Verfassung und Gesellschaft in archaischer und klassischer Zeit, Stuttgart ²1998, 262ff.
[17] So schon Busolt, Griechische Geschichte, Bd. 3.1, 112f.; vgl. auch Forrest, Themistokles and Argos 226.

2. Die Erschütterung der lakedaimonischen Hegemonie

Scherbengericht aus der Stadt entfernt worden; jetzt lebte er in Argos, ἐπιφοιτῶν δὲ καὶ ἐς τὴν ἄλλην Πελοπόννησον.[18] Durch das Mitwirken des rührigen Siegers von Salamis mag das in den Perserkriegen bewährte, in den 470er Jahren so erfolgreich und verantwortungsbereit daherkommende demokratische System der Athener seine Wirkung unter den Bündnern der Lakedaimonier nicht verfehlt haben.[19] Die Folgen all dessen ließen nicht auf sich warten: In Arkadien bildete sich eine Koalition von Poleis, die bereit waren, sich gegen Sparta aufzulehnen.[20] Das traditionell selbstbewußte und widerständige Tegea war darunter; auch Mantineia im Norden der ostarkadischen Hochebene ließ sich von der allgemeinen Stimmung beeinflussen. Wie die Eleier vollzogen seine Bürger einen Synoikismos und gestalteten ihre Verfassung nach demokratischen Prinzipien um.[21] Freilich hielten sie sich – wohl aus nachbarschaftlicher Rivalität zu Tegea[22] – von militärischen Aktionen gegen Sparta in der Folge fern.[23] Nach der Niederlage der Arkader sollte sich diese Haltung auszahlen.[24]

Die Schwäche Spartas allein hätte niemals als Impuls dafür ausgereicht, um zum Ende der 470er Jahre v. Chr. hin verhältnismäßig kleine Städte wie Tegea und Mantineia dazu zu veranlassen, eigene Wege einzuschlagen. Es bedurfte dafür eines zusätzlichen günstigen Umstands. Dieser lag darin, daß sich die Bürger von Argos in dieser Zeit anschickten, in das Ringen um die Vorherrschaft auf der Peloponnes erneut einzutreten.[25] Nachdem sie lange an den Folgen der schweren Niederlage von Sepeia zu tragen gehabt hatten, die sie

---

[18] Thuk. 1,135,3.
[19] Adshead, Politics of the Peloponnese 67ff. u. 86ff. sieht in der erfolgreichen attischen Innen- und Flottenpolitik ein wichtiges Stimulans für die Politik der peloponnesischen Staaten nach 480/79 v. Chr. Zu Themistokles in seiner Eigenschaft als ‚Systemexporteur' siehe ebd. 90f.; ferner Andrewes, Sparta and Arcadia in the Early Fifth Century 2f. u. Schumacher, Themistokles und Pausanias 231f. Skeptisch u.a. Lewis, Mainland Greece, 479–451 B.C. 103f. u. Hornblower, Greek World 80f.
[20] Der Verlauf der Kämpfe der Lakedaimonier in Arkadien während der 470er und 460er Jahre v. Chr. ist aufgrund der dürftigen Quellenlage in ihren Einzelheiten notorisch umstritten. Unser wichtigstes Zeugnis ist Hdt. 9,35,2; zur schwierigen Chronologie und verwickelten Ereignisfolge siehe u.a. Busolt, Griechische Geschichte, Bd. 3.1, 118ff.; Andrewes, Sparta and Arcadia in the Early Fifth Century 1–5; Bayer/Heideking, Chronologie 116ff. u. Lewis, Mainland Greece, 479–451 B.C. 101ff.
[21] Siehe Strab. 8,3,2; ihm zufolge erfolgte der mantineische Synoikismos unter aktiver Mitwirkung der Argiver: Μαντίνεια ἐκ πέντε δήμων ὑπ' Ἀργείων συνῳκίσθη.
[22] Noch während der dramatischen Schlußphase des Archidamischen Krieges, im Winter 423/22 v. Chr., lagen Tegea und Mantineia im offenen Kampf miteinander, obwohl beide Poleis doch dem Peloponnesischen Bund angehörten; siehe Thuk. 4,134.
[23] In der Schlacht von Dipaia kämpften die Mantineier nicht mehr auf der Seite der Feinde Spartas; siehe Hdt. 9,35,2.
[24] So wurde weder der Synoikismos der Mantineier noch ihre demokratische Verfassungsform nach der Schlacht bei Dipaia von den Lakedaimoniern rückgängig gemacht.
[25] Zur argivischen Außenpolitik seit dem Xerxeszug siehe u.a. Andrewes, Sparta and Arcadia in the Early Fifth Century; Forrest, Themistokles and Argos 221ff.; Kelly, Argive Foreign Policy in the Fifth Century B.C. 81ff.; Tomlinson, Argos and the Argolid 101ff. u. Adshead, Politics of the Peloponnese 91ff. Dazu auch, ausgehend von Pind. Nem. 10, Morgan, Debating Patronage 249ff.

in den 490er Jahren durch König Kleomenes I. erlitten hatten, fühlten sich die Argiver nun wieder dazu in der Lage, gegen den ‚Erbfeind' zu Felde zu ziehen.[26] Wie die Eleier und Mantineier hatten auch sie, vielleicht unter dem Einfluß des Themistokles, ihre Verfassung demokratisch umgestaltet.[27] Seit der Zeit um 470 v. Chr. initiierte Argos eine aggressive Politik, die einerseits darauf ausgelegt war, sämtliche kleinen Nachbarpoleis in der Argolis und den an sie angrenzenden Gebieten zu vereinnahmen. Zum anderen strebte die Stadt am Inachos danach, durch ein Bündnis mit den Arkadern die peloponnesische Hegemonie der Lakedaimonier zu sprengen und somit zumindest partiell deren Position einzunehmen. Der größte Teil der Auseinandersetzungen, der aus dieser zweifachen Zielsetzung erwuchs, spielte sich wohl in den 460er Jahren ab, und man kann sagen, daß sich das Ergebnis für die Argiver sehen ließ. Am Ende des Jahrzehnts hatten sie ihr Territorium erfolgreich vergrößert und potentielle Konkurrenten um die fruchtbare Ebene beiderseits des Inachos, wie Tiryns und Mykenai, definitiv ausgeschaltet. Im gemeinsamen Kampf zusammen mit den Arkadern gegen Sparta war Argos hingegen weniger erfolgreich. In einer ersten, bei Tegea geschlagenen Schlacht, blieben die Lakedaimonier siegreich, und auch ein zweites Gefecht bei Dipaia endete zu ihren Gunsten.[28] In dieser zweiten Schlacht hatten sie Herodot zufolge πρὸς Ἀρκάδας πάντας πλὴν Μαντινέων gekämpft;[29] die Argiver hingegen werden von ihm nicht mehr als Gegner Spartas aufgeführt. Vielleicht hatten die dem Höhepunkt zustrebenden Auseinandersetzungen mit Tiryns sie in dieser Zeit zu sehr in Beschlag genommen. Mit dem Ausscheiden der Argiver aus der antilakedaimonischen Koalition aber und der Niederlage der Arkader war entschieden, daß die Hegemonie Spartas über die Peloponnes, die nach dem Xerxeszug ins Wanken geraten war, ihre Fortsetzung finden würde. Erst das schwere Erdbeben in Lakonien 464 v. Chr. eröffnete den Gegnern Spartas neue Chancen, doch geschah dies – da Athen nun mit im Spiel war – unter völlig veränderten Rahmenbedingungen.

---

[26] Zu den Folgen der Schlacht bei Sepeia für Argos siehe ausführlich Kiechle, Argos und Tiryns nach der Schlacht bei Sepeia; aus jüngerer Zeit M. Piérart, L'attitude d'Argos à l'égard des autres cités d'Argolide, in: M H. Hansen (Hrsg.), The Polis as an Urban Centre and as a Community, Kopenhagen 1997, 327ff.

[27] Zur argivischen Verfassung im 5. Jh. v. Chr. siehe grundlegend M. Wörrle, Untersuchungen zur Verfassungsgeschichte von Argos im 5. Jahrhundert v. Chr., Erlangen 1964; zuletzt M. Piérart, Argos. Une autre démocratie, in: P. Flensted-Jensen u.a. (Hrsgg.), Polis & Politics. Studies in Ancient Greek History, Kopenhagen 2000, 297–314.

[28] Zur Datierung der Schlachten bei Tegea und Dipaia siehe u.a. Andrewes, Sparta and Arcadia in the Early Fifth Century 5, der das eine Gefecht *vor*, das andere *nach* das Erdbeben von 464 v. Chr. ansiedelt. Dies ist aber nicht unbedingt erforderlich, wie die Rekonstruktionen von Lewis, Mainland Greece, 479–451 B.C. 104ff. u. Bayer/Heideking, Chronologie 116ff. zeigen. Ihnen folgend, erscheint mir eine Datierung der Schlachten bei Tegea und Dipaia in die Zeit um 470/65 v. Chr. am wahrscheinlichsten. – Auch Busolt, Griechische Geschichte, Bd. 3.1, 120ff. u. Beloch, Griechische Geschichte, Bd. 2,1, 139ff. hatten im übrigen bereits mit guten Gründen die Ereignisse um Tegea und Dipaia vor dem Erdbeben von 464 v. Chr. eingeordnet.

[29] Hdt. 9,35,2.

3. Die Politik der Korinther bis zum Kriegsausbruch 461/60 v. Chr.

Wie mag sich die auswärtige Politik der Korinther in den Jahren dargestellt haben, als die lakedaimonische Vormacht in Frage gestellt wurde und die Athener in der Ägäis ihre beeindruckende Tatkraft entfalteten?[1] Prinzipiell können es die Verantwortlichen am Isthmus nur begrüßt haben, daß der προστάτης τῆς Ἑλλάδος, der noch während der Kampagne von Plataiai 479 v. Chr. seine Führungsrolle in eindrucksvoller Weise bestätigt hatte,[2] nach dem Xerxeszug nicht auf dem eingeschlagenen Weg fortzuschreiten vermochte. Das unbefriedigend endende Engagement des Leotychidas in Thessalien, die Desintegrationstendenzen innerhalb der spartiatischen Führungsschicht, schließlich die Schwächung des Zusammenhalts unter den Mitgliedern des Peloponnesischen Bundes eröffneten gerade den bedeutenderen unter ihnen mehr Spielraum für die Umsetzung eigener Interessen. Was jedoch in dieser Situation nicht im Sinne der Korinther sein konnte, war, daß ausgerechnet ihr traditioneller Rivale im Süden, Argos, sich anschickte, die Hegemonialstellung der Lakedaimonier zu beerben. Es muß deshalb in ihrem Interesse gelegen haben, daß diese Pläne scheiterten; über eine direkte Beteiligung der Korinther an den Schlachten von Tegea und Dipaia liegen uns freilich keine Nachrichten vor.

Es würde allerdings gut ins Bild passen, wenn sich das Ringen um die Ausrichtung der Nemeischen Spiele genau in dieser Zeit – um 470 oder noch besser danach, in den 460er Jahren v. Chr. – abgespielt hätte. Die Aussicht, den Austragungsort für ein panhellenisches Ereignis unter Kontrolle zu bekommen, das nach Olympia, Delphi und Isthmia der Bedeutung nach an vierter Stelle stand, war in vielerlei Hinsicht attraktiv. Korinth hätte damit zwei der bedeutendsten Festspielorte Griechenlands in der Hand gehabt; das brachte der Stadt am Isthmus Prestige und handfeste ökonomischen Vorteile ein. Überdies war mit dem Gewinn Nemeas auch die Kontrolle über Kleonai verbunden, den kleinen, aber renitenten Nachbarn Korinths im Tal des oberen Longopotamos. Hatte nicht Argos gerade in diesen Jahren eine gegenüber seinen kleineren Nachbarpoleis mitleidlose Expansionspolitik ins Werk gesetzt? Jetzt kämpfte es freilich jenseits des Tretos-Passes nicht mehr nur gegen die Tirynthier und Mykenaier, sondern auch noch gegen die Lakedaimonier, da sollte es ihm schwerfallen, den kleonaischen Verbündeten im Norden Hilfe zu leisten.

Das Vorgehen der Korinther gegen Kleonai und Nemea lag also sozusagen im ‚Trend': Es fügt sich aufs beste in die politische Landschaft auf der nordöstlichen Pelo-

---

[1] Zur korinthischen Politik nach dem Xerxeszug siehe Salmon, Wealthy Corinth 257ff.; er legt den Schwerpunkt darauf zu zeigen, wie die Korinther nach 480/79 v. Chr. versuchten, zwischen den beiden Großmächten Sparta und Athen ihren eigenen politischen Spielraum aufrechtzuerhalten.
[2] So geht es zumindest aus Simon. frg. 10–17/18 (West²) hervor.

3. Die Politik der Korinther bis zum Kriegsausbruch 461/60 v. Chr.

dies eine Hypothese bleiben; wir wissen nicht einmal sicher, ob seine Vermittlungstätigkeit zugunsten der Kerkyraier vor oder nach dem Xerxeszug stattgefunden hat. Und doch würden sich die Ereignisse wie im Falle Nemeas bestens in das Gesamtbild der griechischen Politik in den 470er und 460er Jahren v. Chr. einfügen: Zum einen war der Streit um Leukas geeignet, die Korinther von den Geschehnissen auf der Peloponnes abzulenken; zum anderen zeigte ihnen das Auftauchen des Siegers von Salamis in Nordwestgriechenland, daß sie auch in ihrer ureigenen Interessensphäre vor seiner Einflußnahme nicht sicher sein konnten.

Der Streit um Leukas war – folgt man Plut. Them. 24,1 – von Korinth ausgegangen, und die Kerkyraier hatten sich gegen die Beschneidung ihrer Rechte und Besitzstände auf der Insel lediglich zur Wehr gesetzt. Auch dieser Umstand paßt besser in die 470er und 460er Jahre als in die Zeit vor dem Xerxeszug. Das Vorgehen der Korinther könnte man dann als Zeugnis von deren „rinnovato interesse" an Nordwestgriechenland in dieser Zeit auffassen.[8] Hatten nicht die Argiver vorgemacht, daß angesichts der neuen Rahmenbedingungen der griechischen Politik seit 480/79 v. Chr. eine Stärkung der *eigenen* Position unabdingbare Voraussetzung war, um im großen Spiel um die Macht mithalten zu können? Die Revitalisierung alter Bindungen und die Ausschaltung kleinerer Konkurrenten waren in diesem Zusammenhang erste, wichtige Schritte. Wir finden in diesen Jahren überall in Griechenland Hinweise darauf, wie auch andere mittlere und kleine Mächte jenseits von Athen und Sparta versuchten, ihr bereits vorhandenes Potential zu bündeln und – wenn möglich – zu verstärken: Die Polis Tegea profilierte sich als Anführerin des arkadischen κοινόν und rebellierte gegen Grenzen, die ihr die lakedaimonische Hegemonie seit Jahr und Tag gesetzt hatte. Der Boiotische Bund, der nach dem Medismos der Thebaner vorübergehend an Bedeutung verloren hatte, vielleicht sogar aufgelöst worden war, wurde gegen Ende der 460er Jahre v. Chr. wieder revitalisiert. Selbst Synoikismen wie diejenigen der Eleier und Mantineier passen, auch wenn sie von Themistokles angeregt worden sein sollten, gut ins Bild, waren sie doch ebenfalls Ausdruck eines bestimmten Trends in der griechischen Politik nach 479 v. Chr., der darin resultierte, das unübersichtliche Terrain der vielen Dutzend kleinerer und größerer Polis-Staaten stärker zu strukturieren und überregionalen Zielsetzungen einzelner Städte dienstbar zu machen. Der außerordentliche Erfolg des Delisch-Attischen Seebundes in den ersten beiden Jahrzehnten nach dem Xerxeszug war hierfür nur *ein*, allerdings besonders eindrucksvolles Beispiel. Am Vorabend des Peloponnesischen Krieges schien er Thukydides die große, aus dem Rahmen fallende, ja ihn sprengende Ausnahme zu sein, doch in den 460er Jahren mag sich die Situation für die zeitgenössischen Beobachter noch weitaus ergebnisoffener dargestellt haben.

Die Möglichkeit, in Konkurrenz zu den Athenern gesonderte, auf eigenen geopolitischen Grundlagen und überkommenen Herrschaftstraditionen beruhende Hegemonien zu errichten, kann für Städte wie Argos, Korinth und Theben damals eine realistische Option gewesen sein. Und auch von anderer Seite läßt sich die Rückbesinnung mittel-

---

[8] So die Formulierung von Piccirilli, Corinto e l'Occidente 149 u. 150.

großer Poleis auf ihre eigenen Interessen, ihr Streben nach einer Neudefinition ihrer Position zwischen der alten Hegemonialmacht Sparta und der neu hinzugekommenen Hegemonialmacht Athen beobachten. Gerade in diese Zeit, in die 460er Jahre v. Chr., fallen die ersten Aufstände gegen das im Delisch-Attischen Seebund herrschende Regiment.[9] Es waren gerade nicht die kleinen Städte, die sich in jenen Jahren empörten, sondern mittelgroße, von ihrem maritimen Potential her nicht zu unterschätzende Inselpoleis wie Naxos und Thasos. Überraschend ist das keinesfalls: Während Akteure wie Argos und Korinth auf der Peloponnes und in Nordwestgriechenland mehr oder weniger erfolgreich ihren Spielraum unter den großen Hegemonen auszuloten vermochten, fanden *sie* sich in einem Kampfbündnis wieder, das seinem ursprünglichen Zweck immer weniger entsprach und zugleich die Bewegungsfreiheit seiner Mitglieder schrittweise einzuengen drohte.[10] Die Tatsache, daß in beiden Einflußzonen, der ägäischen der Athener wie der peloponnesischen der Lakedaimonier, in den 460er Jahren v. Chr. die Bündner eigene Wege gingen, zeigt, daß wir es mit einem übergreifenden Phänomen zu tun haben. Auch die kleineren und mittleren Poleis hatten ihre Lektion aus der Zeit seit dem Xerxeszug gelernt.

Nachdem es den Lakedaimoniern durch ihre Siege bei Tegea und Dipaia gelungen war, diejenigen Kräfte auf der Peloponnes, die sich ihrem Zugriff zu entziehen versuchten, in die Schranken zu weisen, hätte die bipolare Ausrichtung der gesamtgriechischen Politik durchaus an Intensität gewinnen können, denn Sparta verfügte nun wieder über die nötigen hegemonialen Mittel, um den Athenern aktiv gegenübertreten zu können. Tatsächlich überliefert Thukydides, die Verantwortlichen am Eurotas hätten sich nach Ausbruch des Thasischen Aufstandes 465 v. Chr. sehr für diese Angelegenheit interessiert und schließlich gar beschlossen, zugunsten der nordägäischen Inselpolis in das Kriegsgeschehen einzugreifen.[11] Das wäre tatsächlich eine Konstellation ähnlich derjenigen im Falle Poteidaias 432/31 v. Chr. gewesen, und diese führte bekanntlich zum Ausbruch des Peloponnesischen Krieges. Daß die Lakedaimonier, wie von Thukydides behauptet, schon runde fünfzehn Jahre nach dem Xerxeszug dazu entschlossen gewesen sein sollen, die ganz große Konfrontation zu wagen, ist in der Forschung verschiedentlich bestritten worden, aber wenn man einen Zeitpunkt bald nach Plataiai sucht, um ein solches Geschehen zu verorten, dann wären die Jahre um 465/64 v. Chr. – nach Tegea und Dipaia – sicherlich die geeignetsten dafür.[12] Da Thukydides diese beiden Schlachten nicht in seiner Darstellung erwähnt, erscheint sein Zeugnis zunächst einmal unverdächtig, nicht als Resultat einer im nachhinein fabrizierten Konstruktion.

---

[9] Siehe Thuk. 1,98,4 (Naxos) u. 1,100,2–101,3 (Thasos).
[10] Zur Entwicklung des Delisch-Attischen Seebundes in den 470er und 460er Jahren v. Chr. siehe u.a. Meiggs, Athenian Empire 50ff.; Steinbrecher, Delisch-Attischer Seebund 87ff. u. 143ff. sowie Welwei, Das klassische Athen 85ff.
[11] Siehe Thuk. 1,101,1f.
[12] Zweifel an der Hilfszusage der Lakedaimonier äußert z.B. E. Badian, Thucydides and the Outbreak of the Peloponnesian War: A Historian's Brief, in: ders. (Hrsg.), Thucydides and the Outbreak of the Peloponnesian War: A Historian's Brief, Baltimore/London 1993, 134ff.

3. Die Politik der Korinther bis zum Kriegsausbruch 461/60 v. Chr.

Bekanntlich ist es zu einer frühzeitigen Auseinandersetzung zwischen Athen und Sparta nach Art des Peloponnesischen Krieges Mitte der 460er Jahre nicht gekommen. Der Grund dafür war das schwere Erdbeben, das Lakonien, wohl im Sommer 464 v. Chr., heimsuchte.[13] Die Folgen der Naturkatastrophe waren gravierend:[14] Hunderte von wehrfähigen Spartiaten waren getötet worden; die seit Jahr und Tag geknechteten Messenier nutzten die Gunst der Stunde und versuchten, sich von ihren Herren zu befreien. Zwar gelang es den Lakedaimoniern unter ihrem jugendlichen König Archidamos, den ersten Ansturm abzuwehren und ganz allmählich die Lage in den Griff zu bekommen, doch an größere, ganz Griechenland in den Blick nehmende Aktionen war fürs erste nicht zu denken. Die weitere Entwicklung bis hin zum sogenannten Ersten Peloponnesischen Krieg ist insofern durch das Erdbeben von 464 maßgeblich mitbestimmt worden. Das gilt zunächst für die kurzfristigen Folgen:[15] Die Thasier in der nördlichen Ägäis blieben sich selbst überlassen und erlagen schließlich den übermächtigen Athenern im Winter 463/62 v. Chr.[16] Die Argiver nutzten zwar die Schwäche der Lakedaimonier nicht aus, um den Krieg gegen sie zu erneuern; es vermochte sie aber auch niemand mehr daran zu hindern, ihrem lästigen Rivalen Mykenai nun endgültig den Garaus zu machen und somit die Arrondierung ihres Territoriums rings um die große Ebene des Inachos zu vollenden.[17] Am meisten fiel jedoch ins Gewicht, daß im Zuge des Endkampfs mit den Messeniern das aus den Zeiten des Xerxeszugs herrührende Bündnis zwischen Sparta und Athen in die Brüche ging.[18] Die brüskierende Heimsendung des attischen Hilfskontingents 462 und die Verbannung von dessen Anführer Kimon 461 v. Chr. hatten einen Wandel in der Außenpolitik Athens zur Folge, der die Lakedaimonier und ihre Bundesgenossen noch lange beschäftigen sollte. Auf einen Schlag veränderte sich nun das politisch-geographische Koordinatensystem Griechenlands: Traditionelle Feinde Spartas wie Argos befanden sich alsbald im Lager des neuen Gegners;[19] wichtige Interessengebiete außerhalb der Peloponnes, vor allem das Orakel von Delphi, waren den Verantwortlichen am Eurotas nun nicht mehr ohne weiteres zugänglich.

---

[13] Die chronologische Einordnung dieser Ereignisse ist in der Forschung umstritten. Ich folge der Datierung von Pritchett, Thucydides' Pentekontaetia 12ff.; anders z.B. Badian, Toward a Chronology of the Pentecontaetia 89ff. (469/68 v. Chr.); Schumacher, Themistokles und Pausanias 234ff. (466/65 v. Chr.) u. Parker, Chronology of the Pentecontaetia 133ff. (465 v. Chr.).

[14] Dazu L. Wierschowski, Die demographisch-politischen Auswirkungen des Erdbebens von 464 v. Chr. für Sparta, in: E. Olshausen/H. Sonnabend (Hrsgg.), Stuttgarter Kolloquium zur historischen Geographie des Altertums 6, 1996 – Naturkatastrophen in der antiken Welt, Stuttgart 1998, 291–306.

[15] Hierzu u.a. Lewis, Mainland Greece, 479–451 B.C. 108ff. u. Welwei, Sparta 176ff.

[16] Siehe Thuk. 1,101,3. Das Datum nach Meritt u.a., Athenian Tribute Lists, Bd. 3, 176 u. Bayer/Heideking, Chronologie 119ff.

[17] Dazu Lewis, Mainland Greece, 479–451 B.C. 109.

[18] Siehe Thuk. 1,102. Dazu u.a. Kagan, Outbreak of the Peloponnesian War 77ff.; Meiggs, Athenian Empire 88ff. u. Steinbrecher, Delisch-Attischer Seebund 149ff.; die Folgen abschwächend Welwei, Das klassische Athen 96.

[19] Siehe Thuk. 1,102,4.

Für die Korinther war die Tatsache, daß Sparta in den Jahren nach 464 in seiner Funktion als Hegemon beeinträchtigt, phasenweise vielleicht sogar ausgeschaltet war, auf den ersten Blick keineswegs von Nachteil. Eigene hegemoniale Projekte ließen sich so gegebenenfalls besser, da relativ ungestört, vorantreiben. Das Interesse der Verantwortlichen am Isthmus richtete sich auf unterschiedliche Regionen. Im Bereich der nordöstlichen Peloponnes hatte Korinth, wie bereits gezeigt, während der 460er Jahre v. Chr. sowohl mit Kleonai als auch mit Argos Konflikte ausgetragen. Dauerhafte Erfolge resultierten daraus offenkundig nicht: Die Ausrichtung der Nemeischen Spiele blieb nach einigem hin und her weiterhin in der Verantwortung der Kleonaier, und diese marschierten auch weiterhin auf seiten der Argiver in die Schlacht. Die Eroberung von Mykenai gerade in dieser Zeit dokumentiert das Funktionieren der Waffenbrüderschaft der beiden Poleis in aller Deutlichkeit.

Wahrscheinlich haben die Korinther während all dieser Zeit ihre Positionen im Korinthischen Golf, in Akarnanien, Epeiros und auf den Jonischen Inseln gepflegt und sogar noch ausgebaut. Wir erfahren in unseren Quellen nichts darüber, denn Athen war vor 461/60 in den betreffenden Gebieten noch nicht aktiv, so daß Thukydides später keine Veranlassung hatte, darüber zu schreiben. Erst recht schweigt darüber unsere übrige Überlieferung, die vom Autor des „Peloponnesischen Krieges" vielfach direkt oder indirekt abhängig ist. Dennoch, in dem Moment, als Nordwestgriechenland zu Beginn der 450er Jahre v. Chr. ins Blickfeld der antiken Beobachter rückt, stellt sich die Region als ein „Proche-occident corinthien" dar,[20] und die korinthischen Stützpunkte und Kolonien reihen sich wie die Glieder einer Kette von der Engstelle des Korinthischen Golfs, dem Kap Rhion, bis hinauf zum illyrischen Apollonia und Epidamnos. Im Gegensatz zur nordöstlichen Peloponnes konnten sich korinthische Ambitionen hier weitgehend ungestört entfalten. Indem sie – gegebenenfalls in Konkurrenz zu Kerkyra – enge Beziehungen zu den Griechenstädten an den Küsten des Jonischen Meeres unterhielten und sich bemühten, auch das epeirotische und akarnanische Hinterland ökonomisch und politisch zu durchdringen, erlangten die Verantwortlichen am Isthmus tatsächlich so etwas wie eine „informal control of the north-west".[21] Sparta war, angesichts der Unruhen im eigenen Lager, noch weniger als sonst daran interessiert, außerhalb der heimatlichen Halbinsel aktiv zu werden, doch auch Athen richtete sein Augenmerk in diesen Tagen noch nicht nach Nordwesten. Die Gefahr einer neuerlichen Perserinvasion war soeben erst durch den Sieg in der Doppelschlacht am Eurymedon gebannt worden;[22] die ἀρχή über die Mitglieder des Delisch-Attischen Seebundes befand sich erst im Aufbau, so daß auch das Hegemonialsystem der Athener in eine sensible Phase seiner Geschichte eintrat.

---

[20] Will, Evolution des rapports 459 u.ö.
[21] So richtig Salmon, Wealthy Corinth 275.
[22] Die Datierung der Schlacht am Eurymedon ist – wieder einmal – in der Forschung umstritten, doch liegen die einzelnen Vorschläge sämtlich im Zeitraum vor 464 v. Chr.; siehe den Überblick bei Bayer/Heideking, Chronologie 118f.

3. Die Politik der Korinther bis zum Kriegsausbruch 461/60 v. Chr.

Angesichts all dessen ist die kriegerische ‚Explosion' ab dem Winter 461/60 v. Chr. für alle Beteiligten – Korinther, Lakedaimonier und Athener – ein Ereignis gewesen, das von keiner Seite mit allen Konsequenzen bewußt herbeigeführt worden ist. Der beste Beweis für diese Schlußfolgerung ist die Darstellung des Thukydides, der problemlos die Geschehnisse als Vorwegnahme des großen Krieges dreißig Jahre später, eben als ‚Ersten Peloponnesischen Krieg' hätte gestalten können. Er hat es *nicht* getan, denn die Maßnahmen und Beweggründe der beteiligten Städte gaben eine solche Deutung offenbar nicht her. Die Korinther hatten Megara attackiert, um, nachdem sie im Südwesten und Nordwesten ihr Einflußgebiet auszudehnen versucht hatten, auch auf dem Isthmus eine Verbesserung ihrer Positionen zu erreichen.[23] Angesichts von Beispielen wie Tiryns und Mykenai war den Angegriffenen aber klar, daß es in dieser Phase der Geschichte der griechischen Poliswelt, da große Städte wie Athen und Sparta über große Hegemonien verfügten, kleinere aber wie Argos und Korinth nun wenigstens die Errichtung kleiner Hegemonien anstrebten, nicht mehr περὶ γῆς ὅρων ging wie einst, sondern um die Existenz Megaras schlechthin. Deshalb also entschlossen sich die Verantwortlichen, da von Sparta so kurz nach dem Messenischen Aufstand keine Hilfe zu erwarten war, zum Austritt aus dem Peloponnesischen Bund. Der Ausbruch des Krieges im Winter 461/60 v. Chr. hatte etwas mit dem spannungsreichen Nebeneinander der beiden wichtigsten Hegemonien Griechenlands zu tun, allerdings nur indirekt, nämlich insoweit, als das Beispiel Athens und Spartas mittlere Städte wie Korinth dazu inspirierte, nachzuziehen, es den Großen vielleicht sogar gleichzutun. In die Argumentationslinie des Thukydides war dieser Vorgang nicht integrierbar, denn er zeigte ja, daß das Telos der hellenischen Geschichte zur Zeit der Pentekontaëtie nicht allein in der Bipolarität lag, sondern daß dieser unzweifelhaft vorhandene Trend seinerseits gegenläufige Tendenzen verstärkte und somit die multipolare Struktur Griechenlands belebte. Unser Autor hat – redlich, wie er war – diese Sachlage nicht gewaltsam zu überspielen versucht; er selbst spricht deshalb, im Gegensatz zu vielen Modernen, auch nicht von einem Ersten Peloponnesischen Krieg.

---

[23] Siehe Thuk. 1,103,4: ὅτι αὐτοὺς Κορίνθιοι περὶ γῆς ὅρων πολέμῳ κατεῖχον.

4. Der Seitenwechsel Megaras 461/60 v. Chr. und die Folgen

Bis zur Sommerkampagne des Jahres 458 haben die Lakedaimonier augenscheinlich nicht an den Kriegshandlungen mitgewirkt, die Griechenland seit 461/60 v. Chr. erschütterten.[1] Es ist gut denkbar, daß sie sich so kurz nach Abschluß des Messenischen Krieges nicht dazu imstande fühlten, außerhalb der Peloponnes längerfristige Verpflichtungen einzugehen.[2] Andererseits kann das Verhalten der Verantwortlichen in Sparta auch andere Gründe gehabt haben: Der Austritt Megaras aus dem Peloponnesischen Bund war schließlich durch die Aggression Korinths provoziert worden; solange die Stadt am Isthmus auf ihrer feindseligen, die Existenz ihres Nachbarn bedrohenden Haltung beharrte – und genau das war in den ersten Jahren nach 461/60 offensichtlich der Fall –, gab es keinen Spielraum für etwaige Vermittlungsversuche. Da sie den Megarern in dieser emotional aufgeladenen Situation also nichts Rechtes anbieten konnten, war es für die Lakedaimonier durchaus eine gute Alternative, abzuwarten, die Korinther nicht zu unterstützen und darauf zu vertrauen, daß sich ihr Eifer nach den ersten Rückschlägen wieder legen würde.

Das erste Kriegsjahr, der Sommer 460 v. Chr.,[3] ist erfüllt von heftigen Kämpfen zwischen Korinthern und Athenern, die sich nicht auf den Isthmus beschränkten, sondern von Anfang an auf die nordöstliche Peloponnes, den Korinthischen und den Saronischen Golf ausstrahlten. Die Athener, die ausgerechnet in diesem Jahr durch ihren Vorstoß nach Zypern, Phönizien und Ägypten den Krieg gegen den persischen Großkönig auf eine neue, risikoreiche Ebene hoben,[4] rissen auch im griechischen Mutterland sogleich die Initiative an sich.[5] Thukydides berichtet als erstes Kriegsereignis, sie seien bei der Hafenstadt Halieis auf der argolischen Akte gelandet, hätten aber eine Niederlage erlitten.[6] Daß die attischen Strategen sich gerade dieses Ziel ausgesucht hatten, ist

---

[1] Siehe hierzu oben S. 167ff. – Zur Datierung des megarisch-athenischen Bündnisses auf Winter 461/60 v. Chr. siehe Meritt u.a., Athenian Tribute Lists, Bd. 3, 176f. u. Bayer/Heideking, Chronologie 136 („frühestens Herbst 461"). – Zum Verlauf des sog. Ersten Peloponnesischen Krieges siehe u.a. Salmon, Wealthy Corinth 260ff. u. Legon, Megara 183ff.; ferner Kagan, Outbreak of the Peloponnesian War 80ff.; Meiggs, Athenian Empire 92ff.; Welwei, Das klassische Athen 96ff. u. Welwei, Sparta 181ff.

[2] Daß der Messenierkrieg im Winter 461/60 v. Chr. bereits zu Ende war, setzt allerdings voraus, daß das bei Thuk. 1,103,1 überlieferte δεκάτῳ Folge eines Überlieferungsfehlers ist. In diesem Sinne Meritt u.a., Athenian Tribute Lists, Bd. 3, 160 ff. u. Pritchett, Thucydides' Pentekontaetia 24ff.; siehe auch oben S. 145 Anm. 147.

[3] So die von IG I² 929 (= ML 33) ausgehende Datierung von Meritt u.a., Athenian Tribute Lists, Bd. 3, 174f.

[4] Siehe Thuk. 1,104.

[5] Lewis, Origins of the First Peloponnesian War 75ff. hebt ausdrücklich hervor, daß das Ziel der attischen Attacken nach 461/60 v. Chr. zunächst nur Korinth gewesen ist.

[6] Siehe Thuk. 1,105,1.

4. Der Seitenwechsel Megaras 461/60 v. Chr. und die Folgen

nur auf den ersten Blick verwunderlich. Halieis hatte nach der Bezwingung von Tiryns durch die Argiver als Rückzugsort für diejenigen gedient, die sich trotz der Niederlage den Siegern nicht unterwerfen wollten.[7] Es handelte sich also um eine Stadt, die Argos, dem Bündnispartner der Athener seit 462/61 v. Chr., feindlich gesonnen gewesen sein muß. Wäre es den Athenern gelungen, sie zu erobern, so hätten sie vielfachen Nutzen davon gehabt. Erstens hätten sie ihrem neuen Bundesgenossen auf der Peloponnes einen Dienst erwiesen. Zugleich wäre die Seeverbindung zwischen Athen und Argos sicherer geworden, denn die rauhe und dünnbesiedelte Halbinsel Akte verfügt über nur wenige große Naturhäfen.[8] Für eine erfolgreiche Kriegsführung aber war es unerläßlich, Kontakt miteinander zu halten und wechselseitige Aktionen zu koordinieren. Darüber hinaus ergab sich aus dem Kriegsschauplatz Halieis schließlich noch ein dritter Vorteil: Die Eröffnung des Krieges an der Peripherie, nicht etwa im Bereich des Isthmus oder an den Küsten der Korinthia, war ebenso überraschend wie unkonventionell; sie lenkte die Korinther vom eigentlichen Focus der Auseinandersetzung – der Megaris – ab und beschäftigte sie in einem entlegenen, zumindest mit Fußtruppen schwer zu erreichenden Territorium.[9] Korinth hatte weniger Einwohner, insofern auch weniger Hopliten als Athen;[10] es verfügte auf lange Sicht schlichtweg nicht über das Potential, um auf unterschiedlichen Schauplätzen zugleich Krieg zu führen. Insofern stellt sich das Kalkül, das die attischen Strategen zu Beginn der Kriegssaison 460 v. Chr. verfolgten, als durchdacht und erfolgversprechend dar.

Daß es dann doch ganz anders kam als erwartet, lag am schieren Kriegsglück. In der Schlacht bei Halieis unterlagen die Athener den Korinthern und mußten, zumindest fürs erste, auf eine Festsetzung an den Küsten der argolischen Akte verzichten. Auf seiten der Sieger hatten auch Kontingente der Epidaurier und Sikyonier gekämpft;[11] die Korinther verfügten also in dieser Phase des Krieges bereits über peloponnesische Bundesgenossen, die das Wagnis eines Kampfes gegen die Großmacht Athen mit ihnen zu teilen bereit waren, obwohl der Peloponnesische Bund in seiner Gesamtheit von diesem Konflikt nicht tangiert wurde, geschweige denn dessen Hegemon Sparta. Überraschend ist die Konstellation nicht: Epidauros sehen wir in diesem und in den folgenden Jahren, bis in die Zeit des Peloponnesischen Krieges hinein, oft an der Seite seines nordwestlichen

---

[7] Siehe Hdt. 7,137,2. Dazu ausführlich Kiechle, Argos und Tiryns nach der Schlacht bei Sepeia 188ff.

[8] Halieis, das heutige Porto Cheli, ist der beste Naturhafen am Südende der argolischen Akte. Gerade in jüngster Zeit ist das Gelände der antiken Stadt intensiv erforscht worden; siehe hierzu M. H. McAllister, The Excavations at Ancient Halieis, 2 Bde., Bloomington/Indianapolis 2005.

[9] Zu den schwierigen Überlandwegen auf der argolischen Akte Tausend, Verkehrswege der Argolis 149ff.

[10] Salmon, Wealthy Corinth 168 u. Will, Corinthe, la richesse et la puissance 15 schätzen die Zahl der männlichen korinthischen Vollbürger auf maximal 15.000; das entspricht allenfalls der Hälfte – eher weniger – der Athener.

[11] Thuk. 1,105,1 erwähnt nur das Mitwirken der Epidaurier in der Schlacht bei Halieis, doch siehe die Inschrift SEG 31, 1981, 369 aus Olympia: τôι Σεκυόνιοι ἀνέθεν τôι Δὶ ἐξ Ἁλιέο[ν] Ἀθεναίον h<ε>λόντες. Dazu Hornblower, Commentary, Bd. 1, 164f. mit weiterführenden Hinweisen.

Nachbarn in die Schlacht ziehen.[12] Das gute Verhältnis zu Korinth war für die Hüterin des schon damals vielbesuchten Asklepios-Heiligtums stets eine Rückversicherung gegen argivischen Expansionsdrang. Freilich ist dies nur die eine, die machtpolitische Seite. Darüber hinaus muß berücksichtigt werden, daß Epidauros in wirtschaftlicher und verkehrstechnischer Hinsicht eng mit der Stadt am Isthmus verbunden war. Die Stadt war zu Lande ebenso leicht von Korinth aus zu erreichen wie von Argos aus, zu Wasser sogar noch besser;[13] aufgrund der trotz seines ausgedehnten Territoriums eher begrenzten landwirtschaftlichen Nutzfläche war es auf einen gewissen Güteraustausch mit dem größeren Nachbarn im Norden geradezu angewiesen. Ähnlich stellt sich der Fall Sikyons dar. Auch diese Stadt war Korinth unmittelbar benachbart und verfügte über ein kleineres Territorium; darüber hinaus teilten sich die Sikyonier mit den Korinthern die relativ große, fruchtbare Küstenebene beiderseits des Grenzbaches Nemea.[14] Solch enges Miteinander konnte gegebenenfalls zu erbitterten Nachbarschaftskonflikten führen, wie die Auseinandersetzungen mit Megara und Kleonai bezeugen; im Falle Sikyons und Epidauros' war dies jedoch – warum auch immer – nicht so.

Der Sieg bei Halieis war ein erster Erfolg für die Κορίνθιοι μετὰ τῶν ξυμμάχων,[15] doch sollte sich zeigen, daß sie die unerschütterliche Dynamik der Athener unterschätzt hatten und sie ihr im weiteren Verlauf der Kampagne nicht viel entgegenzusetzen vermochten. Nicht allzulange nach ihrem Sieg (καὶ ὕστερον) waren sie mit einem neuen Heer des Feindes konfrontiert, diesmal zur See. Das Ziel war, wie im Falle von Halieis, die Halbinsel Akte. Bei der Insel Kekryphaleia, in Sichtweite von Epidauros, kam es zu einer Schlacht, in der die Korinther und ihre peloponnesischen Verbündeten unterlagen.[16] Kekryphaleia liegt nicht weit entfernt von Methana, einem Ort, den die Athener im Jahre 425 v. Chr. eroberten und befestigten, um die Ostküste der Peloponnes besser unter Kontrolle zu haben.[17] Auch in dem Krieg nach 461/60 ging es den Athenern offensichtlich darum, einen militärischen Stützpunkt in diesem Raum zu gewinnen. Wir wissen, daß sich am Ende der Auseinandersetzungen, zur Zeit des Dreißigjährigen Friedens 446/45, die Stadt Troizen etwas weiter südlich in ihrem Besitz befunden hat,[18] doch seit wann genau dies der Fall war, ist nicht bezeugt. Es ist durchaus denkbar, daß die Athener schon nach dem Sieg von Kekryphaleia hier an Land gegangen sind;[19] ihrem Ziel, der Erringung der Seeherrschaft über den Saronischen Golf, wären sie damit einen großen Schritt näher

---

[12] Siehe insbesondere Thuk. 1,27,2; 1,105,1-3; 1,114,1 u. 5,55,1.
[13] Zu den Verkehrsverbindungen zwischen Korinth und Epidauros siehe ausführlich Tausend, Verkehrswege der Argolis 30ff. u. 46f.
[14] Siehe Griffin, Sikyon 29 mit zahlreichen antiken Zeugnissen für die Fruchtbarkeit der sikyonisch-korinthischen Küstenebene.
[15] Thuk. 1,105,3.
[16] Siehe ebd. 1,105,1.
[17] Siehe ebd. 4,45,2
[18] Siehe ebd. 1,115,1; vgl. auch ebd. 4,21,3.
[19] Anders Busolt, Griechische Geschichte, Bd. 3.1, 323, der die Inbesitznahme Troizens durch die Athener erst in die Zeit nach der Bezwingung Aiginas einige Jahre später verlegen will.

4. Der Seitenwechsel Megaras 461/60 v. Chr. und die Folgen

gekommen, und zugleich wäre der Zweck der mißglückten Landungsaktion bei Halieis nachträglich doch noch erreicht worden, nämlich den Gegner auf der Peloponnes festzuhalten und ihm keine Gelegenheit zu geben, Unterstützung aus Landstrichen herbeizuführen, die vom Isthmus und der Korinthia weit entfernt waren. Demgegenüber zeichnete sich die athenische Kriegsführung durch eine anhaltende, nicht zu brechende Dynamik aus; sie schreckte nicht davor zurück, die Kämpfe stets auf neue Schauplätze auszuweiten, um den Feind zu beschäftigen und seine Kräfte zu überfordern. Doch waren die attischen Strategen zugleich sehr darum bemüht, dem Gegner Gleiches nicht zu gestatten. Das Aktionsfeld der Korinther und ihrer Bundesgenossen sollte vielmehr auf die nordöstliche Peloponnes beschränkt bleiben, ihre Kriegsführung auf diese Weise streng lokal fixiert werden, damit die Athener weiterhin über die Möglichkeit verfügten, sich jenseits der Auseinandersetzung in Griechenland zugleich noch auf das ihnen viel wichtigere Ägyptische Abenteuer, auf das sie sich ebenfalls im Jahre 460 v. Chr. während des Kampfes gegen den Perserkönig eingelassen hatten,[20] zu konzentrieren.

Der Seesieg bei Kekryphaleia hatte die Kräfteverhältnisse zwischen Athen und Korinth nach dem überraschenden Auftakt von Halieis wieder zurechtgerückt. Vielleicht glaubten erstere, der Kampfesmut der Verantwortlichen am Isthmus sei nunmehr bereits erlahmt. Jedenfalls segelten die Athener nicht lange nach der Seeschlacht (μετὰ ταῦτα) nach Aigina, um die Insel, mit der sie seit vielen Jahrzehnten im Streit lagen, zu unterwerfen.[21] Thukydides sagt nicht, der unversehens ausgebrochene Krieg sei von der attischen Seite bewußt herbeigeführt worden; er konstatiert lediglich den Ausbruch von Feindseligkeiten. In einer großen Seeschlacht siegten die Athener unter ihrem Strategen Leokrates Stroibos' Sohn, gingen an Land und leiteten die Belagerung Aiginas ein.[22] Schon während dieser ersten Kämpfe mußten die Aigineten nicht allein kämpfen, sondern wurden von nicht näher spezifizierten Bundesgenossen unterstützt.[23] Mag es sich hierbei noch um Freiwillige gehandelt haben, so bewirkte der Sieg Athens jedenfalls, daß sich die Πελοποννήσιοι mit der unterlegenen Partei solidarisierten und eine Hilfstruppe von dreihundert Hopliten zur Unterstützung der Eingeschlossenen auf die Insel schickten. Die Formulierung des Thukydides – τριακοσίους ὁπλίτας πρότερον Κορινθίων καὶ Ἐπιδαυρίων ἐπικούρους[24] – erweckt den Eindruck, daß es sich dabei nicht um Bürgersoldaten, sondern um Söldner gehandelt hat. Doch auch wenn dies der Fall gewesen sein sollte, so bedeutet ihr Übersetzen nach Aigina doch, daß die Korinther und ihre Verbündeten entschlossen waren, die Gelegenheit, die sich ihnen eröffnet hatte, zu nutzen und den Krieg gegen Athen wiederaufzunehmen.

Mit dem Beginn der Belagerung von Aigina strebte der militärische Konflikt zwischen Korinth und Athen seinem Höhepunkt zu. Auch Thukydides zeigt dies in seiner

---

[20] Siehe Thuk. 1,104.
[21] Die Zusammenhänge bei Amit, Great and Small Poleis 17ff. u. Figueira, Athens and Aigina 104ff.
[22] So Thuk. 1,105,2f.
[23] Vgl. ebd. 1,105,2: [...], καὶ οἱ ξύμμαχοι ἑκατέροις παρῆσαν, [...].
[24] Ebd. 1,105,3.

Darstellung an: Der Einfall der Korinther in die Megaris, der die Athener dazu bewegen sollte, von Aigina abzulassen, wird von ihm verhältnismäßig ausführlich geschildert.[25] Wie im Falle der Seeschlacht vor Aigina wird der Stratege, der die Athener anführte, Myronides Kallias' Sohn, namentlich genannt. Thukydides gewährt dem Leser Einblick darin, was sich auf seiten der Korinther zutrug; er nimmt Anteil an ihrem Schicksal, als sie schließlich den Athenern unterliegen.[26] In der Tat waren die Ergebnisse, auf die die Verantwortlichen am Isthmus am Ende der Sommerkampagne des Jahres 460 v. Chr. zurückblicken mußten, desaströs: Die verbündete Inselpolis Aigina wurde immer noch von den Athenern und ihren Verbündeten belagert. Der ganze Saronische Golf war beherrscht von attischen Schiffen; der Gedanke, ihre Seeherrschaft zu brechen, schien nach den Niederlagen dieses Sommers völlig illusorisch. Am verheerendsten jedoch wirkte sich aus, daß auch das korinthische Landheer bei Megara vernichtend geschlagen worden war. Das Bild, das Thukydides von den inneren Zuständen in der Isthmusstadt zeichnet, ist wenig schmeichelhaft; es ist geprägt von überbordender Emotionalität, gerade nicht von kühler Berechnung, wie es die Lage nach den Seeschlachten von Kekryphaleia und Aigina erfordert hätte. Die Korinther sind selbst miteinander uneins, sie streiten und unterstellen einander mangelnde Entschlossenheit.[27] In der Tat legen ihre Soldaten in der Schlacht nicht denselben Siegeswillen an den Tag wie die Athener unter Myronides – sie verzichten auf die Errichtung eines Siegesmals. Hast und blinder Aktivismus führen schließlich in eine schwere Niederlage, für den versprengten Truppenteil, dessen Schicksals Thukydides am ausführlichsten gedenkt, sogar zum Tod. Es ist das Ereignis, mit dem Thukydides fürs erste Abschied nimmt von den Korinthern und den Geschehnissen, die diese Stadt betreffen. In einer einzigen Sommerkampagne hatten sie ihre Chancen auf einen Sieg im Krieg mit den Athenern fast schon verspielt.

---

[25] Siehe Thuk. 1,105,3–106,2.
[26] Siehe ebd. 1,106,2: καὶ πάθος μέγα τοῦτο Κορινθίοις ἐγένετο.
[27] Siehe ebd. 1,105,6: οἱ δὲ Κορίνθιοι κακιζόμενοι ὑπὸ τῶν ἐν τῇ πόλει πρεσβυτέρων [...].

5. Die Rolle Spartas im korinthisch-athenischen Krieg der 450er Jahre v. Chr.

Es ist uns nicht bekannt, ob die Korinther im Laufe des Jahres 460 v. Chr. versucht haben, Sparta und den Peloponnesischen Bund zugunsten der eigenen Sache zu aktivieren. Plausibel wäre es, doch Thukydides und unsere anderen Quellen schweigen sich darüber aus. Lediglich von ἐπίκουροι, die die Korinther und Epidaurier in den Kämpfen dieses Sommers unterstützt hatten, ist bei ihm die Rede; dabei kann es sich, wie gesagt, um Söldner oder Freiwillige gehandelt haben. Sparta trat erst auf den Plan, als die ersten Schlachten des Krieges schon geschlagen waren, doch auch jetzt kamen die Lakedaimonier offenbar nicht, um den Korinthern und ihren Verbündeten zu helfen.[1] Die moderne Forschung hat alle möglichen Überlegungen angestellt, um ihr überraschend massives Auftreten in Mittelgriechenland 458 v. Chr. zu motivieren,[2] und es hätte ja wirklich viele und gute Gründe gegeben, gerade jetzt – nach der Überwindung der messenischen Krise und angesichts des sich unentwegt entfaltenden, hypertrophen athenischen Expansionismus – vor der gesamtgriechischen Öffentlichkeit Präsenz zu zeigen.[3] Aus Thukydides' Text läßt sich ein solcher Beweggrund allerdings nicht ableiten. Er sagt nur, daß die Lakedaimonier im Sommer 458 v. Chr. ihre Metropolis Doris schützen wollten. Das impliziert gleichwohl ein Interesse an der Pylaisch-Delphischen Amphiktyonie und an den Machtverhältnissen, die innerhalb dieser Kultgenossenschaft existierten. Dieses aber ist ein Kontinuum in der Außenpolitik Spartas;[4] es verbindet diesen Feldzug mit ähnlichen Unternehmungen nach dem Ende des Xerxeszugs und zu Beginn des Peloponnesischen Krieges.[5]

Vielleicht ist dem lakedaimonischen Befehlshaber Nikomedes Kleombrotos' Sohn tatsächlich erst, wie von Thukydides berichtet, im Verlaufe der Kampagne in Mittelgriechenland aufgegangen, in welche Gefahr er sich trotz oder gerade wegen der über 10.000 Mann, die er mit sich führte, begeben hatte. Ein so großes Heer des Peloponnesischen Bundes außerhalb der heimatlichen Halbinsel hatte es seit der Schlacht von Plataiai 479 v. Chr. nicht mehr gegeben. Nicht nur die Athener, deren militärische Kräf-

---

[1] Siehe Thuk. 1,107,2–108,3; ferner Diod. 11,79,4–80; Plut. Kim. 17,4–9; Plut. Per. 17,1–4 u. Paus. 1,29,6–9. Dazu die Kommentare von Gomme, Historical Commentary, Bd. 1, 313ff. u. Hornblower, Commentary, Bd. 1, 167ff.
[2] Siehe z.B. Fowler, Thucydides 1.107–108 and the Tanagran Federal Issues 170; Holladay, Sparta's role in the First Peloponnesian War 57ff. u. Plant, Battle of Tanagra 269ff.; ferner Kagan, Outbreak of the Peloponnesian War 85ff.; Welwei, Sparta 182f.
[3] Beispielhaft deshalb die Einschätzung von Gomme, Historical Commentary, Bd. 1, 314, der mutmaßt, Ziel der Tanagra-Kampagne sei es gewesen, „perhaps to restore a damaged reputation."
[4] Dies zeigt schon Zeilhofer, Sparta, Delphoi und die Amphiktyonen im 5. Jh. v. Chr.; siehe auch Hornblower, Religious dimension 175ff. u. 180ff.
[5] Nämlich mit dem Feldzug des Leotychidas gegen Thessalien (dazu oben S. 181f.) und der Gründung von Herakleia Trachinia (siehe Thuk. 3,92).

te zu dieser Zeit an zahlreichen Fronten verschlissen wurden, mußte das nervös machen, auch all die mittleren und kleineren Mächte vor Ort: Thessalien, das seit dem Winter 462/61 mit Athen und Argos freundschaftlich verbunden war,[6] hatte die einige Jahre zurückliegende Intervention des Königs Leotychidas sicher nicht vergessen. Auch Theben mußte beunruhigt sein, hatte es seine durch das Scheitern des Xerxeszugs erschütterte Position in Boiotien doch erst in den zurückliegenden Jahren mühsam zu rekonstruieren begonnen.[7] Man kann an diesen beiden Beispielen erkennen, daß der Aufenthalt eines lakedaimonischen Heeres in Mittelgriechenland nicht nur für die Athener ein potentielles Risiko darstellte.

Was auch immer die konkreten Beweggründe letztlich gewesen sind: Jedenfalls versperrten die Athener und ihre megarischen Verbündeten den Lakedaimoniern, nachdem diese erfolgreich zugunsten der Dorier interveniert hatten, den Rückweg auf die Peloponnes zu Lande und zu Wasser.[8] Sie zeigten dadurch, daß sie einer militärischen Auseinandersetzung nicht aus dem Wege gingen, sie sogar wünschten. Die Schlacht bei Tanagra, auf die nun alles zulief, weist denn auch auf den ersten Blick Züge einer Entscheidungsschlacht auf: Große Heere standen sich gegenüber und verliehen dem Ausgang des militärischen Agons so etwas wie Repräsentativität. Auf beiden Seiten kämpften die jeweiligen Bundesgenossen in der Konstellation, wie sie sich seit dem Bruch zwischen Athen und Sparta 462/61 v. Chr. herausgebildet hatte.[9] Korinther befanden sich offenbar im Heer des Nikomedes;[10] Kleonaier fochten auf der Gegenseite mit.[11] Die Schlacht konnte also von den Beteiligten als Bestandteil des seit 461/60 im Gange befindlichen Ringens zwischen der Stadt am Isthmus und dem Delisch-Attischen Seebund gewertet werden. Die Korinther mögen angesichts des Mitwirkens der Lakedaimonier die Hoffnung gehegt haben, durch einen klaren Sieg die zahlreichen Rückschläge korrigieren zu können, die sie in all den Jahren zuvor erlitten hatten. Zugleich mit den Athenern Argos und Megara in die Schranken zu weisen, dem belagerten Aigina Erleichterung zu verschaffen und das Ringen um die Seeherrschaft im Korinthischen und Saronischen Golf wieder neu zu eröffnen – das war eine zweifellos attraktive Aussicht. Doch sollten sich die Hoffnungen und Erwartungen derer am Isthmus nicht erfüllen.

In der Schlacht bei Tanagra im Sommer 458 v. Chr. siegten tatsächlich die Lakedaimonier und ihre Bundesgenossen über Athen und seine Verbündeten.

---

[6] Siehe Thuk. 1,102,4.
[7] Dazu Buck, History of Boeotia 141ff.
[8] Dies geht aus Thuk. 1,107,3 hervor; dazu oben S. 146 Anm. 154.
[9] Siehe ebd. 1,107,5; ferner IvOl 253 (= ML 36) sowie IG I² 931 u. 932 (= ML 35).
[10] Thuk. 1,107,2 spricht lediglich von den ξύμμαχοι der Lakedaimonier, die an der Kampagne des Sommers 458 v. Chr. teilgenommen hätten, nennt die Korinther also nicht ausdrücklich. Demgegenüber ist die in korinthischer Schrift verfaßte Inschrift IvOl 253 (= ML 36) aus Olympia ein weiterer, wenn auch dürftiger Hinweis darauf, daß auch Kontingente aus der Isthmusstadt an der Schlacht bei Tanagra teilgenommen haben.
[11] Siehe Paus. 1,26,6f.

5. Die Rolle Spartas im korinthisch-athenischen Krieg der 450er Jahre v. Chr.

Nikomedes und seinem Heer war dadurch der Weg freigemacht, um über den Isthmus auf die Peloponnes heimzukehren. Niemand wollte sich ihm jetzt noch entgegenstellen; die Megarer nahmen die Plünderungen und Verwüstungen der durch ihre Chora ziehenden Feinde ohnmächtig hin.[12] Doch wenn die Korinther und andere geglaubt hatten, damit seien die militärischen Auseinandersetzungen in Griechenland in eine neue, von Sparta aktiv mitgestaltete Phase eingetreten, so sollten sie sich getäuscht haben: Auch in den Jahren nach 458 blieben die Lakedaimonier merkwürdig passiv; von einem neuerlichen Vorstoß, etwa nach Attika, direkt vor die Mauern Athens, erfahren wir vor dem Jahre 446/45 v. Chr. nichts. Statt dessen waren es weiterhin die soeben geschlagenen Athener, die mit unentwegten Initiativen ihre Gegner innerhalb und außerhalb Griechenlands bedrängten. Die Scharte von Tanagra wurde umgehend ausgewetzt; schon 62 Tage nach der Niederlage stand der attische Stratege Myronides, der Held von Megara 460 v. Chr., wieder in Boiotien, errang einen Sieg bei Oinophyta und legte damit den Grundstein für die Unterwerfung von nahezu ganz Mittelgriechenland.[13] In Aigina waren die Belagerten der Entbehrungen müde, kapitulierten und traten in den Delisch-Attischen Seebund ein.[14] Doch damit nicht genug: Myronides' Kollege Tolmides Tolmaios' Sohn, brach in dem auf Tanagra folgenden Jahr 457 zu einer spektakulären Umfahrung der peloponnesischen Halbinsel auf.[15] Er ging im Verlaufe seines Periplus immer wieder mit seinen Soldaten an Land und verwüstete unter anderem das lakonische Gytheion, die Schiffswerft der Lakedaimonier. Am Ende seiner Fahrt drang Tolmides in den nordwestgriechischen Machtbereich der Korinther vor, operierte vielleicht im Bereich der Jonischen Inseln, eroberte Chalkis, Κορινθίων πόλιν, und ging zuletzt, schon in der Nähe des Isthmus, im Gebiet der Sikyonier an Land; ein Sieg über deren ihm entgegengeeiltes Heer schloß die rundum erfolgreiche Expedition ab.

Der Periplus des Tolmides legt, so dürftig er uns überliefert ist, die unterschiedlichen Motive, die die Athener 457 v. Chr. hegten, offen. Man wollte die Lakedaimonier schädigen, gewiß, das zeigt der Angriff auf peloponnesische Küstenorte, vor allem auf die Reede Gytheion, zur Genüge. Daß überhaupt ein solch kühnes Projekt wie die Umfahrung der Peloponnes in Angriff genommen wurde, beweist, daß die Athener im Jahr nach Tanagra das dringende Bedürfnis hatten, Rache zu nehmen und ihren angeschlagenen Ruf wiederaufzupolieren. Ganz anders stellte sich die Situation im „Proche-occident corinthien"[16] dar. Hier begnügte sich Tolmides nicht damit, Zerstörungen anzurichten; statt dessen führte er den Krieg, der im Winter 461/60 v. Chr. ausgebrochen war, nahtlos fort: Glaubt man Diodors Zusatzinformationen, so wurden damals Inselpoleis wie

---

[12] Siehe Thuk. 1,108,1f.
[13] Siehe ebd. 1,108,2f.
[14] Siehe ebd. 1,108,4. Die Unterwerfung der Aigineten dürfte – datiert man mit Meritt u.a., Athenian Tribute Lists, Bd. 3, 170f. die Schlacht bei Tanagra auf 458 v. Chr. – noch im Herbst 458 oder spätestens im Frühjahr 457 erfolgt sein – Zu den Kapitulationsbedingungen Figueira, Athens and Aigina 113f.
[15] Siehe Thuk. 1,108,5; ferner Diod. 11,84,6–8 u. Paus. 1,27,5.
[16] Will, Evolution des rapports 459 u.ö.

Zakynthos in das Bündnissystem der Athener integriert; korinthische Stützpunkte wie Chalkis – vielleicht auch Molykreion? – wurden hingegen dauerhaft von ihnen besetzt. Plündernd und erobernd durchmaß die Flotte des Tolmides die gesamte Interessensphäre der Korinther von den Jonischen Inseln über das Kap Rhion bis nach Sikyon, schon ganz in der Nähe der Isthmusmetropole. Und auch diese letzte Station läßt sich problemlos in unser Bild vom korinthisch-athenischen Krieg seit 461/60 v. Chr. einfügen: Waren die Sikyonier nicht von Beginn an als Bundesgenossen der Korinther aufgetreten? Bei Halieis hatten sie mit ihnen zusammen über das attische Expeditionsheer gesiegt; jetzt bekamen sie im eigenen Land von Tolmides die Quittung dafür.

Spätestens der Periplus des Jahres 457 v. Chr. hat gezeigt, daß die Korinther, nachdem sie im Kampf um die Seeherrschaft über den Saronischen Golf den Athenern unterlegen waren, auch die Kontrolle über den Korinthischen Golf unzweifelhaft an ihre Feinde verloren hatten. Schon die Eroberung von Naupaktos nahe der Meerenge von Rhion und dessen Aufsiedelung mit den vertriebenen Messeniern vom Ithome war ein erstes Zeichen dafür gewesen, daß die Isthmusstadt in ihrem ‚Hinterhof' Konkurrenz bekommen hatte. Wie oben ausführlich dargelegt, wissen wir nicht, in welche Jahre diese beiden Ereignisse fallen, aber die Berichterstattung des Thukydides legt es nahe, sie nicht erst mit dem Periplus des Tolmides in Verbindung zu bringen.[17] Seit dem Bündniswechsel Megaras im Winter 461/60 v. Chr. waren die Athener dazu imstande, vom Hafen Pegai aus im Korinthischen Golf zu operieren. Wahrscheinlich haben sie unmittelbar nach diesem Zeitpunkt Naupaktos in Besitz genommen, um ihre Position im Korinthischen Golf sogleich zu verstärken. Die Ansiedlung der Messenier wiederum erfolgte Thukydides zufolge sehr bald nach diesem Ereignis. Als die Lakedaimonier im Jahre 458 v. Chr. in Mittelgriechenland operierten, waren die Athener auf jeden Fall schon so stark in den östlichen Gewässern des Meerbusens vertreten, daß sie ihre Präsenz innerhalb kurzer Zeit so zu verstärken vermochten, daß deren Anführer Nikomedes ins Grübeln kam und vor einer Rückkehr auf die Peloponnes über den Korinthischen Golf zurückschreckte.

Um 456/54 v. Chr. strebte das Ägyptische Abenteuer der Athener seiner Peripetie zu.[18] Bald nach Beginn der Offensive des persischen Feldherrn Megabyzos befand sich das attische Expeditionsheer in einem verlustreichen Abwehrkampf, der alle Kräfte der Stadt aufs äußerste strapazierte und sie schließlich überforderte. Es ist deshalb nicht verwunderlich, daß die Angaben des Thukydides und anderer Gewährsleute für den griechischen Kriegsschauplatz in diesen Jahren eher dürftig sind; die Athener beschränkten sich, wie es scheint, darauf, ihre Positionen zu halten. Andererseits, von etwaigen korinthischen Offensiven verlautet ebenfalls nichts; sie waren offensichtlich aufgrund der Rückschläge in jüngster Zeit nicht dazu in der Lage, die Gunst der Stunde zu nutzen. Es waren bezeichnenderweise die unermüdlichen Athener, die nach ihrer endgültigen Niederlage in Ägypten im Sommer 454 v. Chr. das Heft des Handelns wie-

---

[17] Siehe oben S. 144.
[18] Siehe Thuk. 1,109f.; zur Datierung Bayer/Heideking, Chronologie 132 ff.

5. Die Rolle Spartas im korinthisch-athenischen Krieg der 450er Jahre v. Chr.

der an sich rissen. Noch vor dem Ende der für den Krieg geeigneten Jahreszeit rüsteten sie unter Perikles Xanthippos' Sohn eine Expedition aus, die allen Feinden in Griechenland bewies, daß die Aktionsfähigkeit des Delisch-Attischen Seebundes trotz der schweren Verluste, die er im östlichen Mittelmeerraum erlitten hatte, ungebrochen war.[19] Perikles segelte zunächst von Pegai nach Sikyon, ging dort, wie vor drei Jahren Tolmides, an Land und fügte den Bundesgenossen der Korinther eine Niederlage zu. Dann zog er Hilfstruppen aus Achaia an sich, segelte mit ihnen weiter nach Akarnanien und belagerte die dortige Stadt Oiniadai. Eine Eroberung dieser Stadt gelang Perikles gleichwohl nicht, so daß er zum Ende des Sommers unverrichteter Dinge wieder abziehen mußte und nach Hause zurückkehrte.

Der Feldzug des Perikles im Herbst 454 v. Chr. offenbart die beklagenswerte Lage, in der sich die Korinther und ihre Bundesgenossen zu dieser Zeit befunden haben müssen, mit aller Deutlichkeit. Augenscheinlich an keiner Stelle vermochten sie den Athenern wirksam entgegenzutreten. Das verbündete Sikyon wurde, wie schon drei Jahre zuvor, sozusagen vor der eigenen Haustür geschlagen, seine Chora geplündert. Scheinbar ungehindert segelte Perikles mit seinen tausend Hopliten durch den Korinthischen Golf – kein Wunder, wichtige Positionen wie Pegai, Naupaktos, Chalkis und vielleicht Molykreion befanden sich bereits in attischer Hand. Nicht nur durch Eroberungen, sondern auch durch die Knüpfung freundschaftlicher Beziehungen mit den Stämmen und Städten an der Küste und ihrem Hinterland, so in Achaia, doch bald auch schon in Akarnanien, dehnte sich Athens Einfluß immer mehr aus und nistete sich fest ein. Zwar scheiterte die Eroberung von Oiniadai – und sie sollte bis 424 v. Chr. noch des öfteren scheitern –, doch war ein erster Schritt nach Akarnanien getan. Wir haben oben gesehen, daß der Versuch der Messenier, von Naupaktos aus Oiniadai zu erobern, vielleicht schon vor dem Feldzug des Perikles erfolgt ist; möglicherweise ist letzterer sogar die Antwort auf deren Mißerfolg gewesen.[20] Doch selbst wenn dies nicht der Fall gewesen sein sollte und das Unternehmen von 454 v. Chr. für sich steht, so ist es doch Zeugnis für ein weiter zunehmendes attisches Interesse an dem Raum jenseits der Meerenge von Rhion, an Akarnanien, den Jonischen Inseln, sogar noch weiter entfernt gelegenen Gebieten: Auch die ersten belegbaren Kontakte des attischen Demos zu Poleis in Unteritalien und Sizilien fallen in die 450er Jahre v. Chr.[21]

Es ist gut denkbar, wäre eigentlich sogar konsequent, daß sich der Prozeß der attischen Durchdringung Nordwestgriechenlands auch nach dem Zug des Perikles fortge-

---

[19] Siehe Thuk. 1,111,2f.; ferner Diod. 11,85 u. 88,1f. sowie Plut. Per. 19,2f. Dazu u.a. Griffin, Sikyon 62f.; Welwei, Das klassische Athen 102 u. Lehmann, Perikles 120f.

[20] Siehe oben S. 137f.

[21] Die wichtigsten Quellen hierfür sind die Verträge mit Segesta und Leontinoi auf Sizilien sowie Rhegion in Unteritalien; siehe IG I² 19 u. 20,1f. (= ML 37); IG I² 52 (= ML 64) u. IG I² 51 (= ML 63); siehe ferner die Gründung von Thurioi (dazu v.a. Diod. 12,10f. u. Strab. 6,1,13) und die Expedition des Atheners Diotimos nach Neapel (dazu v.a. Timaios FGrHist 566 F 98). Zur athenischen Westpolitik zur Zeit der Pentekontaëtie siehe u.a. Brandhofer, Untersuchungen zur athenischen Westpolitik im Zeitalter des Perikles; Cagnazzi, Tendenze politiche ad Atene, bes. 89ff. u. Lehmann, Perikles 171ff.

setzt hat. Der im Winter 461/60 begonnene Krieg zwischen Athen und Korinth war im Jahre 454 v. Chr. ja keinesfalls zu Ende. Korinth hatte zu diesem Zeitpunkt seine Offensivfähigkeit schon völlig eingebüßt, so daß sich für beherzte attische Strategen vielfältige Möglichkeiten geboten haben mögen, im „Proche-occident" der Isthmusstadt ihr Unwesen zu treiben. Das in Thuk. 2,68 erwähnte Flottenunternehmen des Phormion Asopios' Sohn könnte in einen solchen Kontext gehören – wir haben oben die Argumente dafür zusammengetragen –, doch muß man natürlich akzeptieren, daß die Art unserer Überlieferung exakte Datierungen ausschließt.[22] Thukydides jedenfalls läßt uns weitgehend im Stich: Er geht vom Feldzug des Perikles im Herbst 454 sogleich zur Vereinbarung eines fünfjährigen Waffenstillstandes zwischen den kriegführenden Mächten über. Dieser sei ὕστερον δὲ διαλιπόντων ἐτῶν τριῶν erfolgt, also wohl im Winter 451/50 v. Chr.[23] Daß wir es hier mit drei scheinbar ‚ereignislosen' Jahren zu tun haben, kann unterschiedliche Ursachen haben. Zum einen ist es möglich, daß Thukydides nicht über ausreichend datiertes Material verfügte, um seinen ereignisgeschichtlichen Abriß in der gewohnt knappen, aber kausale Verknüpfungen berücksichtigenden Weise fortzusetzen. Andererseits verfügen wir sowohl bei Thukydides als auch bei anderen Autoren nur über wenige Informationen, die unser Bild von den Kämpfen in Griechenland am Ende der 450er Jahre in entscheidender Weise modifizieren. Die erwähnte Phormion-Expedition ist solch ein Beispiel; allerdings konnte sie dem Autor des „Peloponnesischen Krieges" nicht dazu dienen, den strukturellen Konflikt zwischen Athen und Sparta zu illustrieren, insofern fiel sie nicht in die Kategorie von Geschehnissen, die er in die Darstellung seiner Pentekontaëtie aufnahm. Das Schweigen des Thukydides über die drei Jahre von 454 bis 451 v. Chr. mag also in der Tat damit zusammenhängen, daß zwischen den hellenischen Großmächten während dieser Zeit keine großen Schlachten geschlagen wurden, daß es also etwa keinen Plünderungszug der Lakedaimonier nach Attika, auch keinen Periplus der Athener um die Halbinsel Peloponnes herum gegeben hat. Auf Nebenkriegsschauplätzen wie Akarnanien, Achaia oder der argolischen Akte kann der Krieg aber durchaus weitergegangen sein. Da die Kernpositionen Spartas in Griechenland im Verlaufe dieser Jahre nicht mehr angegriffen worden sein können – Thukydides hätte uns sicher davon erzählt – ist der Grund für die Verzögerung bis zum Waffenstillstand wohl bei den Korinthern und ihren Bundesgenossen zu suchen. Vielleicht hofften sie auch nach 454 noch immer, die niederschmetternden Ergebnisse ihres bald ein Jahrzehnt währenden Kampfes gegen Athen korrigieren zu können. Daß es im Winter 451/50 v. Chr. dann zum Waffenstillstand kam, mag an ihrer endgültigen Erschöpfung gelegen haben.[24] Doch auch sonst waren die Bedin-

---

[22] Siehe oben S. 130ff.

[23] Thuk. 1,112,1. Zur Datierung Gomme, Historical Commentary, Bd. 1, 325f. u. Bayer/Heideking, Chronologie 135.

[24] Grüner, Korinths Verfassung und Geschichte 23 nimmt an, daß die Korinther 451/50 v. Chr. – analog zum Nikiasfrieden – gegen einen Waffenstillstand eingestellt waren, weil er den Status quo und damit ihre Verluste in den zurückliegenden Kriegsjahren zu zementieren drohte. Demgegenüber vermutet

gungen gut: Kimon Miltiades' Sohn kehrte zu dieser Zeit nach zehnjährigem Exil nach Athen zurück und schickte sich an, den exzeptionellen Platz im Machtgefüge der attischen Demokratie, über den er einst verfügt hatte, wieder einzunehmen.[25] Für die Lakedaimonier war er in jedem Fall eine vertrauenswürdigere Persönlichkeit als all diejenigen Männer, die die aus der Zeit des Xerxeszugs herrührende Sicherheitsarchitektur Griechenlands seit 462/61 v. Chr. zum Einsturz gebracht hatten, und auch die Korinther werden sich daran erinnert haben, daß die Kriege mit Athen, die sie nunmehr seit Jahren beschäftigten, erst nach der Ostrakisierung des Philaiden begonnen hatten.

Die Jahre des Waffenstillstandes von 451/50 bis 446/45 v. Chr. sind bei Thukydides keineswegs ‚ereignislos'. Manche Ereignisstränge aus der Zeit davor werden fortgesetzt, andere zu Ende geführt. Letzteres gilt zum Beispiel für die Perserkriege. Daß der aus dem Exil zurückgekehrte Kimon im Sommer 450 v. Chr. den Kampf gegen den Großkönig erneuert und somit seine eigene Politik aus den 470er und 460er Jahren wiederaufgegriffen hat, kann als Anzeichen dafür gewertet werden, daß zu diesem Zeitpunkt eine weitere Zuspitzung des Verhältnisses zu den Lakedaimoniern nicht mehr das vordringliche Interesse der Athener war. Thukydides verwendet in diesem Zusammenhang eine aufschlußreiche Formulierung; er schreibt: καὶ Ἑλληνικοῦ μὲν πολέμου ἔσχον οἱ Ἀθηναῖοι, ἐς δὲ Κύπρον ἐστρατεύοντο [...] Κίμωνος στρατηγοῦντος.[26] Die Athener ließen also vom Ἑλληνικὸς πόλεμος ab und konzentrierten sich unter Kimons Führung auf den Kampf gegen den Großkönig, den Μηδικὸς πόλεμος[27] im östlichen Mittelmeerraum; der Gegensatz zwischen den beiden Alternativen, die den damaligen Verantwortungsträgern laut Thukydides vor Augen standen, wird von unserem Autor klar zum Ausdruck gebracht. Allerdings sollte sich erweisen, daß die Erfolgsaussichten gegenüber den Persern seit der militärischen Katastrophe von 454 nicht mehr die alten waren. Zwar führten die Athener tatsächlich im Sommer 450 v. Chr. zweihundert Schiffe nach Zypern und Ägypten, doch die Ergebnisse der Kampagne stellten sich im folgenden eher durchwachsen dar.[28] So scheiterte die Belagerung der Stadt Kition auf Zypern schon an logistischen Problemen, und Kimon, der Anführer der Expedition, erkrankte in ihrem Verlauf und starb. Schon waren die Athener genötigt, sich zurückzuziehen und die Rückkehr nach Griechenland ins Auge zu fassen, da verschaffte ihnen ein unverhoffter Sieg beim zyprischen Salamis einen nicht mehr für möglich gehaltenen Erfolg gegen den Feind zu Wasser und zu Lande. Die Kampagne gegen die Perser erhielt so doch noch einen versöhnlichen Abschluß; auch das gleich zu Beginn der

---

De Ste. Croix, Origins of the Peloponnesian War 188f., daß die Waffenruhe nur für Athen und Sparta, nicht aber für die jeweiligen Bundesgenossen gegolten habe. Beweisen läßt sich beides letztlich nicht.

[25] Thukydides überliefert die Rückkehr des Kimon nach Athen nicht. Doch siehe Diod. 11,86,1; Plut. Kim. 18,1 u. Per. 10,4; Andok. 3,3f. sowie Theopomp. FGrHist 115 F 88. Dazu Gomme, Historical Commentary, Bd. 1, 326f. u. Blamire, Plutarch. Life of Kimon 177ff.

[26] Thuk. 1,112,2.

[27] Thukydides verwendet durchaus den Ausdruck Μηδικὸς πόλεμος für die Kampfhandlungen gegen den persischen Großkönig nach 478/77 v. Chr.; vgl. Thuk. 3,10,2.

[28] Siehe Thuk. 1,112,2–4. Dazu u.a. Welwei, Das klassische Athen 106f.

Kampfhandlungen nach Ägypten entsandte Detachement von sechzig Schiffen des Seebundes kehrte heil in die Heimat zurück, wenn auch augenscheinlich, ohne in bezug auf sein Kriegsziel, den Aufstand der Ägypter gegen die persische Fremdherrschaft zu unterstützen, viel erreicht zu haben. Kurz darauf muß es dann zu einer Art Friedensvereinbarung zwischen Athen und dem persischen Großkönig gekommen sein.

Die Einzelheiten des sogenannten Kalliasfriedens von 449 v. Chr. sind in der Forschung notorisch umstritten, und die *vexata quaestio* seiner Historizität muß an dieser Stelle nicht entschieden werden.[29] Thukydides berichtet nichts über das vertragliche oder auch nur faktische Ende der athenisch-persischen Feindseligkeiten im östlichen Mittelmeerraum nach der Mitte des fünften Jahrhunderts v. Chr., doch hat das nichts zu bedeuten.[30] Im Hinblick auf den athenisch-lakedaimonischen Dualismus war der Kalliasfrieden letztlich ein zweitrangiges Ereignis, das den weiteren Gang der Ereignisse in Griechenland selbst zumindest nicht unmittelbar beeinflußt hat. Dies gilt jedoch nicht für die Entscheidung des attischen Demos im Sommer 450 v. Chr., Kimon mit einer Flotte nach Zypern und Ägypten zu schicken: Sie bedeutete eine Abkehr von der Politik des Ἑλληνικὸς πόλεμος, wie sie in den Jahren zuvor betrieben worden war. Selbstverständlich folgte für Thukydides daraus, daß er über den Verlauf der Kampagne des Jahres 450/49 v. Chr. zumindest in groben Strichen berichten mußte. Mit dem Tode Kimons jedoch und dem Sieg bei Salamis auf Zypern hatte er diese Aufgabe erfüllt und konnte nun guten Gewissens seine Aufmerksamkeit – und die des Lesers – wieder auf den festlandsgriechischen Schauplatz zurücklenken.

Die wenigen Ereigniszusammenhänge, die Thukydides im folgenden anreißt, betreffen ausnahmslos Mittelgriechenland.[31] Noch war der Ἑλληνικὸς πόλεμος nicht wieder aufgeflammt, aber die Konflikte, die sich in der ersten Hälfte der 440er Jahre in Boiotien und Phokis abspielten,[32] erinnern doch stark an die Geschehnisse rings um die

---

[29] Der sog. Kalliasfrieden wird von Thukydides nicht erwähnt, weswegen die Forschung in einem fort darum ringt, seine Historizität entweder zu erweisen oder aber sicher auszuschließen. Die gegensätzlichen Standpunkte repräsentieren exemplarisch K. Meister, Die Ungeschichtlichkeit des Kalliasfriedens und deren historische Folgen, Wiesbaden 1982 u. E. Badian, The Peace of Callias, in: ders. (Hrsg.), From Plataea to Potidaea, Baltimore/London 1993, 1–72; dazu Baltrusch, Außenpolitik, Bünde und Reichsbildung in der Antike 143f.

[30] Gleiches gilt im übrigen für den in die Zeit nach dem Kalliasfrieden gehörenden angeblichen Plan des Perikles, einen panhellenischen Kongreß einzuberufen, um einem allgemeinen Frieden in Griechenland den Weg zu ebnen; siehe hierzu Plut. Per. 17. Wenn dieses Unternehmen überhaupt als historisch betrachtet werden kann, so lag es natürlich überhaupt nicht auf der Linie der Ereignisse, die Thukydides vor allem interessierten, denn sowohl die Athener als auch die Lakedaimonier und ihre jeweiligen Bundesgenossen waren zur Teilnahme aufgerufen. Der Kongreß sollte also dem Ausgleich dienen und hätte damit der Grundthese des Thukydides eher im Weg gestanden, statt sie zusätzlich zu illustrieren. – Zur Forschungsdiskussion siehe u.a. Welwei, Das klassische Athen 120f. mit 380 Anm. 158 sowie Lehmann, Perikles 137ff.

[31] Siehe hierzu Kagan, Outbreak of the Peloponnesian War 120ff.; Meiggs, Athenian Empire 152ff.; Welwei, Sparta 185f. u. Welwei, Das klassische Athen 122ff.

[32] Zur schwierigen Datierung Bayer/Heideking, Chronologie 147ff.

5. Die Rolle Spartas im korinthisch-athenischen Krieg der 450er Jahre v. Chr.

Schlacht von Tanagra. Noch immer waren die Lakedaimonier offenbar entschlossen, ihren stets gefährdeten Einfluß auf die Pylaisch-Delphische Amphiktyonie zu wahren oder gar auszubauen. Wie einst schreckten sie nicht davor zurück, militärisch zu intervenieren. Sie bemächtigten sich schließlich sogar des Pythischen Heiligtums, um ihre Ziele zu erreichen.[33] Anders als im Jahre 458 v. Chr. erfolgte die Antwort der Athener auf diese Aggression Spartas nicht unmittelbar; einen zweiten, verlustreichen Waffengang wie den bei Tanagra versuchte man offenbar bewußt zu vermeiden. Er hätte freilich nicht nur einen Bruch des Waffenstillstandes von 451/50 v. Chr. bedeutet, sondern wäre, angesichts der schweren Menschenverluste gegen die Perser in den letzten Jahren, mit unkalkulierbaren Risken für die gegenwärtige attische Wehrkraft behaftet gewesen. Also beschränkten sich die Athener darauf, nach der Heimkehr der Lakedaimonier auf die Peloponnes deren Maßnahmen rückgängig zu machen und eine ihnen selbst genehme Ordnung Mittelgriechenlands wiederherzustellen.[34] Daß sie damit durchaus ihre Probleme hatten, zeigt die unmittelbar auf den sogenannten Heiligen Krieg um Delphi folgende Passage des Thukydides-Textes.[35] Da sehen wir den Strategen Tolmides schon kurze Zeit nach den geschilderten Ereignissen gegen renitente boiotische Politiker zu Felde ziehen, weil sie sich der attischen Hegemonie über ihre Heimat immer noch beharrlich widersetzten. Das Ganze mündet nach einigen Anfangserfolgen schließlich in die Niederlage der Athener bei Koroneia im Jahre 446 v. Chr. Ihre rund zehnjährige Herrschaft über Mittelgriechenland war damit dahin; alle seit Tanagra unternommenen Anstrengungen hatten sich letzthin als fruchtlos erwiesen. Athen war in die Defensive geraten: Μετὰ δὲ ταῦτα οὐ πολλῷ ὕστερον Εὔβοια ἀπέστη ἀπὸ ᾿Αθηναίων;[36] auch die Zeit für die Erneuerung des Ἑλληνικὸς πόλεμος war nun herangekommen.

Die Abfolge der Ereignisse von 451/50 bis 446/45 v. Chr., wie sie, bei aller Dürftigkeit der Informationen im einzelnen, von Thukydides präsentiert wird, ist in sich stimmig und im Hinblick auf den festlandsgriechischen Kriegsschauplatz höchst aufschlußreich. Mit der neuerlichen Expedition in den östlichen Mittelmeerraum zeigt unser Autor eine gangbare politisch-militärische Alternative auf, die um 450 für den aus dem Exil zurückgekehrten Kimon und den attischen Demos jenseits des Ἑλληνικὸς πόλεμος existierte. Doch als diese nach dem vertraglichen oder faktischen Interessenausgleich mit dem persischen Großkönig nicht mehr weiterverfolgt werden konnte, waren die Athener wieder auf die Probleme und Spannungen vor ihrer Haustür verwiesen. Wie im Jahre 458 v. Chr. erfolgte die Kollision ihrer Interessen mit denen der Lakedaimonier zunächst nicht etwa im Isthmusgebiet oder an den Küsten der Pelopon-

---

[33] Siehe Thuk. 1,112,5; ferner Plut. Per. 21 u. Philoch. FGrHist 328 F 34. Hierzu u.a. Zeilhofer, Sparta, Delphoi und die Amphiktyonen im 5. Jh. v. Chr. 48ff.; Hornblower, Religious dimension 177ff. u. Sánchez, L'Amphictionie des Pyles et de Delphes 106ff.; ferner Hornblower, Commentary, Bd. 1, 181ff.

[34] Siehe Thuk. 1,112,5.

[35] Siehe ebd. 1,113. Dazu Buck, History of Boeotia 150ff.

[36] Thuk. 1,114,1.

nes, sondern in Mittelgriechenland, vor allem wegen des Apollonheiligtums von Delphi. Anders als damals führte dieser Sachverhalt jedoch nicht zur offenen Auseinandersetzung: Der im Winter 451/50 vereinbarte Waffenstillstand hielt, weil die Hauptprotagonisten Athen und Sparta es so wünschten. Wir wissen nichts darüber, ob Poleis, die den Athenern besonders feindlich gesonnen waren – an erster Stelle wäre hier an Korinth zu denken – schon damals eine Erneuerung des Ἑλληνικὸς πόλεμος wünschten. Wenn ja, so vermochten sie sich gegen Sparta und die Mehrzahl der Mitglieder des Peloponnesischen Bundes jedenfalls nicht durchzusetzen. Für sich allein genommen aber mögen die Κορίνθιοι καὶ οἱ σύμμαχοι zu schwach gewesen sein, um Athen wirksam entgegentreten zu können. Die Möglichkeit bot sich erst, als die attische Macht in Mittelgriechenland, in Boiotien und Euboia, im Jahre 446 v. Chr. zusammengebrochen war. Etwas überspitzt gesagt, könnte man das folgende Resümee ziehen: Die Jahre des fünfjährigen Waffenstillstandes von 451/50 bis 446/45 waren Jahre der athenischen Schwäche. Die Verantwortlichen der Stadt reagierten in dieser Zeit eher als daß sie agierten; die regionalen und überregionalen Problemfelder, zwischen denen sie sich bewegten, vermochten sie nicht mehr von vornherein zu dominieren, wie es noch in den 450er Jahren der Fall gewesen war. Die Impulse, die sie setzten – Kimons Zug nach Zypern, Tolmides' Zug nach Boiotien – verpufften; Niederlagen konnten nicht mehr ohne weiteres korrigiert werden. Da half auch die von den thukydideischen Korinthern später beschworene νεωτεροποιΐα nichts mehr.[37] Die Zeit für die Feinde Athens war günstig.

---

[37] Vgl. Thuk. 1,70,2: νεωτεροποιοί.

6. Der Durchbruch zum sog. Dreißigjährigen Frieden 446/45 v. Chr.

Thukydides verknüpft den Wiederausbruch des Ἑλληνικὸς πόλεμος mit der Expedition der Athener gegen die aufständischen Euboier im Sommer 446 v. Chr. Anführer der attischen Kontingente war Perikles Xanthippos' Sohn; wie immer bei bedeutenden Feldzügen nennt unser Autor den verantwortlichen Strategen und damit den Vater des Erfolgs (oder Mißerfolgs) einer bestimmten Aktion.[1] Perikles war kaum auf die Insel Euboia übergesetzt, da zwangen ihn dramatische Ereignisse in Megara zur Umkehr: Offensichtlich hatte die am Isthmus gelegene Stadt nach ihrem Austritt aus dem Peloponnesischen Bund nun eine neuerliche Kehrtwende vollzogen und ihr Bundesverhältnis zu Athen eigenmächtig gelöst.[2] Ob diesen Ereignissen ein innenpolitischer Umsturz in Megara vorausgegangen ist, geht aus Thukydides' Bericht nicht eindeutig hervor, ist aber denkbar. Jedenfalls hatte das Verhalten der Verantwortlichen augenblicklich Konsequenzen für die politische Gesamtlage in Griechenland, die unser Autor wie folgt zusammenfaßt: ὅτι Μέγαρα ἀφέστηκε καὶ Πελοποννήσιοι μέλλουσιν ἐσβαλεῖν ἐς τὴν Ἀττικὴν καὶ οἱ φρουροὶ Ἀθηναίων διεφθαρμένοι εἰσὶν ὑπὸ Μεγαρέων, πλὴν ὅσοι ἐς Νίσαιαν ἀπέφυγον.[3] Dem Abfall der Megarer folgte also die Eliminierung der attischen Besatzungen in der Megaris; lediglich Nisaia, der Hafen am Saronischen Golf, verblieb unter der Kontrolle der Athener. Das heißt im Umkehrschluß, daß insbesondere Pegai, seit 461/60 v. Chr. ein wichtiger, wenn auch nicht der einzige Hafen Athens am Korinthischen Golf, nun verloren war.[4] Thukydides schreibt, es sei nach dem Fall Megaras die Rede gegangen (ἠγγέλθη), die Peloponnesier planten (μέλλουσιν ἐσβαλεῖν) einen Einfall nach Attika. In der Tat zogen sie zu einem späteren Zeitpunkt (μετὰ τοῦτο) unter der Führung des lakedaimonischen Königs Pleistoanax in die Thriasische Ebene und verwüsteten die attischen Fluren.[5] Mit dem Vorstoß eines von einem König geführten lakedaimonischen Heeres war der Ἑλληνικὸς πόλεμος, der durch den Waffenstillstand von 451/50 v. Chr. sistiert worden war, wieder ausgebrochen. Doch war Sparta auch an der Herauslösung Megaras aus dem attischen Bündnis bereits aktiv beteiligt gewesen? Es gibt durchaus Gesichtspunkte, die gegen eine solche Sicht der Dinge sprechen.

Thukydides schreibt, daß die Megarer bei ihrem Aufstand gegen die attischen Besatzungen von Kontingenten aus der Peloponnes unterstützt wurden: ἐπαγαγόμενοι δὲ

---

[1] Siehe ebd. 1,114. Zu dieser Phase der Ereignisse u.a. Kagan, Outbreak of the Peloponnesian War 124ff.; Meiggs, Athenian Empire 175ff.; Lewis, The Thirty Years' Peace 133ff.; Welwei, Sparta 186ff. u. Welwei, Das klassische Athen 123ff.
[2] Dazu Legon, Megara 192ff.
[3] Thuk. 1,114,1.
[4] Dies wird auch durch die Inschrift IG I² 1085 (= ML 51) bezeugt.
[5] Siehe Thuk. 1,114,2.

Κορινθίους καὶ Σικυονίους καὶ Ἐπιδαυρίους ἀπέστησαν οἱ Μεγαρῆς.[6] Es handelt sich bei den drei Genannten um dieselben Poleis, die schon 461/60 v. Chr. im Saronischen Golf gemeinsam gegen die Athener gekämpft hatten. Schon damals hatte unser Autor den Ausdruck οἱ Πελοποννήσιοι für sie verwendet,[7] ungeachtet dessen, daß diese Sammelbezeichnung an anderer Stelle bei ihm für den Peloponnesischen Bund in seiner Gänze, also unter Einschluß Spartas, verwendet wird.[8] Allein dieser Befund schon eröffnet die Möglichkeit, daß am Anfang der Auseinandersetzungen vom Sommer 446 v. Chr. nicht eine sofortige Beteiligung der Lakedaimonier an den Kriegshandlungen erfolgt sein muß. Der mögliche Einfall nach Attika kann auch das alleinige Ziel der Megarer und ihrer neuen korinthischen Verbündeten gewesen sein.[9] Anders als vierzehn Jahre zuvor konnten letztere dabei auf einen ungehinderten Durchmarsch bis vor Eleusis und Thria hoffen, wußten sie doch die einst tief verfeindeten Megarer nun fest an ihrer Seite.

Die Athener rechneten 446 v. Chr. nicht mit einem Wiederaufflammen des Ἑλληνικὸς πόλεμος. Dies ergibt sich daraus, daß Perikles im Sommer dieses Jahres ohne Bedenken sein Hauptaugenmerk dem euboischen Kriegsschauplatz zugewandt hatte. Auch die vorausgegangene Niederlage bei Koroneia hatte nicht dazu geführt, daß die Verantwortlichen in Athen in diesen Wochen vor Sparta und seinen Bundesgenossen in besonderer Weise auf der Hut waren und sich deshalb abwartend verhielten. Sie vertrauten offenbar fest auf die Unverbrüchlichkeit des Waffenstillstands von 451/50, der zum Beispiel die Händel um Delphi überstanden hatte und erst im kommenden Winter auslaufen sollte. Der Umsturz in Megara und die Kunde von der korinthischen Unterstützung für die Abgefallenen machte dann plötzlich deutlich, daß die Gefahr für den Frieden von einer ganz anderen Seite als der der Lakedaimonier drohte. Dies allein mag Grund genug für die Athener gewesen sein, die Operationen auf Euboia abzubrechen.[10] Freilich war nun, da ein Waffengang zwischen den Kontrahenten von 461/60 v. Chr. – wenn auch in einer neuen, unerwarteten Konstellation – unumgänglich schien, auch für die Verantwortlichen in Sparta der Zeitpunkt gekommen, sich mit einem möglichen Kriegseintritt zu beschäftigen. Die Tatsache, daß sie schließlich ein Heer ausrüsteten und unter König Pleistoanax nach Attika schickten, muß hierbei nicht unbedingt bedeuten, daß sie von Anfang an auf eine bedingungslose Eskalation der Lage gesetzt hatten.

---

[6] Thuk. 1,114,1.
[7] Siehe ebd. 1,105,1 u. 3.
[8] So ganz evident schon im ersten Satz des Werkes; siehe Thuk. 1,1,1: πόλεμον τῶν Πελοποννησίων καὶ Ἀθηναίων.
[9] Anders Salmon, Wealthy Corinth 267, der glaubt, sämtliche Ereignisse im Sommer 446 v. Chr. – auch der Vormarsch der Lakedaimonier nach Attika – „were originally intended to coincide."
[10] Denn auf dieses Ereignis hin berichtet Thuk. 1,114,1 von der Rückkehr des Perikles von Euboia: ὁ δὲ Περικλῆς πάλιν κατὰ τάχος ἐκόμιζε τὴν στρατιὰν ἐκ τῆς Εὐβοίας. Erst danach marschieren die Lakedaimonier in Attika ein.

6. Der Durchbruch zum sog. Dreißigjährigen Frieden 446/45 v. Chr.

Die lakedaimonische Kampagne im Sommer 446 v. Chr. verlief ebenso rasch wie erfolgreich. Dadurch, daß sich Sparta an die Spitze der gegen Athen vorgehenden Kräfte gesetzt hatte, schob es weitergehenden Ambitionen der revanchelüsternen Korinther von vornherein einen Riegel vor. Der Vormarsch des Pleistoanax in die Thriasische Ebene war gefährlich und – falls es nicht gelang, ihm Einhalt zu gebieten – zerstörerisch, gewiß, aber mit dem Auftreten der Lakedaimonier war auch ein Element der Berechenbarkeit auf den Plan getreten: Gelang Perikles eine Verständigung mit ihnen, so bestand die berechtigte Hoffnung darauf, den Ἑλληνικὸς πόλεμος mitsamt seinen lästigen Teilkonflikten in einem Zuge und durch eine umfassende Friedensregelung zu beenden. Doch auch für die Korinther und ihre Bundesgenossen mag diese Aussicht, auch wenn sie unweigerlich bedeutete, Abstriche hinsichtlich ihrer maximalen Kriegsziele zu machen, in gewisser Weise attraktiv gewesen sein. Schließlich kämpften sie nun bereits seit Jahr und Tag auf letztlich verlorenem Posten gegen die Athener an; schon seit Beginn der 450er Jahre war klar, daß ein Erfolg in dieser Auseinandersetzung ohne die Unterstützung Spartas praktisch nicht mehr zu erreichen war. Nun verweigerten sich die Lakedaimonier aber immer wieder einem dauerhaften Engagement im Dienste der Korinther, die doch zu ihren wichtigsten Bündnern auf der Peloponnes zählten; die Ereignisse um die Schlacht bei Tanagra blieben ein Ausnahmefall. War das direkte Eingreifen des Pleistoanax in die Geschehnisse nicht eine seltene Gelegenheit, die von den korinthischen Handlungsträgern entschlossen beim Schopfe gepackt werden mußte? Der Seitenwechsel in Megara war der eine wichtige Gesichtspunkt, der die Korinther in das Spiel um die Macht in Griechenland zurückbrachte. Ungleich wichtiger war demgegenüber, daß es nun gelungen war, Sparta – und sei es auch noch so kurzfristig – zur Aktion zu veranlassen. Nur dadurch war gewährleistet, daß die Auseinandersetzungen, die im Winter 461/60 v. Chr. begonnen und sich im Verlauf der Jahre immer ungünstiger entwickelt hatten, für die Κορίνθιοι καὶ οἱ σύμμαχοι nun doch noch ein halbwegs versöhnliches Ende finden konnten.

Ob sich die Lakedaimonier im Sommer 446 v. Chr. aus freien Stücken zu einem Kriegseintritt entschlossen haben, oder ob sie von den Korinthern und ihren Bundesgenossen dazu gedrängt worden sind, nach Attika einzumarschieren, ist aufgrund der vorliegenden Quellen nicht zu entscheiden. Thukydides äußert sich ohnehin, wie gesehen, nur sehr undeutlich hinsichtlich der einzelnen Abläufe. Daß König Pleistoanax und sein Ratgeber Kleandridas nach Abschluß der Operation mit Bestechungsvorwürfen konfrontiert und aus Sparta vertrieben wurden, deutet darauf hin, daß der Zug gegen die Athener in Teilen der lakedaimonischen Führungsschicht nicht populär, vielleicht sogar regelrecht umstritten gewesen ist.[11] Unabhängig von den Polemiken, die sich nach 446/45 v. Chr. um die Frage herum entfalteten, wie das plötzliche Ende der Offensive des Pleistoanax zustande gekommen war, kann man jedenfalls konstatieren, daß ihr po-

---

[11] Siehe Thuk. 2,21,1 u. 5,16; ferner Plut. Per. 22f.; Diod. 13,106,10 u. Aristoph. nub. 859. Dazu u.a. Schubert, Perikles 41ff.; Welwei, Sparta 187f. u. Lehmann, Perikles 148ff.

litischer Ertrag für Sparta spürbar war.[12] Der Dreißigjährige Frieden zwischen Sparta und seinen Bundesgenossen auf der einen, Athen und seinem Seebund auf der anderen Seite gebot der hemmungslosen Aggressionspolitik attischer Radikaldemokraten ebenso Einhalt, wie er den überkommenen Besitzstand der lakedaimonischen Hegemonie in Gestalt des Peloponnesischen Bundes fürs erste sicherte. Durch ihr, wenn auch kurzes Engagement in Attika hatten die Lakedaimonier unter Beweis gestellt, daß sie bereit waren, ihre Bundesgenossen mit der Waffe in der Hand zu verteidigen. Dies war auch für Korinth, obgleich es im Winter 461/60 v. Chr. mit weiterreichenden Ambitionen in die militärische Auseinandersetzung mit Athen gestartet war, eine wichtige Botschaft, die geeignet schien, das Vertrauen zu dem altvertrauten Hegemon auf der peloponnesischen Halbinsel wieder zu erneuern.[13]

Im einzelnen waren die Verantwortlichen der Isthmusstadt freilich gezwungen, sich von der einen oder anderen liebgewonnenen Illusion zu trennen und einige bittere Tatsachen zu akzeptieren.[14] Dazu gehörte insbesondere die Erkenntnis, daß das hauptsächliche korinthische Kriegsziel, die Vorherrschaft der Athener im Korinthischen und Saronischen Golf zu brechen, endgültig gescheitert war. Die Insel Aigina verblieb im Machtbereich des Delisch-Attischen Seebundes; die attischen Stützpunkte in Nordwestgriechenland – vor allem das wichtige Naupaktos, doch auch Chalkis und vielleicht Molykreion – wurden nicht geräumt. Nur in zweierlei Hinsicht machten die Athener territoriale Zugeständnisse, die auch in Korinth positiv gesehen worden sein dürften:[15] Zum einen ließen sie von Megara ab; auch der Hafen Nisaia wurde von ihnen geräumt. Der gesamte Isthmus nördlich der Geraneia lag also wieder außerhalb des unmittelbaren militärischen Zugriffs der Athener. Zugleich erklärten sie sich dazu bereit, auf der Halbinsel Peloponnes Positionen, die sie im Laufe der letzten Kriegsjahre in ihre Hand gebracht hatten, wieder zu räumen. Dies betraf insbesondere die Landschaft Achaia am Südufer des Korinthischen Golfs, aber auch Troizen auf der argolischen Akte.

Für die Korinther war es sicher eine gute Nachricht, daß diese Zugeständnisse durchgesetzt wurden. Andererseits darf man nicht übersehen, daß es Konzessionen waren, die für die Athener vielleicht schmerzhaft, aber letztlich doch erträglich waren.[16] Die Räumung von Positionen an den peloponnesischen Küsten war insbesondere eine Geste an Sparta, daß dessen althergebrachte territoriale Interessensphäre künftig

---

[12] Insofern ist das Urteil von Welwei, Sparta 188 – „Die spartanische Invasion des Jahres 446 war ein Fehlschlag." – nicht zutreffend.
[13] Zum Dreißigjährigen Frieden, seinen Errungenschaften und Mängeln siehe u.a. De Ste. Croix, Origins of the Peloponnesian War 196ff.; Schubert, Perikles 43f. sowie Baltrusch, Symmachie und Spondai 158ff. u. 206ff.; aus korinthischer Sicht Salmon, Wealthy Corinth 267ff.
[14] Insofern ist das Urteil von Lehmann, Perikles 151 – „Auch Korinth [...] war mit dem Kriegsausgang sehr zufrieden und konnte endlich die Verbindungen zu seinen Kolonien und Stützpunkten im westgriechischen Raum wiederherstellen." – zu positiv ausgefallen.
[15] Siehe Thuk. 1,115,1. Dazu der Kommentar von Gomme, Historical Commentary, Bd. 1, 347ff. u. Hornblower, Commentary, Bd. 1, 186f.
[16] Vgl. in diesem Zusammenhang die Äußerung Kleons in Thuk. 4,21,3 aus dem Jahre 425 v. Chr.

wieder respektiert werden würde; Rücksichtnahme auf die Korinther spielte demgegenüber im attischen Kalkül sicher eine untergeordnete Rolle. Troizen hatte als Ausgangspunkt für Plünderungszüge auf der Peloponnes und als Zwischenstation zu den verbündeten Argivern seine Funktion in der attischen Strategie gehabt. Doch mit dem Friedensschluß zwischen Argos und Sparta 451/50 und dem Ende der athenisch-lakedaimonischen Feindseligkeiten 446/45 war es mehr oder weniger entbehrlich geworden. Noch mehr gilt dies für die Beziehungen zwischen Athen und Poleis an der achaischen Küste. Während der 450er Jahre hatten attische Strategen Kontakt mit einigen von diesen aufgenommen, nicht zuletzt, um ihre Vorherrschaft im Korinthischen Golf auch an dessen südlichem Ende abzusichern und zusätzliche Verbündete im Ringen um Akarnanien und Aitolien zu gewinnen. Das war eine Maßnahme, die, wie wir gesehen haben, durchaus auch gegen die Korinther gerichtet war; insofern ist der Abzug der Athener aus Achaia 446/45 v. Chr. ein positives Signal für die Verantwortlichen in der Isthmusstadt gewesen. Andererseits muß man auch hier Einschränkungen konstatieren: Die Tatsache, daß die Achaier etwaige Bündnisse lösen mußten, die sie mit den Athenern eingegangen waren, bedeutete keinesfalls, daß sie nun stehenden Fußes auf die Seite von deren Gegnern überwechselten. Auch in späteren Zeiten haben die Poleis an der Südküste des Korinthischen Golfs in der Regel ihre eigenen Ziele verfolgt.[17] Ihre Interessen in der ihnen gegenüberliegenden Aiolis mögen dabei tendenziell eher zu Spannungen mit Korinth geführt haben als zu durchweg friedlichen und vertrauensvollen Beziehungen.

---

[17] Im Peloponnesischen Krieg ab 431 v. Chr. stand nur das achaische Pellene von Anfang an auf seiten der Lakedaimonier und ihrer Verbündeten; siehe Thuk. 2,9,2.

7. Die Bilanz der Kämpfe aus korinthischer Sicht

Versuchen wir eine Bilanz der Ereignisse von 461/60 bis 446/45 aus korinthischer Sicht zu ziehen. Die Stadt am Isthmus hatte sich während dieser fünfzehn Jahre nahezu fortwährend in einem militärisch ausgetragenen Konflikt mit Athen befunden. Von 451/50 v. Chr. an herrschte zwar Waffenstillstand, doch führte erst die Sommerkampagne des Jahres 446 zu einer allgemein akzeptierten Klärung der Verhältnisse. Der Dreißigjährige Frieden, der im darauffolgenden Winter zwischen den kriegführenden Mächten geschlossen wurde, stellte in der Tat einen – wie sich zeigen sollte – vorläufigen Schlußpunkt dar, der die Chance dazu eröffnete, die beiderseitigen Beziehungen neu zu gestalten. Ansätze dazu hat es in den Jahren bis 433/32 v. Chr. in der Tat gegeben. Daß es dazu kam, ist sicherlich der Tatsache zu verdanken, daß die Lakedaimonier an der Friedensregelung von 446/45 aktiv mitgearbeitet haben. Thukydides hat in der außenpolitischen Passivität Spartas nach dem Xerxeszug eine wichtige Ursache für den Aufstieg Athens zur Großmacht gesehen. Die Aussage, die er im allgemeinen trifft, läßt sich insbesondere auf den Zeitraum von 461/60 bis 446/45 v. Chr. anwenden:[1] Obwohl die Lakedaimonier erkannt haben mußten, daß die Athener ihre Hegemonie über große Teile Griechenlands immer mehr ausdehnten, hätten sie nichts dagegen unternommen und wenn, dann nicht energisch genug (οὔτε ἐκώλυον εἰ μὴ ἐπὶ βραχύ). Die eigene Unentschlossenheit (ὄντες μὲν καὶ πρὸ τοῦ μὴ ταχεῖς ἰέναι ἐς τοὺς πολέμους, ἢν μὴ ἀναγκάζωνται) und Schwierigkeiten im eigenen Machtbereich (τὸ δέ τι καὶ πολέμοις οἰκείοις ἐξειργόμενοι) hätten sie immer wieder von einem direkten Eingreifen abgehalten, wodurch schließlich eine Situation entstanden sei, in der es die Athener sogar wagen konnten, sich am Bündnissystem der Lakedaimonier zu vergreifen (καὶ τῆς ξυμμαχίας αὐτῶν ἥπτοντο). Daß Sparta gegen den Austritt Megaras aus dem Peloponnesischen Bund nicht sofort eingeschritten ist, war, folgt man der thukydideischen Logik, ein unverzeihlicher Fehler.

Für die Poleis, die seit dem Winter 461/60 v. Chr. mit Athen im Krieg lagen, stellte die anhaltende Passivität der Lakedaimonier mit der Zeit ein ernstes Problem, nicht nur ein Ärgernis dar. Am Anfang, als Megara gerade die Seiten gewechselt hatte, mögen die Korinther noch geglaubt haben, aus eigener Kraft eine Antwort auf die neue Konstellation zu finden, mit der sie überraschend konfrontiert worden waren. Doch schon im ersten Kriegssommer 460 v. Chr. zeigte sich, daß sie trotz der Unterstützung durch andere peloponnesische Städte (Sikyon, Epidauros) den Athenern in keiner Weise militärisch gewachsen waren. Bis zum Ende der 450er Jahre verloren sie den Kampf um die Seeherrschaft zunächst im Saronischen, dann im Korinthischen Golf. Die Athener kämpften auf der Insel Aigina ebenso erfolgreich wie an den Küsten der argolischen Akte. Sie setzten sich beiderseits des Isthmus – in Nisaia und Pegai – fest, soweit er zum megarischen Territorium gehörte. An der Nordküste des Korinthischen Golfs er-

---

[1] Siehe Thuk. 1,118,2.

richteten sie eigene Stützpunkte (Naupaktos) oder übernahmen diejenigen ihrer Feinde (Chalkis, vielleicht auch Molykreion). Die Knüpfung freundschaftlicher Kontakte zu den Völkern im Hinterland sicherte die Stellung der Athener im Korinthischen Golf zusätzlich ab. Schon standen sie im Bunde mit den befreundeten Messeniern, Akarnanen und Achaiern kurz davor, das hartnäckig sich verteidigende Oiniadai zu erobern und damit eine weitere zentrale Position, diesmal am Eingang zum Jonischen Meer, zu gewinnen.

Während die Lakedaimonier den Austritt Megaras aus dem Peloponnesischen Bund ohne eine augenscheinliche Reaktion hinnahmen und auch das Scheitern der Korinther und ihrer Bundesgenossen in deren Auseinandersetzung mit Athen sozusagen regungslos verfolgten, waren sie an anderer Stelle durchaus aktiv. Zweimal während des Zeitraums zwischen 461/60 und 446/45 v. Chr. (458 und Anfang der 440er Jahre) drangen sie nach Mittelgriechenland vor und mischten sich in politische Konflikte ein, die ihr mutmaßliches Zentrum im Heiligtum des Apollon von Delphi hatten. Die Lakedaimonier waren also sehr wohl dazu in der Lage und auch willens, außerhalb der Halbinsel Peloponnes tätig zu werden, wenn es ihre Interessen erforderten. Im Umkehrschluß kann dies nur bedeuten, daß der von den Korinthern vom Zaun gebrochene Krieg mit Athen ihre vitalen Interessen nicht genug berührt hat.[2] Auch im Vorfeld des Peloponnesischen Krieges haben die Lakedaimonier zunächst mäßigend auf die Stadt am Isthmus einzuwirken versucht, bevor sie sich dann doch auf den massiven Druck der Korinther und anderer Bundesgenossen hin entschlossen, Athen den Frieden aufzukündigen.[3] Der Unterschied zwischen den Konstellationen von 461/60 und 433/32 liegt eben genau darin, daß die lakedaimonische Hegemonialmacht angesichts der athenischen Aggressionspolitik im zweiten Fall den großen Konflikt wagte. Denn auch wenn Sparta während der 450er Jahre v. Chr. hier und da einmal gegen Athen und seinen Delisch-Attischen Seebund Stellung bezogen hatte und sogar offen gegen ihn eingeschritten war, so lag dem doch offensichtlich keine langfristige, reflektierte Strategie zugrunde. An der Rede, die die korinthischen Gesandten bei Thukydides vor der lakedaimonischen Volksversammlung halten,[4] wird deutlich, daß dieser Eindruck schon im fünften Jahrhundert v. Chr. durchaus verbreitet war, daß er also keine bloße, auf Quellenarmut basierende Projektion der modernen Forschung ist.

Wir haben schon an unterschiedlichen Stellen gesehen, daß die Darstellung der Ereignisse zur Zeit der Pentekontaëtie durch Thukydides in Beziehung gesetzt werden kann zu den Geschehnissen, die dem Peloponnesischen Krieg unmittelbar vorausgingen. Die Mentalitäten und Stimmungen etwa der Athener, Lakedaimonier und Korinther – zum Beispiel das σφοδρὸν μῖσος[5] letzterer gegenüber Athen –, doch auch bestimmte Schauplätze der kriegerischen Auseinandersetzungen wie zum Beispiel

---

[2] In diesem Sinne Holladay, Sparta's role in the First Peloponnesian War 63.
[3] Siehe Thuk. 1,28,1. Dazu unten S. 230f.
[4] Vgl. ebd. 1,68–71.
[5] Siehe ebd. 1,103,4.

Nordwestgriechenland – all das weist leitmotivisch voraus auf die zweite Hälfte der 430er Jahre v. Chr., als Griechenland unter der Führung seiner beiden ausschlaggebenden Hegemonialmächte in den großen Krieg hineingesteuert wurde. Hält auch die Peripetie der Pentekontaëtie, die Sommerkampagne des Jahres 446 mit dem Zug des Königs Pleistoanax und dem anschließenden Dreißigjährigen Frieden vom Winter 446/45 v. Chr., diesbezüglich etwas für uns bereit?

Die direkten Auseinandersetzungen zwischen Athen und Sparta waren im Sommer 446 durch eine Aktion der Korinther und ihrer Bundesgenossen eingeleitet worden. Vermutlich hatten sie schon ihre Hände dabei im Spiel gehabt, als sich die Megarer dazu entschlossen, aus dem Bündnis mit Athen auszuscheiden. In jedem Fall unterstützten sie nach vollbrachter Tat ihre Nachbarn im Kampf gegen den nun gemeinsamen Feind im Südosten und wirkten bei der Säuberung der Megaris von attischen Besatzungstruppen aktiv mit. Entscheidend war im Hinblick auf den weiteren Verlauf, daß Sparta zu ebendiesem Zeitpunkt in den Konflikt eingegriffen hat. An Thukydides' Darstellung bemerkt man das deutlich, legt er doch sofort die megarische (beziehungsweise korinthische) Perspektive ab und übernimmt die lakedaimonische: In dem Moment, als König Pleistoanax mit seinem Heer auf den Plan tritt, ist Sparta und nur Sparta der Gegner der Athener, auch wenn Mitglieder des Peloponnesischen Bundes an den folgenden Kämpfen und Friedensverhandlungen sicherlich mitgewirkt haben.[6]

Die Lakedaimonier erreichten binnen kurzem das, woran die Korinther in den fünfzehn vorausgegangenen Jahren immer wieder gescheitert waren: Sie setzten Athen derart unter militärischen Druck, daß es das Gesetz des Handelns nicht mehr zu bestimmen vermochte. Perikles war nicht nur gezwungen, seinen Feldzug nach Euboia zu unterbrechen und zum Schutz der Heimat zurückzueilen; er mußte in Vertragsverhandlungen einwilligen. Die Korinther schafften es im Falle Aiginas 460 v. Chr. nicht, Vergleichbares gegenüber Myronides zu erreichen. Das lakedaimonische Heer unter Pleistoanax marschierte in Attika ein und plünderte die Fluren der Thriasischen Ebene; auch dies war den Korinthern in den Jahren zuvor stets versagt geblieben. Vor allem aber führte der energische Vormarsch Spartas sogleich zu einem politisch zählbaren Ergebnis: Perikles und die anderen athenischen Verantwortlichen waren gezwungen, Zugeständnisse zu machen, weil sie Frieden in ihrem Konflikt mit den Λακεδαιμόνιοι καὶ οἱ σύμμαχοι wünschten.[7] Erst dadurch war es ihnen vielleicht noch möglich, zu verhindern, daß nach dem Abfall Boiotiens und Megaras nun auch noch der Verlust der Insel Euboia erfolgte.

---

[6] Siehe Thuk. 1,114,1–115,1. Weder von Salmon, Wealthy Corinth 267 noch von Welwei, Das klassische Athen 124 bzw. Welwei, Sparta 186ff. wird die schon im Thukydides-Text erkennbare Mehrphasigkeit des Geschehens klar herausgearbeitet. Stets verschwimmen die Aktionen der Megarer, Korinther, Lakedaimonier und Peloponnesier zu einem einheitlichen, auch einheitlich intendierten Geschehensablauf.

[7] Ein Teil der Forschung spricht deshalb im Hinblick auf den Vertrag von 446/45 v. Chr. von einem ‚Verzichtfrieden' der Athener, so etwa Lehmann, Perikles 150. Positiver hingegen Welwei, Das klassische Athen 125f. u. Welwei, Sparta 188ff.

7. Die Bilanz der Kämpfe aus korinthischer Sicht

Spiegeln sich hinter dem Verlauf der Ereignisse, die dem Abschluß des Dreißigjährigen Friedens 446/45 v. Chr. vorausgingen, ja ihn erst herbeiführten, nicht die Erwartungen der Korinther wider, die sie im Jahre 432/31, kurz vor Ausbruch des Peloponnesischen Krieges hegten? Damals vertrauten sie – und nicht nur sie – fest darauf, daß ein energisches Vorrücken nach Attika die Athener zur Raison bringen werde.[8] Das durch die peloponnesischen Verbündeten verstärkte Heer des lakedaimonischen Königs Archidamos sollte, so die verbreitete Erwartung, vergleichbare Reaktionen beim Feind auslösen wie fünfzehn Jahre zuvor das des Pleistoanax. Selbst als sich im Sommer 431 v. Chr. die Früchte dieser Strategie nicht sogleich ernten ließen, hielten die Verantwortlichen unbeirrt an ihr fest; auch in den folgenden Jahren marschierten die Λακεδαιμόνιοι καὶ οἱ σύμμαχοι unter der Führung des Königs Archidamos in schöner Regelmäßigkeit in Attika ein, um entweder eine Schlacht zu provozieren oder einen friedlichen Ausgleich mit Perikles und seinen politischen Erben zu erreichen.[9] Es war die Erfahrung von 446/45 v. Chr., die sie zu diesem Verhalten veranlaßte, und nur langsam und da der Krieg nicht enden wollte, setzte sich die Erkenntnis durch, daß die einstigen Handlungsmuster nicht mehr dazu taugten, eine Entscheidung in diesem oder jenem Sinne herbeizuführen.

Die Schilderung der Anfänge der korinthisch-athenischen Auseinandersetzungen 461/60 und ihr Ende 446/45 v. Chr. findet also, wie wir festhalten können, in gewisser Weise in der thukydideischen Darstellung der Ereignisse kurz vor dem Ausbruch des Peloponnesischen Krieges 432/31 v. Chr. ihren Widerhall. Aufs neue erfüllt der Pentekontaëtie-Exkurs unseres Autors seinen Zweck, Themen anzuscheiden oder auf sie vorauszuweisen, Verhaltens- und Handlungsoptionen vorzustellen und allgemein die Disposition der Akteure des späteren Peloponnesischen Krieges vor dem Leser in knappen Strichen zu entwickeln. Dies alles kann Thukydides leisten, ohne sich allzu ausführlich auf die Geschichte der Pentekontaëtie einzulassen; man könnte sogar sagen, der exkurshafte, rasch in der Ereignisgeschichte voranschreitende Charakter der betreffenden Passagen erleichtert ihm sogar sein Unterfangen. Die Zuspitzung, die die Geschehnisse insbesondere nach 461/60 dadurch erfahren, wird allerdings einmal mehr erkauft mit der Einseitigkeit der Perspektive. So wird der Dreißigjährige Frieden letztendlich zum lakedaimonisch-athenischen Ereignis, ein Umstand, der der Rolle der Korinther in den Jahren vor 446/45 v. Chr., die Thukydides nicht grundsätzlich verschwiegen hat, auch nach den Prinzipien seiner eigenen Geschichtsschreibung nicht gerecht wird.

---

[8] Siehe etwa Thuk. 1,71,4: νῦν δὲ τοῖς τε ἄλλοις καὶ Ποτειδεάταις, ὥσπερ ὑπεδέξασθε, βοηθήσατε κατὰ τάχος ἐσβαλόντες ἐς τὴν Ἀττικήν, [...].

[9] Einfälle nach Attika erfolgten Thukydides zufolge bis zum Jahre 425 v. Chr.; dann veranlaßte die Gefangennahme von mehr als 100 Spartiaten in der Schlacht bei Sphakteria die Verantwortlichen Spartas zur Zurückhaltung; siehe ebd. 2,10–23; 2,47,2 u. 55; 3,1; 3,26 sowie 4,2,1.

8. Bis zur Eskalation des korinthisch-athenischen Verhältnisses 433 v. Chr.

Thukydides widmet den Ereignissen nach 446/45 v. Chr. nur verhältnismäßig wenig Raum; schon bald leitet er zu den Κερκυραϊκά und Ποτειδεατικά als den unmittelbaren Anlässen für den Ausbruch des Peloponnesischen Krieges über. Lediglich der Aufstand der Samier und Byzantier zwischen 441 und 439 wird von ihm einigermaßen ausführlich erzählt.[1] Dieser Konflikt kann als Beispiel für die Spannungen dienen, die innerhalb des Delisch-Attischen Seebundes auch nach dem Abschluß des Dreißigjährigen Friedens in einem fort herrschten. In vielem weist der Bericht unseres Autors wieder auf die Zukunft, auf die politische und militärische Praxis zur Zeit des Peloponnesischen Krieges voraus: Ausübung einer letztlich ungefährdeten Thalassokratie durch die Athener, innenpolitische Umstürze als Funktion der Außenpolitik – in Samos wird eine demokratische Verfassung eingerichtet –, Einmischung des persischen Satrapen von Sardeis in die inneren Angelegenheiten des Seebundes. Das Personal auf seiten der Athener – Strategen wie Perikles, Hagnon und Phormion – wird noch in den ersten Jahren des großen Krieges ab 431 aktiv das Geschehen mitgestalten. Auch in diesem Punkt also weist der vermeintlich regional begrenzte Ereigniskomplex um Samos und Byzantion auf Zukünftiges voraus.

Thuk. 1,115,2–117,3 ist allerdings nicht die einzige Textstelle, die sich mit dem Samischen Aufstand und seinen Folgen beschäftigt. Schon vorher hatte Thukydides im Kontext einer Rede der korinthischen Gesandten vor der athenischen Volksversammlung an die besagten Ereignisse erinnert. Der nicht namentlich genannte Redner verweist zunächst auf eine Bestimmung des Dreißigjährigen Friedens, die besagt habe, ἐξεῖναι παρ' ὁποτέρους τις βούλεται τῶν ἀγράφων πόλεων ἐλθεῖν;[2] über die genaue Interpretation dieser Passage des Vertragswerks existierten freilich offenbar unterschiedliche Auffassungen bei den Unterzeichnern.[3] Die Korinther zum Beispiel betrachteten ein Bündnis zwischen ihrer Kolonie Kerkyra und Athen als Verstoß gegen den Dreißigjährigen Frieden; sie konnten in den Kerkyraiern keine ἄγραφοι πόλεις sehen, sondern lediglich ἑτέρων (scil. τῶν Κορινθίων) ἀφιστάμενοι[4] und κακόν τι δρῶντες.[5]

---

[1] Siehe Thuk. 1,115,2–117,3; ferner Diod. 12,27f.; Plut. Per. 24–28; Schol. Aristoph. vesp. 283; IG I² 50 u. 102 (= ML 56) sowie IG I² 293 (= ML 55). Zum Samischen Aufstand siehe u.a. De Ste. Croix, Origins of the Peloponnesian War 200ff.; Shipley, History of Samos 113ff.; Lewis, The Thirty Years' Peace 143ff.; Kagan, Outbreak of the Peloponnesian War 170ff.; Meiggs, Athenian Empire 188ff. u. Welwei, Das klassische Athen 132ff.; ferner die Kommentare von Gomme, Historical Commentary, Bd. 1, 349ff. u. Hornblower, Commentary, Bd. 1, 187ff.

[2] Thuk. 1,40,2.

[3] Zu den die ἄγραφοι πόλεις betreffenden Bestimmungen des Dreißigjährigen Friedens siehe Baltrusch, Symmachie und Spondai 158ff.

[4] Siehe Thuk. 1,40,4.

[5] Siehe ebd. 1,40,6.

Die Darstellung des zugrunde liegenden Konflikts können wir einstweilen beiseite lassen;[6] an dieser Stelle geht es lediglich um die Argumentation der Korinther gegenüber den Athenern. Sie sagen nämlich: οὐδὲ γὰρ ἡμεῖς Σαμίων ἀποστάντων ψῆφον προσεθέμεθα ἐναντίαν ὑμῖν, τῶν ἄλλων Πελοποννησίων δίχα ἐψηφισμένων εἰ χρὴ αὐτοῖς ἀμύνειν, φανερῶς δὲ ἀντείπομεν τοὺς προσήκοντας ξυμμάχους αὐτόν τινα κολάζειν.[7] Die Korinther betrachteten Kerkyra ebenso als Teil ihrer eigenen potentiellen Herrschaftssphäre, wie sie ihrerseits anzuerkennen bereit waren, daß Samos der Hegemonie der Athener unterstand. Entsprechend hatten sie sich beim Aufstand der Samier zwischen 441 und 439 v. Chr. neutral verhalten. Während ihren Aussagen zufolge damals innerhalb des Peloponnesischen Bundes darüber diskutiert wurde, ob man den Abtrünnigen des Delisch-Attischen Seebundes zu Hilfe eilen solle, habe Korinth in der Folge auf der Anwendung der einschlägigen Bestimmungen des Dreißigjährigen Friedens auf den vorliegenden Fall beharrt: Samos durfte als abtrünniger σύμμαχος von den Athenern bestraft werden.

Die Aussage von Thuk. 1,40,5 wird von unserem Autor isoliert, in einem fremden Kontext, getroffen. Thukydides hat sie nicht etwa in seine Darstellung der Pentekontaëtie integriert, obwohl das doch zweifellos möglich und im Hinblick auf seine Grundthese sinnvoll gewesen wäre: Er hätte dadurch illustrieren können, wie sich auch nach dem Dreißigjährigen Frieden von 446/45 v. Chr. die lakedaimonisch-athenischen Spannungen nahtlos fortgesetzt hätten. Nach dem Beschluß Spartas aus dem Jahre 465/64, den bedrängten Thasiern gegen Athen zu Hilfe zu eilen, hätten wir es im vorliegenden Fall bereits mit der zweiten Situation zu tun, da innerhalb des Peloponnesischen Bundes – es ist ausdrücklich nicht von den Λακεδαιμόνιοι, sondern lediglich von ἄλλοι Πελοποννήσιοι die Rede – über eine Intervention zuungunsten Athens ernsthaft nachgedacht wurde. Wenn Thukydides sich diese Chance hat entgehen lassen, so muß er Gründe dafür gehabt haben, etwa dergestalt, daß er die Nachrichten, die ihm in der betreffenden Angelegenheit vorlagen, nicht für glaubwürdig hielt.

Thuk. 1,40,5 ist, wie wir noch sehen werden, Bestandteil einer hochemotionalen Rede korinthischer Gesandter vor dem attischen Demos. Daß dabei die Verdienste der Isthmusstadt um Athen aus der jüngsten Vergangenheit herhalten mußten, um die Zuhörer auf die eigene Seite zu bringen und sie im Umkehrschluß gegen die Kerkyraier einzunehmen, ist selbstverständlich. Nach den Prinzipien, die Thukydides selbst für die Abfassung von Reden in geschichtlichen Werken formuliert hat – ὡς δ' ἂν ἐδόκουν ἐμοὶ ἕκαστοι περὶ τῶν αἰεὶ παρόντων τὰ δέοντα μάλιστ' εἰπεῖν, ἐχομένῳ ὅτι ἐγγύτατα τῆς ξυμπάσης γνώμης τῶν ἀληθῶς λεχθέντων, οὕτως εἴρηται[8] –, wäre es durchaus möglich, daß das Verdienst der Isthmusstadt um die Athener während der Samischen Krise um des rhetorischen Effektes, nicht um der ἀλήθεια willen in die Rede der Gesandten eingefügt worden ist. Die Unwahrheit hätte in diesem Falle freilich

---

[6] Dazu unten S. 225ff.
[7] Thuk. 1,40,5.
[8] Ebd. 1,22,1. Zur Interpretation dieser schwierigen Stelle siehe oben S. 17ff.

nicht der Autor des „Peloponnesischen Krieges" gesagt, sondern die um ihren politischen Vorteil ringenden Korinther.[9]

Überhaupt der Aspekt der Rede: Die thukydideischen Korinther nehmen für sich in Anspruch, sie hätten den Kriegstreibern innerhalb des Peloponnesischen Bundes offen widersprochen (φανερῶς δὲ ἀντείπομεν) und dadurch das Votum zugunsten der Athener entscheidend beeinflußt.[10] Die Szene erinnert in ihrer Gestaltung – und zwar nicht nur von ferne – an die Erzählung Herodots von der geplanten Rückführung der Peisistratiden nach Athen.[11] Ein Vergleich im Detail ist aufschlußreich: Unter der Führung des lakedaimonischen Königs Kleomenes I. wird ein peloponnesisches Heer aufgeboten, um in Attika einzufallen, doch noch bevor der Feldzug beginnt, tritt eine Versammlung der Bundesgenossen zusammen, um über das bevorstehende Unternehmen zu beraten. Hier nun treten die Korinther aktiv dafür ein, Athen nicht anzugreifen. Ihr Votum ist entscheidend für die Meinungsbildung der anderen: ἐπείτε δὲ Σωσικλέος ἤκουσαν εἴπαντος ἐλευθέρως, ἅπας τις αὐτῶν φωνὴν ῥήξας αἱρέετο τοῦ Κορινθίου τὴν γνώμην.[12] Der Aspekt der freimütigen Rede wird von Herodot ausdrücklich betont und durch die wörtliche Wiedergabe der Rede des korinthischen Gesandten Sosikles sogar zusätzlich akzentuiert. Am Ende setzen sich dessen Argumente mehrheitlich durch. Der Schlußappell der Bündner an ihren lakedaimonischen Hegemon lautet, keine Neuerung in bezug auf eine griechische Stadt einzuführen (μὴ ποιέειν μηδὲν νεώτερον περὶ πόλιν Ἑλλάδα).[13]

Stellt man die Sosikles-Szene Herodots neben die Aussage der Korinther vor der athenischen Volksversammlung bei Thukydides, so sind die Parallelen frappant: In beiden Fällen versuchen die Gesandten der Isthmusstadt ein gegen Athen gerichtetes Unternehmen zu verhindern. Hinter den Kräften innerhalb des Peloponnesischen Bundes, die ein militärisches Engagement befürworten, befindet sich in beiden Fällen Sparta mit seiner gesamten Autorität und der Fülle seiner hegemonialen Machtmittel. Dennoch obsiegen die Korinther in dem nun folgenden, öffentlich vor einer Versammlung der Bündner ausgetragenen Konflikt. Sie tun dies, weil sie „freimütig sprechen"

---

[9] Diese Interpretation ist zugegebenermaßen eine Mindermeinung. Der größte Teil der Forschung nimmt die Aussage der korinthischen Gesandten in Thuk. 1,41,2 für bare Münze; siehe z.B. Kagan, Outbreak of the Peloponnesian War 173f.; Meiggs, Athenian Empire 190; De Ste. Croix, Origins of the Peloponnesian War 200ff.; Salmon, Wealthy Corinth 281; Welwei, Das klassische Athen 134 u. Lehmann, Perikles 185f. Ob allein das Wort --- Πελο]ποννεσ --- am Beginn von IG I² 50 u. 102 (= ML 56) als zusätzlicher Beleg hierfür gelten kann, scheint angesichts des völlig fragmentarischen Überlieferungszustandes der Inschrift doch sehr fraglich. – Shipley, History of Samos 113ff. äußert sich zu Thuk. 1,41,2 übrigens seltsamerweise nicht.

[10] So Thuk. 1,40,5; vgl. auch ebd. 1,41,2: τὸ δι' ἡμᾶς Πελοποννησίους αὐτοῖς (scil. τοῖς Σαμίοις) μὴ βοηθῆσαι. Die korinthischen Gesandten betrachten ihr Eintreten für die athenische Sache als εὐεργεσία.

[11] Siehe Hdt. 5,91–93; dazu oben S. 91ff.

[12] Ebd. 5,93,2.

[13] Ebd.

(Σωσικλέος [...] εἴπαντος ἐλευθέρως)[14] und „offen Widerspruch leisten" (φανερῶς δὲ ἀντείπομεν).[15] Wäre der Peloponnesische Bund den Plänen des Kriegstreibers Kleomenes gefolgt, so hätte dies eine Abkehr, wenn nicht von Recht und Gesetz, so doch zumindest von der Moral und vom Herkommen der üblichen politischen Praxis bedeutet. Dies meint Herodot, wenn er die Folgen des lakedaimonischen Handelns als – natürlich problematische – „Neuerung" (ποιέειν [...] νεώτερον) bezeichnet;[16] auch Thukydides läßt die korinthischen Gesandten die Athener vor der Einübung neuer „Gewohnheiten" bzw. „Grundsätze" (νόμοι) warnen, die der δίκη widersprechen.[17] Sie sollen nicht denselben Fehler machen wie einst die Lakedaimonier.

Durch die Art seiner Darstellung verknüpft Thukydides in gleichsam herodoteischer Weise Geschehnisse vom Sommer 433 mit solchen um 440 und implizit sogar solchen um 505 v. Chr. Dabei ist nicht in erster Linie entscheidend, daß er ereignisgeschichtliche Einzelheiten aufeinander bezieht und auf diese Weise eine historische Kausalität herstellt, sondern daß er die Motive des jeweiligen Hegemons, des lakedaimonischen um 440 und des attischen 433, aufs Korn nimmt, und zwar *beide Male aus korinthischer Sicht*. Nach deren Meinung nämlich verstieß der Schutz Kerkyras durch Athen ebenso gegen die Bestimmungen des Dreißigjährigen Friedens wie ein lakedaimonisches Eingreifen zugunsten der Samier im umgekehrten Fall. Für die Interpretation der Textstelle Thuk. 1,40,5 ergibt sich daraus folgende Konsequenz: Auch wenn einiges aufgrund ihrer literarischen Gestaltung durch Thukydides dafür spricht, daß sie weniger tatsächlich erfolgten Geschehnissen in den Jahren 441/39 v. Chr. verpflichtet ist als vielmehr der rhetorischen Ausformung einer zentralen Aussage am Vorabend des Peloponnesischen Krieges, wenn sie also ereignisgeschichtlich gesehen eine zumindest zweifelhafte Quelle ist, so darf sie für die Beurteilung der Einstellung der Korinther gegenüber dem Buchstaben und dem Geist des Friedensvertrags von 446/45 v. Chr. doch sicher herangezogen werden, zumal wenn man die Maßstäbe des Thukydides – enge Anlehnung an die ξύμπασα γνώμη τῶν ἀληθῶς λεχθέντων[18] – an die Rede der Gesandten vor der athenischen Volksversammlung anlegt. Dieser Befund ist die Grundlage für die folgenden Feststellungen.

Durch die Bestimmungen des Dreißigjährigen Friedens waren die Einflußsphären Athens und Spartas, soweit wir sehen, erstmals voneinander abgegrenzt worden. Die Mitglieder der jeweiligen hegemonialen Symmachien sollten aus ihrem Bündnissystem nicht mehr ohne weiteres ausscheiden können, ein erneuter ‚Fall Megara' also in Zukunft verhindert werden. Lediglich noch die ἄγραφοι πόλεις sollten frei wählen dürfen, ob sie sich dem Delisch-Attischen Seebund oder dem Peloponnesischen Bund anschlie-

---

[14] Hdt. 5,93,2.
[15] So Thuk. 1,40,5.
[16] Hdt. 5,93,2.
[17] Vgl. Thuk. 1,40,4 u. 6.
[18] Siehe ebd. 1,22,1.

ßen wollten.[19] Die genannten Bestimmungen stellten einen wichtigen Impuls zur weiteren bipolaren Aufteilung Griechenlands dar; die bestehenden Bündnissysteme der Athener und der Lakedaimonier erfuhren durch sie eine ungeheure Aufwertung auf dem gesamthellenischen Parkett. Es ist wichtig, sich diesen zentralen Aspekt des Dreißigjährigen Friedens vor Augen zu führen: Gewiß hatte sich die Aufteilung Griechenlands in zwei große Einflußsphären bereits seit der Gründung des Delisch-Attischen Seebundes immer deutlicher angekündigt; insbesondere der Aktionismus der athenischen Strategen in den 460er und 450er Jahren v. Chr. führte der Öffentlichkeit stets aufs neue vor Augen, daß da etwas im Gange war, das die politische Landschaft, wie sie sich noch zu Beginn der Perserkriege präsentiert hatte, grundsätzlich veränderte. Aber wie das Verhalten der Verantwortlichen in Sparta in dieser Zeit zeigt, konnte man auf die neuartige Herausforderung auch dadurch antworten, daß man sich ihrer Kenntnisnahme mehr oder weniger verweigerte. Bis zur Sommerkampagne 446 v. Chr. scheinen die Lakedaimonier jedenfalls nicht entschlossen und nachdrücklich auf die Entstehung eines zweiten hegemonialen Systems in Griechenland unter der Führung Athens reagiert zu haben, und auch damals, als tatsächlich so etwas wie ein Entscheidungskampf drohte, verweigerten sie sich nicht einer raschen Einigung, sobald sich die erste Gelegenheit dazu ergab. Der im darauffolgenden Winter abgeschlossene Dreißigjährige Frieden stellt einen ersten, von beiden Seiten getragenen, ernsthaften Versuch dar, mit den Folgen des seit dem Xerxeszug beobachtbaren politischen Strukturwandels umzugehen. Ernst Baltrusch hat ihn so beschrieben: „Die ausdrückliche Einbeziehung der zu keinem der beiden Bündnissysteme gehörenden ἄγραφοι πόλεις und von Argos[20] läßt erkennen, daß der Vertrag faktisch als Friedensordnung für ganz Griechenland gedacht war, die man im Rahmen der [...] begrenzten Möglichkeiten der Spondai erreichen wollte."[21] Die Anerkennung Athens und seines Delisch-Attischen Seebundes als zweite Großmacht mußte freilich Konsequenzen für Sparta nach sich ziehen, für sein Selbstverständnis, seine hegemoniale Praxis, nicht zuletzt auch für das Selbstverständnis seiner Partner im Peloponnesischen Bund.

Was bedeutete es für die Bundesgenossen der Lakedaimonier, daß sich der aktuelle Friedensvertrag vor allem der drängenden Probleme im Verhältnis zwischen den beiden großen Hegemonialmächten annahm? Drohte nicht in der Zukunft ein Szenario, in dem die Politik der beiden Großen letztendlich auf Kosten kleinerer und mittlerer Poleis, und seien sie auch Bundesgenossen, gemacht wurde? Wie der Nikiasfrieden 421 während des Peloponnesischen Krieges stellte auch der Dreißigjährige Frieden von 446/45 v. Chr. unter Beweis, daß Athen und Sparta nicht nur Gegensätze verbanden, sondern auch gemeinsame Interessen.[22] Für Städte wie Korinth, Theben und Megara lag darin eine Gefahr, die mindestens so groß war wie die Folgen der hemmungslosen atti-

---

[19] Siehe Thuk. 1,40,2.
[20] Siehe hierzu Paus. 5,23,4.
[21] Baltrusch, Symmachie und Spondai 161.
[22] Dies hat schon Schwartz, Geschichtswerk des Thukydides 221 im Grundsatz erkannt.

8. Bis zur Eskalation des korinthisch-athenischen Verhältnisses 433 v.Chr.

schen Aggressionen in den fünfzehn zurückliegenden Jahren. Die Tatsache, daß nach 446/45 das von den Athenern bezwungene Aigina weiterhin in deren Machtbereich verblieb, und zwar die attischen Positionen an den Küsten der Peloponnes, nicht aber diejenigen am Nordufer des Korinthischen Golfs geräumt wurden, war ein deutliches Zeichen. Es ist vor diesem Hintergrund nicht verwunderlich, daß wir die Korinther schon gut zehn Jahre nach dem Friedensschluß wieder in Konflikte mit den Athenern verwickelt sehen, eher schon, daß so viel Zeit bis zu diesem neuerlichen Gewaltausbruch verflossen ist. Der Grund dafür scheint zu sein, daß sich die Verantwortlichen der Isthmusstadt tatsächlich in den ersten Jahren nach 446/45 mit den Bestimmungen des Dreißigjährigen Friedens abgefunden haben. Die oben analysierte Textstelle Thuk. 1,40 kann dafür als Zeugnis dienen; sie hält zumindest die Rechtsposition der Korinther während der 440er und 430er Jahre v. Chr., wie Thukydides glaubte, sie auf den Punkt bringen zu können, fest.

Für die Verantwortlichen in Korinth war die Aussicht auf eine Zweiteilung Griechenlands in eine athenische und eine lakedaimonische Einflußsphäre begreiflicherweise keinesfalls attraktiv. Da der Friedensvertrag von 446/45 v. Chr. aber nun einmal unter dem dominierenden Einfluß der Großmächte abgeschlossen worden war, blieb ihnen nichts anderes übrig, als ihn dahingehend zu interpretieren, daß er einerseits den Machtbereich des Delisch-Attischen Seebundes tatsächlich wirksam begrenzte, andererseits aber eine Fortsetzung der traditionellen Außenpolitik ihrer eigenen Stadt weiterhin ermöglichte. Das Verhalten der Korinther in den fünfzehn Jahren bis zum Kriegsausbruch im Jahre 431 v. Chr. zeigt, wie sie sich um die Erreichung dieses Zieles mühten. Vor allem ein Blick auf die Konflikte um Kerkyra und Poteidaia in der zweiten Hälfte der 430er Jahre kann helfen, die angesprochenen Zusammenhänge zu erhellen. Thukydides rechnet sie zu den αἰτίαι καὶ διαφοραί, die den Peloponnesischen Krieg auslösten. Die Tatsache, daß er relativ ausführlich von ihnen erzählt, kann damit zusammenhängen, daß er zu Beginn seiner Arbeit über den Peloponnesischen Krieg in ihnen sogar mehr als das, nämlich die eigentliche Ursache der Auseinandersetzung zu erkennen geglaubt hat.[23] Später freilich, als unser Autor entdeckt hatte, daß die ἀληθεστάτη πρόφασις des Peloponnesischen Krieges anderswo, nämlich in dem zur Eskalation drängenden latenten athenisch-lakedaimonischen Konflikt zu suchen sei, entwertete das in gewisser Weise die Κερκυραϊκά und die Ποτειδεατικά in ihrer Bedeutung für das Textganze.[24] Dennoch ist für sie ein beträchtlicher Raum in der uns heute vorliegenden Gesamtdarstellung reserviert geblieben; ein positiver Nebeneffekt

---

[23] So Will, Thukydides und Perikles 335: „Die Ausführlichkeit, mit der Thukydides die Auseinandersetzungen um Kerkyra und Poteidaia behandelt hat, läßt vermuten, daß er anfangs die Meinung seiner Zeitgenossen teilte, der Archidamische Krieg habe in diesen Konflikten (und darüber hinaus vor allem im Megarischen Psephisma) seine *Ursache*."

[24] Die Unterscheidung zwischen den αἰτίαι καὶ διαφοραί einerseits, der ἀληθεστάτη πρόφασις andererseits, trifft Thukydides, unmittelbar bevor er sich den Ereignissen auf Kerkyra zuwendet; vgl. Thuk. 1,23,5f.

dessen ist, daß wir in Thuk. 1,24–66 – auch in den Passagen danach, im Grunde bis zum Beginn des Pentekontaëtie-Exkurses in Thuk. 1,88f. – mit vielerlei Sachverhalten konfrontiert werden, die über die bipolare Frontstellung der großen Hegemonien im Griechenland des fünften Jahrhunderts v. Chr. hinausweisen. Wenn man nach Material sucht, das jenseits von Athen und Sparta die Interessen und das Machtpotential auch mittelgroßer Poleis am Vorabend des Peloponnesischen Krieges erkennen läßt, so besteht die Aussicht, hier am ehesten fündig zu werden.

VII. Korinth und seine Bundesgenossen bei Anbruch des Peloponnesischen Krieges – ein ‚Kolonialreich'?

Unsere Kenntnisse über die Κερκυραϊκά und die Ποτειδεατικά beruhen im wesentlichen auf den Einzelheiten, die uns Thukydides im Rahmen seiner Vorgeschichte des Peloponnesischen Krieges mitteilt.[1] Nicht zuletzt durch den Wortlaut der Reden, die in die Erzählung eingebaut sind, wird deutlich, welche Motive unser Autor den beteiligten Konfliktparteien glaubte zumessen zu können. Da Thukydides sie eigenen Angaben zufolge „in möglichst engem Anschluß an die generelle Einschätzung, auf der das tatsächlich Gesprochene beruhte", konzipiert hat,[2] kann auf ihrer Basis im folgenden ein begründetes Bild davon erstellt werden, wie die Korinther um 433/32 v. Chr. über die attische Hegemonie dachten, was ‚Macht' eigentlich für sie selbst und ihre eigene Stadt bedeutete, und was sie schließlich in diesem Zusammenhang so empörte, daß sie sich entschlossen, vor der Entfachung eines panhellenischen Krieges nicht mehr zurückzuschrecken, ja, ihn sogar bewußt herbeizuführen.

Thukydides hat bei seiner Darstellung der Anlässe und Streitpunkte, die zum Peloponnesischen Krieg führten, sicherlich eine Auswahl getroffen, wie die Forschung auch schon längst erkannt hat; das sogenannte Megarische Psephisma ist nur das bekannteste Beispiel dafür, was unser Autor bei seiner Erzählung zum Teil weggelassen, zum Teil nur gestreift hat.[3] An einer unauffälligen, nichtsdestoweniger charakte-

---

[1] Siehe Thuk. 1,24–66; ferner Diod. 12,30–34 u. 37 sowie Plut. Per. 29,1–3. Auch die Verhandlungen vor der Volksversammlung in Sparta (Thuk. 1,67–87) und die Rede der Korinther vor der Bundesversammlung des Peloponnesischen Bundes (Thuk. 1,118–125) werden im folgenden in die Darstellung miteinbezogen.

[2] So übersetzt Vössing, Objektivität oder Subjektivität, Sinn oder Überlegung? 213 die Phrase ξύμπασα γνώμη τῶν ἀληθῶς λεχθέντων in Thuk. 1,22,1. Dazu oben S. 17ff.

[3] Das Megarische Psephisma spielt im Rahmen der Vorgeschichte des Peloponnesischen Krieges bei Thukydides eine nur sehr untergeordnete Rolle, ein Umstand, der die moderne Forschung stark beschäftigt hat; hierzu u.a. De Ste. Croix, Origins of the Peloponnesian War 225ff.; Schubert, Perikles 130ff.; Schulz, Athen und Sparta 77ff.; Will, Thukydides und Perikles 159ff. u. Lehmann, Perikles 215. Erst unmittelbar vor Beginn der Kampfhandlungen diente das Megarische Psephisma lakedaimonischen Gesandten als Argument, um den Druck auf die Athener bzw. Perikles nochmals zu erhöhen; siehe Thuk. 1,139,1f. Dabei scheint sich der dem Psephisma zugrunde liegende Kon-

ristischen Stelle weisen im Jahre 433 v. Chr. die korinthischen Gesandten vor der athenischen Volksversammlung darauf hin, es habe schon vor dem Bündnis zwischen Athen und Kerkyra Spannungen (διαφόρους ὄντας) im beiderseitigen Verhältnis gegeben.[4] Sind damit die Kämpfe während der Zeit zwischen 461/60 und 446/45 v. Chr. gemeint oder erst Zerwürfnisse aus jüngster Zeit? Beides ist möglich, doch läßt die ξύμπασα γνώμη τῶν ἀληθῶς λεχθέντων eher an einen aktuellen, den Zuhörern unmittelbar greifbaren Anlaß für die Aussage der korinthischen Gesandten denken.

Unser Bild von der unmittelbaren Vorgeschichte des Peloponnesischen Krieges ist also zweifellos unvollständig, denn es beruht im wesentlichen auf den Aussagen des Thukydides, und diese wiederum sind Resultat einer Materialauswahl, die der Autor nach seinem Gutdünken durchgeführt hat. Wir sehen nur noch die Ergebnisse dieses gleichwohl auf ernsthafter historischer Forschung beruhenden Arbeitsprozesses. *Begründet* ist das daraus resultierende Bild dennoch, und zwar deshalb, weil – wie bereits erwähnt[5] – der Autor des „Peloponnesischen Krieges" die Passage Thuk. 1,24–66 mutmaßlich zu einem eher frühen Zeitpunkt erarbeitet hat, noch bevor seine Kernthese vom unvermeidlichen Zusammenstoß zwischen den Großmächten Athen und Sparta alles andere tendenziell an den Rand drängte. Ehe wir den eingangs genannten Fragen auf den Grund gehen können, sollten die wichtigsten ereignisgeschichtlichen Grundlagen der Κερκυραϊκά und der Ποτειδεατικά zumindest kurz in Erinnerung gerufen werden. Da die betreffenden Geschehnisse bereits oftmals geschildert worden sind, können wir uns dabei auf das Nötigste beschränken.

1. Der Konflikt zwischen Korinth und Kerkyra um Epidamnos 435/33 v. Chr.

Alles hatte damit begonnen, daß in Epidamnos, einer weit von der Insel Kerkyra entfernten, im heutigen Albanien gelegenen Stadt, bürgerkriegsähnliche Unruhen ausgebrochen waren.[6] Zwei Parteien – Thukydides nennt sie den δῆμος und die δυνατοί[7] – hatten schon

---

flikt über einen längeren Zeitraum hin erstreckt zu haben, wie aus Thuk. 1,42,2f. hervorgeht; dazu Will, Thukydides und Perikles 168ff. (Datierung des Psephismas auf 434/33 v. Chr.). Auch bei den Verhandlungen in Sparta 432 v. Chr. waren bereits megarische Gesandte aufgetreten, um gegen ihre Bedrängung durch die Athener Beschwerde zu führen; siehe Thuk. 1,67,4. Andererseits wird, wie De Ste. Croix, Origins of the Peloponnesian War 261 richtig feststellt, der Konflikt um Megara von den korinthischen Gesandten vor der lakedaimonischen Volksversammlung nicht thematisiert.

[4] So Thuk. 1,39,2.
[5] Siehe oben S. 124 Anm. 45.
[6] Eine Darstellung der Κερκυραϊκά unter überwiegend militärgeschichtlicher Perspektive bietet Wilson, Athens and Corcyra. Unsere Hauptquelle Thuk. 1,24–55 wird ausführlich kommentiert durch Gomme, Historical Commentary, Bd. 1, 157ff. u. Hornblower, Commentary, Bd. 1, 66ff.; siehe auch

1. Der Konflikt zwischen Korinth und Kerkyra um Epidamnos 435/33 v. Chr.

seit langer Zeit miteinander um die Macht gerungen. Schließlich siegte die Volkspartei und vertrieb die Aristokraten aus Epidamnos, doch rückten diese schon kurze Zeit später, unterstützt von Hilfstruppen der illyrischen Taulantier, vor die Stadt und schädigten diese durch Plünderungszüge zu Lande und zu Wasser. In dieser Situation entschloß sich der Demos, Gesandte nach Kerkyra zu schicken, um dort Hilfe zu erbitten. Der Gedanke, ausgerechnet hier um Hilfe nachzusuchen, war insofern folgerichtig, als Epidamnos den Zeitgenossen als kerkyraische Gründung galt.[8] Zwar war der Oikist Phalios Eratokleides' Sohn, der um 625 v. Chr. das Kolonisationsunternehmen geleitet hatte, ein vornehmer Korinther gewesen, auch hatten sich unter den ersten Bewohnern durchaus Siedler aus der Stadt am Isthmus befunden, doch bedeutete dies alles nicht mehr als die Rücksichtnahme der Kerkyraier auf einen alten Brauch, einen παλαιὸς νόμος gegenüber der Mutterstadt Korinth, wie Thukydides sagt.[9]

Die Epidamnier wandten sich also an ihre Metropolis Kerkyra; hier durften sie am ehesten Hilfe erwarten. Allerdings mußten sie nun erfahren, daß die einstigen Gründer ihres Gemeinwesens nicht bereit waren, τούς τε φεύγοντας ξυναλλάξαι σφίσι καὶ τὸν τῶν βαρβάρων πόλεμον καταλῦσαι, und dies, obwohl sie sich als Schutzflehende (ἱκέται) zu ihnen begeben hatten.[10] Als sie sahen, daß sie in Kerkyra nichts zu erwarten hatten, reisten die epidamnischen Gesandten unverrichteter Dinge ab und begaben sich zum Orakel des pythischen Apollon nach Delphi. Hier wurde ihnen auf ihre Anfrage hin geraten, nach Korinth, der Heimatstadt ihres Oikisten, zu gehen.[11] Es heißt bei Thukydides ausdrücklich, daß die Epidamnier auf Weisung des delphischen Gottes hin an den Isthmus reisten, um sich, wie schon zuvor in Kerkyra, gleichsam in der Position eines Bittstellers, der Hegemonie der Korinther zu unterstellen: ὁ (scil. ὁ θεός) δ᾽ αὐτοῖς ἀνεῖλε παραδοῦναι καὶ ἡγεμόνας ποιεῖσθαι.[12] Der Aspekt der korinthischen Hegemonie über Epidamnos wird später in den Verhandlungen vor der athenischen Volksver-

---

Kagan, Outbreak of the Peloponnesian War 205ff; De Ste. Croix, Origins of the Peloponnesian War 66ff.; Salmon, Wealthy Corinth 282ff.; Lewis, The Archidamian War 373ff.; Welwei, Das klassische Athen 140ff. u. Intrieri, Bíaios didáskalos 40ff.

[7] Siehe Thuk. 1,24,5.
[8] Zu der schwierigen Frage, ob Epidamnos nun in erster Linie eine korinthische oder kerkyraische Kolonie gewesen ist, siehe ausführlich Braccesi, Grecità adriatica 91ff.; ferner Will, Korinthiaka 371ff. u. Piccirilli, Corinto e l'Occidente 157ff.
[9] Vgl. Thuk. 1,24,2. Zutreffend die daraus resultierende Schlußfolgerung von Kahrstedt, Griechisches Staatsrecht 357: „Wenn Korinth durch irgendwelche staatsrechtlichen Bande mit Epidamnos verknüpft ist, können diese nur durch das Medium von Kerkyra laufen, es steht zu der Stadt wie zu Akrai oder Kasmenai."
[10] Thuk. 1,24,6. Zur Hikesie siehe u.a. Baltrusch, Außenpolitik, Bünde und Reichsbildung in der Antike 108.
[11] So ist Thuk. 1,25,1 wohl zu verstehen; heißt es doch hier, Κορινθίοις [...] ὡς οἰκισταῖς sollten die Epidamnier ihre Stadt übergeben. Da Phalios, der Oikist von Epidamnos, aus Korinth stammte, kann – hiervon abgeleitet – Thukydides die Korinther auch insgesamt οἰκισταί von Epidamnos nennen.
[12] Ebd. 1,25,1. Vgl. auch die im Kapitel darauf – ebd. 1,26,3 – von Thukydides gebrauchte Formulierung: ἐς τὴν Ἐπίδαμνον τήν τε ἀποικίαν Κορινθίοις δεδομένην.

sammlung eine wichtige Rolle spielen,[13] aber es gilt in unserem Zusammenhang festzuhalten, daß der entsprechende Begriff von Thukydides, nicht etwa von einem Gesandten der Isthmusstadt in emotional bewegter Rede in das Geschehen eingeführt worden ist. Die Unterstellung der Stadt Epidamnos unter den Schutz (τιμωρία) der Korinther erfolgt, ohne daß ausdrücklich Recht und Gesetz von den Beteiligten gebrochen worden wäre; Thukydides betont sogar ausdrücklich, daß die Korinther in der betreffenden Situation glaubten, κατά [...] τὸ δίκαιον zu handeln.[14] Gewiß, unmittelbar darauf spricht er davon, auch Haß (μῖσος) auf die Kerkyraier sei ein wichtiges Motiv für sie gewesen;[15] es ist nicht das letzte Mal, daß unser Autor das Handeln der Verantwortlichen am Isthmus von irrationalen Beweggründen bestimmt sein läßt.[16] Aber trotz alldem kann man festhalten: In Thuk. 1,25f. wird dem Leser in keiner Weise nahegelegt, das Trachten und Handeln der Korinther von vornherein als unrechtmäßig oder gar verbrecherisch zu betrachten. Der Standpunkt, den die Metropolis am Isthmus gegenüber ihren Kolonien im Nordwesten einnimmt, ist grundsätzlich nachvollziehbar; eine sofortige Distanzierung von ihr erschien dem Autor des „Peloponnesischen Krieges" offenkundig weder nötig noch geboten.

Im Sommer 435 v. Chr. sandten die Korinther ein Heer aus, um die epidamnische Volkspartei im Kampf gegen ihre Feinde zu unterstützen und die Kolonie durch freiwillige Siedler zu verstärken.[17] Schon bei dieser ersten militärischen Unternehmung agierten sie keineswegs allein, sondern im Verbund mit anderen Poleis. Auch Hopliten aus Ambrakia und Leukas befanden sich in dem Heer, das nun nach Norden zog. Der Weg führte über Land, um der kerkyraischen Flotte auszuweichen. Erst von Apollonia an der illyrischen Küste aus legten die Korinther und ihre Verbündeten das letzte Wegstück zur See zurück.[18] Auch diese einst von ihnen gegründete Kolonie unterstützte also offensichtlich das Unternehmen; zumindest stellte sie sich ihm nicht entgegen.

Der Heereszug der Korinther und ihrer Verbündeten löste nun eine Eskalation aus, die den ursprünglich aus einer Stasis hervorgegangenen, auf die Stadt Epidamnos begrenzten Konflikt zu einem überregionalen, weite Teile Nordwestgriechenlands erfas-

---

[13] Vgl. die Wortwahl des korinthischen Gesandten gegenüber den Kerkyraiern (Thuk. 1,38,2): ἡμεῖς δὲ οὐδ' αὐτοί φαμεν ἐπὶ τῷ ὑπὸ τούτων ὑβρίζεσθαι κατοικίσαι, ἀλλ' ἐπὶ τῷ ἡμεγόνες τε εἶναι καὶ τὰ εἰκότα θαυμάζεσθαι.

[14] Siehe ebd. 1,25,3.

[15] Siehe ebd.

[16] Sofort kommt einem das σφοδρὸν μῖσος (ebd. 1,103,4) gegenüber den Athenern in den Sinn, das die Korinther 461/60 v. Chr. zum Kriegseintritt veranlaßte. Auch De Ste. Croix, Origins of the Peloponnesian War 67f. sieht im Verlauf der Κερκυραϊκά korinthisches μῖσος am Werk und spricht von einer „insane aggressiveness of Corinth in the Epidamnus affair"; ähnlich ebd. 70: Korinth als „unashamed aggressor." Ungünstig auch das Urteil von Salmon, Wealthy Corinth 285ff., bes. 291f., wo er hervorhebt, das irrationale Vorgehen der Korinther sei in höherem Maße für die schließlich erfolgte kriegerische Eskalation verantwortlich gewesen als alles andere.

[17] Siehe Thuk. 1,26,1f. Zur Datierung Bayer/Heideking, Chronologie 174: „Das Seegefecht bei Leukimme und die Kapitulation von Epidamnos ereigneten sich folglich im Hochsommer, der Konflikt Kerkyra – Korinth reicht möglicherweise ins Jahr 436 zurück."

[18] Siehe Thuk. 1,26,2.

senden Krieg ausweitete. Die Kerkyraier, die sich soeben noch geweigert hatten, im Sinne einer Befriedung ihrer Kolonie zu wirken, waren keineswegs einverstanden damit, daß der epidamnische Demos nun mit auswärtiger Hilfe seine Macht in der Stadt festigte. Sie schlossen mit den unterlegenen δυνατοί und ihren illyrischen Helfern ein Bündnis und gingen, nachdem Drohungen nicht gefruchtet hatten, zur Einschließung und Belagerung von Epidamnos über.[19] Thukydides spricht davon, die Verantwortlichen Kerkyras seien darüber in Zorn geraten (ἐχαλέπαινον),[20] daß ihre korinthischen Gegner sich der Stadt Epidamnos bemächtigt hatten und hätten sich deshalb so verhalten. Ihr Handlungsmotiv korrespondiert mit dem korinthischen μῖσος τῶν Κερκυραίων, das unser Autor kurz zuvor diagnostiziert hatte.[21] Beide Konfliktpartner agierten also hochemotional im Sommer 435 v. Chr.; ihr Tun war Thukydides zufolge nicht so sehr von vernünftiger Abwägung bestimmt, sondern von überkommenen Ressentiments und augenblicklicher Vergeltungssucht. Der Autor des „Peloponnesischen Krieges" hat sich für derartige Phänomene der menschlichen Natur, die den Gang der Geschichte atemlos vorantrieben, offenbar sehr interessiert. Viel später läßt er Perikles in seiner sogenannten Trostrede an das athenische Volk sagen, Haß und Anfeindung widerfahre denjenigen, die Herrscher sein wollten, und seien ein unvermeidbares Resultat politisch-militärischer Erfolge. Freilich: μῖσος μὲν γὰρ οὐκ ἐπὶ πολὺ ἀντέχει.[22] Auf Haß statt etwa auf Einsicht und vorausdenkende Planung zu bauen, sei deshalb ebenso kurzsichtig wie – zumindest mittelfristig – unergiebig.[23]

Als die Nachricht von der Belagerung der Epidamnier durch die Kerkyraier und ihre Verbündeten an den Isthmus gelangte, wurden umgehend Gegenmaßnahmen eingeleitet.[24] Eine Neugründung der im Norden gelegenen Kolonie wurde ausgerufen (ἀποικίαν ἐς τὴν Ἐπίδαμνον ἐκήρυσσον);[25] die Neusiedler, denen man die Gleichberechtigung mit den bereits vor Ort befindlichen Kolonisten versprochen hatte,[26] sollten zum Teil sofort, zum Teil gegen die Hinterlegung einer Geldsumme erst später nach Illyrien geführt werden. Die Korinther rüsteten ein großes Heer aus; sie allein mobilisierten hierfür 3.000 Hopliten und dreißig Schiffe. Daneben verstärkten Kontingente aus verschiedenen griechischen Poleis die in Richtung Kerkyra und Epidamnos auslau-

---

[19] Siehe Thuk. 1,26,3–5.
[20] So ebd. 1,26,3.
[21] Vgl. ebd. 1,25,3.
[22] Ebd. 2,64,5.
[23] Für die beiden Hauptprotagonisten der Κερκυραϊκά trifft diese Aussage gleichermaßen zu: Während die Korinther durch ihre Niederlagen bei Leukimme und bei Sybota daran gehindert wurden, ihre Herrschaftspläne in Nordwestgriechenland umzusetzen, konnten sich auch die kerkyraischen Sieger ihres Erfolges nicht dauerhaft erfreuen. Schon wenige Jahre nach Beginn des Peloponnesischen Krieges versank ihre Inselpolis in den Wirren eines zerstörerischen Bürgerkrieges, den Thukydides exemplarisch beschrieben hat; siehe ausführlich ebd. 3,69–85.
[24] Siehe ebd. 1,27. Zum Verlauf der Kampagne von Leukimme siehe insbesondere Wilson, Athens and Corcyra 29ff.
[25] Siehe Thuk. 1,27,1.
[26] Vgl. ebd. 1,27,1: ἐπὶ τῇ ἴσῃ καὶ ὁμοίᾳ; dazu Gomme, Historical Commentary, Bd. 1, 161f.

fende Flotte. Blickt man auf deren Herkunft, so ist gut erkennbar, daß die Korinther sowohl in Nordwestgriechenland als auch in ihrer näheren Umgebung, auf dem Isthmus und in der nordöstlichen Peloponnes, Verbündete gefunden hatten.[27] So unterstützten die Kolonien Leukas und Ambrakia mit zehn bzw. acht Schiffen ihre Mutterstadt; auch das kleine Pale auf der Insel Kephallenia rüstete vier Schiffe aus und liefert dadurch einen Beleg dafür, daß die Einflußsphäre der Korinther in Akarnanien, in Epeiros und auf den Jonischen Inseln um 435 v. Chr. nicht auf Poleis beschränkt war, die von ihnen selbst einst gegründet worden waren. Trotz der Verluste, die sie seit 461/60 v. Chr. erlitten hatten, verfügten sie in dem betreffenden Raum immer noch – oder erneut – über Positionen, die ihnen als Ausgangspunkte für ein eigenständiges machtpolitisches Engagement dienen konnten.

Auch die Identität der anderen, von Thukydides genannten Unterstützer Korinths ist aufschlußreich. Es gab Poleis, die Geld oder leere Schiffe stellten: Theben, Phleius und Elis. Doch interessanter ist, welche Städte in der näheren Umgebung Korinths dazu bereit waren, durch die Stellung von Soldaten und Schiffen direkt an den Kampfhandlungen in Nordwestgriechenland mitzuwirken. Da stellt man nun fest, daß es sich vor allem um Bündnispartner von der argolischen Akte handelt, nämlich Epidauros, Hermione und Troizen. Die genannte Halbinsel war nach 460 v. Chr. heftig umkämpft gewesen. In der Nähe von Hermione, bei Halieis, hatte damals die erste bedeutende Schlacht zwischen Korinthern und Athenern stattgefunden. Troizen hatten die letzteren in der Folge zu einem unbekannten Zeitpunkt erobert und bis zum Dreißigjährigen Frieden besetzt gehalten. Die Epidaurier aber waren neben den Sikyoniern die treuesten Verbündeten der Korinther zwischen 461/60 und 446/45 gewesen. Daß sie auch jetzt, gut zehn Jahre später, mit fünf Schiffen das verhältnismäßig größte Kontingent der Bundesgenossen aus der nordöstlichen Peloponnes für den korinthischen Feldzug bereitstellten, überrascht insofern nicht. Lediglich von Megara, das acht Schiffe ausrüstete, wurden sie übertroffen; anläßlich ihres Ausscheidens aus dem Bündnis mit Athen 446 v. Chr. hatten sich die Verantwortlichen dieser Polis mit Korinth ausgesöhnt. Im Vorfeld des Peloponnesischen Krieges stehen sie, soweit man das aufgrund der Quellenlage beurteilen kann, fest an der Seite ihres westlichen Nachbarn.[28]

Die Rüstungen in Korinth zeigten den Kerkyraiern und der gesamten griechischen Öffentlichkeit, daß sich der ursprünglich völlig periphere, allenfalls lokal bedeutsam erscheinende Streit zwischen den δυνατοί und dem Demos von Epidamnos zu einem regionalen Konflikt ausgewachsen hatte, der die seit 446/45 v. Chr. notdürftig stabilisierte panhellenische Sicherheitsarchitektur ernsthaft zu beeinträchtigen drohte. Anders

---

[27] Siehe Thuk. 1,27,2. Später werden die kerkyraischen Gesandten vor der athenischen Volksversammlung behaupten, die Korinther hätten sich mit Hilfstruppen ἀπὸ Πελοποννήσου καὶ τῆς ἄλλης Ἑλλάδος verstärkt; so ebd. 1,32,5.

[28] Siehe Legon, Megara 207: „Her (scil. Megara's) differences with Corinth seem to have been completely settled, or at least the Megarian oligarchs had decided to cast their lot with Corinth wholeheartedly."

kann man es nicht deuten, daß angesichts der korinthischen Rüstungen kerkyraische Unterhändler nicht allein, sondern in Begleitung lakedaimonischer und sikyonischer Gesandter an den Isthmus reisten, um die Ausfahrt der korinthischen Flotte doch noch abzuwenden.[29] Sparta war das Haupt des Peloponnesischen Bundes und wußte insofern einen gewissen Einfluß auf die Korinther geltend zu machen, zumal es wie schon in den 460er und 450er Jahren eher davor zurückschreckte, in Konflikte außerhalb seiner heimischen Halbinsel hineingezogen zu werden. Sikyon hingegen hatte in der Zeit vor dem Dreißigjährigen Frieden besonders eng mit dem größeren Nachbarn am Isthmus zusammengearbeitet, ihn bei seinen Kriegszügen offen unterstützt, aber auch die verheerenden Folgen von dessen ambitionierter Machtpolitik mittragen müssen.

Thukydides referiert die unterschiedlichen Vorschläge, die unmittelbar vor Ausbruch der offenen Kampfhandlungen zwischen den Kerkyraiern und den Korinthern hin- und hergereicht wurden, ohne doch zu einer dauerhaften Entspannung zwischen den Konfliktpartnern zu führen. Im Gespräch war insbesondere ein Schiedsverfahren vor ausgewählten peloponnesischen Städten, das über das Schicksal von Epidamnos, die Zusammensetzung seiner Bewohner und seine Verfassung entscheiden sollte. Die Tatsache, daß die Kerkyraier nach allerlei hin und her schließlich dazu bereit waren, sich einem Urteil durch Dritte zumindest prinzipiell zu unterstellen, ja sogar einer Entscheidung des pythischen Apollon Folge leisten wollten, zeigt, daß sie einen militärischen Konflikt zu diesem Zeitpunkt um jeden Preis vermeiden wollten.[30] War es nicht das delphische Orakel gewesen, das den Epidamniern geraten hatte, sich an die altehrwürdige Mutterstadt Korinth zu wenden? Möglicherweise ist an dieser merkwürdigen Kompromißbereitschaft der Kerkyraier die Vermittlung – und der Druck – der lakedaimonischen Gesandten vor Ort noch erkennbar.[31] Thukydides hat ihre Anwesenheit lediglich erwähnt, ihr Wirken aber nicht näher beschrieben; seiner Grundüberzeugung, daß der Peloponnesische Krieg so oder so vor der Tür stand, hätte es durchaus entgegengestanden, eine ernsthafte Friedensmission Spartas unmittelbar vor 431 v. Chr.

---

[29] So Thuk. 1,28,1. Dazu Griffin, Sikyon 63.

[30] So richtig De Ste. Croix, Origins of the Peloponnesian War 69. Andererseits sieht er in dem Appell an eine peloponnesische und delphische Vermittlung lediglich ein Zeichen der kerkyraischen Konzilianz gegenüber dem „unashamed aggressor" (ebd. 70) Korinth. – Zur Praxis schiedsgerichtlicher Verfahren in der Antike siehe den Überblick von Baltrusch, Außenpolitik, Bünde und Reichsbildung in der Antike 124f.

[31] Schon daß das Schiedsgericht, das über den epidamnischen Konflikt entscheiden sollte, aus peloponnesischen Städten bestehen sollte, öffnete lakedaimonischem Einfluß Tür und Tor. Daß darüber hinaus das Orakel von Delphi im Zuge der Verhandlungen ins Spiel gebracht wurde, läßt erst recht angesichts der engen Bindungen Spartas an das Heiligtum des pythischen Apollon aufhorchen. – Im übrigen hat es auch auf der Gegenseite an Gesten der Entspannung nicht gefehlt: So war einer der Anführer des athenischen Detachements, das dann bei Sybota mitkämpfte, Lakedaimonios Kimons Sohn, der schon durch seinen eigenen und seinen Vatersnamen eine Richtung in der athenischen Politik symbolisierte, die die Interessen beider Großmächte, Athens wie Spartas, zu berücksichtigen versprach. Dazu De Ste. Croix, Origins of the Peloponnesian War 76f.; siehe auch Davies, Athenian Propertied Families 304ff.

zu beschreiben und zu würdigen. So bleibt es schließlich bei Andeutungen und einem kurzen Referat der Geschehnisse, ohne den Anteil der einzelnen Parteien bei den Verhandlungen auf dem Isthmus näher zu spezifizieren.

Die Friedensgespräche scheiterten schließlich an der Frage, wer wann seine Truppen zuerst von Epidamnos abziehen müsse. Thukydides läßt in seiner Darstellung erkennen, daß es die Korinther waren, die die Verhandlungen platzen ließen, und dies, obwohl die Zugeständnisse, die den Kerkyraiern abgerungen worden waren, sie doch in eine durchaus aussichtsreiche Position versetzt hatten. Κορίνθιοι δὲ οὐδὲν τούτων ὑπήκουον;[32] sie setzten fest darauf, daß sie Verhandlungen nicht mehr brauchten, mit ihren Verbündeten vielmehr Epidamnos zu entsetzen und die Kerkyraier, falls sie sich ihnen entgegenstellten, niederzuringen vermochten. Freilich täuschten sie sich über die wahren Kräfteverhältnisse. Am Kap Leukimme am südlichen Ende von Kerkyra stellten sich den 75 Schiffen der Korinther 80 aus der Inselpolis entgegen und errangen einen eindeutigen Sieg. Fünfzehn Schiffe der Angreifer wurden versenkt; an eine Weiterführung der Offensive war einstweilen nicht mehr zu denken.[33] Schon kam aus Epidamnos die Nachricht, daß auch hier die korinthische Sache einen schweren Rückschlag erlitten hatte. Angeblich am selben Tag wie dem der Seeschlacht bei Leukimme hatten die Verteidiger der Stadt vor ihren kerkyraischen Belagerern kapituliert.[34]

Mit der Niederlage im offenen Kampf gegenüber der eigenen Kolonie hatten die Korinther nicht nur einen militärischen Rückschlag erlitten; auch ihr Prestige als eine der drei großen Seemächte Griechenlands war schwer erschüttert. Die Folgen zeigten sich sogleich: Unmittelbar nach Leukimme, noch im zu Ende gehenden Sommer des Jahres 435 v. Chr. segelten die Kerkyraier nach Süden und rächten sich für den Überfall ihrer Mutterstadt, so gut es ging.[35] Sie griffen die den Korinthern treue Insel Leukas an und plünderten das Umland dieser ihrer Schwesterkolonie. Bis vor die Küsten von Elis ließen sie ihre Schiffe schweifen; die Schiffswerft von Kyllene ist das äußerste Ziel, das Thukydides im Zusammenhang mit der kerkyraischen Offensive nennt. Erst als die Korinther zu Beginn des Jahres 434 eine neue Flotte in See stechen ließen und bei Aktion und Cheimerion auf dem Kerkyra gegenüberliegenden Festland zwei dauerhaft besetzte Flottenstützpunkte anlegten, besserte sich im Jonischen Meer die Sicherheitslage für sie

---

[32] Thuk. 1,29,1. Salmon, Wealthy Corinth 283 sieht das Verhalten der Korinther kritisch: „Until now, Corinth may have hoped that Corcyra would acquiesce in her action, if perhaps under protest; but when Corcyra demonstrated her determination to resist [...], it would have been wise for Corinth to desist." Vgl. auch ebd. 291: „In the whole Corcyra affair the Corinthians had acted with thoughtless aggression, [...]."

[33] Siehe Thuk. 1,29,1–4.

[34] Siehe ebd. 1,29,5.

[35] Andererseits brachen die Kerkyraier nach der Seeschlacht bei Leukimme nicht sämtliche Verständigungsbrücken ab. Die korinthischen Gefangenen, die sie bei der Eroberung von Epidamnos gemacht hatten, töteten oder versklavten sie nicht etwa, sondern hielten sie, gleichsam als Pfand für spätere Verhandlungen, in Gewahrsam. Lediglich die nichtkorinthischen ἐπήλυδες wurden offenbar verkauft; so ebd. 1,29,5.

1. Der Konflikt zwischen Korinth und Kerkyra um Epidamnos 435/33 v. Chr.

und ihre Bundesgenossen – Thukydides verwendet im Zusammenhang mit der Erzählung dieser Ereignisse tatsächlich den Ausdruck οἱ Κορίνθιοι καὶ οἱ ξύμμαχοι.[36] Zugleich unternahmen sie starke Rüstungsanstrengungen, um im Folgejahr 433 v. Chr. eine neue Expedition gegen Kerkyra unternehmen zu können. Spätestens jetzt stand für die Korinther Kerkyra im Mittelpunkt ihres Trachtens; das Handeln der Verantwortlichen am Isthmus war, wie Thukydides einmal mehr betont, von leidenschaftlicher Erregung (ὀργῇ φέροντες) bestimmt.[37] Die Angelegenheit um Epidamnos verschaffte ihnen Argumentationsmaterial, aber das Endziel war zu diesem Zeitpunkt augenscheinlich schon die Eroberung Kerkyras.

Bevor er die Ereignisse rings um die Seeschlacht bei Sybota erzählt, berichtet Thukydides davon, wie Gesandte aus Kerkyra und Korinth sich kurz zuvor vor der attischen Volksversammlung eingefunden hätten, die einen, um mit den Athenern ein Bündnis abzuschließen, die anderen, um ebendies zu verhindern.[38] Unser Autor fügt diese Passage in seine Erzählung ein, um die Handlungsmotive der an den Κερκυραϊκά Beteiligten vor dem Leser offenzulegen. Das argumentative Ringen um Epidamnos und Kerkyra findet sozusagen vor dessen Augen und Ohren statt. Außerdem dient Thuk. 1,31,2–45,3 gleichsam als retardierendes Element. Bevor der offene Kampf aufs neue entbrennt, kommen ein letztes Mal die Diplomaten zu Wort; die Spannung des Lesers vor der alles entscheidenden Schlacht wird so nochmals gesteigert.[39]

Es ist im folgenden nicht nötig, die Argumentation der Gesandten vor der attischen Volksversammlung im einzelnen nachzuzeichnen; zum Teil wird sie weiter unten, wenn es darum geht, das politische Verhältnis zwischen Korinth und seinen Kolonien genauer zu bestimmen, analysiert werden.[40] In unserem jetzigen Zusammenhang ist lediglich von Bedeutung, daß das athenische Volk im Anschluß an die Reden der Gesandten ein Bündnis mit Kerkyra vereinbarte. Thukydides zufolge waren die ausschlaggebenden Argumente folgende:[41] Da der große Krieg mit dem Peloponnesischen Bund ohnehin nach Meinung der Mehrheit der Abstimmenden vor der Tür stand, habe das Bündnis mit den Kerkyraiern die Möglichkeit dazu geboten, die künftigen Kriegsgegner – zu denen ja die Korinther zählten – gleichsam im voraus zu schädigen. Mit der Flotte ihres neuen Bundesgenossen konnte Athen über ein gewaltiges Potential verfügen, das sonst unzweifelhaft an die Korinther gefallen wäre.[42] Und auch strategisch war die Entschei-

---

[36] Siehe Thuk. 1,30,2. Dazu unten S. 250f.
[37] Vgl. ebd. 1,31,1.
[38] Siehe ebd. 1,31,2–45,3. Das Bündnis zwischen Athen und Kerkyra könnte, ausgehend von IG I² 295 (= ML 61), im Juli 433 v. Chr. abgeschlossen worden sein; so Bayer/Heideking, Chronologie 173f. Siehe schon die Berechnungen von Busolt, Griechische Geschichte, Bd. 3.2, 769 Anm. 2.
[39] Zur Gestaltung von Thuk. 1,31,2–45,3 siehe u.a. die Kommentare von Gomme, Historical Commentary, Bd. 1, 166ff. u. Hornblower, Commentary, Bd. 1, 75ff.; ferner De Ste. Croix, Origins of the Peloponnesian War 70ff. u. Salmon, Wealthy Corinth 285ff.
[40] Siehe unten S. 247ff.
[41] Siehe Thuk. 1,44,2f. Dazu De Ste. Croix, Origins of the Peloponnesian War 73ff.
[42] Vgl. den eindringlichen Schlußappell der Kerkyraier in Thuk. 1,36,3.

dung der Athener nachvollziehbar: Kerkyra lag direkt an der Straße von Otranto und stellte gleichsam das Sprungbett für Expeditionen nach Unteritalien und Sizilien dar.[43] An den Buchstaben des Friedensvertrages von 446/45 v. Chr. glaubten sich die Athener gehalten zu haben, weil sie nur eine Epimachie mit den Kerkyraiern geschlossen hatten;[44] ein offensives Vorgehen gegen die Korinther war dadurch von ihrer Seite her ausgeschlossen; der Ausbruch offener Feindseligkeiten hing vielmehr ganz davon ab, wie die Verantwortlichen am Isthmus sich nun verhielten.

Die Korinther haben sich von der Tatsache, daß sie aufgrund der Entscheidung der attischen Volksversammlung nun gleichsam den ‚Schwarzen Peter' in Händen hielten, nicht schrecken lassen. Unverdrossen rüsteten sie eine neue Expedition gegen Kerkyra aus.[45] Die Flotte, die sie noch im Hochsommer 433 v. Chr. nach Nordwesten entsandten,[46] war noch größer als diejenige zwei Jahre zuvor. Die Korinther selbst stellten neunzig Schiffe; erneut beteiligten sich die Megarer mit zwölf Schiffen an dem Feldzug, ebenso die Eleier mit zehn – letztere hatten angesichts der Zerstörung ihres Hafens Kyllene zwei Jahre zuvor noch eine Rechnung mit den Kerkyraiern offen. Selbstverständlich waren auch Kontingente aus den korinthischen Kolonien erneut mit von der Partie: zehn Schiffe aus Leukas, 27 aus Ambrakia und eines aus Anaktorion.[47] Während eines Zwischenaufenthalts in Cheimerion verstärkten barbarische Hilfstruppen aus Epeiros das korinthische Heer, das nun drohend der Insel Kerkyra gegenüberlag.[48] Die Kerkyraier verfügten zwar über die stattliche Anzahl von 110 Schiffen, doch konnten sie darüber hinaus auf nur wenig Unterstützung von außen zählen: Tausend Hopliten aus Zakynthos und das kleine, zu Beginn der Kampfhandlungen zehn Schiffe umfassende, also eher nominelle Kontingent der Athener waren ihre einzige Unterstützung.[49]

---

[43] Auch dieses Argument wurde dem attischen Demos schon von den kerkyraischen Gesandten vorgetragen; vgl. Thuk. 1,36,2.

[44] Zum Begriff ἐπιμαχία siehe De Ste. Croix, Origins of the Peloponnesian War 328. Baltrusch, Außenpolitik, Bünde und Reichsbildung in der Antike 40 u. 132 sieht in der Epimachie keine eigenständige Vertragskategorie analog zur Symmachie, sondern hält sie für eine Wortschöpfung des Thukydides aus Anlaß des athenisch-kerkyraischen Bündnisses 433 v. Chr.

[45] Siehe Thuk. 1,46,1f. Zum Verlauf der Kampagne von Sybota siehe insbesondere Wilson, Athens and Corcyra 33ff.

[46] Die Schlacht bei Sybota erfolgte wohl im Ende Aug./Anf. Sept. 433 v. Chr. siehe Bayer/Heideking, Chronologie 173f.

[47] An der Kampagne zwei Jahre zuvor hatte Anaktorion noch nicht teilgenommen. Die Tatsache, daß die Stadt erst im ausgehenden Sommer 433 v. Chr. von den Korinthern unter ihre alleinige Gewalt gebracht worden ist, mag eine Erklärung für ihr geringes Engagement im Verlauf der Κερκυραϊκά sein. Auch an der Schlacht bei Sybota nahmen die Anaktorier letztlich nur mit einem einzigen Schiff teil.

[48] Siehe Thuk. 1,46,3–5 u. 1,47,3: ἦσαν δὲ καὶ τοῖς Κορινθίοις ἐν τῇ ἠπείρῳ πολλοὶ τῶν βαρβάρων παραβεβοηθηκότες· οἱ γὰρ ταύτῃ ἠπειρῶται αἰεί ποτε αὐτοῖς φίλοι εἰσίν.

[49] Siehe Thuk. 1,47,1f. Gerade rechtzeitig zur Schlacht gelangten dann noch zwanzig weitere athenische Schiffe nach Kerkyra. Thukydides führt dieses Kontingent ebd. 1,50,5 recht unvermittelt in die Handlung ein; es ist allerdings darüber hinaus durch die Inschrift IG I² 295 (= ML 61) bezeugt. Dazu Hornblower, Commentary, Bd. 1, 94ff.

1. Der Konflikt zwischen Korinth und Kerkyra um Epidamnos 435/33 v. Chr.

Um so überraschender ist es letztendlich, daß sie in dem nun folgenden Ringen die Oberhand behielten.[50]

Zwar ging die Seeschlacht bei Sybota streng genommen unentschieden aus, aber angesichts des inzwischen auf dreißig Schiffe angewachsenen athenischen Hilfskontingents wollten die korinthischen Verantwortlichen den Krieg nicht fortsetzen. Während der Gefechte waren sie direkt mit den attischen Schiffen, die eine Niederlage der Kerkyraier um jeden Preis verhindern wollten, aneinandergeraten. Eine Fortführung des Kampfes hätte das Risiko bedeutet, vor der griechischen Öffentlichkeit für den Bruch des Dreißigjährigen Friedens verantwortlich gemacht zu werden. Dies freilich wollten die korinthischen Befehlshaber nicht riskieren.[51] Sie brachen die Offensive also ab und führten ihre Flotte an den Isthmus zurück. Unterwegs hielten sie sich wenigstens noch an der Stadt Anaktorion schadlos.[52] Die einst von Korinth aus gegründete Kolonie hatte im Laufe der Zeit auch viele kerkyraische Siedler angezogen, so daß sie zur Zeit des Thukydides als gemeinsamer Besitz der beiden rivalisierenden Städte gelten konnte.[53] Jetzt bemächtigten sich die Rückkehrer von Sybota der Stadt durch eine List und wiesen korinthischen Siedlern, die sie mit sich führten – zweifellos denjenigen, die einst für Epidamnos als ἄποικοι vorgesehen gewesen waren – in ihr Wohnraum zu. Dies war zwar beileibe kein versöhnlicher Ausklang der Kampagne des Jahres 433 v. Chr., denn ihre Hauptziele, die Rückgewinnung von Epidamnos und die Unterwerfung Kerkyras, waren nicht erreicht worden, doch hatte, so könnte man sagen, die Frustration der Korinther über den abgebrochenen Feldzug in Nordwestgriechenland wenigstens ein Ventil gefunden.

---

[50] Zum Verlauf der Schlacht bei Sybota siehe Thuk. 1,48–52; dazu Wilson, Athens and Corcyra 42ff. Thukydides bezeichnet sie in Thuk. 1,50,2 als die bis dato größte Seeschlacht zwischen Hellenen.
[51] Die Unsicherheit der Korinther zeigt sich an ihrem Verhalten unmittelbar nach der Schlacht bei Sybota. Die Abgesandten, die sie am Morgen danach zu den Kerkyraiern und Athenern schickten, führten keinen Heroldsstab mit sich (vgl. ebd. 1,53,1: ἄνευ κηρυκείου); die Korinther hofften also – zumindest in dieser Situation; später dachten sie anders darüber; vgl. ebd. 1,67,1 u.ö. –, daß durch die Kämpfe des vorausgegangenen Tages der Dreißigjährige Frieden nicht gebrochen worden war.
[52] Siehe ebd. 1,55,1.
[53] Siehe die Charakterisierung der Besitzverhältnisse in Anaktorion ebd.: ἦν δὲ κοινὸν Κερκυραίων καὶ ἐκείνων (scil. τῶν Κορινθίων).

2. Das Ringen der Korinther und Athener um Poteidaia 433/32 v. Chr.

Mit der Schlacht bei Sybota hatte der ursprünglich auf Epidamnos begrenzte, dann Kerkyra und Korinth in Beschlag nehmende Konflikt die Schwelle zu einem überregionalen Krieg überschritten. Daß schon jetzt, im Spätsommer 433 v. Chr., die Lage für die beteiligten Mächte im Grunde nicht mehr beherrschbar war und die sich stetig verschärfende Eskalation nicht mehr gebändigt werden konnte, zeigen die folgenden Ereignisse, die geradewegs in den Peloponnesischen Krieg münden. Sowohl Korinth als auch Athen bereiteten sich auf eine Fortsetzung der Feindseligkeiten, sei es nun unterhalb oder oberhalb der Reißleine, die der Dreißigjährige Frieden setzte, vor. Schon auf ihrer Heimfahrt von Nordwestgriechenland an den Isthmus führten die Korinther 250 kerkyraische Gefangene mit sich; ἐτύγχανον δὲ καὶ δυνάμει αὐτῶν (scil. τῶν Κερκυραίων) οἱ πλείους πρῶτοι ὄντες τῆς πόλεως.[1] Sie hofften, mit ihrer Hilfe, wenn die Zeit gekommen sei, auf der Insel eine Stasis anzuzetteln und Kerkyra so doch noch zu gewinnen.[2] Die Korinther hatten die Hoffnung auf eine Korrektur der Ergebnisse von 435/33 v. Chr. also keineswegs aufgegeben. Ihr Verhalten war weiterhin von machtpolitischer Entschlossenheit und starken Emotionen bestimmt. Thukydides spricht ausdrücklich von den Rachegedanken (ὅπως τιμωρήσονται αὐτούς) und dem Haß der Korinther (τὴν ἔχθραν αὐτῶν) und erklärt damit die nächsten Schritte der Athener.[3]

In der Tat zögerten diese nicht damit, die augenblicklich günstige machtpolitische Konstellation, in die sie die Epimachie mit den Kerkyraiern und die unentschiedene Schlacht bei Sybota gebracht hatten, auszunutzen. Es ist sicher kein Zufall, daß die Verlängerung der Freundschaftsverträge zwischen Athen einerseits, dem unteritalischen Rhegion und dem sizilischen Leontinoi andererseits, genau in dieser Zeit, um 433/32 v. Chr., erfolgt ist.[4] Auch der Vertrag, den der messapische Fürst Artas mit den Athenern geschlossen hat, könnte in diese Zeit gehören.[5] Die Befürchtungen, die die Korinther anläßlich des attischen Eingreifens in den Konflikt um Kerkyra gehegt hatten, erwiesen sich also vollauf als gerechtfertigt: Das Herannahen von zehn, später noch

---

[1] Thuk. 1,55,1.
[2] Genauso ist es ebd. 3,70,1 zufolge im Jahre 427 v. Chr. dann auch gekommen.
[3] Siehe ebd. 1,56,2; vgl. auch ebd. 1,57,2: οἵ τε γὰρ Κορίνθιοι φανερῶς ἤδη διάφοροι ἦσαν.
[4] Beide Verträge sind uns epigraphisch überliefert; siehe IG I² 51 (= IG I³ 53 = ML 63) u. IG I² 52 (= IG I³ 54 = ML 64). Einen Zusammenhang zwischen der erfolgreichen Kerkyra-Expedition und der Erneuerung der Freundschaftsverträge mit Rhegion und Leontinoi sah bereits Brandhofer, Untersuchungen zur athenischen Westpolitik im Zeitalter des Perikles 74f. Vgl. auch Cagnazzi, Tendenze politiche ad Atene 99ff. Zu zurückhaltend demgegenüber De Ste. Croix, Origins of the Peloponnesian War 220ff.
[5] Das Bündnis zwischen dem δυνάστης Artas und den Athenern wird von Thukydides erst zum Jahre 413 v. Chr. erwähnt. Damals wurde die παλαιὰ φιλία zwischen den beiden Vertragspartnern im Zuge des Kampfes um Syrakus erneuert; siehe Thuk. 7,33,4.

2. Das Ringen der Korinther und Athener um Poteidaia 433/32 v. Chr.

einmal zwanzig Trieren vom Piräus her war kein Faktum, das man nach der Schlacht bei Sybota als einmaliges Engagement und außergewöhnliches Vorkommnis abtun konnte. Wo die Athener einmal in Erscheinung getreten waren, da blieben sie auch in der Zukunft machtpolitisch präsent. Im Golf von Korinth, in Akarnanien und auf den Jonischen Inseln hatten sie dies unter Beweis gestellt; nichts sprach dafür, daß sie im Einzugsbereich der Straße von Otranto anders handeln würden. Die spätere Argumentation der Korinther vor der lakedaimonischen Volksversammlung, in der sie darlegten, wie die Athener mit offener und versteckter Gewalt gegen sie vorgingen,[6] entbehrt somit, ganz gleich, ob man diese auf die lange Kette der Ereignisse seit 461/60 oder nur auf den unmittelbar zurückliegenden Zeitraum von 435/33 v. Chr. bezieht, durchaus nicht einer gewissen Stichhaltigkeit. Durch die Anwesenheit der Athener war ihnen Kerkyra aus eigener Sicht entrissen worden und befand sich nun dauerhaft in der Gewalt der Athener (Κέρκυράν τε ὑπολαβόντες βίᾳ ἡμῶν εἶχον);[7] nicht zum ersten Mal schien den Korinthern ein bevorzugter Raum ihrer traditionellen Machtentfaltung zu entgleiten.

Auch außerhalb Nordwestgriechenlands und fernab der Straße von Otranto bereiteten sich die Athener nach der Schlacht bei Sybota, wie es scheint, systematisch auf eine Fortsetzung des militärischen Konflikts mit den Korinthern vor. Thukydides hat die nun folgenden Ereignisse, in denen er einen zweiten Anlaß zum Peloponnesischen Krieg erblickte, Ποτειδεατικά genannt, weil die Stadt Poteidaia in ihrem Verlauf eine zentrale Rolle spielte.[8] Unser Autor leitet mit den Worten μετὰ ταῦτα δ᾽ εὐθύς auf den makedonisch-thrakischen Kriegsschauplatz über, eine Formulierung, die das nun Folgende in jedem Falle zeitlich eng mit den Κερκυραϊκά verbindet.[9] Eine gewisse spannungsgeladene Vorgeschichte in den Beziehungen zwischen Poteidaia und Athen wird dadurch andererseits nicht von vornherein ausgeschlossen; Thukydides selbst sagt gleich zu Beginn, die Athener hätten Ende der 430er Jahre v. Chr. Differenzen mit dem Argeadenkönig Perdikkas II. heraufbeschworen, weil sie ein Bündnis mit dessen Bruder Philippos geschlossen hatten und somit seine Herrschaft über Makedonien in Frage stellten.[10] Das

---

[6] Vgl. Thuk 1,68,3: ὧν τοὺς μὲν δεδουλωμένους ὁρᾶτε, τοὺς δὲ ἐπιβουλεύοντας αὐτούς.
[7] So ebd. 1,68,4.
[8] Die Ποτειδεατικά werden ebd. 1,56–65 erzählt; ferner Diod. 12,34 u. 37. Hierzu die ausführliche Kommentierung von Gomme, Historical Commentary, Bd. 1, 199ff. u. Hornblower, Commentary, Bd. 1, 97ff.; siehe auch Kagan, Outbreak of the Peloponnesian War 273ff.; Alexander, Potidaea 64ff.; De Ste. Croix, Origins of the Peloponnesian War 79ff.; Salmon, Wealthy Corinth 292ff.; Lewis, The Archidamian War 375f. u. Welwei, Das klassische Athen 145ff.
[9] Thuk. 1,56,1; vgl. auch die noch deutlichere Formulierung ebd. 1,57,1: ταῦτα δὲ περὶ τοὺς Ποτειδεάτας οἱ Ἀθηναῖοι προπαρεσκευάζοντο εὐθὺς μετὰ τὴν ἐν Κερκύρᾳ ναυμαχίαν. Schwartz, Geschichtswerk des Thukydides 96ff. glaubt, daß beide Verknüpfungen mit dem Adverb εὐθύς auf den postumen Herausgeber des thukydideischen Werkes zurückgehen; dazu Gomme, Historical Commentary, Bd. 5, 379f.
[10] So Thuk. 1,57,2–6. Dazu u.a. Hammond/Griffith, History of Macedonia, Bd. 2, 121ff.; ferner J. T. Chambers, Perdiccas, Thucydides and the Greek city-states, in: A. Vakalopoulos (Hrsg.), Ancient Macedonia IV, Thessaloniki 1986, 139–145 u. Badian, Thucydides and the Archê of Philip, bes. 172ff.

Ganze fügt sich trefflich in das Gesamtbild der athenischen Thrakienpolitik zur Zeit der ausgehenden Pentekontaëtie ein und hat zunächst einmal nichts mit den Κερκυραϊκά zu tun.[11]

Schon in den 460er Jahren v. Chr. hatten die Athener versucht, sich an der Nordküste der Ägäis festzusetzen und damit näher an die reichen Edelmetall- und Holzvorräte des makedonischen und thrakischen Hinterlandes heranzurücken, doch war ihr Bemühen nur teilweise von Erfolg gekrönt gewesen. Ein wichtiges Ergebnis ihrer Machtpolitik, die im übrigen sowohl von Kimon als auch von den nach ihm das politische Geschehen bestimmenden radikalen Demokraten verfolgt wurde, war, daß es gelang, in der zweiten Hälfte der 460er Jahre die Macht von Thasos zu brechen, einer kleinen, aber aufgrund ihrer Besitzungen auf dem thrakischen Festland mächtigen Inselpolis.[12] Die Belagerung von Thasos war noch nicht erfolgreich abgeschlossen, da entwarfen die athenischen νεωτεροποιοί – wohl im Frühjahr oder Sommer 464 v. Chr.[13] – schon Pläne für die Zukunft. Aus eigenen wie bundesgenössischen Siedlern stellten sie ein Kolonisationsunternehmen zusammen, um in Enneahodoi, an der Stelle des späteren Amphipolis, eine Stadt zu gründen. Das Projekt endete freilich in einer Katastrophe: Die einheimischen Stämme im thrakischen Hinterland dachten nicht daran, zuzusehen, wie ihnen mehrere tausend griechische Kolonisten ihre Äcker und Metalle streitig machten. Bei Drabeskos am Oberlauf des Flusses Strymon stellten sie sich zur Entscheidungsschlacht und bereiteten allen athenischen Ansiedlungsversuchen in diesem Raum für nahezu zwei Jahrzehnte ein Ende.[14]

Die Ereignisse um Enneahodoi zeigen, wie spannungsreich die Verhältnisse im thrakischen Bezirk des Delisch-Attischen Seebundes zur Zeit der Pentekontaëtie waren. Es gab zahlreiche Griechenstädte auf der Chalkidike und östlich davon, bis hin zur Thrakischen Chersones, die sich in den Jahrzehnten nach 480/79 v. Chr. wohl sämtlich der athenischen Hegemonie unterstellten. Auch die Anfang des sechsten Jahrhunderts v. Chr. von den Korinthern gegründete Kolonie Poteidaia war eine von ihnen, wahrscheinlich sogar eine der größten und bedeutendsten.[15] Während des Xerxeszugs

---

[11] Auch Schwartz, Geschichtswerk des Thukydides 96ff. hat dies schon erkannt, übertreibt jedoch, wenn er ebd. 100 die Korinther „nicht die treibende Ursache, sondern [...] lediglich [...] Mittler, [...] diplomatisches Werkzeug" des Makedonenkönigs nennt. Es verschränkten sich eben Ende der 430er Jahre v. Chr. in Thrakien verschiedene Konfliktlagen miteinander.

[12] Siehe Thuk. 1,100,2–101,3; ferner Diod. 11,70,1 u. Plut. Kim. 14,2. Dazu die Kommentare von Gomme, Historical Commentary, Bd. 1, 295ff. u. Hornblower, Commentary, Bd. 1, 154ff.; ferner Ch. Pébarthe, Thasos, l'empire d'Athènes et les emporia de Thrace, ZPE 126, 1999, bes. 135ff.

[13] So Pritchett, Thucydides' Pentekontaetia 102; Parker, Chronology of the Pentecontaetia 139f. tritt für das Amtsjahr 465/64 v. Chr. ein.

[14] Siehe Thuk. 1,100,3. Zu den Ereignissen um Enneahodoi und Drabeskos, ihrer Chronologie und genauen Lokalisierung ausführlich Pritchett, Thucydides' Pentekontaetia 94ff. Er präsentiert gute Argumente dafür, daß die Kämpfe in Thrakien binnen einer einzigen Jahresfrist stattgefunden haben.

[15] Die möglichen Motive für die Gründung Poteidaias erörtert Alexander, Potidaea 14ff.; seinen Reichtum und seine Bedeutung im nordägäischen Raum hebt er ebd. 18ff. hervor. Siehe auch Will, Korinthiaka 521ff.

hatte sie eine wichtige, auch von Herodot registrierte Rolle gespielt.[16] Die Poteidaiaten, die ursprünglich vom Perserkönig zur Heeresfolge gezwungen worden waren, hatten unmittelbar nach der Seeschlacht bei Salamis die Seiten gewechselt und sich dadurch einem beträchtlichen Risiko ausgesetzt, denn die Perser befanden sich ja noch im Lande und drohten nun bittere Rache für ihre Niederlage zu nehmen, erst recht an abtrünnigen Bundesgenossen. Dank ihres entschlossenen Widerstands hielten die Poteidaiaten der Belagerung durch den persischen Feldherrn Artabazos jedoch stand.[17] Während der Kampagne des Jahres 479 finden wir sie dann an der Seite des Hellenenbundes; zusammen mit den Hopliten ihrer Mutterstadt und anderer Schwesterkolonien kämpften sie bei Plataiai mit und erwarben sich so den Anspruch, auf dem Siegesdenkmal der Griechen, der Schlangensäule von Delphi, namentlich aufgeführt zu werden.[18] Aus der Darstellung Herodots geht die bedeutende Rolle, die Poteidaia schon zur Zeit der Perserkriege an der Nordküste des Ägäischen Meeres spielte, deutlich hervor. Ihre Einwohner sind gleichsam das Zentrum des Widerstands auf der Halbinsel Pallene. Demgegenüber spielen andere Städte in demselben Raum eine untergeordnete Rolle: Sie werden erobert (Olynth) oder ihre Bürger verhalten sich als willfährige Parteigänger der Perser (Torone, Skione). Vielleicht hat sich Herodot bei der Schilderung der dramatischen Ereignisse auf poteidaiatische Gewährsleute gestützt.

Für Städte wie Poteidaia mag sich nach 479 v. Chr. gar nicht die Alternative gestellt haben, *nicht* in den Delisch-Attischen Seebund einzutreten.[19] Relikte der thrakischen Satrapie der Perser waren überall noch vorhanden; es ist keineswegs so, daß mit dem Abzug der Überlebenden des Mardonios-Heeres die persische Präsenz diesseits des Bosporus mit einem Schlage von der Landkarte getilgt worden wäre.[20] Die Poteidaiaten *brauchten* also die Athener in dieser Zeit, um sich gegen eine etwaige Wiederkehr des Xerxes zu versichern, gleichzeitig aber sicher auch, um die zahlreichen ‚Kollaborateure' der Perser, die im Lande verblieben waren, in Schach zu halten. In ihrer Nähe wohnten Makedonen, Chalkidier, Bottiaier und viele andere, vorwiegend thrakische Völker, die es – freiwillig oder notgedrungen – mit den Invasoren gehalten hatten[21] und die jetzt, des persischen Druckes, aber auch des Ordnungsrahmens, den der Satrap des

---

[16] Zur Geschichte Poteidaias während des Xerxeszugs siehe Alexander, Potidaea 31ff.
[17] Dazu ausführlich Hdt. 8,126–129.
[18] Die Mitwirkung der Poteidaiaten in der Schlacht von Plataiai bezeugt Hdt. 9,28,3. Zur Nennung der Ποτειδαιᾶται auf der delphischen Schlangensäule siehe Syll.³ 31 (ML 27).
[19] Daß Poteidaia schon Gründungsmitglied des Delisch-Attischen Seebundes gewesen ist, vermutet – unter Berufung auf Thuk. 5,18,5 – Alexander, Potidaea 40f.
[20] Siehe Hdt. 7,106. Dazu Bayer, Griechische Geschichte 197f.
[21] Noch beim Angriff des Artabazos auf die Pallene im Winter 480/79 v. Chr. hatten die Chalkidier auf Seiten der Perser gestanden und waren dafür mit der Stadt Olynth belohnt worden; siehe Hdt. 8,127. – Zur ethnischen Herkunft der Chalkidier siehe Zahrnt, Olynth und die Chalkidier 12ff., zu derjenigen der Bottiaier Flensted-Jensen, The Bottiaians and their Poleis 108ff. Ihr Urteil trifft letztlich für beide Fälle zu: „It is a moot question, though, whether the Bottiaians were originally Greeks or barbarians." (ebd. 109)

Großkönigs in Byzantion garantiert hatte, beraubt, vielleicht unberechenbarer waren als zuvor. Insofern rechnete sich der Beitritt zum Delisch-Attischen Seebund für Poteidaia. Als wichtigste Stadt der ganzen Halbinsel Chalkidike, die obendrein über eigene Schiffe verfügte, spielte sie eine zentrale Rolle für die Athener, als sie sich von den 470er Jahren an daranmachten, die nördliche Ägäis machtpolitisch zu durchdringen.[22] Dieser Umstand ermöglichte es ihr, ihre traditionelle, eher oligarchische Verfassung zu bewahren und eigene Interessen neben denen des Hegemons weiterzuverfolgen. Selbst die engen Beziehungen, die die Poteidaiaten seit alters her zu ihrer Mutterstadt Korinth unterhielten, stellten in den ersten Jahrzehnten der Pentekontaëtie offensichtlich kein Problem in den bilateralen Beziehungen zu Athen dar. Alljährlich wurden aus der Stadt am Isthmus sogenannte Epidemiurgen in die Kolonie entsandt; auch wenn es sich dabei nur um nominelle Aufsichtsbeamte gehandelt haben sollte, so zeugt doch ihre schiere Existenz davon, über welche politischen Spielräume die Bürger von Poteidaia in den ersten Jahrzehnten ihres Bündnisses mit Athen verfügten.[23]

Aus den attischen Tributlisten wissen wir, daß sich Poteidaia spätestens seit der dritten Ansetzung des Phoros im Jahre 446/45 v. Chr. mit Geldmitteln an der Finanzierung der militärischen Unternehmungen des Delisch-Attischen Seebundes beteiligt hat.[24] Anfangs handelte es sich um den moderaten Beitrag von sechs Talenten, den seine Bürger aufzubringen hatten, doch einige Jahre später, spätestens 435/34, wurde er auf stattliche fünfzehn Talente erhöht. Spiegeln sich in diesen Zahlen bereits die Spannungen wider, die um 433/32 v. Chr. zum offenen Krieg zwischen Poteidaia und Athen führten? Die Herausgeber der „Athenian Tribute Lists" haben es jedenfalls so gesehen, als sie schrieben: „[...] the trouble in Poteidaia begins earlier than we have supposed, for Athens is adopting disciplinary measures at least as early as 435/34."[25] Freilich hat es nicht an Stimmen gefehlt, die unser epigraphisches Material anders interpretierten. Hinter den Zahlen verberge sich nur eine Anpassung des Phoros an die gestiegene Wirtschaftskraft Poteidaias in dieser Zeit.[26] Immerhin mußten auch andere Städte auf der Chalkidike, etwa Skione, Mende und Aphytis, in den 430er Jahren v. Chr. eine Erhöhung ihres Tributs hinnehmen; die Steigerung von sechs auf fünfzehn Talente scheint auch vor diesem Hintergrund zwar beachtlich, aber doch nicht gänzlich ohne Parallele zu sein.

Wir wissen über die Prinzipien, nach denen die Athener den Phoros für ihre einzelnen Bundesmitglieder ermittelten und festsetzten, einfach nicht genug, um auf dieser

---

[22] Zur Bedeutung Poteidaias innerhalb des Delisch-Attischen Seebundes in den ersten Jahrzehnten der Pentekontaëtie siehe Alexander, Potidaea 40ff.

[23] Zu den Epidemiurgen siehe ausführlich unten S. 254 – Ein Teil der Forschung hat aus Aischyl. Eum. 295f. auf Spannungen zwischen Athen und Poteidaia während der 450er Jahre v. Chr. geschlossen; siehe allerdings Alexander, Potidaea 48.

[24] Hierzu Meritt u.a., Athenian Tribute Lists, Bd. 3, 64f. u. Alexander, Potidaea 41ff.

[25] Meritt u.a., Athenian Tribute Lists, Bd. 3, 65. Siehe auch die Beurteilung der Triburerhöhung durch Meiggs, Athenian Empire 529: „This would suggest a longer history to Athenian suspicions of Potidaea, [...]."

[26] Dies ist die Meinung von Alexander, Potidaea 41ff.; ähnlich Salmon, Wealthy Corinth 292 Anm. 26.

2. Das Ringen der Korinther und Athener um Poteidaia 433/32 v. Chr.

Grundlage die Poteidaia betreffenden Veränderungen während der 440er und 430er Jahre v. Chr. zweifelsfrei erklären zu können, zumal unsere Hauptquelle Thukydides gerade in bezug auf diesen Zeitraum sehr selektiv zu Werke geht und die ereignisgeschichtlichen Zusammenhänge deshalb alles andere als klar sind.[27] Die Poteidaiaten haben jedenfalls noch im Frühjahr 432 ihren Tribut anstandslos nach Athen gesandt; während der Verhandlungen, die dem Kriegsausbruch unmittelbar vorausgingen, ist – zumindest unseren Quellen nach – von ungerechtfertigten Härten bezüglich des Phoros nicht die Rede gewesen; das fiskalisch-ökonomische Argument allein *kann* nicht ausschlaggebend gewesen sein.

Andererseits ist seit dem Dreißigjährigen Frieden ein erhöhter athenischer Druck in der nördlichen Ägäis auf der politisch-militärischen Ebene deutlich spürbar: Schon bald nach 446/45 v. Chr. gründeten die Athener in der Nähe von Argilos, etwas landeinwärts am Ufer des Strymon, eine Kolonie namens Brea;[28] kurz darauf, im Jahre 437/36, wagten sie sich dann wieder genau in jene Gegend vor, in der einst vor mehr als einem Vierteljahrhundert Enneahodoi hatte entstehen sollen. Unter der Leitung des Oikisten Hagnon Nikias' Sohn wurde nun die Stadt Amphipolis angelegt, die bis in die Anfangszeit des Peloponnesischen Krieges eine Art Schlüsselposition der Athener in Thrakien darstellen sollte.[29] Durch die beiden genannten Siedlungen setzten sich die Athener in der unmittelbaren Nähe des Pangaion-Gebirges mit seinen reichen Metallvorkommen fest. Die einheimischen Thraker vermochten sich ihrem Ansinnen, wie es scheint, nicht entgegenzustellen, und die Makedonen unter ihrem König Perdikkas II. hatten es ohnehin, wie Thukydides bezeugt,[30] vorgezogen, sich vertraglich an Athen zu binden.

Man kommt aufgrund dieses Befundes nicht umhin zu konstatieren, daß sich durch das verstärkte Engagement der Athener seit dem Dreißigjährigen Frieden die Verhältnisse auf der Halbinsel Chalkidike und in den an sie angrenzenden Landschaften grundsätzlich geändert haben. Die Spannungen, die wir zum Ende der 430er Jahre hin, vermittelt durch Thukydides' Ποτειδεατικά, in diesem Raum wahrnehmen, sind also nicht in erster Linie eine Folge der Schlacht bei Sybota gewesen; sie gingen vielmehr aus einer ganz eigenständigen, in den Bedingungen vor Ort wurzelnden politischen Gemengelage hervor. Selbst beim Autor des „Peloponnesischen Krieges", der in Thuk. 1,56,1 u. 1,57,1 das Ringen um Kerkyra und das um Poteidaia eng miteinander verknüpft hat, ist dieser

---

[27] Vgl. die zutreffende Einschätzung von Hornblower, Greek World 38: „[...] there is no dodging the fact: the first half of the 430s are, historically, what we may call the Great Gap." Vorsichtig auch Kagan, Outbreak of the Peloponnesian War 274ff.

[28] Siehe Syll.³ 67 (ML 49).

[29] Siehe Diod. 12,32,3 u. Schol. Aischin. 2,31. Zum Datum 437/36 v. Chr. siehe Bayer/Heideking, Chronologie 167f. („Anfang 436"). Vgl. auch Thuk. 4,102,2f., der allerdings die Gründung von Amphipolis nicht im Kontext seines Pentekontaëtie-Exkurses erwähnt, sondern sie anläßlich des Brasidas-Feldzugs nach Thrakien im Sommer 424 v. Chr. gleichsam nachträgt. Zu alldem u.a. Lewis, The Thirty Years' Peace 145; siehe auch Hornblower, Commentary, Bd. 2, 319ff.; ferner Pritchett, Thucydides' Pentekontaetia 102ff. u. Figueira, Athens and Aigina 161ff.

[30] Siehe Thuk. 1,57,2.

Sachverhalt deutlich spürbar: Das athenische Heer, das zu Beginn des Jahres 432 v. Chr. unter dem Strategen Archestratos Lykomedes' Sohn Richtung Norden ausrückte, hatte in erster Linie den Auftrag, gegen den Makedonenkönig Perdikkas und seine potentiellen chalkidischen und bottiaischen Verbündeten ins Feld zu ziehen; erst nachträglich kam der Auftrag hinzu, in Poteidaia vorzusprechen, dort Geiseln in Empfang zu nehmen und die Mauern der Stadt zu schleifen.[31] Schon Archestratos führte ein beachtliches militärisches Kontingent von tausend Hopliten und dreißig Schiffen mit sich. In der Anfangsphase des Peloponnesischen Krieges schwoll diese Heeresmacht auf bis zu 4.600 athenische Hopliten und siebzig Schiffe an.[32] Wie die Bedienung eines nebensächlichen Kriegsschauplatzes, die Handhabung einer bloßen διαφορά, erscheint das alles nicht;[33] im Gegenteil: Im Unterschied zu den Kriegsereignissen vor Kerkyra ging es bei denen in der nördlichen Ägäis für die Athener von vornherein um zentrale Interessen ihrer Seebundspolitik. Es bedurfte im Jahre 432 v. Chr. nicht des Hasses und der Mißgunst der Korinther, um sie in Poteidaia und Umgebung zum Eingreifen zu bewegen.[34]

Andererseits ist es sicher zutreffend, daß der offene Kampf zwischen athenischen und korinthischen Schiffen im Verlaufe der Schlacht bei Sybota einer Verschärfung der beiderseitigen Beziehungen auch im Bereich der nördlichen Ägäis den Weg geebnet hat. Die Initiative ging dabei, wie Thukydides offen ausspricht, von den Athenern aus,[35] denn diese rechneten fest mit einer weiteren Eskalation der Lage und gingen ihrer Auffassung nach lediglich präventiv gegen in der Zukunft drohende Aktionen der Verantwortlichen am Isthmus vor, deren Haß nach dem Fehlschlag vor Kerkyra größer und offensichtlicher war als je zuvor.[36] Freilich entwickelte das Kriegsgeschehen im Sommer 432 v. Chr. eine Dynamik, die die Erwartungen der athenischen Befehlshaber vor Ort überrascht haben dürfte.[37] Die Poteidaiaten fügten sich keineswegs widerstandslos

---

[31] Siehe Thuk. 1,57,6.

[32] Vgl. ebd. 1,64,2. Auch später umfaßte das Belagerungskontingent der Athener vor Poteidaia mehrere tausend Hopliten; vgl. ebd. 2,58.

[33] Dies hat B. Bleckmann, Der Peloponnesische Krieg, München 2007, 32f. zu Recht hervorgehoben.

[34] Auch Alexander, Potidaea 64ff. hebt die hausgemachten Spannungen in der Chalkidike zum Ende der 430er Jahre v. Chr. hervor.

[35] Dies sei gegen die allzu athenfreundliche Sicht von Salmon, Wealthy Corinth 292f. ins Feld geführt. – Allerdings wird der Haß der Korinther auf die Athener von Thukydides als eine tatsächliche, nicht nur eingebildete oder als Vorwand dienende Realität dargestellt; siehe Thuk. 1,56,2: τῶν γὰρ Κορινθίων πρασσόντων ὅπως τιμωρήσονται αὐτούς, ὑποτοπήσαντες τὴν ἔχθραν αὐτῶν οἱ Ἀθηναῖοι [...].

[36] Über direkte Zeugnisse, daß die Poteidaiaten vor der Schlacht bei Sybota ihre Verpflichtungen gegenüber ihrem Hegemon verletzt hätten, verfügen wir nicht. Einen eher vagen Hinweis bietet die Warnung der Kerkyraier vor der attischen Volksversammlung, falls ihnen kein Bündnis gewährt werde, bedeute dies nicht nur, den Korinthern völlig freie Hand zu lassen, ἀλλὰ καὶ ἀπὸ τῆς ὑμετέρας ἀρχῆς δύναμιν προσλαβεῖν περιόψεσθε (ebd. 1,35,4). Hatten die Korinther etwa Freiwillige und Söldner aus Poteidaia angeworben, um ihre Heeresmacht zu verstärken? Ausgeschlossen ist das nicht, doch ist die angegebene Stelle allein nicht aussagekräftig genug, um als Beweis hierfür zu dienen.

[37] Zur Datierung der Ποτειδεατικά siehe Ch. Planeaux, Socrates, Alcibiades, and Plato's τὰ Ποτειδεατικά. Does the ‚Charmides' have an Historical Setting?, in: Mnemosyne 52, 1999, 72ff.

2. Das Ringen der Korinther und Athener um Poteidaia 433/32 v. Chr.

den Forderungen, die an sie herangetragen wurden. Durchaus geschickt wandten sie eine zweigleisige Strategie an, um sich dem Zugriff ihres übermächtigen Hegemons doch noch entziehen zu können: Einerseits schickten sie eine Gesandtschaft nach Athen, um vor den dortigen Behörden und der Volksversammlung ihre Interessen zu vertreten; andererseits nahmen sie, vermittelt durch die Korinther (μετὰ Κορινθίων),[38] Kontakt zu den Lakedaimoniern auf, um Hilfe von außen zu gewinnen, wenn alle Verhandlungen zu nichts führten.

Vor allem aber sollte sich zeigen, daß den Athenern in dem Makedonenkönig Perdikkas II. ein Gegner gegenüberstand, den Archestratos und seine Kollegen im Strategenamt leichtfertig unterschätzt hatten. Der Argeadensproß zeigte während der Sommerkampagne 432 v. Chr., aber auch in den Jahren, die auf sie folgten, wie rücksichtslos er vorzugehen bereit war, wenn es darum ging, die eigene Machtstellung zu behaupten oder zu erweitern. Perdikkas hat in den Jahren des Archidamischen Krieges mehrfach die Seiten gewechselt; er hat sowohl die Athener als auch die Lakedaimonier durch vermeintliche oder tatsächliche Untreue gegen sich aufgebracht und erscheint in Thukydides' Erzählung vor allem als durch seine Wankelmütigkeit höchst problematischer Bündnispartner, nicht so sehr als gefährlicher Gegner im offenen Krieg. Allerdings muß beachtet werden, daß es dem König der Makedonen angesichts der inneren und äußeren Bedrohungen, denen seine notorisch ungefestigte Herrschaft ausgesetzt war, stets darum ging, die hellenischen Großmächte, sei es nun Athen oder Sparta, auf Distanz zu halten, ihre Präsenz im nordägäischen Raum allenfalls von Fall zu Fall im eigenen Interesse zu nutzen, sich aber auf längerfristige Bindungen mit dem einen oder anderen Hegemon nicht einzulassen.[39]

Vor dem dargestellten Hintergrund ist das Geschehen, das sich im Jahre 432 v. Chr. auf der Halbinsel Chalkidike entfaltete, also zu verstehen. Die athenischen Strategen mußten im Verlauf der Kampagne erkennen, daß sie die Auseinandersetzung mit Perdikkas II., die sie durch die Protegierung von dessen Bruder Philippos leichtfertig herbeigeführt hatten, weder rasch beilegen noch eine gefährliche Ausweitung der Kämpfe verhindern konnten. Binnen kurzem vielmehr gelang es dem Makedonenkönig, Verbindung mit Sparta und Korinth aufzunehmen.[40] Auch wandte er sich an die Chalkidier und Bottiaier, Völker im Hinterland der griechischen Städte an der nordägäischen Küste, und ermutigte sie zum Aufstand gegen Athen. Erstere bewegte er sogar dazu, sich mit der Stadt Olynth einen gemeinsamen Siedlungsmittelpunkt zu schaffen. Diese zunächst gänzlich militärischen Erfordernissen geschuldete Maßnahme sollte sich als für die Zukunft des nordgriechisch-thrakischen Raumes sehr bedeutsam erweisen:

---

[38] Thuk. 1,58,1.
[39] Zur Politik Perdikkas' II. siehe u.a. Hammond/Griffith, History of Macedonia, Bd. 2, 121ff. u. Errington, History of Macedonia 15ff.; ferner Badian, Thucydides and the Archê of Philip 184, der Thukydides unterstellt, „to disguise this (scil. Perdiccas') *Realpolitik* by selective omission and disinformation."
[40] Siehe Thuk. 1,57,4: καὶ τοὺς Κορινθίους προσεποιεῖτο τῆς Ποτειδαίας ἕνεκα ἀποστάσεως.

Während des gesamten Archidamischen Krieges gelang es den Athenern nicht, den Synoikismos der Chalkidier rückgängig zu machen.[41] Trotz der schwankenden Unterstützung durch die Makedonen und ungeachtet der Kapitulation Poteidaias im Winter 430/29 v. Chr. setzten diese ihren Widerstand gegen Athen beharrlich fort; im darauffolgenden Sommer 429 fügten sie zusammen mit den Bottiaiern den Athenern bei Spartolos eine schwere Niederlage zu, wobei sämtliche beteiligten Strategen auf dem Feld blieben.[42] Als der lakedaimonische Feldherr Brasidas Tellis' Sohn im Sommer 424 mit einem Heer anrückte, gehörten sie wie selbstverständlich zu seinen ersten Unterstützern.[43] Dem Nikiasfrieden im Frühjahr 421 v. Chr. verweigerten sie ihre Zustimmung und setzten auch in den Jahren bis zum neuerlichen Ausbruch der Feindseligkeiten in Gestalt des Sizilischen und des Dekeleïschen Krieges ihre gesonderte, ganz eigenen Bedingungen vor Ort erwachsene Auseinandersetzung gegen Athen beharrlich fort.[44] Den attischen Verantwortlichen und ihren Bundesgenossen ist es nach 432 zu keinem Zeitpunkt gelungen, die einmal in Gang gekommene Spirale von Gewalt und Gegengewalt an der nordägäischen Küste dauerhaft zu unterbrechen. Das Schicksal Poteidaias und anderer Orte schwebte wie ein Damoklesschwert über den in Olynth konzentrierten Chalkidiern und spornte sie zu äußerster Kraftanstrengung an. Außerdem existierten im Umkreis des Krisengebietes zu viele Mächte, die von außen auf die Verhältnisse in der nördlichen Ägäis einzuwirken vermochten – zum Beispiel die Thraker und die Makedonen. Sie konnten im Grunde überhaupt kein Interesse daran haben, daß hier wieder stabile, letztendlich die athenische Herrschaftsausübung begünstigende Zustände einkehrten. Auch Korinth ist zu dieser Gruppe von Mächten hinzuzurechnen.

Die Korinther hatten die Bedrängung ihrer Kolonie Poteidaia durch Athen – wie zweifellos zu erwarten gewesen war – zum Anlaß genommen, um sich in den laufenden Konflikt einzuschalten.[45] Bereits vierzig Tage nach dem endgültigen Bruch zwischen den Kontrahenten[46] traf ein korinthisches Hilfsheer unter der Führung von Aristeus Adeimantos' Sohn in der Chalkidike ein und eilte den belagerten Poteidaiaten zu Hilfe. Thukydides schildert den Verlauf der folgenden Auseinandersetzungen in allen Einzelheiten;[47] ganz offensichtlich verfügte er über detaillierte Berichte, auch und gerade in bezug auf die Überlegungen und Planungen der Feinde Athens, ohne daß wir dazu im-

---

[41] Siehe Thuk. 1,57,5 u. 58,2; Thukydides verwendet allerdings das Wort ἀνοικίζεσθαι („sich landeinwärts ansiedeln"), um das Geschehen zu charakterisieren. Dazu Zahrnt, Olynth und die Chalkidier 49ff. u. Beck, Polis und Koinon 151f.; siehe auch S. Psoma, Olynthe et les Chalcidiens de Thrace. Etudes de numismatique et d'histoire, Stuttgart 2001, 189ff.
[42] Siehe Thuk. 2,79.
[43] Siehe ebd. 4,79,2.
[44] Hierzu wiederum Zahrnt, Olynth und die Chalkidier 66ff. u. Beck, Polis und Koinon 153ff. Die Bottiaier allerdings scheinen 422 v. Chr. wieder in den attischen Machtbereich zurückgekehrt zu sein; siehe hierzu Flensted-Jensen, The Bottiaians and their Poleis 111 unter Berufung auf IG I³ 76.
[45] Siehe Thuk. 1,60.
[46] Alexander, Potidaea 66 datiert die Erhebung der Poteidaiaten auf Aug./Sept. 432 v. Chr.
[47] Siehe Thuk. 1,60–65. Aristeus ist der herodoteische Aristeas; siehe oben S. 86ff.

2. Das Ringen der Korinther und Athener um Poteidaia 433/32 v. Chr.

stande wären, die gut informierten Kreise zu benennen, denen er seine Auskünfte verdankte.[48] So unterscheidet unser Autor zum Beispiel klar zwischen dem privaten Engagement des Aristeus auf der einen Seite und dem Vorgehen der Korinther als politische Einheit andererseits: Der Feldherr der Korinther führt ein Kontingent von 1.600 Hopliten und 400 Leichtbewaffneten an, doch es handelt sich nicht um regulär aufgebotene Bürgersoldaten, sondern um Freiwillige aus der Isthmusstadt und Söldner aus der Peloponnes.[49] Der Thrakienfeldzug der Korinther scheint zu Beginn geradezu ein Privatunternehmen des Aristeus gewesen zu sein.[50] Der Sohn des Salamissiegers Adeimantos, so heißt es bei Thukydides, habe von jeher persönliche Freundschaftsbeziehungen zu Poteidaia unterhalten: ἦν γὰρ τοῖς Ποτειδεάταις αἰεί ποτε ἐπιτήδειος;[51] seiner Autorität sei es mithin nicht zum wenigsten zu verdanken gewesen, daß so viele Korinther freiwillig an dem Feldzug teilnahmen.[52]

Auch im Zuge der Verhandlungen nach Abschluß des Nikiasfriedens 421/20 v. Chr., also viel später, im fünften Buch des „Peloponnesischen Krieges", kommt dieser Aspekt noch einmal zur Sprache. Thukydides läßt hier sogar die Korinther selbst auf den, zumindest in dessen Anfangsphase, privaten Charakter von Aristeus' chalkidischem Feldzug hinweisen: ὁμόσαι γὰρ αὐτοῖς ὅρκους ἰδίᾳ τε, ὅτε μετὰ Ποτειδεατῶν τὸ πρῶτον ἀφίσταντο, καὶ ἄλλους ὕστερον.[53] Man wird wohl differenzieren müssen zwischen dem unmittelbar nach dem Abfall Poteidaias von Aristeus selbst – ἰδίᾳ – ins Werk gesetzten Feldzug nach Thrakien einerseits und dem späteren Engagement der korinthischen Politen insgesamt – δημοσίᾳ – andererseits.[54] Letzteres war im Jahre 432 v. Chr. freilich bereits angelegt, denn, wie Thukydides sich ausdrückt, am Schicksal Poteidaias nahmen die Korinther in einer Weise teil, als ginge es um ihre eigenen Angelegenheiten.[55] Es war nur eine Frage der Zeit, wann sie sich dazu entschließen würden, offen an

---

[48] Bisweilen ins Spekulative reichende Überlegungen hierzu bei Westlake, Aristeus the son of Adeimantus, bes. 27ff.
[49] Vgl. Thuk. 1,60,1: ἑαυτῶν τε ἐθελοντὰς καὶ τῶν ἄλλων Πελοποννησίων μισθῷ πείσαντες. Vgl. in diesem Zusammenhang die Kämpfe um Aigina im Sommer 460 v. Chr.; dazu ebd. 1,105,3. Auch damals kämpften neben den Bürgersoldaten ὁπλῖται ἐπίκουροι auf seiten der Korinther gegen Athen. Kann es sich in diesem Fall ebenfalls um ein Unternehmen gehandelt haben, das private (ἰδίᾳ) und öffentliche Interessen (δημοσίᾳ) der Isthmusstadt berührte und deshalb privates *und* öffentliches Engagement auslöste? – Siehe hierzu oben S. 196f.
[50] Vgl. die Formulierung ebd. 1,66: ἰδίᾳ γὰρ ταῦτα οἱ Κορίνθιοι ἔπραξαν.
[51] Ebd. 1,60,2.
[52] So ebd. 1,60,2: ἐστρατήγει δὲ αὐτῶν Ἀριστεὺς ὁ Ἀδειμάντου, κατὰ φιλίαν τε αὐτοῦ οὐχ ἥκιστα οἱ πλεῖστοι ἐκ Κορίνθου στρατιῶται ἐθελονταὶ ξυνέσποντο.
[53] ebd. 5,30,2.
[54] Zur Verwendung von ἰδίᾳ bei Thukydides siehe De Ste. Croix, Origins of the Peloponnesian War 82ff., der aber dennoch von einer Involvierung der Polis Korinth als solcher in die Vorgänge um Poteidaia von Anfang an ausgeht. Auch im Falle der Ποτειδεατικά sei der Dreißigjährige Frieden von seiten Korinths, nicht Athens gebrochen worden.
[55] So Thuk. 1,60,1: (scil. οἱ Κορίνθιοι) δεδιότες περὶ τῷ χωρίῳ καὶ οἰκεῖον τὸν κίνδυνον ἡγούμενοι πέμπουσιν […].

der Seite ihrer Kolonie in den Krieg gegen Athen einzutreten. Beim Ausbruch des Peloponnesischen Krieges im Frühjahr 431, spätestens aber nach der Ergreifung und Hinrichtung des Aristeus durch die Athener Ende Sommer 430 v. Chr.[56] wird es soweit gewesen sein, daß die Verantwortlichen am Isthmus den Poteidaiaten und ihren chalkidischen und bottiaischen Bundesgenossen offizielle korinthische Hilfe zusicherten und dies durch Eide bekräftigten. In diesem Zusammenhang mögen dann die ὅρκοι geleistet worden sein, von denen in Thuk. 5,30,2 die Rede ist.

Aristeus bemühte sich im Sommer 432 v. Chr. mit aller Kraft darum, Poteidaia zu entsetzen oder ihm zumindest spürbare Erleichterung angesichts der athenischen Belagerung zu verschaffen. Zwar waren seine Erfolge letzthin doch begrenzt, wie der weitere Verlauf der Ereignisse zeigt, doch gerade in der Anfangsphase stellte das in dieser Form unvermutete Auftauchen der Korinther die Athener doch vor Probleme. Sie waren gezwungen, ihr thrakisches Heer substantiell aufzustocken, so daß bald allein 3.000 attische Hopliten und dazu noch eine unbekannte Anzahl Verbündeter auf den nördlichen Kriegsschauplatz entsandt wurden;[57] auch mit Perdikkas II. wollte man sich nun wieder eilig versöhnen, und in der Tat erklärte sich der Makedonenkönig zwischenzeitlich dazu bereit, in ein Vertragsverhältnis mit Athen zurückzukehren – eine paradoxe Situation, hatte doch das Zerwürfnis mit ihm die Eskalation an der nordägäischen Küste überhaupt erst ausgelöst.[58] Der Zug gegen Poteidaia hatte sich so im Handumdrehen zu einem in jedem Fall teuren, im Falle eines Mißerfolgs das Prestige der zweiten Hegemonialmacht Griechenlands ernsthaft erschütternden Unterfangen entwickelt.[59]

Schließlich kam es zu einem direkten militärischen Aufeinandertreffen beider Seiten vor den Toren des belagerten Poteidaia.[60] Nun zeigte sich, daß die Korinther und

---

[56] Die Bedeutung der Gefangennahme des Aristeus für den Ereignisverlauf zu Beginn des Archidamischen Krieges kann man daran ermessen, daß in Thuk. 2,67 ausführlich von ihr erzählt wird; in der Tat kapitulierte Poteidaia im darauffolgenden Winter 430/29 v. Chr. angesichts der Übermacht der athenischen Belagerer.

[57] Siehe ebd. 1,61,1 u. 1,64,2.

[58] Siehe ebd. 1,61,3. Damit hatte Perdikkas II. sein vordringliches Ziel erreicht, nämlich die Athener davon abzuhalten, ihm auf seinem eigenen Territorium militärisch nachzustellen. Bezeichnenderweise hat er sich aus dem ephemeren Bündnis mit den attischen Strategen vor Pydna bei erster Gelegenheit wieder gelöst (siehe ebd. 1,62,2), doch da waren diese schon längst in Richtung auf Poteidaia abgezogen.

[59] Daß sich das Ringen um Poteidaia für die Athener als ein wider Erwarten teures und gefährliches Unterfangen erwies, läßt Thukydides noch bei der Nachricht über die Kapitulation der belagerten Stadt im Winter 430/29 v. Chr. erkennen. Οἱ δὲ (scil. οἱ στρατηγοὶ τῶν Ἀθηναίων) προσεδέξαντο, ὁρῶντες μὲν τῆς στρατιᾶς τὴν ταλαιπωρίαν ἐν χωρίῳ χειμερινῷ, ἀνηλωκυίας δὲ ἤδη τῆς πόλεως δισχίλια τάλαντα ἐς τὴν πολιορκίαν (ebd. 2,70,2). Für diese Entscheidung, die letztlich zur Folge hatte, daß die Poteidaiaten abziehen durften und somit eine verlustreiche Eroberung und Plünderung der Stadt unterblieb, wurden die attischen Strategen zu Hause getadelt, gerade weil der Konflikt so lange gedauert und sich jetzt zum Ende hin nicht einmal ‚gelohnt' hatte; dazu Alexander, Potidaea 74f.

[60] Siehe Thuk. 1,62–64.

2. Das Ringen der Korinther und Athener um Poteidaia 433/32 v. Chr.

ihre Verbündeten zu schwach waren, um den Athenern in offener Feldschlacht die Stirn bieten zu können. Sie unterlagen und mußten die völlige Einschließung der Stadt hinnehmen. Als Aristeus, der bislang die Verteidigungsanstrengungen der korinthischen Kolonie koordiniert hatte, erkannte, daß er von der eingeschlossenen Polis aus nichts mehr bewirken konnte, verließ er die Stadt und begab sich durch die athenischen Linien hindurch zu den Chalkidiern.[61] Mit ihrer Hilfe initiierte er eine Art Guerillakrieg gegen das Belagerungsheer der Feinde. Seine Maßnahmen waren, wie auch Thukydides zugibt, durchaus erfolgreich und trugen sicherlich dazu bei, starke Kräfte Athens vor Poteidaia zu binden. Auch wurden die Verbündeten im thrakischen Hinterland auf diese Weise beschäftigt und bei Kriegslaune gehalten. In der Folge gelang es den athenischen Strategen nicht, die Städte und Ortschaften der Chalkidier und Bottiaier unter die Herrschaft des Delisch-Attischen Seebundes zurückzuzwingen. Der Krieg zog sich in die Länge und franste in kleine Plünderungszüge aus. Für die Stadt Poteidaia selbst kam nun alles darauf an, daß es Aristeus und seinen Gefolgsleuten in Korinth gelang, Hilfe von außen, von der Peloponnes und Sparta her, zu gewinnen. Anderenfalls war es nur eine Frage der Zeit, bis die reiche Kypselidengründung dem Hunger und der militärischen Anstrengung erliegen mußte.

---

[61] Siehe Thuk. 1,65.

3. Hegemonialbestrebungen der Korinther gegenüber ihren Kolonien im Lichte der Äußerungen des Thukydides

Die Ereignisse um Kerkyra und Poteidaia waren für Thukydides bekanntlich nur das Präludium für das Geschehen, das eigentlich im Mittelpunkt seines Schreibens stand, den Peloponnesischen Krieg. Es gelang den Korinthern im Sommer 432 v. Chr. tatsächlich, Sparta, den Hegemon des Peloponnesischen Bundes in ihrem Sinne zu aktivieren.[1] Sowohl die lakedaimonische Volksversammlung als auch die Bundesversammlung der Peloponnesier konstatierten, daß der Dreißigjährige Frieden durch das militärische Vorgehen der Athener während der zurückliegenden Monate gebrochen worden sei.[2] Der Weg in den großen Krieg war dadurch prinzipiell freigemacht, wenn sich auch die Rüstungen und diplomatischen (Schein-)Bemühungen um eine Einigung in letzter Minute noch bis ins Frühjahr 431 v. Chr. erstrecken sollten.

In den Passagen des Werks, die sich mit all diesen Ereignissen beschäftigen, rückt der Blick des Thukydides immer mehr von Kerkyra und Poteidaia ab und konzentriert sich auf die Hauptprotagonisten des nahenden Peloponnesischen Krieges, Athen und Sparta. Gleichwohl fügt unser Autor zwei Reden korinthischer Gesandter in seinen Text ein, durch die er den Standpunkt der Verantwortlichen am Isthmus in den laufenden Verhandlungen nochmals illustriert.[3] Auch die Korinther konzentrieren sich in ihrer Argumentation naturgemäß auf Athen und Sparta, ist es doch ihr Ziel, den eigenen, bilateralen Konflikt mit dem Delisch-Attischen Seebund auf eine überregionale, panhellenische Ebene zu heben. Nicht zufällig hat Thukydides gerade ihnen die berühmte Charakterisierung der athenischen und lakedaimonischen Mentalität in den Mund gelegt.[4] Die korinthischen Redner bei ihm streben danach, gegenseitige Aversionen zu steigern und Schritt für Schritt der erhofften kriegerischen Eskalation zwischen den beiden großen Hegemonialmächten den Weg zu bereiten. Dennoch ist auch in dieser Phase die Verfolgung der ursprünglichen eigenen Ziele durch die Verantwortlichen am Isthmus noch deutlich spürbar. Wie aus dem Ereignisverlauf der Κερκυραϊκά und der Ποτειδεατικά, so lugen auch aus den Worten der korinthischen Gesandten vor der lakedaimonischen Volksversammlung und der peloponnesischen Bundesversammlung die einstigen machtpolitischen Ziele der Korinther in Nordwestgriechenland und Thra-

---

[1] Die betreffenden Vorgänge werden in Thuk. 1,66–146, unterbrochen von zum Teil längeren Exkursen zur Pentekontaëtie, zum Kylonischen Frevel und zum weiteren Schicksal des Pausanias und Themistokles, erzählt.
[2] So ebd. 1,87 u. 1,125.
[3] Es handelt sich um eine Rede vor der lakedaimonischen Volksversammlung (ebd. 1,68–71) und eine vor der Bundesversammlung der Peloponnesier (ebd. 1,120–124). Siehe hierzu die Kommentare von Gomme, Historical Commentary, Bd. 1, 227ff. u. 414ff. sowie Hornblower, Commentary, Bd. 1, 112 u. 196.
[4] Siehe Thuk. 1,70,1–71,3.

3.1. Die Legitimität der korinthischen Hegemonie über Epidamnos

kien immer wieder hervor. Wenn es im folgenden darum geht, weiteren Hinweisen auf die Existenz einer hegemonialen Politik der Korinther im Vorfeld des Peloponnesischen Krieges nachzugehen und diese näher zu charakterisieren, so müssen diese Zeugnisse berücksichtigt werden, obwohl oder gerade weil sie bei Thukydides naturgemäß gegenüber den an Athen und Sparta ausgerichteten Argumenten in den Hintergrund treten.

3.1. Die Legitimität der korinthischen Hegemonie über Epidamnos

Besonders offenkundig ist bei Thukydides der Führungsanspruch der Korinther über die Stadt Epidamnos. Unser Autor scheint keine prinzipiellen Zweifel an der Legitimität des korinthischen Vorgehens gegenüber der weit entfernten, an der illyrischen Küste gelegenen Polis gehegt zu haben.[5] Später, als es schon nicht mehr so sehr um den Zugriff der Korinther auf Epidamnos, sondern vielmehr um denjenigen auf Kerkyra geht, läßt er die unterschiedlichen Standpunkte der gegnerischen Parteien in einem Redepaar aufeinanderprallen und signalisiert schon allein dadurch, daß er Klärungsbedarf sieht.

Doch zu Beginn der Κερκυραϊκά ist von alldem noch nichts zu spüren: Kerkyra versagt in seiner Rolle als Mutterstadt gänzlich gegenüber den epidamnischen ἱκέται, und so wenden sich diese mit allem Recht an die Heimat ihres Oikisten Phalios. Sogar den Segen der Götter können die Epidamnier und Korinther in der Folge für sich beanspruchen: Der pythische Apollon selbst schickt die aus Illyrien herbeigereisten Gesandten weiter an den Isthmus, um dort um Hilfe zu ersuchen. Das Vokabular des Thukydides in diesem Zusammenhang ist eindeutig: Auf ausdrückliche Anweisung des Gottes von Delphi „übergeben" (παραδοῦναι) die Epidamnier ihre Stadt an die Korinther.[6] Ihre Hikesie ist erfolgreich; sie unterstehen nun dem „Schutz" (τιμωρία) ihrer – der Begriff ist in diesem Kontext keinesfalls falsch – Mutterstadt.[7] Bis hierhin sind dies alles Aussagen, die von Thukydides selbst als Autor des „Peloponnesischen Krieges" gefällt worden sind, nicht etwa von korinthischen Rednern im Streitgespräch mit ihren Widersachern. Erst nachdem die Fakten in dieser Form mitgeteilt worden sind, erfolgt eine Stellungnahme zu den Motiven der Verantwortlichen am Isthmus.[8] Sie hätten aus Rechtsempfinden gehandelt, freilich auch – doch dieser Aspekt wird erst an zweiter Stelle genannt – aus Haß gegenüber den Kerkyraiern. Doch auch dieser Gesichtspunkt wird in den Kontext der thukydideischen Darstellung folgerichtig und stimmig eingebunden: Kerkyra hatte sich eben aus Sicht der Korinther – und Thukydides widerspricht ihnen nicht – als pietätlose Tochterstadt erwiesen. Desinteresse und hochmütige Geringschätzung hatten ihre Verantwortlichen an den Tag gelegt. Aus dem Bereich Feste und Kultus nimmt Thukydides seine Beispiele, um

---

[5] Vgl. Thuk. 1,25,3.
[6] Siehe ebd. 1,25,1.
[7] So ebd. 1,25,2f.
[8] Siehe ebd. 1,25,3f.

die Klage der Korinther zu illustrieren. Entsprang die mangelnde Ehrerbietigkeit der Kerkyraier gegenüber der Mutterstadt nicht derselben Geisteshaltung, die sie veranlaßt hatte, die um Hilfe nachsuchende Gesandtschaft der Epidamnier abzuweisen? Die thukydideischen Korinther handelten zu einem Gutteil irrational, als sie ihrem Haß auf die eigene Tochterstadt im Jahre 435 v. Chr. nachgaben, aber dieser Irrationalität, so geht es aus unserem Text hervor, lag berechtigter Unmut zugrunde.

Die Korinther nahmen die Verantwortung, die ihnen daraus erwuchs, daß sie die Epidamnier als Schutzbefohlene aufgenommen hatten, sogleich wahr.[9] Sie taten dies in zweierlei Hinsicht: Zum einen sandten sie eine militärische Besatzung nach Illyrien, um dem epidamnischen Demos gegen seine inneren und äußeren Feinde beizustehen. Andere Kolonien der Korinther – Ambrakia, Leukas – unterstützten mit eigenen Truppen das Unternehmen; auch die Beziehungen zu den Barbaren des epeirotischen Hinterlandes müssen in dieser Zeit schon aufgefrischt worden sein. Zu diesen auf eine aktuelle Notlage antwortenden Maßnahmen trat jedoch eine weitere hinzu: die Aussendung von freiwilligen Siedlern, die die gebeutelte Tochterstadt demographisch verstärken sollten. Daß sich die Korinther als Hegemone der Epidamnier betrachteten, wird an dieser Stelle zwar noch nicht explizit ausgesprochen, geht aus der dargestellten Vorgehensweise jedoch hinreichend hervor. Noch deutlicher wird dies in dem Moment, als die Kerkyraier mit der Belagerung von Epidamnos beginnen und eine direkte Konfrontation zwischen Kerkyra und Korinth immer mehr in den Bereich des Möglichen rückt: Am Isthmus wurde nun ausdrücklich die Neugründung von Epidamnos als korinthische Kolonie verkündet.[10] Das Angebot, an dem Siedlungsunternehmen teilzunehmen, richteten die Behörden der Korinther nicht nur an die Bürger ihrer eigenen Stadt, sondern an Freiwillige aus ganz Griechenland. Attraktive Konditionen wurden denjenigen in Aussicht gestellt, die sich – und sei es auch nur prinzipiell – zu einer Auswanderung nach Epidamnos bereit erklärten. Das Engagement der Korinther in Illyrien hatte auf diese Weise eine Dynamik gewonnen, die zu Beginn der Krise in Nordwestgriechenland Anfang 435 v. Chr. noch keineswegs voraussehbar gewesen war. Ob es die Zustimmung der epidamnischen Volkspartei gefunden hat, daß ihre Stadt von den Korinthern nun mehr völlig unter Kontrolle gebracht zu werden drohte, wissen wir nicht. Doch auch falls das nicht der Fall gewesen sein sollte: Angesichts der existentiellen Bedrohung durch die exilierten δυνατοί und ihre kerkyraischen und illyrischen Verbündeten mag sich den Entscheidungsträgern keine andere Alternative gestellt haben.

---

[9] Dazu Thuk. 1,26,1f.
[10] Siehe ebd. 1,27,1. Hierzu Giuffrida, Una rifondazione corinzia a Epidamno, bes. 88ff.

3.2. Die Korinther als Anführer einer Kriegskoalition: οἱ Κορίνθιοι καὶ οἱ ξύμμαχοι

Die Auslobung eines neuen Kolonisationsprojekts für Epidamnos war das eine – doch auch militärisch steigerten die Korinther das Engagement für ihre nordwestgriechische Tochterstadt nach dem Eingreifen Kerkyras zugunsten der δυνατοί noch einmal in signifikanter Weise. Sie organisierten die Zusammenstellung eines großen Heeres im Umfang von 75 Schiffen und 2.000 Hopliten und stachen damit in See.[11] Außer den Korinthern nahmen zahlreiche traditionelle und neu hinzugewonnene Bundesgenossen aus dem Isthmusgebiet, von der argolischen Akte und aus Nordwestgriechenland an dem Feldzug teil; andere – darunter so große und weit von Korinth entfernte Staaten wie Theben und Elis – steuerten Geld und Material bei. Thukydides nennt diese weitgespannte Allianz an einer Stelle οἱ Κορίνθιοι καὶ οἱ ξύμμαχοι.[12] Die Namensähnlichkeit mit den Λακεδαιμόνιοι καὶ οἱ σύμμαχοι ist von ihm wohl nicht beabsichtigt, aber sie weist durchaus auf einen zentralen Zusammenhang hin: Die Korinther waren der Hegemon der Kriegskoalition, die sich im Sommer 435 v. Chr. zusammengefunden hatte. Viele der Bündner, namentlich die eigenen Kolonien Ambrakia und Leukas, aber auch andere Poleis wie zum Beispiel Epidauros, hatten schon bei früheren Gelegenheiten ihre Außenpolitik an der der Isthmusstadt ausgerichtet. Es dürfte sich also hinter der Bezeichnung „οἱ Κορίνθιοι καὶ οἱ ξύμμαχοι" eine Realität verbergen, die hinter die Aktualität der Sommerkampagne des Jahres 435 zurückreicht, in ihren Ansätzen – wir haben oben die Belege dafür gesehen – bis in die 460/50er Jahre und sogar die Zeit des Xerxeszugs.

Auch während der Schlacht bei Sybota finden wir wie selbstverständlich zahlreiche der Bundesgenossen, die schon bei Leukimme dabei waren, an der Seite ihres korinthischen Hegemons. Bis in die Anfangsjahre des Peloponnesischen Krieges hinein gibt es Hinweise darauf, daß das von Thukydides „οἱ Κορίνθιοι καὶ οἱ ξύμμαχοι" genannte, mal mehr, mal weniger Mitglieder umfassende Bündnis kein ephemeres Kampfbündnis gewesen ist, das so ein einziges Mal und dann nie wieder zustande gekommen ist. Statt dessen bezeichnet der Ausdruck eine potentielle, während des fünften Jahrhunderts v. Chr. durch die politische Praxis Korinths in seinem Einflußgebiet – in der nordöstlichen Peloponnes, auf dem Isthmus, im Korinthischen Golf, im Bereich der Jonischen Inseln – geschaffene und immer wieder aktualisierbare Konstellation.[13] Sie gehört zu den Bausteinen, aus deren Vorhandensein sich der korinthische Anspruch auf eine hegemoniale Machtstellung in Nordwestgriechenland ableitete und der ihn umgekehrt auch zu begründen vermochte. Thukydides hat der betreffenden Konstellation immerhin so viel Aufmerksamkeit geschenkt, daß man sie noch als solche in seinem Werk erkennen kann. Freilich hat er sie in ihrer Bedeutung für den Verlauf der Ereignisge-

---

[11] So Thuk. 1,29,1f.;siehe auch ebd. 1,27,2.
[12] Siehe ebd. 1,30,2; vgl. auch ebd. 1,105,3: Κορίνθιοι μετὰ τῶν ξυμμάχων.
[13] Grüner, Korinths Verfassung und Geschichte 28 verwendet dafür in Abgrenzung zum Peloponnesischen Bund Spartas und zum Delisch-Attischen Seebund Athens den Ausdruck „Sonderbündniß".

schichte im fünften Jahrhundert v. Chr. herabgesetzt, weil er nicht anerkennen wollte, daß die Κορίνθιοι καὶ οἱ ξύμμαχοι eine geschichtsmächtige Konstellation auch hinsichtlich des Ausbruchs und Verlaufs des Peloponnesischen Krieges in den 430er Jahren darstellten.

3.3. Der Charakter der korinthischen Hegemonie

Das Ringen um Epidamnos und die Seeschlacht bei Leukimme waren nur der Auftakt für kriegerische Auseinandersetzungen gewesen, die bald das gesamte Jonische Meer von den illyrischen Schauplätzen im Norden bis hinunter nach Kyllene, der Schiffswerft der Eleier an der Westküste der Peloponnes, erfassen sollten. Thukydides' Darstellung läßt deutlich erkennen, daß der eigentliche Gegenstand der Auseinandersetzung von den Beteiligten bald nicht mehr darin gesehen wurde, wie die Stasis zwischen dem epidamnischen Demos und seinen δυνατοί vor Ort entschieden oder gar geschlichtet werden sollte. Vielmehr rückten die Stadt und die Insel Kerkyra in den Mittelpunkt, ihr Verhältnis zur korinthischen Mutterstadt und die Frage, wer nun eigentlich in Nordwestgriechenland und seinen Gewässern das Sagen habe, die reich und mächtig gewordene Kolonie oder ihre einstige Metropolis.[14] Thukydides hat der Begründung der verschiedenen, einander gegenüberstehenden Standpunkte viel Raum gewidmet; in zwei direkt aufeinander folgenden Reden läßt er die kerkyraischen und die korinthischen Gesandten vor der athenischen Volksversammlung miteinander um die besseren Argumente ringen, ob Athen mit Kerkyra ein Bündnis schließen solle oder nicht.[15]

Nur vordergründig geht es dabei noch um die Lösung der innenpolitischen Krise in Epidamnos; vielmehr steht für Thukydides die Frage im Mittelpunkt, ob durch ein etwaiges athenisch-kerkyraisches Zusammengehen 433 v. Chr. – es erfolgte ja dann tatsächlich – der *casus belli*, nämlich ein Verstoß gegen den Dreißigjährigen Frieden von 446/45 gegeben war. Die Lenkung der Aufmerksamkeit des Lesers auf diesen Punkt läßt ein wenig in den Hintergrund treten, daß es in unserem Redepaar neben dieser zweifelsohne wichtigen Frage auch noch um etwas anderes geht: Die Kerkyraier versuchen ihren athenischen Zuhörern in einem fort begreiflich zu machen, daß sie sich durch den Herrschaftsanspruch Korinths bedroht fühlen. Dies ist ihren eigenen Angaben zufolge überhaupt der wesentliche Grund, warum sie sich um ein Bündnis mit Athen bemühen. Doch worin bestand dieser Herrschaftsanspruch der Mutterstadt am Isthmus eigentlich? Was bedeutete es, daß die kerkyraischen Gesandten behaupteten, die Korinther behandelten ihre Kolonien wie δοῦλοι, über die man gebietet?

Die Kerkyraier selbst ziehen sich auf weithin bekannte Wertvorstellungen der Griechen zurück, um das Verhältnis einer Kolonie zu ihrer Mutterstadt zu charakterisieren.

---

[14] So richtig Piccirilli, Corinto e l'Occidente 158.
[15] Siehe Thuk. 1,32–43; dazu die Kommentare von Gomme, Historical Commentary, Bd. 1, 166ff. u. Hornblower, Commentary, Bd. 1, 75ff.

3. Hegemonialbestrebungen der Korinther gegenüber ihren Kolonien

Entscheidend sei der gegenseitige Umgang miteinander, denn πᾶσα ἀποικία εὖ μὲν πάσχουσα, τιμᾷ τὴν μητρόπολιν, ἀδικουμένη δὲ ἀλλοτριοῦται.[16] Die Pietät, die die Tochterstadt der Metropolis schulde, müsse eine Entsprechung im Verhalten letzterer finden. Denn beide seien letztendlich gleichberechtigt: (scil. τοὺς ἀποίκους) οὐ γὰρ ἐπὶ τῷ δοῦλοι, ἀλλ' ἐπὶ τῷ ὁμοῖοι τοῖς λειπομένοις εἶναι ἐκπέμπονται.[17] Es ist dies der Grund, warum in der Einberufung eines unabhängigen Schiedsgerichts von den Kerkyraiern ein gangbarer Weg gesehen wurde, um die epidamnische Krise einvernehmlich zu lösen, beruhte ein solcher Schritt doch auf der prinzipiellen Anerkennung der Tatsache, daß sich beide Konfliktpartner auf Augenhöhe gegenüberstanden.[18] Sich wie ein Herr gegenüber der Kolonie aufzuspielen, hatte ihrer Meinung nach hingegen nichts mit Recht und Herkommen zu tun, sondern war ἀδικία. Und die Kerkyraier versäumten es auch nicht, ihre Darlegungen mit einer kaum verhüllten Warnung an die Athener zu verbinden, die sich ebenfalls gern als Mutterstadt der jonischen Poleis innerhalb des Delisch-Attischen Seebundes gerierten: καὶ ὑμῖν ἔστω τι τεκμήριον ἃ πρὸς ἡμᾶς τοὺς ξυγγενεῖς δρῶσιν, [...].[19] Herrschsucht und Gewaltanwendung gegenüber den eigenen Kolonien lösten nur Entfremdung und schließlich Widerstand bei letzteren aus. Ob es aus taktischer Sicht klug war, den Athenern die Konsequenzen einer solchen Politik vor Augen zu halten, bleibe dahingestellt. Es ist sicher kein Zufall, daß das Meinungsbild hinsichtlich der Frage, ob man mit Kerkyra ein Bündnis schließen solle, am Ende der ersten Volksversammlung, die man zu diesem Thema abhielt, zugunsten der Korinther ausfiel.[20] Allzu leicht hätten die Argumente, die die Kerkyraier gegen ihre Mutterstadt in Stellung gebracht hatten, auch gegen Athen, den Hegemon des Delisch-Attischen Seebundes gewandt werden können. Erst auf einer zweiten Volksversammlung rang sich die Mehrheit der Abstimmenden zu einem Bündnis mit Kerkyra durch, und auch dann nur in Form einer Epimachie, nicht aber einer Symmachie.

Die Korinther hatten, wie Thukydides aufzeigt, von dem Verhältnis, wie es ihrer Meinung nach zwischen Mutterstadt und Kolonie zu existieren hatte, eine gänzlich andere Vorstellung als ihre kerkyraischen Konkurrenten. Ihre Gesandten greifen, da sie direkt auf ihre Vorredner antworten, deren Gedanken auf, kommen aber zu völlig un-

---

[16] Thuk. 1,34,1.
[17] Ebd. 1,34,1.
[18] Folgerichtig werfen die Kerkyraier den Korinthern ebd. 1,34,2 vor, sie wollten πολέμῳ μᾶλλον ἢ τῷ ἴσῳ [...] τὰ ἐγκλήματα μετελθεῖν.
[19] Ebd. 1,34,3. Gomme, Historical Commentary, Bd. 1, 168 u. Hornblower, Commentary, Bd. 1, 78 interpretieren die Stelle freilich anders. Für sie besteht das τεκμήριον der Kerkyraier darin, daß den Athenern – falls sie sich nicht dazu durchrängen, ein Bündnis einzugehen – dieselbe Gewaltanwendung von seiten der Korinther drohe, wie ihnen selbst zuvor. – Zur Rolle Athens als Mutterstadt der Jonier siehe insbesondere Smarczyk, Untersuchungen zur Religionspolitik und politischen Propaganda Athens, zusammenfassend 619ff.; ferner Schuller, Herrschaft der Athener 112ff. Letzterer betont ebd. 117 Anm. 214, ganz im Sinne von Thuk. 1,38,2–5, die herrschaftlichen, nicht die rechtlichen Implikationen des Metropolis-Kolonie-Verhältnisses.
[20] Siehe ebd. 1,44,1.

terschiedlichen Ergebnissen als diese. Auch sie sprechen von Unrecht (ἀδικεῖν) und Schlechtigkeit (κακουργία), doch sehen sie nicht Korinth, sondern Kerkyra in dieser Hinsicht auf der Anklagebank. Deren Verantwortliche entbehrten jeglicher moralischer Qualitäten;[21] sie agierten lediglich aus Trotz und Eigensucht und handelten nur im eigenen Interesse, wodurch sie sich als Bündnispartner der Athener von selbst disqualifizierten. Daß sie Korinth den Mißbrauch der auf seinem Status als Metropolis beruhenden Vorrechte unterstellen, erscheint den korinthischen Gesandten als geradezu infam. Im Gegenteil: αἱ γοῦν ἄλλαι ἀποικίαι τιμῶσιν ἡμᾶς, καὶ μάλιστα ὑπὸ ἀποίκων στεργόμεθα.[22]

Die Kerkyraier seien ihrer Mutterstadt am Isthmus abtrünnig geworden;[23] aus Frechheit und Übermut hätten sie sich ihren Pflichten gegenüber Korinth entzogen.[24] Worin diese bestanden, davon hat unser anonymer Redner eine klare Vorstellung: ἡμεῖς δὲ οὐδ' αὐτοί φαμεν ἐπὶ τῷ ὑπὸ τούτων ὑβρίζεσθαι κατοικίσαι, ἀλλ' ἐπὶ τῷ ἡγεμόνες τε εἶναι καὶ τὰ εἰκότα θαυμάζεσθαι.[25] Die Korinther verbinden mit ihrem Status als Mutterstadt also nicht nur die Erwartung, traditionelle Ehrenrechte in Kerkyra zu genießen, sie betrachten sich als Hegemone der besagten Polis. Die politische Implikation dieser Aussage liegt offen zutage, gerade im Kontext der epidamnischen Krise. Hatte sich nicht der Demos dieser im fernen Illyrien gelegenen, vor langer Zeit von einem korinthischen Oikisten gegründeten Stadt dem Schutz der Isthmusstadt unterstellt?[26] Epidamnos war von ihm den Korinthern „übergeben" worden, und diese waren damit seine „Herren" (παραδοῦναι καὶ ἡγεμόνας ποιεῖσθαι).[27] Die Art, wie die Korinther das ihnen unterstellte Epidamnos durch die Herbeiführung von neuen Siedlern und die Stationierung einer Besatzung – die bezeichnenderweise nicht nur aus Hopliten ihrer eigenen Stadt, sondern auch anderer korinthischer Kolonien zusammengesetzt waren – unter ihre Kontrolle brachten, war Ausdruck dessen. Ein reiner Ehrenprimat der Mutterstadt, der lediglich auf der Pietät und dem Respekt der Tochterstädte beruht, sieht wahrlich anders aus. Es ist verständlich, daß die Kerkyraier alles ins Werk setzten, um eine Hegemonie solcher Art über ihre eigene Polis mit allen Mitteln zu unterbinden. Durch ihre Wortwahl vor der athenischen Volksversammlung entkräfteten die thukydideischen Korinther nun nicht etwa die Befürchtungen der Kerkyraier, sondern bestätigten sie nur noch. Korinth zur Mutterstadt zu haben, bedeutete, seiner Hegemonie zu unterstehen.

Aus den einschlägigen Passagen in Thukydides' „Peloponnesischem Krieg" geht kein allgemeinverbindliches Konzept korinthischer Hegemonie über die Kolonien der

---

[21] Um diesen Aspekt herauszuarbeiten, verwendet Thukydides in diesem Zusammenhang bewußt Ausdrücke wie ἄνδρες ἀγαθοί und ἀρετή, die dem Bereich der traditionellen Wertvorstellungen konservativer griechischer Adelskreise entstammen; vgl. Thuk. 1,37,5.
[22] Ebd. 1,38,3.
[23] Vgl. ebd. 1,38,1: ἀφεστᾶσί τε διὰ παντός.
[24] Vgl. ebd. 1,38,2: ὑπὸ τούτων ὑβρίζεσθαι.
[25] Ebd. 1,38,2.
[26] Siehe ebd. 1,25,3.
[27] Siehe ebd. 1,25,1; vgl. auch die Ausdrucksweise ebd. 1,26,3: ἀποικίαν Κορινθίοις δεδομένην.

3. Hegemonialbestrebungen der Korinther gegenüber ihren Kolonien

Isthmusstadt hervor. Die Situation, die durch die epidamnische Krise geschaffen worden war, war sehr spezifisch und läßt sich nicht ohne weiteres auf andere Orte und Zeiten übertragen. Schon in Poteidaia an der nordägäischen Küste lagen die Verhältnisse wieder völlig anders.[28] Diese Kolonie war zur Zeit der Kypseliden direkt von Korinth aus gegründet worden; die Beziehungen zwischen Mutter- und Tochterstadt scheinen sich – soweit unser dürftiges Quellenmaterial eine derartige Aussage zuläßt – über die Jahrzehnte hinweg positiv entwickelt zu haben, und dies, obwohl es für Poteidaia aufgrund seiner entfernten Lage wie auch seines ökonomisch attraktiven Hinterlandes ein leichtes gewesen wäre, sich auf aggressive Weise von Korinth zu emanzipieren. Dennoch ist es nicht wie im Falle Kerkyras zur Ausbildung einer machtpolitischen Konkurrenzsituation auf der Chalkidike gekommen. Sicher ist diese Entwicklung dadurch begünstigt worden, daß der gesamte ägäische Raum nach dem Xerxeszug schrittweise unter den Einfluß Athens geraten ist. Nur der Hegemon des Delisch-Attischen Seebundes verfügte damals über das militärische Potential und auch den politischen Willen, die thrakischen Küsten vor der anfangs durchaus noch existierenden persischen Bedrohung dauerhaft zu schützen. Natürlich konnte die Intensität des athenischen Engagements zum Problem werden, wie die bereits angesprochenen Ereignisse um Thasos, Enneahodoi und Drabeskos in den 460er Jahren v. Chr. zeigen. Aber Geschehnisse wie diese blieben eben Episode. Bis in die 430er Jahre hinein scheinen die Vorteile attischer Präsenz an der nordägäischen Küste deren Nachteile überwogen zu haben.

Es ist verständlich, daß unter Bedingungen wie den skizzierten eine Hegemonie der Korinther über die Poteidaiaten, so sie denn überhaupt vorstellbar ist, ganz anders hätte aussehen müssen als im Falle der Epidamnier. In den beiden Reden vor der lakedaimonischen Volksversammlung einerseits, der Bundesversammlung der Peloponnesier andererseits, weisen die korinthischen Gesandten wie einst während der Κερκυραϊκά auf das Unrecht hin, das ihnen – diesmal durch die Athener – widerfahren sei. Poteidaia wird in eine Reihe mit Kerkyra gestellt, das den Korinthern entrissen worden sei und sich nun unter Ausübung von Gewalt im Besitz der Athener befinde.[29] Auf diese Weise wird, wenn auch in stark rhetorisch gestaltetem Zusammenhang, die prinzipielle Zugehörigkeit der Stadt auf der Pallene zum direkten Einflußgebiet der Isthmusstadt propagiert. Als Kristallisationspunkt dessen, was an Poteidaia korinthisch ist, erscheint dabei die Institution der Epidemiurgen. Es handelte sich offensichtlich um mehrere Beamte, die Jahr für Jahr vom Isthmus in die Kolonie entsandt wurden.[30] Welche konkreten Aufgaben sie dabei wahrnahmen, ist nicht bekannt, denn Thukydides macht hierzu keine Angaben. Amtsträger mit dem Titel δημιοεργοί o.ä. sind in Poleis der archaischen

---

[28] Dazu Alexander, Potidaea 14ff.
[29] Siehe Thuk. 1,68,4: (scil. οἱ Ἀθηναῖοι) οὐ γὰρ ἂν Κέρκυράν τε ὑπολαβόντες βίᾳ ἡμῶν εἶχον καὶ Ποτείδαιαν ἐπολιόρκουν.
[30] Auf die Mehrzahl der Epidemiurgen deutet die Wortwahl des Thukydides hin; vgl. ebd. 1,56,2: (scil. οἱ Ἀθηναῖοι) ἐκέλευον […] τούς τε ἐπιδημιουργοὺς ἐκπέμπειν καὶ τὸ λοιπὸν μὴ δέχεσθαι οὓς κατὰ ἔτος ἕκαστον Κορίνθιοι ἔπεμπον.

Zeit durchaus nicht ungewöhnlich. Die Vorsilbe ἐπι- signalisiert dabei eine gewisse Begrenzung des Aufgabenbereichs der betreffenden Demiurgen.[31] Mehr als eine nicht näher definierte Aufsichtsfunktion – etwa über die eigentlichen, poteidaiatischen Demiurgen vor Ort – kann aus diesem Befund allerdings nicht abgeleitet werden.[32] In der Tat ist es nicht „posible", sondern reine Spekulation, wenn die Epidemiurgen bei César Fornis Vaquero als Vermittler zwischen den einzelnen ethnischen Gruppen Poteidaias fungieren.[33]

Man muß nicht glauben, daß die Epidemiurgen Poteidaia im Auftrag Korinths regierten;[34] dem widerspricht die prinzipielle Autonomie der Kolonie gegenüber der Mutterstadt ebenso wie die bipolare Struktur Griechenlands, wie sie spätestens seit dem Dreißigjährigen Frieden existierte: Poteidaia war schließlich Mitglied des Delisch-Attischen Seebundes, und ein wichtiges Anliegen der Vereinbarungen von 446/45 v. Chr. war es gewesen, die konkurrierenden Hegemonialsysteme Spartas und Athens zu entflechten, um künftigen Konflikten vorzubeugen. Wenn die korinthischen Epidemiurgen aber den politischen Führungsanspruch der von ihnen vertretenen Mutterstadt in der Kolonie Poteidaia auch nicht tatsächlich *ausübten*, so *repräsentierten* sie ihn doch, allein schon durch ihre Anwesenheit vor Ort. Das ist mehr als das θαυμάζειν und das τιμᾶν, das die korinthischen Gesandten bei ihrer Rede vor der attischen Volksversammlung von den Kerkyraiern einforderten; es beinhaltet durchaus eine Form von Hegemonie, wenn auch eine anders geartete als diejenige der Athener in ihrem Seebund. Letztere haben das deutlich erkannt, als sie sich nach der Schlacht bei Sybota anschickten, ein Übergreifen des epidamnisch-kerkyraischen Konflikts auf den nördlichen Ägäisraum von vornherein zu unterbinden. Die Forderung nach Ausweisung der Epidemiurgen aus Poteidaia wurde von den athenischen Verantwortlichen im selben Atemzug erhoben wie die nach der Stellung von Geiseln und der Entfestigung nach der Pallene hin.

Gregory Crane hat 1992 mit seinem Beitrag „Power, Prestige, and the Corcyrean Affair in Thucydides 1" einen Weg dahin eröffnet, wie man auf der Basis der thukydideischen Aussagen die Hegemonie der Korinther über ihre Kolonien verstehen kann und wie sich diese ‚Herrschaft' von der der Athener im Delisch-Attischen Seebund unterschied.[35] Er legt zunächst dar, daß die Argumentation der korinthischen Gesandten vor der athenischen Volksversammlung keineswegs von vornherein als

---

[31] Siehe Hornblower, Commentary, Bd. 1, 99.
[32] In diesem Sinne Alexander, Potidaea 21ff. – Weitere, meist vorsichtige Stimmen: Gschnitzer, Abhängige Orte 131 mit Anm. 14 u. Graham, Colony and Mother City 136f.
[33] Vgl. C. Fornis Vaquero, La polis como metrópoli. Tucídides y el imperio colonial corintio, in: D. Plácido (Hrsg.), Imágenes de la polis, Madrid 1997, 83: „[…], es posible que los *epidemiurgoi* corintios funcionaran como magistrados reconocidos por los diferentes *ethne*, encargados de regular la vida en las comunidades mixtas de grecoparlantes y bárbaros."
[34] Dies vertritt nicht einmal Kahrstedt, Griechisches Staatsrecht 364f.
[35] Siehe Crane, Power, Prestige, and the Corcyrean Affair; ferner G. Crane, Thucydides and the Ancient Simplicity. The Limits of Political Realism, Berkeley u.a. 1998, 93ff.

3. Hegemonialbestrebungen der Korinther gegenüber ihren Kolonien

schwach, naiv oder unplausibel abqualifiziert werden könne.[36] Der Diskurs, der ihre Rede bestimmt, ist seiner Meinung nach allerdings ein wesentlich anderer als der der Athener (und der Kerkyraier, wie sich im Laufe der Auseinandersetzung immer mehr zeigt). Er ist davon bestimmt, daß die Beziehungen zwischen den Staaten generell von emotionaler Verbundenheit, nicht nur von Nützlichkeitserwägungen geprägt sein sollten: „When the Corinthians state their case at Athens, they frame their position in the traditional language of bilateral relations. In essence, they assume that exchanges between different parties cannot be divorced from emotional and affective ties."[37] Um so mehr gilt dieses Postulat im Verhältnis zwischen Mutterstadt und Kolonie. Αἱ γοῦν ἄλλαι ἀποικίαι τιμῶσιν ἡμᾶς, καὶ μάλιστα ὑπὸ ἀποίκων στεργόμεθα.[38] Diese Aussage, mit der die Korinther bei Thukydides ihr Verhältnis zu den eigenen Kolonien charakterisieren, stellt – so Crane – den Kern dessen dar, was sie jenseits aller machtpolitischen und ökonomischen Interessen als ihre Hegemonie begreifen. Emotionale Verbundenheit äußerte sich zum Beispiel regelmäßig bei Staatsopfern, wenn die Vertreter der Tochterstädte bei der Verteilung von Opferfleisch anwesenden Repräsentanten der Metropolis das erste Stück überreichten und ihnen so den schuldigen Respekt erwiesen.[39] Wie die Argumentation der korinthischen Redner zeigt, handelte es sich hierbei keinesfalls um eine leere Geste, im Gegenteil: „The symbolic performance of rank was an end in itself, and the accumulation of wealth and allies can properly be seen as a means to attain such public signs of prestige. Material and symbolic power are symbiotic and reinforce each other."[40]

Im übrigen zeigt auch das Verhalten der Kerkyraier und Athener bei Thukydides, daß sie mit dem Hegemoniediskurs der Korinther vertraut waren und seine prinzipielle Relevanz für den vorliegenden Streitfall akzeptierten. Anders wäre es nicht möglich gewesen, daß sich viele Athener anfänglich von der Argumentation der Korinther überzeugen ließen.[41] Auch die nahezu verzweifelten Versuche der Kerkyraier, die Mitglieder der attischen Volksversammlung davon zu überzeugen, daß ihre Mutterstadt angesichts der ungerechten Behandlung, die sie ihnen hatte zuteil werden lassen, jegliches Anrecht auf Gefolgschaft verloren habe, ist nur vor diesem Hintergrund zu verstehen. Die Posi-

---

[36] Siehe Crane, Power, Prestige, and the Corcyrean Affair 2ff. So allerdings ein beträchtlicher Teil der Forschung; vgl. exemplarisch De Ste. Croix, Origins of the Peloponnesian War 71: „I find it incomprehensible that anyone who has read the preceding narrative in Thucydides should find the Corinthian speech plausible." Ähnlich das Verdikt bei Salmon, Wealthy Corinth 285: „Scarcely an argument in the whole Corinthian speech carries conviction."
[37] Crane, Power, Prestige, and the Corcyrean Affair 25.
[38] Thuk. 1,38,3.
[39] Dieses Beispiel wählt Thukydides selbst zu Beginn der Κερκυραϊκά, um ein funktionierendes Verhältnis zwischen Mutterstadt und Kolonie zu illustrieren und zugleich den Haß zwischen den Korinthern und den Kerkyraiern – denn letztere verweigerten sich der herkömmlichen Praxis – zu erklären; siehe ebd. 1,25,3f.
[40] Crane, Power, Prestige, and the Corcyrean Affair 8.
[41] So Thuk. 1,44,1.

tion Korinths als legitime Metropolis der Kerkyraier mußte nachhaltig erschüttert werden, bevor man einen auf neuen Prinzipien fußenden Hegemoniediskurs an die Stelle des alten setzen konnte. Diesem sollte nicht mehr eine wie auch immer begründete, aus der Vergangenheit überkommene emotionale Nähe zugrunde liegen, sondern auf den ersten Blick viel transparentere Kriterien wie militärische Stärke, ökonomische Prosperität und strategische Gunst.

Es sind die gemeinsamen Interessen mit Athen, der beiderseitige Nutzen, den die Kerkyraier immer wieder in den Mittelpunkt ihrer Rede stellen. Gegenüber dieser gleichsam ‚modernen' Art politischer Argumentation gerieten im Verlauf der Κερκυραϊκά und der Ποτειδεατικά die Korinther und mit ihnen ihre „moral hegemony"[42] zunehmend ins Hintertreffen.[43] Vergeblich appellierten sie vor der athenischen Volksversammlung an die Abstimmenden, sie sollten nicht Nützlichkeitserwägungen den Vorrang geben vor dem, was das Gerechtigkeitsempfinden gebiete: καὶ μὴ νομίσῃ δίκαια μὲν τάδε λέγεσθαι, ξύμφορα δέ, εἰ πολεμήσει, ἄλλα εἶναι.[44] Im Rededuell vor der Volksversammlung scheuten die Korinther nicht davor zurück, eine dezidiert konservative Position zu beziehen, indem sie forderten, die Jungen sollten sich von den Älteren abschauen, was es heiße, Gleiches mit Gleichem zu vergelten.[45] Sie weigerten sich schlichtweg, die von den Kerkyraiern ins Spiel gebrachten politischen Grundsätze als die allein ausschlaggebenden zu akzeptieren. Vielmehr wollten sie ihnen nur in einem umfassenderen Kontext Relevanz zubilligen. Mit den Worten Cranes: „The relationship between metropolis and ἀποικία is, to use a modern phrase, a ‚total social fact': it is not legal, religious, or emotional, but unites all these aspects. Or, to use another term, economic or political exchanges are, for the Corinthians, not separate and self-contained, but are *embedded* in a larger social context."[46]

Crane verwendet viel Raum darauf, die Unterschiede in der hegemonialen Praxis der Korinther und Athener herauszuarbeiten. Immer wieder, vor allem am Ende, verweist er auf die Folgen des schließlich erfolgreichen, sich auf Nützlichkeitserwägungen stützenden Konzepts. „Corcyreans and Corinthians both know the rules and the protocol, but the Athenians have begun to play a different game, one in which a power such as Corinth has little place."[47] Profitiert habe von diesem Paradigmenwechsel letztlich keiner der beiden Akteure vor der attischen Volksversammlung im Sommer 433 v. Chr. – auch die Kerkyraier nicht: „The Athenians accept neither argument as presented, and their final decision, though it rescues Corcyra, favors neither side. [...]. The Athenians accepted

---

[42] Den Ausdruck gebraucht Crane, Power, Prestige, and the Corcyrean Affair 10.
[43] Siehe hierzu Price, Thucydides and Internal War 82ff., bes. 88.
[44] Thuk. 1,42,1.
[45] Siehe ebd. 1,43,1: Ὧν ἐνθυμηθέντες καὶ νεώτερός τις παρὰ πρεσβυτέρου αὐτὰ μαθὼν ἀξιούτω τοῖς ὁμοίοις ἡμᾶς ἀμύνεσθαι, [...]. Dazu Crane, Power, Prestige, and the Corcyrean Affair 17: „Reciprocity, in both a positive and a negative sense, is the cornerstone of the Corinthian argument."
[46] Ebd. 12.
[47] Ebd. 26f.

neither metropolis nor colony as friend, but sought to damage them equally."[48] In der Tat kann es gut sein, daß die Verantwortlichen von Kerkyra ihren drastischen Bruch mit der Mutterstadt später tief bereut haben. Die Ereignisse, die zur Schlacht bei Sybota und zu einem immer engeren Zusammengehen mit den Athenern führten, spalteten die kerkyraische Führungsschicht und resultierten in einem grausamen Bürgerkrieg, den Thukydides sicher nicht zufällig herangezogen hat, um die moralischen Verwüstungen zu veranschaulichen, die der Peloponnesische Krieg im Laufe der Jahre angerichtet hat.[49]

Gewiß kann man darüber diskutieren, ob das Bild, das Thukydides von den Motiven der miteinander ringenden Mächte zeichnet, durch Crane nicht zu einseitig ausgewertet worden ist. Die Korinther treten bei ihm lediglich als „masters of traditional Greek diplomacy" auf.[50] Ihr Konzept ist im wahrsten Sinne des Wortes ‚von gestern'; der Dynamik der athenischen νεωτεροποιοί haben sie nur berechtigte moralische Einwände, doch keine angemessene realpolitische Alternative entgegenzusetzen. Demgegenüber sollte nicht übersehen werden, daß dem Tun und Reden der Korinther im Verlaufe der Κερκυραϊκά und der Ποτειδεατικά keineswegs immer dieselben Motive, dieselben moralischen und politischen Prinzipien zugrunde gelegt werden können. Vielmehr scheint es so, als hätten die Verantwortlichen am Isthmus angesichts der Rückschläge bei Kerkyra und Poteidaia einen Lernprozeß vollzogen.

Schon in der Rede vor der lakedaimonischen Volksversammlung klagen die korinthischen Gesandten, die auf überkommenen Prinzipien beruhende Art und Weise, wie man in Sparta Politik mache, hindere die Verantwortlichen daran, tiefere Einsicht in die politische Lage Griechenlands zu gewinnen. Die Redner setzen σωφροσύνη, einen gerade in aristokratischen Kreisen eigentlich rundum positiv besetzten Begriff, mit ἀμαθία gleich[51] und schicken sich an, ihre Zuhörer über das wahre Wesen der Athener aufzuklären. In diesem Zusammenhang fällt das Wort διδασκαλία.[52] Die korinthischen Gesandten äußern in der betreffenden Passage ihren Unmut über die Tatenlosigkeit der Lakedaimonier gerade jetzt, da die Untaten der Athener doch offen zutage lägen. Das Ganze kulminiert in einer rhetorischen Frage: νῦν τί δεῖ μακρηγορεῖν;[53] Die Paradoxie liegt gerade darin, daß im folgenden die Korinther selbst zu einer langen Rede anheben, in der sie den anwesenden Lakedaimoniern ihr eigenes Wesen und das ihrer athenischen Konkurrenten auseinandersetzen. So werden sie zu Lehrmeistern (διδάσκαλοι) ihrer Zuhörer; sie erklären ihnen die Grundgegebenheiten, und, daraus resultierend, die aktuellen Herausforderungen der griechischen Politik, wie sie sich im

---

[48] Crane, Power, Prestige, and the Corcyrean Affair 25f.
[49] Es handelt sich um die sog. Pathologie des Krieges (Thuk. 3,82–84). Der kerkyraische Bürgerkrieg im Sommer 427 v. Chr. wird ausführlich ebd. 3,69–85 geschildert.
[50] So die Charakterisierung von Crane, Power, Prestige, and the Corcyrean Affair 11.
[51] Siehe Thuk. 1,68,1. Zur σωφροσύνη siehe Gomme, Historical Commentary, Bd. 1, 166f. u. Hornblower, Commentary, Bd. 1, 77, letzterer mit weiterführender Literatur.
[52] Vgl. Thuk. 1,68,3: καὶ εἰ μὲν ἀφανεῖς που ὄντες ἠδίκουν τὴν Ἑλλάδα, διδασκαλίας ἂν ὡς οὐκ εἰδόσι προσέδει.
[53] Ebd. 1,68,3.

Sommer 432 v. Chr. aus ihrer – bzw. des Thukydides – Sicht nun einmal darstellten, allerdings ohne blindlings auf der Anwendung der politischen Praxis von früher zu insistieren.[54] Sind das immer noch dieselben Korinther, die vergeblich vor gut einem Jahr vor der attischen Volksversammlung ihre traditionelle, auf das emotionale Band zwischen Mutter- und Tochterstadt bauende hegemoniale Praxis gegen den ruchlosen Nützlichkeitsdiskurs der Athener und Kerkyraier verteidigt hatten? Es scheint so, als hätten die Verantwortlichen am Isthmus ihre Lektion gelernt.

Unser Eindruck wird im übrigen bestätigt durch die Worte, die die Korinther vor der Bundesversammlung der Peloponnesier an ihre Verbündeten richten. Auch hier steht nicht mehr in erster Linie der Rekurs auf überkommene Werte und Praktiken im Mittelpunkt ihrer Rede, sondern der Appell an rationales Handeln bei der Planung und Durchführung des kommenden Krieges.[55] Am Ende, nachdem sie, wie später der Athener Perikles, ausgeführt haben, welche Gesichtspunkte für den unzweifelhaft zu erwartenden Sieg der eigenen Partei sprechen,[56] treffen die Gesandten vom Isthmus eine merkwürdige Aussage:[57] Sie betonen noch einmal, daß die Argumente, die sie zusammengetragen haben, nur dem gemeinsamen Besten dienen sollen (ἡμῶν κοινῇ τάδε παραινούντων)[58] und dann betonen sie, εἴπερ βεβαιότατον τὸ ταὐτὰ ξυμφέροντα καὶ πόλεσι καὶ ἰδιώταις εἶναι, dann müsse man nun den Poteidaiaten zu Hilfe eilen und auch den übrigen Griechen im Kampf gegen die Athener die Freiheit verschaffen. Ganz am Ende sämtlicher Reden, die die Vorgeschichte des Peloponnesischen Krieges bei Thukydides strukturieren und sein Zustandekommen erklären, sind die Korinther mit dieser Aussage auf den Standpunkt der Athener eingeschwenkt: Das festeste Band zwischen einzelnen Menschen wie ganzen Städten ist der gemeinsame Nutzen, den alle Beteiligten aus ihrem Zusammengehen ziehen. Nicht mehr das Beharren auf Recht und Tradition kennzeichnet ihr Reden und Handeln am Vorabend der kriegerischen Auseinandersetzungen zuletzt,[59] sondern die Aufforderung, es den Gegnern gleichzutun und realistische, sozusagen ‚attische' Machtpolitik zu betreiben.

---

[54] Siehe Thuk. 1,69–71.
[55] Die korinthischen Redner versuchen im Verlauf der Rede, die Abgesandten aus den konservativen peloponnesischen Binnenstaaten davon zu überzeugen, in den Krieg gegen das vermeintlich ferne Athen einzutreten. Auch hier gehen sie, wie zuvor im Fall der Lakedaimonier, von der σωφροσύνη der betreffenden Entscheidungsträger (vgl. ebd. 1,120,3: ἀνδρῶν [...] σωφρόνων) aus. Um gegen die vom Delisch-Attischen Seebund ausgehende, neuartige Gefahr bestehen zu können, bedarf es dann freilich den Korinthern zufolge noch ganz anderer Qualitäten.
[56] Vgl. ebd. 1,141,2–144,1.
[57] Siehe ebd. 1,124,1.
[58] Vgl. auch schon zu Beginn der Rede, ebd. 1,120,1: τὰ κοινὰ προσκοπεῖν.
[59] Das gilt ungeachtet dessen, daß auch in dieser letzten Rede der Korinther vor Kriegsausbruch der Verweis auf athenisches Unrecht nicht fehlen darf; siehe etwa ebd. 1,121,1: ἀδικούμενοι τὸν πόλεμον ἐγείρομεν.

3.4. Die unterschiedlichen Facetten der hegemonialen Praxis der Korinther bei Thukydides

Am Ende unserer Betrachtung der einschlägigen Passagen von Thukydides' erstem Buch steht die Erkenntnis, daß die Ergebnisse Gregory Cranes, so wichtig und richtig sie sind, doch nicht ausreichen, um ein vollständiges, ausnahmslos alle Aspekte umfassendes Bild der hegemonialen Praxis der Korinther unmittelbar vor dem Ausbruch des Peloponnesischen Krieges zu erstellen. In der Tat scheinen die Korinther das Verhältnis zwischen Mutterstadt und Kolonie zum Kristallisationspunkt ihrer machtpolitischen Bestrebungen insbesondere in Nordwestgriechenland, aber auch an der nordägäischen Küste gemacht zu haben. Die Ziele, die die Verantwortlichen am Isthmus verfolgten, bauten in der Regel genau auf diesem Fundament auf, und dies nicht ohne Grund: Die Mutterstadt/Tochterstadt-Relation war nicht verhandelbar und als „total social fact"[60] umfaßte sie (sozio-)politische, religiöse und rechtliche Aspekte, die kaum voneinander zu trennen waren, sich vielmehr gegenseitig stützten und bedingten.[61]

Den Korinthern bot sich auf diese Weise ein probates Mittel, um machtpolitisch ganz unterschiedlich fundierte Herrschaftsbeziehungen im konkreten Alltag flexibel zu gestalten. Poteidaia ist dafür das beste Beispiel: Die Stadt war Mitglied des Delisch-Attischen Seebundes und hat aufgrund der Tatsache, daß sie weit vom Isthmus entfernt auf der Chalkidike gelegen war, über alle Möglichkeiten verfügt, um sich gegenüber der Metropolis eine quasi autonome und autarke Stellung zu verschaffen. Und dennoch waren die Poteidaiaten ἄποικοι der Korinther und hießen alljährlich deren Epidemiurgen in ihrer Stadt willkommen, akzeptierten also prinzipiell – thukydideisch gesprochen – deren Hegemonie.[62] Als der korinthische Feldherr Aristeus im Sommer 432 v. Chr. mit seinem Hilfsheer auf der Pallene eintraf, verfügte er zwar aufgrund seines Prestiges, seiner Tatkraft und der schieren Größe der Truppenmacht, die er herangeführt hatte, über hohe Autorität. Dennoch vermochte er den bedrängten Poteidaiaten nach der Auftaktniederlage vor den Toren der Stadt nicht das weitere Vorgehen aufzuoktroyieren. Es heißt bei Thukydides ausdrücklich, Aristeus habe Poteidaia verlassen, weil sich seine Einwohner weigerten, ihrer nahezu völligen Evakuierung über See zuzustimmen.[63] Von einer völligen Übernahme der Polis durch die Korinther wie im Falle von Epidamnos drei Jahre zuvor kann also nicht gesprochen werden. Daß sie die Stadt am Isthmus als

---

[60] So Crane, Power, Prestige, and the Corcyrean Affair 12.
[61] Mit den bereits auf S. 256 zitierten Worten von Crane, ebd. 8: „Material and symbolic power are symbiotic and reinforce each other."
[62] Es ist genau diese prinzipielle Akzeptanz des Vorrangs der Mutterstadt Korinth, zu der sich die Kerkyraier 435/33 v. Chr. nicht durchzuringen vermochten; vgl. ebd. 16: „Status is at the root of the Corcyrean quarrel with Corinth. The duties they refuse to fulfil with regard to their metropolis are materially small [...] but as symbols of subordination they are intolerable."
[63] Siehe Thuk. 1,65,1: ὡς (scil. ὁ Ἀριστεὺς τοὺς Ποτειδεάτας) δ' οὐκ ἔπειθε, βουλόμενος τὰ ἐπὶ τούτοις παρασκευάζειν καὶ ὅπως τὰ ἔξωθεν ἕξει ὡς ἄριστα, ἔκπλουν ποιεῖται λαθὼν τὴν φυλακὴν τῶν Ἀθηναίων.

Gründerin ihrer Stadt akzeptierten, hielt die Poteidaiaten nicht davon ab, bis zum bitteren Ende im Winter 430/29 v. Chr. autonom zu bleiben.

Es war soeben von der Situation in der Stadt Epidamnos 435 v. Chr. die Rede. Sie unterscheidet sich in der Tat grundlegend von derjenigen in Poteidaia und sprengt das Bild von der „moral hegemony of Corinth",[64] wie es von Crane herausgearbeitet worden ist. Wie bereits erwähnt, hatte die epidamnische Volkspartei ihre Stadt den Korinthern „übergeben" (παραδοῦναι) und sie zu ihren ἡγεμόνες gemacht,[65] aber *in concreto* bedeutete das viel mehr als die Aufnahme von eher repräsentativen Aufsichtsbeamten. Die Korinther rüsteten zusammen mit anderen ihrer Kolonien eine militärische Expedition aus und schickten diese nach Epidamnos. Siedler wurden angeworben und ebenfalls nach Nordwestgriechenland entsandt. Auch als am Widerstand der Kerkyraier die ersten Bemühungen scheiterten, ließen die Korinther nicht von ihren Plänen ab; Thukydides selbst spricht davon, die nahezu zweihundert Jahre alte Stadt habe von den Korinthern gleichsam neu gegründet werden sollen.[66] An sich hätte ein solcher Vorgang an der prinzipiellen Autonomie von Epidamnos in der Zukunft nichts ändern müssen. Neusiedler wurden in der Regel Bürger der Kolonie, in die sie gezogen waren; es gibt keinen ausdrücklichen Hinweis bei Thukydides darauf, daß dies in Epidamnos im Sommer 435 v. Chr. anders sein sollte.[67]

Dennoch erregt die ganze Art der Darstellung im ersten Buch des „Peloponnesischen Krieges", die Intensität, mit der sich die Korinther im Verlauf der Kämpfe mit Kerkyra engagierten, den Eindruck, als hätten diese im Fall von Epidamnos – zumindest später, als die Eskalation schon erfolgt war – Ziele verfolgt, die über diejenigen in Poteidaia hinausgingen. Sie strebten wirklich danach, die Gewalt über eine Stadt zu gewinnen, die nach den Grundsätzen der „moral hegemony" Kerkyra gegenüber verpflichtet war. Spätestens seit der Ankunft des ersten korinthischen Heeres befand sich Epidamnos unter der Besatzung seiner neuen Mutterstadt; es war, wie sich Thukydides ausdrückt, den Korinthern „übergeben" worden.[68] Die Stadt war damit in die direkte Einflußsphäre der Isthmusstadt im nordwestgriechischen Raum geraten, eine Sphäre, die nicht nur die aus archaischer Zeit herrührenden korinthischen Kolonien umfaßte (etwa Ambrakia und Leukas), sondern auch verbündete Poleis darüber hinaus (zum Beispiel Pale auf der Insel Kephallenia) und sogar barbarische Völker an der epeirotischen Küste (vor allem die Chaonen und Thesprotier).

---

[64] So Crane, Power, Prestige, and the Corcyrean Affair 10.
[65] So die Wortwahl bei Thuk. 1,25,1.
[66] Siehe ebd. 1,27,1.
[67] Dazu Giuffrida, Una rifondazione corinzia a Epidamno 90ff.
[68] Thuk. 1,26,3 faßt die neue Lage in einem Dreiklang wie folgt zusammen: Κερκυραῖοι δὲ ἐπειδὴ ᾔσθοντο (1) τούς τε οἰκήτορας (2) καὶ φρουροὺς ἥκοντας ἐς τὴν Ἐπίδαμνον (3) τήν τε ἀποικίαν Κορινθίοις δεδομένην, ἐχαλέπαινον. Wohlgemerkt, diese Aussage wird von Thukydides getroffen, nicht etwa von den Kerkyraiern im Verlauf des Rededuells mit den Korinthern.

3. Hegemonialbestrebungen der Korinther gegenüber ihren Kolonien

Möglicherweise kann man die Ereignisse um Anaktorion als Parallelfall zu Epidamnos betrachten.[69] Die Stadt, die nach der gescheiterten Sommerkampagne 433 v. Chr. von den Korinthern und ihren Bundesgenossen eingenommen wurde, war eine in der Kypselidenzeit gegründete Kolonie, ganz wie Epidamnos im Nordwesten.[70] Genau wie dort war der kerkyraische Einfluß im Laufe der zurückliegenden Jahrzehnte gewachsen und führte zu einer politischen und ökonomischen Konkurrenzsituation, die sicher nicht erst zur Zeit der Κερκυραϊκά als lästig wahrgenommen wurde.[71] Nach der Einnahme Anaktorions durch eine List siedelten die Korinther dort eigene Leute an – zweifellos aus der Reihe derjenigen, die aufgrund der Niederlagen bei Leukimme und bei Sybota in Epidamnos nun nicht zum Zuge gekommen waren – und machten damit die Stadt an der Mündung des Golfs von Ambrakia zu einer Κορινθίων πόλις.[72] Anaktorion scheint durch diesen Vorgang auf einer Ebene mit anderen Städten und Stützpunkten zu stehen, die Thukydides so bezeichnet, Orte wie das aiolische Chalkis an der Nordküste des Korinthischen Golfes oder Sollion in Akarnanien.[73] Ungeachtet ihres ursprünglichen Rechtsstatus galten sie ihm alle als ‚korinthisch'. Das Kriterium dafür mag gewesen sein, daß auch sie – wie es im Falle von Anaktorion bezeugt ist und für Epidamnos geplant war – einen Zuzug von Siedlern erfahren hatten, die aus Korinth stammten oder von der Stadt am Isthmus angeworben und ausgesandt worden waren.

Zumindest im Falle von Chalkis in der Aiolis wissen wir, daß der Zeitpunkt, an dem dieses zur Κορινθίων πόλις geworden ist, vor dem Jahre 457 v. Chr. gesucht werden muß, denn damals wurde es von dem athenischen Feldherrn Tolmides erobert und dem attischen Machtbereich einverleibt. Wenn nun die Zusammenhänge, die wir in den vorausgegangenen Abschnitten herausgearbeitet haben, existieren und die Schlußfolgerungen, die wir daraus gezogen haben, zutreffen, dann kann das nur bedeuten, daß die korinthischen Gesandten bei Thukydides nicht das gesamte Spektrum korinthischer Hegemonialpraxis während der 430er Jahre und davor abgedeckt und in ihre Argumentati-

---

[69] Siehe Thuk. 1,55,1.
[70] Dazu u.a. Will, Korinthiaka 517ff. u. Piccirilli, Corinto e l'Occidente 151ff.
[71] Thuk. 1,55,1 sagt, Anaktorion sei κοινὸν Κερκυραίων καὶ ἐκείνων (scil. τῶν Κορινθίων) gewesen. Die Konstellation erinnert stark an die in Leukas vor 465 v. Chr., als Streitigkeiten zwischen Korinth und Kerkyra um den Einfluß in der Stadt von Themistokles geschlichtet werden mußten; siehe ausführlich oben S. 116ff. Das Ergebnis in diesem Fall war allerdings laut Plut. Them. 24,1, daß beide Parteien Λευκάδα κοινῇ νέμειν ἀμφοτέρων ἄποικον.
[72] So wird Anaktorion von Thukydides charakterisiert, als es Ende des Sommers 425 v. Chr. von den verbündeten Athenern und Akarnanen eingenommen wurde; siehe Thuk. 4,49: Ἀνακτόριον Κορινθίων πόλιν. Damals wurden im übrigen die korinthischen Siedler vertrieben und durch akarnanische ersetzt. Die Identität der Stadt wird also, zumindest in unserem vorliegenden Fall, laut Thukydides davon bestimmt, welcher Herkunft ihre Siedler waren.
[73] Siehe hierzu ebd. 1,108,5 (Χαλκίδα Κορινθίων πόλιν) u. ebd. 2,30,1 (Σόλλιόν τε Κορινθίων πόλισμα). Molykreion nahe dem Kap Rhion könnte zwar aufgrund seiner Lage und Funktion (hierzu oben S. 147ff.) in dieselbe Kategorie wie Chalkis und Sollion gehört haben, andererseits wird es von Thukydides als regelrechte Kolonie der Korinther bezeichnet; siehe ebd. 3,102,2: Μολύκρειον [...] τὴν Κορινθίων [...] ἀποικίαν.

on eingebaut haben, sondern nur jenen Ausschnitt, von dessen Präsentation sie sich einen Vorteil im Rededuell mit den Kerkyraiern versprachen. Daß der Autor des „Peloponnesischen Krieges" so verfuhr, ist angesichts seines eingangs des Werkes formulierten Grundsatzes, nur die ξύμπασα γνώμη τῶν ἀληθῶς λεχθέντων überliefern zu wollen,[74] keineswegs verwunderlich, sondern geradezu folgerichtig.

Die Korinther wollten nun einmal ein möglichst gutes Bild abgeben, und da wäre es kontraproduktiv gewesen, politisch-militärische Praktiken zuzugeben, die der Argumentation ihrer Gegner vor der attischen Volksversammlung nur in die Hände gespielt hätten. Thukydides als Berichterstatter der Κερκυραϊκά wiederum, der sich – wie er selbst sagt – bei der Darstellung der Fakten den Prinzipien der Wahrhaftigkeit und Genauigkeit verpflichtet fühlte,[75] mußte alldem Rechnung tragen. Die Art und Weise, wie sich ‚seine' Korinther verhalten, wie sie reden und die Umsetzung ihrer Absichten zu fördern versuchen, ist, nach den thukydideischen Prinzipien der ἀλήθεια und des σαφές bemessen, in sich völlig stimmig. Es gibt allerdings keine Möglichkeit dazu, den Bericht unseres Autors im Hinblick auf die korrekte Anwendung dieser Prinzipien zu überprüfen, denn außerhalb von Thukydides' „Peloponnesischem Krieg" existieren keine vertrauenswürdigen Quellen über die Ereignisgeschichte Griechenlands während der 430er Jahre v. Chr., die ihm gleichwertig wären. Wie die hegemoniale Praxis der Korinther in Nordwestgriechenland und auf der Chalkidike damals aussah, kann nur auf *seiner* Basis rekonstruiert werden, und das Bild, das wir dadurch erhalten, ist dann im thukydideischen Sinne ἀληθές bzw. σαφές, in jedem Fall aber alternativlos.

Wir können die Vorgeschichte des Peloponnesischen Krieges nur durch den ‚Filter' Thukydides wahrnehmen. Das bedeutet nun gerade nicht, daß wir uns lediglich auf von unserem Autor ausdrücklich als bedeutungsvoll gekennzeichnete Reden und Handlungsstränge stützen können oder gar dürfen. Gregory Crane, der so verfuhr, hat die komplexe thukydideische Erzählweise im Grunde um eine Dimension beraubt, denn sein geschlossenes Bild von der „moral hegemony of Corinth"[76] im Verhältnis zu den machtpolitischen Kosten-Nutzen-Rechnungen der Kerkyraier und Athener bleibt so, wie es in Thuk. 1, 37–43 gezeichnet wird, keineswegs unbeschadet erhalten. Es wird vielmehr in Wort und Tat vor und nach dieser Passage von Thukydides mehr oder weniger deutlich konterkariert.

---

[74] So Thuk. 1,22,1; siehe oben S. 17ff.
[75] Siehe Thukydides' Aussagen über seine Methode ebd. 1,20–22, bes. 1,22,2 (ὅσον δύνατον ἀκριβείᾳ περὶ ἑκάστου ἐπεξελθών) u. 1,22,4 (ὅσοι δὲ βουλήσονται τῶν τε γενομένων τὸ σαφὲς σκοπεῖν).
[76] So Crane, Power, Prestige, and the Corcyrean Affair 10.

4. Die Hegemonie der Korinther: ein ‚Kolonialreich'?

Die zurückliegenden Kapitel haben sich bewußt auf die einschlägigen Passagen im ersten Buch von Thukydides' „Peloponnesischem Krieg" konzentriert, in denen von Korinth, seinen Kolonien und der Art seiner Hegemonie über diese die Rede ist. Dieses Vorgehen war nötig, denn die reiche Sekundärliteratur zu unserem Thema erschwert es sehr, sich unvoreingenommen der Problematik zu nähern. Die Ergebnisse, zu denen die modernen Historiker gelangt sind, sind zum einen häufig von dem Vorverständnis beeinflußt worden, das die Betreffenden vom Charakter einer Metropolis einerseits, einer Apoikie andererseits in archaischer und klassischer Zeit entwickelt hatten. Davon ausgehend wurden den Korinthern etwaige Herrschaftsbestrebungen entweder unterstellt oder eben rundweg abgesprochen. Andererseits ist es die Eigenart unserer Quelle Thukydides, die die Forschungsergebnisse der zurückliegenden Jahrzehnte beeinflußt hat. Ob es sich nun um die Terminologie handelt – was besagt es, wenn eine Stadt Κορινθίων πόλις ist? – oder um die Frage, was ‚Herrschen' oder ‚Besitzen' bei Thukydides eigentlich in bezug auf griechische Poleis bedeuten kann: in all diesen Fragen war und ist es entscheidend, welche Position der moderne Historiker gegenüber seiner Quelle Thukydides einnimmt.

4.1. Ein erster Systematisierungsversuch und seine Schwächen: Kahrstedts ‚Korinthisches Kolonialreich'

Ein besonders instruktives Beispiel dafür, wie ein im voraus erstellter gedanklicher Rahmen Forschungsergebnisse vorstrukturieren oder im einzelnen gar erst generieren kann, ist Ulrich Kahrstedts Beitrag zu unserem Thema. Kahrstedt verfolgte ursprünglich den Plan, analog zu Theodor Mommsens „Römischem Staatsrecht" ein „Griechisches Staatsrecht" zu verfassen, ein Unterfangen, das er dann allerdings nicht bis zu seinem Abschluß verfolgt hat. Nur der erste von mehreren geplanten Bänden, der Sparta und seinen Bundesgenossen gewidmet war, erschien im Jahre 1922; in einem Anhang beschäftigte sich Kahrstedt dabei auch mit den Korinthern und ihren Kolonien. Er gab ihm den bezeichnenden Titel „Das korinthische Kolonialreich".[1]

Kahrstedt postuliert die Existenz eines korinthischen Kolonialreichs insbesondere in Nordwestgriechenland, an der epeirotisch-illyrischen Küste und beiderseits des Korinthischen Golfs, und beruft sich in seiner Argumentation nicht zuletzt auf die Aussagen des Thukydides, die wir im vorausgegangenen Kapitel vorgestellt und analysiert haben. Die Gründung einer Kolonie habe nicht nur traditionelle Anhänglichkeit zur Folge gehabt, sondern sei Ausgangspunkt für dauerhafte rechtliche Bindungen gewesen. Auf der Basis von Thuk. 4,49 und anderen Textstellen formuliert Kahrstedt die These, in Städ-

---

[1] Siehe Kahrstedt, Griechisches Staatsrecht 357–368.

ten wie Anaktorion und Leukas seien die Einwohner keinesfalls Anaktorier und Leukadier, sondern Κορίνθιοι, korinthische Bürger, gewesen.² Er vergleicht diese Gemeinden mit den Kleruchien der Athener im fünften Jahrhundert v. Chr.³ und listet zwischen den korinthischen Kolonien und dieser Einrichtung – wenn auch unter Vorbehalten – viele Parallelen in den Bereichen Grunderwerb, Bürgerrecht, Verwaltung, Wirtschaftsleben und Außenpolitik auf.⁴ Die Städte, die κατὰ τὸ ξυγγενές⁵ mit Korinth in den Krieg zogen, seien deren ureigene Verbündete gewesen; zumindest zu Beginn hätten sie nicht dem Peloponnesischen Bund angehört, diesen freilich mittelbar durch ihre Loyalität gegenüber ihrer Mutterstadt verstärkt. Lediglich das weitentfernte Syrakus auf Sizilien und das widerspenstige Kerkyra waren laut Kahrstedt, obwohl oder gerade weil sie zu den ältesten Kolonien der Isthmusstadt zählten, nicht Teil der korinthischen Einflußsphäre. Vor allem die an zweiter Stelle genannte Stadt habe es nach dem Sturz der Kypseliden allen Pressionen und Angriffen zum Trotz vermocht, sich dem Zugriff von seiten der Isthmusstadt erfolgreich und auf Dauer zu entziehen.⁶ Auch Poteidaia in der Chalkidike sei ungeachtet der korinthischen Epidemiurgen im fünften und vierten Jahrhundert v. Chr. faktisch unabhängig von der Stadt am Isthmus gewesen.⁷

Das Konstrukt von einem korinthischen ‚Kolonialreich', in dem die Mutterstadt und ihre Tochterstädte auf vielfache Weise – bis hin zu einem gemeinsamen Bürgerrecht – miteinander verbunden gewesen seien, beeindruckt durch seine vermeintliche Geschlossenheit; doch schon die in den vorigen Kapiteln genannten Beispiele zeigen an, daß zahlreiche Einzelheiten, die wir aus unseren Quellen erfahren, nicht ohne weiteres in dieses Bild integriert werden können. Nun mochten Kerkyra, Syrakus und Poteidaia Kahrstedt noch als Sonderfall erscheinen, doch wie vermochte er zu erklären, daß die Leukadier, Anaktorier und Ambrakioten auf der berühmten Schlangensäule von Delphi unter ihrem eigenen Namen als Perserbezwinger firmierten, nicht aber als Κορίνθιοι?⁸ Die Forschung hat aus diesem Widerspruch die einmütige Folgerung gezogen, daß von einem korinthischen Kolonialreich im Kahrstedtschen Sinne während der archaischen und klassischen Zeit nicht die Rede sein kann. Städte wie die auf der Schlangensäule genannten „were, in an undefined way, in Corinth's power, but the analogies provide no justification for the conclusion that they or the other colonies were legally part of the Corinthian state."⁹

---

² Siehe Kahrstedt, Griechisches Staatsrecht 358f.
³ Vgl. ebd. 360: „Wie man sich nun im Einzelnen die Organisation dieser Gemeinden zu denken hat, ist unklar. Ihre amtliche Bezeichnung ist ἀποικία, unserer an Athen ausgebildeten Terminologie würde κληρουχία ein besserer Ausdruck scheinen."
⁴ Siehe ebd. 360ff.
⁵ So die Formulierung von Thuk. 7,58,3, mit der Thukydides die militärische Unterstützung der Leukadier und Ambrakioten für Korinth während des Sizilischen Krieges 413 v. Chr. erklärt.
⁶ Zu Kerkyra siehe Kahrstedt, Griechisches Staatsrecht 358 u. 363 f., zu Syrakus ebd. 365f.
⁷ Zu Poteidaia siehe ebd. 364f.
⁸ Siehe Syll.³ 31 (ML 27): [...] Λευκάδιοι, Ϝανακτόριες, [...] Ἀμπρακιῶται [...].
⁹ Graham, Colony and Mother City 121; ähnlich schon zuvor Graham, Corinthian Colonies and Thukydides' Terminology 251: der Ausdruck Κορινθίων πόλις als Ausdruck einer „very close political

4. Die Hegemonie der Korinther: ein ‚Kolonialreich'?

Alexander J. Graham, der diese Aussage getroffen hat, war sehr darum bemüht, die Argumente Kahrstedts soweit als möglich zu entkräften und die zum Teil wirklich eng erscheinenden Beziehungen zwischen Korinth und seinen Kolonien ganz als Folge eines traditionellen Verhältnisses zwischen Mutter- und Tochterstadt zu interpretieren.[10] Mit Recht hob er die Zeugnisse hervor, die dafür sprechen, daß Städte wie zum Beispiel Leukas, Anaktorion und Ambrakia durchaus über eine eigene, von Korinth unabhängige Existenz im politisch-militärischen Bereich verfügten.[11] In der Tat muß die Tatsache, daß Poteidaia im fünften Jahrhundert v. Chr. Mitglied des Delisch-Attischen Seebundes gewesen ist, sich weitaus prägender auf die Tagespolitik dieser Stadt ausgewirkt haben als ihre altehrwürdige Tradition, alljährlich Epidemiurgen aus der Mutterstadt aufzunehmen. Ein besonders schlagendes Argument für die prinzipielle Richtigkeit der Argumentation Grahams in diesem Punkt ist jedoch sein Verweis auf die von Thukydides zum Winter 426/25 v. Chr. überlieferten Vereinbarungen zwischen der korinthischen Kolonie Ambrakia und ihren Feinden, den Amphilochiern und Akarnanen, am Ostufer des Ambrakischen Golfs.[12] Nicht etwa die Κορίνθιοι werden hier als Vertragspartner der siegreichen Partei erwähnt, sondern die 'Αμπρακιῶται. Sie zeichneten in ihrer Eigenschaft als autonome Polis offenbar selbst verantwortlich für die auf hundert Jahre angelegte Friedensregelung; von den Korinthern hingegen ist erst nach Inkrafttreten der σπονδαὶ καὶ ξυμμαχία die Rede, als eine Besatzung von dreihundert Hopliten vom Isthmus nach Ambrakia entsandt wurde, um der schwer heimgesuchten Stadt beiseite zu stehen.

Graham kommt am Ende seiner Analyse zu dem Ergebnis, daß die korinthischen Kolonien durchaus über eine „separate existence from the mother city" verfügt hätten, und zwar unter Einschluß einer gewissen außenpolitischen Selbstbestimmung.[13] Enge, bisweilen sehr enge Beziehungen zwischen der Metropolis und ihren Tochterstädten bestreitet er keineswegs,[14] aber diese seien eben nicht rechtlich fixiert, ja überhaupt nicht förmlich geregelt gewesen, sondern hätten lediglich auf dem auf Tradition und Herkommen fußenden Pietätsverhältnis zwischen Mutter- und Tochterstadt beruht. Ein „Corinthian colonial empire" im Kahrstedtschen Sinne mit eigens dafür entwickelten „special legal forms" habe jedenfalls so nie existiert.[15]

---

control by the metropolis over colonies which still formed separate communities." – Ablehnung der Kahrstedtschen These auch bei Gschnitzer, Abhängige Orte 124 Anm. 3 u. Werner, Probleme der Rechtsbeziehungen, bes. 39f. u. 53. Die korinthischen Kolonien seien „rechtlich unabhängige, autonome Poleis" gewesen; so ebd. 40.

[10] Teilweise setzt sich Graham sehr polemisch mit Kahrstedts Thesen auseinander; siehe Graham, Colony and Mother City 119ff.
[11] Siehe ebd. 118ff., bes. 137ff.
[12] Vgl. Thuk. 3,114,3f.
[13] So Graham, Colony and Mother City 139.
[14] Es ist in diesem Zusammenhang von „very close relationship" und von einer „to some degree political supremacy" Korinths über seine Kolonien die Rede; siehe ebd. Schon zuvor hatte Graham ebd. 137, diesmal eher verallgemeinernd, geäußert: „Corinth had a position of political supremacy with regard to her colonies."
[15] So ebd. 142.

Indem Graham die Dinge in der geschilderten Art und Weise darstellt, gelingt es ihm, eine Erklärung dafür zu finden, warum unsere Quellen die unterschiedlichen Aspekte im Verhältnis zwischen Korinth und seinen Kolonien dergestalt erhellen, daß sie zusammen kein wie auch immer geartetes System erkennen lassen. Wenn es stimmt, daß die Entwicklung von Ort zu Ort seit dem Ende der Kypselidenzeit unterschiedlich verlief, so erklärt das, warum eine Stadt wie Poteidaia Jahr für Jahr Epidemiurgen vom Isthmus her empfing, Kerkyra und Ambrakia jedoch augenscheinlich nicht. Es erklärt, warum Kolonien in Nordwestgriechenland, wie Leukas, Anaktorion und Epidamnos teils starke kerkyraische Bevölkerungselemente aufwiesen, Apollonia und wiederum Ambrakia hingegen nach allem, was wir bisher wissen, nicht. Mit Recht kann man davon ausgehen, daß die Knüpfung von persönlichen Beziehungen zwischen Menschen aus der Mutterstadt und den Kolonien ein wichtiges und dauerhaftes Band zwischen den betreffenden Poleis darstellte. Im Falle Poteidaias kann man sehr gut nachweisen, daß solche Bindungen auch militärische und politische Konsequenzen haben konnten, denn Aristeus ἦν [...] τοῖς Ποτειδεάταις αἰεί ποτε ἐπιτήδειος[16] und animierte deshalb viele seiner Mitbürger, der Kolonie zu Hilfe zu eilen.

Doch auch ungeachtet solcher Extremsituationen dürfte gerade der „constant interchange of men and ideas"[17] zwischen Korinth und seinen Kolonien ein wichtiger Grund dafür gewesen sein, warum ihre einmal in Gang gekommene Beziehungsgeschichte nicht abbrach und auch Phasen politisch-militärischer Spannungen nahtlos zu überstehen vermochte. Die Querelen um Kerkyra in den 430er und 420er Jahren v. Chr. bieten hierfür das beste Anschauungsmaterial: Nach den schmerzlichen Niederlagen bei Leukimme und Sybota töteten oder versklavten die Korinther die 250 kerkyraischen Adeligen, die sie im Verlauf der Kämpfe gefangengenommen hatten, nicht etwa, sondern entführten sie an den Isthmus. Dort hielten sie sie in Gewahrsam, ὅπως αὐτοῖς τὴν Κέρκυραν ἀναχωρήσαντες προσποιήσειαν· ἐτύγχανον δὲ καὶ δυνάμει αὐτῶν οἱ πλείους πρῶτοι ὄντες τῆς πόλεως.[18] Diese Rechnung ging tatsächlich auf: Als Thukydides im dritten Buch seines Werkes den kerkyraischen Ereignisstrang wiederaufnimmt, beginnt er seine Erzählung sogleich mit dem Verweis auf die 250 Adeligen, die die Korinther einst weggeführt und interniert hatten. Ihre Rückkehr in die Heimat habe Unruhe und Bürgerkrieg zur Folge gehabt, weil sie sich dazu bereit erklärt hatten, für eine Herauslösung Kerkyras aus dem attischen Bündnis zu wirken und es den Korinthern zu überantworten.[19]

Die Stelle ist in zweierlei Hinsicht aufschlußreich, zum einen, weil sie zeigt, daß die antikorinthische Politik der Kerkyraier keinesfalls vom Demos in seiner Gesamtheit unterstützt wurde, sondern daß in ihm durchaus auch Kräfte vorhanden waren, die die Bewahrung bzw. Wiederaufnahme guter Beziehungen zur Metropolis

---

[16] Thuk. 1,60,2.
[17] Siehe Graham, Colony and Mother City 143.
[18] Thuk. 1,55,1.
[19] Thukydides trifft in diesem Zusammenhang dieselbe Wortwahl wie ebd. 1,55,1; vgl. ebd. 3,70,1: πεπεισμένοι Κορινθίοις Κέρκυραν προσποιῆσαι.

wünschten. Zum anderen ist Thuk. 3,70,1 ein Beleg für die Art und Weise, wie die persönlichen Bindungen zwischen Mutter- und Tochterstadt organisiert waren. Die kerkyraischen Gefangenen waren von ihren korinthischen πρόξενοι ausgelöst worden, indem diese eine Bürgschaft von 800 Talenten hinterlegt hatten; Thukydides erklärt den betreffenden Vorgang zwar zu einer Scheinaktion, um die Rückkehr der Gefangenen in ihre Heimatstadt möglichst unverdächtig erscheinen zu lassen, aber an der schieren Existenz von Gastfreundschaftsverhältnissen zwischen den beiden im Konflikt befindlichen Poleis wird dennoch nicht zu zweifeln sein. Auch unter schwierigsten Bedingungen bestand so stets die Möglichkeit, eine Gesprächsebene aufrechtzuerhalten. Die Behauptung der korinthischen Gesandten vor der athenischen Volksversammlung, die Kerkyraier seien prinzipiell Abtrünnige und verhöhnten in einem fort ihre Mutterstadt,[20] trifft nur auf das offizielle Kerkyra zu, nicht aber auf die nächstniedrigere Kontaktebene zwischen den adeligen und reichen δυνατοί auf beiden Seiten.

Die Beziehungen zwischen der Mutterstadt Korinth und ihren einzelnen Kolonien waren also nicht einheitlich gestaltet, wie Graham richtig gegen Kahrstedt herausgearbeitet hat. Sie waren vom Zeitpunkt der jeweiligen Gründung an einer Entwicklung unterworfen, die von Ort zu Ort anders verlaufen konnte. Die Verhältnisse in Kerkyra, Poteidaia, Anaktorion und anderen Städten, die von Thukydides im Zuge der Κερκυραϊκά und der Ποτειδεατικά beschrieben werden, sind die Verhältnisse, wie sie sich Mitte und Ende der 430er Jahre v. Chr. darstellten;[21] sie sind zwar keine reine Augenblicksaufnahme, dürfen andererseits jedoch auch nicht vorschnell generalisiert werden.[22] Erst wenn man sämtliche Zeugnisse aus dem fünften Jahrhundert v. Chr. zusammenstellt und im einzelnen sichtet, ergibt sich eine – auch dann immer noch dürftige – Grundlage, um vielleicht allgemeine Aussagen über die Art der korinthischen Hegemonie in Nordwestgriechenland und anderswo treffen zu können.

4.2. Ein alternatives Erklärungsmodell: Hampls ‚Polis ohne Territorium'

Schon Kahrstedt hatte bei seinen Versuchen, das Verhältnis zwischen Korinth und seinen Kolonien zu systematisieren, rechtliche Kategorien angewandt, offensichtlich in der festen Überzeugung, hinter den Maßnahmen der Verantwortlichen am Isthmus ein allgemein gültiges Prinzip ausfindig machen zu können. Der österreichische Althistoriker Franz Hampl ist ihm diesbezüglich gefolgt. Ihm waren zahlreiche Fälle aufgefallen, in denen die Existenz einer Polis offensichtlich nicht von vornherein an die Verfügung über ein konkretes Territorium gebunden war. In einem Aufsatz aus dem Jahre 1939 entwickelte er deshalb das Konzept der sogenannten ‚Polis ohne Ter-

---

[20] Siehe Thuk. 1,38.
[21] In diesem Sinne Piccirilli, Corinto e l'Occidente 173ff.
[22] So richtig Graham, Colony and Mother City 8ff. u. 141f.

ritorium', um dem besagten Befund Rechnung zu tragen.[23] Hampl zufolge wurde diese Rechtsform dann angewandt, wenn eine Stadt – zum Beispiel aufgrund einer Niederlage oder freiwillig – unter die Kontrolle einer anderen Polis oder auch eines siegreichen Herrschers geraten war. Ihr Territorium wurde als Folge dessen formal vom Sieger annektiert, doch bedeutet das eben nicht automatisch, daß sie zugleich als Staat im Rechtssinne ihre Existenz einbüßte.[24] Sie konnte statt dessen als Polis durchaus bestehen bleiben, jetzt allerdings als untertäniger σύμμαχος auf dem Staatsland ihres Bezwingers.[25] ‚Poleis ohne Territorium' konnten im übrigen auch eigens neu geschaffen werden; dies war Hampl zufolge etwa bei Amphipolis an der nordägäischen Küste, einer attischen Gründung aus dem Jahre 437/36 v. Chr., der Fall: Die Stadt war fortan eine formal selbständige politische Einheit, errichtet auf attischem Staatsland. Unser Autor verwendet für solche Siedlungen den Ausdruck „nichtkleruchische Pflanzstädte",[26] denn die betreffenden Städte unterschieden sich von Kleruchien dadurch, daß ihre Einwohner ein eigenes Bürgerrecht hatten und nicht etwa dasjenige ihrer bisweilen in der Ferne gelegenen Mutterstadt übernahmen.

Das Modell ‚Polis ohne Territorium' mit seinen im vorigen Abschnitt genannten Implikationen wurde von Franz Hampl und seinem Schüler Fritz Gschnitzer dazu herangezogen, um auch im Falle der nordwestgriechischen Kolonien und Stützpunkte Korinths das Verhältnis zwischen der Mutterstadt am Isthmus und ihren Tochterstädten zu erklären.[27] Insbesondere die Besitzverhältnisse in Epidamnos vor Beginn des Peloponnesischen Krieges schienen eine solche Vorgehensweise zu rechtfertigen.[28] Der epidamnische Demos hatte durch freiwillige Übergabe seine Stadt der Polis der Korinther als der Heimat ihres einstigen Oikisten anvertraut.[29] Dadurch, so Hampl, hätten diese Besitzrechte in Epidamnos erworben, die sie durch dessen Neugründung als Kolonie dann auch tatsächlich ausübten. Folgerichtig reklamierten die korinthischen Gesandten bei Thukydides vor der athenischen Volksversammlung Epidamnos als ihren Besitz (Ἐπίδαμνον ἡμετέραν οὖσαν).[30] Der ‚Besitz' der Stadt manifestierte sich für sie laut Gschnitzer in deren bodenrechtlicher Abhängigkeit von der Mutterstadt, nicht aber etwa dadurch, daß der Personenverband der Epidamnier in demjenigen der Korinther aufging.[31]

---

[23] Siehe Hampl, Poleis ohne Territorium.
[24] So ebd. 420.
[25] Siehe ebd. 423.
[26] Ebd. 447. Zu Amphipolis siehe oben S. 240 Anm. 29.
[27] Siehe Hampl, Poleis ohne Territorium 449ff. u. Gschnitzer, Abhängige Orte 124ff. u. 176ff.
[28] Siehe Hampl, Poleis ohne Territorium 451ff.
[29] Siehe Thuk. 1,25,1f.; entscheidend ist der von Thukydides in diesem Zusammenhang verwendete Ausdruck παραδοῦναι τὴν ἀποικίαν. Dazu Hampl, Poleis ohne Territorium 452f.
[30] Siehe Thuk. 1,38,5.
[31] So Gschnitzer, Abhängige Orte 129ff. Er spricht davon, die Kolonien seien „von Rechts wegen korinthischer Boden gewesen" (ebd. 133), hätten jedoch über eigene, besondere Bürgerschaften verfügt.

4. Die Hegemonie der Korinther: ein ‚Kolonialreich'?

Gewiß, im Verlauf der Κερκυραϊκά werden wir Zeugen einer Momentaufnahme, einer – gleichwohl gut dokumentierten – Ausnahmesituation.[32] Während Thukydides mit Epidamnos ein aktuelles, in die 430er Jahre v. Chr. gehörendes Beispiel für die Entstehung einer ‚Polis ohne Territorium' anführt, fällt die Gründung von Leukas, Ambrakia und anderen korinthischen Kolonien in die archaische Zeit, von der er vergleichsweise wenige Informationen hatte. Dennoch sehen Hampl und Gschnitzer auch in ihnen ‚Poleis ohne Territorium', die in diesem Falle aus Initiativen der kypselidischen Tyrannen erwachsen seien.[33] Nach deren Sturz habe der korinthische Demos ihre Rechte übernommen und auf dieser Basis eigene Herrschaftsambitionen gegenüber den Kolonien in Nordwestgriechenland entwickelt. Das Prinzip der ‚Polis ohne Territorium' habe es ihm dabei ermöglicht, in vielfacher Hinsicht – Zahlung eines Bodenzinses, Heeresfolge, Abhängigkeit in politischen, Rechts- und Verfassungsfragen – Einfluß auf die Kolonien zu nehmen und deren defizitäre Souveränität zum Zwecke des eigenen Machtgewinnes auszunutzen.[34] Beide Autoren zweifeln nicht daran, daß es im einzelnen unterschiedliche Regelungen für die Städte gegeben hat, die sich nach Ausweis unserer Quellen in Abhängigkeit von Korinth befanden. Dennoch halten sie daran fest, daß die ‚Polis ohne Territorium' als einheitliches Erklärungsmodell auf die vorliegende Konstellation generell anwendbar sei, da dadurch die allzu rigide Vorstellung des Kahrstedtschen ‚Kolonialreiches' mit einem gemeinsamen korinthischen Bürgerrecht vermieden werde zugunsten einer Konzeption, die zwei einander entgegengesetzten Prinzipien gerecht wird, dem Herrschaftsanspruch der Mutterstadt auf der einen und dem Autonomiestreben der Tochterstadt auf der anderen Seite.[35]

Das Modell ‚Polis ohne Territorium' ist von der Forschung intensiv diskutiert worden und hat – ungeachtet berechtigter Kritik, die an ihm im einzelnen geübt wurde – als Denkfigur keineswegs ausgedient.[36] Ob es allerdings in der Tat den entscheiden-

---

[32] Das sieht auch Gschnitzer so; siehe ebd. 133.
[33] Siehe Hampl, Poleis ohne Territorium 454ff. sowie Gschnitzer, Abhängige Orte 128 u. 134 Anm. 19. Hampl unterscheidet ebd. im übrigen zwischen Kolonien, die von den Kypseliden gleichsam als Privatpersonen gegründet worden waren, und solchen, die offiziell als Unternehmen der korinthischen Polis insgesamt galten.
[34] Siehe Hampl, Poleis ohne Territorium 460ff. u. Gschnitzer, Abhängige Orte 172ff.
[35] Andererseits manifestiert sich hierin auch ein Widerspruch, nämlich der „zwischen dem Willen" der Metropolis, „eine umfassendere staatliche Einheit zu schaffen, und dem tatsächlichen Unvermögen dazu"; so richtig Gschnitzer, Abhängige Orte 185 in seiner Zusammenfassung.
[36] Zur Auseinandersetzung mit dem Modell ‚Polis ohne Territorium' siehe u.a. Will, Evolution des rapports 419ff.; Werner, Probleme der Rechtsbeziehungen 56ff. u. mehrfach Graham, Colony and Mother City, z.B. ausführlich 201ff. Gerade letzterer neigt bisweilen in bezug auf Hampl und Gschnitzer zu pauschalen Urteilen (vgl. ebd. 119: „extreme" u. ebd. 139: „extravagant"), aber sein Vorwurf an die Betreffenden, „to demand over-formal legal distinctions which did not exist in Greek political life" (ebd. 166f.), ist nicht gerechtfertigt: Selbstverständlich beruhten die Beziehungen zwischen Mutter- und Tochterstadt auch auf rechtlichen Vereinbarungen, deren Inhalte freilich im Einzelfall schwer zu fassen sind; hierzu ausführlich und mit zahlreichen Beispielen Werner, Probleme der Rechtsbeziehungen.

den Lösungsansatz darstellt, um die Beziehungen zwischen Korinth und seinen Kolonien in ihrer Gänze zu erfassen und zu beschreiben, daran hat man zu Recht gezweifelt.[37] Das Problem besteht zum einen darin, daß die Aussagen unserer Quellen zu wenig zahlreich und zu unpräzise sind, um aus ihnen ein geschlossenes Gesamtbild von der Art Hampls und Gschnitzers zu zeichnen. Gerade Thukydides gibt immer wieder einmal den Blick frei auf eine spezifische Konstellation, eine chronologisch meist vor Beginn des Peloponnesischen Krieges anzusetzende, aktuelle Entwicklung, denken wir nur an Fälle wie Epidamnos[38] und Anaktorion,[39] die aus je unterschiedlichen Gründen sein punktuelles Interesse gefunden hatten. Unser Autor schildert also gerade *nicht* den ‚Normalfall' im Verhältnis zwischen Mutterstadt und Kolonie, wie wir es uns wünschen, sondern den besonderen, den Ausnahmefall, der freilich um so besser dazu dienen kann, die Genese des Peloponnesischen Krieges, der κίνησις μεγίστη[40] für Hellenen wie Barbaren, zu illustrieren.

Andererseits, vielleicht hat es gerade diesen ‚Normalfall' bei den Griechen einfach nicht gegeben. Die Tatsache, daß es für uns so schwierig ist, auf Basis der Quellen feste begriffliche Kategorien und typische Konstellationen im Verhältnis zwischen Metropolis und Apoikie aufzufinden und voneinander abzugrenzen, deutet genau darauf hin. Es ist deshalb auch nicht verwunderlich, daß Edouard Will, der in einem Beitrag zum Thema für die Zeit nach dem sechsten Jahrhundert v. Chr. sage und schreibe fünf Typen von Kolonien herausgearbeitet hat, genau von diesem Befund ausgegangen ist:[41] „La conclusion la plus claire serait en somme que les Grecs n'ont jamais créé de catégories coloniales strictement définies." Nicht nur Will war aufgefallen, daß an der Schwelle zwischen der archaischen und der klassischen Zeit neue Formen von Herrschaft und Dominanz zwischen Poleis sichtbar in Erscheinung traten. Größere Städte wie zum Beispiel Athen ließen damals, noch vor Marathon und Salamis, machtpolitische Ambitionen gegenüber kleineren, weniger bedeutenden, ja durch den Akt ihrer Gründung von der Mutterstadt ‚abhängigen' Gemeinden erkennen. Doch in welche Rechtsform mochte eine solche „inégalité du rapport"[42] münden? Für Poleis, die mit ihrem Metropolisstatus Herrschaftsambitionen verbanden, war dies eine wichtige Frage, denn von ihrer Beantwortung hing ab, ob es in der kleinräumigen griechischen Staatenwelt vor und nach 500 v. Chr. möglich sein würde, „eine umfassendere staatliche Einheit zu schaffen oder zusammenzuhalten",[43]

---

[37] Siehe exemplarisch Will, Evolution des rapports 420: „On voit, par ce jeu d'hypothèses [...], que Hampl, s'il se faisait une idée précise du point d'aboutissement, ne voyait guère comment on avait pu en arriver là. Sa thèse n'est qu'une hypothèse, et non prouvable."

[38] Siehe Thuk. 1,24–29.

[39] Siehe ebd. 1,55,1 u. 4,49.

[40] So ebd. 1,1,2.

[41] Will, Evolution des rapports 458. Zu den Tücken der griechischen Terminologie siehe auch Werner, Probleme der Rechtsbeziehungen 21 Anm. 6.

[42] So die Formulierung Wills in Hinblick auf Korinth und Epidamnos; siehe Will, Evolution des rapports 421.

[43] So Gschnitzer, Abhängige Orte 185.

4. Die Hegemonie der Korinther: ein ‚Kolonialreich'?

ein Unterfangen, das doch eigentlich dem dezidierten Autonomieanspruch noch der kleinsten Polis zuwiderlief.

Man muß sich immer vor Augen halten, daß der Delisch-Attische Seebund in diesen Jahren noch nicht existierte und insofern auch noch nicht als Vorbild (oder abschreckendes Beispiel) rezipiert werden konnte. Die Mechanismen einer Machtzusammenballung von solchem Ausmaß waren noch nicht entdeckt, geschweige denn erprobt worden. Den Peloponnesischen Bund der Lakedaimonier hingegen gab es zwar bereits seit mehreren Jahrzehnten, aber dieser war zu sehr auf die Bedürfnisse Spartas zurechtgeschnitten, um als Modell für andere potentielle Hegemonialmächte in Griechenland dienen zu können. Es galt also zu experimentieren. Viel spricht dafür, daß auch die Beziehungen zwischen Korinth und seinen Kolonien in dieser Zeit eine Veränderung erfahren haben, deren Ergebnis – sowohl was die *Tatsachen* in Nordwestgriechenland, als auch was die *Ansprüche* der Verantwortlichen am Isthmus angeht – wir dann bei Thukydides in den ersten Büchern des „Peloponnesischen Krieges" vorfinden.

4.3. Hegemoniale Praxis vor und nach den Perserkriegen: das Beispiel Athen

In einem Aufsatz aus dem Jahre 1971 hat Robert Werner die Rechtsbeziehungen zwischen Mutterstadt und Kolonie untersucht und dabei auch Entwicklungen, die sich im Hinblick auf das fünfte Jahrhundert v. Chr. abzeichnen, herausgearbeitet.[44] Gerade die Vorstellung von ἀποικία als Absonderung einer Bevölkerungsgruppe von der Metropolis unter territorialem wie rechtlichem Gesichtspunkt[45] ist seiner Auffassung nach in klassischer Zeit unter Druck geraten. Schon immer sei es möglich gewesen, daß – gerade in der Anfangsphase eines Kolonisationsunternehmens – Beschlüsse und Auflagen des mutterstädtischen Demos die neu entstehende Polis mitgeformt und gar dauerhaft geprägt hätten, doch an deren prinzipieller Autonomie und Autarkie habe dies, war der Gründungsakt erst einmal vollzogen, nichts geändert. Im fünften Jahrhundert v. Chr. nun finden wir Konstrukte vor, die durch diese gleichsam traditionelle Vorstellung von ἀποικία nicht mehr abgedeckt werden.

Wir sehen zum Beispiel, daß Bürger räumlich von ihrer Heimatstadt separiert werden und dennoch keine neuartige politische Gemeinschaft bilden, sondern ihr altes Bürgerrecht behalten – das wäre dann eine Kleruchie.[46] Oder wir beobachten, daß eine Kolonie mit eigenem Bürgerrecht auf einem in der Ferne gelegenen Territorium derjenigen Stadt gegründet wird, die als ihre Mutterstadt fungiert – die Hamplschen ‚Poleis ohne Territorium' fallen in diese Kategorie. Die Bindekraft, die ohnehin schon aufgrund von Tradition und Herkommen die Beziehungen zwischen einer Kolonie und ihrer Mutterstadt

---

[44] Siehe Werner, Probleme der Rechtsbeziehungen.
[45] Zur Definition von ἀποικία und ἄποικοι siehe ebd. 32f.
[46] Zum Begriff der Kleruchie siehe K. W. Welwei, Kleruchoi, DNP 6, 1999, 598f.

prägte, verstärkte sich durch Rechtskonstruktionen wie die genannten noch, denn sie beschränkten die territoriale und politische Souveränität der Kolonien bzw. Kleruchien und machten sie zu abhängigen, ja untertänigen Gemeinden ihrer jeweiligen Mutterstadt. Werner spricht in diesem Zusammenhang von einem Trend zu immer stärkeren Bindungsversuchen und hegemonialen Tendenzen der Mutterstadt[47] und befindet sich mit diesem Urteil ganz auf der Linie von Fritz Gschnitzer, der für die Zeit nach dem sechsten Jahrhundert v. Chr. von einer Kolonisation mit anderen Mitteln und Zielen als früher gesprochen hatte:[48] „Der Staat führt jetzt selbst die Kolonisation durch und hält auch weiterhin seine Hand schützend, aber auch gebietend über die Neugründungen. An die Stelle der freien ist die gelenkte Kolonisation getreten, die nun vielfach den Interessen der Mutterstadt dienstbar ist." Städten wie Athen oder Korinth mochte es auf diese Weise gelingen, ihre Macht und ihren Einfluß in bestimmten Regionen Griechenlands zu potenzieren und so etwas wie eine ‚Großmachtbildung' ins Werk zu setzen.[49]

Der soeben eingeführte Begriff erscheint auf den ersten Blick ein wenig deplaziert, verbinden wir die Ausformung überregionaler Hegemonialsysteme – die Geschichte des Delisch-Attischen Seebundes ist hierfür das Paradigma – doch eher mit der Zeit nach dem Xerxeszug 480/79 v. Chr. Andererseits muß man konstatieren, daß unser Blick auch in dieser Hinsicht einmal mehr durch die Autorität des thukydideischen Geschichtsbildes getrübt ist, denn dieses hebt, um den Kriegsausbruch im Jahre 431 zu erklären, den Trend zur bipolaren Aufteilung Griechenlands während der Pentekontaëtie einseitig hervor und nimmt dafür eine Vernachlässigung anderer Entwicklungslinien davor und daneben billigend in Kauf. Nun waren die Perserkriege vor und nach 500 v. Chr. zweifellos eine Zäsur, die die politische Praxis der Griechen in gewisser Hinsicht modifizierte, die Veränderungen erzwang und gleichzeitig neue Spielräume erschloß.[50] Die Schaffung des Delisch-Attischen Seebundes ist hierfür nur das hervorstechendste Beispiel; doch auch der Peloponnesische Bund der Lakedaimonier konnte nach 480/79 v. Chr. offenkundig nicht mehr derselbe bleiben wie zuvor. Aus den Krisen, die die Machtstellung Spartas insbesondere während der 460er Jahre erschütterten, geht er überhaupt erst als das machtpolitische Pendant zu Athen hervor, als das ihn Thukydides im Zuge der Vorgeschichte des Peloponnesischen Krieges dargestellt hat.

Während es also unbestritten ist, daß die Herausforderungen und Erfahrungen der Perserkriege ihre Wirkung auf die Struktur der griechischen Staatenwelt ausgeübt haben, darf doch zugleich nicht übersehen werden, daß bestimmte Grundprobleme, eben auch dasjenige der ‚Großmachtbildung' unter den spezifischen Bedingungen der griechischen Poliswelt, schon *vor* dieser Zäsur existierten, denn „es besteht doch kein Zweifel", wie bereits Gschnitzer richtig festgestellt hat,[51] „daß schon in archaischer Zeit ein-

---

[47] So Werner, Probleme der Rechtsbeziehungen 73.
[48] Siehe Gschnitzer, Abhängige Orte 187f.
[49] Der Begriff wird ebd. 189f., wenn auch unter Vorbehalt, verwendet.
[50] In diesem Sinne noch jüngst Baltrusch, Außenpolitik, Bünde und Reichsbildung in der Antike 46.
[51] Siehe Gschnitzer, Abhängige Orte 189.

zelne unter den griechischen Machthabern und Gemeinwesen an Macht weit über die anderen hinausragten und daß sie die Schwächeren dies auch fühlen ließen." Herodot hat den angesprochenen Sachverhalt aufgrund seiner offeneren Konzeption von der Geschichte und ihrem Verlauf klarer gesehen als sein Nachfolger und Widersacher Thukydides. Bei ihm firmieren die Athener schon lange vor Salamis als eine überregional agierende Macht in Mittelgriechenland und sogar im Ägäischen Meer. An einer Stelle verknüpft Herodot den signifikanten und auf den ersten Blick erstaunlichen Aufstieg Athens nach 510 v. Chr. mit dem Sturz der Tyrannis und den demokratischen Reformen des Kleisthenes,[52] doch ist das nur die halbe Wahrheit. Schon vorher hatte unser Autor immer wieder die Besitzungen der attischen Tyrannen im Bereich der Meerengen und in anderen Gegenden Griechenlands erwähnt; Figuren wie Peisistratos und Hippias erscheinen bei ihm als panhellenische Akteure, die, auch wenn ihre Heimatpolis die Tore vor ihnen verschließt, keineswegs zur Untätigkeit verdammt sind.[53] Dem Kolonisierungsunternehmen, das Miltiades der Ältere, der Onkel des Marathonsiegers, auf der Thrakischen Chersones durchführte, widmet Herodot eine ausführliche Passage seines Werkes, wobei er einen zusätzlichen Akzent dadurch setzt, daß er darin eine seiner typischen phantasievollen Erzählungen – die Berufung des Miltiades zum Oikisten durch das delphische Orakel – einfügt.[54] Schließlich wird auch der gleichnamige Neffe von ihm schon vor der Schlacht bei Marathon ins historische Geschehen eingeführt. Miltiades der Jüngere erobert als Erbe der Besitzungen seines Onkels die Insel Lemnos und reicht sie an die Athener weiter, die sie in ihr Staatsgebiet integrieren.[55]

Natürlich weist all das auf die Zukunft voraus: Die Motive, die Herodot anreißt – das Ringen um Positionen längs der Getreideroute ins Schwarze Meer, die Taten der Philaiden, erst im eigenen Namen, dann zugunsten der gesamten athenischen Bürgerschaft, am deutlichsten der Zusammenhang zwischen demokratischer Verfassung und außenpolitischer Dynamik –, sie alle werden ihre volle Bedeutung erst später entfalten, während der Perserkriege und der Pentekontaëtie, zum Teil also zu Zeiten, die gar nicht mehr Gegenstand des herodoteischen Geschichtswerks gewesen sind. Dennoch bleiben die Ereignisse, deren Herodot gedenkt, auch jenseits ihrer Verweisfunktion für sich von Bedeutung, denn sie repräsentieren die Ambitionen athenischer Politiker und damit mittelbar der athenischen Polis in ihrer Gesamtheit während des sechsten Jahrhunderts v. Chr.: Mitglieder von Tyrannendynastien und andere Adelige ziehen in die Frem-

---

[52] Siehe Hdt. 5,78.
[53] Siehe ebd. 5,94. Zu den Kolonisationsunternehmungen der Peisistratiden siehe u.a. Stahl, Aristokraten und Tyrannen im archaischen Athen 201ff. u. Figueira, Athens and Aigina 132ff.
[54] Siehe Hdt. 6,34f. Dazu u.a. Stahl, Aristokraten und Tyrannen im archaischen Athen 106ff.; Figueira, Athens and Aigina 134ff. u. Th. Miller, Die griechische Kolonisation im Spiegel literarischer Zeugnisse, Tübingen 1997, 52ff.
[55] Siehe Hdt. 6,136,2 u. 6,140. Dazu u.a. Schuller, Herrschaft der Athener 16f. mit Anm. 40; Figueira, Athens and Aigina 253ff. u. Welwei, Das klassische Athen 26 mit weiterführenden Hinweisen. Insbesondere die Datierung der Eroberungen des jüngeren Miltiades ist in der Forschung umstritten. Die chronologischen Ansätze bewegen sich zwischen den 520er und den 490er Jahren v. Chr.

de und erwerben sich eine Hausmacht – Thomas J. Figueira verwendet dafür den treffenden Begriff „patronal colonies".[56] Sie treten dabei als regelrechte Oikisten auf wie Miltiades der Ältere, oder verfolgen einfach nur wirtschaftliche Interessen wie Peisistratos im metallreichen Pangaiongebirge. Auf eigentümliche Weise bleiben das Handeln und die Errungenschaften dieser Aristokraten auf ihre Heimatpolis, die Gemeinschaft der 'Αθηναῖοι bezogen, selbst im Konfliktfall: Sigeion, der peisistratidische Stützpunkt an der Einfahrt zum Hellespont, fungierte zumindest zeitweise als Rückzugsort des letzten Tyrannen Hippias nach seiner Vertreibung; auch dessen Vater Peisistratos hatte in turbulenten Zeiten Zuflucht in zum Teil weit von Athen entfernt gelegenen Stützpunkten und Besitztümern seiner Familie gesucht und gefunden. Sie gehörten eben dem Aktionsraum an, innerhalb dessen sich ‚athenische Politik' – was immer das auch im sechsten Jahrhundert v. Chr. bedeuten mag – abspielte; die betreffenden Orte waren in gewisser Hinsicht ‚athenisch' geworden, ausgehend von dem Faktum, daß ihr Oikist ein athenischer Aristokrat oder ihr erster Machthaber ein athenischer Tyrannensproß gewesen war.

Am Verhalten des jüngeren Miltiades kann man erkennen, wohin die eigentümliche Dialektik zwischen Eigennutz und Gemeinwohl, zwischen politischer Fixierung auf die Heimatpolis und privater Machtpolitik in der Fremde bestenfalls führen konnte.[57] Der Erbe Miltiades' des Älteren hatte zunächst dessen Machtposition auf der Thrakischen Chersones übernommen und sie, stets lavierend zwischen den Ansprüchen des persischen Großkönigs auf der einen und eigenen Interessen auf der anderen Seite, zu bewahren versucht. In dem Ausmaß jedoch, wie die Herrschaft der Achaimeniden in der nördlichen Ägäis immer spürbarer und insofern drückender wurde, mußten die Beziehungen, die Miltiades noch in die alte Heimat unterhielt, und die offensichtlich nie völlig abgebrochen waren, für ihn immer wichtiger werden. Im Zusammenhang mit den Ereignissen auf Lemnos tritt die Verknüpfung seiner privaten Interessen mit denen der Athener in ihrer Gesamtheit deutlich zutage: Für Miltiades ‚lohnte' sich sein zwischen den Schauplätzen und Machtsphären hin- und herchangierendes, in jedem Fall aber die Zeitgenossen beeindruckendes Wirken. Als die Niederschlagung des Jonischen Aufstandes auch seiner tyrannengleichen Machtstellung am Hellespont ein Ende setzte, begab er sich nach Athen. Dort verstand es Miltiades bald, die jungen demokratischen Institutionen eigenen Zwecken zunutze zu machen, denn schon im Jahre 490 v. Chr. erlangte er mit dem Strategenamt eine Position, die seiner adeligen Herkunft ebenso entsprach, wie sie seinem ehrgeizigen Gestaltungswillen eine entsprechende Plattform bot. Durch den von ihm verantworteten Sieg bei Marathon gegen die Perser erlangte diese Entscheidung des attischen Demos im nachhinein eine glänzende Rechtfertigung.

Natürlich hat es Kritik an Miltiades innerhalb der attischen Bürgerschaft gegeben, Unmut und Furcht, die sich daran entzündeten, daß der aus der Fremde heimgekehrte

---

[56] Siehe Figueira, Athens and Aigina 136.
[57] Zum Lebenslauf des jüngeren Miltiades siehe u.a. Stahl, Aristokraten und Tyrannen im archaischen Athen 113ff. u. E. Stein-Hölkeskamp, Adelskultur und Polisgesellschaft. Studien zum griechischen Adel in archaischer und klassischer Zeit, Stuttgart 1989, 187ff.

Aristokrat, der auf der Thrakischen Chersones wie ein Tyrann geherrscht hatte, sich nun auch in Athen anschickte, buchstäblich an vorderster Front das Geschehen in der Polis mitzugestalten und ihm gleichsam seinen persönlichen Stempel aufzudrücken. In der Tat ist der Politiker Miltiades nach Marathon zum Opfer dieses durchaus realen, in jedem Fall aber von seinen Gegnern stark empfundenen Zwiespalts geworden. Daß die Sommerkampagne des Jahres 489 v. Chr., die von ihm selbst ersonnen und eifrig vor dem attischen Demos propagiert worden war, vor Paros kläglich scheiterte, wurde Miltiades persönlich zur Last gelegt und diente als günstige Gelegenheit, den gefährlichen Eindringling in die innenpolitische Sphäre Athens ein für alle Mal finanziell und politisch zu ruinieren.

4.4. Korinthische Hegemonialpolitik in archaischer Zeit

Wir haben uns lange mit den Taten des jüngeren Miltiades und seines gleichnamigen Onkels aufgehalten, doch dies war nötig, denn das Wirken dieser Männer inner- und außerhalb Athens vollzog sich in einem politischen Milieu, das zuerst von der Tyrannis des Peisistratidengeschlechts, nach 510 dann von einer Bürgergesellschaft geprägt war, die darum rang, die wiedergewonnene Isonomie mit Leben zu erfüllen, ja überhaupt erst zu definieren, was das eigentlich sei, und die darüber mehr als einmal an die Schwelle einer Stasis gelangte. Unter vergleichbaren Rahmenbedingungen nun dürfte sich auch das politische Leben in Korinth in archaischer Zeit abgespielt haben, wenn auch um einige Dezennien verschoben. Ohne daß wir es hierbei mit einem Beweis zu tun hätten, ist in diesem Zusammenhang übrigens die Tatsache interessant, daß das athenische Philaidengeschlecht in der ersten Hälfte des sechsten Jahrhunderts v. Chr. offensichtlich familiäre Bande zu den korinthischen Tyrannen unterhalten hat. Der Vater Miltiades' des Älteren hieß Kypselos; offensichtlich war er der Sohn einer nach Athen verheirateten Angehörigen des Herrscherhauses am Isthmus. Auch ein weiteres Mitglied der Philaiden, Hippokleides Teisandros' Sohn, war, wie Herodot bezeugt,[58] diesem verwandtschaftlich verbunden. Offensichtlich ist er ein Neffe des besagten athenischen Kypselos gewesen.[59] Unsere Beispiele illustrieren die sattsam bekannte Tatsache, daß die griechischen Adelsfamilien der archaischen, im übrigen auch der klassischen Zeit – man denke nur an die Abkunft des Historikers Thukydides selbst – hinsichtlich ihrer Heiratspolitik an den Grenzen der eigenen Polis keineswegs haltmachten, sondern sie regelmäßig und gern überschritten. Auf diese Weise wurden Ideen und politische Stile ausgetauscht.[60] Die Taten, durch die der ältere Miltiades später von sich reden machte,

---

[58] Siehe Hdt. 6,128,2: ὅτι (scil ὁ Ἱπποκλείδης) τὸ ἀνέκαθεν τοῖσι ἐν Κορίνθῳ Κυψελίδῃσι ἦν προσήκων.
[59] So Davies, Athenian Properited Families 295. Zu den Verbindungen der Philaiden nach Korinth siehe ebd. 295f.
[60] Siehe hierzu Stahl, Aristokraten und Tyrannen im archaischen Athen 201ff.

hatten sicherlich ihre Vorbilder in der Welt des archaischen griechischen Adels – nicht nur, aber auch in Korinth, wie wir mit Recht postulieren können. So manche Kypselidenkolonie wird auf ähnliche Weise gegründet und beherrscht worden sein wie die Besitzungen des Philaiden auf der Thrakischen Chersones.

Wie im Falle Athens, so haben wir es auch in Korinth mit einer Polis zu tun, die über mehr als eine Generation hinweg von einer Tyrannis geprägt worden ist.[61] Die Mitglieder der Kypselidendynastie beherrschten die Stadt am Isthmus, dominierten – zum Teil mit harter Hand – ihren Adel und verschafften sich dadurch die Mittel und die Kontakte, um fern der angestammten Polis, gleichsam außenpolitisch, tätig zu werden. Apollonia in Illyrien, Leukas, Ambrakia und Anaktorion rings um den Golf von Ambrakia, schließlich das an der nordägäischen Küste, nahe den Makedonen und Thrakern gelegene Poteidaia: all diese Städte sollen, wie wir bereits gesehen haben, Kolonien der Kypseliden gewesen sein. Sie wurden unter der Ägide der Tyrannen gegründet und zum Teil von Mitgliedern der Herrscherfamilie verwaltet. Wir wissen das ganz ausdrücklich von Ambrakia, wo ein gewisser Periander im sechsten Jahrhundert v. Chr. Tyrann gewesen ist;[62] auch das widerspenstige Kerkyra geriet damals zumindest zeitweise unter die Herrschaft der ungeliebten Mutterstadt und wurde von Mitgliedern des Kypselidenhauses regiert.[63] Der Befund ähnelt also ganz deutlich demjenigen Athens zur Peisistratidenzeit. Hier wie dort war eine Stadt unter der Führung eines Tyrannengeschlechts buchstäblich ‚über sich selbst hinausgewachsen‘, war zur überregional aktiven ‚Großmacht‘ im Gschnitzerschen Sinne geworden. Waren die Kolonien, deren Gründung ein Kypselos oder Periander verantwortet hatte, deshalb korinthische Kolonien oder ‚nur‘ kypselidische? War ihr Territorium korinthisches Staatsland oder lediglich Privatbesitz der Tyrannen? Kann man das kypselidische Engagement zum Beispiel in Nordwestgriechenland als eine Art von ‚korinthischer Außenpolitik‘ unter den Bedingungen des sechsten Jahrhunderts interpretieren oder nicht?

Die Übergänge sind wie im Falle Athens und der Peisistratiden fließend; die Antworten der Forschung auf die gestellten Fragen sehen dementsprechend unterschiedlich aus. Auffallend ist jedoch, daß der Ausgangspunkt für die Besonderheiten, die das Verhältnis zwischen Korinth und seinen Kolonien in der klassischen Zeit auszeichnen, von vielen Wissenschaftlern in der Kypselidenzeit vor und nach 600 v. Chr. gesucht wird. Man muß dabei, wie wir gesehen haben, nicht so weit gehen, nachträglich den Idealtypus eines aus der Tyrannenzeit herrührenden, vermeintlichen ‚korinthischen Kolonialreichs‘ zu konstruieren, das nach Ausweis unserer verstreuten Quellen so nie existiert hat. Andererseits ist es zweifellos richtig, daß die Städte, die im siebten und sechsten Jahrhundert v. Chr. vom Isthmus aus gegründet worden sind, ihre Existenz zumindest teilweise

---

[61] Hierzu u.a. Will, Korinthiaka 441ff.; Berve, Tyrannis 14ff.; Salmon, Wealthy Corinth 186ff. u. De Libero, Archaische Tyrannis 135ff.
[62] Siehe Aristot. pol. 5,4,1304a 31–33; ferner Plut. mor. 859b–e.
[63] Siehe Hdt. 3,48–53; dazu oben S. 74ff.

4. Die Hegemonie der Korinther: ein ‚Kolonialreich'?

der ‚privaten' Initiative von Mitgliedern der Kypselidendynastie verdankten.[64] Der Fall Kerkyras zeigt, daß auch eine Kolonie, die ursprünglich *nicht* in diese Kategorie gehörte, weil sie viel älter war, gleichsam nachträglich in den Bann der Beherrscher Korinths geraten konnte. Das Prinzip der schieren Faktizität der Tyrannenherrschaft, also die „rein tatsächliche Kontrolle der Verwaltung durch einen amtlich Privatmann bleibenden Bürger"[65], vermochte sich in dieser Zeit in der Metropolis ebenso wie in der Kolonie an der Peripherie Polisgriechenlands durchzusetzen, nur wurde es hier durch Periander, das Haupt der Dynastie, dort durch dessen legitime oder illegitime Söhne repräsentiert.[66] Irgendwann später muß dann die Pflege der einstmals aus einer privaten Initiative erwachsenen, später durch familiäre Bande und personalen Austausch gefestigten Beziehungen zwischen Korinth und dem Großteil seiner Kolonien von der Gemeinschaft der Κορίνθιοι insgesamt übernommen worden sein.

Leider verfügen wir nicht über Quellen, die uns darüber informieren, wie man sich diesen Vorgang genauer vorstellen muß. Vielfach wird angenommen, er sei in dem Moment vonstatten gegangen, als in Korinth die Tyrannis gestürzt wurde.[67] Auf der anderen Seite hat man erwogen, daß die Korinther ihre Eigentumsrechte am persönlichen Außenbesitz der Kypseliden erst viel später, und zwar durchaus unter Inkaufnahme offener Kontroversen, gegenüber ihren Kolonien geltend gemacht hätten.[68] Plausibel – und in diesem Falle auch durch eine verhältnismäßig zeitnahe Quelle gestützt – ist schließlich auch die These, die kypselidischen Tyrannen selbst hätten als Sachwalter der Interessen ihrer Heimatpolis die von ihnen in Besitz genommenen Territorien samt der auf ihnen errichteten Siedlungen und Stützpunkte noch zu Zeiten ihrer Herrschaft an die Korinther weitergereicht. Genauso hatte Miltiades der Jüngere im Falle von Lemnos gegenüber den Athenern gehandelt.[69]

Mit Recht hat Edouard Will festgestellt, „que la tyrannie ne se conçoit pas en opposition avec la cité: son origine est à rechercher au sein même de la cité."[70] Unternehmungen eines Kypselos oder Periander, ganz gleich, auf welche Politikfelder sie sich erstreckten, waren deshalb niemals im eigentlichen Sinne ‚privat', sie vollzogen sich bewußt vor den Augen des Polisadels, ja der gesamten Bürgerschaft, und heischten nach Zustimmung und Beifall, um der prekären, traditionaler Legitimität entbehrenden

---

[64] So z.B. Hampl, Poleis ohne Territorium 454ff.; ähnlich Gschnitzer, Abhängige Orte 128f. u. 134 Anm. 19; siehe auch Stahl, Aristokraten und Tyrannen im archaischen Athen 112 Anm. 11.
[65] So die zutreffende Umschreibung der Tyrannenherrschaft durch Kahrstedt, Griechisches Staatsrecht 363.
[66] Vgl. in diesem Zusammenhang Will, Evolution des rapports 414: „Les Cypsélides pratiquèrent donc dans leurs colonies une politique dynastique: chacune d'elles était liée à la métropole par la parenté qui unissait le tyran à ses représentants."
[67] So Hampl, Poleis ohne Territorium 455f.
[68] So ebd. 454f. Das Ringen der Korinther und Kerkyraier um den Besitz von Leukas vor 465 v. Chr. könnte Hampl zufolge ein Reflex dieses Vorgangs sein; dazu siehe oben S. 116ff.
[69] Siehe Hdt. 6,136,2 u. 6,140; dazu Gschnitzer, Abhängige Orte 134 Anm. 19.
[70] Will, Evolution des rapports 451.

Tyrannenherrschaft einmal mehr Stabilität zu verleihen.[71] Vor diesem Hintergrund ist zu erwarten, daß die Polis der Korinther von Anfang an von den Siedlungsunternehmen der Kypseliden in Nordwestgriechenland und der nördlichen Ägäis profitiert und sich mit ihnen identifiziert hat. Ganz gleich wie der juristische Status der dort gelegenen Kolonien gewesen sein mag,[72] eine Bindung an die Stadt am Isthmus war von vornherein gegeben und sicher auch beabsichtigt. Ihre Anlage und ihr Unterhalt dienten sowohl den „intérêts personnels et dynastiques" der Kypseliden als auch den „intérêts de la cité dont ils avaient la charge",[73] und zwar auf lange Sicht. Noch für die Zeit des Thukydides erfahren wir von korinthischen Siedlern und Besitzrechten in Städten wie Leukas und Anaktorion;[74] selbst die Eliten einer so widerspenstigen Kolonie wie Kerkyra waren durch das Institut der Proxenie auf vielfache Weise mit dem Adel der Metropolis Korinth verbunden.[75] Es waren diese auf gemeinsamen, nicht zuletzt wirtschaftlichen Interessen und freundschaftlichen Kontakten beruhenden Beziehungen, die die von den Kypseliden einst ins Werk gesetzten Kolonisationsunternehmen als solche verstetigten und damit erst die Grundlage dafür legten, daß diese auch nach dem Sturz des letzten Tyrannen am Isthmus eine Zukunft hatten.[76]

4.5. Die Faktizität der korinthischen Hegemonie über die Kolonien auch nach dem Sturz der Tyrannis

Wir haben bereits festgestellt, daß der juristische Status der im siebten und sechsten Jahrhundert v. Chr. vom Isthmus aus gegründeten Kolonien nicht exakt beschrieben werden kann. Am einfachsten noch fällt die Feststellung, daß es sich in der Regel um Poleis im vollen Sinne des Wortes gehandelt haben dürfte, nicht lediglich um Teile der Polis der Korinther, die in die Fremde ausgelagert worden waren.[77] Nach allem

---

[71] Insofern ist der Versuch einer Unterscheidung zwischen rein ‚privaten' und durch Volksbeschlüsse gleichsam in offiziellem Auftrag durchgeführten tyrannischen Koloniegründungen bei Hampl, Poleis ohne Territorium 455 eher akademisch. Entscheidend ist, daß die Initiative für ein bestimmtes Projekt von Kypselos oder Periander ausging; von da an war nichts mehr ‚privat'.

[72] Denn über den juristischen Status der kypselidischen Kolonien wissen wir nichts; siehe Will, Evolution des rapports 418.

[73] So ebd. 453.

[74] Siehe Thuk. 1,136,1 u. Plut. Them. 24,1 sowie Thuk. 1,55,1.

[75] Siehe ebd. 3,70,1.

[76] Wie noch zu Thukydides' Zeit in der Vergangenheit begründete Kontakte tagespolitisch wirksam sein konnten, zeigt der Fall des Aristeus Adeimantos' Sohn, der im Jahre 432 v. Chr. gleichsam im Alleingang den Widerstand der Poteidaiaten gegen Athen anfachte und am Leben hielt; siehe Thuk. 1,60–65. Ein Negativbeispiel für informelle aristokratische Einflußnahme bei den – in diesem Falle – attischen Bündnern bietet die Textstelle Thuk. 8,48,6; dazu De Ste. Croix, Origins of the Peloponnesian War 43f.

[77] Dies haben Hampl, Poleis ohne Territorium 449ff. u. Gschnitzer, Abhängige Orte 124ff. gegen Kahrstedt, Griechisches Staatsrecht 357ff. stichhaltig herausgearbeitet.

4. Die Hegemonie der Korinther: ein ‚Kolonialreich'?

zuvor Gesagten dürfte es auch unstrittig sein, daß die Rolle der korinthischen Tyrannen in der Gründungsphase der besagten Städte in gewisser Weise konstitutiv für deren weitere Geschichte gewesen ist. Das regelmäßige Zusammenwirken Korinths mit Städten wie Leukas und Ambrakia während des fünften Jahrhunderts, doch auch seine über das normale Maß hinausgehende Rivalität mit Kerkyra zur selben Zeit scheinen hierin ihre Wurzeln zu haben. Daß hingegen durch die Kypselidenherrschaft „mindestens im politischen, wenn nicht auch im rechtlichen Sinn" korinthische Besitzrechte in den Kolonien begründet worden sind,[78] sagt sich leicht, doch fällt der konkrete Nachweis – etwa über das Modell ‚Polis ohne Territorium' – schwer.[79] Er hat mit zu vielen Unbekannten zu kämpfen, und das Quellenmaterial, das uns zur Verfügung steht, ist zu disparat, um Ergebnisse von der gewünschten Klarheit zu liefern. Im Hinblick auf den rechtlichen Aspekt bleibt es bei der von Robert Werner schon 1971 getroffenen Feststellung: „Eine endgültige Entscheidung über diese schwierige Frage ist wohl noch nicht gefallen."[80]

Doch während im juristischen Bereich dieses unbefriedigende Ergebnis einstweilen stehen bleiben muß, trifft dies für den politischen keineswegs zu. Auch hier hat Werner den Weg gewiesen, indem er die Bedeutung der kypselidischen Tyrannen für die unter ihrer Ägide gegründeten korinthischen Kolonien hervorhob: „Durch die Verwandtschaft der Regenten in den Apoikien mit dem in der Mutterstadt war eine Bindung jener an diese hergestellt, wie sie das Wesen der auf Selbständigkeit ausgehenden Kolonie vorher nicht mit sich gebracht hatte."[81] Es ist die Faktizität der tyrannischen Herrschaft, die in diesem Fall einmal ihre Wirkung nicht nur in der Heimatpolis entfaltete, sondern auch in den Tochterstädten Nordwestgriechenlands und der nördlichen Ägäis. Eine Eigenheit dieser Faktizität ist es geradezu, daß sie sich juristischen Kategorien bewußt zu entziehen sucht, und so ist es auch hier, mit nicht zu unterschätzenden Folgen für die Deutung der Ereignisse: „Die Oberherrschaft, die Korinth über die von den Kypseliden gegründeten Kolonien auch nach dem Sturze der Tyrannis ausübte, [...], kann sich der geschilderten Sachlage zufolge nicht auf rechtliche Argumente gestützt haben, sondern muß ausschließlich aus den historischen Fakten abgeleitet gewesen sein."[82]

Dieser Schluß, der unsere vorhin konstatierte Aporie hinsichtlich juristischer Fragen in milderem Licht erscheinen läßt, sie vielleicht sogar aufhebt, soll keineswegs

---

[78] So Gschnitzer, Abhängige Orte 128.
[79] Deshalb ist dieser Zusammenhang auch in einem Teil der Forschung bestritten worden; siehe Graham, Corinthian Colonies and Thucydides' Terminology 30ff. u. 141f. sowie De Libero, Archaische Tyrannis 155f.
[80] Werner, Probleme der Rechtsbeziehungen 69 Anm. 167.
[81] Ebd. 71 unter Verweis auf H. Bengtson, Einzelpersönlichkeit und athenischer Staat zur Zeit des Peisistratos und des Miltiades, München 1939, 24f.
[82] Werner, Probleme der Rechtsbeziehungen 72. Auch Schuller, Herrschaft der Athener 117 Anm. 214 betont die herrschaftlichen, politischen Implikationen des Koloniestatus gegenüber den rechtlichen. Er sei eben keine Rechtsgrundlage im eigentlichen Sinne für etwaige Eingriffe gewesen (ebd. 116f.).

als sophistisch verbrämte Notlösung verstanden werden. Unsere Hypothese lautet vielmehr so: Für die Athener der zweiten Hälfte des fünften Jahrhunderts war die Herrschaft über ihre Bundesgenossen im Delisch-Attischen Seebund – Thukydides läßt Perikles an einer Stelle das Wort ‚Tyrannis' verwenden[83] – demonstrativer Ausdruck ihrer Freiheit (ἐλευθερία) als demokratisch verfaßter Demos.[84] Für die Korinther hingegen war die gemeinsame Vergangenheit, die ihre eigene Stadt und deren Kolonien unter den Kypseliden miteinander geteilt hatten, ein konstitutiver Bestandteil ihrer Geschichte und somit ihres Selbstverständnisses. Deutlich wird dies durch die stete Betonung ihrer Metropolis-Rolle: ἡμεῖς δὲ οὐδ' αὐτοί φαμεν ἐπὶ τῷ ὑπὸ τούτων ὑβρίζεσθαι κατοικίσαι, ἀλλ' ἐπὶ τῷ ἡγεμόνες τε εἶναι καὶ τὰ εἰκότα θαυμάζεσθαι,[85] sagen die Gesandten vom Isthmus vor der athenischen Volksversammlung, und kurz darauf: αἱ γοῦν ἄλλαι ἀποικίαι τιμῶσιν ἡμᾶς, καὶ μάλιστα ὑπὸ ἀποίκων στεργόμεθα.[86] Die Ehrerweisungen, die die Korinther von ihren Kolonien empfingen, die ‚Herrschaft', die sie durch deren Einforderung und ihren Genuß ausübten, beruhte auf der Anerkennung der gemeinsamen Vergangenheit. Kein Wunder, daß die Kerkyraier sich beharrlich weigerten, gerade im Hinblick darauf Zugeständnisse zu machen, mochten sie auf den ersten Blick auch noch so geringfügig erscheinen.

Ähnlich wie in Athen war der Sturz der Tyrannis in Korinth ein bedeutungsvolles Ereignis für die gesamte Bürgerschaft, das sich auf deren Bild von der eigenen Vergangenheit, aber auch auf das von der eigenen Zukunft, wie sie denn nun gestaltet werden sollte, direkt ausgewirkt haben muß.[87] Wir wissen aufgrund der desolaten Quellenlage fast nichts darüber, wie sich dieser Machtwechsel im einzelnen vollzogen hat, aber noch das uns erhalten gebliebene dürftige Fragment aus den „Historien" des Nikolaos von Damaskus läßt erkennen, welche Aggressionen damals am Werk gewesen sein müssen:[88] Das Haus der Kypseliden wurde im Zuge des Umsturzes zerstört, ihre Grabstätten geöffnet und geschändet; auch dem letzten Tyrannen Psammetichos wurde nach seiner Ermordung ein ordentliches Begräbnis und damit nach den Vorstellungen der Zeit ein Mindestmaß an menschlicher Behandlung verweigert. Auffallend ist neben all dem Zer-

---

[83] Siehe Thuk. 2,63,2: ὡς τυραννίδα γὰρ ἤδη ἔχετε αὐτήν (scil. τὴν ἀρχήν), ἣν λαβεῖν μὲν ἄδικον δοκεῖ εἶναι, ἀφεῖναι δὲ ἐπικίνδυνον.

[84] Dazu K. A. Raaflaub, Athens "Ideologie der Macht" und die Freiheit des Tyrannen, in: J. M. Balcer u.a. (Hrsgg.), Studien zum Attischen Seebund, Konstanz 1984, 45–86; E. F. Bloedow, The implications of a major contradiction in Pericles' career, Hermes 128, 2000, 295–309 u. Lehmann, Perikles 240ff.

[85] Thuk. 1,38,2.

[86] Ebd. 1,38,3.

[87] Ein schöner Beleg hierfür ist die – zugegebenermaßen von Herodot gestaltete – Rede des Sosikles vor der Bundesversammlung der Peloponnesier; siehe dazu oben S. 91ff. U.a. hält der korinthische Gesandte in Hdt. 5,92α den Lakedaimoniern folgendes vor: τοῦ οὔτε ἀδικώτερόν ἐστι οὐδὲν κατ' ἀνθρώπους οὔτε μιαιφονώτερον. [...] εἰ δὲ αὐτοὶ ἔμπειροι ἔατε κατά περ ἡμεῖς, εἴχετε ἂν περὶ αὐτοῦ γνώμας ἀμείνονας συμβαλέσθαι ἤ περ νῦν.

[88] Siehe Nikol. Dam. FGrHist 90 F 60,1; dazu u.a. Will, Korinthiaka 607f. u. Salmon, Wealthy Corinth 229f.

4. Die Hegemonie der Korinther: ein ‚Kolonialreich'?

störungswahn, daß die Besitztümer der gestürzten Herrscherdynastie zugleich an die öffentliche Hand fielen (ὁ δὲ δῆμος [...] τὰς οὐσίας ἐδήμευσεν). Die Gemeinschaft der Κορίνθιοι trat also materiell das Erbe der Tyrannen an, warum nicht auch ideell, in Bereichen, da deren Initiativen der Macht und dem Reichtum der Polis dienstbar gewesen waren und es auch in der Zukunft zweifellos sein würden?

Man muß sich fragen, warum die Bemühungen der Korinther um ihren Kolonialbesitz auch noch in klassischer Zeit, im fünften und vierten Jahrhundert v. Chr., aufrechterhalten worden sind, zu einem Zeitpunkt, da die Stadt am Isthmus immer weniger und schließlich überhaupt nicht mehr dazu in der Lage war, mit den Hegemonialkonzepten anderer Poleis, besonders demjenigen der Athener, zu konkurrieren. Zweimal, am Ende der 460er und Mitte der 430er Jahre ritten sie gegen den übermächtigen Nachbarn in die Schranken. Die Ausweitung ihrer zu Beginn stets regional begrenzten Streitigkeiten mit Athen zu einem, schließlich *dem* großen panhellenischen Konflikt nahmen sie billigend in Kauf; immer wieder – vor, während und auch noch nach dem Peloponnesischen Krieg – treten die Korinther in unseren Quellen als Scharfmacher auf, die sich einem Kompromißfrieden verweigern, durch ungewöhnliche Koalitionen den Krieg neu anheizen und den schließlich unterlegenen Gegner als staatliche Entität völlig auslöschen wollen. Derartige Verhaltensweisen haben die Forschung regelmäßig dazu veranlaßt, die Korinther scharf zu verurteilen und ihnen von Fall zu Fall „no calculation at all" oder ähnliches vorzuwerfen,[89] doch rationale Abwägung ist ja gerade *nicht* der Ausgangspunkt für das Handeln der Verantwortlichen am Isthmus gewesen, sonst hätten sie sich Kompromissen und Teillösungen nicht verweigert, statt allzuoft bis zur eigenen Erschöpfung weiterzukämpfen.

Die tieferen Beweggründe der Korinther dafür, in bestimmten außenpolitischen Konstellationen während des fünften Jahrhunderts so und nicht anders gehandelt zu haben, muß man also anderswo aufspüren, und auch hier bietet sich wieder die Zäsur um 583/82 v. Chr., der Sturz der Kypseliden, an. Wir haben oben dargelegt, daß eine der wenigen Aussagen, die wir über die korinthische Verfassung nach diesem Zeitpunkt treffen können, darin besteht, daß sie die durch die Praxis der Tyrannis verletzte Isonomie der politisch Vollberechtigten wiederhergestellt oder dies zumindest für sich in Anspruch genommen hat.[90] Andererseits mußten die Aufgaben, die bisher von den Mitgliedern der herrschenden Dynastie wahrgenommen worden waren, nun von der Polisgemeinschaft insgesamt ausgeübt werden. Zugleich verkörperten die Κορίνθιοι von nun an als Kollektiv das, was früher faktisch der Tyrann allein mit seinen Familienmitgliedern und Günstlingen repräsentiert hatte. Die neue Regierung mußte sich dieser Herausforderung stellen, wollte sie nicht ihre Legitimität, der sie sich angesichts

---

[89] So Salmon, Wealthy Corinth 288 in Bezug auf die Κερκυραϊκά; siehe auch De Ste. Croix, Origins of the Peloponnesian War 67: „insane aggressiveness of Corinth in the Epidamnus affair." Beide Autoren können sich in gewisser Weise auf antike Vorläufer berufen; vgl. z.B. das Motiv des Hasses (μῖσος) schon bei Thukydides; dazu oben S. 228f.

[90] Siehe oben S. 30ff.

der nun endlich verwirklichten Isonomie erfreute, durch Versagen in den Niederungen der Praxis aufs Spiel setzen. In diesem Zusammenhang kam der ‚Herrschaft' über die von den Kypseliden gegründeten Kolonien in Nordwestgriechenland und der nördlichen Ägäis eine nicht zu unterschätzende Bedeutung zu. Ihre Durchsetzung hatte sozusagen Signalwirkung, nach außen, indem sie gegenüber konkurrierenden Poleis machtpolitische Kontinuität verbürgte, vor allem aber auch nach innen, denn sie legitimierte und stabilisierte das neue, auf Isonomie gründende Verfassungsleben der Korinther: Die neuen Verantwortlichen am Isthmus hatten das kypselidische Erbe nicht nur an sich gerissen, sondern sich seiner auch als würdig erwiesen.

Man darf sich den Rechtfertigungsdruck, unter dem die korinthischen Tyrannenmörder und ihre Nachfolger auf dem politischen Parkett agierten, nicht zu gering vorstellen. Nun schweigen unsere Quellen in Bezug auf die innenpolitischen Verhältnisse am Isthmus ab etwa 583/82 v. Chr. notorisch; von irgendwelchen Querelen oder gar Staseis verlautet rein gar nichts.[91] Dennoch muß das nichts heißen, wie einmal mehr ein Blick in die athenische Geschichte lehrt. Der Sturz des Tyrannen Hippias im Jahre 510 hatte hier ebenfalls eine Situation geschaffen, in der das altüberkommene Prinzip der Isonomie formal restituiert wurde.[92] Doch was folgte daraus? Anhänger des alten Regimes waren weiterhin in der Stadt; selbst Mitglieder der Peisistratidendynastie hielten sich bis in die 480er Jahre v. Chr. in Athen auf und hätten im Umsturzfalle zur ‚fünften Kolonne' werden können.[93] Im Inneren rangen verschiedene Parteien darum, wie eine auf der Isonomie beruhende neue Verfassung denn nun konkret auszusehen habe; außerhalb Attikas machten sich potentielle Konkurrenten der Athener wie die Boioter, die Chalkidier und die Lakedaimonier dazu bereit, aus deren schwieriger Situation den maximalen Nutzen zu ziehen. Daß die mitten in diesen Wirren geschaffene athenische Verfassung kleisthenischen Zuschnitts diese schwierige Phase erfolgreich überstanden hat und als Folge dessen über Jahrzehnte hinweg das Verfassungsleben der Athener zu prägen vermochte, verdankt sie nicht zuletzt ihrer Bewährung auf dem Feld der Außenpolitik. Herodot hat diesen Zusammenhang sofort erkannt und ihn in der ihm eigenen Art subtil zur Sprache gebracht.[94] Die genannten Gegner aus der griechischen Nachbarschaft wurden allesamt besiegt und zurückgeschlagen; später bewährte sich die Phylenreform des Kleisthenes auch im Kampf gegen die Perser bei Marathon und Salamis. Noch in Platons „Menexenos", einem fiktiven Epitaphios aus den 380er Jah-

---

[91] Pind. frg. 70c (Snell/Maehler), 3 gibt zu wenig her, um die von S. Lavecchia (Hrsg.), Pindari Dithyramborum Fragmenta, Rom/Pisa 2000, 219 vermutete Gefahr einer Stasis in Korinth zu belegen. B. Zimmermann, Pindar, Dithyrambus III 3 (Fragment 70c Snell-Maehler), ZPE 72, 1988, 22 liest denn auch das vergleichsweise unverdächtige μὴ γένο]ιτο μὲγ στάσις, nicht etwa παύσα]ιτο μὲγ στάσις (so O. Schroeder) oder καταλύο]ιτο μὲν στάσις (so, allerdings mit Fragezeichen, M. J. H. van der Weiden). – Überzeugt von den Argumenten Lavecchias geben sich allerdings Hornblower, Thucydides and Pindar 78 u. Morgan, Debating Patronage 239f.
[92] Die Zusammenhänge u.a. bei Welwei, Das klassische Athen 1ff.
[93] Hierzu Davies, Athenian Propertied Families 450ff.
[94] Nämlich in der bereits mehrfach zitierten Stelle Hdt. 5,78.

ren v. Chr., erscheinen die im Zuge des fünften Jahrhunderts errungenen Siege über Hellenen wie Barbaren als konstitutiv für das Selbstverständnis des demokratisch verfaßten Athen.[95] Daß dem auch in den Dezennien zuvor so war, wird nicht zuletzt durch das Zeugnis Ps.-Xenophons bestätigt, eines vor dem Peloponnesischen Krieg anzusetzenden Autors, der zur oligarchischen Opposition innerhalb der athenischen Führungsschicht gerechnet werden muß. Auch er sieht in der Außenpolitik seiner Zeit und den Instrumenten zu ihrer Durchsetzung – vor allem dem Delisch-Attischen Seebund – ein Charakteristikum der attischen Demokratie.[96] Es verwundert insofern nicht, daß man in Athen mit einem Wechsel zu oligarchischer Politik immer auch eine außenpolitische Kurskorrektur erhofft oder befürchtet hat, auch wenn diese Erwartung dann, gerade zum Ende des Peloponnesischen Krieges hin, keineswegs erfüllt worden ist.[97]

Der Weg Athens ab 510 v. Chr. zeigt, wie innenpolitische Weichenstellungen in einer griechischen Stadt dauerhafte Konsequenzen im Bereich der außenpolitischen Praxis nach sich ziehen konnten, und daß letztere als so eng mit den ersteren zusammenhängend empfunden wurden, daß sie im politischen Diskurs nicht ohne weiteres zur Disposition gestellt werden konnten. Spätestens in den 430er Jahren war Seebundspolitik notwendigerweise demokratische Politik – man konnte sie nicht einfach aufgeben, es sei denn, man wollte vor der Öffentlichkeit riskieren, wie Ps.-Xenophon zu denken und der oligarchischen Reaktion das Wort zu reden.[98] Bis zur Kapitulation Athens im Frühjahr 404 v. Chr. ist es bei dieser Gleichung geblieben; die Verbissenheit, mit der Politiker wie Kleophon bis fünf Minuten nach zwölf daran festgehalten haben, ist dafür der letzte Beweis.[99] Vor diesem Hintergrund gilt es nun zu erwägen, ob hinter dem beharrlichen Festhalten der Verantwortlichen vom Isthmus an der Hegemonie über die korinthischen Kolonien in Nordwestgriechenland und der nördlichen Ägäis nicht eine ähnliche Motivation gestanden hat.

Spätestens seit dem Ende des sechsten Jahrhunderts haben sich die Bedingungen, unter denen die Korinther während der zurückliegenden Dezennien ‚Großmachtpolitik' hatten betreiben können, zu ihren Ungunsten verändert. Ihre „puissance relative"[100] gegenüber dem damals schon aufstrebenden Athen und dem traditionellen προστάτης τῆς Ἑλλάδος Sparta war im Laufe des sechsten Jahrhunderts schrittweise ins Hintertreffen geraten. Die strategisch an sich so günstige Lage ihrer Polis auf dem schmalen Isthmus, der die Sphären der beiden kommenden Großmächte Griechenlands voneinander trennte, war nun nicht mehr so sehr ein Vorteil, sondern eher ein großes Risiko, lud sie doch

---

[95] Siehe Plat. Menex. 242a-c.
[96] Siehe [Xen.] rep. Ath. 1,14ff.
[97] Den Oligarchen von 411 gelang es gerade *nicht*, Athen aus dem Peloponnesischen Krieg herauszulösen, wie schon Thukydides richtig erkannt hat; siehe z.B. Thuk. 8,70,2–71,3 u. 8,90,1–91,1.
[98] Zur Interdependenz zwischen Seebundspolitik und Demokratie im 5. Jh. v. Chr. siehe u.a. Welwei, Das klassische Athen 107ff.
[99] Erst nach seiner Entmachtung und Hinrichtung erfolgte die Kapitulation vor den Lakedaimoniern; siehe Lys. 13,7–12 u. 30, 10–13; vgl. auch Xen. Hell. 1,7,35.
[100] Will, Corinthe, la richesse et la puissance 24.

zu militärischem Durchzug, politischer Vereinnahmung und ökonomischer Blockade geradezu ein.[101] Die Korinther auf sich allein gestellt waren jedenfalls zu schwach, um sich derartiger Gefahren und potentieller Pressionen dauerhaft zu erwehren. Vor diesem Hintergrund mag die Verfügungsgewalt über die von den Kypseliden einst gegründeten Kolonien an ideeller Bedeutung noch zugenommen haben, verschaffte sie der Stadt doch zumindest bedingt Machtmittel, die sie in den nun anhebenden Auseinandersetzungen brauchte, um auf der panhellenischen Bühne überhaupt als Akteur wahrgenommen zu werden. Darüber hinaus zehrten die Verantwortlichen am Isthmus durch die Ehrbezeigungen ihrer Kolonien von einem Prestige, das ihre nicht ganz so glorreiche Gegenwart mit einer Epoche verband, die – in der Rückschau zumal – den Nachgeborenen schon damals als „l'*akmè* de Corinthe"[102] gegolten haben mag.

4.6. Timoleons Expedition nach Sizilien 345/44 v. Chr.: ein Beispiel für die Aktualisierung korinthischer Hegemonie?

Die Korinther wollten also über ihre Kolonien ‚herrschen'. Das darf man rein realpolitisch nicht im Lichte der Erfahrungen vor und während des Peloponnesischen Krieges überinterpretieren. Sicherlich mag sich die Vorstellung auch der Korinther davon, was ihre Hegemonie bedeutete, im Laufe der Jahre und Jahrzehnte verändert haben. Doch noch in den Reden der Gesandten bei Thukydides erscheint es so, als habe ihre ‚Herrschaft' vor allem bedeutet, daß ihr Vorrang als Metropolis prinzipiell von den Kolonien anerkannt wurde. Die Erfüllung dieser Grundbedingung deuteten die Korinther als Ausdruck emotionaler Nähe zwischen Mutter- und Tochterstadt; ihre Verweigerung hingegen kam ihnen wie Abfall und Verrat vor. Von dieser Dichotomie her erklärt sich dann alles Weitere.

Bezeichnend ist das Bild, das uns Herodot von der Schlachtaufstellung bei Plataiai 479 v. Chr. überliefert. Die Korinther wollten an der Seite ihrer Tochterstädte, in diesem Falle Leukas und Anaktorion, in den Kampf ziehen; auch das Kontingent der neu in den Hellenenbund eingetretenen Poteidaiaten baten sie deshalb ausdrücklich an ihre Seite:[103] παρὰ δὲ σφίσι (scil. τοῖσι Κορινθίοισι) εὕροντο παρὰ Παυσανίεω ἑστάναι Ποτειδαιητέων τῶν ἐκ Παλλήνης τοὺς παρεόντας τριηκοσίους. So sah offensichtlich das Bild aus, das sich die Korinther von ihrer ‚Herrschaft' machten: Sie selbst zogen κατὰ τὸ ξυγγενές[104] an der Seite ihrer Kolonien in die Schlacht, gemeinschaftlich, wenn auch nicht ununterscheidbar miteinander vermengt – die Korinther blieben als Korinther, die Poteidaiaten als Poteidaiaten erkennbar. Sie waren ja auch Bürgersoldaten zweier territo-

---

[101] Auf die Zwiespältigkeit der geographischen Lage Korinths – ihre „insularité" – weist auch Pagès, Recherches sur les thalassocraties antiques 23 hin; siehe auch ebd. 29.
[102] Der Ausdruck stammt von Will, Korinthiaka 562, wird von diesem allerdings ebd. 562ff. problematisiert und letztlich in Frage gestellt.
[103] Siehe Hdt. 9,28,3.
[104] Vgl. Thuk. 7,58,3.

4. Die Hegemonie der Korinther: ein ‚Kolonialreich'?

rial und juristisch voneinander getrennter Poleis. Auch die lakedaimonischen Spartiaten und Perioiken waren noch bei der Schlacht von Plataiai 479 v. Chr. auf diese Weise ins Gefecht gezogen. Sie waren zwar durchaus Angehörige derselben staatlichen Einheit, derselben Polis; insofern hinkt der Vergleich. Doch auch in diesem Fall handelte es sich um territorial und juristisch voneinander geschiedene Personenverbände.[105] Durch den gemeinsamen Auftritt im Kampf demonstrierten die Korinther eine Art Zusammengehörigkeit mit ihren Kolonien, die über das übliche Verhältnis zwischen Metropolis und Tochterstadt eindeutig hinausging; aus *ihrer* Sicht war er Sinnbild ihrer ‚Herrschaft'. Anderen Poleis signalisierte er die Existenz eines politischen und militärischen Verbundes, der über die Gemeinschaft der Κορίνθιοι allein hinausreichte.

In einer kürzlich erschienenen Studie über „Timoleon und die Neugründung von Syrakus" hat sich Bernhard Smarczyk mit einigen Aspekten im politischen Leben Korinths befaßt, die auch in unserem Zusammenhang von Interesse sind.[106] Timoleon war ein angesehenes Mitglied der Führungsschicht in der Stadt am Isthmus; im Jahre 345/44 v. Chr. leitete er eine Expedition nach Sizilien, die dazu diente, den aktuellen Tyrannen Dionysios II. von Syrakus zu entmachten, der von ihm beherrschten Stadt eine neue Verfassung zu geben und somit dem gesamten Osten der Insel, der in dieser Zeit nicht nur von inneren Zerwürfnissen, sondern auch von Einfällen aus der punischen Eparchie im Westen bedroht war, neue Stabilität zu verleihen. Der spezielle Fall Timoleons muß mit Vorsicht in unseren Zusammenhang integriert werden, denn er führt uns in die spätklassische Zeit, nachgerade an die Schwelle zum Hellenismus. Die politischen, militärischen und gesellschaftlich-demographischen Probleme, mit denen der Sohn des Timodemos bei der Planung und Durchführung seines Unternehmens zu kämpfen hatte, waren nicht mehr die von vor hundert Jahren, und auch die Quellenlage stellt sich angesichts von Gewährsmännern wie Plutarch und Diodor anders – um nicht zu sagen: schlechter – dar als noch im Falle der Κερκυραϊκά und der Ποτειδεατικά während der 430er Jahre v. Chr.[107]

Andererseits haben wir es bei Timoleon mit einer Persönlichkeit zu tun, die der Wertewelt klassischen Polisgriechentums nach Ausweis unserer Quellen zutiefst verpflichtet gewesen ist; nicht zuletzt darauf beruht die überaus positive Rezeption seines Wirkens durch die Nachwelt.[108] Dem Mann, der es im Jahre 365 v. Chr. über sich gebracht hat, seinen leiblichen Bruder Timophanes dem Tode zu überantworten, weil dieser mit seinen Söldnern eine Tyrannis in Korinth errichtet hatte, dürfen wir zutrauen, daß er auch bei seinem Projekt der Neugründung von Syrakus überkommene, der Tradition verpflichtete

---

[105] Irgendwann während des 5. Jhs. v. Chr., auf jeden Fall vor dem Peloponnesischen Krieg, müssen die Hopliten der Perioiken dann in die Phalanx der Spartiaten eingereiht worden sein; zum gemeinsamen Kriegsdienst der Λακεδαιμόνιοι siehe Welwei, Sparta 157 u. 211.
[106] Siehe Smarczyk, Timoleon und die Neugründung von Syrakus, bes. 33ff.
[107] Zu den Ereignissen rings um die Timoleon-Expedition 345/44 v. Chr. siehe u.a. M. Sordi, Timoleonte, Palermo 1966; R. J. A. Talbert, Timoleon and the Revival of Greek Sicily 344–317 B.C., Cambridge 1974 u. Smarczyk, Timoleon und die Neugründung von Syrakus.
[108] Siehe etwa die Charakterisierung Timoleons in der Plutarch-Vita, so in Plut. Timol. 3,2–5,3.

Prinzipien hat walten lassen. Und selbst wenn alles, was wir von Plutarch, Diodor und all den anderen erfahren, Ausfluß einer die Tatsachen überhöhenden, Timoleon im Übermaß wohlgesonnenen Überlieferung sein sollte, so würde doch auch diese Stoffauswahl ein Zeugnis für eher konservative, einer idealisierten Vergangenheit entlehnte Grundüberzeugungen sein – mutmaßlich auch in demjenigen Bereich, der in unserem Zusammenhang am meisten interessiert, dem Verhältnis Korinths zu seinen Kolonien.

Smarczyk weist zunächst darauf hin, daß das Engagement der Korinther zugunsten ihrer Tochterstadt Syrakus 345/44 v. Chr. keineswegs von vornherein als gering zu veranschlagen ist.[109] Im Gegenteil, angesichts der allgemeinen Rahmenbedingungen, unter denen Timoleon das von ihm angeführte Unternehmen zustande bringen mußte, war die vom Isthmus in Aussicht gestellte Hilfe „durchaus angemessen"[110], denn Korinth verfügte in dieser Zeit nicht mehr über dieselben personellen und materiellen Ressourcen wie noch zu Beginn des Peloponnesischen Krieges im Jahre 431 v. Chr. Smarczyk widmet sich ausführlich dem Umstand, daß zahlreiche Kolonien der Korinther Timoleons Unternehmung militärisch oder finanziell unterstützten.[111] In seiner Aufzählung finden sich so manche alte Bekannte wie Leukas, Ambrakia, Apollonia, Epidamnos und Anaktorion, doch auch andere nordwestgriechische, in der Landschaft Akarnanien gelegene Gemeinden, nämlich Argos Amphilochikon, Thyrreion, Alyzia und Astakos. Besonders auffallend ist, daß auch Kerkyra Schiffe und Mannschaften Timoleon zur Verfügung gestellt hat. Offensichtlich fühlte sich die Inselpolis, die in der Vergangenheit angesichts von Forderungen und Erwartungen ihrer Mutterstadt so empfindlich reagiert hatte, durch den Heereszug des korinthischen Aristokraten nicht provoziert oder gar bedroht. Wenn Smarczyks Interpretation unseres nordwestgriechischen Münzbefundes zutrifft, haben wir es mit einem Unternehmen zu tun, das von den Verantwortlichen am Isthmus von langer Hand vorbereitet und auf Nachhaltigkeit angelegt worden war.[112]

---

[109] Siehe Smarczyk, Timoleon und die Neugründung von Syrakus 33ff., gegen den Großteil der Forschung, z.B. Salmon, Wealthy Corinth 390: „On the contrary, she (scil. Corinth) took only a minor interest in Timoleon until he gained such success that he was worth cultivating."
[110] So Smarczyk, Timoleon und die Neugründung von Syrakus 40.
[111] Siehe ebd. 46ff.
[112] Siehe ebd. 47ff.

4. Die Hegemonie der Korinther: ein ‚Kolonialreich'?

Im übrigen sind uns Bruchstücke des Siegesdenkmals, das die Korinther nach Timoleons erfolgreicher Mission in ihrer Heimatstadt aufgestellt haben, glücklicherweise erhalten geblieben. Auf ihnen finden sich Fragmente einer Inschrift, die erkennen lassen, daß ihre Verfasser das Geschehen von 345/44 v. Chr. als pankorinthische Leistung würdigten:[113]

[Συρακόσιοι, Λευκάδιοι, Ἀμβρακ]ιῶται, Κο[ρκυ]ραῖο[ι, Ἀ]πο[λ]λω[νιᾶται]

[Ποσειδᾶνι τῶι Ἰσθμίωι ἀπὸ τῶν] πολεμίων ἀ[ν]έθηκαν.

[Ταίδε πόλεις θεραπεύσαντες] κτιστῆρα Κόρινθον

[Τῶι Τιμολέωντι ὡς στρατηγῶι] χρησάμεναι

[---19---ἐλευ]θερίας ἐπέβησαν

[---23---] τάδε.

[Die Syrakusaner, Leukadier, Ambrak]ioten, Ko[rky]rai[er, A]po[l]lo[niaten]

[haben (das Denkmal) dem isthmischen Poseidon aus der] Feindesbeute gestiftet.

[Diese Städte haben in Verehrung] ihres Gründers Korinthos,

[indem sie Timoleon zum Strategen] hatten,

[...] verschafften (ihnen) die Freiheit.

[...] diese.

Angesichts dieses zeitgenössischen Zeugnisses steht einer Interpretation von Timoleons Sieg über Dionysios II. als „Gesamtverdienst des korinthischen ‚Kolonialverbandes' [...], innerhalb dessen der korinthischen Metropolis natürlich der herausragende Platz gebührte"[114], tatsächlich nichts im Wege.

Bernhard Smarczyk betont im Verlauf seiner Darstellung immer wieder den zuletzt genannten Punkt und nähert sich darüber der alten Vorstellung Kahrstedts von einem ‚korinthischen Kolonialreich' an.[115] Die Geschlossenheit seiner Konzeption ist an mancher Stelle zu ausgeprägt, der Gestus, mit dem sie dem Leser vorgetragen wird, zu optimistisch. Andererseits finden wir hier Elemente vor, die auch in unserer Darstellung in den vorausgegangenen Abschnitten immer wieder eine Rolle gespielt haben und deswegen zum Abgleich der zugrunde liegenden Vorstellungen geradezu herausfordern. Smarczyk hebt besonders die enge Beziehung zwischen Metropolis und Kolonie hervor; die Stadt am Isthmus und ihre Tochterstädte seien „durch die Gründungsaktivitäten der Korinther und die daraus erwachsende zwischenstaatliche Verwandtschaft" fest mitei-

---

[113] SEG 28, 80 (= SEG 27, 218 = SEG 11, 126a); siehe auch Cabanes u.a., Corpus des Inscriptions grecques d'Illyrie méridionale et d'Epire, Bd. 1.2, 80.
[114] So Smarczyk, Timoleon und die Neugründung von Syrakus 55.
[115] Siehe ebd. 57f.

nander verbunden gewesen. Dabei habe Korinth am „Vorrang und Führungsanspruch der Metropolis" gegenüber den Kolonien stets grundsätzlich festgehalten. Daraus wiederum habe sich seit jeher eine „Führungsstellung der Korinther in ihrem nordwestgriechischen Kolonisationsbereich" ergeben. Ausdruck des stabilen inneren Zusammenhalts im korinthischen Machtbereich sei nicht zuletzt dessen politisch-militärische Handlungsfähigkeit gewesen, wie sie das Unternehmen des Timoleon 345/44 v. Chr. einmal mehr unter Beweis gestellt habe.

Smarczyk selbst hat erkannt,[116] daß nicht alle Einzelheiten im Zusammenhang mit Timoleons Expedition nahtlos in sein optimistisches Bild von einem funktionierenden korinthischen ‚Kolonialreich' am Vorabend der makedonischen Hegemonie über Polisgriechenland integriert werden können. Besonders störend ist der Umstand, daß eine Reihe der nach Ausweis der literarischen und numismatischen Quellen die Korinther unterstützenden Gemeinden zugleich Mitglieder im Akarnanischen Bund gewesen sind, einem Koinon, dessen Beziehungen zu der Stadt am Isthmus seit jeher alles andere als entspannt waren. Es handelt sich im einzelnen um Anaktorion, Argos Amphilochikon, Alyzia, Astakos und Thyrreion, möglicherweise sogar Leukas. Zum Teil waren diese Städte während des Peloponnesischen Krieges in die Hand der Akarnanen gekommen, zum Teil danach, doch stets hatte es sich dabei um Vorfälle gehandelt, die die korinthischen Interessen im Jonischen Meer, besonders im Golf von Ambrakia, massiv beeinträchtigten und deshalb bisweilen langjährige militärische Auseinandersetzungen provozierten.[117] Was bedeutet es für Smarczyks ‚Kolonialreich', daß eine alte korinthische Kolonie wie Anaktorion, die die Akarnanen 425 v. Chr. erobert und deren dort ansässige korinthische Siedler sie anschließend vertrieben hatten,[118] nun, achtzig Jahre später, wieder an der Seite der einstmaligen Mutterstadt in den Krieg zog?

Das Ganze erschließt sich eben wohl doch nicht allein daraus, daß man das Verhältnis Korinths zu seinen Kolonien und Bundesgenossen, wie es sich im Jahre 345/44 manifestiert, nahtlos als bloße Aktualisierung von Zuständen aus dem fünften oder gar sechsten Jahrhundert v. Chr. betrachtet. Die Zusammenstellung der Sizilienexpedition, die Timoleon leitete, erfolgte in einer bestimmten historischen Situation;[119] die Städte Nordwestgriechenlands, die sich an ihr beteiligten, handelten aus aktuellen Beweggründen heraus, die nachzuzeichnen heutzutage alles andere als leicht ist. Auch die Maßnahmen, die Timoleon nach seiner Machtübernahme in Syrakus traf, dürfen nicht ohne weiteres verallgemeinert werden. Daß der Sohn des Timodemos als Oikist der neugegründeten Stadt fungierte, daß sich dadurch die Metropolis-Funktion Korinths

---

[116] Darauf deuten seine Erwägungen in Smarczyk, Timoleon und die Neugründung von Syrakus 48 Anm. 30 hin.

[117] Zur Entwicklung des Akarnanischen Bundes seit dem Peloponnesischen Krieg siehe u.a. Domingo-Forasté, A History of Northern Coastal Akarnania to 167 B.C. 86ff. u. 109ff. sowie Beck, Polis und Koinon 36ff.

[118] So Thuk. 4,49.

[119] So schon Salmon, Wealthy Corinth 387: „[...] the cases of Epidamnus [...] and Syracuse in Timoleon's day [...] were special."

4. Die Hegemonie der Korinther: ein ‚Kolonialreich'?

gegenüber Syrakus nach vier Jahrhunderten gleichsam erneuerte – auch dies waren in erster Linie Resultate einer besonderen politisch-militärischen Konstellation, wie sie sich seit dem Tode des Tyrannen Dionysios' I. auf Sizilien entwickelt hatte. Erst in zweiter Linie darf man danach fragen, welche Rolle die überkommene ‚Herrschaftspraxis' Korinths als Mutterstadt bei der Vorgehensweise Timoleons vielleicht gespielt hat.[120] Doch auch mit einer solchen Einschränkung läßt sich diesbezüglich die eine oder andere Aussage treffen.

Mit Recht hat Bernhard Smarczyk in seiner Studie auf die konservativen Prinzipien verwiesen, die Timoleon seiner Neugründung der syrakusanischen Polis nach 345/44 v. Chr. zugrunde legte.[121] Der Sohn des Timodemos war ein Politiker, der das Selbstbild seiner Heimatpolis als Verteidigerin der Freiheit und Kämpferin gegen die Tyrannenherrschaft[122] offenbar tief verinnerlicht hatte; jedenfalls bezeugte er die Verbindlichkeit dieses Ideals für sein eigenes Handeln demonstrativ vor aller Öffentlichkeit durch die Mitwirkung an der Tötung seines leiblichen Bruders. Man muß das Handeln des Timoleon immer auch unter diesem gleichsam ‚zeichenhaften' Gesichtspunkt betrachten, nicht nur allein unter dem der bloßen Realpolitik; es ist im übrigen auch derjenige Aspekt seines Wirkens, der durch unsere Überlieferung am besten beleuchtet wird.

Da sehen wir nun, daß Timoleon die syrakusanische Verfassung durchaus nach den in Korinth seit dem Sturz der Kypselidentyrannis akzeptierten Grundsätzen umgestaltet hat, indem er der Herrschaft eines übermächtigen einzelnen ebenso einen Riegel vorzuschieben suchte wie der ungehemmten Freiheit des Demos, auch hierin ganz auf der Linie von Plut. Timol. 2,2. In diesem eher allgemeinen Sinne darf man sich auch das Wirken Timoleons als Oikist korinthisch beeinflußt oder korinthisch präfiguriert vorstellen, indem unser Protagonist nämlich nach „Konzeptionen und Rechtsvorstellungen" handelte, „die zumindest im Bereich der korinthischen Kolonisation Geltung hatten."[123] Darunter fallen vor allem zwei Aspekte, die emotionale Nähe zwischen der hilfegewährenden Mutterstadt Korinth einerseits und der um Unterstützung bittenden Tochterstadt andererseits, ferner die freiwillige gemeinsame politisch-militärische Aktion der nordwestgriechischen Kolonien unter der Führung ihrer Metropolis. Es verbirgt sich aber hinter alldem *nicht* die Wiederbelebung oder Neuauflage eines ‚korinthischen Kolonialreichs' in dem von Kahrstedt oder Smarczyk gemeinten Sinne, sonst hätte Timoleon weder bei den Kerkyraiern noch bei den Gliedstädten des Akarnanischen Bundes irgendwelche Bereitschaft vorgefunden, sich an seinem Unternehmen zu beteiligen, und auch die Unterstützung der Syrakusaner für seine Reformen hätte er auf diese Weise

---

[120] Diesen Aspekt berücksichtigen die Ausführungen von Smarczyk, Timoleon und die Neugründung von Syrakus 72ff. u. 101ff., zusammenfassend 142ff., ungeachtet vieler wertvoller Aspekte im einzelnen – vgl. etwa seine Bemerkungen zur Neugründung von Epidamnos 435 v. Chr. ebd. 78ff. – zu wenig.
[121] Siehe ebd. 80ff.
[122] So Plut. Timol. 2,2.
[123] So die Formulierung von Smarczyk, Timoleon und die Neugründung von Syrakus 81. Ähnlich Salmon, Wealthy Corinth 411f.

nicht dauerhaft sicherstellen können. Vielmehr besteht das Geheimnis von Timoleons Erfolg in der Paradoxie, daß er sich jeglicher demonstrativer Herrscherattitüde gegenüber seinen Mitstreitern in Nordwestgriechenland wie Sizilien gerade enthalten hat. Auf diese Weise konnten durch ihn die besten Elemente in der Tradition Korinths als Mutterstadt in einer speziellen Situation kurz vor dem Ende des freien Polisgriechentums noch einmal zur Geltung gebracht werden: ihre allseits anerkannte, durch die Ehrerweisungen der Kolonien und ihre freiwillige Gefolgschaft bezeugte Stellung als Hegemon von Städten, die ihr in Herzlichkeit verbunden waren, und eine dauerhafte, aber nur punktuell aktualisierte, zumindest für uns nicht erkennbar formalisierte Autorität der Metropolis in politischen und militärischen Dingen.[124] Zumindest diese Grundkonstanten korinthischer Hegemonialpolitik verbinden das Engagement des Timoleon mit den Ereignissen zur Zeit der Pentekontaëtie, die in dieser Darstellung bisher im Mittelpunkt unseres Interesses standen und nun auch wieder stehen sollen.

---

[124] Dieser Aspekt wird auch von Smarczyk, Timoleon und die Neugründung von Syrakus 176 in seiner Zusammenfassung angesprochen, allerdings ohne Konsequenzen im Hinblick auf seine Vorstellung vom ‚korinthischen Kolonialreich' zu ziehen.

5. Ergebnis: Die Eigenart der korinthischen Hegemonie im fünften Jahrhundert v. Chr.

Am Ende unseres doppelten Kursus, zuerst durch die einschlägigen Passagen in Thukydides' „Peloponnesischem Krieg", daran anschließend dann durch die Ergebnisse der älteren und jüngeren Forschung, gilt es innezuhalten und die Eigenart der korinthischen Hegemonie zur Zeit der ausgehenden Pentekontaëtie, gerade auch gegenüber den zeitgleichen, das politische Geschehen in Griechenland ungleich stärker prägenden hegemonialen Symmachien Athens und Spartas zu fassen.

Die korinthischen Gesandten bei Thukydides – auch ihre Widersacher von der Insel Kerkyra – thematisieren das Thema ‚Herrschaft' in ihrem Rededuell vor der athenischen Volksversammlung, und auch der Autor des „Peloponnesischen Krieges" selbst operiert in seiner Rahmenerzählung vom Schicksal der Stadt Epidamnos mit Begriffen wie ἡγεμόνες εἶναι, τὴν πόλιν παραδοῦναι und dergleichen. Doch diese ‚Herrschaft', um die da im Angesicht des attischen Demos erbittert gerungen wird, ist von anderer Art als das, was die Athener – und mit ihnen Thukydides – in den letzten Jahrzehnten des fünften Jahrhunderts v. Chr. als solche verstanden bzw. verstehen wollten. Sie beruht nicht auf der (vermeintlichen) Maximierung von Nutzen und Gewinn für beide Parteien, sondern nimmt für sich in Anspruch, ein tief in die Vergangenheit reichendes Band aufrechtzuerhalten, nämlich dasjenige zwischen Metropolis und Kolonie. Insofern beruht die Herrschaft, die die Korinther auszuüben beanspruchen, nicht auf einer vertraglichen Vereinbarung, wie es die Athener anbieten, sie ist nicht verfügbar, nicht verhandelbar, gleichsam alternativlos. Dies ist offenbar der Punkt, an dem die Kerkyraier Anstoß nehmen: „Status is at the root of the Corcyrean quarrel with Corinth. The duties they refuse to fulfill with regard to their metropolis are materially small [...] but as symbols of subordination they are intolerable."[1] Andererseits ist das Verhalten der Korinther, das die Kerkyraier an die Seite der Athener getrieben hat, identisch mit demjenigen, das den Abgesandten des epidamnischen Demos zuvor neue Hoffnung gegeben hatte, denn so wie die Kolonie an das Band der Zusammengehörigkeit mit der Mutterstadt gekettet ist, so ist es die Metropolis auch: Sie ist im Zweifelsfall zur Hilfeleistung für ihre in Not geratene Kolonie verpflichtet. Die Kerkyraier hatten diese den Epidamniern verweigert, vermutlich weil sie sich einen Nutzen davon versprachen, daß diese weiterhin von ihren δυνατοί regiert wurden. Jetzt waren sie damit konfrontiert, daß die Korinther den von ihnen vermeintlich freigemachten Platz als Mutterstadt für sich in Anspruch nahmen.

Man kann an dem eben angeführten Beispiel erkennen, daß das Hegemonieverständnis der Korinther mit all seinen überkommenen Rechten und Pflichten noch im Vorfeld des Peloponnesischen Krieges durchaus machtpolitisch relevant sein konnte, auch wenn es im Vergleich zum Delisch-Attischen Seebund oder auch nur zu dem zweiseitigen

---

[1] Crane, Power, Prestige, and the Corcyrean Affair 16.

Bündnis, das die Athener 433 v. Chr. mit den Kerkyraiern schlossen, geradezu altmodisch daherkam. Die *gravamina*, die die Gesandten vom Isthmus gegen ihre kerkyraischen Gegner ins Feld führten, erschienen angesichts der realpolitischen Streitfragen, um die es, so suggeriert uns Thukydides, wirklich ging – Positionierung vor dem bevorstehenden großen Krieg, Sicherung von strategischen Positionen an der Straße von Otranto usw. –, geradezu banal: Daß die Korinther von den Kerkyraiern nicht in derselben Weise geehrt wurden wie von ihren anderen ἄποικοι, daß diese sie bei Opfern und Festen brüskierten – das war ein schlimmer Verstoß gegen die Tradition, der von Thukydides nicht beschönigt wird. Die Zulässigkeit der von den korinthischen Gesandten vorgebrachten Argumente – juristisch, aber erst recht moralisch – bestreitet er an keiner Stelle. Andererseits zeigt das weitere Verhalten der Verantwortlichen am Isthmus im Verlaufe des Konflikts, daß sie nach thukydideischen Maßgaben noch nicht realisiert hatten, was die Stunde geschlagen hatte. Insofern mußten sie geradezu in den diplomatischen und militärischen Auseinandersetzungen, die sie 433 v. Chr. durch ihr ungestümes, emotionalisiertes Vorgehen auslösten, ihren Gegnern unterliegen. Schon Ende der 460er Jahre hatte ein ähnliches Verhalten den Korinthern nur Unglück gebracht. Das Motiv des Hasses (μῖσος), das von Thukydides bezeichnenderweise gerade jetzt wiederaufgebracht wird, zeigt diesen Zusammenhang in subtiler Weise an.[2]

Die Κερκυραϊκά und die Ποτειδεατικά sind von Thukydides dem Leser als Darstellung der Anlässe des Peloponnesischen Krieges angekündigt worden.[3] Ausgehend von unseren Ergebnissen in diesem Kapitel könnte man hinzufügen, daß zumindest in bestimmten Passagen von Thuk. 1,24–66, besonders bei den Reden vor der athenischen Volksversammlung, ein weiteres Moment hinzutritt, das die doch sehr ausführliche Schilderung des Ringens um Epidamnos, Kerkyra und Poteidaia durch unseren Autor zusätzlich rechtfertigt. Es handelt sich darum, daß die Korinther, die „masters of traditional Greek diplomacy", wie sie Gregory Crane nennt,[4] im Verlauf der Geschehnisse erleben müssen, daß die Prinzipien, nach denen sie bisher ihre ‚Herrschaft' definierten, nicht mehr viel gelten, daß ihre „moral hegemony"[5] unwiderruflich an Verbindlichkeit eingebüßt hat. Vor der Versammlung des attischen Demos führt Thukydides ein Rededuell auf, dessen Ausgang, lange bevor Korinther und Athener bei Sybota offen miteinander in Kampf geraten, das Ende einer Epoche und die Heraufkunft einer neuen markiert. Den Athenern fiel die Entscheidung darüber nicht leicht: Ἀθηναῖοι δὲ ἀκούσαντες ἀμφοτέρων, γενομένης καὶ δὶς ἐκκλησίας, τῇ μὲν

---

[2] Vgl. die sicher aufeinander zu beziehenden Stellen Thuk. 1,103,4 (καὶ Κορινθίοις μὲν οὐχ ἥκιστα ἀπὸ τοῦδε τὸ σφοδρὸν μῖσος ἤρξατο πρῶτον ἐς Ἀθηναίους γενέσθαι.) u. ebd. 1,25,3 (Κορίνθιοι δὲ κατά τε τὸ δίκαιον ὑπεδέξαντο τὴν τιμωρίαν, νομίζοντες οὐχ ἧσσον ἑαυτῶν εἶναι τὴν ἀποικίαν ἢ Κερκυραίων, ἅμα δὲ καὶ μίσει τῶν Κερκυραίων, ὅτι αὐτῶν παρημέλουν ὄντες ἄποικοι.).
[3] Zwei der αἰτίαι καὶ διαφοραί, die die Kriegsgegner gegeneinander vorbrachten; vgl. ebd. 1,23,5.
[4] Siehe Crane, Power, Prestige, and the Corcyrean Affair 11.
[5] Ebenfalls ein Cranescher Ausdruck; siehe ebd. 10.

5. Ergebnis

προτέρᾳ οὐχ ἧσσον τῶν Κορινθίων ἀπεδέξαντο τοὺς λόγους, ἐν δὲ τῇ ὑστεραίᾳ μετέγνωσαν [...],[6] und so kam dann die Epimachie mit den Kerkyraiern zustande.

Die Korinther faßten das Bündnis der Athener mit den Kerkyraiern als einen Verstoß gegen den Dreißigjährigen Frieden auf; sie behaupteten dies zumindest, als sie in Athen und Sparta vorsprachen, um ihre Interessen zu vertreten.[7] Aber in Wirklichkeit war das Verhalten, das die Athener im Sommer 433 an den Tag legten, nicht so sehr ein Bruch mit den Buchstaben oder dem Geist des Vertrags von 446/45 v. Chr., im Gegenteil, man kann geradezu argumentieren, daß sie die in ihm angelegten Möglichkeiten besser als andere erkannt hatten und sie mit aller Konsequenz – freilich auch mit allem Risiko – nun wahrnahmen. Durch ihr Bündnis mit den Kerkyraiern – und sei es auch nur in der abgemilderten Form der Epimachie – führten sie den Korinthern vor, daß die bipolare Ausrichtung Griechenlands, seine Zweiteilung in eine athenische und eine lakedaimonische Machtsphäre, die durch die Einzelbestimmungen des Dreißigjährigen Friedens zwar nicht begründet, aber doch stark forciert worden war, vor altehrwürdigen, im Verhältnis zum Delisch-Attischen Seebund ohnehin kleinen Hegemonien wie der Korinths keinesfalls Halt machen würde. Auch in Sparta hat man diesen Sachverhalt wohl erkannt – daß die lakedaimonischen Politiker lange Zeit vor einem Waffengang mit Athen zurückschreckten, auch daß sie anfänglich zwischen Korinth und Kerkyra zu vermitteln suchten, deutet darauf hin. Daß es aber den Verantwortlichen vom Isthmus am Ende doch noch gelang, den mächtigen Hegemon des Peloponnesischen Bundes zum Handeln und damit zur Kriegserklärung an Athen zu zwingen, war nur ein scheinbarer Erfolg ihrer Diplomatie. Die eigentliche Niederlage hatten sie bereits *vor* Beginn des großen panhellenischen Krieges zugefügt bekommen, indem es ihnen nicht gelungen war, ihrem traditionellen Konzept von ‚Herrschaft' im zeitgenössischen politischen Diskurs zu einem akzeptierten Platz zu verhelfen.

Diese ‚Hegemonie à la corinthienne' beruhte, wie wir gesagt haben, auf der hervorgehobenen Stellung Korinths als Mutterstadt seiner Kolonien. „In founding (κατοικίσαι) the colony, they (scil. the Corinthians) earned for themselves [...] a permanent and inalienable right to be ἡγεμόνες and to receive the kind of respect that was their due."[8] Die Anerkennung der Metropolis-Position erfolgte durch zahlreiche kleinere und größere Ehrbezeigungen seitens der ἄποικοι, die durch Tradition und Herkommen geregelt waren und deren Rechtsstatus als Einwohner einer prinzipiell autonomen Polis zunächst einmal nicht tangierten.[9] Doch über bestimmte, und seien sie auch noch so prestigeträchtige Gesten und Zeichen hinaus erwarteten die Korinther von ihren Kolonien auch, daß sie in bestimmten Situationen politisch und militärisch an ihre Seite traten und die Gemeinschaftlichkeit mit ihrem Hegemon auch auf dem Schlachtfeld für die

---

[6] Thuk. 1,44,1.
[7] Siehe ebd. 1,40 u. 1,123,2. Dazu Baltrusch, Symmachie und Spondai 208ff.
[8] Crane, Power, Prestige, and the Corcyrean Affair 16.
[9] Eine Aufzählung derartiger Ehrbezeigungen findet sich z.B. bei Werner, Probleme der Rechtsbeziehungen 37.

Außenwelt deutlich machten. Schon während des Xerxeszugs hatten auf diese Weise die Κορίνθιοι καὶ οἱ σύμμαχοι die Koalition des Hellenenbundes verstärkt; im Verlaufe des fünften und vierten Jahrhunderts v. Chr. sehen wir sie dann mehrfach am Werk, nicht immer in derselben Zusammensetzung, doch dafür von Fall zu Fall auch von anderen hellenischen und barbarischen Bundesgenossen verstärkt.

Die Forschung hat viel Aufwand betrieben, um die juristischen, vielleicht sogar territorialen Voraussetzungen zu ermitteln, die der ‚Herrschaft' der Korinther über ihre Kolonien in Nordwestgriechenland und der nördlichen Ägäis während der klassischen Zeit zugrunde lagen, aber alle modernen Kategorien, ob man es nun mit dem Ausdruck ‚Kolonialreich' versuchte oder mit dem Konstrukt einer ‚Polis ohne Territorium', vermochten nicht völlig zu befriedigen. Am Ende blieb dann häufig doch nur die Möglichkeit, zu dehnbaren, wenig aussagekräftigen Formulierungen Zuflucht zu nehmen, etwa dahingehend, es habe im fünften Jahrhundert v. Chr. möglicherweise eine „political union under the control of Corinth" gegeben;[10] die Stadt am Isthmus habe eine „very close relationship" zu ihren Kolonien unterhalten, so daß man von einer „to some degree political supremacy" Korinths über diese sprechen könne.[11]

Demgegenüber ist in den vorausgegangenen Kapiteln ein Bild von der Hegemonie der Korinther entwickelt worden, das die antike Terminologie zunächst einmal aufnimmt, ohne sie vorschnell modernen, letztlich am Vorbild Athens geschulten Vorstellungen anzupassen. Auf der Basis von Thukydides' erstem Buch wurde sodann eine Vorstellung von korinthischer ‚Herrschaft' entwickelt, die allem Anschein nach ihre Wurzeln in der Kypselidenzeit gehabt hat, nach dem Sturz der Tyrannendynastie um 583/82 v. Chr. jedoch von der Gesamtheit der Κορίνθιοι übernommen und repräsentiert wurde. Gerade die Tatsache, daß die Frage der ‚Herrschaft' über die Kolonien mit diesem nahezu traumatischen Ereignis in der archaischen Geschichte der Isthmusstadt verbunden war, hat ihr vermutlich einen dauerhaften Platz im Selbstverständnis der Korinther beschert. Freiheit nach innen und Herrschaft nach außen gerieten nun zu den zwei Seiten derselben Medaille. Als in der zweiten Hälfte des sechsten Jahrhunderts v. Chr. die Macht und Bedeutung Korinths im Verhältnis zu Sparta und Athen abzunehmen begann, wurde die zumindest symbolische Verfügungsgewalt über die eigenen Kolonien in Nordwestgriechenland und der nördlichen Ägäis immer wichtiger. Daraus resultiert dann nach dem retardierenden Moment des Xerxeszugs 480/79 der phasenweise heftige Aufeinanderprall der korinthischen und athenischen Interessen, zuerst im Saronischen, dann im Korinthischen Golf.

Man darf den Zusammenhalt, die ‚Macht', die die Korinther in ihrem Einflußbereich zeitweise auszuüben vermochten, nicht von vornherein unterschätzen. Unser Blick auf die Unternehmungen der attischen Philaiden in der Ägäis während des sechsten Jahrhunderts v. Chr. hat gezeigt, wie im Wechselspiel zwischen Polis und Kolonie, zwi-

---

[10] So Graham, Colony and Mother City 128, der ebd. 126ff., ausgehend von der korinthischen Münzprägung, eventuelle Parallelen zum Boiotischen Bund der Thebaner untersucht.
[11] Ebd. 139.

5. Ergebnis

schen Aristokraten, die in der Heimat, und solchen, die in der Fremde tätig waren, zwischen dem Oberhaupt einer Tyrannendynastie und seinen Söhnen eine Dynamik entstehen konnte, die über lange Jahre und Jahrzehnte hinweg wirksam war.[12] Unter den Außenbesitzungen, deren Verlust nach der Niederlage im Peloponnesischen Krieg für die Athener besonders schwer zu verkraften war, befand sich ausgerechnet die Insel Lemnos, die ihnen einst der jüngere Miltiades zum Besitz überantwortet hatte. Nach 404 v. Chr. war ihr militärischer und vertraglich abgesicherter Rückgewinn eines der wichtigsten Ziel attischer Politik, das gegen alle Widerstände bis zu seiner Durchsetzung im Königsfrieden 387/86 v. Chr. verfolgt wurde.[13] Auch aus korinthischer Sicht läßt sich leicht ein entsprechendes Beispiel anführen: Hatte nicht der korinthische Aristokrat Aristeus im Jahre 432 v. Chr. aus persönlicher Verbundenheit – ἦν γὰρ τοῖς Ποτειδεάταις αἰεί ποτε ἐπιτήδειος[14] – das aufständische Poteidaia gegen die versammelte Übermacht des Delisch-Attischen Seebundes auf jede nur erdenkliche Weise unterstützt? Der Krieg, den der Sohn des Adeimantos anfänglich ἰδίᾳ geführt hatte, wurde später von der Gemeinschaft aller Korinther, also δημοσίᾳ, fortgesetzt, auch nach der Kapitulation ihrer Tochterstadt im Winter 430/29 v. Chr. Selbst der im Frühjahr 421 v. Chr. vereinbarte Nikiasfrieden konnte die Verantwortlichen am Isthmus nicht daran hindern, ihren einmal eingegangenen Verpflichtungen gegenüber den Poteidaiaten und ihren Bundesgenossen auf der Chalkidike weiter nachzugehen.[15]

Die „patronal colonies", die die Kypseliden während des siebten und sechsten Jahrhunderts v. Chr. an der Peripherie Polisgriechenlands gegründet haben und deren Erbe die Gemeinschaft der Κορίνθιοι geworden ist, sind Zeugnis für eine ‚Großmachtpolitik', die noch nicht von den Erfahrungen der Perserkriege und der Zeit danach geprägt war, einer ‚Großmachtpolitik', die mit anderen Kategorien arbeitete als die hegemonialen Symmachien zur Zeit der Pentekontaëtie. Aus der Bindung an die Kypseliden ergibt sich, daß der korinthische Herrschaftsanspruch im fünften Jahrhundert v. Chr. vor allem in Gebieten wirksam wurde, in denen diese einst kolonisatorisch tätig gewesen waren, also in Nordwestgriechenland und an der nordägäischen Küste. Die älteren, schon zur Bakchiadenzeit gegründeten Kolonien wurden von ihm demgegenüber nicht notwendig erfaßt. In der Tat ist das um 734/33 v. Chr. gegründete Syrakus auf Sizilien nie Teil der korinthischen Hegemonie wie etwa Ambrakia oder Leukas gewesen. Zwar haben sich die Korinther im fünften und vierten Jahrhundert immer wieder als Metropolis für ihre in der Ferne gelegenen Kolonie engagiert – die oben erwähnte Expedition des Timoleon ist ein spätes Beispiel dafür –, aber selbst

---

[12] Im übrigen kann diese Perspektive nahtlos ins 5. Jh. v. Chr. verlängert werden: Auch die Taten von Miltiades' Sohn Kimon dienten sowohl dem gemeinathenischen Interesse als auch dem Ansehen des Philaidengeschlechts, das durch den Sturz des Vaters gelitten hatte; so Petzold, Die Gründung des Delisch-Attischen Seebundes II, 24ff. u. Stein-Hölkeskamp, Kimon, bes. 163f.
[13] Siehe hierzu Xen. Hell. 4,8,15 u. 5,1,31.
[14] Thuk. 1,60,2.
[15] Hierzu unten S. 325ff.

spürbare Hilfeleistungen auf politischem, verfassungsrechtlichem und militärischem Gebiet haben, wie die Forschung richtig hervorgehoben hat,[16] augenscheinlich kein Abhängigkeitsverhältnis zwischen Mutter- und Tochterstadt gestiftet, das über das gewöhnliche, durch die Tradition verbürgte Maß hinausgegangen wäre. Der Vergleich mit Kerkyra macht hier die Unterschiede deutlich: Während Syrakus zur Tyrannenzeit niemals von Korinth aus beherrscht worden ist, regierte in Kerkyra zumindest zur Zeit Perianders sehr wohl ein Sproß der Kypselidenfamilie; die gleichfalls sehr alte, um dieselbe Zeit wie Syrakus gegründete Kolonie geriet auf diese Weise sozusagen nachträglich in den Einzugsbereich der korinthischen Hegemonie, vor, aber auch *nach* 583/82 v. Chr., ein Umstand, den die Kerkyraier, wie nicht zuletzt die Reden bei Thukydides zeigen, schlechthin als Zumutung empfanden.

Wenn wir sagen, daß die auf den „patronal colonies" der Kypseliden fußende korinthische Hegemonie Züge einer eigenständigen, vor den Perserkriegen anzusetzenden Entwicklung aufweist, so kann man dies auch daran sehen, daß die Kolonien der Isthmusstadt an der Peripherie Griechenlands offensichtlich lange Zeit nicht dem Peloponnesischen Bund angehörten.[17] Angesichts des rudimentären, aus der Praxis erwachsenen Charakters dieser Symmachie ist das auch alles andere als verwunderlich:[18] Sparta operierte, wie wir gesehen haben, während der Pentekontaëtie ungern außerhalb der heimischen Peloponnes und wird deshalb wenig darauf erpicht gewesen sein, sich in Verantwortlichkeiten jenseits des Korinthischen Golfs zu verstricken. Noch in Thukydides' Aufzählung der Verbündeten beider Kriegsparteien zu Beginn des Peloponnesischen Krieges 431 v. Chr. wird von ihm sorgfältig zwischen Bundesgenossen ἐντὸς Ἰσθμοῦ und solchen ἔξω δὲ Πελοποννήσου unterschieden.[19] Aus Sicht der Korinther muß das im übrigen keineswegs von Nachteil gewesen sein, im Gegenteil: Ihre nordwestgriechischen Kolonien waren eben in erster Linie mit *ihnen* verbunden und zogen unter *ihrer* Hegemonie in den Krieg, ja über *sie* waren sie in gewisser Weise in die Friedensregelung von 446/45 v. Chr. zusätzlich integriert, ungeachtet dessen, daß sie an sich autonome Poleis waren. Aus der Rede der korinthischen Gesandten vor der athenischen Volksversammlung geht hervor, daß man am Isthmus zumindest in der aufgeheizten Atmosphäre der 430er Jahre v. Chr. die Auffassung vertrat, man dürfe auf der Basis des Dreißigjährigen Friedens die Angehörigen der eigenen Hegemonie – in diesem speziellen Fall war Kerkyra gemeint – bei deren Abfall züchtigen, und zwar gemäß dem Grundsatz, nach dem die Athener 441/39 v. Chr. Samos bestraft hatten, τοὺς σφετέρους ξυμμάχους αὐτόν τινα κολάζειν.[20] Die Korinther mußten zwar rasch

---

[16] Siehe etwa Kahrstedt, Griechisches Staatsrecht 365f.; Seibert, Metropolis und Apoikie 107ff.; Graham, Colony and Mother City 142ff.; Salmon, Wealthy Corinth 388ff. u. Reichert-Südbeck, Kulte von Korinth und Syrakus 11ff.

[17] So bereits Kahrstedt, Griechisches Staatsrecht 362; siehe dazu auch Gschnitzer, Abhängige Orte 125 u. De Ste. Croix, Origins of the Peloponnesian War 124.

[18] Zum Charakter des Peloponnesischen Bundes siehe oben S. 101ff.

[19] Siehe Thuk. 2,9,2.

[20] Siehe ebd. 1,43,1.

5. Ergebnis

und schmerzvoll erfahren, daß diese ihre Rechtsposition nicht durchzufechten war, doch ist sie einmal mehr Ausdruck dessen, daß sie ihre Hegemonie als eine eigenständige, vor und neben den großen Hegemonien der Athener und Lakedaimonier entwickelte ‚Herrschaft' betrachteten – auch und gerade im Vorfeld des Peloponnesischen Krieges, als es immer schwieriger wurde, im Spannungsfeld zwischen den hellenischen Großmächten als selbständige Kraft überhaupt noch wahrgenommen zu werden.[21]

Thukydides hat den Dualismus zwischen Athen und Sparta und die Sogwirkung, die er ausübte, so wirkungsvoll vor dem Leser inszeniert, daß alternative Herrschaftskonzepte wie das in diesem Kapitel skizzierte der Korinther kaum noch in sein Blickfeld gelangten – übrigens auch nicht in das der handelnden und redenden Akteure des „Peloponnesischen Krieges": Die kerkyraischen Gesandten vor der attischen Volksversammlung lehnen die durch Tradition und Herkommen legitimierte Herrschaft ihrer Mutterstadt rundweg ab; sie können und wollen sich gar keine andere Form von Hegemonie mehr vorstellen als die von den Athenern praktizierte, die auf Berechnung und gegenseitigem Nutzen beruht. Demgegenüber stehen ihre korinthischen Kontrahenten argumentativ auf verlorenem Posten und ziehen daraus die einzig mögliche Konsequenz: Nachdem sie rhetorisch wie militärisch den kürzeren gezogen haben, lassen sie sich auf die Denkweise der Kerkyraier und Athener ein. Bei den Verhandlungen in Sparta, sowohl vor der lakedaimonischen Volksversammlung als auch vor der Bundesversammlung der Peloponnesier, schlagen sie, wie wir gesehen haben, Töne an, die sie zuvor in Athen noch vermieden hatten.

---

[21] De Ste. Croix, Origins of the Peloponnesian War 70ff. u. Salmon, Wealthy Corinth 274f. üben scharfe Kritik an der Argumentation der korinthischen Gesandten in Thuk. 1,43,1, doch sollte man nicht zu voreilig ein Verdikt aussprechen: Immerhin scheinen ihr laut ebd. 1,44,1 viele Teilnehmer der attischen Volksversammlung gefolgt zu sein; auch die Tatsache, daß die Athener mit den Kerkyraiern schließlich eine Epimachie, aber keine auf offensive wie defensive Maßnahmen sich erstreckende Symmachie abgeschlossen haben, zeigt, daß die Interpretation der Vertragsbestimmungen von 446/445 v. Chr. durch die Korinther nicht völlig aus der Luft gegriffen war.

VIII. Der Verlauf des Peloponnesischen Krieges unter besonderer Berücksichtigung der korinthischen Perspektive

In den zurückliegenden Kapiteln ist immer wieder vom Peloponnesischen Krieg die Rede gewesen. Man könnte sogar mit einigem Recht behaupten, wir hätten die Ereignisgeschichte Korinths während der Pentekontaëtie zu einem Gutteil aus Zeugnissen über Begebenheiten kurz vor und während des großen Krieges zwischen 431 und 404 v. Chr. herausgesponnen. Daß dem tatsächlich so ist, hat seine Ursache einmal mehr in unserer Quellenlage: Die Lebensaufgabe des Historikers Thukydides war nun einmal die Darstellung des Peloponnesischen Krieges, dessen Einheit er als erster unter seinen Zeitgenossen erkannt hatte und die er nun in einem fort offensiv gegenüber seinen Lesern propagierte.[1] Die „polemical and provisional nature of Thucydides' unitary-war thesis"[2] veranlaßte unseren Autor dazu, Ereignisstränge, die sich seinem Erzählrahmen nicht fügten, zu unterdrücken oder doch an den Rand zu drängen. Andererseits ist deutlich geworden, daß uns trotz dieses Motivs und dieser Vorgehensweise des Thukydides immer noch genug Material zur Verfügung steht, um – entlang den vom athenisch-lakedaimonischen Dualismus bestimmten Geschehnissen – auch die korinthische Geschichte des fünften Jahrhunderts v. Chr. wenigstens in Grundzügen zu rekonstruieren.

Die Kämpfe um Epidamnos, Kerkyra und Poteidaia während der 430er Jahre, das verstärkte Vordringen Athens in den akarnanischen Raum zu Beginn des Archidamischen Krieges, besonders der Krieg der Ambrakioten gegen ihre amphilochischen Nachbarn bis zum Winter 426/25 v. Chr.: all das sind Ereignisse, die wir aus diesem Grunde bereits ausführlich an der einen oder anderen Stelle behandelt haben.[3] Sie müssen im Rahmen dieses Kapitels deshalb nicht mehr bis ins einzelne diskutiert werden; vielmehr geht es im folgenden darum, das Schicksal Korinths insgesamt auch für die Jahre nach 431 v. Chr. in seinen Grundzügen nachzuzeichnen und danach zu

---

[1] Hierzu ausführlich Strauss, Problem of periodization.
[2] Siehe ebd. 167.
[3] Siehe oben S. 130ff., 225ff. u. 235ff.

fragen, was aus den Interessen und Kriegszielen der Κορίνθιοι καὶ οἱ σύμμαχοι in dieser Zeit geworden ist.

1. Das Problem der Periodisierung des Peloponnesischen Krieges

Barry S. Strauss hat 1997 in einem Aufsatz noch einmal ausdrücklich darauf hingewiesen, daß die uns heute so selbstverständliche Periodisierung der griechischen Geschichte des ausgehenden fünften Jahrhunderts als ein Konstrukt des Thukydides aufzufassen ist, das sich allenfalls im nachhinein als sinnvoll und zutreffend erweisen sollte, nicht aber in der „perception" seiner Zeitgenossen oder der unmittelbar auf sie folgenden Generation.[4] Andokides, Platon, Xenophon und viele andere Intellektuelle teilten seine Meinung nicht[5] und betrachteten – auch aus athenischer Perspektive – die Serie von kriegerischen Auseinandersetzungen, die der Aufkündigung des Dreißigjährigen Friedens 432/31 v. Chr. folgten, als „less a discrete conflict than an episode in a history of conflicts."[6] Wieviel mehr mag diese Einschätzung für Poleis gegolten haben, die von der bipolaren Aufteilung Griechenlands, wie sie spätestens 446/45 offen zutage trat, nicht oder nur bedingt betroffen waren? Mit Recht hat Sébastien Thiry vor kurzem den Versuch unternommen, für die Geschichte Kerkyras in klassischer Zeit eine ganz eigene Periodisierung zu entwickeln. Die Jahrzehnte um 400 sieht er geprägt von einer „guerre de soixante ans", die sich von 433 bis 371 v. Chr. erstreckt habe.[7] Drei blutige Höhepunkte – um 433/25, um 415/13 und um 375/71 – hätten diese lange Auseinandersetzung gekennzeichnet, doch sei die machtpolitische Konstellation, die ihr zugrunde gelegen habe, stets die gleiche gewesen, nämlich das Ringen um die Vorherrschaft zwischen der neuen, aufstrebenden Hegemonialmacht in Nordwestgriechenland, Athen, und der alten, Korinth. Erstere sei dabei von Kerkyra, letztere von Leukas unterstützt worden.[8]

Thirys Blick ist ganz auf die geopolitischen Aspekte gerichtet, die das Schicksal der griechischen Städte auf den Jonischen Inseln mitbestimmt haben;[9] dies erklärt vielleicht, warum sein Konzept der „guerre de soixante ans" so bereitwillig die traditionelle, an der Machtpolitik der Großmächte orientierte Gliederung der hellenischen Geschichte außen vor läßt. Andererseits erfüllt er dadurch die Vorgabe von Strauss, Periodisierungsversuche wie diejenige des Thukydides müßten sich an der „perception"

---

[4] So Strauss, Problem of periodization 167 u.ö., zusammenfassend 174f.
[5] Siehe Andok. 3,3–7 u. Plat. Menex. 242c-243d; vgl. auch Xen. Hell. 2,4,21. Weitere zeitnahe Stimmen in diesem Sinne bei Strauss, Problem of periodization 168f.
[6] So ebd. 171.
[7] Siehe Thiry, Aspects géopolitiques 134.
[8] Siehe ebd. 134f.
[9] Allerdings nicht ausschließlich: In seiner Zusammenfassung konstatiert Thiry ebd. 143 Unterschiede zwischen den „atouts géographiques et la subjectivité des comportements humains."

der Zeitgenossen und der unmittelbaren Nachwelt orientieren.[10] Für die Kerkyraier nun mögen die Vorgänge rings um die Schlacht bei Sybota 433 v. Chr. tatsächlich einen Einschnitt bedeutet haben, der es ihrer Meinung nach rechtfertigte, mit ihnen den Beginn einer neuen – wie sich dann zeigen sollte, schmerzlichen – Epoche ihrer Geschichte zu markieren. Ihnen entgegenzuhalten, sie seien nicht bedeutend genug im Gesamttableau der hellenischen Mächte gewesen, um von ihnen ausgehend Thukydides zu korrigieren, ist ein Argument, das angesichts der legitimen Existenz vieler Dutzend autonomer und autarker Stadtstaaten im klassischen Griechenland gerade vor der griechischen Auffassung von Geschichte nicht standhalten kann. Der Autor des „Peloponnesischen Krieges" selbst sinnt zu Beginn seines Werkes darüber nach, wie „Macht" (δύναμις) und „Ruhm" (κλέος) einer Stadt aufgrund der Wechselhaftigkeit des Geschicks adäquat durch die Geschichtsschreibung erfaßt und abgebildet werden können,[11] und noch Xenophon, der Fortsetzer des Thukydides, entscheidet sich an einer Stelle seiner „Hellenika" ganz bewußt für die ausführliche Darstellung des Ringens um Phleius auf der Peloponnes, in der Meinung, καὶ εἴ τις μικρὰ πόλις οὖσα πολλὰ καὶ καλὰ ἔργα διαπέπρακται, ἔτι μᾶλλον ἄξιον εἶναι ἀποφαίνειν.[12]

Vor dem skizzierten Hintergrund sei im folgenden der Versuch gewagt, aus korinthischer Sicht die Geschichte Griechenlands im letzten Drittel des fünften Jahrhunderts v. Chr. zu gliedern. Auch für die Verantwortlichen am Isthmus war der Dreißigjährige Frieden im Winter 446/45 ein wichtiger Einschnitt gewesen, auf den sie sich später, im Vorfeld des Kriegsausbruchs von 432/31 immer wieder beriefen.[13] Dieser Vertrag hatte die bewaffneten Auseinandersetzungen, die die Korinther seit 461/60 mit den Athenern und ihren Bundesgenossen ausgetragen hatten, definitiv zu einem Ende gebracht. Zwar war der Krieg schon vor und nach dem fünfjährigen Waffenstillstand von 451/50 augenscheinlich nicht mehr mit großer Intensität geführt worden – Thukydides erzählt uns von keiner einzigen bedeutenden Kampfhandlung in Griechenland nach dem Feldzug des Perikles im Korinthischen Golf im Herbst 454 v. Chr. –, doch führte die plötzliche Eruption der Gewalt im Sommer 446 drastisch vor Augen, welche Aggressionen die Kontrahenten in den einander gegenüberstehenden Bündnissystemen, oder zumindest einige von ihnen, noch immer erfüllten. Daß der Dreißigjährige Frieden dann so schnell zustande kam, war offensichtlich eine Frucht der Bemühungen des athenischen πρῶτος ἀνήρ Perikles und seines Verhandlungspartners, des lakedaimonischen Königs Pleistoanax.[14] Die hellenischen Großmächte stellten dadurch

---

[10] Siehe Strauss, Problem of periodization 167; vgl. auch ebd. 171ff.
[11] Siehe Thuk. 1,10,1–3.
[12] So Xen. Hell. 7,2,1.
[13] Siehe bes. Thuk. 1,40, wo die Rechtsansprüche (δικαιώματα) der Korinther gegenüber den Athenern dargelegt werden. Vgl. auch die Botschaft der korinthischen Herolde an die Athener nach der Schlacht bei Sybota in Thuk. 1,53,2.
[14] Die undurchsichtigen Vorgänge, die zum Abschluß des Dreißigjährigen Friedens führten, hatten zur Folge, daß beide Protagonisten des Vertrags innerhalb ihrer jeweiligen Bürgerschaft in die Kritik gerieten. Pleistoanax wurde sogar verbannt (siehe Thuk. 2,21,1 u. 5,16); doch auch in der Komödienkri-

1. Das Problem der Periodisierung des Peloponnesischen Krieges

unter Beweis, daß sie gemeinsame Interessen hatten und daß sie konstruktiv, nicht nur konfrontativ miteinander umzugehen vermochten. Ins Negative gewandt konnte dies freilich auch so gedeutet werden, daß der Dreißigjährige Frieden zum ersten Mal vorführte, wie sich die Großmächte letztlich auf Kosten ihrer Bündnispartner miteinander einigten.[15]

Betrachtet man den Vertrag von 446/45 als Ausgangspunkt für die politischen Verwerfungen im letzten Drittel des fünften Jahrhunderts v. Chr.,[16] so kann man aus Sicht der Korinther sagen, daß ‚ihr' Peloponnesischer Krieg bereits im Sommer 433 begonnen hat, als die Athener die Epimachie mit den Kerkyraiern schlossen und damit die Grundlage für zweiseitige friedliche Beziehungen verletzten. Die Ausweitung des Konflikts zum großen, ganz Griechenland erfassenden Krieg ist demgegenüber sekundär, ein zweiter Schritt, der von den Verantwortlichen am Isthmus bewußt herbeigeführt und spätestens seit den Ereignissen vor Poteidaia fest von ihnen einkalkuliert worden ist. Der Kriegseintritt Spartas hatte freilich den Nachteil, daß der weitere Verlauf der Geschehnisse schon bald und notwendigerweise von den Interessen der peloponnesischen Vormacht maßgeblich mitbestimmt wurde.

Möglicherweise haben die Korinther diesen Aspekt unterschätzt: Bei der Tanagrakampagne im Sommer 458 v. Chr. war er noch nicht so spürbar zum Tragen gekommen, weil sich die Lakedaimonier aus dem Geschehen zurückgezogen hatten, bevor die schiere Tatsache ihrer Anwesenheit auf den politischen und militärischen Schauplätzen ihre Wirkung voll hätte entfalten können. Zwölf Jahre später, beim Vormarsch der Peloponnesier in die Thriasische Ebene, zeigte sich dann schon deutlicher, was es bedeutete, unter der Hegemonie der Lakedaimonier in den Kampf zu ziehen, zugleich aber auch, welches Gewicht es hatte, wenn diese eine einmal begonnene militärische Auseinandersetzung abzubrechen wünschten. Für die Klärung der Frage, wie lange der 433 begonnene ‚Peloponnesische Krieg' aus korinthischer Sicht gedauert hat und in welche Phasen man ihn gliedern kann, ist dieser Gesichtspunkt besonders wichtig. Solange der panhellenische Krieg noch nicht da war, hatten die Korinther vorwiegend auf Athen geblickt und sich von ihm in ihren eigenen Handlungen letztlich determinieren lassen. Ab dem Frühjahr 431 v. Chr. nun bestand die Aufgabe darin, die Interessen der Isthmusstadt zu denjenigen der Lakedaimonier in Beziehung zu setzen, so daß beide Bündnispartner Nutzen davon hatten. Die Schwierigkeiten, die daraus erwuchsen, sollten bald zutage treten: Die Ergebnisse der Waffenstillstands- und Friedensverhandlungen, die seit dem Winter 424/23 geführt wurden, waren nach Meinung der korinthischen Politiker jedenfalls nicht geeignet, die Opfer von am Ende zwölf Jahren unerbittlichen Ringens mit dem Delisch-Attischen Seebund zu rechtfertigen.

---

tik an Perikles äußert sich mehr oder weniger versteckter Unmut (siehe Aristoph. nub. 859). Hierzu Schubert, Perikles 41ff. u. Lehmann, Perikles 148ff.

[15] Zu dieser Bewertung des Dreißigjährigen Friedens siehe auch oben S. 208ff.
[16] So mit ausführlicher Begründung Baltrusch, Symmachie und Spondai 206ff.

2. Das Scheitern der seegestützten korinthischen Kriegsführung in Nordwestgriechenland nach 433 v. Chr.

Zu Beginn des Archidamischen Krieges war Korinth zweifelsohne neben Theben der bedeutendste Bündnispartner der Lakedaimonier im Kampf gegen den Delisch-Attischen Seebund. Im Unterschied zur Vormacht des Boiotischen Bundes verfügte die Stadt am Isthmus nicht nur über eine verhältnismäßig große Bevölkerungszahl,[1] ein aus strategischer Sicht unverzichtbares Territorium und eigene, außerhalb der Peloponnes situierte Bundesgenossen, sie stellte obendrein zusammen mit ihren Kolonien Ambrakia und Leukas mehr als die Hälfte aller Kriegsschiffe, die Sparta im Kampf gegen Athen zu Gebote standen.[2] Ohne die Korinther war es faktisch unmöglich, den Athenern zur See entgegenzutreten; daß aber dieser Schritt getan werden mußte, war offensichtlich auch in Sparta – sämtlichen Insinuationen des Thukydides vom vermeintlich unbeweglichen und zögerlichen Charakter der Lakedaimonier zum Trotz – allen klar. Wie ließe sich sonst erklären, daß im Frühjahr 431 v. Chr., nach dem Überfall der Thebaner auf Plataiai, Boten nach Unteritalien und Sizilien entsandt wurden, um die dortigen Bundesgenossen zum Bau von 200 Schiffen anzuhalten?[3] Solange diese und andere Rüstungsanstrengungen noch nicht recht in Gang gekommen waren, war Korinth der zentrale Bündnispartner Spartas in der Anfangsphase des Krieges.

Thukydides betont den Optimismus, mit dem die Korinther 432/31 v. Chr. der großen Auseinandersetzung mit Athen entgegensahen. In ihrer Kriegsrede vor der Bundesversammlung der Peloponnesier betonen sie die Vorzüge, durch die sich die Λακεδαιμόνιοι καὶ οἱ σύμμαχοι ihrer Meinung nach gegenüber den Mitgliedern des Delisch-Attischen Seebundes auszeichnen.[4] Dabei kommen nicht nur Kriterien wie Kriegserfahrung, Tapferkeit und Freiheitssinn zur Sprache, sondern es ist auch davon die Rede, daß man den Athenern mit einer eigenen Flotte entgegentreten werde.[5] Drei Gesichtspunkte geben den Korinthern hinsichtlich des Kriegsausgangs Zuversicht: Durch die Mittel der Bundesgenossen und Anleihen bei Heiligtümern in Delphi und Olympia werde man die Finanzierung der Schiffe sicherstellen, durch Anwerbung von

---

[1] Salmon, Wealthy Corinth 168 u. Will, Corinthe, la richesse et la puissance 15 schätzen die Zahl der männlichen Vollbürger in Korinth auf maximal 15.000. Das ist weniger als die Hälfte der männlichen Ἀθηναῖοι im fünften Jahrhundert v. Chr.

[2] So sicher richtig Salmon, Wealthy Corinth 306. Thukydides liefert allerdings keine genauen Zahlen; dazu ebd. 430.

[3] Siehe Thuk. 2,7,2. Die Textstelle birgt, gerade in bezug auf die angegebenen Zahlen, einige Schwierigkeiten (dazu Gomme, Historical Commentary, Bd. 2, 7 u. Hornblower, Commentary, Bd. 1, 244), doch bleibt das Faktum eines Flottenbauprogramms bestehen.

[4] Siehe Thuk. 1,119–125.

[5] So ebd. 1,121,3–5.

2. Korinthische Kriegsführung in Nordwestgriechenland

Ruderern ihre Bemannung. Selbst die größere Erfahrung der Athener in der Seekriegsführung könne durch viel Übung wettgemacht werden.

Die Forschung hat mit Recht darauf hingewiesen, daß das Bild, das die Korinther in dieser Rede entwerfen, zu hoffnungsfroh ist. „If they did make anything like the speech in Thucydides, they were deceiving either themselves or their audience. All their points concerning naval possibilities were proved false in the event."[6] In der Tat, davon, daß Mittel aus den Tempelschätzen von Delphi und Olympia den Peloponnesiern zur Verfügung gestellt worden wären, hören wir in der Folge nichts – genauso wenig im übrigen von den 200 Schiffen, die die unteritalischen und sizilischen Bundesgenossen Spartas hatten beisteuern sollen. Was die Anwerbung von Rudermannschaften betrifft, so war diese nach 431 eher schwieriger für die Lakedaimonier und ihre Bundesgenossen zu bewerkstelligen als vorher, weil ihnen aufgrund der Kriegsereignisse die Ägäis als Rekrutierungsraum verschlossen blieb.[7] Peter A. Brunt hat mit diesem Umstand sogar erklären wollen, daß die Korinther während des gesamten Archidamischen Krieges keine Flotte mehr zusammenzustellen vermochten, die der bei Sybota in die Schlacht geführten an Größe gleichkam.[8] Tatsächlich scheinen sich die von ihnen gestellten Kontingente in den 420er Jahren eher bei etwa vierzig Schiffen bewegt zu haben, nur in seltenen Fällen darüber.[9] An Erfahrung im Seekrieg konnten es deren Kapitäne – und damit sind wir beim dritten Punkt – in aller Regel nicht mit den athenischen Strategen und Mannschaften aufnehmen. Auch dieses Argument, mit dem die thukydideischen Korinther ihren Zuhörern angesichts des Kriegsausbruchs Mut einflößen wollen, stößt also ins Leere: Im Verlaufe des zweiten Buchs stellt Thukydides ausführlich und nicht ohne eine gewisse Genugtuung dar, wie der erfahrene athenische Stratege Phormion Asopios' Sohn im Jahre 429 v. Chr. während der Kämpfe nahe Kap Rhion die taktischen Mängel der peloponnesischen – und das heißt zur damaligen Zeit in erster Linie der korinthischen – Flotte schonungslos offenlegte.[10]

Das Nahziel, das die korinthischen Gesandten in ihrer Kriegsrede den Teilnehmern der peloponnesischen Bundesversammlung ans Herz legten, war die Entsetzung von Poteidaia, das seit dem Herbst 432 durch ein großes Belagerungsheer des Delisch-

---

[6] Salmon, Wealthy Corinth 306.
[7] Vor der Schlacht bei Sybota war dies offenkundig noch nicht der Fall gewesen; siehe Thuk. 1,35,3; vgl. in diesem Zusammenhang auch Schulz, Athen und Sparta 77ff.
[8] So P. A. Brunt, Spartan Policy and Strategy in the Archidamian War, Phoenix 19, 1965, 259. Siehe auch Salmon, Wealthy Corinth 430: „It was not only hulls that were needed, but men to man them."
[9] Vierzig korinthische Schiffe führten im Winter 431/30 v. Chr. den Tyrannen Euarchos nach Astakos heim; siehe Thuk. 2,33,1. Lediglich bei dem Feldzug gegen die Insel Zakynthos im darauffolgenden Sommer ist es – angesichts einer Gesamtzahl von einhundert Schiffen laut ebd. 2,66,1 – denkbar, daß ein noch größeres Kontingent vom Isthmus aus in See gestochen ist; so Salmon, Wealthy Corinth 430.
[10] Siehe Thuk. 2,83–92. Siehe hierzu Will, Corinthe, la richesse et la puissance 25, der die korinthische Seekriegsführung während des Peloponnesischen Krieges als „médiocre" und „étrangement incompétente" bezeichnet.

Attischen Seebundes von der Außenwelt abgeschnitten worden war.[11] Doch sollte sich gerade in der ersten Phase des Archidamischen Krieges zeigen, daß die Athener nicht beabsichtigten, auf Aktionen ihrer Widersacher am Isthmus lediglich zu warten, sondern daß sie ihrerseits aktiv zu werden gedachten. Thukydides läßt das deutlich erkennen, indem er darauf verweist, die Athener hätten im Frühjahr 431 vor allem (μᾶλλον) zu ihren Bundesgenossen auf Kerkyra, Kephallenia, Zakynthos und in Akarnanien Gesandte geschickt, um sich deren Treue zu versichern, πέριξ τὴν Πελοπόννησον καταπολεμήσοντες.[12] Gerade das zuletzt genannte Akarnanien konnte ihnen in bezug auf die Peloponnes aber gar keinen rechten Nutzen bringen, denn die einzige akarnanische Seestadt, Oiniadai, stand zu dieser Zeit noch auf der Seite der Lakedaimonier und Korinther, und die übrigen Akarnanen lebten im Hinterland des Korinthischen Golfs. Ganz sicher dienten also die Bündnisse, die die athenischen Verantwortlichen am Vorabend des großen Krieges befestigten, nicht nur, aber auch der Intensivierung des Kampfes gegen die Korinther, mit denen sie schon seit 433 v. Chr. im Zwist lagen.

Die attische Kriegsführung gegenüber den Korinthern unterschied sich deutlich von derjenigen gegenüber den Lakedaimoniern. Während sie sich diesen gegenüber entsprechend dem Kriegsplan des Perikles zu Lande passiv verhielten und sich darauf beschränkten, jeweils am Ende des Sommers Plünderungszüge an den Küsten der Peloponnes zu unternehmen,[13] gingen die Athener seit 431 v. Chr. in der Macht- und Interessensphäre der Korinther zu Lande und zu Wasser offensiv vor, eroberten Städte und Stützpunkte, schlossen Bündnisse mit einheimischen Völkern und taten alles dafür, diesen ‚Parallelkrieg' zum eigentlichen Peloponnesischen Krieg zu ihren Gunsten zu entscheiden, bevor sie möglicherweise zu einer Übereinkunft mit den Lakedaimoniern gezwungen würden. Es war eben ein besonderer, aus eigenen Wurzeln erwachsener Krieg, den sie hier, im Jonischen Meer und im Korinthischen Golf, seit 433 führten, so wie sie es in den 450er Jahren v. Chr. schon einmal getan hatten.

In den ersten Jahren des Archidamischen Krieges sollte sich zeigen, daß die Korinther, auch mit Hilfe der Lakedaimonier und der anderen Peloponnesier, nicht dazu imstande waren, den Angriffen der Athener zu widerstehen. Anfängliche Versuche, selbst offensiv zu werden, um verlorene Positionen in Nordwestgriechenland zurückzuerlangen oder gar neue hinzuzugewinnen, mußten bald eingestellt werden. Man kann das anhand der Darstellung des Thukydides, vor allem in seinem zweiten und dritten Buch, sehr schön nachvollziehen. Schon am Ende des Sommers 431 v. Chr., nachdem die Peloponnesier aus Attika abgezogen waren, machte sich eine athenische Flotte von hundert Schiffen zu einer Umfahrung der Peloponnes

---

[11] Siehe Thuk. 1,124,1.
[12] Siehe ebd. 2,7,3.
[13] Zum Kriegsplan des Perikles siehe insbes. ebd. 1,141,2–143,5 u. 2,13,2–8; dazu zuletzt Lehmann, Perikles 222ff.

2. Korinthische Kriegsführung in Nordwestgriechenland

auf.[14] Verstärkt durch kerkyraische und andere Einheiten plünderte sie nicht nur die Küsten der Halbinsel aus, sondern segelte anschließend in nordwestgriechische Gewässer, wo sie das korinthische πόλισμα Sollion, darüber hinaus Astakos und die ganze Insel Kephallenia in Besitz nahm.[15] Den Korinthern ist es im darauffolgenden Winter mit 40 Schiffen und 1.500 Hopliten nicht gelungen, die Ergebnisse dieser Kampagne wieder rückgängig zu machen. Lediglich die Eroberung von Astakos gelang ihnen, doch weitere Erfolge in Akarnanien und auf Kephallenia blieben ihnen versagt.[16]

Thukydides stellt den erwähnten Winterfeldzug 431/30 v. Chr. ganz als Initiative der Verantwortlichen vom Isthmus dar; er nennt die korinthischen Strategen mit Namen. Von der Teilnahme verbündeter Peloponnesier verlautet hingegen nichts. Im nächsten Sommer hingegen, als eine peloponnesische Flotte von hundert Schiffen gegen Zakynthos in See sticht, wird diese schon von einem Spartiaten namens Knemos angeführt, und tausend lakedaimonische Hopliten bilden den Kern der Invasionstruppe.[17] Es ist dies der sichtbare Anfang einer Entwicklung, die im Zuge der 420er Jahre immer deutlicher erkennbar sein wird. Zwar können wir bis zum Sommer 427 v. Chr., gerade auf dem nordwestgriechischen Kriegsschauplatz, korinthische Initiativen immer wieder nachweisen. Auch innerhalb großer Unternehmungen von seiten aller Peloponnesier sind die Flottenkontingente der Korinther und ihrer Kolonien als solche oft wahrnehmbar und werden von Thukydides bisweilen ausdrücklich erwähnt. Aber andererseits tritt schon bald nach 431 die Dominanz Spartas gegenüber der Stadt am Isthmus – auch zur See, auch in Nordwestgriechenland – immer mehr zutage. Aus Gründen, die letztlich nicht bekannt sind, muß die Offensivfähigkeit der Korinther sehr bald nach dem Kriegseintritt der Λακεδαιμόνιοι καὶ οἱ σύμμαχοι schlagartig nachgelassen haben.

Die einzelnen Ereignisse, die das Scheitern der Korinther und ihrer Kolonien im Archidamischen Krieg anzeigen, sind rasch aufgezählt. Nachdem es den Korinthern und ihren Bundesgenossen bis zum Ende des Sommers 430 v. Chr. also nicht gelungen war, die Ergebnisse der athenischen Vorstöße des Vorjahres durch Erfolge in Akarnanien oder auf den ihm vorgelagerten Inseln auszugleichen, gerieten sie bald erneut unter Druck. Seit dem Winter 430/29 konzentrierten sich die Kämpfe auf dem nordwestlichen Kriegsschauplatz zunehmend auf den Hafen Naupaktos an der Nordküste des Korinthi-

---

[14] Zu den Kämpfen auf dem nordwestgriechischen Kriegsschauplatz 431/30 v. Chr. siehe u.a. Kagan, Archidamian War 58ff.; Domingo-Forasté, A History of Northern Coastal Akarnania to 167 B.C. 86ff.; Salmon, Wealthy Corinth 307f.; Welwei, Das klassische Athen 159 u. Lehmann, Perikles 231.

[15] Siehe Thuk. 2,30. Thukydides erzählt die Taten der Athener in Nordwestgriechenland in einem eigenen Kapitel, das er mit der Wendung οἱ δ' ἐν ταῖς ἑκατὸν ναυσὶν Ἀθηναῖοι ἔτι ὄντες περὶ Πελοπόννησον an die Darstellung des eigentlichen Periplus um die Peloponnes ebd. 2,25 anschließt.

[16] Siehe ebd. 2,33.

[17] Siehe ebd. 2,66. Dazu u.a. Kagan, Archidamian War 93f.; Salmon, Wealthy Corinth 308 u. Welwei, Sparta 216f.

schen Golfs, wo der athenische Stratege Phormion mit seinen Schiffen Wache hielt.[18] Der Versuch, ihm an dieser vorteilhaften Position nahe dem Kap Rhion militärisch zu begegnen, scheiterte kläglich und führte statt dessen die maritime Unterlegenheit der korinthischen Kapitäne einmal mehr drastisch vor Augen. Nach einem ersten Fehlschlag mußten sie gar unter lakedaimonischem Kommando die Seeschlacht erneuern; doch auch diesmal erreichten die 77 peloponnesischen Schiffe gegen Phormions wohltrainierte zwanzig Trieren nur ein mageres Unentschieden.[19] Zum Ende des Sommers 429 v. Chr. hin war die Seeherrschaft der Athener im Korinthischen Golf ungebrochen; der korinthische Hafen Lechaion konnte jederzeit von ihnen blockiert werden, so daß es nicht möglich war, μήτ' ἐκπλεῖν ἐκ Κορίνθου καὶ τοῦ Κρισαίου κόλπου μηδένα μήτ' ἐσπλεῖν.[20]

Freilich, auch zu Lande in Akarnanien stand es um die Sache der Korinther und ihrer Bundesgenossen in den 420er Jahren bald schlecht. Im Windschatten des Archidamischen Krieges hatten die Ambrakioten eine seit Jahren, wenn nicht Jahrzehnten bestehende Fehde gegen ihre amphilochischen Nachbarn wiederaufgenommen.[21] Schon am Ende des Sommers 430 v. Chr. drangen sie erstmals auf das Territorium der Stadt Argos Amphilochikon vor und verwüsteten es.[22] Im Sommer 429 nun kehrten sie zurück;[23] schon waren die Kriegsziele nicht mehr auf Amphilochien, ja nicht einmal mehr auf das angrenzende Akarnanien beschränkt. Um die Lakedaimonier zum Mittun zu bewegen, mußte man ihnen mehr bieten:[24] (scil. οἱ Λακεδαιμόνιοι) ῥᾳδίως Ἀκαρνανίαν σχόντες καὶ τῆς Ζακύνθου καὶ Κεφαλληνίας κρατήσουσι, καὶ ὁ περίπλους οὐκέτι ἔσοιτο Ἀθηναίοις ὁμοίως περὶ Πελοπόννησον· ἐλπίδα δ' εἶναι καὶ Ναύπακτον λαβεῖν. Wie die Korinther agierten auch die Ambrakioten im Zuge dieser Kampagne – anders als noch im vorigen Jahr – nicht mehr allein mit ihren Verbündeten aus dem barbarischen Hinterland. Vielmehr waren sie Teil einer großen Koalition von Städten und Völkern, die wiederum unter dem Oberbefehl des Spartiaten Knemos ins Feld zog. Thukydides schreibt, die Korinther hätten sich im Vorfeld des Feldzuges in

---

[18] Siehe Thuk. 2,69,1. Ob der Wachposten in Naupaktos erst zu diesem Zeitpunkt eingerichtet wurde oder schon vorher existierte, geht aus der Stelle nicht hervor. – Zu den Ereignissen an der Meerenge von Rhion 430/29 v. Chr. siehe u.a. Kagan, Archidamian War 107ff.; Salmon, Wealthy Corinth 309ff.; Welwei, Das klassische Athen 165 u. Welwei, Sparta 217f.

[19] Thukydides nennt die Namen der drei Feldherrn, die das korinthische Kontingent der peloponnesischen Flotte bei Naupaktos anführten; siehe ebd. 2,83,4. Nach der Niederlage bei Kap Rhion wird die Schlacht dann unter der Leitung des Spartiaten Knemos erneuert.

[20] So ebd. 2,69,1. Zum Ringen um die Vorherrschaft im Korinthischen Golf während der Anfangsjahre des Archidamischen Krieges siehe u.a. Lerat, Les Locriens de l'Ouest, Bd. 2, 37ff.

[21] Die chronologische Einordnung des Konflikts zwischen Ambrakia und den Amphilochiern hängt von der Interpretation der Textstelle Thuk. 2,68,3–9 ab; hierzu oben S. 130ff.

[22] Siehe ebd. 2,68.

[23] Der Akarnanienfeldzug im Sommer 429 v. Chr. wird von ebd. 2,80–82 ausführlich behandelt. Dazu u.a. Kagan, Archidamian War 107ff.; Domingo-Forasté, A History of Northern Coastal Akarnania to 167 B.C. 88ff.; Hammond, Epirus 500ff. u. Salmon, Wealthy Corinth 308ff.

[24] Thuk. 2,80,1.

2. Korinthische Kriegsführung in Nordwestgriechenland

besonderer Weise für die Interessen der Ambrakioten verwendet,[25] doch konnten sie an den Kampfhandlungen dann doch nicht teilnehmen, weil sie von Phormion am Kap Rhion erfolgreich aufgehalten wurden. Anders die nordwestgriechischen Kolonien der Isthmusstadt: Leukadier, Anaktorier und Ambrakioten hatten sich in Leukas versammelt und zogen, vereint mit barbarischen Hilfstruppen unter der Führung des Knemos, ins Innere Akarnaniens. Das Ergebnis war niederschmetternd: Nach einem leicht errungenen Anfangserfolg gelangte das Heer bis vor Stratos, die größte akarnanische Stadt, und wurde in einer Schlacht besiegt. Nur mit Mühe konnte sich Knemos mit den Überlebenden ins befreundete Oiniadai retten.

Auch dem nächsten Versuch der Ambrakioten, ihre amphilochischen und akarnanischen Nachbarn zu unterwerfen, war kein Erfolg beschieden. Im Winter 426/25 v. Chr. unternahmen sie einen erneuten Vorstoß nach Argos Amphilochikon, wieder mit peloponnesischer Hilfe, nun jedoch unter dem Oberbefehl des Spartiaten Eurylochos.[26] Sie hatten ihn mit der Aussicht geködert, daß er durch einen Sieg über ihre Feinde das gesamte Festland nördlich des Korinthischen Golfs für die Seite Spartas gewinnen werde.[27] Der Feldzug entwickelte sich – zumindest aus ambrakiotischer und korinthischer Sicht – zu einem veritablen Desaster. In ihrem Vorgehen schlecht koordiniert, wurden die Heere der Angreifer nahe Argos Amphilochikon von den vereinigten Amphilochiern, Akarnanen und Athenern gleich zweimal besiegt, zuerst bei Olpai, dann bei Idomene. Ein Großteil der wehrfähigen Mannschaft Ambrakias wurde in diesen beiden Schlachten dahingerafft; die Stadt war nahezu ruiniert und mußte durch eine Besatzungstruppe der Korinther im Umfang von 300 Hopliten fortan notdürftig geschützt werden.[28] Dies alles war schon schlimm genug, doch sollte sich die zweifache Niederlage in Amphilochien auch auf den Verlauf des Archidamischen Krieges insgesamt auswirken.

Mit Ambrakia schied eine Stadt aus dem Kampfgeschehen aus, die einst mehrere tausend Hopliten ins Feld hatte führen können. Neben Leukas war sie der wichtigste Verbündete der Korinther im nordwestgriechischen Raum gewesen, doch durch den Hundertjährigen Vertrag, der ihr nun durch die siegreichen Amphilochier und Akarnanen aufgezwungen wurde, waren ihr – zumindest fürs erste – die Hände gebunden. Dies wirkte sich unmittelbar auf den Fortgang der Ereignisse aus: Schon im folgenden Sommer 425 v. Chr. eroberten die verbündeten Akarnanen und Athener die ko-

---

[25] Siehe Thuk. 2,80,3: ἦσαν δὲ Κορίνθιοι ξυμπροθυμούμενοι μάλιστα τοῖς Ἀμπρακιώταις ἀποίκοις οὖσιν.
[26] Siehe ebd. 3,105–114. Dazu u.a. Kagan, Archidamian War 209ff.; Domingo-Forasté, A History of Northern Coastal Akarnania to 167 B.C. 92ff.; Hammond, Epirus 502ff. u. Salmon, Wealthy Corinth 316ff.
[27] So Thuk. 3,102,6: πᾶν τὸ ἠπειρωτικόν.
[28] So ebd. 3,114,4. – Auch den Erzähler Thukydides hat dieses Schicksal Ambrakias nicht kalt gelassen, wie seine dramatische Schilderung der Geschehnisse zeigt; vgl. ebd. 3,113, bes. ebd. 3,113,6: πάθος γὰρ τοῦτο μιᾷ πόλει Ἑλληνίδι ἐν ἴσαις ἡμέραις μέγιστον δὴ τῶν κατὰ τὸν πόλεμον τόνδε ἐγένετο. Dazu Stahl, Thukydides 131ff.

rinthische Gründung Anaktorion am Golf von Ambrakia;[29] den Ambrakioten war es vertraglich verboten worden, ihrer Schwesterkolonie etwaige Hilfe zu leisten.[30] Ein Jahr darauf traten dann die letzten Unterstützer der Peloponnesier in der Region, die Stadt Oiniadai und der Agraierkönig Salynthios, auf die Seite der Akarnanen bzw. Athener über.[31] Es hätte noch schlimmer kommen können: Schon im Jahre 428 hatten die Athener und ihre Verbündeten unter dem Strategen Asopios Phormions' Sohn einen Vorstoß auf die Insel Leukas unternommen, waren jedoch bei dem Ort Nerikos besiegt und anschließend vertrieben worden.[32] Zwei Jahre später kehrten sie zurück und rückten diesmal direkt vor die Polis der Leukadier, doch erneut mußte der Angriff vorzeitig abgebrochen worden, weil der aktuelle athenische Befehlshaber Demosthenes Alkisthenes' Sohn sich von den Messeniern in Naupaktos dazu hatte überreden lassen, lieber die Aitoler auf dem Festland anzugreifen.[33] Es war derselbe Demosthenes, der im darauffolgenden Winter mit den Amphilochiern und Akarnanen bei Olpai und Idomene siegen sollte. Um ein Haar wäre in dieser Situation auch Ambrakia in die Hand der Athener gelangt, doch wußten es die Akarnanen zu verhindern.[34]

Freilich war auch so das Ergebnis der Kämpfe um Nordwestgriechenland in den Jahren zwischen 433 und 424 v. Chr. eindeutig genug: Nach neunjährigem Ringen zwischen den Κορίνθιοι καὶ οἱ σύμμαχοι und Athen befand sich, ungeachtet der Tatsache, daß Sparta im Frühjahr 431 Partei ergriffen hatte, nahezu der gesamte umstrittene Raum bis auf Ambrakia und Leukas unter der direkten oder indirekten Kontrolle der Athener. Ein Teil derjenigen Verbündeten, die in den Schlachten bei Leukimme und bei Sybota noch an der Seite der Isthmusstadt in den Krieg gezogen waren, reihte sich nun in die Zahl der attischen Bundesgenossen vor Ort ein, so zum Beispiel Anaktorion und das kephallenische Pale.[35] Andere, wie Elis und Megara, richteten als Mitglieder des Peloponnesischen Bundes, seit im Jahre 431 v. Chr. der Bündnisfall eingetreten war, ihre Politik naturgemäß in erster Linie an der ihres lakedaimonischen Hegemons aus.[36] Vor allem aber hatten die Korinther die Kontrolle über Teile des epeirotischen, akarnanischen und aitolischen Hinterlandes verloren, auf dessen Unterstützung sie in

---

[29] Siehe Thuk. 4,49.
[30] So ebd. 3,114,3.
[31] Siehe ebd. 4,77,2.
[32] Siehe ebd. 3,7. Daß ausgerechnet Asopios die Truppen anführte, war kein Zufall, κελευσάντων Ἀκαρνάνων τῶν Φορμίωνός τινα σφίσι πέμψαι ἢ υἱὸν ἢ ξυγγενῆ ἄρχοντα (ebd. 3,7,1).
[33] Siehe ebd. 3,94f. Als seine Verbündeten nennt Thukydides die Kerkyraier, Akarnanen, Messenier, Zakynthier und Kephallenier. Bezeichnenderweise haben die beiden Erstgenannten die Sinnesänderung des Demosthenes nicht gutgeheißen und sich von dem Feldzug nach Aitolien ferngehalten.
[34] Die Akarnanen verhinderten im Winter 426/25 v. Chr., daß Ambrakia in attische Hände geriet, weil sie fürchteten, μὴ οἱ Ἀθηναῖοι ἔχοντες αὐτὴν (scil. τὴν Ἀμπρακίαν) χαλεπώτεροι σφίσι πάροικοι ὦσιν (so ebd. 3,113,6).
[35] Vgl. ebd. 1,27,2 u. 1,46,1 mit ebd. 4,49 bzw. 2,30,2; 3,94,1 u. 3,95,2.
[36] Bei Leukimme und Sybota hatten die Eleier und Megarer noch auf eigene Rechnung in der einen oder anderen Weise mitgewirkt; siehe ebd. 1,27,2 u. 1,46,1. Mit Beginn des Archidamischen Krieges treten sie jedoch vielfach hinter die Gesamtheit der Πελοποννήσιοι zurück.

den 430er Jahren noch hatten zählen können.[37] Seit Beginn des Archidamischen Krieges suchten die Athener immer wieder die Küstenregionen Akarnaniens und ihr Hinterland heim und eliminierten dort systematisch Stützpunkte, die ihnen feindlich gesonnen waren.[38] Schon Mitte der 420er Jahre hatten sie ihr Ziel im wesentlichen erreicht: Als Xenokleidas Euthykles' Sohn im Winter 426/25 v. Chr. seine 300 Mann starke Schutztruppe vom Isthmus nach Ambrakia führte, erfolgte sein Anmarsch laut Thukydides χαλεπῶς διὰ τῆς ἠπείρου.[39] Der Seeweg war den Korinthern ohnehin schon versperrt, seit die Athener am Kap Rhion aufmerksam Wache hielten, doch nun war ihnen auch der Landweg zu einem beschwerlichen Unterfangen geworden.

Es ist nicht so, daß den Athenern auf dem nordwestgriechischen Kriegsschauplatz während der 420er Jahre alles ohne Ausnahme gelungen wäre. Die Akarnanen, mit denen sie sich verbündet hatten, waren ein schwieriger, durchaus auf seine eigenen Interessen bedachter Partner. Sie fügten sich keinesfalls immer den strategischen Vorgaben, die das Handeln der attischen Feldherrn aktuell bestimmten. Ein gutes Beispiel hierfür ist der schon erwähnte Feldzug des Demosthenes gegen die Aitoler 426 v. Chr., der unter ausdrücklicher Mißbilligung der Akarnanen erfolgte.[40] Diese blieben zur Überraschung der allzu selbstsicheren Athener auf ganzer Linie siegreich und machten anschließend, im Verein mit den Lakedaimoniern, deren Bündnispartner sie folgerichtig geworden waren, den Athenern an der Nordküste des Korinthischen Golfs schwer zu schaffen.[41] Damals geriet die einstige korinthische Kolonie Molykreion in die Hand der verbündeten Aitoler und Peloponnesier.[42] Leider teilt uns Thukydides nichts darüber mit, wer diese Stadt nach 426 in Besitz hatte. Wurde sie der einstigen Mutterstadt am Isthmus übereignet, oder stellte sie fortan einen ersten aitolischen Stützpunkt zur See dar?[43] Mangels weiterer Quellen kann man diese Frage nicht beantworten, doch selbst wenn die Korinther Molykreion im Sommer 426 v. Chr. in ihre Gewalt bekommen haben sollten, so brachte ihnen der Ort nicht viel Nutzen, denn Naupaktos konnte von den Athenern weiterhin gegen die Aitoler und Peloponnesier gehalten werden; die Blockade am Kap Rhion blieb bestehen. Wir erhalten in der Folge denn auch keine Informationen darüber, daß es den Korinthern, ausgehend davon, daß sie nun Molykreion besaßen, gelungen wäre, im Korinthischen Golf wieder aktiver zu werden.

---

[37] Siehe Thuk. 1,26,2 u. 1,47,3.
[38] Siehe ebd. 2,30 u. 2,102,1f.
[39] Siehe ebd. 3,114,4.
[40] Siehe ebd. 3,95,2. Nach der Niederlage gegen die Aitoler konnte Demosthenes deshalb nur mit Mühe die Akarnanen zu erneuten Hilfeleistungen bewegen; so ebd. 3,102,3.
[41] Die Ereignisse im Zusammenhang ebd. 3,94–98 u. 100–102. Hierzu u.a. Lerat, Les Locriens de l'Ouest, Bd. 2, 38ff.; Kagan, Archidamian War 201ff.; Salmon, Wealthy Corinth 316f. u. Welwei, Das klassische Athen 175f.
[42] Siehe Thuk. 3,102,2: ἐπί τε Μολύκρειον ἐλθόντες τὴν Κορινθίων μὲν ἀποικίαν, Ἀθηναίων δὲ ὑπήκοον, αἱροῦσιν.
[43] Beide Möglichkeiten diskutiert, ohne sich zu entscheiden, Freitag, Golf von Korinth 64f.; siehe auch Stroud, Thucydides and Corinth 284f.

Die Korinther haben also aus dem Scheitern der Athener in Aitolien augenscheinlich keinen Nutzen ziehen können. Daß die Aitoler angesichts ihrer akuten Bedrohung Schutz bei ihnen und den Lakedaimoniern gesucht hatten, war zwar an sich positiv;[44] andererseits hatte sich Sparta damit sichtbar an der Nordküste des Korinthischen Golfs festgesetzt.[45] Zusammen mit der Tatsache, daß bei den entscheidenden Operationen der Peloponnesier in diesem Raum während der 420er Jahre v. Chr. das Oberkommando bei den Spartiaten Knemos und Eurylochos lag, war dies ein weiteres Anzeichen dafür, wie den Korinthern ihre vordringliche Interessen- und Aktionssphäre in Nordwestgriechenland Zug um Zug entglitt. Die Stadt am Isthmus wurde immer mehr zu einem Akteur zweiten Ranges.

Auch am anderen Ende des nordwestgriechischen Kriegsschauplatzes, in Kerkyra, kann dieser erst schleichende, sich dann aber stark beschleunigende Prozeß leicht nachvollzogen werden. Mit dem Ausbruch des Archidamischen Krieges 431 v. Chr. hatten weder die Korinther noch die Kerkyraier ihre eigentlichen Ziele aufgegeben. Letztere wollten eine erneute Attacke ihrer Mutterstadt um jeden Preis verhindern; sie verstärkten deshalb schon im Sommer des ersten Kriegsjahres mit fünfzig Schiffen die athenische Expeditionsflotte und halfen ihr, wichtige Positionen in Akarnanien und an den Küsten des Jonischen Meeres zu gewinnen.[46] Die Verantwortlichen in Korinth hingegen spekulierten darauf, mit Hilfe der bei Sybota gefangenen kerkyraischen Adeligen mittelfristig einen innenpolitischen Umschwung auf der Insel herbeizuführen und auf diese Weise das unerwünschte Bündnis mit Athen aus dem Jahre 433 rückgängig zu machen.[47] Im Sommer 427 v. Chr. schienen sie ihrem Ziel nahe zu sein, als es einer mit den Korinthern sympathisierenden Gruppe von Adeligen gelang, den athenfreundlichen Politiker Peithias zu töten und seinen Plan, eine offensiv und defensiv ausgerichtete Symmachie – nicht mehr nur eine Epimachie – mit Athen zu schließen, vorerst zu vereiteln. Freilich mußten die Attentäter erkennen, daß sie durch diese Tat nicht etwa die Machtfrage in Kerkyra ein für allemal entschieden, sondern den Auftakt zu einer Stasis gesetzt hatten, die alles Bisherige in den Schatten zu stellen drohte.[48] In den nun anhebenden, erbitterten Kämpfen unterlag die korinthfreundliche Partei ihren innenpolitischen Gegnern. Auch das Eingreifen einer peloponnesischen Flotteneinheit unter dem zögerlichen lakedaimonischen Oberkom-

---

[44] Thuk. 3,100,1 erwähnt ausdrücklich, daß die Aitoler im Sommer 426 v. Chr. Gesandte sowohl nach Korinth als auch nach Sparta schickten und nennt sogar ihre Namen.

[45] Dies gilt unabhängig davon, ob das in der Datierung umstrittene Bündnis der Lakedaimonier mit den Αἰτωλοὶ Ἐρξαδιεῖς in dieser Zeit schon bestand oder noch nicht. Dazu oben S. 106 Anm. 31.

[46] Siehe Thuk. 2,25,1.

[47] Die Ereignisse im Zusammenhang siehe ebd. 3,69–81. Dazu u.a. Kagan, Archidamian War 175ff.; Salmon, Wealthy Corinth 312ff.; Bauslaugh, Concept of Neutrality 132ff.; Welwei, Das klassische Athen 173f. u. Intrieri, Bíaios didáskalos 67ff.

[48] Nicht umsonst hat Thukydides die kerkyraische Stasis als Ausgangspunkt für seine berühmte Pathologie des Krieges genommen; siehe dens. 3,82–84. Dazu aus jüngerer Zeit Price, Thucydides and Internal War 6ff. u. Intrieri, Bíaios didáskalos 121ff. mit weiterführender Literatur.

2. Korinthische Kriegsführung in Nordwestgriechenland

mandanten Alkidas konnte keinen Umschwung zu ihren Gunsten mehr herbeiführen. Die unterlegenen Adeligen fielen einem regelrechten Massaker zum Opfer;[49] der siegreiche kerkyraische Demos hingegen ging nun mit den Athenern, wie einst angestrebt, eine offensiv und defensiv ausgerichtete Symmachie ein. Schon im Sommer 426 v. Chr. sollte sich diese vor Leukas bewähren, als die Kerkyraier dem attischen Strategen Demosthenes mit fünfzehn Schiffen zu Hilfe eilten.[50] Die Athener aber vermochten in den folgenden Jahren Kerkyra als Sprungbrett für ambitionierte Expeditionen nach Sizilien zu nutzen, so wie es die Gesandten der Insel Jahre zuvor den Teilnehmern der attischen Volksversammlung in Aussicht gestellt hatten.[51] Eine peloponnesische Flotte, die im Jahre 425 nach Kerkyra segeln sollte, um der Sache der Feinde Athens einen neuen Impuls zu verleihen, hat demgegenüber ihr ursprüngliches Ziel nicht erreichen können. Sie wurde zu den Auseinandersetzungen um die Insel Sphakteria beim messenischen Pylos abkommandiert. Sicher sind auch viele korinthische Schiffe den dortigen Kämpfen zum Opfer gefallen.[52]

Die Ereignisse um Kerkyra bis zum Jahre 427 v. Chr. machen das Dilemma der korinthischen Kriegsführung während der 420er Jahre, wie es sich im Korinthischen Golf, in Akarnanien und eben auch hier, im äußersten Nordwesten Griechenlands zeigte, einmal mehr hinreichend deutlich: Schon sehr bald nach dem Kriegseintritt der Lakedaimonier 431 wurde offenbar, daß die Verantwortlichen vom Isthmus in keiner Weise dazu in der Lage waren, auf den verschiedenen Schauplätzen mit den Athenern und ihren Bundesgenossen, darunter den Kerkyraiern, militärisch zu konkurrieren. Sie büßten Position um Position ein und bedurften bald aktiver lakedaimonischer Unterstützung. Auch wenn diese oft zu zögerlich, zu spät oder zu dilettantisch in Gang gesetzt wurde, so verhinderte sie doch – zusammen mit den Fehlern, die die athenische Führung sich leistete –, daß ganz Nordwestgriechenland unter attische Herrschaft geriet. Die Κορίνθιοι καὶ οἱ σύμμαχοι hatten darüber freilich im Grunde schon 429, spätestens aber 424 v. Chr. den Anspruch eingebüßt, an der Seite Spartas als eigenständige kriegführende Macht zu gelten.

---

[49] Ein Teil der Adeligen vermochte damals zu entkommen und führte bis 425 v. Chr., erst von der epeirotischen Gegenküste, dann vom Berg Istone auf Kerkyra selbst aus den Krieg gegen die Volkspartei weiter. Erst dann wurden sie mit athenischer Hilfe gestellt, interniert und schließlich ermordet. Auch dies hat Thukydides in allen blutigen Einzelheiten beschrieben; siehe dens. 4,46–48.

[50] Siehe ebd. 3,94,1. Sie kehrten dann allerdings vorzeitig nach Kerkyra zurück, weil sie an dem athenischen Feldzug gegen die Aitoler nicht teilnehmen wollten; siehe ebd. 3,95,2.

[51] Siehe ebd. 1,36,2; dazu ebd. 1,44,3. – Der erste Sizilienfeldzug der Athener begann Ende Sommer 427 v. Chr.; siehe ebd. 3,86.

[52] So Salmon, Wealthy Corinth 318. – Zu den Kämpfen um Sphakteria siehe Thuk. 4,2–23 u. 26–41. Dazu u.a. Kagan, Archidamian War 220ff.; Welwei, Das klassische Athen 176ff. u. Welwei, Sparta 222ff.

3. Die seegestützte korinthische Kriegsführung außerhalb Nordwestgriechenlands während der 420er Jahre v. Chr.

Wir haben bisher unser Augenmerk auf die nordwestgriechischen Kriegsschauplätze gerichtet, zu Recht, denn hier lagen die Hauptinteressengebiete der Korinther während des fünften Jahrhunderts v. Chr.; eine spezifisch korinthische, von den Lakedaimoniern sich abhebende Politik ist in diesem Raum deshalb am ehesten zu erwarten und zu beobachten. Nicht zuletzt hatte die Eskalation von 432/31 v. Chr. in den Κερκυραϊκά ihren Ausgang genommen; sie war, wie wir gesagt haben, nur die Fortsetzung einer korinthisch-kerkyraisch-athenischen Auseinandersetzung, die schon im Sommer 433 begonnen hatte. Dennoch sollte nicht in Vergessenheit geraten, daß das vordringliche Kriegsziel, das die korinthischen Gesandten bei ihrer Rede vor der Bundesversammlung der Peloponnesier formulierten, die Entsetzung ihrer Kolonie Poteidaia war.[1] Die korinthischen Zukunftspläne reichten also über den Horizont Nordwestgriechenlands bei weitem hinaus. Wie steht es mit ihrer Umsetzung?

Alles in allem ist zu sagen, daß die Resultate ab 433 v. Chr. auch auf den Kriegsschauplätzen außerhalb Nordwestgriechenlands für die Korinther in der Regel ernüchternd waren. In bezug auf Poteidaia hatte Aristeus Adeimantos' Sohn, nachdem er in offener Feldschlacht unterlegen war, die Stadt verlassen und von außerhalb eine Art Guerillakampf gegen das athenische Belagerungsheer initiiert.[2] Er war durchaus erfolgreich dabei, und angesichts der notorischen Unzuverlässigkeit der Makedonen und Thraker war es sicher vor allem *seinem* Einfluß zu verdanken, daß die verbündeten Chalkidier und Bottiaier nach 432 bei der Sache blieben und sich zum hartnäckigsten Unterstützer der korinthischen und lakedaimonischen Sache während der 420er Jahre v. Chr. entwickelten.[3] Allerdings wurde Aristeus Ende Sommer 430 vom Thrakerkönig Sitalkes gefaßt, als er gerade mit anderen Gesandten zum persischen Großkönig unterwegs war, um ihn um Hilfe im Kampf gegen die Athener zu bitten.[4] Seine Auslieferung an die Athener, die ihn sofort hinrichten ließen, war ein schwerer Schlag für die korinthische Sache in Nordgriechenland. Schon im darauffolgenden Winter 430/29 v. Chr. mußte Poteidaia, das über Jahre hinweg beträchtliche Kräfte Athens gebunden hatte, kapitulieren.[5] Zwar setzten die Chalkidier und Bottiaier ihren Kleinkrieg gegen die übermächtigen Athener fort – es gelang ihnen sogar im Jahre 429, sie bei

---

[1] So Thuk. 1,124,1.
[2] Siehe ebd. 1,65,1f.
[3] Siehe hierzu u.a. ebd. 2,58; 2,79; 2,95–101; 4,7 u.ä. Dazu u.a. Zahrnt, Olynth und die Chalkidier 49ff. u. Beck, Polis und Koinon 151ff.
[4] Siehe Thuk. 2,67.
[5] Siehe ebd. 2,70.

3. Korinthische Kriegsführung außerhalb Nordwestgriechenland

Spartolos in offener Feldschlacht zu besiegen[6] –, aber das einst formulierte Ziel, die korinthische Kolonie auf der Pallene zu retten und damit eine Bresche in die athenische Herrschaft an der Nordküste der Ägäis zu schlagen, war offensichtlich gescheitert. Erst im Sommer 424 v. Chr. kam wieder Bewegung in diesen Kriegsschauplatz, als der Spartiat Brasidas Tellis' Sohn ein peloponnesisches Heer nach Nordgriechenland führte.[7] Bis zu seinem Tod zwei Jahre später eilte er von Erfolg zu Erfolg; viele Städte in der Region kehrten Athen und dem Delisch-Attischen Seebund den Rücken und schlossen sich ihm an. Poteidaia freilich war nicht darunter. Seine ursprüngliche Bevölkerung hatten die Athener nach der Kapitulation vertrieben und durch eigene Siedler ersetzt.[8] Die Bilanz an der nördlichen Küste der Ägäis glich insofern auffällig derjenigen in Nordwestgriechenland: Nachdem sich binnen kurzem erwiesen hatte, daß die Κορίνθιοι καὶ οἱ σύμμαχοι allein nicht dazu imstande waren, den Athenern militärisch zu begegnen, wurden sie von den Lakedaimoniern unterstützt, aber das bedeutete eben zugleich, daß sie sich deren Vorgaben, wenn nicht sofort, so doch allmählich, immer mehr zu fügen hatten. Wie schon im Falle der Gebiete jenseits des Korinthischen Golfs hatten sich die Verantwortlichen Spartas auch hinsichtlich eines Eingreifens auf der Chalkidike ursprünglich eher zurückhaltend gezeigt.[9] Als Brasidas dann erst einmal vor Ort war und sich die Erfolge rasch einstellten, änderte sich das in gewisser Weise.[10] Die dortigen Poleis aber schlossen fortan mit *ihm* und den Lakedaimoniern ihre Bündnisse, nicht etwa mit den Korinthern. Binnen kurzem hatte die Stadt am Isthmus auch auf dem nördlichen Kriegsschauplatz die Initiative und somit das Recht, als eigenständige kriegführende Macht zu gelten, an den Hegemon des Peloponnesischen Bundes verloren.

Poteidaia und die Halbinsel Chalkidike waren den gesamten Archidamischen Krieg über auf dem Seeweg von Korinth aus nicht erreichbar, ein Umstand, der die Kriegsführung der Isthmusstadt in diesem Raum nicht eben erleichtert haben dürfte. Schon

---

[6] Siehe Thuk. 2,79.
[7] Siehe ebd. 4,78. Den Kämpfen des Brasidas in Nordgriechenland widmet Thukydides, nicht zuletzt, weil er selbst an ihnen aktiv beteiligt war, im vierten und fünften Buch seines „Peloponnesischen Krieges" viel Aufmerksamkeit. Dazu u.a. Kagan, Archidamian War 287ff.; Welwei, Das klassische Athen 187ff. u. Welwei, Sparta 225ff.
[8] Siehe Thuk. 2,70,4. Thukydides spricht an dieser Stelle von ἔποικοι; vgl. auch Diod. 12,46,7. Dazu Hornblower, Commentary, Bd. 1, 357 mit weiteren Zeugnissen; ferner Amit, Great and Small Poleis 45ff. u. Figueira, Athens and Aigina 20ff.
[9] Das zeigt sich ungeachtet der bei Thuk. 2,80f. genannten Motive daran, daß das Heer, das Brasidas nach Norden führte, nicht aus Lakedaimoniern, sondern aus Söldnern und Heloten bestand; siehe ebd. 4,80,5. Auch nachdem sich die ersten Erfolge eingestellt hatten, betrachteten die Verantwortlichen in Sparta die im Norden errungenen Erfolge stets als Pfand, das sie für Fortschritte in ihrem ‚eigentlichen' Krieg, der sich rings um die Peloponnes abspielte, einzutauschen bereit waren. Ebd. 4,108,7 spricht auch von φθόνος unter den führenden Spartiaten auf Brasidas.
[10] Zumindest wurde Brasidas zu Beginn des Winters 423/22 v. Chr. ein Hilfskorps von 900 Hopliten unter drei lakedaimonischen Führern nachgesandt. Bezeichnenderweise kamen sie aber nie ans Ziel, μάλιστα [...] εἰδότες τοὺς Λακεδαιμονίους, ὅτε ἐξῇσαν, πρὸς τὴν εἰρήνην μᾶλλον τὴν γνώμην ἔχοντας.

Aristeus hatte mit seinem Hilfsheer im Sommer 432 den Landweg über Thessalien und Makedonien nehmen müssen, um auf die Pallene zu gelangen.[11] Brasidas erging es in dieser Hinsicht nicht viel besser; daß er im Sommer 424 v. Chr. den beschwerlichen Marsch durch das nördliche Griechenland wagte, um so völlig unerwartet für die Athener in deren ‚Hinterhof' aufzutauchen, registriert Thukydides mit unverhohlener Anerkennung. Als ehemaliger Stratege wußte er um das Risiko, das Brasidas auf sich genommen hatte.[12] Die Beschränkung auf den Landweg brachte es natürlich mit sich, daß Aristeus und Brasidas auf das Wohlwollen bzw. die Neutralität der binnenländischen Mächte angewiesen waren und diese immer in ihr Handeln einzukalkulieren hatten. Nicht alle waren dabei so einfach einzuschätzen wie der Thrakerkönig Sitalkes, der in den Anfangsjahren des Archidamischen Krieges wiederholt Athen gegenüber seine Treue bewies.[13] Vor allem die Schaukelpolitik Perdikkas' II. war ein echtes Problem für die Peloponnesier wie auch ihre attischen Kriegsgegner, drohte sie doch einmal gefaßte oder gar bereits in Angriff genommene Pläne jederzeit zunichte zu machen. Anders als die athenischen Strategen vor Ort vermochten sich Feldherrn wie Aristeus und Brasidas zumindest zu Beginn auf nicht allzuviele Stützpunkte und Bundesgenossen an der nordägäischen Küste zu stützen. Jeder Frontwechsel des wankelmütigen Makedonenkönigs drohte ihre Position deshalb existentiell zu gefährden.[14]

Daß zur Zeit des Archidamischen Krieges peloponnesischen – und das bedeutet in den ersten Kriegsjahren korinthischen – Schiffen der Weg in die Ägäis in der Regel versperrt war, lag daran, daß die Athener damals in sämtlichen griechischen Gewässern zusammen mit ihren Verbündeten nahezu die absolute Seeherrschaft innehatten. Schon im Sommer 431 v. Chr. hatte sich das, wie wir gesehen haben, angedeutet, als sie mit hundert Schiffen die Peloponnes umfuhren und dabei mehr oder weniger ungestört an verschiedenen Stellen plündernd an Land gingen.[15] Im Sommer darauf wiederholte sich das Szenario, wenn auch an anderer Stelle. Unter dem Kommando von Perikles höchstpersönlich liefen hundert athenische und fünfzig bundesgenössische Schiffe aus und griffen Städte auf der argolischen Akte an, Epidauros, Troizen, Halieis und Hermione;

---

[11] So sicher richtig Gomme, Historical Commentary, Bd. 1, 213. Der Wortlaut von Thuk. 1,60 ist uneindeutig.

[12] Siehe Ebd. 4,78f. Ohnehin steht Thukydides dem Brasidas sehr positiv gegenüber; siehe ebd. 4,81. Dazu Hornblower, Commentary, Bd. 2, 38ff.

[13] Vgl. Thuk. 2,95–101, wo Thukydides ausführlich vom Angriff des Sitalkes auf den Makedonenkönig Perdikkas II. erzählt. Die Athener standen ihm im Winter 429/28 v. Chr. bezeichnenderweise nicht zur Seite, ἀπιστοῦντες αὐτὸν μὴ ἥξειν (ebd. 2,101,1). Schon bei der Festnahme des Korinthers Aristeus Ende Sommer 430 v. Chr. hatte ein Sohn des Sitalkes die Hände mit im Spiel gehabt; siehe ebd. 2,67,2f.

[14] Die zahlreichen Frontwechsel des Perdikkas müssen an dieser Stelle nicht einzeln aufgezählt werden; dazu u.a. Hammond/Griffith, History of Macedonia, Bd. 2, 121ff. u. Errington, History of Macedonia 15ff. Exemplarisch sei nur erwähnt, daß die Schlacht, die Aristeus im Herbst 432 v. Chr. den Athenern vor Poteidaia lieferte, unter anderem deshalb verlorenging, weil die Reiterei des Makedonenkönigs sich abwartend verhielt und nicht ins Geschehen eingriff; siehe Thuk. 1,63,2.

[15] Siehe Ebd. 2,25 u. 30.

3. Korinthische Kriegsführung außerhalb Nordwestgriechenland

abschließend machten sie noch einen Abstecher ins lakonische Prasiai.[16] Zwar gelang es den Athenern nicht, sich an der peloponnesischen Küste festzusetzen und so dauerhafte Stützpunkte zur Beunruhigung des Feindes zu installieren, aber das Resultat ihrer Attacke war auch so eindrucksvoll und aussagekräftig genug. Wie im Korinthischen Golf und im Jonischen Meer, so war auch in den Gewässern um die Argolis herum, besonders aber im Saronischen Golf die Seeherrschaft der Athener ungebrochen, ihre drückende Überlegenheit ein nicht ignorierbares Faktum.

Die Orte, die Perikles' Flotteneinheiten im Sommer 430 v. Chr. heimsuchten, hatten alle bereits in den Auseinandersetzungen mit den Korinthern nach 461/60 eine Rolle gespielt. Schon damals hatten diese binnen einer einzigen Sommerkampagne ihre Unterlegenheit gegenüber den Seestreitkräften des Delisch-Attischen Seebundes erkennen müssen, doch diesmal, genau dreißig Jahre später, war es augenscheinlich nicht einmal zu einem Versuch gekommen, dem Feind in offener Seeschlacht entgegenzutreten.[17] Dazu paßt, daß die Athener schon im Sommer 431 v. Chr. mühelos, gleichsam als Auftakt zu ihrer Kriegsführung im Saronischen Golf, die Attika vorgelagerte Insel Aigina hatten in Besitz nehmen können, wobei die dortige alteingesessene Bevölkerung vertrieben wurde.[18] Gerade Aigina war zu Beginn der 450er Jahre heftig umkämpft gewesen; noch im Vorfeld des Kriegsausbruchs 432/31 hatte seine Behandlung durch die Athener den Korinthern zusätzliches Argumentationsmaterial an die Hand gegeben.[19] Doch jetzt, unmittelbar nach Ausbruch der Feindseligkeiten, hören wir rein gar nichts von einer korinthischen Reaktion auf die Vertreibung der Aigineten; es waren schließlich die Lakedaimonier, die sich um sie kümmerten und ihnen in der Thyreatis eine neue Heimstatt verschafften.[20]

Noch ein weiterer Punkt ist aufschlußreich in unserem Zusammenhang, nicht zuletzt, wenn man die beiden Sommerkampagnen von 431 und 430 v. Chr. zueinander in Beziehung setzt. Bei Thukydides heißt es, die Athener seien abschließend beim lakonischen Prasiai gelandet, hätten das Umland verwüstet, den Ort selbst aber zerstört und seien dann abgezogen: τῆς τε γῆς ἔτεμον καὶ αὐτὸ τὸ πόλισμα εἷλον καὶ ἐπόρθησαν.[21] Der zuvor erfolgte Überfall der Athener auf Epidauros wird von unserem Autor mit durchaus ähnlichen Worten geschildert, und doch wirkt das Ganze viel ernsthafter, verbissener, zielorientierter: ἀφικόμενοι δὲ ἐς Ἐπίδαυρον τῆς Πελοποννήσου ἔτεμον τῆς γῆς τὴν πολλήν, καὶ πρὸς τὴν πόλιν προσβάλοντες ἐς ἐλπίδα

---

[16] Siehe Thuk. 2,56. Dazu die Kommentare von Gomme, Historical Commentary, Bd. 2, 163f. u. Hornblower, Commentary, Bd. 1, 328f.; zuletzt Lehmann, Perikles 236.
[17] Zu den Auseinandersetzungen zwischen Athenern und Korinthern im Saronischen Golf nach 461/60 v. Chr. siehe oben S. 193ff.
[18] Siehe Thuk. 2,27. Zu den Folgen ausführlich Amit, Great and Small Poleis 45ff. u. Figueira, Athens and Aigina, bes. 7ff.
[19] Siehe Thuk. 1,67,2; ferner ebd. 1,139,1. Dazu Baltrusch, Symmachie und Spondai 225f.
[20] Siehe Thuk. 2,27,2. Dazu Th. J. Figueira, Four Notes on the Aiginetans in Exile, Athenaeum 66, 1988, 523–551.
[21] So Thuk. 2,56,6.

μὲν ἦλθον τοῦ ἑλεῖν, οὐ μέντοι προυχώρησέ γε.[22] Die Athener wollten die Stadt Epidauros nicht nur erobern und plündern wie den kleinen Flecken Prasiai, sie wollten sie *besitzen*. Später, im sechsten Buch, weist Thukydides darauf hin, daß die Sommerkampagne des Perikles von 430 v. Chr. eine der größten des Archidamischen Krieges gewesen sei und nennt sie ἡ ἐς Ἐπίδαυρον (scil. παρασκευή)[23]; sie schien ihm also mit dem Angriff auf diese Stadt in besonderer Weise verbunden gewesen zu sein. Nun ist es gut denkbar, daß die besagte Expedition im Zusammenhang mit der zur selben Zeit in Athen grassierenden Seuche gesehen werden muß. Der überdimensionierte Feldzug des Perikles wäre, so gesehen, der militärische Versuch gewesen, die Stadt Epidauros als Hüterin des berühmten Asklepios-Heiligtums in die Hand zu bekommen und auf diese Weise die Zuwendung des dort verehrten Heilgottes gleichsam zu erzwingen.[24] Von Thukydides kann man diesbezüglich keinen Aufschluß erwarten, da er religiöse Aspekte des geschichtlichen Verlaufs für gewöhnlich bewußt ignoriert.[25] Andererseits bleibt das Faktum, daß Epidauros im Sommer 430 im Verbund mit Angriffszielen genannt wird, die vorher und nachher immer wieder von den Athenern, oft im Zuge einer einzigen, gemeinsamen Kampagne, angegriffen worden sind. So wendet sich der attische Stratege Nikias Nikeratos' Sohn nur wenige Jahre später, 425 v. Chr., nach seiner erfolgreichen Attacke auf das korinthische Kernland nach Süden und plündert die Chora von Epidauros, Troizen und Halieis.[26] Es ist insofern denkbar, daß Perikles' Feldzug fünf Jahre zuvor neben einer religiösen Motivation auch eine gänzlich profane, gegen Korinth gerichtete, gehabt hat, nämlich die Verbündeten der Isthmusstadt an den Küsten des Saronischen Golfs und der argolischen Akte zu schädigen und Epidauros zu erobern. Sowohl Epidauros als auch Troizen und Hermione hatten beim Kampf gegen Kerkyra auf seiten der Isthmusstadt mitgewirkt;[27] jetzt wurde ihre Chora selbst ein Opfer des Krieges. Genau wie im Jahr zuvor waren die athenischen Verantwortlichen darauf aus, gegenüber den Korinthern drückende Fakten zu schaffen und sie nicht nur, wie die Lakedaimonier, durch Nadelstiche zu schädigen und zu provozieren.

---

[22] Thuk. 2,56,4.
[23] Siehe ebd. 6,31,2.
[24] So J. Longrigg, Epidemic, ideas and classical Athenian society, in: T. O. Ranger/P. Slack (Hrsgg.), Epidemics and ideas. Essays on the Historical Perception of Pestilence, Cambridge u.a. 1992, 41 Anm. 26; weitere Erwägungen bei Hornblower, Commentary, Bd. 1, 328f.
[25] Dazu ausführlich Hornblower, Religious dimension; siehe auch jüngst Furley, Thucydides and Religion 415–438.
[26] Siehe Thuk. 4,45,2.
[27] Siehe ebd. 1,27,2.

4. Die korinthische Kriegsführung zu Lande beiderseits des Isthmus während des Archidamischen Krieges

Sowohl im Saronischen als auch im Korinthischen Golf also, im Jonischen Meer ebenso wie in den Gewässern und an den Küsten rings um die Peloponnes hatten die Athener binnen kurzem nach 431 v. Chr. ihren Feinden die Grenzen aufgezeigt. Schon wagten sie von Kerkyra aus den Schritt über die Straße von Otranto, βουλόμενοι δὲ μήτε σῖτον ἐς τὴν Πελοπόννησον ἄγεσθαι αὐτόθεν πρόπειράν τε ποιούμενοι εἰ σφίσι δυνατὰ εἴη τὰ ἐν τῇ Σικελίᾳ πράγματα ὑποχείρια γενέσθαι.[1] Den Peloponnesiern hingegen war es seither nicht gelungen, die ihnen bei Kriegsausbruch gesetzten Grenzen ihres Aktionsbereichs zu sprengen. Beim Aufstand der Mytilenaier gegen Athen im Sommer 428 v. Chr. versuchten sie es, doch das Ergebnis war ernüchternd. Die von ihnen ausgerüstete Flotte drang zwar erfolgreich ins Ägäische Meer vor und hätte durchaus Aussicht darauf gehabt, die Treue des einen oder anderen Mitglieds im Delisch-Attischen Seebund zu erschüttern, doch operierte ihr Kommandant, der Spartiat Alkidas, in der Folge so ungeschickt und furchtsam, daß nichts dergleichen geschah.[2] Die Mytilenaier blieben sich selbst überlassen und mußten schließlich kapitulieren; die Chance eines Befreiungsschlags, der die Kriegsschauplätze im Saronischen und Korinthischen Golf hätte entlasten können, war verwirkt. Für die Korinther und ihren lakedaimonischen Hegemon bedeutete das, daß sie ihre gesamte Konzentration auf die kriegerische Auseinandersetzung auf dem griechischen Festland richten mußten. Es konnte gar nicht anders sein: Da die Stadt am Isthmus nun einmal bei seegestützten Operationen in der Ferne wiederholt unterlegen war, kam jetzt alles darauf an, den Krieg wenigstens in der Heimat erfolgreich zu führen.

Schon während der Auseinandersetzungen nach 461/60 waren es, soweit man erkennen kann, insbesondere drei Räume gewesen, die aus korinthischer Sicht im Mittelpunkt des Krieges zu Lande standen: Attika, das Isthmusgebiet mit der Megaris und das Gebiet von Sikyon. Zum einen also Attika selbst: Im Sommer 446 v. Chr. hatte auf den ersten Blick ein einziger, massiver Vorstoß in die Chora der Athener bewirkt, daß diese sich zu Friedensgesprächen bereit erklärten.[3] Möglicherweise ist den Korinthern die Vielfalt an doch recht unterschiedlichen Gründen, die ihre Gegner damals zum Einlenken bewegte, nicht recht bewußt geworden, denn anders läßt es sich kaum erklären, daß sie fünfzehn Jahre später hofften, allein Plünderungszüge vor die Mauern Athens könnten ihre Kolonie Poteidaia retten.[4] Daß die Peloponnesier überhaupt regelmäßig nach

---

[1] So Thuk. 3,86,4.
[2] Die betreffenden Ereignisse werden ebd. 3,26–35 ausführlich geschildert. Dazu u.a. Kagan, Archidamian War 132ff.; Welwei, Das klassische Athen 168ff. u. Welwei, Sparta 218ff.
[3] Siehe Thuk. 1,114,1–115,1; ferner ebd. 2,21,1.
[4] Vgl. etwa ebd. 1,71,4. Auch die Athener beurteilten das Geschehen im Frühjahr 431 v. Chr. nach den Erfahrungen, die sie fünfzehn Jahre zuvor gemacht hatten; siehe ebd. 2,21,1.

Attika zu ziehen vermochten, war im übrigen allein der Tatsache zu verdanken, daß Megara auf ihrer Seite war, denn wer über das Territorium dieser Stadt verfügte, kontrollierte den Weg über den Isthmus in die eine oder andere Richtung ganz nach Belieben. Seit dem Übertritt Megaras auf die attische Seite im Winter 461/60 war es für die Peloponnesier deswegen nicht mehr ohne weiteres möglich gewesen, in Mittelgriechenland zu operieren;[5] erst der erneute Seitenwechsel der Stadt im Sommer 446 v. Chr. machte einen Feldzug wie den des Pleistoanax nach Attika überhaupt erst möglich und zwang die Athener denn auch zu einer sofortigen Reaktion. Dies mag eine prägende Erfahrung für die Λακεδαιμόνιοι καὶ οἱ σύμμαχοι gewesen sein, die noch in der Anfangszeit des Archidamischen Krieges ihre Wirkung ausübte, dann jedoch durch die Praxis der perikleischen Kriegsführung *ad absurdum* geführt wurde.

Es verwundert vor diesem Hintergrund nicht, daß die Stadt Megara, ihre Häfen und ihre Chora in den Jahren nach 431 v. Chr. Schauplatz heftiger Kämpfe geworden ist. Schon am Ende des ersten Kriegsjahres rückte Perikles mit der gesamten athenischen Kriegsmacht in die Megaris vor und verwüstete sie, so gut er es eben vermochte.[6] Es sollte nicht die letzte derartige Aktion sein: ἐγένοντο δὲ καὶ ἄλλαι ὕστερον ἐν τῷ πολέμῳ κατὰ ἔτος ἕκαστον ἐσβολαὶ Ἀθηναίων ἐς τὴν Μεγαρίδα καὶ ἱππέων καὶ πανστρατιᾷ, μέχρι οὗ Νίσαια ἑάλω ὑπ᾽ Ἀθηναίων.[7] Durch die sich wiederholenden Einfälle wurde die Polis der Megarer stark geschädigt; sie hatte in dieser Zeit unter den Staaten des Peloponnesischen Bundes einen großen, wenn nicht sogar den größten Anteil der Kriegslast zu Lande zu tragen. Es verwundert insofern nicht, daß die äußere Bedrängung Megaras bald innenpolitischen Zwist nach sich zog.[8] Der Gewinn des Hafens Nisaia am Saronischen Golf durch die Athener 424 v. Chr. war letztlich eine Folge davon, daß die megarischen Eliten über die Frage, ob und wie der Krieg weitergeführt werden sollte, uneins waren. Mit Mühe konnten die Lakedaimonier verhindern, daß nicht nur dieser Hafen, sondern auch die Polis selbst in die Hände der Athener fiel.[9] Ihre Position auf dem Isthmus war trotzdem durch die Ereignisse schwer erschüttert worden.

---

[5] Siehe etwa das von Thuk. 1,107,3f. beschriebene Dilemma der lakedaimonischen Führung unmittelbar vor der Schlacht bei Tanagra 458 v. Chr. Erst nachdem sie die Athener besiegt hatten, klärte sich die Situation (siehe ebd. 1,108,2): καὶ Λακεδαιμόνιοι μὲν ἐς τὴν Μεγαρίδα ἐλθόντες καὶ δενδροτομήσαντες πάλιν ἀπῆλθον ἐπ᾽ οἴκου διὰ Γερανείας καὶ Ἰσθμοῦ.

[6] Siehe Thuk. 2,31.

[7] Ebd. 2,31,3.

[8] Seltsamerweise nimmt Thukydides auf die innere Entwicklung Megaras in dieser Zeit nur indirekt Bezug; siehe ebd. 3,68,3 u. 4,66,1. In jedem Fall müssen sich bürgerkriegsähnliche Unruhen in der Stadt vor dem Sommer 427 v. Chr. zugetragen haben, denn die exilierten Mitglieder der unterlegenen Partei wurden von den Lakedaimoniern damals im soeben eroberten Plataiai anstelle der ursprünglichen Bewohner angesiedelt. Dazu Legon, Megara 235ff.

[9] Diese Ereignisse werden von Thukydides ausführlich beschrieben; siehe Thuk. 4,66–74. Schon vorher hatten die Athener unter Nikias im Sommer 427 v. Chr. das Nisaia vorgelagerte Inselchen Minoa erobert und befestigt; siehe ebd. 3,51. – Zum Ringen um Megara siehe u.a. Kagan, Archidamian War

4. Korinthische Kriegsführung zu Lande beiderseits des Isthmus

Die Korinther waren in die Kämpfe um Megara stark involviert. Das Kontingent, das der lakedaimonische Befehlshaber Brasidas im Sommer 424 über die Geraneia führte, um nach dem Verlust Nisaias wenigstens die Polis selbst gegen die Athener zu verteidigen, bestand zu einem wesentlichen Teil aus Hopliten der Isthmusstadt.[10] Wie in den Jahren nach 461/60 nahmen die Korinther also regen Anteil am Schicksal ihres Nachbarn, denn dessen Schutz vor dem Feind stellte gleichsam das Unterpfand dafür dar, daß die Korinthia von einer aus Attika kommenden Invasion verschont blieb. Dabei beschränkten sich die Verantwortlichen am Isthmus keineswegs darauf, lediglich ihr näheres Vorfeld von Feinden, so weit möglich, freizuhalten. Auch bei den alljährlichen Kriegszügen nach Attika waren die Korinther stets dabei,[11] und nach dem Sieg beim Delion zu Beginn des Winters 424/23 v. Chr. unterstützten sie die Boioter dabei, ihr Land von eingedrungenen athenischen Truppen zu säubern.[12] In der Megaris waren 2.700, in Boiotien 2.000 Hopliten, also ein beträchtlicher Teil des korinthischen Gesamtaufgebots, an den Kriegshandlungen beteiligt gewesen; daran kann man erkennen, als wie wichtig beide direkt aufeinanderfolgenden Kampagnen offensichtlich empfunden wurden. Unter den in Thuk. 4,70,1 und 4,100,1 genannten Truppenkontingenten stellen die beiden korinthischen Detachements jeweils die größten dar.

Bei den Feldzügen des Jahres 424 in der Megaris und in Boiotien hatten die Korinther durch ihr Engagement dazu beigetragen, daß die prinzipielle Überlegenheit der Λακεδαιμόνιοι καὶ οἱ σύμμαχοι zu Lande gewahrt blieb. Eine Invasion direkt über den Isthmus auf die Peloponnes war dadurch ebenso vereitelt worden wie die Wiederholung der Ereignisse von 458 v. Chr., als die Athener im Gefolge der Schlacht bei Oinophyta große Teile Mittelgriechenlands einschließlich Thebens unter ihre Botmäßigkeit gebracht hatten.[13] Trotz all dieser Erfolge kann man nicht davon sprechen, daß sich dadurch der Kriegsverlauf für die Korinther in den 420er Jahren etwa zum Positiven gewandt hätte. Die entscheidende Schwäche von deren Kriegsführung lag nun einmal in den Mängeln zur See begründet, und es sollte sich zeigen, daß dieser Umstand nicht nur die Sicherheit ihrer Positionen fernab der Heimat, in Nordwestgriechenland und der nördlichen Ägäis, bedrohte, sondern auch in der Korinthia selbst.

Wir haben bereits gesehen, daß die Athener sowohl in den Auseinandersetzungen nach 461/60 v. Chr. als auch in denen dreißig Jahre später Städte auf der Peloponnes attackierten, die südlich von Korinth, vornehmlich auf der argolischen Akte gelegen waren und als zumindest zeitweise Verbündete der Isthmusstadt gelten dürfen:

270ff.; Legon, Megara 241ff.; Welwei, Das klassische Athen 186f. u. Geske, Nikias und das Volk von Athen 18ff.

[10] Siehe Thuk. 4,70,1.
[11] So ausdrücklich ebd. 2,10,2, wo es heißt, τὰ δύο μέρη ἀπὸ πόλεως ἑκάστης, also auch der Korinther, hätten das Aufgebot der Peloponnesier beim ersten Vormarsch auf Attika 431 v. Chr. gebildet; ebenso ebd. 2,47,2.
[12] So ebd. 4,100,1.
[13] Siehe ebd. 1,108,2f.

Troizen, Hermione, Halieis und vor allem Epidauros können in diesem Zusammenhang genannt werden.[14] Die Schädigung dieser Poleis betraf freilich nicht nur Korinth, sondern den gesamten Peloponnesischen Bund, der offensichtlich nicht dazu imstande war, die Küsten seiner ihm den Namen gebenden Halbinsel vor Feinden zu schützen. Doch nicht nur in der südlichen, auch in der nordwestlichen Nachbarschaft Korinths nahm die Unsicherheit nach Beginn der Feindseligkeiten im Frühjahr 431 v. Chr. spürbar zu. Die Athener verfügten spätestens seit 429 über die Seeherrschaft im Korinthischen Golf; es war ihnen seither ein leichtes, die Häfen der Peloponnesier zu blockieren und, wenn sich die Gelegenheit dazu ergab, an Land zu gehen und zu plündern. Im Winter 424/23 v. Chr., schon nach der Schlacht beim Delion, landete der athenische Feldherr Demosthenes Alkisthenes' Sohn, verstärkt durch akarnanische und agraische Verbündete, im Gebiet der Sikyonier zu ebendiesem Zweck, doch hatte seine aus der Verlegenheit geborene Expedition keinen Erfolg. Noch am Landungsort der Schiffe wurden die Athener und ihre Bundesgenossen von den Einheimischen gestellt und unter Verlusten in die Flucht geschlagen.[15]

Der Anschlag des Demosthenes auf Sikyon war improvisiert und insofern vermutlich schlecht geplant, ein Fehlschlag, der die negativen Ergebnisse der athenischen Kriegsführung im Jahre 424 v. Chr. abschließend noch einmal bekräftigte, sonst aber nicht allzuviel Bedeutung hatte. Auch im Erfolgsfall wäre er lediglich eine Episode geblieben, eine aufschlußreiche freilich: Schon in den Jahren 457 und 454 hatte es vergleichbare Feldzüge der Athener gegeben, als sie unter Tolmides und Perikles bei Sikyon gelandet, in diesen Fällen aber gegen die anrückenden Einheimischen siegreich geblieben waren.[16] Während der Auseinandersetzungen ab 461/60 sehen wir die Sikyonier mehrfach an der Seite der Korinther: Bei Halieis siegten sie mit ihnen zusammen in offener Feldschlacht über die Athener;[17] im Sommer 446 unterstützten sie sie dabei, Megara aus dem Bündnis mit Athen zu lösen.[18] Dieselbe Nähe zwischen beiden Poleis beobachten wir nun im Verlauf der Auseinandersetzungen während des Archidamischen Krieges, so etwa bei den Kampagnen von 429 und 424 v. Chr.[19] Im Zuge der Κερκυραϊκά hatten die Kerkyraier neben lakedaimonischen eigens sikyonische Gesandte mit nach Korinth gebracht, um dieses von einem Angriff auf ihre Insel abzuhalten.[20] Offensichtlich glaubten sie, durch deren Ein-

---

[14] Siehe etwa Thuk 1,105,1; 2,56 u. 4,45,2.
[15] Siehe ebd. 4,101,3f. Dazu Griffin, Sikyon 64.
[16] Siehe Thuk. 1,108,5 u. 1,111,2.
[17] So SEG 31, 369. Thuk. 1, 105,1 nennt nur die Korinther und Epidaurier als Verbündete.
[18] So ebd. 1,114,1.
[19] Siehe ebd. 2,80,3 u. 4,70,1. Besonders die erste Stelle ist aufschlußreich, wo es heißt, eine Flotte ἔκ τε Κορίνθου καὶ Σικυῶνος καὶ τῶν ταύτῃ χωρίων sei auf den nordwestgriechischen Kriegsschauplatz gesegelt. Später wird dieses Flottenkontingent, das dann am Kap Rhion den Athenern unter Phormion unterliegen sollte, von Thukydides als τὸ δ' ἐκ τῆς Κορίνθου καὶ τῶν ἄλλων ξυμμάχων τῶν ἐκ τοῦ Κρισαίου κόλπου ναυτικόν (ebd. 2,83,1) bzw. als Κορίνθιοι καὶ οἱ ξύμμαχοι (ebd. 2,83,3) bezeichnet.
[20] Siehe ebd. 1,28,1.

4. Korinthische Kriegsführung zu Lande beiderseits des Isthmus

flußnahme leichter zum Ziel zu kommen, ein Kalkül, das nur dann einen Sinn hat, wenn die korinthisch-sikyonischen Beziehungen zu dieser Zeit freundschaftlich und vertrauensvoll gewesen sind. In der Tat verbindet die beiden Poleis vieles: Die entlang des Korinthischen Golfs gelegene fruchtbare Ebene beiderseits des die Grenze zwischen ihnen darstellenden Nemea-Bachs wurde von korinthischen und sikyonischen Bauern gemeinsam bestellt. Ein Überfall von der Seeseite her auf die Sikyonia stellte insofern immer auch eine Bedrohung für die Korinthia dar. Das politische Zusammenwirken der beiden benachbarten Poleis war also ebenso sinnvoll wie folgerichtig.

Daß es den Athenern 430 v. Chr. um ein Haar gelungen wäre, Epidauros zu erobern und sie sechs Jahre später gleichsam im Vorbeigehen einen Anschlag auf Sikyon zu unternehmen vermochten, ohne daß sie jemand daran hinderte, zeigt, in welcher Gefahr sich die Küsten der Peloponnes während des Archidamischen Krieges befanden. Deshalb verwundert es auch nicht, daß wir in dieser Zeit schließlich von einem direkten Angriff der Athener auf die Korinthia selbst, die Chora der Polis Korinth, erfahren. Thukydides beschreibt die Vorgänge, die sich im Sommer 425 v. Chr. bei dem Ort Solygeia nahe dem Saronischen Golf ereigneten, in allen Einzelheiten.[21] Die Athener waren mit einer großen Flotte von achtzig Schiffen über das Meer gekommen; allein aus Athen nahmen 2.000 Hopliten an der Expedition teil. Der maßgebliche Stratege, der die Unternehmung anführte, war Nikias Nikeratos' Sohn. Vielleicht ist diese Tatsache eine Erklärung dafür, warum der Angriff auf die Korinthia in solch beachtlichen Dimensionen durchgeführt wurde: Soeben hatte dessen innenpolitischer Konkurrent, Kleon Kleainetos' Sohn, das langwierige Ringen um die Insel Sphakteria beim messenischen Pylos für Athen entschieden und dabei etwa 120 Spartiaten gefangengenommen.[22] Um mit ihm gleichzuziehen, mußte ein militärischer Erfolg her.[23] Daß sich Nikias in diesem Zusammenhang ausgerechnet für die Korinthia als Schauplatz seiner eigenen Heldentat entschieden hat, zeigt, daß es sich in den Augen der Öffentlichkeit um ein attraktives, prestigeträchtiges Ziel handelte. Noch immer war die Stadt am Isthmus nach Sparta der bedeutendste unter allen Gegnern Athens im Archidamischen Krieg.

Die Korinther hatten sich auf den Angriff der Athener vorbereiten können, weil sie aus Argos vorgewarnt worden waren.[24] Dementsprechend war das gesamte Aufgebot der Isthmusstadt auf den Beinen, um dem Feind entgegenzutreten; lediglich die 500 Hopliten, die zu diesem Zeitpunkt in Leukas und Ambrakia stationiert waren, nahmen

---

[21] Siehe Thuk. 4,42–45. Dazu u.a. Kagan, Archidamian War 251ff.; Salmon, Wealthy Corinth 319f.; Welwei, Das klassische Athen 184f. u. Geske, Nikias und das Volk von Athen 100ff.; ferner R. S. Stroud, Thucydides and the Battle of Solygeia, CSCA 4, 1971, 227-247.
[22] Diese Ereignisse werden von Thukydides unmittelbar vor denen in der Korinthia erzählt; siehe dens. 4,27–41.
[23] So Gomme, Historical Commentary, Bd. 3, 489 u. Kagan, Archidamian War 251. Zweifel hingegen bei Geske, Nikias und das Volk von Athen 101f.
[24] So Thuk. 4,42,3.

nicht an dem Geschehen teil.²⁵ Als der Tag der Auseinandersetzung gekommen war, überstürzten sich die Ereignisse mehrfach.²⁶ Die Athener, die bei Solygeia auf der peloponnesischen Halbinsel, nicht etwa auf dem Isthmus, gelandet waren, besiegten zunächst die korinthischen Truppen, die sich ihnen entgegenstellten, wenn auch unter Mühen und nicht ohne Verluste. Als jedoch zusätzliche Aufgebote der Korinther von der Polis und vom Hafen Kenchreai her anrückten und darüber hinaus die Gefahr drohte, benachbarte peloponnesische Städte könnten zu Hilfe eilen,²⁷ gaben die Invasoren die Küste preis und zogen sich wieder auf ihre Schiffe zurück. Sie segelten nach Krommyon auf der korinthischen Seite des Isthmus weiter und gingen auch dort an Land, um zu plündern.²⁸ Hier gelang es den Athenern im Gegensatz zu Solygeia, an der Küste und damit gleichsam auf dem Territorium der Korinther zu nächtigen und dadurch ihren Sieg gegenüber dem Feind manifest zu machen. Erst am nächsten Morgen schifften sie sich wieder ein, zogen plündernd die Küste des Saronischen Golfs entlang nach Süden und errichteten auf Methana, einer Halbinsel an der Ostseite der argolischen Akte, einen festen Stützpunkt. Von hier aus ließen sich leicht Unternehmungen zu den üblichen Zielen – Epidauros, Troizen, Halieis – durchführen.²⁹

Die Schlacht bei Solygeia im Sommer 425 v. Chr. stellt aus korinthischer Sicht einen Höhepunkt desjenigen Krieges dar, der acht Jahre zuvor in den Gewässern vor Kerkyra begonnen hatte. In den Auseinandersetzungen nach 461/60 hatten die Athener es nicht gewagt, die Korinthia selbst anzugreifen – jedenfalls ist uns nichts darüber bekannt. Im Gegenteil, der Höhepunkt und zugleich die Wende des Landkrieges war damals eine Offensive der Korinther in die benachbarte Megaris gewesen.³⁰ Damals wie jetzt war nahezu das gesamte verfügbare Aufgebot der Isthmusstadt an den kriegerischen Aktionen beteiligt gewesen und – eine weitere Parallele – damals wie jetzt waren die Korinther unterlegen.³¹ Zwar blieb ihre Chora nach 425 augenscheinlich von Plünderungszügen verschont, doch vermochten sie nicht zu verhindern, daß nahegelegene Küstengebiete Richtung Sikyon und Epidauros auch in Zukunft von den Athenern und ihren Verbündeten heimgesucht wurden. Daß es diesen im Folgejahr nicht gelang, weitere entscheidende Positionen in der Megaris und in Boiotien zu gewinnen, änderte nichts daran, daß sich

---

[25] Siehe Thuk. 4,42,3, wo es heißt, die Korinther seien ἐκ πλείονος [...] πάντες bzw. πανδημεί gegen die Athener ausgerückt. Auch die ἐκ τῆς πόλεως πρεσβύτεροι τῶν Κορινθίων kamen laut ebd. 4,44,4 schließlich zum Einsatz.

[26] Siehe ebd. 4,43f.

[27] Siehe ebd. 4,44,5: (scil. οἱ Ἀθηναῖοι) νομίσαντες τῶν ἐγγὺς ἀστυγειτόνων Πελοποννησίων βοήθειαν ἐπιέναι.

[28] Siehe ebd. 4,45.

[29] Siehe ebd. 4,45,2.

[30] Sie ist eines der wenigen ausführlich beschriebenen Einzelereignisse während der Pentekontaëtie bei Thukydides; siehe ebd. 1,105,3–106,2. Dazu oben S. 197f.

[31] Ohne das Ganze überbetonen zu wollen, sind die Parallelen zwischen ebd. 1,105,3–106,2 u. 4,42–45 doch auffallend; z.B. spielen in beiden Passagen die ἐν τῇ πόλει πρεσβύτεροι bzw. ἐκ τῆς πόλεως πρεσβύτεροι eine Rolle.

die Korinther zum Jahresende 424 v. Chr. militärisch in einer prekären Lage befanden. Es war dem hartnäckigen Widerstand der Boioter am Delion und den kühnen Heereszügen des Brasidas zu verdanken, daß sich diese nicht weiter zuspitzte. Das Auftauchen des tatkräftigen Spartiaten in Nordgriechenland – nicht umsonst nennt ihn Thukydides ἄνδρα ἔν τε τῇ Σπάρτῃ δοκοῦντα δραστήριον [...] ἐς τὰ πάντα[32] – eröffnete auch den Korinthern neue Perspektiven; vor allem hinderte es die Athener daran, ihre Konzentration weiter auf die Isthmusgegend und die anschließenden Küsten des Korinthischen und Saronischen Golfs zu richten. So konnte für einen kurzen Augenblick noch einmal die Illusion einer möglichen Kriegswende um sich greifen.

---

[32] Siehe Thuk. 4,81,1.

5. Der Nikiasfrieden im Frühjahr 421 v. Chr. – keine Verständigungsgrundlage für die Korinther

Bereits im Frühling 423 v. Chr. hatten die beiden Kriegsparteien um die Hegemonialmächte Athen und Sparta einen Waffenstillstand vereinbart, der zunächst auf ein Jahr befristet war, nach dessen Ablauf jedoch offensichtlich bis zu den Pythien im Hochsommer des Jahres 422 verlängert wurde.[1] Die Korinther beteiligten sich an dieser Vereinbarung; ihre Emissäre werden von Thukydides auf seiten der Λακεδαιμόνιοι καὶ οἱ σύμμαχοι an zweiter Stelle genannt, nach den Vertretern Spartas, aber noch vor denen der Sikyonier, Megarer und Epidaurier: Κορινθίων δὲ Αἰνέας Ὠκύτου, Εὐφαμίδας Ἀριστωνύμου.[2] Daß ein Sohn des Okytos am Zustandekommen des Waffenstillstands mitgewirkt hat, läßt aufhorchen. Der Großvater von Aristeus Adeimantos' Sohn hatte diesen Namen getragen, und es spricht viel dafür, daß wir es bei Aineas Okytos' Sohn mit einem Verwandten, vielleicht einem Neffen unseres Aristeus zu tun haben.[3] Die Familie des Vorkämpfers der korinthischen Sache in Poteidaia im Jahre 432 v. Chr. war also in die Verhandlungen, die dem Nikiasfrieden am Ende des Winters 422/21 vorausgingen, eingebunden. Man kann daraus folgern, daß die Motive, die zu Beginn des Archidamischen Krieges das Handeln der Korinther bestimmten, auch ein Jahrzehnt später noch eine Rolle gespielt haben; die Teilnahme von Persönlichkeiten wie Aineas an den Verhandlungen, die im Frühjahr 423 v. Chr. begannen,[4] stellte sicher, daß sie nicht in Vergessenheit gerieten.

Leider können wir die Person des Euphamidas Aristonymos' Sohn nicht in der gleichen Weise wie die seines Schwurgenossen in die Geschichte des fünften Jahrhunderts v. Chr. einordnen. Im Winter 431/30 leitete er zusammen mit zwei weiteren korinthischen Feldherrn Operationen in Akarnanien;[5] im Sommer 419 setzte er sich bei multilateralen Verhandlungen in Mantineia für das damals von den Argivern bedrängte Epidauros ein.[6] In beiden Fällen stand natürlich die Auseinandersetzung mit Athen im Hintergrund der Ereignisse. Daß Euphamidas ein bedeutender Mann war, ergibt sich zweifellos daraus, daß er zu Zeiten des Archidamischen Krieges einen der

---

[1] So Thuk. 4,117–119 u. 5,1; zu dieser Phase des Geschehens ausführlich Geske, Nikias und das Volk von Athen 127ff. – Die genannte Textstelle Thuk. 5,1 ist sprachlich verderbt, die Annahme einer Waffenstillstandsverlängerung deshalb eine – wenn auch plausible – Hypothese; siehe hierzu Hornblower, Commentary, Bd. 2, 421. Anders Gomme, Historical Commentary, Bd. 3, 629.

[2] Siehe Thuk. 4,119,2.

[3] So sicher richtig Hornblower, Commentary, Bd. 2, 373. Siehe auch Fornis Vaquero, Prosopografía corintia 202.

[4] Daß sich die Friedensverhandlungen, die im Frühjahr 423 v. Chr. begannen, über längere Zeit hinweg erstreckten, geht aus Thuk. 4,119,3 selbst hervor: Ἡ μὲν δὴ ἐκεχειρία αὕτη ἐγένετο, καὶ ξυνῇσαν ἐν αὐτῇ περὶ τῶν μειζόνων σπονδῶν διὰ παντὸς ἐς λόγους.

[5] Siehe ebd. 2,33.

[6] Siehe ebd. 5,55,1f.

5. Der Nikiasfrieden im Frühjahr 421 v.Chr.

aufwendigsten, eigenständig von Korinth unternommenen Feldzüge auf dem westlichen Schauplatz in leitender Position mitverantwortet hat. Auch der Umstand, daß Thukydides ihn eine Rede halten läßt – sie wird freilich, wie im gesamten fünften Buch des „Peloponnesischen Krieges" nicht wörtlich ausgeführt –, ist aufschlußreich. Doch jenseits dessen gerät man schnell in den Bereich der Spekulation, so auch bei der folgenden Überlegung: Euphamidas wird in unseren wenigen Zeugnissen mit Kämpfen in Verbindung gebracht, die sich in Nordwestgriechenland und auf der Peloponnes abgespielt haben, nicht aber mit solchen in der nördlichen Ägäis, etwa nahe Poteidaia; so mag er bei der Vereinbarung des Waffenstillstands vom Frühjahr 423 v. Chr. und den darauffolgenden Verhandlungen die korinthischen Interessen in diesen zuerst genannten Räumen vertreten haben, ähnlich wie Aineas diejenigen auf der Chalkidike.

Die Korinther unterstützten also grundsätzlich die Friedensbemühungen, die den Archidamischen und damit auch ihren eigenen, seit 433 währenden Krieg gegen Athen zu einem einvernehmlichen Ende führen sollten. Sie taten das, obwohl oder gerade weil sie im Jahre 423 v. Chr. über keinerlei Druckmittel mehr gegenüber dem Feind verfügten. Auf allen Kriegsschauplätzen hatte sich gezeigt, daß die Κορίνθιοι καὶ οἱ σύμμαχοι den Athenern und ihren Bundesgenossen gegenüber ohne zusätzliche Hilfe von außen unterlegen waren. Angesichts der jüngsten Erfolge des Brasidas im thrakischen Steuerbezirk des Delisch-Attischen Seebundes bestand zwar die gelinde Hoffnung, auf der Welle der aktuellen lakedaimonischen Erfolge mitzuschwimmen und sie für die Erreichung eigener Kriegsziele auszunutzen, aber diese Abhängigkeit von Sparta machte die korinthische Position noch verwundbarer, als sie es ohnehin schon war. Als im Frühjahr 421 tatsächlich ein Friedensvertrag ausgearbeitet worden war und er den Bündnern zur Unterzeichnung vorgelegt wurde, sollte sich zeigen, daß die Korinther nichts von dem, was ihnen wesentlich war und weswegen sie einst für den Krieg eingetreten waren, hatten durchsetzen können. Wie hatte es dazu kommen können?

Tatsächlich hatte sich die Einstellung der Lakedaimonier gegenüber dem von ihnen ausgelösten Ἀττικὸς πόλεμος unter dem Eindruck des Ringens um Sphakteria im Sommer 425 v. Chr. durchaus verändert. Thukydides selbst läßt dies an mehreren Stellen erkennen.[7] Unmittelbar nach der Einschließung der Hopliten auf Sphakteria hatten die Lakedaimonier eine Gesandtschaft nach Athen geschickt und der dortigen Volksversammlung ein Friedensangebot unterbreitet.[8] Obwohl dieses unter dem Einfluß Kleons und seiner Gefolgsleute abgelehnt wurde, sollte es für die Zukunft doch richtungsweisend sein. Die Vertreter Spartas wiesen laut einer wörtlich von Thukydides angeführten Rede nämlich darauf hin, daß beide Hegemonialmächte eine Verantwortung für das gesamte Griechenland hätten: καὶ αὐτοί τε ἀντὶ πολέμου εἰρήνην ἑλώμεθα καὶ τοῖς ἄλλοις Ἕλλησιν ἀνάπαυσιν κακῶν ποιήσομεν.[9] Und noch eine wei-

---
[7] Siehe diesbezüglich v.a. Thuk. 4,55; 4,117,1f. u. 5,14f.
[8] Siehe ebd. 4,15–22.
[9] Ebd. 4,20,2.

tere Perspektive wurde von ihnen ins Auge gefaßt, nämlich die Stiftung dauerhafter Freundschaft zwischen Athen und Sparta: ἥν τε γνῶτε, Λακεδαιμονίοις ἔξεστιν ὑμῖν φίλους γενέσθαι βεβαίως, αὐτῶν τε προκαλεσαμένων χαρισαμένοις τε μᾶλλον ἢ βιασαμένοις.[10] Wenn aber bei künftigen Verhandlungen vor allem die attischen und lakedaimonischen Interessen gegeneinander ausgeglichen werden sollten, mußte das nicht notwendigerweise auf Kosten der Anliegen von deren σύμμαχοι gehen? Die Friedensfühler, die Sparta im Gefolge der Niederlage auf Sphakteria nach Athen ausgestreckt hatte, konnten von den Mitgliedern des Peloponnesischen Bundes jedenfalls als ein deutliches Signal hierfür interpretiert werden. Nur der verstockten Haltung Kleons war es Thukydides zufolge zu verdanken, daß die Lakedaimonier im Jahre 425 nicht weiter auf diesem Wege voranschritten, denn auch *sie* schreckten schließlich davor zurück, sich bei ihren Bundesgenossen unmöglich zu machen, wenn sie sich weiter auf die provokativen Forderungen der Athener einließen.[11]

Kleon hatte laut Thukydides das athenische Volk dazu bewegt, in seiner Antwort auf die Rede der lakedaimonischen Gesandten zu fordern, diese müßten Nisaia, Troizen, Pegai und Achaia herausgeben, ἃ οὐ πολέμῳ ἔλαβον, ἀλλ' ἀπὸ τῆς προτέρας ξυμβάσεως Ἀθηναίων ξυγχωρησάντων κατὰ ξυμφορὰς καὶ ἐν τῷ τότε δεομένων τι μᾶλλον σπονδῶν.[12] Die Athener nahmen also auf den Vertrag von 446/45 v. Chr. Bezug und erhofften sich von der prekären Lage Spartas eine Revidierung von dessen Bestimmungen. Nun soll die Antwort, die die attische Volksversammlung an die Lakedaimonier richtete, nach der Intention des Thukydides natürlich ebenso die Demagogie Kleons wie die Überspanntheit von dessen Ansichten widerspiegeln, insofern muß der Wortlaut unseres Autors in erster Linie als Ausdruck der ξύμπασα γνώμη aufgefaßt werden, wie sie Kleons Worten damals zugrunde lag, erst in zweiter Linie aber als ereignisgeschichtliches Faktum. Andererseits ist die Möglichkeit, daß bei den Verhandlungen im Jahre 425 v. Chr. der Dreißigjährige Frieden als Referenzgröße eine Rolle spielte, nicht von vornherein auszuschließen, schließlich hatten gerade zu diesem Anlaß Athen und Sparta erstmals ihre gemeinsame Verantwortung als panhellenische Hegemonialmächte wahrgenommen, sie in eine, wenn auch verbesserungswürdige Vertragsform gebracht und somit ein Verhältnis zueinander begründet, das auf Dauerhaftigkeit angelegt war. Es ist gut denkbar, daß der Dreißigjährige Frieden in der Argumentation der lakedaimonischen Gesandten vor der attischen Volksversammlung in diesem Sinne eine Rolle gespielt hat. Die von Kleon inspirierte Antwort an sie wäre dann nur eine scharfzüngige Replik gewesen, die sich – durchaus thukydideisch – nur auf die faßbaren territorialen Gewinne und Verluste der Vertragspartner von 446/45 v. Chr. gestürzt hätte, anstatt das Ganze des Abkommens, seine Leistungen für die gesamtgriechische machtpolitische Stabilität im Auge zu behalten.

---

[10] Thuk. 4,20,3.
[11] So ebd. 4,22,3.
[12] So ebd. 4,21,3.

5. Der Nikiasfrieden im Frühjahr 421 v.Chr.

Die Verhandlungen vor der attischen Volksversammlung im Sommer 425 sind, ungeachtet ihres Scheiterns, von hoher Bedeutung für den weiteren Fortgang der Ereignisse. Die Kriegsmüdigkeit der Lakedaimonier war ein Faktum, das nun vor der gesamten griechischen Öffentlichkeit offensichtlich geworden war. Es war auch dadurch, daß der Krieg nach der Rückkehr der Gesandten auf die Peloponnes wiederaufgenommen wurde und sich dann noch Jahre hinzog, nicht einfach aus der Welt zu schaffen. Nachdem ihnen der Erfolg bei Sphakteria gelungen war, setzten die Athener folglich ihre Aggressionen gegen Sparta mit noch größerer Intensität als zuvor fort, um den Rivalen endgültig zu zermürben und zur Kapitulation zu zwingen. Die Feldzüge des Jahres 424 v. Chr., zum einen die Besetzung der Lakonien vorgelagerten Insel Kythera, zum anderen die Ausmordung der Aigineten in der Thyreatis, sind in diesem Zusammenhang zu sehen.[13] Die Folgen waren tiefgreifend. Auch die Erfolge der Thebaner beim Delion und die des Brasidas in Nordgriechenland konnten nichts grundsätzlich daran ändern, daß man in Sparta das nachhaltige Empfinden hatte, es habe sich eine Kriegswende zum Schlechteren vollzogen: (scil. οἱ Λακεδαιμόνιοι) ἀτολμότεροι δὲ δι' αὐτὸ ἐς τὰς μάχας ἦσαν, καὶ πᾶν ὅτι κινήσειαν ᾤοντο ἁμαρτήσεσθαι διὰ τὸ τὴν γνώμην ἀνεχέγγυον γεγενῆσθαι ἐκ τῆς πρὶν ἀηθείας τοῦ κακοπραγεῖν.[14] Dem Waffenstillstand im Frühjahr 423 wurde insofern zwar in einer Situation der Weg bereitet, als – rein militärisch betrachtet – für die Lakedaimonier schon wieder Grund zur Zuversicht bestand, allein diese Wendung führte nicht dazu, daß deren Entscheidungsträger zu entsprechenden Schlußfolgerungen hinsichtlich des weiteren Vorgehens gelangten. Während die Verantwortlichen in Sparta sofort dazu bereit waren, die jüngsten Erfolge auszunutzen, um die Athener an den Verhandlungstisch zu bewegen, scheint Brasidas auf der Chalkidike einen aggressiveren, offensiveren, auch geduldigeren Kurs verfolgt zu haben. Erst durch das tatsächliche Zustandekommen des Waffenstillstands im Frühling 423 v. Chr. ließ er sich dazu anhalten, weitere Bündnispartner Athens an der nördlichen Ägäisküste nicht mehr offen zum Abfall zu bewegen.[15] Die Art, wie sich Brasidas in den folgenden Monaten gegenüber Städten wie Skione, Mende und Poteidaia verhielt, zeigt allerdings, wie er auch jetzt noch darauf bedacht war, die lakedaimonischen Positionen in seinem Aktionsraum, soweit möglich, zu vermehren und die Athener zurückzudrängen.[16]

Brasidas hat offensichtlich die Vereinbarung vom Frühjahr 423 v. Chr. lediglich als erzwungene Atempause betrachtet und gehofft, nach dem Ablauf der einjährigen Frist aus einer günstigen, in den Monaten der Waffenruhe stets zu verbessernden militärischen Position heraus erneut aktiv werden zu können. Dieser Wunsch ist ihm im

---

[13] Siehe Thuk. 4,53–57.
[14] Ebd. 4,55,4.
[15] Erst mit dem Eintreffen eines Botenschiffes, das ihm den Waffenstillstand meldete, stellte Brasidas im Frühjahr 423 v. Chr. vorübergehend den Kampf gegen die Athener und ihre Bundesgenossen vor Ort ein; siehe ebd. 4,122,1f.
[16] Siehe ebd. 4,120–123 u. 129–132, bes. aber ebd. 4,135,1, denn der Anschlag des Brasidas auf Poteidaia fällt ganz ans Ende des Winters 423/22 v. Chr. Dazu Gomme, Historical Commentary, Bd. 3, 626.

Sommer 422 dann auch erfüllt worden. Die Kampagne, die schließlich zur Schlacht bei Amphipolis führte, war die Kampagne des Brasidas – und die seines athenischen Pendants Kleon: auch er war ein Kriegsbefürworter –; erst mit dem Tode der beiden Protagonisten im Kampf war der Weg frei für eine dauerhafte Friedensregelung.[17] Wir müssen davon ausgehen, daß auch andere unter den Lakedaimoniern und ihren Bundesgenossen in jener Zeit so wie Brasidas gedacht haben, und unter diesen kommen vor allem die Verantwortlichen in Korinth dafür in Frage. Denn nur so läßt sich erklären, warum die Gesandten der Isthmusstadt im Frühjahr 423 einen Waffenstillstand mit Athen zwar unterzeichnet haben, sich zwei Jahre später einem endgültigen Friedensschluß aber dann doch verweigerten.[18] Thukydides hat die Gesichtspunkte, die die Korinther vorbrachten, um ihre Position zu begründen, ausführlich dargestellt und dabei – wie so oft in derartigen Fällen – zwischen dem bloßen „Vorwand" (πρόσχημα), den sie in den Mittelpunkt ihrer Argumentation stellten, auf der einen und ihren gerade *nicht* „frei heraus" (οὐ δηλοῦντες ἄντικρυς) formulierten Einwänden auf der anderen Seite unterschieden.[19]

Das πρόσχημα der Korinther bestand darin, daß sie ihre eigenen, ganz unabhängig vom Ausbruch des Archidamischen Krieges eingegangenen Verpflichtungen gegenüber ihren Verbündeten auf der Chalkidike in den Vordergrund stellten: (scil. τοὺς Κορινθίους) ὀμόσαι γὰρ αὐτοῖς ὅρκους ἰδίᾳ τε, ὅτε μετὰ Ποτειδεατῶν τὸ πρῶτον ἀφίσταντο, καὶ ἄλλους ὕστερον.[20] Über die vielfältigen Deutungsprobleme dieser Stelle haben wir oben bereits mehrfach gesprochen. Im vorliegenden Zusammenhang ist vor allem von Bedeutung, daß die Korinther angesichts der Regelungen des Nikiasfriedens den Blick nochmals ganz auf den Anfang der panhellenischen Auseinandersetzungen Ende der 430er Jahre und damit auch ihres eigenen Zerwürfnisses mit Athen um 433/32 v. Chr. richten. Aus Thukydides' Sicht mag sich das Ganze wie ein bloßer Vorwand ausnehmen; im Sinne des athenisch-lakedaimonischen Dualismus war das Ringen auf der Chalkidike tatsächlich nur ein mal mehr, mal weniger den Erzählhergang dominierender Ereigniszusammenhang gewesen. Doch aus der Sicht der Korinther war die Belagerung Poteidaias und die Fortsetzung des Krieges gegen Athen durch die Chalkidier und Bottiaier ein ganz zentrales Geschehen, das nicht zum wenigsten ihre Agitation für einen Kriegseintritt Spartas und die Herbeiführung einer gesamtgriechischen Auseinandersetzung erst motiviert hatte.[21] Der Waffenstillstand

---

[17] Zu den Ereignissen rings um die Schlacht bei Amphipolis 422 v. Chr. siehe Thuk. 5,2–11. Dazu u.a. Kagan, Archidamian War 317ff.; Welwei, Das klassische Athen 190f. u. Welwei, Sparta 228f.

[18] So Thuk. 5,17,2; die Bestimmungen des Nikiasfriedens ebd. 5,18f. Dazu die Kommentare von Gomme, Historical Commentary, Bd. 3, 666ff. u. Hornblower, Commentary, Bd. 2, 469ff.; ferner Kagan, Archidamian War 341ff.; Salmon, Wealthy Corinth 320ff.; Bauslaugh, Concept of Neutrality 137ff.; Baltrusch, Symmachie und Spondai 169ff.; Welwei, Das klassische Athen 191ff. u. Welwei, Sparta 232ff.

[19] So Thuk. 5,30,2.

[20] Ebd. 5,30,2.

[21] Dies geht aus ebd. 1,124,1 hervor.

5. Der Nikiasfrieden im Frühjahr 421 v.Chr.

vom Frühjahr 423 v. Chr. hatte die Korinther der Aussicht, Poteidaia zurückgewinnen und ihre Verbündeten in Nordgriechenland vor der Rache der Athener retten zu können, nicht völlig beraubt; der Anschlag des Brasidas auf die Stadt im Winter 423/22 beweist das.[22] Aber jetzt, nachdem sich die Lakedaimonier und Athener auf ihre Kosten geeinigt hatten, standen sie mit leeren Händen da. Poteidaia verblieb in der Hand der attischen ἔποικοι; die Chalkidier und Bottiaier drohten ohne Hilfe von außen das Schicksal der Einwohner von Skione zu teilen, die im Sommer 421, kurz nach Inkrafttreten des Nikiasfriedens, von den Athenern besiegt und anschließend getötet oder versklavt wurden.[23]

Es ging den Korinthern also um ein grundsätzliches Problem, nicht darum, einen bloßen Vorwand zum Ausscheren zu suchen, wie uns Thukydides, der für sich in Anspruch nimmt, das große Ganze im Blick zu haben, nahelegt. Es ging um nichts Geringeres als die Frage, ob die Beweggründe, wegen derer die Λακεδαιμόνιοι καὶ οἱ σύμμαχοι einst den Krieg gegen die Athener begonnen hatten, nun ausgeräumt waren oder nicht. Es ging auch um den Umgang Spartas mit seinen Bündnispartnern, in erster Linie natürlich mit den Korinthern selbst. Man hat viel darüber gerätselt, was denn unter den παλαιοὶ ὅρκοι zu verstehen sei, von denen die Korinther in Thuk. 5,30,1–3 reden. In unserem Zusammenhang ist die Tatsache an sich allein aufschlußreich, daß sie sie im Munde führen, ganz gleich, ob es sich dabei um einen Verweis auf zu Beginn des Archidamischen Krieges oder schon viel früher geleistete Eide handelt. In jedem Fall war auch hier wieder dieselbe Grundsatzfrage tangiert, ob die Bedingungen, unter denen die Peloponnesier im Frühjahr 431 v. Chr. in den zwei Jahre zuvor ausgebrochenen Krieg der Korinther mit den Athenern eingetreten waren, sich seither so verändert hatten, daß der Abschluß eines auf fünfzig Jahre angelegten Friedens statthaft war. Die Mehrheit der Bundesversammlung der Peloponnesier im Frühling 421 war offensichtlich dieser Meinung, einschließlich Spartas. Aber die Korinther teilten diese Ansicht nicht. Zusammen mit den Boiotern, Eleiern und Megarern mochten sie für sich in Anspruch nehmen, daß sie gleichsam die *pars sanior* darstellten, die auf der Einhaltung einmal vereinbarter Ziele beharrte.[24] Selbst die Formulierungen des Thukydides zeigen jedenfalls an, daß sie grundsätzliche Bedenken gegen die Ergebnisse des Nikiasfriedens hegten;[25] es scheint den Korinthern nicht *nur* um die Rückgewinnung bestimmter Stützpunkte und Städte gegangen zu sein, die sie im Zuge der letzten Kriegsjahre an die Athener verloren hatten.

Dieser letzte Punkt ist es allerdings, den Thukydides, nicht nur in bezug auf die Korinther, sondern auch auf die anderen Gegner des Nikiasfriedens, hervorhebt. Es sei den Verantwortlichen am Isthmus vor allem darum gegangen, Sollion und Anaktorion zu-

---

[22] Siehe Thuk. 4,135,1.
[23] So ebd. 5,32,1.
[24] Zur Uneinheitlichkeit des Meinungsbildes bei den Peloponnesiern im Frühjahr 421 v. Chr. siehe ebd. 5,17,2 u. 5,22,1. Dazu ausführlich Kagan, Peace of Nicias 19ff.
[25] Siehe Thuk. 5,17,2: τούτοις δὲ οὐκ ἤρεσκε τὰ πρασσόμενα; ferner ebd. 5,22,1: οὐκ ἔφασαν δέξεσθαι, ἢν μή τινας δικαιοτέρας τούτων ποιῶνται.

rückzubekommen.[26] Der Verlust dieser beiden Städte wird von ihm als tatsächliches Unrecht bezeichnet, das den Korinthern zuteil geworden sei (ἃ μὲν ἠδικοῦντο); darüber hinaus hätten die Korinther aber weitere Ansprüche gehabt, bei denen sie nur meinten (ἐνόμιζον), sie bestünden zu Recht. Tatsächlich scheint es zu Beginn des Archidamischen Krieges eine Vereinbarung unter den Lakedaimoniern und ihren Bundesgenossen gegeben zu haben, die besagte, ἃ ἔχοντες ἐς τὸν Ἀττικὸν πόλεμον καθίσταντό τινες, ταῦτα ἔχοντας καὶ ἐξελθεῖν.[27] Der Nikiasfrieden hatte dem durchaus Rechnung getragen, indem er bestimmte, daß Städte und Plätze, die im Verlauf des Krieges von den jeweiligen Kriegsparteien erobert worden waren, zurückgegeben werden mußten.[28] Lediglich in bestimmten, wenn auch nicht unumstrittenen Fällen, wurde von diesem Prinzip abgewichen, nämlich dann, wenn ein Ort οὐ βίᾳ, ἀλλ' ὁμολογίᾳ [...] καὶ οὐ προδόντων in die Hand des Feindes geraten war.[29] Dies traf etwa auf Plataiai und Nisaia zu, sicher nicht jedoch auf Sollion und Anaktorion. Die betreffenden Städte hätten den Korinthern bei einer durchgängigen Anwendung der Vertragsprinzipien also tatsächlich zurückgegeben werden müssen. Warum ist es dazu nicht gekommen?

Die Antwort scheint darin zu liegen, daß der Fünfzigjährige Frieden vom Frühjahr 421 v. Chr. eine Vereinbarung gewesen ist, die vor allem den Zweck verfolgte, Athen und Sparta miteinander auszusöhnen. Dies war das Ziel, das die führenden Unterhändler Nikias und Pleistoanax offenbar verfolgten, und sie erreichten es ja auch für den Moment. Die *gravamina* der Korinther und der anderen Friedensgegner, die in den vorausgegangenen Abschnitten zur Sprache gekommen sind, ergeben sich alle aus diesem, wenn man so will, Konstruktionsfehler des Vertragswerks. Denn ein Fehler war es natürlich, daß die wichtigsten Bündnispartner der Lakedaimonier inner- und außerhalb der Peloponnes in einer Weise verprellt worden waren, daß sie es lieber vorzogen, einen permanenten, wenn auch seit dem Ende des Winters 422/21 nicht mehr aktiven Kriegszustand aufrechtzuerhalten, als sich den Vorgaben ihres Hegemons zu fügen. Die Verantwortlichen Spartas zogen daraus eine Konsequenz, die man nur folgerichtig nennen kann, die das bestehende Zerwürfnis jedoch noch vertiefte und die Unzufriedenen erst recht zu einer Gegenaktion veranlaßte: Sie schlossen mit den Athenern ein zweiseitiges Bündnis.[30] Dieses hätte sicherlich die schönsten Früchte tragen können, wäre es der Schlußstein eines Prozesses gewesen, in dem sich neues Vertrauen zwischen den einstigen Kriegsgegnern Schritt für Schritt entwickelt hatte. In der jetzigen Situation aber sah die Bilanz im Frühling 421 spe-

---

[26] Siehe Thuk. 5,30,2. Den Boiotern ging es Thukydides zufolge in erster Linie um die attische Festung Panakton (siehe ebd. 5,39,2f.), den Eleiern um Lepreon (siehe ebd. 5,31,1–5). Hinsichtlich der Megarer wird nichts ausgesagt. Sie hatten aber durch den Nikiasfrieden ihren Hafen Nisaia nicht zurückerhalten; hierzu Hornblower, Commentary, Bd. 2, 468f.

[27] Siehe Thuk. 5,31,5, wo sich die Eleier auf diese Vereinbarung berufen.

[28] Siehe die Bestimmungen des Nikiasfriedens ebd. 5,18,5–8.

[29] So ebd. 5,17,2.

[30] Siehe Thuk. 5,22; die Vertragsbedingungen ebd. 5,23. Dazu die Kommentare von Gomme, Historical Commentary, Bd. 3, 690ff. u. Hornblower, Commentary, Bd. 2, 495ff.; ferner Kagan, Peace of Nicias 26ff.; Welwei, Das klassische Athen 193f. u. Welwei, Sparta 237.

5. Der Nikiasfrieden im Frühjahr 421 v.Chr.

ziell für die Korinther so aus: Sowohl ihr eigener Kampf seit 433 als auch der zusammen mit den Lakedaimoniern seit 431 v. Chr. war an der Unüberwindbarkeit der Athener und ihrer Bundesgenossen gescheitert. Sowohl im Saronischen als auch im Korinthischen Golf hatten sie die Seeherrschaft eingebüßt, zahlreiche verbündete Städte und befestigte Plätze in Nordwestgriechenland und auf der Chalkidike verloren. Eine Vertreibung der Athener aus dem „Proche-Occident corinthien"[31], gar erst ein Eindringen in deren ureigene Einflußsphäre in der Ägäis, war völlig außerhalb der Möglichkeiten Korinths und auch – wie sich im Verlauf der 420er Jahre gezeigt hatte – des gesamten Peloponnesischen Bundes unter der Führung der Lakedaimonier. All diese Ergebnisse sollten nun durch den Nikiasfrieden endgültig legalisiert werden.

Die genannten Aspekte können allerdings noch nicht ausschlaggebend gewesen sein für die Unzufriedenheit, ja Erbitterung, die die Verantwortlichen am Isthmus am Ende des Archidamischen Krieges erfüllte, denn in der Situation unmittelbar vor dem Dreißigjährigen Frieden 446/45 v. Chr. hatten sie schon einmal eine ähnliche Bilanz ihrer Anstrengungen ziehen müssen. Was demgegenüber neu hinzugekommen war, war allerdings die Tatsache, daß Sparta, um eigener aktueller Interessen willen seine Bündnispartner, so mochte es scheinen, verraten hatte. Es war wirklich so gekommen, wie es pikanterweise gerade die korinthischen Gesandten vor der lakedaimonischen Volksversammlung einst ausgedrückt hatten: καίτοι ἐλέγεσθε ἀσφαλεῖς εἶναι, ὧν ἄρα ὁ λόγος τοῦ ἔργου ἐκράτει; und weiter: ἐπεὶ αἵ γε ὑμέτεραι ἐλπίδες ἤδη τινάς που καὶ ἀπαρασκεύους διὰ τὸ πιστεῦσαι ἔφθειραν.[32] Insofern trifft die Analyse der Ursachen, die Thukydides hinsichtlich des korinthischen Verhaltens anstellt, nicht das Richtige. Ebenso wie vor 431 ging es auch nach 421 v. Chr. nicht in erster Linie um den Besitz von Städten und Stützpunkten, sondern um die Frage, wie Hegemonie praktiziert werden sollte. Damals wie jetzt traten die Korinther für eine „moral hegemony" im Sinne Gregory Cranes[33] ein, die sich für den Hegemon wie auch seine Bündnispartner nicht nur in materiellem Zugewinn manifestierte, sondern auch in einer bestimmten, nicht hinterfragbaren Art des Umgangs miteinander. Im Jahre 433 hatten die Athener im Verein mit den Kerkyraiern sehenden Auges gegen dieses Prinzip verstoßen, jetzt, 421 v. Chr., die Lakedaimonier. Und wieder waren die Korinther, ungeachtet ihrer aktuellen machtpolitischen Schwäche und damit unter wesentlich schlechteren Handlungsbedingungen als früher bereit, sich gegen dieses Verhalten zur Wehr zu setzen.

---

[31] Will, Evolution des rapports 459 u.ö.
[32] Thuk. 1,69,5.
[33] Siehe Crane, Power, Prestige, and the Corcyrean Affair 10.

6. Der Kampf der Korinther gegen den Nikiasfrieden und das athenisch-lakedaimonische Sonderbündnis

Das Bündnis zwischen Sparta und Athen vom Frühling 421 v. Chr. war, folgt man Thukydides, nicht nur gegen diejenigen Mächte gerichtet, die sich weigerten, den Nikiasfrieden zu akzeptieren, sondern stellte auch eine Antwort auf Probleme dar, die sich für die Lakedaimonier schon seit einiger Zeit im ‚Hinterhof' ihrer Macht, auf der Peloponnes, angekündigt hatten.[1] Unser Autor deutet dies bereits zu einem recht frühen Zeitpunkt an, als er zum Winter 423/22 v. Chr. von Kämpfen zwischen Tegea und Mantineia erzählt.[2] Das Ganze stellt lediglich eine Episode dar, die keine Auswirkungen auf den weiteren Verlauf des Archidamischen Krieges hatte, aber immerhin, die offenbar verlustreiche, unentschieden verlaufene Schlacht zwischen den beiden benachbarten Poleis fand statt, während die athenischen und lakedaimonischen Waffen aufgrund des Waffenstillstands bereits schwiegen. Beide verfügten auch über Bundesgenossen, woraus sich eine zumindest regionale Bedeutung des Konflikts ergibt.[3] Auf diese Weise macht uns Thukydides an der betreffenden Stelle subtil mit den ersten Regungen eines neuen Kriegsschauplatzes vertraut, der in der Zeit nach dem Nikiasfrieden dann eine viel größere Bedeutung erhalten sollte. Es war der Punkt, an dem die korinthische Politik anzusetzen vermochte, um ihr Ziel, eine Revision der Ergebnisse des Winters 422/21 v. Chr., zu erreichen.

Thukydides ist hinsichtlich der führenden Rolle der Korinther bei den nun folgenden Geschehnissen eindeutig: οἱ δὲ Κορίνθιοι καὶ τῶν ἐν Πελοποννήσῳ πόλεών τινες διεκίνουν τὰ πεπραγμένα, καὶ εὐθὺς ἄλλη ταραχὴ καθίστατο τῶν ξυμμάχων πρὸς τὴν Λακεδαίμονα.[4] Unmittelbar nach der Versammlung der Peloponnesier, die deren Zustimmung zum Nikiasfrieden und zum athenisch-lakedaimonischen Bündnis hatte herbeiführen sollen, begaben sich die korinthischen Gesandten nach Argos und ermutigten es zu einem aggressiven Vorgehen gegen Sparta. In ihrer Wortwahl waren sie dabei laut Thukydides nicht eben zimperlich:[5] Von einer Unterjochung der Peloponnes (καταδούλωσις τῆς Πελοποννήσου) durch die Lakedaimonier läßt er sie reden; auch der allfällige Haß auf den Hegemon der Halbinsel (μῖσος τῶν Λακεδαιμονίων) wird von ihnen beschworen. Von den Argivern erwarteten die Korinther laut Thukydides vor allem, daß sie ihren Bündnispartnern Autonomie garantierten und mit ihnen von gleich zu gleich verkehrten.[6] Auch dies ist noch einmal – bei aller Authentizitätsproblematik, denn unsere Textstelle repräsentiert ja nur die ξύμπασα γνώμη dessen, was die Ge-

---

[1] Siehe Thuk. 5,22,2.
[2] Siehe ebd. 4,134.
[3] Siehe ebd. 4,134,1: Μαντινῆς δὲ καὶ Τεγεᾶται καὶ οἱ ξύμμαχοι ἑκατέρων.
[4] Ebd. 5,25,1.
[5] Siehe ebd. 5,27.
[6] Siehe ebd. 5,27,2: ἥτις αὐτόνομός τέ ἐστι καὶ δίκας ἴσας καὶ ὁμοίας δίδωσι.

sandten sagten –, ein Hinweis darauf, daß es den Korinthern im Sommer 421 v. Chr. in erster Linie darum ging, wie ihre eigene Stadt und andere Poleis angesichts des Bündnisses zwischen den beiden führenden griechischen Hegemonialmächten ihren noch verbliebenen politischen Spielraum retten oder gar ausweiten konnten. Die Sorge um etwaige Stützpunkte oder Kolonien in Nordwest- oder Nordgriechenland war demgegenüber im Augenblick zurückgetreten.

In dem Jahr, das auf den Abschluß des Nikiasfriedens und des Sonderbundes zwischen Athen und Sparta folgte, stellte Korinth vor der griechischen Öffentlichkeit den Hauptagitator gegen die Vereinbarungen vom Frühjahr 421 v. Chr. dar, und dies, obwohl es den Verantwortlichen am Isthmus zu keiner Zeit gelang, der Verwirklichung ihrer Ziele auch nur nahe zu kommen.[7] Die Argiver griffen zwar ihre Idee, ein antilakedaimonisches Bündnis zu stiften, gerne auf, doch nur, weil sie im Sinne hatten, anstelle Spartas die Vormacht über die peloponnesische Halbinsel zu erringen.[8] Tatsächlich war der Augenblick günstig, denn der Dreißigjährige Frieden, den Argos im Jahre 451 v. Chr. mit Sparta geschlossen hatte, lief soeben aus, und die Stadt war aufgrund ihrer Neutralität im Archidamischen Krieg von Kriegsschäden verschont geblieben und deshalb gut bei Kräften.[9] Auf der Peloponnes erklärten sich die Mantineier und Eleier zum Bündnisschluß bereit, in Nordgriechenland die immer noch im Kampf gegen die Athener befindlichen Chalkidier. Andere Poleis jedoch blieben aus den unterschiedlichsten Gründen skeptisch, so etwa Tegea, die Boioter und Megara;[10] dies zeigt, daß die Koalition zwischen Argos und Korinth als zu unnatürlich empfunden wurde, um als echte Alternative zur alten und erprobten Hegemonie der Lakedaimonier gelten zu können.

Die demokratisch verfaßte Stadt am Inachos war nun einmal der traditionelle Feind Spartas und erregte deshalb auch bei potentiell als Bundesgenossen in Frage kommenden Poleis inner- und außerhalb der Peloponnes – sie hatten ja während des

---

[7] Zu dieser Phase der korinthischen Politik siehe ausführlich Kagan, Peace of Nicias 33ff. sowie – zuvor schon – Kagan, Politics and Policy in Corinth 421–336 B.C. 31ff. u. D. Kagan, Corinthian Diplomacy after the Peace of Nicias, AJPh 81, 1960, 291–310; ferner H. D. Westlake, Corinth and the Argive Coalition, AJPh 61, 1940, 413–421 u. Salmon, Wealthy Corinth 324ff.

[8] Siehe Thuk. 5,28,2: καὶ ἅμα ἐλπίσαντες τῆς Πελοποννήσου ἡγήσεσθαι; ähnlich ebd. 5,40,3. Siehe ferner ebd. 5,69,1, wo von der παλαιὰ ἡγεμονία der Argiver und von einem „Machtausgleich" (ἰσομοιρία) auf der Peloponnes zwischen ihnen und den Lakedaimoniern die Rede ist. – Zur Politik der Argiver seit 422/21 v. Chr. siehe u.a. Kagan, Peace of Nicias 33ff., aufbauend auf D. Kagan, Argive Politics and Policy after the Peace of Nicias, CPh 57, 1962, 209–218; ferner u.a. Tomlinson, Argos and the Argolid 117ff.; Kelly, Argive Foreign Policy in the Fifth Century B.C. 89ff. u. Hornblower, Greek World 83ff.

[9] Siehe Thuk. 5,14,4 u. 5,28,2.

[10] Diese erste Phase der Bemühungen Korinths, zusammen mit Argos ein überregionales Bündnis zustande zu bringen, wird ausführlich ebd. 5,27–31 u. 5,32,3–7 geschildert. Wie zum Beweis dafür, daß die korinthische Sorge um die Bundesgenossen an der nördlichen Ägäisküste berechtigt war, erfolgt dazwischen unvermittelt die Erzählung von der Eroberung Skiones durch die Athener; siehe ebd. 5,31,1.

Archidamischen Krieges sämtlich auf seiten der Lakedaimonier gekämpft – Mißtrauen.[11] Wären wenigstens die Korinther der machtpolitisch führende Part in dem sich formierenden Kampfbündnis gewesen, so hätte dieser Umstand vielleicht Zutrauen schaffen können. Aber genau das war nicht der Fall: Die Korinther wollten augenscheinlich nicht selbst Hegemonialmacht sein, sondern hatten diese Rolle den Argivern zugedacht; sie sahen sich nicht als Kristallisationspunkt einer machtpolitischen Alternative zu Athen und Sparta, sondern lediglich als Stifter, als Schrittmacher einer solchen. Offensichtlich trauten sich die Verantwortlichen am Isthmus im Sommer 421 v. Chr. nicht zu, über diese begrenzte Rolle hinaus in der griechischen Politik aktiv zu werden.

Thukydides läßt sich nicht darüber aus, warum die Korinther so handelten. Waren sie durch die zurückliegenden Kriegsereignisse so geschwächt, daß sie sich eine führende Rolle in Griechenland nicht zutrauten? Andererseits hatten die Verantwortlichen am Isthmus vor dem Ausbruch des Archidamischen Krieges 432/31 v. Chr. schon ganz ähnliche Verhaltensmuster an den Tag gelegt wie dann erneut zehn Jahre später; auch damals, als ihre machtpolitischen Spielräume noch verhältnismäßig groß waren, zeichnete sich ihr Handeln durch Sprunghaftigkeit und Emotionalität aus – so erscheint es wenigstens bei Thukydides in den einschlägigen Passagen seines ersten Buchs. Stets präsentiert er die Korinther als hektische Pläneschmiede, die ganze Regionen in Aufruhr versetzen und kriegerische Auseinandersetzungen vom Zaun brechen, nur weil sie sich in ihren vermeintlichen Rechten zurückgesetzt fühlen.[12] Leicht lassen sie sich dazu provozieren, zur Tat zu schreiten, doch entbehrt ihr Engagement andererseits der Beständigkeit, einer gewissen Kaltblütigkeit gerade dann, wenn die ersten Schwierigkeiten aufgetreten sind: ὡς δὲ οὐδὲν ἂν ἔφασαν ἐναντιωθῆναι οἱ Τεγεᾶται Λακεδαιμονίοις, οἱ Κορίνθιοι μέχρι τούτου προθύμως πράσσοντες ἀνεῖσαν τῆς φιλονικίας καὶ ὠρρώδησαν μὴ οὐδεὶς σφίσιν ἔτι τῶν ἄλλων προσχωρῇ.[13] Mangelnde, leicht zu erschütternde Siegeszuversicht und daraus resultierende oder damit einhergehende emotionale Instabilität charakterisieren Thukydides zufolge das Handeln der Korinther vor und nach dem Archidamischen Krieg und erklären zu einem Gutteil deren Scheitern gegenüber den größeren Hegemonialmächten Athen, Sparta und Argos.

Im Jahr des Nikiasfriedens also schien den Korinthern die Durchsetzung ihrer Pläne nur dadurch möglich, daß sie sich an eine andere, stärkere Macht anlehnten. Doch bereits im darauffolgenden Winter 421/20 v. Chr. war offenbar, daß die hochgesteckten Ziele, die sie an das Zusammengehen mit Argos geknüpft hatten, nicht zu erreichen waren. Vor allem die Tatsache, daß es nicht gelang, die Boioter in das neue Bündnis

---

[11] Daß die demokratische Staatsverfassung der Argiver ein Motiv für die Boioter und Megarer gewesen ist, sich einem Bündnis mit diesen zu verweigern, sagt Thukydides selbst; siehe Thuk. 5,31,6.

[12] Sogar das Motiv des μῖσος taucht in der Konstellation von 421 v. Chr. wieder auf, wenngleich es in Thuk. 5,27,2 von den korinthischen Gesandten nicht für sich selbst, sondern für andere peloponnesische Poleis in Anspruch genommen wird.

[13] Ebd. 5,32,4.

6. Der Kampf der Korinther gegen den Nikiasfrieden

einzubinden, legte das Scheitern ihrer Bemühungen offen.[14] Diese hatten weder den Waffenstillstand von 423 noch den Frieden von 421 v. Chr. unterzeichnet und befanden sich seither mit den Athenern in einem Zustand prekärer Waffenruhe, der alle zehn Tage aufs neue verlängert werden mußte.[15] Die Boioter loteten in aller Ruhe aus, wer ihnen in dieser Lage am meisten Nutzen bringen konnte. Sie mißtrauten den Argivern und wollten die Lakedaimonier nicht verprellen, da sie fürchteten, den Athenern dann alleine gegenüberzustehen. Schließlich schlossen sie im Winter 421/20 mit Sparta – analog zu Athen – ein Sonderbündnis.[16] Der Preis dafür war die Schleifung der attischen Festung Panakton, der Lohn jedoch die Tatsache, daß es den Boiotern gelungen war, sich als eine Macht eigenen Gewichts neben den Lakedaimoniern zu etablieren, ohne sich wie die Korinther durch irgendwelche Machenschaften diskreditiert zu haben. Der Machtzuwachs ihres mittelgriechischen Koinons, den die Erfolge des Kriegsjahres 424 v. Chr. – etwa der beim Delion – auf militärischem Gebiet bereits deutlich angezeigt hatten, hatte damit auch auf politischem Terrain entsprechende Ergebnisse bewirkt.

Ganz anders sah die Bilanz der Korinther hingegen aus: Dadurch, daß die Boioter nicht in ihr Bündnis eingetreten waren, standen sie nun noch mehr wie die Steigbügelhalter der Argiver da. Der Graben gegenüber den Lakedaimoniern wurde immer unüberwindlicher, aber Nutzen zogen andere daraus. Nicht einmal einen kurzfristigen Prestigegewinn hatte ihnen ihr aggressives Vorgehen eingebracht: Als die Korinther kurz nach dem Nikiasfrieden bei den Athenern um einen alle zehn Tage zu verlängernden Waffenstillstand nachsuchten, wie er den Thebanern zugestanden worden war, da wurde er ihnen verweigert, weil es doch einen Friedensvertrag gebe, εἴπερ Λακεδαιμονίων εἰσὶ ξύμμαχοι.[17] Unverrichteter Dinge mußten die korinthischen Gesandten daraufhin ihrer Wege gehen. Ihre Heimatstadt lebte zwar nach 421 in einer Waffenruhe mit Athen, aber sie hatte, da sie am Vertrag der Lakedaimonier nicht teilhaben wollte, keine vertragliche Grundlage, war also ἄσπονδος.[18] In den Monaten nach dem Nikiasfrieden hatten die Korinther diesen rechtlosen Zustand nicht politisch kompensieren können. Das Zeitfenster für eigenständiges Handeln drohte sich zu schließen.

In dieser Situation entschlossen sich die Verantwortlichen am Isthmus, eine nochmalige Kehrtwende ihrer Politik durchzuführen. Ein erstes Anzeichen hierfür war, daß sie die Umwandlung des argivischen Bündnisses von einem reinen Verteidigungsbündnis in eine sowohl offensiv als auch defensiv ausgerichtete Symmachie nicht mitvollzogen, sondern auf der ursprünglichen Form als Epimachie beharrten.[19] Der eigentliche Bruch

---

[14] Hierzu ebd. 5,32,5–7; 5,36–38 u. 5,39,2f.
[15] Daß die Boioter am Waffenstillstand von 423 v. Chr. nicht teilgenommen haben, zeigt Thuk. 4,118,2. Zum boiotisch-athenischen Verhältnis nach dem Nikiasfrieden siehe ebd. 5,17,2; 5,26,2 u. 5,32,6f.
[16] Siehe ebd. 5,39,2f.
[17] Siehe ebd. 5,32,6.
[18] So ebd. 5,32,7.
[19] So Thuk. 5,48,2. Auch späteren Versuchen der Argiver, sie in ihre neue, Athen einbeziehende Bündnispolitik zu integrieren, verweigerten sich die Korinther beharrlich; siehe ebd. 5,50,5.

erfolgte aber erst im Sommer 420 v. Chr., als sich die Argiver anschickten, zusammen mit ihren Bundesgenossen aus Elis und Mantineia ein Bündnis mit Athen zu schließen.[20] Dies lag nun überhaupt nicht im Sinne der Korinther: Sie hatten doch all die Anstrengungen der zurückliegenden Monate, ungeachtet ihrer Rhetorik, eigentlich nicht um der Lakedaimonier willen unternommen, etwa um deren Vormachtstellung auf der Peloponnes ein für alle Mal zu brechen; ihr Ziel war es vielmehr gewesen, anstelle Spartas, das sich weigerte, den Krieg mit den Athenern weiterzuführen und diesen künftig Einhalt zu gebieten, mit Argos eine alternative Hegemonialmacht aufzubauen, die diese Aufgabe zumindest mittelfristig würde übernehmen können. Das athenische Bündnis der Argiver stand dieser Zielsetzung konträr entgegen, weshalb die Folgen nicht ausblieben: οἱ μὲν Κορίνθιοι οὕτως ἀπέστησαν τῶν ξυμμάχων καὶ πρὸς τοὺς Λακεδαιμονίους πάλιν τὴν γνώμην εἶχον.[21]

---

[20] Hierzu ausführlich Thuk. 5,44–47. Zum argivisch-athenischen Bündnis siehe u.a. Gomme, Historical Commentary, Bd. 4, 54ff.; Kagan, Peace of Nicias 71ff.; Tomlinson, Argos and the Argolid 120f.; Kelly, Argive Foreign Policy in the Fifth Century B.C. 93ff. u. Welwei, Das klassische Athen 196ff.
[21] Thuk. 5,48,3.

7. Auf dem Weg zum Dekeleïschen Krieg

Die Ereignisse, die zum Zerwürfnis Spartas mit einem Teil seiner peloponnesischen Bündner führten, hat Thukydides relativ ausführlich beschrieben, nicht zuletzt deswegen, weil sie mitverantwortlich gewesen sind für das Zustandekommen des argivisch-athenischen Bündnisses vom Sommer 420 v. Chr. Dieses aber bildet einen wichtigen Baustein in seiner Argumentation zugunsten des *einen* Peloponnesischen Krieges, der sich – seiner Auffassung nach – zwischen 431 und 404 v. Chr., wenn auch in mehreren Phasen, abgespielt hat,[1] schuf es doch eine Konstellation, in der sich Athen und Sparta nur wenig mehr als ein Jahr nach dem Nikiasfrieden in gegnerischen Lagern wiederfanden. Damit war die Grundlage, auf der der Archidamische Krieg beendet worden war, schwer erschüttert, und wenn auch die Athener und Lakedaimonier an ihren vertraglichen Bindungen einstweilen festhielten,[2] so verhieß doch die gegenwärtige Entwicklung für die Zukunft nichts Gutes.

Mit dem faktischen Ausscheiden der Korinther aus der von Argos angeführten antilakedaimonischen Koalition im Sommer 420 v. Chr. geraten diese ein wenig aus dem Blickfeld des Thukydides. Das ist im Grunde nicht verwunderlich, denn unserem Autor ging es in seinem fünften Buch darum, zu zeigen, wie der Nikiasfrieden vom Frühjahr 421 durch seine Gegner von Anfang an bekämpft und Schritt für Schritt ausgehöhlt wurde; in dem Moment, da Korinth aus der Reihe derjenigen Mächte ausschied, die hierzu ihren Beitrag leisteten, verloren sie auch ein Stück weit das Interesse des Thukydides. Im Grunde ähnelt die Erzählstruktur, die dem fünften Buch von dessen „Peloponnesischem Krieg" zugrunde liegt, in gewissen Punkten derjenigen des ersten: In beiden Fällen wird den Korinthern zu Beginn große Aufmerksamkeit entgegengebracht; ihre Unternehmungen werden im einzelnen beschrieben, ihre Motive dem Leser dargestellt. Doch dann verändern sich sehr bald die Bedingungen, unter denen Thukydides' Akteure einst in das Spiel um Macht und Einfluß eingetreten sind. Im ersten Buch ist es das Eingreifen Athens, das das ursprüngliche Kalkül der Korinther über den Haufen wirft und sie rasch zu immer extremeren, immer schrilleren Handlungen treibt. Im fünften Buch hingegen zeigt sich, daß die Verantwortlichen am Isthmus in der Situation nach 421 weder dem Ehrgeiz der Argiver, τῆς Πελοποννήσου ἡγήσεσθαι,[3] gewachsen waren, noch, daß sie mit dem Tatendrang des athenischen Jungpolitikers Alkibiades Kleinias' Sohn gerechnet hatten, der in seiner Entschlossenheit, den Nikiasfrieden zu torpedieren, seine politischen Kontrahenten in Korinth mühelos in den Schatten zu stellen vermochte.[4] Es verwundert

---

[1] So ausdrücklich Thuk. 5,26. Dazu Gomme, Historical Commentary, Bd. 4, 9ff.
[2] Siehe Thuk. 5,48,1: καὶ αἱ (scil. αἱ σπονδαί) τῶν Λακεδαιμονίων καὶ 'Αθηναίων οὐκ ἀπείρηντο τούτου ἕνεκα οὐδ' ὑφ' ἑτέρων. Thukydides registriert dies gleichsam mit stiller Verwunderung.
[3] Siehe ebd. 5,40,3.
[4] Alkibiades wird ebd. 5,43,2 erstmals erwähnt und übernimmt augenblicklich eine tragende Funktion in Thukydides' Werk. Hierzu Gomme, Historical Commentary, Bd. 4, 48f.; Kagan, Peace of Nicias 62ff. u. Welwei, Das klassische Athen 196ff.

vor diesem Hintergrund nicht, daß das Interesse des Thukydides für den Beitrag der Korinther zur erneuten Kriegseskalation mit seinem Desinteresse von demjenigen Augenblick an korrespondiert, da sich diese aus der ersten Reihe der Akteure zurückziehen. Wie in den Jahren nach 429, so treten die Korinther auch in den Jahren nach 420 v. Chr. bei ihm scheinbar ins Glied zurück; Schauplätze und Aktionen, die mit ihnen verbunden sind, werden nur noch selten erwähnt. Dies bleibt im Grunde so bis zum Abbruch von Thukydides' Werk über den „Peloponnesischen Krieg" im Jahre 411. Lediglich im Zusammenhang mit der Sizilischen Expedition der Athener 415/13 v. Chr. findet das politische und militärische Engagement der Isthmusstadt noch einmal seine besondere Aufmerksamkeit.

Tragen wir im folgenden die wenigen Einblicke zusammen, die uns Thukydides in bezug auf den Fortgang der korinthischen Politik nach 420 gewährt. Sie konzentrieren sich im wesentlichen auf drei Problemkreise: Wie sollten die Verantwortlichen in Korinth in Zukunft zur argivischen Hegemonialpolitik auf der Peloponnes stehen, da diese ihrem eigenen Ziel, den Krieg gegen Athen neu zu entfachen, nun nichts mehr nützte, ja es sogar geradezu konterkariert hatte? Da man nun einmal an die Seite Spartas zurückgekehrt war, sollte man dem traditionellen Hegemon der Peloponnesier nun bedingungslos folgen, oder boten sich andere, neue Möglichkeiten einer eigenständigen korinthischen Machtpolitik? Schließlich, in bezug auf Athen: Konnte die Brüchigkeit des Nikiasfriedens und das Weiterköcheln kriegerischer Auseinandersetzungen in bestimmten Regionen Griechenlands nicht doch noch dazu ausgenutzt werden, um die von den Lakedaimoniern einst gemachten Zugeständnisse nachträglich zu revidieren? Die Aussichten der Korinther, gerade in diesem zuletzt genannten Punkt wenigstens Teilerfolge zu erzielen, waren angesichts der unübersichtlichen Lage, in der sich Griechenland nach 421 befand, gar nicht so schlecht. Auch die ungewöhnlich kursorische Art und Weise, mit der Thukydides bis zum Ende des fünften Buches das Geschehen nachzeichnet,[5] läßt noch erkennen, daß die Ereignisse damals im Fluß waren.

Schon im Sommer 419 v. Chr. zeigte sich, daß das athenisch-argivische Bündnis aus dem Vorjahr nicht nur dazu da war, um den Interessen von Argos zu nützen und denjenigen von Sparta zu schaden, sondern daß es letztendlich – konsequent angewandt – der Machtausweitung des Delisch-Attischen Seebundes diente, auch und gerade in Regionen, die diesem einst versperrt gewesen waren. In diesem Jahr also zog Alkibiades mit einem attischen Hilfskontingent auf die Peloponnes und veranlaßte allerlei Dinge, zuletzt, daß Lange Mauern vom achaischen Patrai bis ans Meer gebaut wurden.[6] Über-

---

[5] Zu den Besonderheiten von Thuk. 5,25–83 siehe Gomme, Historical Commentary, Bd. 5, 375ff. u. 431ff.

[6] Siehe Thuk. 5,52,2; dazu Gomme, Historical Commentary, Bd. 4, 69ff. u. Salmon, Wealthy Corinth 329. – Obwohl Thukydides die Ereignisse nur so knapp referiert, muß es sich doch nicht um einen zweitrangigen Feldzug gehandelt haben. Sein Ziel war denkbar weit gesteckt; alle seit dem Vorjahr miteinander verbündeten Städte wirkten an ihm mit; siehe ebd.: (scil. Ἀλκιβιάδης) τῶν αὐτόθεν ξυμμάχων παραλαβὼν τά τε ἄλλα ξυγκαθίστη περὶ τὴν ξυμμαχίαν διαπορευόμενος Πελοπόννησον τῇ στρατιᾷ.

7. Auf dem Weg zum Dekeleïschen Krieg

haupt ging es ihm darum, das Kap Rhion an seiner Südseite zu befestigen, denn zusammen mit Naupaktos hätten die Athener und ihre Bundesgenossen dann die gesamte Meerenge, die die Einfahrt zum Korinthischen Golf kontrolliert, in ihrer Hand gehabt.[7] Dies gelang Alkibiades und seinen Helfern freilich nicht: Κορίνθιοι δὲ καὶ Σικυώνιοι, καὶ οἷς ἦν ἐν βλάβῃ τειχισθὲν βοηθήσαντες διεκώλυσαν.[8]

Die Stelle ist in mehrerlei Hinsicht aufschlußreich: Die Befestigung auf der Südseite der Meerenge von Rhion richtete sich Thukydides zufolge in erster Linie gegen die Korinther und weitere Anrainer, nicht aber gegen die Lakedaimonier. Vierzehn Jahre nach dem Beginn der bewaffneten Auseinandersetzungen war der Krieg gegen die Isthmusstadt – auch aus athenischer Sicht – offensichtlich noch nicht abgeschlossen, die Vorherrschaft über den Korinthischen Golf noch nicht lückenlos sichergestellt. Weiterhin ging es für athenische Politiker vom Schlage des Alkibiades nicht nur darum, Sparta in Schach zu halten und seine hegemoniale Position auf der Peloponnes zu schwächen, auch der gleichzeitige und in gewisser Weise ältere Konflikt mit Korinth sollte weiterhin aktiv ausgetragen werden. Und auch hinsichtlich der Bündniskonstellationen lassen sich Kontinuitäten erkennen: Die Korinther kämpften im Sommer 419 v. Chr. unter anderem mit den Sikyoniern gegen die Athener und ihre Bundesgenossen.[9] So war es schon nach 461/60 und erneut nach 433 bei unterschiedlichen Gelegenheiten der Fall gewesen. Die Bedingungen, unter denen sich der athenisch-korinthische Konflikt vollzog, waren also immer noch dieselben, sie befanden sich nur nicht im Fokus von Thukydides' Interesse. Wäre das der Fall gewesen, so könnte man die Existenz dieses ‚Parallelkriegs' neben demjenigen zwischen Athen und Sparta sicherlich mühelos nachweisen. Doch auch so gibt es genügend Indizien, die wenigstens schlaglichtartig den weiteren Verlauf der Geschehnisse aus korinthischer Sicht beleuchten.

In den Jahren nach 420 v. Chr. erschütterten zwei den lokalen Rahmen sprengende Konflikte die peloponnesische Halbinsel, der Epidaurische und der Mantineische Krieg. Beide hatten mit Athen und Sparta sowie dem Schicksal des Nikiasfriedens zu tun, wie Thukydides richtig hervorhebt;[10] beide jedoch hatten auch mit Korinth zu tun, mit der Rolle, die ihm nach 421 auf der Peloponnes zukam und die unter veränderten Bedingungen auszufüllen für die Stadt am Isthmus eine stete Herausforderung blieb. Noch im Sommer 419 v. Chr. fielen die Argiver mit Unterstützung ihrer Bundesgenossen, auch der Athener, in das Gebiet von Epidauros ein und verwüsteten es.[11] Es war der Auftakt zu einem Krieg, der ursprünglich sicher nachbarschaftliche Wurzeln gehabt hat, in der Situation nach dem Nikiasfrieden jedoch die Aufmerksamkeit

---

[7] Das an der aitolischen Küste gelegene Molykreion, das noch näher als Naupaktos am Kap Rhion lag, besaßen die Athener seit 426 v. Chr. nicht mehr; siehe Thuk. 3,102,2. Ihre Seeherrschaft im Korinthischen Golf scheint dies nicht weiter beeinträchtigt zu haben.
[8] Ebd. 5,52,2.
[9] Siehe ebd.; dazu Griffin, Sikyon 64.
[10] Siehe Thuk. 5,26,1–4.
[11] Siehe ebd. 5,53. Zu Ursachen und Verlauf des Epidaurischen Krieges siehe u.a. Kagan, Peace of Nicias 82ff. u. Salmon, Wealthy Corinth 329f.

der Groß- und Mittelmächte bis zum Friedensschluß im Winter 418/17 immer wieder in Anspruch nehmen sollte. Von Anfang an waren die Korinther Partei, denn wie im Falle Sikyons unterhielten sie auch mit ihren südöstlichen Nachbarn jahrzehntelange freundschaftliche Beziehungen, die sich während des fünften Jahrhunderts v. Chr. bei unterschiedlichen Gelegenheiten im gemeinsamen Kampf bewährt hatten. Schon den ersten Überfall auf Epidauros motiviert Thukydides damit, daß die Argiver und Alkibiades Ruhe vor den Korinthern haben wollten (τῆς τε Κορίνθου ἕνεκα ἡσυχίας);[12] der Gewinn der Stadt und ihres Umlandes hätte die doch beträchtliche Entfernung zur See, die die Kommunikation zwischen den neuen Bundesgenossen erschwerte, unzweifelhaft verkürzt und den Spielraum der Isthmusstadt im Saronischen Golf einmal mehr eingeschränkt.[13]

Im Grunde ist die allgemeine Zielrichtung der athenisch-argivischen Kampagnen im Sommer 419 v. Chr., auch wenn das von unserem Autor nicht allzu klar zur Sprache gebracht wird, ebenso deutlich wie auf den ersten Blick verblüffend: Sowohl in Achaia als auch in der Epidauria unternahm Alkibiades mit seinen Verbündeten Feldzüge, die in erster Linie den Korinthern Schaden zufügten, nicht den Lakedaimoniern. Die Angegriffenen aber wehrten sich im Verein mit denselben Bundesgenossen – Sikyon, Epidauros –, wie es schon in früheren Jahrzehnten der Fall gewesen war. Wie damals ging es letztendlich um die Kontrolle der Meeresbuchten beiderseits des Isthmus, des Korinthischen Golfs im Norden, des Saronischen Golfs im Süden. Der Parallelen sind viele, wie man sieht; das Ringen der Κορίνθιοι καὶ οἱ σύμμαχοι gegen Athen ist auch nach 421 v. Chr., wenn auch in wechselnder Intensität, immer noch im Gange. Thukydides zieht daraus nicht dieselbe Konsequenz, wie ich es im folgenden tue, denn sein Blick ist schon auf Künftiges, aus seiner Perspektive Wichtigeres gerichtet: auf die Peripetie der argivischen Machtentfaltung in Gestalt der Schlacht bei Mantineia 418 v. Chr., die dem Spuk von Alkibiades' Engagement auf der Peloponnes nach dem Nikiasfrieden ein Ende setzte, den Graben zwischen Athen und Sparta aber weiter vertiefte und den Dekeleïschen Krieg mitvorbereitete. Korinth war in diesen Mantineischen Krieg, der sich zusehends mit dem Epidaurischen verschränkte, selbstverständlich involviert, so daß wir immer wieder schlaglichtartig von Maßnahmen seiner Verantwortlichen oder seines Heeres erfahren. In Grundzügen läßt sich deshalb die Politik der Isthmusstadt auch in diesen Jahren nachzeichnen.

Die Verbündeten von Epidauros erwarteten im Sommer 419 v. Chr. offensichtlich, daß ihr Hegemon Sparta der Aggression der Argiver und Athener sofort und nachhaltig entgegentreten würde, doch angesichts dessen, daß das lakedaimonische Entsatzheer auf sich warten ließ – laut Thukydides war das Grenzüberschreitungsopfer zweimal negativ

---

[12] So Thuk. 5,53. Dazu Gomme, Historical Commentary, Bd. 4, 72f.
[13] In Thuk. 5,53 finden sich zwei Motive für den Kriegsausbruch nebeneinander: zum einen der nachbarschaftliche Konflikt zwischen Argos und Epidauros um die Nutzung von Tempelland für Apollon Pythaeus, zum anderen die strategische Bedeutung des epidaurischen Landes für die künftigen Pläne der Argiver und Athener. Dazu Gomme, Historical Commentary, Bd. 4, 71ff.

7. Auf dem Weg zum Dekeleïschen Krieg

ausgefallen –, verharrten auch sie in Passivität.[14] Immerhin scheinen sich die Korinther in dieser Zeit, als die Chora der Epidaurier bereits vom Feind verheert wurde, wenigstens diplomatisch für ihre südöstlichen Nachbarn eingesetzt zu haben. Thukydides läßt ihren Gesandten Euphamidas Aristonymos' Sohn bei Friedensgesprächen in Mantineia zu ihren Gunsten sprechen. Angesichts dessen, daß es im fünften Buch des „Peloponnesischen Krieges" keine ausformulierten Reden gibt, ist das kurze Referat seiner Aussagen in Thuk. 5,55,1 ein Indiz für die Bedeutung, die der Autor ihnen bei einer späteren Ausarbeitung möglicherweise zugedacht hatte und damit für das Gewicht der korinthischen Politik in der Anfangsphase des Epidaurischen Krieges insgesamt.

Mit Beginn des Jahres 418 v. Chr. wurde klar, daß die Lakedaimonier nun endlich bereit waren, ihrer Verantwortung als Hegemon des Peloponnesischen Bundes gerecht zu werden und dem Treiben der Argiver und ihrer Bundesgenossen Einhalt zu gebieten. Schon im Winter 419/18 hatte Sparta ein Hilfskontingent von 300 Mann auf dem Seeweg nach Epidauros entsandt und dabei die formale Verletzung des Nikiasfriedens in Kauf genommen.[15] Mitten im Sommer rückte dann König Agis II. nach Norden vor, verstärkte sein Heer mit den Kontingenten anderer Städte und trat den Argivern auf der ostarkadischen Hochebene entgegen. Auch 2.000 Korinther nahmen an diesem Feldzug teil.[16] Wir müssen in unserem Zusammenhang die Einzelheiten des nun folgenden Geschehens, das erst über Umwege zur Entscheidungsschlacht bei Mantineia führte, nicht nachzeichnen.[17] Das Ergebnis war aus der Sicht Spartas jedenfalls phänomenal: Es stellte das Ansehen der lakedaimonischen Heeresmacht, das in den Jahren des Archidamischen Krieges stark gelitten hatte, mit einem Schlag wieder her.[18] Argos mußte sich geschlagen geben; die Perspektive eines Zusammengehens mit den Athenern hatte, kaum daß sie eröffnet worden war, zu einem veritablen Fehlschlag geführt. Nicht nur daß die Verantwortlichen am Inachos nun gezwungen waren, von Epidauros endlich abzulassen und ihre Symmachie mit den Athenern, Mantineiern und Eleiern aufzukündigen,[19] das gesamte innere Gefüge des seit Jahrzehnten demokratisch verfaßten argivischen Staates geriet in Bewegung, und die Partei derjenigen, die eine Oligarchie unter dem Schutz der Lakedaimonier anstrebten, wurde von Tag zu Tag stärker. Sie sorgte dann auch für den Abschluß eines Friedens- und Bündnisvertrags mit Sparta.[20] Es dauerte nicht lange, da zogen die argivischen Oligarchen an der Seite ihres neuen Hegemons nach Sikyon, um auch dort Verhältnisse einzurichten, die die Herrschaft der Wenigen gegenüber dem örtlichen Demos ab-

---

[14] Siehe Thuk. 5,54,4: Ἐπιδαύριοι δὲ τοὺς ξυμμάχους ἐπεκαλοῦντο· ὧν τινὲς οἱ μὲν τὸν μῆνα προυφασίσαντο, οἱ δὲ καὶ ἐς μεθορίαν τῆς Ἐπιδαυρίας ἐλθόντες ἡσύχαζον.
[15] Siehe ebd. 5,56,1–3.
[16] So ebd. 5,57,2.
[17] Siehe hierzu ausführlich ebd. 5,57–74. Dazu u.a. Kagan, Peace of Nicias 91ff.; Tomlinson, Argos and the Argolid 121ff. u. Welwei, Sparta 241ff.
[18] So ausdrücklich Thuk. 5,75,3.
[19] So ebd. 5,76–78.
[20] Zum Text des Abkommens siehe ebd. 5,79; dazu Gomme, Historical Commentary, Bd. 4, 141ff.

sicherte.²¹ Nach ihrer Rückkehr setzten sie dann den Schlußstein für ihre politischen Pläne: Im Frühling 417 v. Chr. wurde mit lakedaimonischer Hilfe das demokratische System von Argos zugunsten einer Oligarchie umgestaltet.²²

Die Korinther hatten an der eigentlichen Schlacht von Mantineia im Sommer 418 nicht teilgenommen, weil König Agis II. ihr Kontingent heimgesandt hatte, als vorübergehend eine Phase der Entspannung zwischen den Kriegsgegnern eingetreten war.²³ Als sie dann doch überraschend wieder herbeigerufen wurden, konnten sie nicht mehr rechtzeitig auf das Schlachtfeld gelangen.²⁴ Es ist gut möglich, daß die Unberechenbarkeit der lakedaimonischen Kriegsführung in den Kampagnen von 419 und 418 v. Chr. bei den korinthischen Verantwortlichen Unmut ausgelöst und so für eine erneute Abkühlung der Beziehungen zwischen ihrer Stadt und dem alten und neuen Hegemon der peloponnesischen Halbinsel gesorgt hat.²⁵ Der ausschlaggebende Grund dafür, daß nach dem Ende des Epidaurischen und Mantineischen Krieges am Isthmus nicht nur eitel Freude herrschte, war freilich der Umgang der Lakedaimonier mit dem unterlegenen Argos. Die Stadt am Inachos war in der Vergangenheit immer ein traditioneller Gegner der Korinther gewesen; die Tatsache, daß sie nach 421 ihre Nähe suchten, verdankte sich einer besonderen politischen Konstellation, die die Ausnahme darstellte, keinesfalls die Regel. Das Zusammengehen Spartas mit den argivischen Oligarchen, die Aussicht, daß in Zukunft Argos – nicht etwa Korinth – der Vorzugspartner der Lakedaimonier in der nördlichen Hälfte der Peloponnes sein würde, all das konnte für die Verantwortlichen am Isthmus nur Gegenstand von Verunsicherung und Mißtrauen sein. Schon hatten sich die neuen Partner in Sikyon, ihrer unmittelbaren Nachbarschaft, in die Innenpolitik eingemischt.²⁶ Nahezu unmittelbar anschließend, im Sommer 417, hören wir ähnliches aus Achaia, der Landschaft, in der sich Alkibiades zwei Jahre zuvor hatte festsetzen wollen. Diesmal werden von Thukydides allerdings nur die Lakedaimonier, nicht auch die Argiver, als Urheber des Umsturzes genannt.²⁷

Es verwundert angesichts all der genannten Umstände nicht, daß wir die Korinther, zumindest in bezug auf Argos, nach dem Winter 418/17 v. Chr. nicht mehr ausdrücklich an der Seite der Lakedaimonier sehen. Schon im Sommer 417 schritten die argivischen Demokraten, die durch ihre Niederlagen an der Seite Athens diskreditiert und angesichts des energischen Vorgehens ihrer hochmotivierten, aber an Zahl geringen politi-

---

[21] Siehe Thuk. 5,81,2; dazu Griffin, Sikyon 65. Zuvor war Mantineia gezwungen worden, das Bündnis mit Argos aufzugeben und in die Reihen der lakedaimonischen Bundesgenossen zurückzukehren; siehe Thuk. 5,81,1.
[22] Siehe ebd. 5,81,2.
[23] So ebd. 5,60,4.
[24] Siehe ebd. 5,64,4 u. 4,75,2.
[25] Darauf könnten Passagen wie ebd. 5,60 u. 5,64,4 hindeuten.
[26] Siehe ebd. 5,81,2.
[27] Siehe ebd. 5,82,1: καὶ Λακεδαιμόνιοι τὰ ἐν Ἀχαΐᾳ οὐκ ἐπιτηδείως πρότερον ἔχοντα καθίσταντο.

7. Auf dem Weg zum Dekeleïschen Krieg

schen Gegner für einen Augenblick verunsichert worden waren, zur Gegenrevolution.[28] Es gelang ihnen, die Oligarchen zu besiegen und zu vertreiben. Rasch war der Kontakt zu Athen wiederhergestellt; durch die Errichtung von Langen Mauern zwischen Argos und dem Meer sollte der Stadt für die Zukunft größere Sicherheit bei feindlichen Invasionen verschafft werden.

An dieser Stelle gibt uns Thukydides einen ersten Hinweis darauf, daß die korinthische Politik gegenüber ihrem südlichen Nachbarn sich im Zuge der jüngsten Ereignisse geändert haben könnte. Er schreibt nämlich: ξυνῄδεσαν δὲ τὸν τειχισμὸν καὶ τῶν ἐν Πελοποννήσῳ τινὲς πόλεων.[29] In unserem Text ist von einer Mehrzahl von Städten die Rede, die heimlich – und sei es durch Unterlassen – die argivischen Demokraten unterstützt hätten. Klarer wird das Bild im folgenden Kapitel; da heißt es nämlich, im darauffolgenden Winter 417/16 v. Chr. hätten die Lakedaimonier – αὐτοί τε καὶ οἱ ξύμμαχοι πλὴν Κορινθίων – versucht, den unvorhergesehenen Putsch gegen das von ihnen unterstützte Regime rückgängig zu machen.[30] Die Korinther waren also nicht an diesem Feldzug beteiligt. Nahezu das gleiche Szenario überliefert Thukydides noch einmal für den Winter 416/15: Λακεδαιμόνιοι δὲ τοῦ αὐτοῦ χειμῶνος καὶ οἱ ξύμμαχοι πλὴν Κορινθίων στρατεύσαντες ἐς τὴν Ἀργείαν τῆς τε γῆς ἔτεμον οὐ πολλήν [...].[31]

Nun wird die Darstellung der Ereignisse durch unseren Autor zum Ende des fünften Buches hin, sieht man einmal vom Melierdialog ab, immer dürftiger und kursorischer, während im sechsten und siebten Buch dann die Sizilische Expedition der Athener alle anderen, konkurrierenden Ereigniszusammenhänge zusehends an den Rand drängt. Vom Fortgang des Krieges zwischen Argos und Sparta ist jedenfalls bald nicht mehr viel die Rede.[32] Trotzdem können wir im Hinblick auf Korinth folgendes festhalten: Nach dem Nikiasfrieden hatten sich die Korinther vorübergehend von den Lakedaimoniern entfremdet, doch als sie bald darauf die Folgen ihres politischen Kurswechsels nicht mehr zu kontrollieren vermochten, kehrten sie an die Seite ihres bisherigen Hegemons zurück. Doch auch dieser Schulterschluß war nur von kurzer Dauer; sobald die Verantwortlichen am Isthmus nach der Schlacht bei Mantineia erkennen mußten, daß Sparta mit den argivischen Oligarchen ebensogut zusammenarbeitete wie mit ihnen, verweigerten sie sich erneut den Ansprüchen ihrer Vormacht. Niemand kann etwas darüber aussagen, auf welche Art genau sich dieser erneute Bruch zwischen den beiden Mächten vollzog, denn Thukydides schweigt darüber beharrlich, aber eines ist doch deutlich: Das Mißtrauen, das durch den Abschluß des Nikiasfriedens und die Stiftung eines athenisch-lakedaimonischen Sonderbündnisses im Frühjahr 421 v. Chr. bei den

---

[28] Siehe Thuk. 5,82,2–6. Dazu u.a. Kagan, Peace of Nicias 138ff. u. Tomlinson, Argos and the Argolid 124f.
[29] Thuk. 5,82,6.
[30] So ebd. 5,83,1.
[31] Ebd. 6,7,1.
[32] Letzte Erwähnungen finden sich ebd. 6,7,1f.; 6,95,1 u. 6,105. Spätestens mit Beginn des Sommers 413 v. Chr. mündete der lakedaimonisch-argivische Krieg dann in einen offenen lakedaimonisch-athenischen, den Dekeleïschen Krieg, ein; siehe ebd. 7,20 u. 7,26.

Korinthern gesät worden war, existierte auch fünf Jahre später noch, ja es war durch neue Vorfälle noch gesteigert worden. Als man mit dem Ausbruch des Dekeleïschen Krieges schon jederzeit rechnen mußte, da gab es zwischen den Korinthern und den Lakedaimoniern immer noch nicht bereinigte Konflikte, die verhinderten, daß sie mit einer Stimme sprachen und koordiniert zu Werke gingen. Alles kam darauf an, daß dieser Zustand, im Sinne des gemeinsamen Zieles, Athen zu besiegen, doch noch rechtzeitig überwunden werden konnte.

8. Der erneute Ausbruch des offenen Krieges zwischen Korinth und Athen im Sommer 416 v. Chr.

Wann begann der Dekeleïsche Krieg? Selbst in bezug auf Athen und Sparta ist diese Frage nicht so ohne weiteres klar zu beantworten. Thukydides selbst vertrat die Ansicht, daß die Vereinbarungen vom Frühjahr 421 keinen rechten Frieden bewirkt hätten;[1] das ganze fünfte Buch ist erfüllt von vermeintlichen und tatsächlichen Vertragsbrüchen, und auch später, während der Sizilischen Expedition der Athener, befinden sich die einstmaligen Kriegsgegner stets an der Schwelle zur direkten militärischen Eskalation. Ausdrücklich und für alle offenkundig haben Thukydides' Meinung nach die Athener im Sommer 414 v. Chr. den Nikiasfrieden gebrochen, als sie den argivischen Demokraten, die wieder einmal von den Lakedaimoniern angegriffen wurden, mit dreißig Schiffen zu Hilfe eilten und dabei nicht nur ihre Bundesgenossen unterstützten, sondern auch dazu übergingen, lakonische Küstenplätze zu attackieren:[2] αἵπερ τὰς σπονδὰς φανερώτατα τὰς πρὸς τοὺς Λακεδαιμονίους αὐτοῖς ἔλυσαν.[3] Sie lieferten damit Sparta einen trefflichen Vorwand (αἰτία),[4] seinerseits alle noch etwa vorhandenen Skrupel hintanzustellen und die militärische Herausforderung anzunehmen. Bereits im Jahr darauf marschierten die Lakedaimonier unter König Agis II., erstmals seit dem Jahre 425, in Attika ein, setzten sich in Dekeleïa fest und bauten es zu einer starken Festung aus.[5]

Die Korinther hatten sich seit 421 v. Chr. in der unkomfortablen Lage befunden, einerseits formal nicht in den Nikiasfrieden eingebunden zu sein, andererseits sich aber auch nicht in einem offenen Kriegszustand mit Athen zu befinden. Ihre Waffenruhe war eine prekäre ἀνοκωχὴ ἄσπονδος,[6] weswegen sie auch stets auf der Suche nach neuen Bundesgenossen waren. An sich wäre es für die Verantwortlichen am Isthmus in dieser Zeit

---

[1] So Thuk. 5,25f.
[2] Siehe ebd. 6,105,1f. Diesmal heißt es übrigens nicht, wie ebd. 5,83,1 u. 6,7,1, die Lakedaimonier und ihre Bundesgenossen hätten πλὴν Κορινθίων Argos angegriffen.
[3] Ebd. 6,105,1.
[4] So die Wortwahl ebd. 6,105,2.
[5] Siehe ebd. 7,19,1f. Dazu u.a. Kagan, Peace of Nicias 288ff.; Welwei, Das klassische Athen 208 u. 212 sowie Welwei, Sparta 247f.
[6] So Thuk. 5,32,7.

8. Der erneute Ausbruch des offenen Krieges zwischen Korinth und Athen

ein leichtes gewesen, den Athenern offen militärisch entgegenzutreten; ihnen waren juristisch die Hände weniger gebunden als den Lakedaimoniern oder auch Boiotern. Dennoch vermieden sie es, wo immer möglich, denn allein auf sich gestellt – das hatte spätestens der Archidamische Krieg gezeigt – war Korinth den Athenern hoffnungslos unterlegen. Andererseits hat die sprunghafte Politik in der Zeit nach dem Nikiasfrieden nicht gerade dazu beigetragen, diese Unterlegenheit diplomatisch auszugleichen. Hinsichtlich des Zieles, die Ergebnisse von 421 v. Chr. zu korrigieren, galt es also vorerst, Abstriche zu machen. Im Epidaurischen wie im Mantineischen Krieg erfüllten die Korinther getreulich ihre Bündnispflicht gegenüber Epidauros wie Sparta, nicht mehr. Auf die aggressiven Umtriebe des Alkibiades in Achaia reagierten sie lediglich und sorgten dafür, daß sie keine bleibenden Folgen nach sich zogen. Von einem bewußten Bruch der ἀνοκωχή ἄσπονδος gegenüber Athen kann insofern in diesen drei Fällen nicht die Rede sein.

Erst zum Sommer 416 v. Chr. lesen wir bei Thukydides eine dürftige Notiz, die über das bisher Gesagte hinausweist: καὶ Κορίνθιοι ἐπολέμησαν ἰδίων τινῶν διαφορῶν ἕνεκα τοῖς Ἀθηναίοις· οἱ δ᾽ ἄλλοι Πελοποννήσιοι ἡσύχαζον.[7] Unmittelbar davor war davon die Rede gewesen, die Athener hätten von Pylos aus im Gebiet der Lakedaimonier geplündert, und diese hätten daraufhin zwar nicht den Nikiasfrieden für gebrochen erklärt, aber doch jedem, der es wollte, gestattet, es dem Feind gleichzutun.[8] Unser zitierter Satz scheint sich *nicht* auf diese Passage zu beziehen: Die Korinther kämpften nicht, um die Verletzung der Vereinbarungen von 421 zu ahnden; sie waren in diese ja gar nicht eingebunden, hatten sie auch zu keinem Zeitpunkt unterstützt, im Gegenteil. Statt dessen kämpften sie aus eigenem Antrieb, aufgrund eigener Streitpunkte (ἰδίων τινῶν διαφορῶν ἕνεκα) mit den Athenern, und sie taten es allein – augenscheinlich nahm keine andere peloponnesische Stadt an ihren militärischen Unternehmungen teil. Es scheint sich um eine längerfristige Auseinandersetzung gehandelt zu haben, die im Sommer 416 v. Chr. zwischen Korinth und Athen begann; darauf deutet eine Aussage des Nikias im Vorfeld der Sizilischen Expedition hin. Bei den Beratungen vor der attischen Volksversammlung läßt Thukydides den Rivalen des Alkibiades vor übereilten Abenteuern warnen. Athen habe schon Feinde genug: εἰσὶ δὲ οἳ οὐδὲ ταύτην πω τὴν ὁμολογίαν ἐδέξαντο, καὶ οὐχ οἱ ἀσθενέστατοι· ἀλλ᾽ οἱ μὲν ἄντικρυς πολεμοῦσιν, οἱ δὲ καὶ διὰ τὸ Λακεδαιμονίοις ἔτι ἡσυχάζειν δεχημέροις σπονδαῖς καὶ αὐτοὶ κατέχονται.[9] Auch wenn sie hier nicht namentlich genannt werden, so können diejenigen, die im Sommer 415 offen (ἄντικρυς) mit den Athenern Krieg geführt

---

[7] Thuk. 5,115,3. Dazu Gomme, Historical Commentary, Bd. 4, 188 u. Salmon, Wealthy Corinth 331. Beide interpretieren unsere Textstelle zurückhaltend; siehe insbes. letzteren ebd.: „Thucydides' words, if taken literally, imply that Corinth now, for the first time since 421, attacked Athens in some way. [...]; if more than mere raids on Athenian shipping was involved there is no way of telling the nature of the action. Nor can the ‚private grievances' be identified; but Corinth's desire for war with Athens was as intense as ever."

[8] Siehe Thuk. 5,115,2: καὶ Λακεδαιμόνιοι δι᾽ αὐτὸ τὰς μὲν σπονδὰς οὐδ᾽ ὣς ἀφέντες ἐπολέμουν αὐτοῖς, ἐκήρυξαν δὲ εἴ τις βούλεται παρὰ σφῶν Ἀθηναίους λῄζεσθαι.

[9] Ebd. 6,10,3.

haben, doch nur die Korinther gewesen sein, während sich hinter denjenigen, die alle zehn Tage den Waffenstillstand mit Athen verlängerten, ohne Zweifel die Boioter verbergen.[10] Die Korinther befanden sich also seit 416 v. Chr. im Gegensatz zu den Lakedaimoniern und ihren peloponnesischen Bundesgenossen, denen sie sich seit dem Winter 418/17 entfremdet hatten, im offenen Krieg mit den Athenern. *Ihr* Dekeleïscher Krieg hatte bereits begonnen. Doch was war der Anlaß für diese Eskalation, worin bestanden die ἴδιαί τινες διαφοραί, die Thukydides nennt?

Es empfiehlt sich in diesem Zusammenhang, noch einmal auf einen Problemkomplex zurückzukommen, der in unserer Darstellung bisher wenig berücksichtigt worden ist, nämlich auf den Kampf der Chalkidier gegen Athen.[11] Dieser im thrakischen Steuerbezirk des Delisch-Attischen Seebunds beheimatete Teilkonflikt des Archidamischen Krieges hatte schon vor 431 v. Chr. begonnen und war auch nach 421 keineswegs erloschen. Im Grunde ist es verwunderlich, daß Thukydides dem Geschehen an der Nordküste des Ägäischen Meeres nur partiell seine Aufmerksamkeit schenkt, denn es hat den Ausbruch der ganz Griechenland erfassenden Konfrontation zwischen Athen und Sparta stark befördert und diese immer wieder von neuem angefacht – denken wir nur an den Brasidas-Feldzug im Jahre 424 und seine Folgen bis hin zur Schlacht bei Amphipolis zwei Jahre später.[12] Außerdem kannte sich unser Autor in der Gegend gut aus, hätte also leicht seine Darstellung mit Sonderwissen bereichern können.[13] Das tut Thukydides bisweilen auch, etwa als es darum geht, sein Scheitern als Stratege zu erklären.[14] Ansonsten aber tritt der Kriegsschauplatz im Norden von Fall zu Fall hinter andere, die die Grundthese von der unvermeidbaren Eskalation des athenisch-lakedaimonischen Konflikts besser illustrieren, zurück. So ist es auch in den Büchern, die die Zeit des Nikiasfriedens behandeln.

Fassen wir die bei Thukydides erkennbaren Fakten zusammen: Die Chalkidier hatten sich im Frühjahr 421 v. Chr. geweigert, dem Nikiasfrieden beizutreten, weil das bedeutet hätte, daß sie ihren elf Jahre zuvor vollzogenen Synoikismos hätten rückgängig machen müssen.[15] Sie setzten deshalb den Krieg gegen Athen, zumal da ihnen die Lakedaimonier nicht mehr helfen wollten, nun auf eigene Faust fort.[16] Für die Korin-

---

[10] So sicher richtig Gomme, Historical Commentary, Bd. 4, 232f.
[11] Hierzu nun zusammenfassend M. Zahrnt, Macedonia and Thrace in Thucydides, in: A. Rengakos/A. Tsakmakis (Hrsgg.), Brill's Companion to Thucydides, Leiden/Boston 2006, 597ff.
[12] Auch Schwartz, Geschichtswerk des Thukydides 36ff., bes. 42 registriert diesen Umstand und führt ihn, wie auch sonst in ähnlich gelagerten Fällen, auf die Tätigkeit des postumen Herausgebers des „Peloponnesischen Krieges" zurück.
[13] Thukydides weist selbst auf seinen Besitz und Einfluß an der nordägäischen Küste hin; siehe Thuk. 4,105,1. Dazu Hornblower, Commentary, Bd. 2, 334f.
[14] Siehe Thuk. 4,102–107.
[15] So richtig Beck, Polis und Koinon 153ff., basierend auf Zahrnt, Olynth und die Chalkidier 66ff.
[16] Das Ringen um die Übergabe von Amphipolis an die Athener im Frühjahr 421 zeigt, wie sich zu Beginn einzelne Spartiaten noch im Geiste des Brasidas für die Aufständischen in der Chalkidike einsetzen wollten. Schließlich führte der lakedaimonische Befehlshaber Klearidas auf ausdrücklichen Befehl hin seine Truppen dann doch zurück nach Sparta und überließ die Amphipoliten, Skionaier,

8. Der erneute Ausbruch des offenen Krieges zwischen Korinth und Athen

ther war die Tatsache, daß Sparta die Chalkidike damit gleichsam zum zweiten Mal nach 431 praktisch im Stich gelassen hatte, ein wesentlicher Grund, ebenfalls beiseite zu treten und sich dem Hegemon der Peloponnes in Zukunft zu verweigern;[17] das Bündnis mit Argos war die Folge, und es ist kein Zufall, daß Thukydides in diesem Zusammenhang die Korinther und Chalkidier gleichsam in einem Zuge nennt: ἐγένοντο δὲ καὶ οἱ Κορίνθιοι [...] καὶ οἱ ἐπὶ Θράκης Χαλκιδῆς Ἀργείων ξύμμαχοι.[18] In der Folge erfahren wir zwar nichts von direkten korinthischen Hilfeleistungen für ihre Bundesgenossen an der nördlichen Ägäisküste, aber die Vitalität des dortigen Widerstands gegen Athen wird von Thukydides immer wieder in Erinnerung gerufen. Schon im Winter 421/20 v. Chr. eroberten die Chalkidier Mekyberna und vertrieben die dortige athenische Besatzung aus der Stadt.[19] Im Sommer 417 brachten sie Dion auf der Halbinsel Akte auf ihre Seite.[20] Vermutlich war es dieser Erfolg, der die Athener aufrüttelte und sie veranlaßte, ein Kontingent unter der Führung des Nikias nach Norden zu entsenden, um die seit 422 unzweifelhaft eingetretene Konsolidierung vor Ort durch erneute Fehlschläge nicht weiter zu gefährden. Der besagte Feldzug verlief allerdings im Sande, weil der Makedonenkönig Perdikkas II., auf dessen Hilfe man fest gezählt hatte, sich aus den Auseinandersetzungen wider Erwarten heraushielt.[21] Dennoch muß sich die Lage bald darauf in gewisser Weise entspannt haben, denn im Winter 416/15 v. Chr. wollten sich die Chalkidier nicht an einem Feldzug des Perdikkas gegen die Athener beteiligen. Sie beriefen sich darauf, sie hätten inzwischen einen alle zehn Tage verlängerten Waffenstillstand mit diesen vereinbart.[22] Trotzdem charakterisiert Nikias im Sommer darauf die Chalkidier als ἔτη τοσαῦτα ἀφεστῶτες ἀφ᾽ ἡμῶν ἔτι ἀχείρωτοί.[23] Von einer rundum geklärten Lage kann im Jahre 415 also immer noch nicht die Rede gewesen sein.

Die Aufforderung an die Chalkidier, gegen die Athener zu ziehen, war im Winter 416/15 v. Chr. von seiten der Lakedaimonier ergangen. Schon zwei Jahre zuvor hatten diese versucht, an ihre durch die Bestimmungen des Nikiasfriedens unterbrochenen Beziehungen zu den einstigen Bundesgenossen im Norden wiederanzuknüpfen. Nach der siegreichen Schlacht bei Mantineia und dem Bündnis mit den argivischen Oligarchen wandten sie sich zuerst an Perdikkas II.; dann jedoch heißt es: καὶ τοῖς Χαλκιδεῦσι

Chalkidier und all die anderen ihrem Schicksal; siehe hierzu Thuk. 4,21 u. 4,34,1. Dazu u.a. Kagan, Peace of Nicias 19f. u. Welwei, Sparta 236.
[17] Siehe Thuk. 5,30,1–4.
[18] Ebd. 5,31,6.
[19] Siehe ebd. 5,39,1.
[20] Siehe ebd. 5,82,1. Dion war seit der Eroberung von Thyssos im Sommer 421 v. Chr. die größte Stadt auf der Halbinsel Akte, dem östlichsten der drei ‚Finger‘ der Chalkidike; dazu Zahrnt, Olynth und die Chalkidier 73.
[21] Siehe ebd. 5,83,4.
[22] Siehe ebd. 6,7,4: παρὰ Χαλκιδέας τοὺς ἐπὶ Θράκης, ἄγοντας πρὸς Ἀθηναίους δεχημέρους σπονδάς.
[23] Ebd. 6,10,5.

τούς τε παλαιοὺς ὅρκους ἀνενεώσαντο καὶ ἄλλους ὤμοσαν.[24] Ist es ein Zufall, daß Thukydides ausgerechnet in diesem Zusammenhang die Wendung von den „alten Eiden" (παλαιοὶ ὅρκοι) wiederaufgreift, die die Korinther bei ihrer Polemik gegen den Nikiasfrieden gebraucht hatten?[25] In jedem Fall zeigt er durch seine Wortwahl an, daß diejenigen unter den Spartiaten, die eine Wiederaufnahme des Krieges gegen die Athener wünschten, als sie im Winter 418/17 v. Chr. ihre Aufmerksamkeit nach Norden richteten, dies in einer Art und Weise taten, wie es die Korinther schon vier Jahre zuvor gefordert hatten, nämlich indem sie ihre Treue zu einmal eingegangenen Verpflichtungen demonstrierten und darüber hinaus die Bereitschaft signalisierten, neue einzugehen.

Das Bündnis der Lakedaimonier mit den Chalkidiern führt uns noch einmal vor Augen, wie wichtig der nördliche Kriegsschauplatz auch nach der Beendigung des Archidamischen Krieges gewesen ist, politisch, indem er einen Testfall für die Zusage Spartas darstellte, allen von Athen bedrängten Griechenstädten zur Autonomie zu verhelfen, aber auch militärisch, denn er war stets mehr als ein bloßes Ärgernis für die Athener, eher schon eine seit Jahren schwärende Wunde, die zu schließen inzwischen Mittel verschlungen hatte, von denen sich selbst ein Perikles im Jahre 432 v. Chr. wohl kaum eine zutreffende Vorstellung gemacht hat.[26] Die Bereitschaft der Lakedaimonier, sich wieder an der Nordküste der Ägäis zu engagieren, verschafft der Argumentation der korinthischen Gesandten vom Winter 422/21 v. Chr., sie könnten der Chalkidier wegen nicht dem Nikiasfrieden beitreten, nachträglich zusätzliche Plausibilität. Allerdings dürften die Verantwortlichen am Isthmus mit den Maßnahmen Spartas vier Jahre später nicht rundum zufrieden gewesen sein, denn der Partner, mit dem die Lakedaimonier im Norden künftig zusammenarbeiten wollten, waren nicht sie selbst, sondern die argivischen Oligarchen. An Korinth drohten die potentiellen Erfolge, auf die die neue Kriegskoalition hoffen konnte, somit vorbeizugehen. Da traf es sich gut, daß einige Umstände – der Gegenputsch der argivischen Demokraten, die allfällige Wankelmütigkeit des makedonischen Königs, die entschlossene Gegenwehr der Athener – schon nach kurzer Zeit bewirkten, daß Sparta in die übliche Zögerlichkeit und Unentschlossenheit zurückfiel. Nach dem Fehlschlag im Winter 416/15 hören wir nichts mehr von Unternehmungen oder gar Erfolgen des lakedaimonisch-makedonisch-chalkidischen Bündnisses. Der nördliche Kriegsschauplatz wird von Thukydides einstweilen sich selbst überlassen, und seine Aufmerksamkeit konzentriert sich in der Folge ganz auf die Sizilische Expedition der Athener.

Wenn wir danach fragen, was es mit den ἴδιαί τινες διαφοραί auf sich hat, die Thuk. 5,115,3 dafür verantwortlich gemacht hat, daß die Korinther ab dem Sommer 416 v. Chr. wieder gegen die Athener kämpften, so könnten meiner Ansicht nach die Bündnistreue der Korinther zu den Chalkidiern und die sich daraus ergebenden militäri-

---

[24] Thuk. 5,80,2.
[25] Vgl. ebd. 5,30,1–4.
[26] Die Kostspieligkeit des nördlichen Kriegsschauplatzes wurde schon im Verlaufe des Archidamischen Krieges immer deutlicher; siehe dazu oben S. 242.

8. Der erneute Ausbruch des offenen Krieges zwischen Korinth und Athen

schen Konflikte mit Athen noch am ehesten eine Antwort darauf darstellen. Thukydides drückt sich an der entsprechenden Stelle sehr knapp aus, so daß es in diesem Fall unvermeidlich und insofern auch legitim ist, Zuflucht zu einer so gut als möglich begründeten Hypothese zu nehmen. Andrewes hat in seinem Kommentar zu unserer Passage bereits Punkte genannt, die geeignet sind, das vorliegende Dilemma aufzulösen: „As the words stand, they suggest some new ground of quarrel which Thucydides thinks too trivial to explain. This is possible: but §§ 2–3 as a whole are very compressed and not at all explicit, and the suspicion arises that this is a note not fully worked out, that the quarrels here referred to are really those which have been fully explained earlier."[27] Hierfür aber kommen gerade die Kämpfe auf der Chalkidike in Frage: Zum einen handelt es sich um einen Konflikt, der von Thukydides von der Vorgeschichte des Archidamischen Krieges an in seine Erzählung integriert worden ist; später nimmt sein einschlägiges Interesse zwar ab, es kommt aber zu keiner Zeit völlig zum Erliegen. Das Motiv von den einmal eingegangenen Verpflichtungen gegenüber den Chalkidiern wird, wie wir gesehen haben, noch spät und, wie es scheint, bewußt von ihm aufgegriffen.

Zum anderen läßt Thukydides die Korinther *selbst* ganz offen sagen, daß sie den Krieg an der Nordküste der Ägäis auch und gerade nach dem Abschluß des Nikiasfriedens noch keineswegs für abgeschlossen hielten.[28] Sie handelten auch dieser Aussage entsprechend – trotz der im Verlauf des fünften Buchs immer dürftigeren Hinweise unseres Autors bleibt dies doch erkennbar.[29] Es ist gut denkbar, daß Thukydides darüber hinaus über noch viel mehr einschlägiges Material verfügt hat, um den Wiederausbruch eines offenen Krieges zwischen Korinth und Athen im Jahre 416 v. Chr. zu motivieren, aber er legt es nun einmal nicht vor. Trotzdem darf man nicht zu pessimistisch sein:[30] Was die Korinther in diesem Sommer taten, charakterisiert unser Autor mit dem Verb πολεμεῖν, nicht λῄζεσθαι. Am ehesten läßt sich dies mit den Vorgängen in Nordgriechenland in Einklang bringen, wo auch Thukydides von militärischen Auseinandersetzungen weiß, die um diese Zeit herum stattfanden, wenn er uns auch über die genauen Zusammenhänge im unklaren läßt. Noch im Sommer 415 v. Chr. jedenfalls konnte Nikias – der wissen mußte, wovon er sprach, denn er hatte kurz vorher in dem betreffenden Raum operiert – darauf Bezug nehmen.[31] Auch die Korinther finden Platz in seiner Rede, und erneut fällt bezeichnenderweise das Wort πολεμεῖν in diesem Zusammenhang.[32] Eine direkte Verbindung zwischen ihrem eigenen πόλεμος und der

---

[27] Gomme, Historical Commentary, Bd. 4, 188.
[28] So Thuk. 5,30,1–4.
[29] Ein Hinweis ist z.B. das Bündnis, das sowohl die Korinther als auch die Chalkidier mit den Argivern eingehen; siehe ebd. 5,31,6.
[30] So allerdings Salmon, Wealthy Corinth 331: „He (scil. Thucydides) says that they (scil. the Corinthians) went to war (ἐπολέμησαν), while the Spartan announcement merely allowed plunder (λῄζεσθαι). The distinction may be oversubtle; if more than mere raids on Athenian shipping was involved there is no way of telling the nature of the action."
[31] Siehe Thuk. 5,83,4; 6,7,3f. u. 6,10,5.
[32] Siehe ebd. 6,10,3.

ἀπόστασις der Chalkidier, die unsere Hypothese gleichsam beweisen würde, wird von Nikias bzw. Thukydides allerdings nicht hergestellt.

Im sechsten und siebten Buch des „Peloponnesischen Krieges" steht die Sizilische Expedition der Athener im Mittelpunkt der Erzählung; sie drängt, wie bereits festgestellt, die anderen Handlungsstränge – zum Beispiel den Kampf der Lakedaimonier gegen die argivischen Demokraten, den Widerstand der Chalkidier gegen die Athener – mehr oder weniger an den Rand. Aufbauend auf den Ergebnissen der vorausgegangenen Abschnitte, ist es legitim, die Kämpfe um und nahe Syrakus, die sich zwischen 415 und 413 abspielten, als einen Teil des schon 416 v. Chr. begonnenen Krieges zwischen Korinth und Athen zu betrachten. Von Thukydides wird dieser Sachverhalt zwar nicht ausdrücklich so formuliert, da er Einschnitte im historischen Ereignisverlauf nicht ausgehend von der Geschichte der Isthmusstadt, sondern eher derjenigen Athens und Spartas sucht. Trotzdem ist erkennbar, daß unser Autor das Engagement der Korinther zugunsten der Syrakusaner von Anfang an in auffallender Weise akzentuiert.

Noch vor der Ankunft der Athener spricht der führende syrakusanische Politiker Hermokrates Hermons Sohn in einer Volksversammlung davon, man müsse neben Sparta auch Korinth um Hilfe angehen, um gegen die Athener im Kampf bestehen zu können.[33] Bezeichnenderweise wird in diesem Zusammenhang das Argument, die Mutterstadt habe gegenüber ihrer Kolonie eine Verpflichtung, noch nicht verwendet, obwohl der Gedanke sicherlich von Anfang an eine Rolle gespielt hat. Korinth und Sparta erscheinen einfach als zwei Städte, die Athen feindlich gesonnen sind. Das Ziel des Hermokrates und seiner Gesinnungsgenossen ist es bei Thukydides, dafür zu sorgen, daß diese den Krieg gegen den gemeinsamen Feind intensivieren (πόλεμον κινεῖν), ihn energischer führen als vorher (πόλεμον βεβαιότερον ποιεῖσθαι ἐκ τοῦ προφανοῦς).[34] Diese Bemühungen waren nicht vergeblich: Noch im Winter 415/14 v. Chr. gelangten syrakusanische Gesandte an den Isthmus und von da nach Sparta. Erfolgreich bewogen sie die Korinther, ihnen beizustehen, wobei das Motiv der Stammesverwandtschaft (ξυγγένεια) nun erstmals laut Thukydides zur Sprache gebracht wurde: [...] καὶ ἐπειδὴ ἐν τῇ Κορίνθῳ ἐγένοντο, λόγους ἐποιοῦντο ἀξιοῦντες σφίσι κατὰ τὸ ξυγγενὲς βοηθεῖν. καὶ οἱ Κορίνθιοι εὐθὺς ψηφισάμενοι αὐτοὶ πρῶτοι ὥστε πάσῃ προθυμίᾳ ἀμύνειν.[35] Von diesem Zeitpunkt an waren die Korinther enge Verbündete der Syrakusaner in ihrem Krieg gegen Athen. Ihre Hilfeleistung erstreckte sich sowohl auf militärische als auch auf diplomatische Belange; ihr Einfluß auf die Planung und den Verlauf der sizilischen Kriegskampagne ist von Anfang bis Ende signifikant.[36] Man

---

[33] Siehe Thuk. 6,34,3: πέμπωμεν δὲ καὶ ἐς τὴν Λακεδαίμονα καὶ ἐς Κόρινθον δεόμενοι δεῦρο κατὰ τάχος βοηθεῖν καὶ τὸν ἐκεῖ πόλεμον κινεῖν. So wird es auch später beschlossen; siehe ebd. 6,73,2.

[34] So ebd. 6,34,3 u. 6,73,2.

[35] Ebd. 6,88,7f.

[36] Schon beim Beschluß der Lakedaimonier im Winter 415/14 v. Chr., Syrakus zu helfen, kommt dies zum Ausdruck, wenn es ebd. 6,93,2 heißt, Gylippos solle μετ' ἐκείνων (scil. τῶν Συρακοσίων) καὶ τῶν Κορινθίων βουλόμενον ποιεῖν ὅπῃ ἐκ τῶν παρόντων μάλιστα καὶ τάχιστά τις ὠφελία ἥξει τοῖς ἐκεῖ; siehe auch ebd. 7,56,3. – Noch nach dem endgültigen Ende der Kämpfe war das Gewicht

8. Der erneute Ausbruch des offenen Krieges zwischen Korinth und Athen

darf sich von der schieren Zahl der Schiffe, die die Korinther im Frühjahr 414 v. Chr. nach Sizilien entsandten, nicht täuschen lassen; zu Recht hat Bernhard Smarczyk darauf hingewiesen, wie entscheidend dieses verhältnismäßig kleine, später verstärkte Kontingent[37] zur Rettung von Syrakus beigetragen hat.[38] Die Einschätzung von John B. Salmon und anderen, der korinthische Beitrag 414/13 sei „scarcely decisive" gewesen,[39] erscheint heute als überholt.

Die Ereignisse während der Belagerung von Syrakus durch die Athener sind oft beschrieben worden und müssen hier nicht nacherzählt werden.[40] Blicken wir statt dessen nur auf den Beitrag, den die Korinther dazu geleistet haben, daß sich die Sizilische Expedition der Athener schon bald zu einem Desaster entwickelte. Noch im Winter 415/14 v. Chr. gelang es Gesandten der Isthmusstadt im Verein mit dem exilierten Alkibiades, die Behörden in Sparta zum Eingreifen zu bewegen.[41] Gleich zu Beginn des Frühlings stach dann ein erstes Kontingent von zwei lakedaimonischen und zwei korinthischen Schiffen unter der Führung des Spartiaten Gylippos in See, um dem schwerbedrängten Syrakus zu Hilfe zu eilen.[42] Während letzterer sich zunächst darauf konzentrierte, im übrigen Sizilien Truppen zu rekrutieren und sie den Verteidigern der Stadt von außen zuzuführen, überquerte unterdessen ein zweiter Flottenverband mit acht korinthischen, zwei leukadischen und drei ambrakiotischen Schiffen die Straße von Otranto und traf schließlich kurz nach Gylippos in Syrakus ein.[43] Zum ersten Mal seit langer Zeit sehen wir damit die Κορίνθιοι καὶ οἱ σύμμαχοι wieder einmal gemeinsam am Werk. Es handelt sich im Falle von Leukas und Ambrakia um Kolonien, die der Mutterstadt, wie Thukydides ausdrücklich sagt, κατὰ τὸ ξυγγενές in die Schlacht folgten,[44] doch daneben werden auch ἐκ δὲ

---

der Korinther im Kriegsrat der Sieger so stark, daß sie die Tötung der athenischen Befehlshaber Nikias und Demosthenes durchzusetzen vermochten; siehe Thuk. 7,86,2–4.

[37] Siehe ebd. 7,19,4. Bei der Verstärkung handelte es sich um eine Truppe von 500 Korinthern und arkadischen Söldnern, die der Befehlshaber Alexarchos im Frühjahr 413 v. Chr. nach Syrakus führte.

[38] Siehe Smarczyk, Timoleon und die Neugründung von Syrakus 40f.; allgemein zu den korinthisch-syrakusanischen Beziehungen Seibert, Metropolis und Apoikie 107ff., aus jüngerer Zeit Reichert-Südbeck, Kulte von Korinth und Syrakus 11ff. u. Smarczyk, Timoleon und die Neugründung von Syrakus 170ff. – Smarczyk geht bei seinen Darlegungen von der Timoleon-Expedition des Jahres 345/44 v. Chr. aus; seine Argumentation zielt darauf, zu zeigen, daß diese „hinsichtlich ihrer Qualität und Größenordnung den gegenwärtigen Möglichkeiten der Korinther entsprach und jedenfalls nicht als Indiz dafür gewertet werden darf, daß ihre Bereitschaft Syrakus zu unterstützen nur halbherzig war." (ebd. 43f.). Dieses Fazit läßt sich nahtlos auf die Sizilienexpedition der Jahre 415/14 übertragen.

[39] So Salmon, Wealthy Corinth 335; lediglich im Bereich von „encouragement and technical expertise" billigt er den korinthischen Helfern der Syrakusaner ebd. eine gewisse Leistung zu.

[40] Siehe hierzu u.a. Kagan, Politics and Policy in Corinth 421–336 B.C. 58ff.; Kagan, Peace of Nicias 157ff.; Salmon, Wealthy Corinth 331ff.; Welwei, Das klassische Athen 201ff.; Welwei, Sparta 245ff. u. Hornblower, Greek World 163ff.

[41] Siehe Thuk. 6,88,8–93,3.

[42] Siehe ebd. 6,104 u. 7,1.

[43] So ebd. 7,7,1.

[44] So ebd. 7,58,3.

Ἀρκαδίας μισθόφοροι ὑπὸ Κορινθίων ἀποσταλέντες καὶ Σικυώνιοι ἀναγκαστοὶ στρατεύοντες, καὶ τῶν ἔξω Πελοποννήσου Βοιωτοί erwähnt.⁴⁵ Ob es sich hierbei um Bundesgenossen Korinths oder nicht doch eher Spartas gehandelt hat, sei dahingestellt. Die Lakedaimonier sind zu dieser Zeit wohl noch am ehesten dazu in der Lage gewesen, Sikyon zu irgendetwas zu zwingen, zumal dessen Verfassung im Winter 418/17 v. Chr. auf ihr Geheiß hin umgestaltet worden war.⁴⁶

Überhaupt ist es auffallend, daß das Motiv des Zwangs im Zusammenhang mit der Sizilischen Expedition immer bei lakedaimonischen und athenischen Bundesgenossen verwendet wird, nie aber in bezug auf Korinth.⁴⁷ Lediglich von den Kerkyraiern sagt Thukydides, sie hätten aufgrund ihres ererbten Hasses gegen die Mutterstadt am Isthmus freiwillig den Athenern Beistand geleistet: Κερκυραῖοι δὲ οὐ μόνον Δωριῆς, ἀλλὰ καὶ Κορίνθιοι σαφῶς ἐπὶ Κορινθίους τε καὶ Συρακοσίους, τῶν μὲν ἄποικοι ὄντες, τῶν δὲ ξυγγενεῖς, ἀνάγκῃ μὲν ἐκ τοῦ εὐπρεποῦς, βουλήσει δὲ κατὰ ἔχθος τὸ Κορινθίων οὐχ ἧσσον εἵποντο.⁴⁸

Auf diese Weise wird die Konstellation der Κερκυραϊκά zwanzig Jahre später an einem anderen Ort unter anderen Umständen aktualisiert, doch gilt dies nicht nur für das Zusammenwirken der Κορίνθιοι καὶ οἱ σύμμαχοι in Kampf und Diplomatie, sondern eben auch für die Verweigerung ihrer Dissidenten. Auch für die Korinther hatten die Konflikte von 433 bis 421 und von 416 bis 404 v. Chr. eine innere Mitte, bildeten einen einheitlichen, sozusagen *ihren* Peloponnesischen Krieg, denn der Grundkonflikt, der in den 430er Jahren bei Leukimme und Sybota ausgetragen worden war, war auch 413 noch nicht ausgestanden.

Thukydides hebt hervor, daß Korinth als einziger Kriegsteilnehmer außerhalb Siziliens sowohl Schiffe als auch Fußsoldaten nach Syrakus entsandte und akzentuiert dadurch das Engagement und die Entschlossenheit der Polis in besonderer Weise.⁴⁹ Darüber hinaus setzten sich die Vertreter der Isthmusstadt in Sizilien wie in Griechenland, zumal nachdem sich die ersten Erfolge eingestellt hatten, für ihre Tochterstadt diplomatisch ein.⁵⁰ Als sich der Krieg um Syrakus hinzog, führte das zu einer Intensivierung der Kriegshandlungen auf beiden Seiten der Straße von Otranto, denn sowohl die Athener als auch ihre Gegner benötigten Nachschub an Menschen und Material. Spätestens im Sommer 413 v. Chr. waren deshalb die Gewässer rings um die Halbin-

---

⁴⁵ Siehe Thuk. 7,58,3; siehe auch ebd. 7,19,3f.
⁴⁶ Siehe ebd. 5,81,2.
⁴⁷ Siehe ebd. 7,18,4: Die Lakedaimonier veranlassen (προηνάγκαζον) ihre peloponnesischen Bundesgenossen, Nachschub für die Kampagne in Sizilien bereitzustellen. Ferner ebd. 7,57,7: Die Athener nötigen die Kephallenier und Zakynthier (αὐτόνομοι μέν, [...] μᾶλλον κατειργόμενοι), ihnen für den Kampf vor Syrakus Hilfstruppen zu stellen.
⁴⁸ Ebd. 7,57,7.
⁴⁹ Siehe ebd. 7,58,3: Κορίνθιοι δὲ καὶ ναυσὶ καὶ πεζῷ μόνοι παραγενόμενοι.
⁵⁰ Siehe ebd. 7,25,9; ferner ebd. 7,32. Auch ambrakiotische Gesandte nahmen an dieser diplomatischen Offensive im Sommer 413 v. Chr. teil, ein weiterer Beleg für das Zusammenwirken der Κορίνθιοι καὶ οἱ σύμμαχοι in dieser Zeit.

8. Der erneute Ausbruch des offenen Krieges zwischen Korinth und Athen

sel Peloponnes wieder Schauplatz von Schlachten und Scharmützeln. Der Kampf um die Seeherrschaft im Korinthischen Golf und im Jonischen Meer, der in den 420er Jahren aufgrund der Dominanz der Athener zum Erliegen gekommen war, kam wieder in Gang. Die Korinther nahmen, wie die einschlägigen Passagen des „Peloponnesischen Krieges" zeigen, rege an ihm teil.[51]

Thukydides hebt in seiner Darstellung immer wieder die Bedeutung der ihm häufig namentlich bekannten korinthischen Protagonisten hervor: Der Befehlshaber Pythen etwa kommt mit Gylippos nach Sizilien und arbeitet mit diesem gleichsam auf Augenhöhe zusammen, um Hilfe von außen für Syrakus zu organisieren.[52] Später wird er bei der letzten, entscheidenden Seeschlacht im Hafen der belagerten Stadt mit seinen Korinthern die Mitte der den Athenern entgegenfahrenden Schlachtlinie bilden.[53] Der Korinther Gongylos ist es im Frühjahr 414, der mit seinem Schiff noch vor Gylippos in Syrakus eintrifft und die entmutigten Bürger zum Ausharren veranlaßt.[54] Seinem Landsmann Ariston, ἄριστος ὢν κυβερνήτης τῶν μετὰ Συρακοσίων,[55] gelingt es, als die Athener schon angeschlagen sind, sie durch eine List zu einer weiteren Seeschlacht nahe Syrakus zu verleiten, die sie dann natürlich verlieren. Ein kollektives Verdienst der korinthischen Schiffskommandanten war es, daß sie durch technische Veränderungen am Vorderdeck ihre Schiffe für den Nahkampf mit den attischen Trieren besser ausrüsteten; auch dies war ein die Sizilische Expedition mitentscheidendes Moment, das von Thukydides aufmerksam registriert worden ist.[56]

---

[51] Siehe ausführlich Thuk. 7,17,2–4; 7,19,3–5 u. 7,34
[52] Siehe ebd. 6,104,1 u. 7,1.
[53] Siehe ebd. 7,70,1.
[54] So ebd. 7,2,1f.
[55] So ebd. 7,39,2.
[56] Siehe ebd. 7,34,5 u. 7,36,2f. Dazu Gomme, Historical Commentary, Bd. 4, 415f.

9. Hinweise auf eigenständige korinthische Aktionen während des Dekeleïschen Krieges

Schon im Frühjahr 413 v. Chr. hatten die Lakedaimonier durch einen Vorstoß nach Attika die direkte Konfrontation mit den Athenern wiederaufgenommen und damit dem ohnehin nur noch auf dem Papier existierenden Fünfzigjährigen Frieden den Todesstoß versetzt,[1] doch erst nachdem Nikias und Demosthenes in Sizilien endgültig ihren Feinden erlegen waren, gewann die Auseinandersetzung auch in Griechenland wieder an Dynamik. Die Λακεδαιμόνιοι καὶ οἱ σύμμαχοι glaubten nun fest an einen baldigen Sieg; keiner konnte sich vorstellen, daß die Athener nach den herben Verlusten, die sie vor Syrakus erlitten hatten, noch lange dazu imstande sein würden, sich ihrer Gegner zu erwehren.[2]

Thukydides hat auch diese Phase des Krieges in seinem achten Buch geschildert, doch bricht seine Darstellung im Laufe des Jahres 411 v. Chr. ab; bis zur Kapitulation Athens sieben Jahre später hat unser Autor sie offensichtlich nicht mehr fortführen können. Auf die Bearbeitung unserer Fragestellung hat diese Tatsache nicht unerheblichen Einfluß: Thukydides hat das Kriegsende noch erlebt, und zahlreiche Faktoren, die dieses Kriegsende mitverursacht haben, hat er erkannt und in seine Darstellung einzubinden versucht. Dadurch, daß ihm schließlich vom Tod die Feder aus der Hand genommen worden ist, hat er diese nicht abschließend und gleichsam nahtlos in sein Handlungsgeflecht integrieren können. Unser Autor richtet seinen Blick zunehmend auf den Seekrieg in der Ägäis; als Protagonisten treten immer mehr die Lakedaimonier und Athener oder schillernde Einzelfiguren wie Alkibiades oder Tissaphernes in den Vordergrund. Nicht nur die Korinther, auch andere Mittelmächte wie zum Beispiel Boiotien geraten demgegenüber ins Hintertreffen. Die Determinierung der griechischen Polispolitik durch Einflüsse von außen – seien es nun durch soziale Konflikte und schiere Geldnot angefachte innere Wirren oder der immer sichtbarere Einfluß des persischen Großkönigs und seiner Satrapen in Kleinasien – wird von Thukydides zwar erkannt und im einzelnen auch thematisiert, aber das literarische Ergebnis, das uns heute vorliegt, ist nicht in demselben Maße ausgereift wie im Falle anderer Abschnitte des „Peloponnesischen Krieges". Wie das fünfte Buch, so ist auch das achte nicht nur äußerlich ein Torso geblieben.[3]

Vieles von dem, was für die thukydideische Darstellung bis 411 gilt, gilt erst recht für deren Fortsetzer und Nachfolger. Die genannten inhaltlichen Kennzeichen finden sich sämtlich auch bei Xenophon, viel vergröberter dann – via Ephoros von Kyme –

---

[1] Siehe Thuk. 7,19,1f.
[2] So ebd. 8,2.
[3] Eine allgemeine Charakteristik von Thukydides' achtem Buch bieten W. R. Connor, Thucydides, Princeton 1984, 210ff. u. Erbse, Thukydides-Interpretationen 1ff.; siehe auch Beloch, Griechische Geschichte, Bd. 2,2, 16ff.

bei Diodor im ersten Jahrhundert v. Chr.[4] Für unsere Darstellung der korinthischen Politik in der letzten Phase des Peloponnesischen Krieges bedeutet dies, daß das Material, auf das wir uns stützen können, noch dürftiger ist als ohnehin schon. Geschehnisse, die unabhängig vom Ringen der großen Hegemonialmächte miteinander alternative Ereigniszusammenhänge stiften, gibt es praktisch nicht mehr. Der Kampf der Isthmusstadt gegen Athen ist ganz in den Kampf ihres lakedaimonischen Hegemons miteingebunden. Wohlgemerkt: Es ist ganz unwahrscheinlich, daß die Korinther in den Jahren ab 413 v. Chr. nicht auch Sonderinteressen verfolgt haben, die von Fall zu Fall in eigenen Feldzügen und gesonderten diplomatischen Unternehmungen resultierten. Wir werden im folgenden einige Hinweise auf solche Geschehnisse überprüfen. Aber in der Regel bleibt uns der Blick hierauf verschlossen, und die abfallende Qualität der Thukydides-Nachfolger tut dann ein übriges, um unser Bild von der Rolle der Korinther in den ganz Griechenland umfassenden Auseinandersetzungen zwischen 413 und 404 v. Chr. zu verunklaren.

Am besten sind wir über die Beteiligung der Korinther an einer Unternehmung informiert, die die Lakedaimonier und ihre Bundesgenossen im Jahre 412 v. Chr. gegen Athen ins Werk setzten, um dessen unangefochtene Machtausübung in der Ägäis zu erschüttern.[5] Nach dem Desaster in Syrakus war so manches Mitglied des Delisch-Attischen Seebundes bereit, den Athenern den Rücken zu kehren. Unter dem Einfluß des Alkibiades und des persischen Satrapen Tissaphernes setzten sich die Lakedaimonier in der Folge vor allem für die Abtrünnigen auf der Insel Chios ein.[6] Nach vielerlei Verzögerungen – die Korinther wollten unbedingt vor Beginn des Feldzuges noch die Isthmien zu Ende feiern – stach im Hochsommer unter dem Oberbefehl des Spartiaten Alkamenes Sthenelaïdas' Sohn eine Flotte von 21 Schiffen vom korinthischen Hafen Kenchreai aus in See, doch sollte sie nie ans Ziel gelangen, denn die Athener, die von dem ganzen Unternehmen Wind bekommen hatten, schnitten ihr den Weg ab, drängten sie an die peloponnesische Küste und hielten sie dort in einem entlegenen Hafen namens Speiraion fest. Der betreffende Ort lag im unwirtlichen Grenzgebiet zwischen der Korinthia und der Epidauria und war von Land aus nur schwer zu erreichen, geschweige denn zu versorgen.[7] Trotzdem unterzogen sich die Korinther dieser schwierigen Aufgabe; es ist das letzte Mal, daß Thukydides sie im Zusammenwirken mit verbündeten Nachbarpoleis vor dem Leser auftreten läßt: παρῆσαν γὰρ καὶ τοῖς Πελοποννησίοις τῇ ὑστεραίᾳ οἵ τε Κορίνθιοι βοηθοῦντες ἐπὶ τὰς ναῦς καὶ οὐ πολλῷ ὕστερον καὶ οἱ ἄλλοι πρόσχω-

---

[4] Siehe hierzu ausführlich Busolt, Griechische Geschichte, Bd. 3.2, 693ff. u. 706ff. sowie Bleckmann, Fiktion als Geschichte, 132ff.
[5] Siehe Thuk. 8,7–11; dazu u.a. Kagan, Fall of the Athenian Empire 36ff.; Salmon, Wealthy Corinth 336ff.; Welwei, Das klassische Athen 214 u. Welwei, Sparta 250.
[6] Siehe Thuk. 8,5,4–6,5.
[7] Zur Lage von Speiraion im Grenzgebiet zwischen Korinth und Epidauros siehe Gomme, Historical Commentary, Bd. 5, 24f. u. J. Wiseman, The Land of the Ancient Corinthians, Göteborg 1978, 136ff.

ροι.⁸ Später im Jahr gelang es den in Speiraion liegenden Schiffen aus eigener Kraft, ihre Blockade zu durchbrechen und nach Kenchreai zurückzusegeln, doch jegliches Überraschungsmoment war längst dahin.⁹ Die Athener waren nun auf der Hut.

So unerfreulich auch die Ereignisse, die nach Speiraion führten, für Sparta und Korinth gewesen sein mögen, sie zeigen uns doch noch einmal, kurz vor dem Abbruch des thukydideischen Werkes, die Möglichkeiten und Grenzen, die das politische und militärische Engagement der Isthmusstadt in der letzten Phase des Peloponnesischen Krieges charakterisierten. Zunächst einmal muß man konstatieren, daß Korinth eine bedeutende Rolle bei der Vorbereitung und Durchführung des dann gescheiterten Unternehmens gespielt hat. Alle wichtigen Aktionen gehen von seinem Staatsgebiet aus: Am Isthmus versammeln sich die Lakedaimonier und ihre Bundesgenossen, um über das künftige Vorgehen zu beraten.¹⁰ Es sind die korinthischen Häfen, in denen die Flotte der Bündner auf ihren Einsatz wartet.¹¹ Deren strategische Wichtigkeit steht außer Frage und wird zusätzlich dadurch akzentuiert, daß lakedaimonische Gesandte zu Beginn des Sommers 412 veranlaßten, mit Hilfe des Diolkos die 21 Schiffe, die dann bei Speiraion zum Einsatz kamen, von Lechaion über den Isthmus nach Kenchreai zu ziehen.¹²

Dieser auch noch im Jahre 412 v. Chr. unstreitigen Bedeutung Korinths in strategischer Hinsicht steht seine offenkundige politische und militärische Schwäche zu demselben Zeitpunkt gegenüber. Es waren die Verantwortlichen am Isthmus, die letztendlich schuld am Scheitern des Alkamenes-Unternehmens hatten, weil sie die Ausfahrt der Flotte so lange verzögerten, bis sich die Athener auf den bevorstehenden Angriff eingestellt hatten.¹³ Warum sie an der Durchführung der Isthmischen Spiele im Juni/Juli 412¹⁴ so hartnäckig festhielten, entzieht sich unserer Kenntnis. Vielleicht konnten die Korinther auf die Einnahmen aus dem in ganz Griechenland bekannten, als panhellenischer Jahrmarkt fungierenden Fest nicht verzichten, wollten sie den Krieg überhaupt noch weiterführen. Die Zahlen, die Thukydides in seinen späteren Büchern nennt, zeigen, daß korinthische Flotten in diesen Jahren kleiner waren als noch in den 430er und 420er Jahren. In Sizilien hatten insgesamt zehn korinthische Schiffe an den Kämpfen teilgenommen, von denen mindestens acht im Sommer 412 – allerdings schon nach den Ereignissen bei Speiraion – zusammen mit Gylippos in die

---

[8] Thuk. 8,11,2. Dazu der Kommentar von Gomme, Historical Commentary, Bd. 5, 25: „In this very broken country it would take time for even neighbours to collect, and there were not many of them. Since Corinth has been mentioned already and Argos is excluded, these men can only be Epidaurians."
[9] Siehe Thuk. 8,20,1.
[10] Siehe ebd. 8,8,2: ξυνελθόντες ἐς Κόρινθον οἱ ξύμμαχοι ἐβουλεύοντο.
[11] Siehe ebd. 8,10,1f. u. 8,20,1. Auch nach den Ereignissen um Speiraion dringt der lakedaimonische Befehlshaber Astyochos von Kenchreai aus in die Ägäis vor; siehe ebd. 8,23,1
[12] Siehe ebd. 8,7.
[13] Siehe ebd. 8,9,1f. u. 8,10,1.
[14] Zum Datierung siehe Gomme, Historical Commentary, Bd. 5, 23f.

9. Eigenständige korinthische Aktionen während des Dekeleïschen Krieges

Heimat zurückkehrten.¹⁵ Im Winter 413/12 hatten die Korinther im Rahmen eines Flottenbauprogramms aller Verbündeten Spartas die Aufgabe übernommen, fünfzehn Schiffe zu bauen, weniger als die Boioter, ebensoviele wie die Phoker und Lokrer.¹⁶ Sicher, ein Gutteil der 21 Schiffe, die bei Speiraion festgehalten wurden, stammte wohl aus Korinth, auch wenn uns Thukydides darüber im unklaren läßt,¹⁷ und die Ereignisse in Sizilien hatten gezeigt, daß auch ein kleines Kontingent, energisch geführt und hochmotiviert, beachtliche Erfolge zu erringen vermochte. An der grundsätzlichen Diagnose ändert das freilich nichts: Korinth war in den letzten Jahren des fünften Jahrhunderts v. Chr. augenscheinlich nicht im Vollbesitz seiner militärischen Kräfte. Es sieht so aus, als sei es demographisch und ökonomisch geschwächt gewesen – ohne daß wir dies im einzelnen zu beweisen vermöchten.¹⁸

Nun kann man keineswegs davon sprechen, daß Thukydides und seine Fortsetzer bzw. Nachfolger eine korinthische Beteiligung an diesem oder jenem Feldzug überhaupt nicht mehr erwähnt hätten: Wir wissen zum Beispiel, daß im Jahre 411 v. Chr. mindestens fünf Schiffe vom Isthmus unter dem Oberbefehl des Spartiaten Astyochos in der östlichen Ägäis operierten.¹⁹ Am Ende des besagten Sommers kämpften korinthische Schiffe in der Schlacht bei Kynossema am Hellespont mit; fünf von ihnen gingen verloren.²⁰ Unter den Schiffen, die den siegreichen Athenern in die Hände fielen, befanden sich damals auch zwei aus Ambrakia und eines aus Leukas.²¹ Dies zeigt, daß auch 411 v. Chr. die Κορίνθιοι καὶ οἱ σύμμαχοι *gemeinsam* in die Schlacht zogen. Die Bedingungen, unter denen die Isthmusstadt und ihre Kolonien Krieg führten, waren also immer noch im Grunde dieselben wie zwanzig Jahre zuvor; lediglich die Größe des Kontingents, das sie ihrem lakedaimonischen Hegemon zuführen konnten, mag geringer gewesen sein als früher.

Daß der Eindruck, den das achte Buch des „Peloponnesischen Krieges" vermittelt, zutreffend ist und für den Verlauf der letzten Jahre des Dekeleïschen Krieges Gültigkeit beanspruchen kann, zeigt eine Textstelle, die uns wohl in die Zeit nach dem Abbruch von Thukydides' Werk führt. Es handelt sich um eine leider nur fragmentarisch erhalten gebliebene Passage aus den sogenannten „Hellenika Oxyrhynchia". Unser anonymer

---

[15] Siehe Thuk. 8,13. Zur Zahl der beteiligten korinthischen Schiffe Salmon, Wealthy Corinth 338 Anm. 48.
[16] So Thuk. 8,3,2.
[17] So sicher richtig Salmon, Wealthy Corinth 336f.
[18] Siehe in diesem Zusammenhang die Bemerkung von Hornblower, Greek World 115: „The Corinthians, who had done so much to bring on the war by urging on the Spartans, were more damaged by it, and more permanently, than any other city." Ausführlich erörtert die ökonomischen Folgen des Peloponnesischen Krieges für Korinth Kagan, Politics and Policy in Corinth 421–336 B.C. 64ff.; vgl. auch, in bezug auf das 4. Jh.v. Chr., ebd. 113ff.
[19] Siehe Thuk. 8,32,1 u. 33,1. An der Seite der Korinther operierte bezeichnenderweise je ein Schiff aus Megara und Hermione; vgl. hierzu ebd. 1,27,2 u. 1,46,1.
[20] Siehe ebd. 8,106,3.
[21] Siehe ebd. Auch Schiffe aus Chios, Boiotien, Sparta, Syrakus und Pellene waren in der Schlacht verlorengegangen.

Autor erzählt von dem korinthischen Politiker Timolaos, einem prominenten Feind der Lakedaimonier während der 390er Jahre. Dieser Umstand sei um so verwunderlicher gewesen, als der Betreffende etwa fünfzehn Jahre zuvor Sparta besonders eifrig in seinem Kampf gegen die Athener unterstützt habe: ἐκεῖνος (scil. ὁ Τιμόλαος) γὰρ ὁτὲ μὲν πενταναΐαν ἔχων ἐπόρθησε τῶν νήσων τινὰς τῶν ἐπ' Ἀθηναίο[ι]ς οὐσῶν, ὁτὲ δὲ μετὰ δύο τ[ρ]ιήρων εἰς Ἀμφίπολιν καταπλεύσας καὶ παρ' ἐκ[εί]νων ἑτέρας τέτ[τα]ρας συμπληρωσάμ[ενος ἐνίκη]σε Σί<μιχ>ον ναυμ[αχ]ῶν τὸν στρατηγὸν [τῶν Ἀθηνα]ίων [...]· μετὰ δὲ ταῦτα [...] ἔχων τριήρ[εις] καταπλεύσας εἰς Θάσ[ο]ν ἀπέστησε ταύτην τ[ῶ]ν Ἀθηναίων.[22] Die Unternehmungen, die hier angeschnitten werden – ein Raubzug mit fünf Schiffen in der Ägäis, eine Seeschlacht mit insgesamt sechs Schiffen gegen den athenischen Strategen Simichos, auf die dann unmittelbar darauf die Unterwerfung von Thasos folgt – gesellen sich von ihrer Größenordnung her bestens zu den letzten Kriegsaktionen der Korinther, von denen uns Thukydides im Verlaufe seines achten Buchs in Kenntnis setzt. Die Ereignisse, an denen Timolaos mitgewirkt hat, sind von der früheren Forschung meist noch ins Jahr 411 datiert und mit Thuk. 8,64,2–5 in Verbindung gebracht worden;[23] zuletzt jedoch hat Bruno Bleckmann noch einmal bedenkenswerte Argumente dafür zusammengetragen, sie in die Zeit *nach* dem Abbruch des thukydideischen Werkes zu versetzen, also etwa in den Sommer 410 v. Chr.[24]

Nun ist es so, daß der Quellenwert der „Hellenika Oxyrhynchia" – gerade in jüngster Zeit – zunehmend in die Diskussion geraten ist.[25] Doch unabhängig davon, ob die Taten des Timolaos in der nördlichen Ägäis um 410 v. Chr. wahrheitsgetreu überliefert worden sind oder nicht, der uns vor allem interessierende Punkt ist davon nicht betroffen: Der Autor von Hell. Oxyrh. 10,4 wollte in jedem Fall ein glaubhaftes, in die Jahre des Dekeleïschen Krieges passendes Bild von den korinthischen Unternehmungen dieser Zeit zeichnen. Die kleine Zahl der an den Kämpfen beteiligten Schiffe, die Zusammenarbeit mit anderen Poleis, die Erreichung von Kriegszielen mit verhältnismäßig geringen Mitteln – all das sind Kennzeichen der Politik Korinths in dieser Zeit, wie sie aus dem achten Buch von Thukydides' „Peloponnesischem Krieg" hervorgehen. Dadurch, daß der Autor der „Hellenika Oxyrhynchia" sie in seine Darstellung eingebaut hat, hat er dieser erfolgreich zusätzliche Glaubwürdigkeit verleihen können. Unabhängig also

---

[22] Hell. Oxyrh. 10,4 (Behrwald).
[23] So etwa Gomme, Historical Commentary, Bd. 5, 158f. u. – ihm folgend – Kagan, Fall of the Athenian Empire 140f.; siehe auch Salmon, Wealthy Corinth 339.
[24] Siehe Bleckmann, Athens Weg in die Niederlage 216ff. Schon vorher hatte F. Salviat, Les archontes de Thasos, in: A. G. Kalogeropoulou (Hrsg.), Πρακτικὰ τοῦ Η' διεθνοῦς συνεδρίου Ἑλληνικῆς καὶ Λατινικῆς ἐπιγραφικῆς, Athen 1984, 249f. in diese Richtung gedacht.
[25] Siehe insbesondere Bleckmann, Athens Weg in die Niederlage u. Bleckmann, Fiktion als Geschichte. Exemplarisch für das Lager der Gegner dieses Ansatzes G. Schepens, Who wrote the Hellenica Oxyrhynchia? The Need for a Methodological Code, in: S. Bianchetti/M. Cataudella (Hrsgg.), Le "Elleniche di Ossirinco" a cinquanta anni dalla pubblicazione dei Frammenti Fiorentini 1949–1999, La Spezia 2002, 201–224.

9. Eigenständige korinthische Aktionen während des Dekeleïschen Krieges

vom Wahrheitsgehalt einer Timolaos-Expedition im Sommer 410 v. Chr. sieht das Ergebnis unserer Analyse so aus, daß Hell. Oxyrh. 10,4 ein zutreffendes Bild von den Möglichkeiten und Grenzen korinthischer Militäraktionen in den letzten Jahren des Dekeleïschen Krieges zeichnet – das ist mehr, als man von der isolierten und in einem fragmentarischen Kontext überlieferten Nachricht ursprünglich erwarten konnte.

Wir können getrost unseren Überblick über die militärischen und politischen Initiativen der Korinther während des Peloponnesischen Krieges mit dem Fehlschlag von Speiraion und dem Erfolg von Thasos beenden. Bis zur Kapitulation der Athener im Jahre 404 haben die Verantwortlichen am Isthmus an der Seite der Lakedaimonier ihren eigenen Krieg, der 416, eigentlich aber 433 v. Chr. begonnen hatte, fortgesetzt. Selbst die dürftigen Überlieferungsreste, die wir in den zurückliegenden Abschnitten besprochen haben, lassen erkennen, daß auch in diesen Jahren noch die Entscheidungen der Korinther für das Kriegsgeschehen, ungeachtet ihrer langsam erlahmenden Wehrkraft, von Fall zu Fall ausschlaggebend sein konnte: Das Desaster von Speiraion hätte vielleicht vermieden werden können, hätten die korinthischen Behörden im Sommer 412 nicht darauf bestanden, den mit der Abhaltung der Isthmischen Spiele einhergehenden Festfrieden (Ἰσθμιάδαι σπονδαί) unbedingt einzuhalten.[26] Während der Kämpfe in der Ägäis ein Jahr später widersetzten sich die Κορίνθιοι καὶ οἱ ἄλλοι ξύμμαχοι dem Ansinnen des lakedaimonischen Befehlshabers Astyochos, die zum Abfall von den Athenern entschlossene Insel Lesbos zu unterstützen.[27] Ein letztes Mal zeigt sich hier, daß die Korinther – sie werden von Thukydides im Gegensatz zu den anderen Bundesgenossen namentlich genannt – besondere Verbündete Spartas waren und daß sie im Einzelfall, unterstützt von anderen σύμμαχοι, ein Vorhaben ihres Hegemons sogar zu verhindern vermochten.

Spätestens von 413 v. Chr. an waren die Korinther auch im Landkrieg gegen Athen engagiert. Der Bau der Festung Dekeleia erfolgte κατὰ πόλεις,[28] und auch später teilten sich die Λακεδαιμόνιοι καὶ οἱ σύμμαχοι die Last, diese über das Jahr zu unterhalten und zu beschützen. Offensichtlich rotierte der Dienst in Dekeleia unter den Verbündeten; dies geht aus einer Episode hervor, die Thukydides beiläufig einmal im Zusammenhang mit den inneren Wirren in Athen Ende Sommer 411 v. Chr. erzählt.[29] Aristarchos, einer der in deren Verlauf gestürzten Oligarchen, habe damals heimlich die Stadt verlassen und dafür gesorgt, daß der attische Grenzort Oinoë in die Hand der Korinther – und der sie unterstützenden Boioter – gekommen sei. Diese hätten den befestigten Platz nämlich belagert διὰ ξυμφορὰν σφίσιν (scil. τοῖς Κορινθίοις) ἐκ τῆς Οἰ-

---

[26] Siehe Thuk. 8,9,1f.
[27] Siehe ebd. 8,32,1. Übrigens sagten Thukydides zufolge die Korinther und ihre Gesinnungsgenossen in der Auseinandersetzung mit Astyochos, sie wollten διὰ τὸ πρότερον σφάλμα nicht an der Unternehmung zugunsten der Lesbier teilnehmen. Dies bezieht sich auf eine Aktion des Astyochos im Vorjahr, als er schon einmal vergeblich die Insel in seine Hand zu bekommen versucht hatte (siehe ebd. 8,22f). Die Korinther waren also an diesem Unternehmen im Sommer 412 v. Chr. beteiligt gewesen – doch Thukydides macht hierzu keine klare Aussage.
[28] So ebd. 7,19,1.
[29] Siehe ebd. 8,98. Dazu Gomme, Historical Commentary, Bd. 5, 340f. u. Salmon, Wealthy Corinth 336.

νόης γενομένην ἀνδρῶν ἐκ Δεκελείας ἀναχωρούντων διαφθορᾶς.[30] Die ganze Episode, so militärisch zweitrangig sie auf den ersten Blick auch sein mag, ist ein weiterer Beleg dafür, daß die Korinther bis 404 v. Chr. an vorderster Front im Kampf gegen Athen und den Delisch-Attischen Seebund engagiert waren. In bezug auf andere, oft wichtigere militärische Schauplätze würden wir gern ähnlich gut Bescheid wissen, doch bleibt uns das in den meisten Fällen verwehrt. So hat die Forschung zum Beispiel immer wieder erwogen, die Stasis auf der Insel Kerkyra im Jahre 410/09[31] – sie hatte zum Ziel, dort eine mit Sparta sympathisierende Oligarchie an die Macht zu bringen – sei, analog zu den Ereignissen von 427 v. Chr.,[32] durch die Korinther (mit)initiiert worden.[33] Möglich ist dies alles schon, sogar wahrscheinlich, aber Diodor, der die betreffenden Ereignisse berichtet, schweigt sich darüber aus.

Noch Ende Sommer 405 v. Chr. hatten korinthische Schiffe an den Kämpfen teilgenommen, die dann schließlich zum Seesieg von Aigospotamoi führten.[34] Im Frühling darauf nahm die Stadt am Isthmus an der Seite Lysanders, der Lakedaimonier und der anderen Bundesgenossen die Kapitulation der Athener entgegen.[35] Damit hatte ein Kampf sein Ende gefunden, der für die Korinther fast dreißig Jahre lang gedauert hatte. Wie schon bei den Friedensschlüssen von 446/45 und 421 v. Chr., so befanden sich die Korinther auch im Jahre 404 im Lager ihres Hegemons Sparta, doch wie in den beiden vorausgegangenen Fällen ging es im Hinblick auf die Regelungen eines umfassenden, den Krieg endgültig abschließenden Vertrags nun darum, die eigenen Interessen im Verhältnis zu denen der Lakedaimonier und der anderen Bundesgenossen überhaupt zu definieren und sie dann auch durchzusetzen. Die besondere Situation der Kapitulation Athens im Jahre 404 v. Chr. gibt uns Gelegenheit, diesbezüglich noch einmal vermeintliche oder tatsächliche korinthische Kontinuitäten in den Blick zu nehmen und eine zusammenfassende Wertung der Außenpolitik der Isthmusstadt während des fünften Jahrhunderts zu wagen.

---

[30] So Thuk. 8,98,2.
[31] Siehe Diod. 13,48.
[32] Siehe Thuk. 3,69–81.
[33] So etwa Salmon, Wealthy Corinth 336, nicht jedoch Kagan, Fall of the Athenian Empire 263f.
[34] Dies geht aus Xen. Hell. 2,1,31f. hervor, wo erzählt wird, wie eine von Lysander einberufene Versammlung der lakedaimonischen Bundesgenossen die athenischen Kriegsgefangenen zum Tode verurteilt. Als Grund dafür wurde insbesondere angeführt, daß der attische Stratege Philokles die Besatzung einer korinthischen und einer andrischen Triere nach der Enterung ihrer Schiffe hatte über Bord werfen lassen.
[35] Siehe ebd. 2,2,19–23.

IX. Ausblick und Zusammenfassung: die Grenzen der korinthischen Machtbildung in klassischer Zeit

Schon kurz nach der Schlacht bei Aigospotamoi zeichnete sich ab, daß die totale Niederlage Athens nun unmittelbar bevorstand.[1] Der Peloponnesische Krieg, der fast drei Jahrzehnte lang die hellenische und einen immer größeren Teil auch der nichthellenischen Welt in Atem gehalten hatte, neigte sich nunmehr dem Ende zu. Nie seit der Eskalation der Feindseligkeiten in der zweiten Hälfte der 430er Jahre war die Lage so ergebnisoffen gewesen wie jetzt, da durch den bevorstehenden Abschluß der Kämpfe gleichsam alles möglich schien.

Nicht nur die Sieger, auch die Besiegten scheinen so empfunden zu haben: Es war im Winter 405/04 v. Chr., als die Athener den Bewohnern von Samos, die auch in der aktuellen, verzweifelten Lage noch treu zu ihnen standen, kollektiv das attische Bürgerrecht verliehen und damit die Grenze stadtstaatlicher Autonomie in einer Weise überschritten, wie das vorher undenkbar gewesen war.[2] Während radikaldemokratische Hardliner wie Kleophon sich bis zuletzt der Realität der Niederlage verweigerten, bereiteten attische Aristokraten wie Kritias und Theramenes im Hintergrund bereits den Systemwechsel vor, indem sie eine am vermeintlich siegreichen lakedaimonischen Vorbild orientierte Oligarchie konzipierten, die an die Stelle der bisherigen Verfassung treten sollte,[3] einer Staatsordnung, die seit der kleisthenischen Phylenreform im Jahre 508/07 immerhin während rund hundert Jahren den Rahmen für das politische Leben in Athen abgegeben hatte. Xenophon, der Fortsetzer des Thukydides, hat ein anschauliches Bild für die allgemeine Stimmung der damaligen Monate gefunden, indem er schilderte, wie die Athener im Frühjahr 404 v. Chr. unter Flötenklängen die Langen Mauern zwischen dem Piräus und der Stadt einrissen, νομίζοντες ἐκείνην τὴν ἡμέραν τῇ Ἑλλάδι ἄρχειν τῆς ἐλευθερίας.[4]

---

[1] Zur allerletzten Phase des Dekeleïschen Krieges siehe u.a. u.a. Kagan, Fall of the Athenian Empire 395ff.; Salmon, Wealthy Corinth 339ff.; Welwei, Das klassische Athen 240ff. u. Welwei, Sparta 263ff.

[2] Siehe IG I³ 127 (= ML 94); dazu Shipley, History of Samos 130f. u. Welwei, Das klassische Athen 241f.

[3] Die Zusammenhänge bei P. Krentz, The thirty at Athens, Ithaca 1982, 28ff.; ferner Welwei, Das klassische Athen 247ff.

[4] Xen. Hell. 2,2,23.

Wie sahen angesichts all dessen die korinthischen Pläne für die Zukunft aus? Wir erfahren in unseren Quellen nicht viel davon, nur dies: Als die Lakedaimonier anläßlich der athenischen Kapitulation mit ihren Bundesgenossen zusammenkamen, um das Weitere zu besprechen, da seien die Korinther, die Boioter und noch andere (Κορίνθιοι καὶ Θηβαῖοι μάλιστα, πολλοὶ δὲ καὶ ἄλλοι τῶν Ἑλλήνων) dafür eingetreten, Athen zu zerstören und als staatliche Entität völlig auszulöschen. Sie seien damit freilich gescheitert, denn Sparta habe sich ihrem Ansinnen unter Verweis auf die athenischen Leistungen während der Perserkriege verweigert.[5] Verwunderlich ist diese Reaktion der Lakedaimonier keineswegs:

Nach der Ausschaltung der radikaldemokratischen Politiker und dem Verlust des Delisch-Attischen Seebundes war die Bedeutung Athens auf ein Maß zusammengeschrumpft, das den Plänen von Politikern wie Lysander und König Pausanias geradezu entgegenkam, mehr jedenfalls als die Vorstellung, sich mit eifersüchtigen Mittelmächten wie Korinth oder Theben arrangieren zu müssen, bei denen man davon ausgehen mußte, daß sie das Vakuum, das ihr verhaßter Nachbar hinterlassen hatte, für eigene Zwecke ausnutzen würden.[6] Noch ehe die Unterzeichnung des Kapitulationsvertrages durch die Athener erfolgte, war damit klar, daß die Mühen, denen die Verantwortlichen vom Isthmus seit Jahrzehnten ihre Bürger ausgesetzt hatten, einmal mehr nicht belohnt werden würden.

Gewiß, durch die Abrüstung der athenischen Flotte waren die Korinther von einer ständigen, existenzgefährdenden Bedrohung befreit worden. Um die Seeherrschaft zu beiden Seiten des Isthmus mußte nun nicht mehr gerungen werden. Theoretisch hätte das bedeuten können, daß die Korinther nun ihre Einflußsphäre im Saronischen und im Korinthischen Golf wieder hätten aktivieren können. Nach dem Friedensschluß von 404 kehrten nicht nur die Aigineten und Poteidaiaten, die einst von den Athenern vertrieben worden waren, wieder in ihre angestammte Heimat zurück, auch Naupaktos, das seit mehr als zwei Generationen in der Hand messenischer Flüchtlinge gewesen war und in dieser Zeit lakedaimonische, vor allem aber korinthische Interessen beeinträchtigt hatte, hatte nun seine bisherige Garantiemacht verloren und geriet damit in den Machtbereich der Λακεδαιμόνιοι καὶ οἱ σύμμαχοι.[7] Damit ist das Problem, das sich den Verantwortlichen am Isthmus im Winter 405/04 v. Chr. stellte, bereits offenbar: Noch knapp zwanzig Jahre zuvor, im Vorfeld des Nikiasfriedens, hatten sie mit gutem Grund darauf zählen können – und es auch getan –, daß ein künftiger Friedensschluß mit Athen ihre Sonderwünsche in Nordwestgriechenland und an

---

[5] So Xen. Hell. 2,2,20. Siehe auch Isokr. 14,31, der allerdings die Korinther in diesem Zusammenhang nicht nennt; hierzu Salmon, Wealthy Corinth 341 mit Anm. 53.

[6] Zum Kalkül der Lakedaimonier 405/04 v. Chr. siehe u.a. Welwei, Sparta 267; ferner Salmon, Wealthy Corinth 340f.

[7] Zur Rückkehr der Aigineten und Poteidaiaten siehe Xen. Hell. 2,2,9 u. Plut. Lys. 14,3; dazu Figueira, Athens and Aigina 33ff. u. Alexander, Potidaea 82. Zur Vertreibung der Messenier aus Naupaktos siehe Diod. 14,34,2f. sowie Paus. 4,26,2 u. 10,38,10; dazu Freitag, Golf von Korinth 85f.

der nördlichen Ägäisküste, ungeachtet der im Zuge des Archidamischen Krieges zutage getretenen Interessen Spartas, berücksichtigen werde. Schon damals waren die Erwartungen der Korinther nicht erfüllt worden, und dies hatte nicht zum mindesten zum Scheitern des Nikiasfriedens und zur Verlängerung des Peloponnesischen Krieges um weitere 17 Jahre beigetragen.[8] Im Winter 405/04 v. Chr. nun zeichnete sich eine Wiederholung dieser Konstellation, wenn auch unter veränderten Vorzeichen, ab: Aigina, Poteidaia, Naupaktos und all die anderen Städte, deren athenische Besatzungen abgezogen waren, wurden jetzt in erster Linie Bundesgenossen der Lakedaimonier, nicht etwa der Korinther. Ganze Regionen orientierten sich in diesem Sinne neu. Die Konflikte, die einst während der 430er und 420er Jahre v. Chr. in Aitolien, Akarnanien und auf den Jonischen Inseln vor allem zwischen Athenern und Korinthern ausgetragen worden waren, hatten längst ihren ursprünglichen Bezugspunkt verloren. Mit dem Ende des Dekeleïschen Krieges war es allein Sparta, das die Ernte einfuhr; der Wunsch der lakedaimonischen Führungskräfte, nach der Niederringung Athens und seiner Einbindung in das eigene Bündnissystem τῆς πάσης Ἑλλάδος ἤδη ἀσφαλῶς ἡγήσεσθαι,[9] schien in Erfüllung gegangen zu sein.

Lediglich die Zerstörung Athens und seine Tilgung aus der Geschichte wären vielleicht dazu geeignet gewesen, der geschilderten Entwicklung der letzten Kriegsjahre etwas entgegenzustellen und somit gleichsam ein Zeichen dafür zu setzen, daß sich die Mühen der zurückliegenden Dezennien auch für die Korinther und ihre Gesinnungsgenossen doch noch gelohnt hatten.[10] Daß es dazu nicht kam, trieb sie, ungeachtet ihrer eigenen militärischen, politischen und ökonomischen Erschöpfung, dazu, sich nach 421 zum zweiten Mal gegen ihren peloponnesischen Hegemon aufzulehnen. Die beiderseitige Entfremdung wurde bereits unmittelbar nach Kriegsende deutlich, als sich die Korinther Aufforderungen Spartas zur Heeresfolge immer wieder entzogen.[11] So weigerten sie sich im Jahre 403 v. Chr. im Verein mit den Boiotern, an der Seite des lakedaimonischen Königs Pausanias nach Attika zu ziehen, um die Dreißig Tyrannen gegen ihre innenpolitischen Gegner zu unterstützen.[12] Wenige Jahre später versagten die Korinther Sparta ihre Unterstützung, als dieses sich anschickte, eine alte, noch aus den 420er Jahren herrührende Rechnung mit den widerspenstigen Eleiern zu begleichen.[13] In beiden Fällen, Athen wie Elis, konnten die Verantwortlichen am Isthmus überhaupt kein Interesse daran haben, daß Sparta, der Hegemon des Peloponnesischen Bundes und nun unumstrittene προστάτης τῆς Ἑλλάδος noch mächtiger wurde. Folgerichtig ver-

---

[8] Siehe hierzu oben S. 325ff.
[9] So Thuk. 8,2,4.
[10] Salmon, Wealthy Corinth 340f. sieht demgegenüber im Winter 405/04 v. Chr. auf korinthischer Seite lediglich „passion", „defiance of logic" und „hatred" am Werk.
[11] Zum korinthisch-lakedaimonischen Verhältnis in der Zeit nach dem Peloponnesischen Krieg siehe insbes. Kagan, Politics and Policy in Corinth 421–336 B.C. 71ff. u. Salmon, Wealthy Corinth 342ff.; ferner Bauslaugh, Concept of Neutrality 168ff.
[12] Siehe Xen. Hell. 2,4,29f.; siehe auch Aischin. 2,148.
[13] Siehe Xen. Hell. 3,2,25 u. Diod. 14,17,7. Auch diesmal handelten sie gemeinsam mit den Boiotern.

weigerten sie sich auch dem Krieg gegen den persischen Großkönig, in dem sich die Lakedaimonier nach der Jahrhundertwende engagierten, um über das Scheitern ihrer kleinasiatischen Politik seit 412 hinwegzutäuschen.[14] Wie sich zeigen sollte, war es genau dieser Konflikt, der den Korinthern und den anderen Unzufriedenen im Lager Spartas die Gelegenheit verschaffen sollte, endlich zur Tat zu schreiten.

Man kann sagen, daß die korinthischen Verantwortlichen an ihrem Wunsch, im Mächtekonzert Griechenlands an hervorgehobener Stelle mitzuwirken, solange festgehalten haben, bis die personellen und materiellen Ressourcen, die hierzu nötig waren, nahezu völlig aufgebraucht waren. Eine besondere Rolle kommt hierbei dem Korinthischen Krieg zwischen 395/94 und 387/86 v. Chr. zu. Die Tatsache, daß sich, nachdem die verlustreichen Schlachten im Sommer 394 keine eindeutige Entscheidung gebracht hatten, das kriegerische Geschehen in Einzelaktionen und Plünderungszügen auflöste, die sich vor allem in der Korinthia abspielten, war außen- wie innenpolitisch für die Polis sehr folgenreich:[15] Bald waren weite Teile der Chora der Korinther nahezu ruiniert, den politisch aktiven δυνατοί, anders als zu Zeiten des Peloponnesischen Krieges, damit die materielle Grundlage ihres Wirkens weitgehend entzogen. Dies mag der Grund dafür gewesen sein, daß, soweit wir das wissen, zum ersten Mal seit dem Ende der Tyrannenzeit, das Gemeinwesen am Isthmus von substantiellen inneren Zerwürfnissen heimgesucht wurde, die auch bei den zeitgenössischen Beobachtern Widerhall fanden und uns deshalb überliefert worden sind.[16]

Die Stasis des Jahres 392 v. Chr. hat sich, wie richtig erkannt worden ist, nicht so sehr an der Frage des politischen Systems entzündet als vielmehr daran, ob es opportun sei, angesichts der Zerstörungen im Lande weiterhin an der Seite der Feinde Spartas weiterzukämpfen oder nicht.[17] Der blutige Putsch derer, die einen Frontwechsel damals ablehnten, dürfte das Trauma, das der Korinthische Krieg in der Stadt am Isthmus ohnehin hinterlassen hat, noch vertieft haben. Als er mit dem Königsfrieden 387/86 v. Chr.

---

[14] Daß die Korinther laut Paus. 3,9,1f. die Beteiligung am Perserkrieg unter Verweis auf ein schlechtes Vorzeichen verweigerten, kann als Vorwand betrachtet werden; in diesem Sinne Salmon, Wealthy Corinth 342f. Siehe auch Welwei, Sparta 282.

[15] Zum Verlauf des Korinthischen Krieges siehe u.a. P. Funke, Homónoia und Arché. Athen und die griechische Staatenwelt vom Ende des Peloponnesischen Krieges bis zum Königsfrieden (404/3–387/6 v. Chr.), Wiesbaden 1980; Welwei, Das klassische Athen 267ff. u. Welwei, Sparta 284ff.; aus korinthischer Sicht Kagan, Politics and Policy in Corinth 421–336 B.C. 73ff. u. Salmon, Wealthy Corinth 343ff.

[16] Nämlich insbesondere bei Xen. Hell. 4,4,1–5; siehe ferner u.a. Diod. 14,86,1f. u. Hell. Oxyrh. 10,3 (Behrwald). Dazu Salmon, Wealthy Corinth 354ff.; ferner Griffith, The Union of Corinth and Argos 236–256; D. Kagan, Corinthian Politics and the Revolution of 392 B.C., Historia 11, 1962, 447–457; C. D. Hamilton, Sparta's Bitter Victories: Politics and Diplomacy in the Corinthian War, Ithaca 1979, 260ff. u. H.-J. Gehrke, Stasis. Untersuchungen zu den inneren Kriegen in den griechischen Staaten des 5. und 4. Jahrhunderts v. Chr., München 1985, 82ff.

[17] So sicher zutreffend Salmon, Wealthy Corinth 356: „The revolution can easily be explained without invoking constitutional considerations." Auf einem anderen Blatt steht, wie die durch den Putsch angestoßene Entwicklung, insbesondere nach der Isopolitie mit Argos, dann weitergegangen ist.

IX. Ausblick und Zusammenfassung

schließlich sein Ende fand, lag die Korinthia in Trümmern; die Aktivbürgerschaft der Stadt war durch Krieg und Stasis dezimiert; die Isopolitie mit Argos, die man im Zuge der Ereignisse von 392 eingegangen war,[18] hatte die Eigenständigkeit und Autonomie der Polis gegenüber Freund wie Feind nicht etwa gestärkt, sondern eher noch prekärer erscheinen lassen. Die korinthischen φιλολάκωνες, die nun wieder an die Macht kamen, haben lange an dieser Hypothek getragen und in den kommenden Jahren eine konsequent an Sparta orientierte Außenpolitik praktiziert.[19] Erst spät, lange nach der Schlacht bei Leuktra 371 v. Chr., haben sie es gewagt, aus dem Bündnissystem ihres Hegemons auszuscheiden.[20] Sie mußten diese Entscheidung in der Folge nicht mehr rückgängig machen, denn die Bündnisse und Frontstellungen von einst hatten sich ohnehin längst überlebt.

Schaut man von den 360er Jahren zurück auf die korinthische Außenpolitik seit der Zeit des Xerxeszugs 480/79 v. Chr., so wird man zuerst und vor allem mit einer Geschichte unablässigen Scheiterns konfrontiert. Woran liegt das? Und wie erklärt sich, zum zweiten, der unbedingte Wille der korinthischen Politiker, nach jedem Rückschlag erneut in das Spiel um die Macht einzutreten und der eigenen Polis Geltung zu verschaffen?

John B. Salmon spricht an einer Stelle seines Buchs vom „impotent, often hysterical protest" der Korinther gegen die „domination of the Greek world by more resourceful states."[21] In der Tat scheint es ein Charakteristikum der korinthischen Politik während des fünften und des beginnenden vierten Jahrhunderts v. Chr. gewesen zu sein, daß sie im Spannungsfeld der großen Bündnissysteme Spartas und Athens eine eigene Hegemonie zu schaffen bzw. zu erhalten suchte. Sie ist damit gescheitert, weil sich, insbesondere durch den Impuls, den der Xerxeszug gesetzt hatte, die griechische Politik nach 480/79 zusehends veränderte. Die Dominanz der Lakedaimonier in der Peloponnes hatte sich während der archaischen Zeit über einen verhältnismäßig langen Zeitraum entwickelt; die dortigen Bündnispartner hatten sich dadurch auf ihren Hegemon einstellen und mit ihm Erfahrungen sammeln können. Natürlich waren diese nicht immer positiv – die Aussagen der korinthischen Gesandten in Thuk. 1,68–71 zeugen davon[22] –, aber sie resultierten doch in der beruhigenden Gewißheit, daß ein Zusammengehen mit Sparta die Autonomie der eigenen Polis zumindest im Grundsatz nicht gefährdete. Einheimische (Verfassungs-)Strukturen, Traditionen, ja selbst nachbarschaftliche Feindschaften,

---

[18] Über den Charakter des Zusammengehens der Korinther mit den Argivern herrscht in der Forschung Uneinigkeit; ich folge Griffith, The Union of Corinth and Argos 252ff.
[19] Zur korinthischen Politik nach dem Königsfrieden siehe Kagan, Politics and Policy in Corinth 421–336 B.C. 100ff. u. Salmon, Wealthy Corinth 371ff.
[20] Zum Austritt der Korinther aus dem Peloponnesischen Bund im Jahre 365 v. Chr. siehe Xen. Hell. 7,4,6–10 u. Diod. 15,76,3; dazu Kagan, Politics and Policy in Corinth 421–336 B.C. 115ff. u. Salmon, Wealthy Corinth 379ff.
[21] So Salmon, Wealthy Corinth 371.
[22] Der im nächsten Absatz folgende Gegensatz zwischen den lakedaimonischen ἀρχαιότροποι und den attischen νεωτεροποιοί findet sich in Thuk. 1,70,2 im Rahmen der korinthischen Gesandtenrede vor der Volksversammlung in Sparta 432 v. Chr.

die vor dem Eintritt in die hegemoniale Symmachie der Lakedaimonier schon existierten, durften auch danach weitergepflegt werden und ihr Eigenleben entfalten.

Spätestens seit der Gründung des Delisch-Attischen Seebundes im Winter 478/77 v. Chr. sollte sich freilich zeigen, daß diese Art und Weise, einen politischen Rahmen zu stiften und einen politischen Raum zu gestalten, den aktuellen Erfordernissen immer weniger entsprach. Schon wenige Jahre nach der Schaffung ihrer hegemonialen Symmachie setzten die Athener dazu an, entschlossener und tiefgreifender in die Angelegenheiten ihrer Bündner einzugreifen, als es die lakedaimonischen ἀρχαιότροποι je getan hatten. Es war völlig klar, daß Sparta früher oder später darauf reagieren mußte, wollte es gegenüber den attischen νεωτεροποιοί mittelfristig nicht ins Hintertreffen geraten. Die Transformation ihres eigenen Bündnissystems, des Peloponnesischen Bundes, während des fünften und vierten Jahrhunderts v. Chr., seine schrittweise Angleichung an den Delisch-Attischen Seebund, war die logische Folge. Doch so sehr die Korinther und mit ihnen viele andere wünschten, daß sich in der Situation des Jahres 432/31 ihr Hegemon den Athenern als gewachsen erweisen würde, diese zuletzt genannte Konsequenz wollten sie *nicht* hinnehmen, daß nämlich der Peloponnesische Bund den Weg des Delisch-Attischen Seebundes gehen und sich damit die bipolare Aufteilung Griechenlands, wie sie seit dem Xerxeszug schrittweise sichtbar geworden war, zum Ende des fünften Jahrhunderts v. Chr. vollenden würde.

Bis zu diesem Punkt haben wir uns in den Grenzen des von Thukydides gesetzten Diskurses bewegt. Aber bei dem Versuch, das Verhalten der Korinther in verschiedenen Situationen in dem von uns behandelten Zeitraum – nach 461/60, nach 435, nach 421 und selbst nach 404 v. Chr. – zu erklären, müssen wir diese notwendig überschreiten. Warum verweigerten die Verantwortlichen am Isthmus in klassischer Zeit immer wieder ihrem lakedaimonischen Hegemon die Gefolgschaft, warum zogen sie trotz ihrer offenkundigen Unterlegenheit immer wieder gegen die Athener zu Felde? Weil sie selbst einen hegemonialen Anspruch hatten, den Willen, ‚Herrschaft' auszuüben, und zwar in ihrem regionalen Umfeld in der nordöstlichen Peloponnes, in den Gewässern beiderseits des Isthmus, in ihrem nordwestgriechischen „Proche-Occident",[23] selbst in der fernen Kolonie Poteidaia an der nordägäischen Küste. Dieser hegemoniale Anspruch der Korinther muß zu Beginn von Thukydides' Beschäftigung mit dem Peloponnesischen Krieg noch durchaus im Blickfeld des Autors gewesen sein – die ausführliche Darstellung der Κερκυραϊκά und der Ποτειδεατικά zeugen davon. Später trat er naturgemäß mehr in den Hintergrund, denn die Entdeckung vom lakedaimonisch-athenischen Dualismus als *dem* Movens der hellenischen Geschichte während des fünften Jahrhunderts v. Chr. vertrug sich nicht mit der Darstellung weiterer, zugegebenermaßen kleinerer, den geschichtlichen Verlauf aber trotzdem mitbestimmender griechischer Hegemonialbildungen.

Man hat in der Vergangenheit den Peloponnesischen Bund als eine antihelotische, den Delisch-Attischen Seebund aber als eine antipersische Symmachie beschreiben

---

[23] Will, Evolution des rapports 459 u.ö.

IX. Ausblick und Zusammenfassung

können.[24] Unabhängig davon, ob diese Etiketten nun in all ihrer Plakativität zutreffen, weisen sie doch auf einen wichtigen Gesichtspunkt hin: Sowohl die lakedaimonische als auch die athenische Hegemonie waren von ihrer Grundlegung her *gegen* etwas, nämlich gegen einen tatsächlichen oder vermeintlichen Gegner gerichtet. Das führte neben vielem anderen dazu, daß für den Fall, daß dieser abhanden kam, augenblicklich der gesamte Bund zur Disposition stand. Der Peloponnesische Bund hat folglich die Befreiung Messeniens durch Epameinondas 370/69 v. Chr. nicht lange überdauert, und auch der Delisch-Attische Seebund konnte nach dem faktischen Ende der Perserkriege um 450 nur deshalb weiterexistieren, weil sein Hegemon diese Tatsache schlichtweg ignorierte und ihn mit – wie es zumindest die Opfer dieser Politik empfinden mußten – rücksichtsloser, die einzelstaatliche Autonomie nicht achtender Machtpolitik in ein attisches ‚Reich‘, eine ἀρχή, umfunktionierte.

Demgegenüber gründete die korinthische Hegemonie nicht etwa in erster Linie darauf, daß sie *gegen* etwas gerichtet war, sie beruhte vielmehr im Kern *auf der gemeinsamen Geschichte*, die Korinth als Metropolis mit seinen Tochterstädten mindestens seit der Zeit der Kypseliden geteilt hatte. Auch der Sturz der Tyrannis bedeutete in dieser Hinsicht offenbar keine Zäsur, im Gegenteil: Die 583/82 v. Chr. verfassungsmäßig neu geordnete, auf der Isonomie ihrer Aktivbürger beruhende Polis der Κορίνθιοι trat auch ‚außenpolitisch‘ das Erbe der Kypseliden an und betrachtete die Hegemonie der Mutterstadt Korinth über ihre Kolonien als integralen, hartnäckig verteidigten Bestandteil ihres ganz Griechenland gegenüber demonstrierten Selbstverständnisses.[25] Es war offensichtlich dieser besondere Umstand, der die Bindungen zwischen der Stadt am Isthmus und ihren Kolonien über das übliche, auf gemeinsamer Abstammung (ξυγγένεια) beruhende Maß hinaushoben. Gemeinsames Agieren im Kampf und eine gemeinsame Orientierung in der Außenpolitik waren für die Korinther ebenso Ausdruck eines Mutterstadt-Tochterstadt-Verhältnisses wie die Bevorzugung beim Staatsopfer oder dergleichen. Wenn Kolonien diesem Anspruch Folge leisteten, erschien ihnen dies – thukydideisch ausgedrückt – als Ausdruck herzlichen Einvernehmens, wenn sie sich dem verweigerten, als Auflehnung und Hybris.[26] Es war eine hegemoniale Praxis, die viel tiefer in die Geschichte hinabreichte als diejenigen der Lakedaimonier und Athener, und keine der hellenischen Großmächte des fünften Jahrhunderts v. Chr. hatte sich vor 480/79 daran gestört.

Doch *nach* diesem Zeitpunkt sollte sich zeigen, daß die alten Verhaltensmaßregeln immer weniger Verbindlichkeit für sich beanspruchen konnten. Je näher der Peloponnesische Krieg rückte, desto mehr wurde deutlich, daß Machtpolitik in Griechenland nicht mehr auf der Basis von ξυγγένεια oder anderen überkommenen Werten gemacht wur-

---

[24] Siehe den Forschungsüberblick in Baltrusch, Außenpolitik, Bünde und Reichsbildung in der Antike 135ff. u. 141ff.
[25] Siehe hierzu oben S. 276ff.
[26] Zur ξυγγένεια bei Thukydides und ihren Folgen für die praktische Politik siehe Hornblower, Commentary, Bd. 2, 61ff. Er geht allerdings auf Korinth und seine Kolonien nur am Rande ein.

de, sondern allein auf der Grundlage vorhandener Ressourcen und gegenseitigen Nutzens. Die Korinther, so zeigt uns Thukydides, wurden, da sie das nicht erkennen wollten, nun selbst zu ἀρχαιότροποι. Als sie sich dann schließlich doch dem herrschenden Politikstil anzupassen versuchten, trugen sie zum Ausbruch eines, *des* panhellenischen Krieges bei und legten damit den Grundstein zum Ruin ihrer Stadt.

Die Korinther haben am Anspruch auf Hegemonie über ihre Kolonien und die anderen Bundesgenossen, die ihnen im Laufe der Zeit hinzugewachsen waren, unverbrüchlich festgehalten, auch als schon längst klar war, daß sie im Wettbewerb mit den Großmächten Athen und Sparta, ja selbst mit Theben und Argos, nicht würden mithalten können. Die Bindung an ihre Tochterstädte war eben solcherart, daß sie nicht einfach aufgegeben werden konnte wie ein rein machtpolitisches Ziel, die Herrschaft über die Ägäis zum Beispiel oder diejenige über die Peloponnes. Ist es nicht aufschlußreich, daß die Athener im Laufe des fünften Jahrhunderts die angebliche Mutterstadt-Tochterstadt-Relation zwischen ihrer eigenen Polis und denen der Jonier in Kleinasien und der Ägäis immer mehr hervorgehoben haben?[27] Sie wußten eben um die Bindekraft der ξυγγένεια und wollten sie – bezeichnenderweise letztlich erfolglos – für ihren Delisch-Attischen Seebund ausnutzen. Auch die Korinther haben im Falle Kerkyras die Erfahrung machen müssen, daß herzliches Einvernehmen zwischen Metropolis und Kolonie nicht einfach dekretiert werden konnte, sondern langsam wachsen mußte.

Bis weit ins vierte Jahrhundert v. Chr. hinein finden wir Zeugnisse für die Vitalität der ‚Hegemonie à la corinthienne': Noch in den 370er Jahren sind die Κορίνθιοι καὶ οἱ σύμμαχοι mit von der Partie, als es darum geht, im Verein mit Sparta die Insel Kerkyra den Athenern – wieder einmal – zu entreißen.[28] Im Jahre 345/44 wirken sie unter der Führung Timoleons an der Entmachtung des syrakusanischen Tyrannen Dionysios II. mit.[29] Noch in der Schlacht bei Chaironeia 338 v. Chr. scheinen sie Seite an Seite gegen den Makedonenkönig Philipp II. gekämpft zu haben.[30] Es war gerade die bleibende, in die Vergangenheit reichende, nicht hinterfragbare Bindung, die die Korinther, Leukadier und Ambrakioten zusammenhielt, als sie aus dem Ringen um die Vorherrschaft in Griechenland längst ausgeschieden waren und keine Aussicht mehr bestand, einst an die Stelle Spartas, Athens oder Thebens zu treten.

Die Mutterstadt-Tochterstadt-Relation als Kern einer hegemonialen Machtbildung hat sich gegenüber den Herrschaftskonzepten, die dem Peloponnesischen bzw. dem Delisch-Attischen Seebund zugrunde lagen, als unterlegen erwiesen. Sie deswegen in ihrer Bedeutung für den Verlauf der griechischen Geschichte in klassischer Zeit zu

---

[27] Auch bei Herodot und Thukydides ist dies erkennbar; siehe Hdt. 9,106,3 u. Thuk. 1,34,3. Ausführlich zum Thema Smarczyk, Untersuchungen zur Religionspolitik und politischen Propaganda Athens 318ff.; siehe auch oben S. 252 Anm. 19.

[28] Siehe Xen. Hell. 5,4,65f. u. Diod. 15,36,5; dazu Kagan, Politics and Policy in Corinth 421–336 B.C. 102 Anm. 3 u. Salmon, Wealthy Corinth 374.

[29] Dazu oben S. 285ff.

[30] Dies geht jedenfalls aus einem Teil unserer Quellen, Demosth. 18, 237 u. Plut. Dem. 17,5, hervor; dazu Kagan, Politics and Policy in Corinth 421–336 B.C. 132ff. u. Salmon, Wealthy Corinth 383.

IX. Ausblick und Zusammenfassung

marginalisieren, ist allerdings nicht statthaft. Thukydides, der dies letztendlich versucht hat, ist doch nicht ohne den Rekurs auf die Korinther und ihre Kolonien ausgekommen, als er es unternahm, den Ausbruch und den Verlauf des Peloponnesischen Krieges zu erklären. Wäre sein Bild von den Ereignissen nach 432/31 v. Chr. nicht noch viel plastischer gewesen, wenn er die Besonderheiten der Herrschaftsbildungen der Korinther – und darüber hinaus auch der Argiver, der Boioter und vieler anderer – mehr in sein Werk integriert hätte? Der von ihm richtig erkannte Trend der griechischen Geschichte in der zweiten Hälfte des fünften Jahrhunderts zu einer immer stärkeren, auf die Großmächte Athen und Sparta fixierten Bipolarität, der nicht zum mindesten eine Reaktion auf den Widerstandsgeist und den Eigensinn der mittleren Mächte darstellte, hätte dadurch noch plastischer herausgearbeitet, noch besser auch verständlich gemacht werden können. Doch freilich: Es ist die von Thukydides gelassene Lücke, die nicht von ihm beabsichtigte ‚Unfertigkeit' seines Werkes, die die nachgeborenen Epigonen ermutigt, an dem von ihm hinterlassenen Torso weiterzuarbeiten.

X. Bibliographie

Die aufgeführten Quellenausgaben und Sekundärwerke stellen nur eine Auswahl dar. Diese beschränkt sich auf Texte, die im Verlauf meiner Arbeit wörtlich und/oder mehrfach zitiert worden sind. Hinsichtlich der Abkürzungen orientiere ich mich an den Vorgaben des Lexikons der Alten Welt für die antiken Autoren und der Année philologique für die Zeitschriften.

1. Quellen

Aeschines: Orationes, hrsg. v. F. Blass u. U. Schindel, Stuttgart ²1978.

Andocidis orationes, hrsg. v. C. Fuhr, Stuttgart 1966.

Aristoteles: Athenaion politeia, hrsg. v. M. Chambers, Leipzig 1986.

Aristoteles: Politik, hrsg. u. übers. v. O. Gigon, München 1986.

Aristotelis opera, Bd. 3: Librorum deperditorum fragmenta, hrsg. v. O. Gigon, Berlin/New York 1987.

Aristotelis Politica, hrsg. v. W. D. Ross, Oxford 1957.

Aristotelis qui ferebantur librorum fragmenta, hrsg. v. V. Rose, Stuttgart 1967.

Diodore de Sicile: Bibliothèque historique, livre 11, hrsg. v. J. Haillet, Paris 2001.

Diodore de Sicile: Bibliothèque historique, livre 12, hrsg. v. M. Casevitz, Paris 1972.

Diodorus of Sicily, Books XII, 41-XIII, hrsg. v. C. H. Oldfather, London u.a. 1962.

Diodore de Sicile: Bibliothèque historique, livre 14, hrsg. v. M. Bonnet u. E. R. Bennett, Paris 1997.

Diodore de Sicile: Bibliothèque historique, livre 15, hrsg. v. C. Vial, Paris 1977.

Diodorus of Sicily, Books XV, 20-XVI, 65, hrsg. v. C. L. Sherman, London u.a. 1963.

Diodorus of Sicily, Books XVI, 66–95-XVII, hrsg. v. C. Bradford Welles, London u.a. 1963.

Dittenberger, W. (Hrsg.): Sylloge inscriptionum Graecarum, Leipzig ³1917.

Dittenberger, W./Purgold, H. (Hrsgg.): Inschriften von Olympia, Berlin 1896.

Hellenika von Oxyrhynchos, hrsg., übers. u. komm. v. R. Behrwald, Darmstadt 2005.

Herodot: Historien, 2 Bde., hrsg. v. J. Feix, Darmstadt 1995.

1. Quellen

Herodoti Historiae, hrsg. v. H. B. Rosén, 2 Bde., Leipzig 1987/97.

Homerus: Ilias, hrsg. v. A. Ludwich, 2 Bde., Stuttgart/Leipzig 1995.

Iambi et elegi Graeci ante Alexandrum cantati, hrsg. v. M. L. West, Bd. 2, Oxford ²1992.

Inscriptiones Graecae, hrsg. v. der Berlin-Brandenburgischen Akademie der Wissenschaften, Berlin 1873ff.

Jacoby, F. (Hrsg.): Die Fragmente der griechischen Historiker, 3 Teile in 14 Bdn., Berlin 1923/58.

Meiggs, R./Lewis, D. (Hrsgg.): A Selection of Greek Historical Inscriptions to the End of the Fifth Century B.C., Oxford 1969.

Pausaniae Graeciae descriptio, Bd. 1: Libri I-IV, hrsg. v. M. H. Rocha-Pereira, Leipzig ²1989.

Pausaniae Graeciae descriptio, Bd. 1: Libri V-VIII, hrsg. v. M. H. Rocha-Pereira, Leipzig ²1990.

Pausanias: Description de la Grèce, Bd. 4: La Messénie, hrsg. v. M. Casevitz u. J. Auberger, Paris 2005.

Pausanias: Description de la Grèce, Bd. 5: L'Élide (I), hrsg. v. M. Casevitz u.a., Paris 1999.

Pindar: Siegeslieder, hrsg., übers. u. eingel. v. D. Bremer, Düsseldorf/Zürich ²2003.

Pindari carmina cum fragmentis, Teil 1: Epinicia, hrsg. v. B. Snell u. H. Maehler, Leipzig ⁸1987.

Pindari carmina cum fragmentis, Teil 2: Fragmenta. Indices, hrsg. v. H. Maehler, Leipzig 1989.

Pindari dithyramborum fragmenta, hrsg. v. S. Lavecchia, Rom/Pisa 2000.

Platonis opera, Bd. 3: Tetralogias V-VII continens, hrsg. v. J. Burnet, Oxford 1903.

Plutarch: Große Griechen und Römer, übers. u. erl. v. K. Ziegler u. W. Wuhrmann, 6 Bde., München 1979/80.

Plutarch: The Malice of Herodotus. De malignitate Herodoti, übers., eingel. u. komm. v. A. Bowen, Warminster 1992.

Plutarch's Moralia, Bd. 11: 854e-874c, 911c-919f, hrsg. v. L. Pearson u. F. H. Sandbach, London u.a. 1965.

Plutarch's Moralia, Bd. 4: 263d-351b, hrsg. v. F. C. Babbitt, London u.a. 1962.

Plutarchus: Vitae parallelae, Bd. 1.1, hrsg. v. K. Ziegler u. H. Gärtner, München/Leipzig ⁵2000.

Plutarchus: Vitae parallelae, Bd. 1.2, hrsg. v. K. Ziegler u. H. Gärtner, München/Leipzig ²1994.

Plutarchus: Vitae parallelae, Bd. 2.1, hrsg. v. K. Ziegler u. H. Gärtner, München/Leipzig ²1993.

Plutarchus: Vitae parallelae, Bd. 3.2, hrsg. v. K. Ziegler, Leipzig ²1973.

Poetarum epicorum Graecorum testimonia et fragmenta, hrsg. v. A. Bernabé, Leipzig 1987.

Scholia in Aischinem, hrsg. v. M. R. Dilts, Stuttgart/Leipzig 1992.

Scholia vetera in Pindari carmina, hrsg. v. A. B. Drachmann, Stuttgart/Leipzig 1997.

Strabonis Geographica, Bd. 2: Libri III-VI, hrsg. v. F. Sbordone, Rom 1970.

Strabonis Geographica, Bd. 2: Libri VII-IX, hrsg. v. F. Sbordone, Rom 2000.

Supplementum epigraphicum Graecum, hrsg. v. A. G. Woodhead u.a., Leiden 1923ff.

Thukydides: Geschichte des Peloponnesischen Krieges, eingel. u. übers. v. G. P. Landmann, Zürich/München ²1976.

Thukydides: Der Peloponnesische Krieg, übers. u. hrsg. v. H. Vretska u. W. Rinner, Stuttgart 2004.

Thucydidis historiae, hrsg. v. H. St. Jones, 2 Bde., Oxford 1966/67.

Xenophontis Historia Graeca, hrsg. v. C. Hude, Stuttgart 1969.

Xenophontis qui inscribitur libellus Ἀθηναίων πολιτεία, hrsg. v. E. Kalinka, Stuttgart 1961.

2. Literatur

Adshead, K.: Politics of the Peloponnese. The transition from Archaic to Classical politics, Aldershot/Brookfield 1986.

Alessandrì, S.: I dieci probuli ad Atene: aspetti giuridico-costituzionali, in: G. Nenci u.a. (Hrsgg.), Symposion 1988. Vorträge zur griechischen und hellenistischen Rechtsgeschichte (Siena – Pisa, 6.-8. Juni 1988), Köln/Wien 1990, 129–147.

Alexander, J. A.: Potidaea. Its History and Remains, Athens (Georgia) 1963.

Amit, M.: Great and Small Poleis. A Study in the Relations between the Great Powers and the Small Cities in Ancient Greece, Brüssel 1973.

Andrewes, A.: Sparta and Arcadia in the Early Fifth Century, Phoenix, 6, 1952, 1–5.

Ders.: Thucydides on the Causes of the War, CQ, 9, 1959, 223–239.

Badian, E.: From Plataea to Potidaea. Studies in the History and Historiography of the Pentecontaetia, Baltimore/London 1993.

Ders.: Athens, the Locrians and Naupactus, in: ders., From Plataea to Potidaea., 163–169.

Ders.: Thucydides and the Archê of Philip, in: ders., From Plataea to Potidaea., 171–185.

Ders.: Toward a Chronology of the Pentekontaetia down to the Renewal of the Peace of Callias, in: ders., From Plataea to Potidaea., 73–107.

Baltrusch, E.: Außenpolitik, Bünde und Reichsbildung in der Antike, München 2008.

Ders.: Mythos oder Wirklichkeit? Die Helotengefahr und der Peloponnesische Bund, HZ, 272, 2001, 1–24.

Ders.: Polis und Gastfreundschaft: die Grundlagen der spartanischen Außenpolitik, in: A. Luther u.a. (Hrsgg.), Das frühe Sparta, Stuttgart 2006, 165–191

Ders.: Symmachie und Spondai. Untersuchungen zum griechischen Völkerrecht der archaischen und klassischen Zeit (8.-5. Jahrhundert v. Chr.), Berlin/New York 1994.

Barrett, W. S.: The Oligaithidai and their victories (Pindar, Olympian 13; SLG 339, 340), in: R. D. Dawe (Hrsg.), Dionysiaca. Nine studies in Greek poetry by former pupils presented to Sir Denis Page on his seventieth birthday, Cambridge 1978, 1–20.

Bauslaugh, R. A.: The Concept of Neutrality in Classical Greece, Berkeley 1991.

2. Literatur

Bayer, E.: Griechische Geschichte, Stuttgart ³1987.

Bayer, E./Heideking, J.: Die Chronologie des Perikleischen Zeitalters, Darmstadt 1975

Beaumont, R. L.: Corinth, Ambracia, Apollonia, JHS, 72, 1952, 62–73.

Beck, H.: Polis und Koinon. Untersuchungen zur Geschichte und Struktur der griechischen Bundesstaaten im 4. Jh. v. Chr., Stuttgart 1997.

Beloch, K. J.: Griechische Geschichte, Bd. 2: Bis auf die sophistische Bewegung und den Peloponnesischen Krieg, Berlin/Leipzig ²1927/31.

Berve, H.: Die Tyrannis bei den Griechen, München 1967.

Bichler, R.: Geschichte und Fiktion. Bemerkungen zur klassischen Historie der Griechen, in: R. Rollinger (Hrsg.), Historiographie - Ethnographie - Utopie. Gesammelte Schriften, Teil 1: Studien zu Herodots Kunst der Historie, Wiesbaden 2007, 75–89.

Ders.: Herodots Welt. Der Aufbau der Historie am Bild der fremden Länder und Völker, ihrer Zivilisation und ihrer Geschichte, Berlin ²2001.

Blamire, A.: Plutarch. Life of Kimon, London 1989.

Bleckmann, B.: Athens Weg in die Niederlage. Die letzten Jahre des Peloponnesischen Kriegs, Stuttgart/Leipzig 1998.

Ders.: Fiktion als Geschichte. Neue Studien zum Autor der Hellenika Oxyrhynchia und zur Historiographie des vierten vorchristlichen Jahrhunderts, Göttingen 2006.

Blösel, W.: Themistokles bei Herodot: Spiegel Athens im fünften Jahrhundert. Studien zur Geschichte und historiographischen Konstruktion des griechischen Freiheitskampfes 480 v. Chr., Stuttgart 2004.

Bolmarcich, S.: Thucydides 1.19.1 and the Peloponnesian League, GRBS, 45, 2005, 5–34.

Bommeljé, S.: Aeolis in Aetolia. Thuc. 3.102.5 and the origins of the Aetolian ethnos, Historia, 37, 1988, 297–316.

Bowen, A. H.: Plutarch. The Malice of Herodotus (De malignitate Herodoti), Warminster 1992.

Bowra, C. M.: Pindar, Oxford 1964.

Braccesi, L.: Grecità adriatica. Un capitolo della colonizzazione greca in Occidente, Bologna ²1977.

Brandhofer, F.-J.: Untersuchungen zur athenischen Westpolitik im Zeitalter des Perikles, München 1971

Buck, R. J.: A History of Boeotia, Edmonton 1979.

Busolt, G.: Griechische Geschichte bis zur Schlacht bei Chaeroneia, Bd. 3.1: Die Pentekontaëtie, Gotha ²1897.

Ders.: Griechische Geschichte bis zur Schlacht von Chaeroneia, Bd. 3.2: Der peloponnesische Krieg, Gotha 1904.

Cabanes, P.: Apollonie et Epidamne-Dyrrhachion: épigraphie et histoire, in: ders. (Hrsg.), Apollonie et Epidamne-Dyrrhachion: épigraphie et histoire, Paris 1993, 145–153.

Cabanes, P. u. a.: Corpus des inscriptions grecques d'Illyrie méridionale et d'Epire, Bd. 1, Athen 1995/97.

Cagnazzi, S.: Tendenze politiche ad Atene. L'espansione in Sicilia dal 458 al 415 a.C., Bari 1990.

Cartledge, P.: Sparta and Laconia. A Regional History 1300–362 BC, London u.a. 1979.

Cawkwell, G. L.: Sparta and Her Allies in the Sixth Century, CQ, 43, 1993, 364–376.

Ders.: Thucydides and the Peloponnesian War, London/New York 1997.

Conzelmann, H.: Korinth und die Mädchen der Aphrodite. Zur Religionsgeschichte der Stadt Korinth, NAWG, 1967, 245–261.

Crane, G.: Power, Prestige, and the Corcyrean Affair in Thucydides 1, Classical Antiquity, 11, 1992, 1–27.

Davies, J. K.: Athenian Propertied Families 600–300 B.C., Oxford 1971.

De Libero, L.: Die archaische Tyrannis, Stuttgart 1996.

De Ste. Croix, G. E. M.: The Origins of the Peloponnesian War, London 1972.

Dickie, M. W.: Hêsychia and Hybris in Pindar, in: D. E. Gerber (Hrsg.), Greek Poetry and Philosophy. Studies in Honour of Leonhard Woodbury, Chico 1984, 83–109.

Dickson, K. M.: Damasiphrôn Khrusos: Act, Implement and Tekhnê in Pindar, Ramus, 15, 1986, 122–142.

Domingo-Forasté, D.: A History of Northern Coastal Akarnania to 167 B.C.: Alyzeia, Leukas, Anaktorion and Argos Amphilochikon, Ann Arbor 1988.

Dow, St.: Corinthiaca, HSPh, 53, 1942, 89–119.

Ehrenberg, V.: Eunomia, in: A. J. Graham u.a. (Hrsgg.), Polis und Imperium. Beiträge zur Alten Geschichte, Zürich/Stuttgart 1965, 139–158.

Erbse, H.: Thukydides-Interpretationen, Berlin/New York 1989.

Ders.: Über Pindars Umgang mit dem Mythos, Hermes, 127, 1999, 13–32.

Errington, R. M.: A History of Macedonia, Berkeley u.a. 1990.

Farnell, L. R.: The Work of Pindar. Band 2: Critical Commentary to the Works of Pindar, London 1932.

Figueira, T. J.: Athens and Aigina in the Age of Imperial Colonization, Baltimore/London 1991.

Flensted-Jensen, P.: The Bottiaians and their Poleis, in: M. H. Hansen (Hrsg.), Studies in the Ancient Greek Polis, Stuttgart 1995, 103–132.

Fornis Vaquero, C.: Prosopografía corintia (siglo V a.C.), Gerión, 20, 2002, 197–204

Forrest, W. G. G.: Themistokles and Argos, CQ, 54, 1960, 221–241.

Fowler, B. H.: Thucydides 1.107–108 and the Tanagran Federal Issues, Phoenix, 11, 1957, 164–170.

Fränkel, H.: Dichtung und Philosophie des frühen Griechentums, München ^{4}1993.

Freitag, K.: Der Akarnanische Bund im 5. Jh. v. Chr., in: P. Berktold u.a. (Hrsgg.), Akarnanien. Eine Landschaft im antiken Griechenland, Würzburg 1996, 75–86.

Ders.: Der Golf von Korinth. Historisch-topographische Untersuchungen von der Archaik bis in das 1. Jh. v. Chr., München 1999.

Fritz, K. v.: Die griechische Geschichtsschreibung, Bd. 1: Von den Anfängen bis Thukydides, Berlin 1967.

Frost, F. J.: Plutarch's Themistocles. A Historical Commentary, Princeton 1980.

Funke, S.: Aiakidenmythos und epeirotisches Königtum. Der Weg einer hellenistischen Monarchie, Stuttgart 2000.

Furley, W. D.: Thucydides and Religion, in: A. Rengakos/A. Tsakmakis (Hrsgg.), Brill's Companion to Thucydides, Leiden/Boston 2006, 415–438.

Gebhard, E. R.: The Beginnings of Panhellenic Games at the Isthmus, in: H. Kyrieleis (Hrsg.), Olympia 1875–2000: 125 Jahre deutsche Ausgrabungen, Mainz 2002, 221–237.

Gentili, B.: Poesia e pubblico nella Grecia antica. Da Omero al V secolo, Rom/Bari ²1995.

Geske, N.: Nikias und das Volk von Athen im Archidamischen Krieg, Stuttgart 2005.

Gildersleeve, B. L.: Pindar. Olympian and Pythian Odes, New York 1890.

Giuffrida, M.: Una rifondazione corinzia a Epidamno (Thuc. 1,24–27), in: L. Braccesi u.a. (Hrsgg.), Hesperia. Studi sulla grecità di occidente 15: I greci in Adriatico 1, Rom 2002, 83–93.

Gomme, A. W. u.a.: A Historical Commentary on Thucydides, 5 Bde., Oxford 1945/81.

Graham, A. J.: Colony and Mother City in Ancient Greece, Manchester/New York ²1971.

Ders.: Corinthian Colonies and Thucydides' Terminology, Historia, 11, 1962, 246–252.

Gray, V. J.: Herodotus and Images of Tyranny: the Tyrants of Corinth, AJPh, 117, 1996, 361–389.

Griffin, A.: Sikyon, Oxford u.a. 1982.

Griffith, G. T.: The Union of Corinth and Argos (392–386 B.C.), Historia, 1, 1950, 236–256.

Großmann, G.: Politische Schlagwörter aus der Zeit des Peloponnesischen Krieges, Zürich 1950

Grüner, W.: Korinths Verfassung und Geschichte, mit besonderer Berücksichtigung seiner Politik während der Pentekontaetie, Leipzig 1875.

Gschnitzer, F.: Abhängige Orte im griechischen Altertum, München 1958.

Hammond, N. G. L.: Epirus. The geography, the ancient remains, the history and the topography of Epirus and adjacent areas, Oxford 1967.

Hammond, N. G. L./Griffith, G. T.: A History of Macedonia, Bd. 2: 550–336 B.C., Oxford 1979.

Hampl, F.: Poleis ohne Territorium, in: F. Gschnitzer (Hrsg.), Zur griechischen Staatskunde, Darmstadt 1969, 403–473.

Hirzel, R.: Themis, Dike und Verwandtes. Ein Beitrag zur Geschichte der Rechtsidee bei den Griechen, Leipzig 1907.

Holladay, A. J.: Sparta's role in the First Peloponnesian War, JHS, 97, 1977, 54–63.

Hornblower, S.: A Commentary on Thucydides, 2 Bde., Oxford 1991/96.

Ders.: The Greek World 479–323 BC, London/New York ³2002.

Ders.: The Religious Dimension to the Peloponnesian War, or, What Thucydides Does Not Tell Us, HSPh, 94, 1992, 169–197.

Ders.: Thucydides and Pindar. Historical Narrative and the World of Epinikian Poetry, Oxford 2004.

Hubbard, T. K.: Pegasus' Bridle and the Poetics of Pindar's "Thirteenth Olympian", HSPh, 90, 1986, 27–48.

Illig, L.: Zur Form der Pindarischen Erzählung. Interpretationen und Untersuchungen, Leipzig 1931.

Intrieri, M.: Bíaios didáskalos. Guerra e stasis a Corcira fra storia e storiografia, Soveria Mannelli 2002.

Ioakimidou, Ch.: Die Statuenreihen griechischer Poleis und Bünde aus spätarchaischer und klassischer Zeit, München 1997.

Jackson, A. H.: Argos' Victory over Corinth, ZPE, 132, 2000, 295–311.

Johnson, D. M.: Herodotus' Storytelling Speeches: Socles (5.92) and Leotychides (6.86), CJ, 97, 2001, 1–26.

Jones, N. F.: The Organization of Corinth Again, ZPE, 120, 1998, 49–56.

Ders.: Public Organization in Ancient Greece: A Documentary Study, Philadelphia 1987.

Jouan, F.: Le mythe de Bellérophon chez Pindare, REG, 108, 1995, 271–287.

Jung, M.: Marathon und Plataiai. Zwei Perserschlachten als "lieu de mémoire" im antiken Griechenland, Göttingen 2006.

Kagan, D.: The Archidamian War, Ithaca/London 1974.

Ders.: The Fall of the Athenian Empire, Ithaca/London 1987.

Ders.: The Outbreak of the Peloponnesian War, Ithaca/London 1969.

Ders.: The Peace of Nicias and the Sicilian Expedition, Ithaca/London 1981.

Ders.: Politics and Policy in Corinth 421–336 B.C., Columbus 1958.

Kahrstedt, U.: Griechisches Staatsrecht, Bd. 1: Sparta und seine Symmachie, Göttingen 1922.

Keil, B.: EIPHNH. Eine philologisch-antiquarische Untersuchung, Leipzig 1916.

Kelly, T.: Argive Foreign Policy in the Fifth Century B.C., CPh, 69, 1974, 81–99.

Kiechle, F. K.: Argos und Tiryns nach der Schlacht bei Sepeia, Philologus, 104, 1960, 181–200.

Kienast, D.: Der Hellenenbund von 481 v. Chr., Chiron, 33, 2003, 43–77.

Kraay, C. M.: Archaic and Classical Greek Coins, London 1976.

2. Literatur

Krischer, T.: Pindars achte Pythische Ode in ihrem Verhältnis zur ersten, WS, 98, 1985, 115–124.

Krummen, E.: Pyrsos Hymnon. Festliche Gegenwart und mythisch-rituelle Tradition als Voraussetzung einer Pindarinterpretation (Isthmie 4, Pythie 5, Olympie 1 und 3), Berlin/New York 1990.

Lazenby, J. F.: The Defence of Greece 490–479 v. Chr., Warminster 1993.

Legon, R. P.: Megara. The Political History of a Greek City-State to 336 B.C., Ithaca/London 1981.

Lehmann, G. A.: Perikles. Staatsmann und Stratege im klassischen Athen. Eine Biographie, München 2008.

Lendon, J. E.: Thucydides and the ‚Constitution' of the Peloponnesian League, GRBS, 35, 1994, 159–177.

Lepore, E.: Ricerche sull'antico Epiro. Le origini storiche e gli interessi greci, Neapel 1962.

Leppin, H.: Thukydides und die Verfassung der Polis. Ein Beitrag zur politischen Ideengeschichte des 5. Jahrhunderts v. Chr., Berlin 1999.

Lerat, L.: Les Locriens de l'Ouest, 2 Bde., Paris 1952.

Lewis, D. M. u.a. (Hrsgg.): The Cambridge Ancient History, Bd. 5: The Fifth Century B.C., Cambridge u.a. 1992.

Ders.: The Archidamian War, in: Lewis u.a. (Hrsgg.), The Cambridge Ancient History, Bd. 5, 370–432.

Ders.: Mainland Greece, 479–451 B.C., in: Lewis u.a. (Hrsgg.), The Cambridge Ancient History, Bd. 5, 96–120.

Ders.: The Origins of the First Peloponnesian War, in: G. S. Shrimpton u.a. (Hrsgg.), Classical Contributions. Studies in honour of Malcolm F. McGregor, Locust Valley 1981, 71–78

Ders.: The Thirty Years' Peace, in: Lewis u.a. (Hrsgg.), The Cambridge Ancient History, Bd. 5, 121–146.

Lutz, H.: The Corinthian Constitution after the Fall of the Cypselides, CR, 10, 1896, 418f.

Malitz, J.: Thukydides' Weg zur Geschichtsschreibung, Historia, 31, 1982, 257–289.

Meier, M.: Probleme der Thukydides-Interpretation und das Perikles-Bild des Historikers, Tyche, 21, 2006, 131–167.

Meiggs, R.: The Athenian Empire, Oxford 1972.

Meritt, B. D. u. a.: The Athenian Tribute Lists, Bd. 3, Princeton 1950.

Morgan, C. A.: Corinth, the Corinthian Gulf and Western Greece during the Eighth Century B.C., ABSA, 83, 1988, 313–338.

Dies.: Debating Patronage: The Cases of Argos and Corinth, in: S. Hornblower u.a. (Hrsgg.), Pindar's Poetry, Patrons, and Festivals. From Archaic Greece to the Roman Empire, Oxford/New York 2007, 213–263.

Ostwald, M.: Nomos and the Beginnings of the Athenian Democracy, Oxford 1969.

Pagès, J.: Recherches sur les thalassocraties antiques. L'exemple grec, Paris 2001.

Parker, V.: The Chronology of the Pentecontaetia from 465 to 456, Athenaeum, 81, 1993, 129–147.

Perlman, P.: City and Sanctuary in Ancient Greece. The Theorodokia in the Peloponnese, Göttingen 2000.

Péron, J.: Les images maritimes de Pindare, Paris 1974.

Petzold, K.-E.: Die Gründung des Delisch-Attischen Seebundes: Element einer ‚imperialistischen' Politik Athens? I. Von der Hellenensymmachie zum Seebund, Historia, 42, 1993, 418–443.

Ders.: Die Gründung des Delisch-Attischen Seebundes: Element einer ‚imperialistischen' Politik Athens? II. Zielsetzung des Seebundes und die Politik der Zeit, Historia, 43, 1994, 1–31.

Pfeijffer, I. L.: Pindar's Eighth Pythian: The Relevance of the Historical Setting, Hermes, 123, 1995, 156–165.

Piccirilli, L.: Corinto e l'Occidente. Aspetti di politica internazionale fino al V secolo a.C., in: Pugliese Carratelli, Corinto e l'Occidente, 143–176.

Ders.: Gli arbitrati interstatali greci. Introduzione, edizione critica, traduzione, commento e indici, Pisa 1973.

Pinsent, J.: Pindar, Nemean 1,24 & Olympian 13,3, LCM, 8, 1983, 16.

Plant, I. M.: The Battle of Tanagra: A Spartan Initiative?, Historia, 43, 1994, 259–274.

Pohlenz, M.: Thukydidesstudien I, NGG, 1919, 95–138.

Price, J. J.: Thucydides and Internal War, Cambridge u.a. 2001.

Pritchett, W. K.: Thucydides' Pentekontaetia and other essays, Amsterdam 1995.

Pugliese Carratelli, G. (Hrsg.): Corinto e l'Occidente, 2 Bde., Neapel 1995.

Reichert-Südbeck, P.: Kulte von Korinth und Syrakus. Vergleich zwischen einer Metropolis und ihrer Apoikia, Dettelbach 2000.

Saïd, S./Trédé-Boulmer, M.: L'éloge de la cité du vainqueur dans les épinicies de Pindare, Ktèma, 9, 1984, 161–170.

Sakellariou, M. B./Pharaklas, N.: Corinthia – Cleonaea, Athen 1971.

Salmon, J. B.: Wealthy Corinth. A History of the City to 338 BC, Oxford 1984.

Sánchez, P.: L'Amphictionie des Pyles et de Delphes. Recherches sur son rôle historique, des origines au IIe siècle de notre ère, Stuttgart 2001.

Schadewaldt, W.: Die Geschichtsschreibung des Thukydides. Ein Versuch, Dublin/Zürich ²1971.

Schubert, Ch.: Perikles, Darmstadt 1994.

Schuller, W.: Die Herrschaft der Athener im Ersten Attischen Seebund, Berlin/New York 1974.

Schulz, R.: Athen und Sparta, Darmstadt ²2005.

Schumacher, L.: Themistokles und Pausanias. Die Katastrophe der Sieger, Gymnasium, 94, 1987, 218–246.

Schwartz, E.: Das Geschichtswerk des Thukydides, Hildesheim ³1969.

Seibert, J.: Metropolis und Apoikie. Historische Beiträge zur Geschichte ihrer gegenseitigen Beziehungen, Würzburg 1963.

Shipley, G.: A History of Samos 800–188 BC, Oxford 1987.

Smarczyk, B.: Timoleon und die Neugründung von Syrakus, Göttingen 2003.

Ders.: Untersuchungen zur Religionspolitik und politischen Propaganda Athens im Delisch-Attischen Seebund, München 1990.

Stahl, H.-P.: Thukydides. Die Stellung des Menschen im geschichtlichen Prozeß, München 1966.

Stahl, M.: Aristokraten und Tyrannen im archaischen Athen. Untersuchungen zur Überlieferung, zur Sozialstruktur und zur Entstehung des Staates, Stuttgart 1987.

Stein-Hölkeskamp, E.: Kimon und die athenische Demokratie, Hermes, 127, 1999, 145–164.

Steinbrecher, M.: Der Delisch-Attische Seebund und die athenisch-spartanischen Beziehungen in der Kimonischen Ära (ca. 478/7–462/1), Stuttgart 1985.

Strasburger, H.: Herodot und das perikleische Athen, Historia, 4, 1955, 1–25 (zit. nach: W. Marg [Hrsg.], Herodot. Eine Auswahl aus der neueren Forschung, Darmstadt 1965, 574–608).

Strauss, B. S.: The problem of periodization: the case of the Peloponnesian war, in: M. Golden u.a. (Hrsgg.), Inventing ancient culture. Historicism, periodization, and the ancient world, London/New York 1997, 165–175.

Stroud, R. S.: Thucydides and Corinth, Chiron, 24, 1994, 267–304.

Ders.: Tribal Boundary Markers from Corinth, California Studies in Classical Antiquity 1, 1968, 233–242.

Tausend, K.: Amphiktyonie und Symmachie. Formen zwischenstaatlicher Beziehungen im archaischen Griechenland, Stuttgart 1992.

Ders.: Verkehrswege der Argolis. Rekonstruktion und historische Bedeutung, Stuttgart 2006.

Theunissen, M.: Pindar: Menschenlos und Wende der Zeit, München ²2002.

Thiry, S.: Aspects géopolitiques de l'histoire des îles ioniennes aux époques classique et hellénistique, Historia, 50, 2001, 131–144.

Thommen, L.: Sparta. Verfassungs- und Sozialgeschichte einer griechischen Polis, Stuttgart/Weimar 2003.

Tomlinson, R. A.: Argos and the Argolid. From the end of the Bronze Age to the Roman occupation, London 1972.

Vössing, K.: Objektivität oder Subjektivität, Sinn oder Überlegung? Zu Thukydides' gnômê im ‚Methodenkapitel' (1,22,1), Historia, 33, 2005, 210–215.

Welwei, K.-W.: Das klassische Athen. Demokratie und Machtpolitik im 5. und 4. Jahrhundert, Darmstadt 1999.

Ders.: Sparta. Aufstieg und Niedergang einer antiken Großmacht, Stuttgart 2004.

Werner, R.: Probleme der Rechtsbeziehungen zwischen Metropolis und Apoikie, Chiron, 1, 1971, 19–73.

Westlake, H. D.: Aristeus the son of Adeimantus, CQ, 41, 1947, 25–30.

Wickert, K.: Der peloponnesische Bund von seiner Entstehung bis zum Ende des archidamischen Krieges, Erlangen 1961.

Wilamowitz-Moellendorff, U. v.: Pindaros, Berlin 1922.

Wilisch, E. G.: Beiträge zur inneren Geschichte des alten Korinth, Zittau 1887.

Will, E.: Corinthe, la richesse et la puissance, in: Pugliese Carratelli, Corinto e l'Occidente, 13–28.

Ders.: Korinthiaka. Recherches sur l'histoire et la civilisation de Corinthe des origines aux Guerres Médiques, Paris 1955.

Ders.: Sur l'évolution des rapports entre colonies et métropoles en Grèce à partir du VIe siècle, La Nouvelle Clio, 6, 1954, 413–460.

Will, W.: Thukydides und Perikles. Der Historiker und sein Held, Bonn 2003.

Williams II, Ch. K./Bookidis, N. (Hrsgg.): Corinth, the Centenary 1896–1996, Athen 2003.

Wilson, J.: Athens and Corcyra. Strategy and Tactics in the Peloponnesian War, Bristol 1987.

Yalouris, N.: Athena als Herrin der Pferde, MH, 7, 1950, 19–101.

Zahrnt, M.: Olynth und die Chalkidier. Untersuchungen zur Staatenbildung auf der Chalkidischen Halbinsel im 5. und 4. Jahrhundert v. Chr., München 1971.

Zeilhofer, G.: Sparta, Delphoi und die Amphiktyonen im 5. Jahrhundert vor Christus, Erlangen 1959.

Zimmerman Munn, M. L.: Corinthian Trade with the Punic West in the Classical Period, in: Williams/Bookidis, Corinth, the Centenary 1896–1996, 195–217.

XI. Index

1. Wortindex

Abanten, barbarisches Volk: 127–129

Achaia, Achaier: 136f., 142, 203f., 212–215, 328, 340–344, 347

Adeimantos, Korinther: 86–91, 96, 114, 117, 245

Agis II., lak. König: 343–346

Agraier, barbarisches Volk: 121, 155–157, 310, 322

Ägypten: 73, 82, 136, 194, 202, 205f.

Aigina, Aigineten: 41–44, 52, 79, 81f., 93, 113, 170, 174f., 196–201, 212–216, 223, 245, 317, 329, 364f.

Aigospotamoi, Schlacht bei: 362f.

Aineas, Korinther: 326f.

Aiolis, griech. Landschaft: 142, 149, 213, 263

Aitolien, Aitoler: 100, 106, 115, 121, 138, 142f., 148–152, 158, 213, 310–313, 341, 365

Akarnanien, Akarnanen: 100, 115, 118–122, 125, 131–143, 151–158, 192, 203f., 213–215, 230, 237, 263, 267, 288–291, 300, 306–313, 322, 326, 365

Akte, griech. Landschaft: 194–196, 204, 212–214, 230, 251, 316–318, 321, 324, 349

Alkibiades, Athener: 339–344, 347, 353, 356f.

Alkidas, Lakedaimonier: 313, 319

Alyzia: 288–290

Ambrakia, Ambrakioten: 78, 82–84, 102f., 119–125, 131–136, 140–142, 155–158, 174, 228, 230, 234, 250f., 262, 266–268, 271, 278, 281, 288f., 297, 300, 304, 308–311, 323, 353, 354, 359, 370

Ambrakischer Golf: 121, 130–135, 138–143, 155–158, 263, 267, 278, 290, 310

Amphilochien, Amphilochier: 131–135, 140, 267, 308–310

Amphipolis: 66, 238, 241, 270, 348

Amphipolis, Schlacht bei: 155, 330, 348

Anaktorion, Anaktorier: 82–84, 117, 121, 126, 132–134, 142, 148–150, 155–157, 174, 234f., 263, 266–269, 272, 278–280, 286–290, 309f., 331f.

Aoreis, Phyle: 26

Aphrodite: 45, 57

Apollonia, Apolloniaten: 26, 75, 84, 118f., 123,

126–130, 133, 192, 228, 268, 278, 288f.

Archestratos, Athener: 242f.

Archidamos, lak. König: 191, 217

Archinos, Tyrann: 78

Argos Amphilochikon: 121f., 125, 131–140, 288–290, 308f.

Argos, Argiver: 28, 44, 65, 77–79, 108, 116, 160–170, 178, 182, 185–196, 200, 213, 222, 323, 326, 334–346, 349–352, 358, 366f., 370f.

Aristeas/Aristeus, Korinther: 86–91, 96, 117, 244–247, 261, 268, 280, 297, 314–316, 326

Aristoteles: 13, 25, 29f., 32f.

Arkadien, Arkader: 44, 105, 112, 185–189, 343, 353

Artabazos: 239

Artemision, Schlacht beim: 84–86

Asklepios: 196, 318

Asopios, Athener: 136, 140, 153–155, 310

Astakos: 150–152, 157, 288–290, 305–307

Astyochos, Lakedaimonier: 358–361

Athene: 37, 45–48, 59f., 184

Atintanen, barbarisches Volk: 120

Bakchiaden: 74, 141, 148, 297

Bellerophontes: 36–38, 41–49, 53, 58–61, 66

Boiotien, Boioter: 24, 84, 146, 154–158, 173, 200f., 206–208, 216, 284, 321, 324f., 331f., 335–337, 347f., 356, 359–361, 364f., 371

Bosporus: 239

Bottiaier, barbarisches Volk: 239, 242–247, 314, 330f.

Brasidas, Lakedaimonier: 154–156, 241, 244, 315f., 321, 325–327, 329–331, 348

Brea: 241

Bulis, Lakedaimonier: 89–91

Byzantion, Byzantier: 218, 240

Chaironeia, Schlacht bei: 370

Chalkidike, Chalkidier: 24, 73, 154–156, 238–247, 255, 261, 264–266, 284, 297, 314f., 327–333, 335, 348–352

Chalkis (Aiolis): 140–144, 147–150, 157, 201–203, 212, 215, 263

Chaonen, barbarisches Volk: 120–125, 262

Cheimerion: 120, 124, 232–234

Chios: 357–359

Delion: 154f., 321f., 325, 329, 337

Delisch–Attischer Seebund: 66f., 82, 101, 107–109, 113–115, 140, 151, 156, 159, 168, 176, 179–181, 189–192, 200–203, 212, 215, 218–223, 238–240, 247f., 251–256, 260f., 267, 273f., 282, 285, 293–297, 303–306, 315–319, 327, 340, 348, 357, 362–370

Delphi, Delpher: 44, 73, 88, 139, 164–166, 172, 187, 191, 207, 208–210, 215, 227, 231, 239, 249, 266, 275, 304f.

Demosthenes, Athener: 152–155, 310–313, 322, 353, 356

Dike: 35f., 42, 50–52, 55f., 60

Diodor: 70, 137, 153, 201, 287f., 357, 362

Dionysios II., Tyrann: 287–289, 370

Dipaia, Schlacht bei: 185–190

1. Wortindex

Doris, griech. Landschaft: 166, 172, 183, 199

Drabeskos, Schlacht bei: 238, 255

Eirene: 35f., 42, 50, 51f., 55f., 60

Eleusis: 44, 210

Elis, Eleier: 109, 111, 151, 152, 156–158, 174, 184–186, 189, 230–234, 251f., 310, 332, 335, 338, 365

Enneahodoi: 238, 241, 255

Epeiros, Epeiroten: 100, 115, 119–123, 130, 141, 153, 157f., 192, 230, 234

Ephoros von Kyme: 21, 70, 137, 183, 356

Epidamnos, Epidamnier: 75, 119, 122–126, 129, 133, 158, 192, 226–236, 249–254, 261–263, 268–272, 288, 291–294, 300

Epidauros, Epidaurier: 77f., 174, 195f., 199, 214, 230, 251, 316f., 322–326, 341–343, 347, 357

Euarchos, Tyrann: 151, 305

Euboia: 44, 86f., 127, 208–210, 216

Eumelos, Korinther: 13, 47, 77

Eunomia: 31–36, 42, 50–56, 60–62, 65

Euphamidas, Korinther: 326f., 343

Eurybiades, Lakedaimonier: 86, 114, 180

Eurylochos: 121, 148, 154, 309, 312

Geraneia: 212, 321

Gylippos, Lakedaimonier: 352–355, 358

Gytheion: 176, 201

Hagnon, Athener: 218, 241

Halieis: 194f., 230, 316–318, 322–324

Halieis, Schlacht bei: 170, 195–197, 202, 322

Hellanikos von Lesbos: 21, 69–71

Heloros, Schlacht am: 74

Heloten: 66, 153, 315

Hermione: 174, 230, 316–318, 322, 359

Herodot: 10, 13, 21, 24, 72–107, 113f., 118, 179, 186, 220, 239, 275–277, 282–286, 370

Hesiod: 51–54, 55

Hesychia: 42, 56, 176, 342

Hieron I., Tyrann: 54, 62

Hippias, Tyrann: 80f., 9–95, 103, 275f., 284

Hybris: 35–38, 42, 48–58, 369

Idomene, Schlacht bei: 121, 131, 155, 309f.

Illyrien, Illyrer: 119, 126, 130, 157, 229, 249f., 254, 278

Isagoras, Athener: 80, 103, 113

Isonomia: 31–33, 277, 283, 284, 369

Isthmische Spiele: 165, 358, 361

Ithaka: 141

Ithome: 64f., 145–147, 163, 167–170, 202

Jonien, Jonier: 82, 86, 98, 179, 253, 370

Kekryphaleia, Schlacht bei: 196–198

Kenchreai: 324, 357f.

Kephallenia, Kephallenier: 151f., 157, 230, 262, 306f., 310, 354

Kerinthos: 73

Kerkyra, Kerkyraier: 16f., 26, 69, 74f., 86, 116–118, 123f., 128, 133, 151f., 158, 166, 174f., 192, 218, 223, 226–229, 232–236, 241f., 248–255, 259, 262f., 266–269, 278–281, 288,

293–295, 298–301, 306, 312–313, 318f., 324, 362, 370

Kimon, Athener: 21, 44, 64–66, 136, 145, 163f., 181, 191, 205–207, 231, 238, 297

Kleisthenes, Tyrann: 78

Kleomenes I., lak. König: 76, 80, 81, 92f., 103, 107, 109–113, 185, 220f.

Kleon, Athener: 154, 212, 323, 327–330

Kleonai, Kleonaier: 64f., 159–164, 167f., 187, 192, 196, 200

Kleophon, Athener: 285, 363

Kleruchie: 266, 270, 273f.

Knemos, Lakedaimonier: 120, 133, 149, 152–155, 307f., 312

Κορίνθιοι καὶ οἱ σύμμαχοι: 208, 211, 233, 251f., 296, 301, 313–315, 327, 342, 353f., 359–361, 370

Korinthischer Golf: 44, 82, 98, 115, 136–150, 155–157, 167, 172, 192, 200–203, 209, 212–215, 223, 237, 251, 263–265, 296–298, 302, 306–319, 322f., 333, 341f., 355, 364

Koroneia, Schlacht bei: 207, 210

Koros: 35f., 50f.

Kranioi: 151–153

Krommyon: 79, 324

Kyllene: 232–234, 252

Kynophaloi, Phyle: 26

Kypseliden: 13, 24–27, 32, 46, 65, 72–78, 82, 94–98, 100–102, 118, 125, 131f., 141, 148–150, 255, 266, 271, 278–283, 286, 297f., 369

Kypselos, Tyrann: 73, 94–98, 112, 277–280

Kythera: 152, 329

Lachartos, Korinther: 64, 163

Lechaion: 27, 144, 308, 358

Leontinoi: 203, 236

Leotychidas, lak. König: 182–184, 187, 199f.

Leukas, Leukadier: 82–84, 116–118, 126, 129, 132f., 142f., 150–154, 157, 174, 188f., 228–230, 232–234, 250f., 262f., 266–268, 271, 278–281, 286–290, 297, 301, 304, 309f., 313, 323, 353, 359, 370

Leukimme, Schlacht bei: 69, 119, 152, 228f., 232, 251f., 263, 268, 310, 354

Lokris, Opuntisches: 52, 127, 359

Lokris, Ozolisches: 115, 137, 144–149

Lykien: 44, 61

Lykios: 126

Lykophron, Kypselide: 74

Lysander, Lakedaimonier: 362–364

Makedonien, Makedonen: 100, 120, 237, 316

Mantineia, Mantineier: 185f., 189, 326, 334f., 338, 343

Mantineia, Schlacht bei: 342–345, 349

Marathon, Schlacht bei: 44, 96, 113, 272, 275–277, 284

Mardonios, Perser: 178, 239

Medeon: 141

Megara, Megarer: 44, 64f., 77–82, 143, 156–158, 163, 167–170, 174f., 193–196, 198–201, 209–216, 221f., 226, 230, 234, 310, 319–326, 331f., 335f., 359

Megarisches Psephisma: 16, 223–226

Messenien, Messenier: 101, 137–139, 145–150, 154f., 158, 167, 191,

202f., 215, 310, 364, 369

Methana: 196, 324

Miltiades d. Ä., Athener: 275–277

Miltiades d. J., Athener: 275–279, 297

Molosser, barbarisches Volk: 120–124, 127

Molykreion: 75, 147–149, 157, 202f., 212, 215, 263, 311, 341

Mykale, Schlacht bei: 84f., 92, 114, 178–180

Mykenai, Mykenaier: 162, 164, 186–188, 191–193

Myronides, Athener: 175, 198, 201, 216

Naupaktos, Naupaktier: 137–139, 142–149, 155, 170, 202f., 212, 215, 307– 311, 341, 364

Nemea: 160f., 165, 187, 196, 323

Nemeische Spiele: 44, 65, 159f., 163–168, 183, 187, 192

Nikanor, Molosser: 124

Nikias, Athener: 241, 318–320, 323, 332, 347–353, 356

Nikiasfrieden: 17–19, 28, 106–108, 155–158, 204, 222, 244f., 297, 326, 330–351, 364

Nikolaos von Damaskus: 26–29, 282

Nikomedes, Lakedaimonier: 146, 199–202

Nisaia: 167, 209, 212–214, 320f., 328, 332

Oiniadai: 121, 136–139, 150, 153–158, 203, 215, 306, 309f.

Oinoë: 361

Oinophyta, Schlacht bei: 169, 201, 321

Oligaithiden: 34–50, 57–64

Olpai: 135

Olpai, Schlacht bei: 121, 131, 155, 309f.

Olynth: 239, 243f.

Palairos: 151

Pale: 150–152, 174, 230, 262, 310

Pallene: 73, 239, 255f., 261, 315f.

Parauaier, barbarisches Volk: 120

Pausanias, lak. König: 364f.

Pausanias, Lakedaimonier: 182–184

Pausanias, Perieget: 70, 79, 126–130, 137f., 161

Pegai: 136, 143, 167, 202f., 209, 214, 328

Pegasos: 37f., 45–48, 59–61

Peiraion: 79

Peisistratiden: 11, 80, 92f., 103f., 220, 275–278, 284

Peisistratos, Tyrann: 112, 275f.

Pellene: 44, 137, 213, 359

Peloponnesischer Bund: 101, 104f., 108–110, 113, 174, 216f., 251, 304, 307, 320f., 326–328, 331, 356, 361, 364

Pentekontaëtie: 14, 65–72, 83, 91, 94, 97–101, 104, 109, 110, 114–116, 121, 125f., 130–132, 136–150, 157–160, 164–166, 169, 172–178, 181, 184, 188, 193, 203f., 215–219, 224, 238–241, 248, 274f., 292f., 297–300, 324

Perdikkas, mak. König: 237, 241–243, 246, 316, 349

Periander, Kypselide: 278

Periander, Tyrann: 26, 73–75, 78, 94–98, 278f., 298

Perikles, Athener: 10, 21, 117, 136–140, 153, 203, 206, 209–211, 216–218, 229, 236, 260, 282, 302, 303, 306, 316–322, 350

Phalios, Korinther: 227, 249

Pheidon, Tyrann: 77

Philaiden: 181, 205, 275–278, 296f.

Philippos, Makedone: 237, 243

Phleius, Phleiasier: 161, 174, 230, 302

Phokis, Phoker: 172, 359

Phormion, Athener: 132–140, 143, 153–155, 158, 204, 218, 305, 308–310, 322

Photios, Molosser: 124

Pindar: 22, 34–66, 72, 160, 165, 188

Plataiai, Plataier: 76, 81, 89, 97, 304, 320, 332

Plataiai, Schlacht bei: 84f., 99, 117, 178–180, 182f., 187, 190, 199, 239, 286f.

Pleistoanax, lak. König: 209–211, 216f., 302, 320, 332

Plutarch: 21, 28–30, 64f., 70, 79, 85–87, 91, 102f., 106, 116f., 122, 130, 136f., 163f., 183, 287, 288

Polyidos, Seher: 37, 47

Polykrates, Tyrann: 76, 102

Poseidon: 35, 45–47, 83, 148f., 289

Poteidaia, Poteidaiaten: 16f., 73, 82–84, 89f., 190, 223, 236–248, 255f., 259, 262, 266–269, 278, 294, 297, 300, 303–305, 314–316, 319, 326–331, 365, 368

Prasiai: 317f.

Prokles, Tyrann: 78

Ps.-Xenophon: 31, 285

Psammetichos, Tyrann: 28, 73, 282

Pylaisch-Delphische Amphiktyonie: 183, 199, 207

Pylos: 152–154, 313, 323, 347

Rhion: 135, 144, 147–149, 153, 157, 192, 202f., 263, 305, 308–311, 322, 341

Sabylinthos, Molosser: 124

Salamis auf Zypern, Schlacht bei: 205f.

Salamis, Schlacht bei: 83f., 87–91, 99, 114–118, 122, 179, 185, 189, 239, 272, 275, 284

Salynthios, Agraierkönig: 121, 155–157, 310

Samischer Aufstand: 134, 218–221

Samos, Samier: 76, 80, 102, 107, 218f., 298, 363

Saronischer Golf: 41, 44, 82–84, 159, 167, 171, 175, 194–202, 209–212, 317–320, 323–325, 342

Sigeion: 73, 276

Sikyon, Sikyonier: 44, 77f., 136f., 142, 174, 195, 201–203, 214, 231, 319, 322–326, 342–344, 354

Simonides von Keos: 61, 84f.

Sitalkes, thrak. König: 314–316

Sizilien: 19, 28, 44, 54, 59, 75, 82, 98, 141, 144, 148, 152, 203, 234, 266, 286f., 291f., 297, 304, 313, 353–358

Skione: 239f., 329–331, 335

Sollion: 148–152, 156f., 263, 307, 331

Solon, Athener: 33, 53f.

Solygeia: 323f.

Sosikles, Korinther: 80–96, 103f., 113, 220, 282

Spartolos, Schlacht bei: 244, 315

Speiraion: 357–361

Sperthies: 89–91

1. Wortindex

Sphakteria, Schlacht bei: 154–156, 217, 313, 323, 327–329

Stratos: 120, 155, 309

Sybota, Schlacht bei: 69, 126, 133f., 176, 229–237, 241f., 251, 256, 259, 263, 268, 294, 302, 305, 310–312, 354

Syrakus, Syrakusaner: 26–28, 54, 62, 74f., 236, 266, 287–291, 297, 352–359

Tanagra, Schlacht bei: 65, 139, 142, 146f., 169–173, 183, 199–201, 207, 211, 303, 320

Taulantier, barbarisches Volk: 122f., 227

Tegea, Schlacht bei: 186–190

Tegea, Tegeaten: 161f., 184f., 189, 334f.

Tharyps, Molosserkönig: 121, 124

Thasos, Thasier: 66, 119, 190f., 219, 238, 255, 360f.

Theben, Thebaner: 22, 33, 43f., 52–54, 59, 62–64, 76, 81, 97, 111–113, 117, 174, 182f., 189, 200, 222, 230, 251, 296, 304, 321, 329, 364, 370

Themis: 35–37, 50–52, 55f.

Themistokles, Athener: 21, 86–90, 114–119, 183–189, 248, 263

Thermopylen, Schlacht bei den: 83f., 89

Thesprotier, barbarisches Volk: 120, 125, 262

Thessalien, Thessalier: 44, 182–184, 187, 199f., 316

Thrakien: 100, 238, 241, 244, 245, 249, 314

Thrasybulos, Tyrann: 73

Thronion: 127–130

Thyreatis: 317, 329

Thyrreion: 288–290

Timolaos, Korinther: 360f.

Timoleon, Korinther: 28, 163f., 286–291, 297, 370

Tiryns, Tirynthier: 162, 186–188, 193–195

Tissaphernes, Perser: 356f.

Tolmides, Athener: 139–146, 152, 176, 201–203, 207f., 263, 322

Tretos: 161–163, 187

Troizen, Troizenier: 174, 196, 212f., 230, 316–318, 322–324, 328

Xenokleidas, Korinther: 121, 311

Xenophon, Historiker: 301f., 356, 363

Xenophon, Oligaithide: 34–50, 57–63

Xerxes, Perserkönig: 83, 178–182, 239

Zakynthos, Zakynthier: 152–154, 202, 234, 305–307, 310, 354

2. Stellenindex

Ail.
  var. 13,16: 123

Aischin.
  2,148: 365

Aischyl.
  Eum. 295f.: 240
  Ag. 763–767: 51

Andok.
  3,3–7: 301

Apollod. Ath.
  FGrHist 244 F 27a: 73

App.
  civ. 2,39: 122

Aristoph.
  nub. 859: 211, 303

Aristot.
  Ath. pol. 17,4: 78
  frg. 516 (Rose): 13, 25
  frg. 517 (Rose): 13, 25
  frg. 521 (Gigon): 13, 25
  frg. 522 (Gigon): 13, 25
  frg. 592 (Rose): 106
  frg. 609,1 (Gigon): 106
  pol. 4,14,1298b 26–41: 29
  pol. 4,15,1299b 30–38: 29
  pol. 5,4,1304a 31–33: 103, 278

  rhet. 1,6,1363a 16: 61

Ath.
  573f–574b: 45

Demosth.
  18, 237: 370

Diod.
  11,54,1: 184
  11,70,1: 34, 238
  11,79,4–80: 199
  11,81,1–3: 183
  11,84: 142
  11,84,6–8: 142, 201
  11,84,7: 142, 146, 153
  11,85: 137, 139, 203
  11,86,1: 205
  11,88,1f.: 137, 139, 203
  11,88,2: 137
  12,10f.: 203
  12,27f.: 218
  12,30–34: 225
  12,32,3: 241
  12,34: 237
  12,37: 225, 237
  12,46,7: 315
  13,48: 362
  13,106,10: 211
  14,17,7: 365
  14,34,2f.: 148, 364
  14,86,1f.: 366

  15,36,5: 370
  15,76,3: 367
  16,65,8: 28
  16,65,9: 28

Diog. Laert.
  1,74: 73

Dion. Hal.
  9,61,1: 34

Eum.
  frg. 1–10 (Bernabé): 13, 77
  test. 1–15: 13, 77

Hdt.
  1,14,2: 73
  1,19,2f.: 95
  1,20: 73
  1,50f.: 73
  1,56,1: 101
  1,61,1–3: 95
  1,68,6: 101
  1,152,3: 101
  1,191,1: 95
  2,167,2: 72
  3,44–56: 76, 102
  3,48–53: 74, 102, 278
  3,48f.: 73
  3,48,1: 76, 102
  3,49,1: 74
  3,49,2: 76

2. Stellenindex

3,50–52: 78
3,50,2: 78
3,52,6: 74
5,73: 95
5,74f.: 80
5,74,1: 81, 103, 113
5,75: 112
5,75,2: 81
5,78: 24, 93, 284
5,91–93: 80f., 92, 104, 220
5,91,2: 103
5,92α: 282
5,92α–η: 80, 92
5,92,1: 92
5,92ζ,1–3: 73
5,92η,2: 125
5,92η,4f.: 92
5,93: 92
5,93,1: 93
5,93,2: 81, 93, 95, 103, 113, 220f.
5,94,1: 78
5,95,2: 73
6,72: 117, 182
6,89: 80, 82, 175
6,98,2: 96
6,108: 76, 81
6,108,5: 97
6,108,5f.: 77
6,128,2: 78, 277
6,136,2: 279
6,140: 279
7,106: 239

7,133–137: 88
7,133,1: 91
7,133,2: 91
7,137,2: 195
7,137,3: 88
7,138,1: 89
7,152,3: 91
7,154,2: 75
7,154,3: 75
7,168: 84, 118
7,168,3: 118
7,195: 83
7,202: 84, 162
7,207: 84
7,233: 89
8,1,1: 84
8,2f.: 85, 179
8,3: 179
8,3,2: 180
8,4f.: 86
8,5,2: 87
8,21,2: 84
8,43: 84
8,45: 84, 133
8,49: 114
8,59–63: 87, 114, 179
8,61,1: 87
8,71f.: 83
8,77,1: 51
8,79,4: 87
8,94: 87
8,94,1: 87
8,94,4: 87

8,123: 83
8,126–129: 84, 239
8,127: 239
9,28: 162
9,28,3: 84, 99, 239, 286
9,28,5: 84, 133
9,31: 162
9,35,2: 185f.
9,69: 85
9,86–88: 117, 182
9,88: 83
9,95: 84
9,102: 85
9,105: 85
9,106: 114
9,106,3: 86
9,106,3f.: 179

Hell. Oxyrh.
  10,3 (Behrwald): 366
  10,4 (Behrwald): 360

Hellanik.
  FGrHist 323a: 70
  FGrHist 608a: 70

Hes.
  Theog. 230: 54
  Theog. 901–903: 51, 55

Hom.
  Il. 2,570: 36, 98
  Il. 6,208: 59
  Od. 17,487: 52

IG

I² 19: 203

I² 20,1f.: 203

I² 50: 218, 220

I² 51: 203, 236

I² 52: 203, 236

I² 102: 218, 220

I² 293: 218

I² 295: 233f.

I² 927: 88

I² 929: 175, 194

I² 931: 172, 200

I² 932: 172, 200

I² 1085: 209

I³ 53: 236

I³ 54: 236

I³ 127: 363

II² 226: 121

VII 52: 79

IX 1² 3,609: 150

IX 1² 3,718: 150

Isokr.

14,31: 364

IvOl

253: 172, 200

259: 150

Lys.

13,7–12: 285

30, 10–13: 285

ML

13: 150

17: 109

20: 150

24: 88

27: 88, 239, 266

33: 175, 194

35: 172, 200

36: 172, 200

37: 203

49: 241

51: 209

55: 218

56: 218, 220

61: 233f.

63: 203, 236

64: 203, 236

74: 150

94: 363

Nep.

Them. 1,2: 118

Nikol. Dam.

FGrHist 90 F 60,1: 76, 282

FGrHist 90 F 60,2: 28

Paus.

1,26,6f.: 200

1,27,5: 142, 201

1,29,6–9: 199

2,15,2: 161

3,7,9f.: 182

3,9,1f.: 366

4,25: 137

4,25,1: 137f.

4,25,3: 138

4,26,2: 148, 364

5,9,5: 184

5,22,2–4: 126, 130

5,22,3: 127

5,22,4: 128f.

5,23,4: 222

6,19,12–14: 79

6,19,13f.: 79

6,19,14: 79

10,38,10: 148, 364

Pind.

frg. 52a, 6 (Snell/Maehler): 52

frg. 52a, 10 (Snell/Maehler): 52

frg. 70c, 3 (Snell/Maehler), 3: 284

frg. 122 (Snell/Maehler): 45, 57

frg. 122, 9 (Snell/Maehler): 57

Isthm. 5,22: 52

Isthm. 7,42–48: 38

Nem. 9,29f.: 52, 54

Nem. 10: 185

Nem. 10,12: 56

Ol. 1: 62

Ol. 4,16: 56

Ol. 9,15f.: 52

Ol. 13: 34, 37f., 40, 58, 60, 62, 65

Ol. 13,4: 53

Ol. 13,6–10: 56

Ol. 13,7: 53

Ol. 13,13: 60

2. Stellenindex

Ol. 13,17: 37, 72
Ol. 13,17–23: 36
Ol. 13,24–46: 36
Ol. 13,40: 46
Ol. 13,47–92: 36f.
Ol. 13,47f.: 36, 59
Ol. 13,52: 60
Ol. 13,63–92: 45, 59
Ol. 13,82: 46
Ol. 13,83–86: 61
Ol. 13,83: 47
Ol. 13,93–115: 38
Ol. 13,104–106: 58
Ol. 13,104f.: 59
Ol. 13,115: 62
Pyth. 1: 62
Pyth. 1,71: 56
Pyth. 2: 62
Pyth. 4: 62
Pyth. 5: 62
Pyth. 5,66f.: 53
Pyth. 8,1f.: 56
Pyth. 8,15: 42
Pyth. 8,98f.: 42
Pyth. 11: 54
Pyth. 11,52f.: 62

Plat.
Gorg. 483c 6–484c 3: 65
Menex. 241e–242c: 169
Menex. 242c–243d: 301
Menex. 242a–c: 285

Plut.
Arist. 20,2: 85
Cato mai. 24,8: 78
Dem. 17,5: 370
Dion 53,3f.: 28
Dion 53,4: 25
Kim. 14,2: 238
Kim. 16,1: 44
Kim. 17,1f.: 64, 70, 79
Kim. 17,2: 64, 163, 168
Kim. 17,4–9: 199
Kim. 18,1: 205
Lys. 14,3: 364
mor. 292b: 106
mor. 295b–c: 79
mor. 297f–298a: 123
mor. 859b–e: 103, 278
mor. 859d: 102
mor. 870b: 87
mor. 870b–871b: 87
mor. 870d–871b: 88
mor. 870f.: 90, 117
mor 859d: 182
mor 872d–e: 85
Per. 10,4: 205
Per. 17,1–4: 199
Per. 19,2f.: 137, 203
Per. 21: 207
Per. 22f.: 211
Per. 24–28: 218
Per. 29,1–3: 225
Them. 20,3f.: 117, 183
Them. 24,1: 116, 118f., 133, 189, 263, 280

Them. 25,2: 119
Timol. 2,2: 291
Timol. 3,2–5,3: 287
Timol. 4,1: 163

Pol.
4,65,8–10: 138

Ps.-Skymn
439: 128

Ps.-Xen.
rep. Ath. 1,5: 62
rep. Ath. 1,8f.: 62
rep. Ath. 1,9: 31
rep. Ath. 1,14ff.: 66, 285

Schol. Aischin.
2,31: 241
2,75: 142

Schol. Aristoph.
vesp. 283: 218

Schol. Pind.
hyp. Nem. (Drachmann 3,3): 65, 160, 164, 166
hyp. Nem. (Drachmann 3,5): 65, 160, 164, 166

Schol. Thuk.
1,136,1: 117

SEG
11, 126a: 289
26, 461: 106
27, 218: 289
28, 380: 289
28, 408: 106

31, 369: 322
41, 540: 131
51, 642: 150

Simon.
  frg. 13 (West²): 84
  frg. 15 (West²): 84f.
  frg. 16 (West²): 84
  frg. 67 (Page): 61

Sol.
  frg. 4 (West): 54

Strab.
  6,1,13: 203
  7,5,8: 128
  8,3,2: 184f.
  8,6,19: 162, 188
  8,6,20: 98
  8,6,22: 79
  13,1,38: 73

Syll.³
  9: 109
  31: 88, 239, 266
  67: 241
  228: 121

Theogn.
  891–894: 73

Thuk.
  1,1,1: 210
  1,1,2: 90, 154, 272
  1,8,4: 131
  1,10,1–3: 302
  1,10,2: 101

1,13,1: 73
1,13,2–5: 68, 72
1,13,4: 69, 74, 116
1,13,5: 98
1,14,2: 118
1,18,1: 103
1,20–22: 264
1,22: 17
1,22,1: 17, 219, 221, 225, 264
1,22,2: 264
1,23,4–6: 13
1,23,5: 294
1,23,5f.: 223
1,23,6: 178
1,24–29: 272
1,24–55: 124, 226
1,24–66: 223, 225f., 294
1,24,2: 227
1,24,4: 123
1,24,5: 122, 227
1,24,5f.: 123
1,24,6: 227
1,25f.: 228
1,25,1: 227, 249, 254, 262
1,25,1f.: 270
1,25,2f.: 249
1,25,3: 228f., 249, 254, 294
1,25,3f.: 249, 257
1,25,4: 118
1,26,1f.: 228, 250
1,26,2: 119, 130, 126, 228, 311

1,26,3: 227, 229, 254, 262
1,26,3–5: 229
1,27: 229
1,27,1: 229, 250, 262
1,27,2: 152, 174, 196, 230, 251, 310, 318, 359
1,28,1: 174, 215, 231, 322
1,29,1: 232
1,29,1–4: 232
1,29,1f.: 251
1,29,5: 232
1,30,2: 134, 174, 233, 251
1,30,2–4: 152
1,31,1: 233
1,31,2–45,3: 233
1,32–43: 252
1,32,5: 230
1,34,1: 253
1,34,2: 253
1,34,3: 253
1,35,3: 305
1,35,4: 242
1,36,2: 234, 313
1,36,3: 233
1,37–43: 86, 264
1,37,5: 254
1,38: 129, 269
1,38,1: 254
1,38,1f.: 86
1,38,2: 228, 254, 282
1,38,2–5: 253
1,38,3: 76, 257, 282

2. Stellenindex

1,38,5: 270
1,39,2: 226
1,40: 223, 295, 302
1,40,2: 218, 222
1,40,4: 218, 221
1,40,5: 107, 134f., 219–221
1,40,6: 218, 221
1,41,2: 80, 82, 175, 220
1,41,3: 176
1,42,1: 258
1,42,2: 86
1,42,2f.: 226
1,43,1: 258, 298f.
1,44,1: 253, 257, 295, 299
1,44,2f.: 233
1,44,3: 313
1,46,1: 133, 174, 310, 359
1,46,1f.: 234
1,46,3–5: 234
1,47,1f.: 234
1,47,3: 120, 124, 234, 311
1,48–52: 235
1,50,2: 235
1,50,5: 234
1,53,1: 235
1,53,2: 302
1,55,1: 126, 133f., 235f., 263, 268, 272, 280
1,56–65: 237
1,56,1: 237, 241

1,56,2: 176, 236, 242, 255
1,57,1: 237, 241
1,57,2: 236, 241
1,57,2–6: 237
1,57,4: 243
1,57,5: 244
1,57,6: 242
1,58,1: 243
1,58,2: 244
1,60: 244, 316
1,60–65: 89, 244, 280
1,60,1: 245
1,60,2: 89, 245, 268, 297
1,61,1: 246
1,61,3: 246
1,62–64: 246
1,62,2: 246
1,63,2: 316
1,64,2: 131, 242, 246
1,65: 247
1,65,1: 261
1,65,1f.: 314
1,66: 89
1,66–146: 248
1,67–87: 104, 225
1,67,1: 235
1,67,2: 317
1,67,4: 226
1,68–71: 173, 215, 248, 367
1,68,1: 259
1,68,2: 176
1,68,3: 237, 259

1,68,3f.: 176
1,68,4: 237, 255
1,69–71: 260
1,69,4: 171
1,69,5: 333
1,70: 24
1,70f.: 48, 171
1,70,1–71,3: 248
1,70,2: 171, 181, 208, 367
1,70,3: 171
1,70,5: 173
1,70,9: 176
1,71,4: 217, 319
1,73–78: 88
1,73,2–74,4: 88
1,87: 248
1,88f.: 224
1,89–117: 68, 140
1,94f.: 184
1,95f.: 180
1,95,7: 180
1,96,1: 179
1,97,1: 68
1,97,2: 21, 67–69, 71
1,98,4: 190
1,100,2–101,3: 190, 238
1,100,3: 238
1,101,1f.: 190
1,101,3: 191
1,102: 146, 191
1,102f.: 170
1,102,4: 168, 170, 191, 200

1,103,1: 167

1,103,1–3: 145

1,103,3: 142, 145, 147 170

1,103,4: 64, 79, 143f., 167f., 170, 174f., 193, 215, 228, 294

1,103,4–115,1: 170f.

1,104: 194, 197

1,105f.: 170, 175

1,105,1: 170, 174, 194–196, 210, 322

1,105,1–3: 196

1,105,2: 197

1,105,2–4: 82

1,105,2f.: 174f., 197

1,105,3: 170f., 174, 196f., 210, 245, 251

1,105,3–106,2: 175, 198, 324

1,105,6: 198

1,106,2: 175, 198

1,107f.: 139

1,107,2: 200

1,107,2–108,3: 199

1,107,2–4: 166

1,107,3: 144, 146, 200

1,107,3f.: 172, 320

1,107,4: 172

1,107,5: 200

1,107,5–108,1: 139

1,107,6: 172

1,108,1: 139

1,108,1f.: 201

1,108,2: 320

1,108,2f.: 201, 321

1,108,4: 201

1,108,5: 142f., 148, 201, 263, 322

1,109f.: 202

1,111,2: 322

1,111,2f.: 136f., 203

1,111,3: 139

1,112,1: 139f., 204

1,112,2: 205

1,112,2–4: 205

1,112,5: 207

1,113: 207

1,114: 209

1,114,1: 174, 196, 207, 209f., 322

1,114,1–115,1: 216, 319

1,114,2: 209

1,115,1: 196, 212

1,115,2–117,3: 218

1,118–125: 225

1,118,2: 67, 214

1,119–125: 304

1,120–124: 248

1,120,1: 260

1,120,3: 260

1,121,1: 260

1,121,3–5: 304

1,123,2: 295

1,124,1: 260, 306, 314, 330

1,125: 248

1,128–134: 184

1,135,3: 185

1,136,1: 116, 119, 280

1,139,1: 317

1,139,1f.: 225

1,141,2–143,5: 306

1,141,2–144,1: 260

2,2–6: 81

2,7,2: 304

2,7,3: 306

2,9,2: 101, 133, 137, 213, 298

2,9,3: 101

2,10–23: 217

2,10,2: 321

2,13,2–8: 306

2,21,1: 211, 302, 319

2,25: 151, 307, 316

2,25,1: 312

2,25,30: 151

2,25,33: 151

2,27: 317

2,27,2: 317

2,30: 151, 307, 311, 316

2,30,1: 148, 151

2,30,2: 310

2,31: 320

2,31,3: 320

2,33: 307, 326

2,33,1: 305

2,33,1f.: 151

2,33,2: 151

2,47,2: 217

2,55: 217

2,56: 317, 322

2,56,4: 318

2. Stellenindex

2,56,6: 317
2,58: 242, 314
2,63,2: 282
2,64,5: 229
2,66: 154, 307
2,66,1: 305
2,67: 89, 246, 314
2,67,2f.: 316
2,67,4: 90f.
2,68: 131f., 135, 138f., 204, 308
2,68,3–9: 308
2,68,5: 131
2,68,6: 131
2,68,7: 132
2,68,8: 134
2,68,9: 122, 132, 158
2,69,1: 308
2,70: 314
2,70,2: 246
2,70,4: 315
2,79: 244, 314f.
2,80–82: 308
2,80f.: 120, 315
2,80,1: 152, 308
2,80,2f.: 133
2,80,3: 120, 133, 309, 322
2,80,5–7: 120, 124
2,80,8: 120
2,82: 155
2,83–92: 135, 305
2,83,1: 120, 322
2,83,3: 142, 322

2,83,4: 149, 308
2,86,2: 147
2,86,2f.: 149
2,95–101: 314, 316
2,101,1: 316
2,102,1: 136, 158
2,102,1f.: 154, 311
2,102,2: 155
3,1: 217
3,7: 153f., 310
3,7,1: 136, 140, 310
3,7,2: 153
3,7,3f.: 155
3,7,4: 153
3,10,2: 205
3,26: 217
3,26–35: 319
3,62: 25
3,62,3: 33
3,68,3: 320
3,69–81: 312, 362
3,69–85: 229
3,70,1: 236, 268f.
3,73: 123
3,82–84: 259, 312
3,85,2: 123
3,86: 313
3,86,4: 319
3,92: 199
3,94–98: 150, 311
3,94f.: 152, 310
3,94,1: 155, 310, 313
3,94,1f.: 154

3,95,2: 310f., 313
3,100–102: 148, 150, 311
3,100,1: 312
3,102,2: 148f., 263, 311, 341
3,102,3: 311
3,102,6: 309
3,105–114: 121, 309
3,105,1: 132, 135
3,106,2: 121
3,111,4: 121
3,113: 309
3,113,6: 121, 309f.
3,114,2: 155
3,114,3: 155, 310
3,114,3f.: 267
3,114,4: 121, 309, 311
4,2–23: 313
4,2,1: 217
4,7: 314
4,15–22: 327
4,20,2: 327f.
4,21: 349
4,21,3: 196, 212, 328
4,22,3: 328
4,26–41: 313
4,27–41: 323
4,34,1: 349
4,42–45: 324
4,42,3: 323f.
4,43f.: 324
4,44,4: 324
4,44,5: 324
4,45: 324

4,45,2: 196, 318, 322, 324
4,46–48: 313
4,49: 121, 148, 155, 263, 265, 272, 290, 310
4,53–57: 329
4,55: 327
4,55,4: 329
4,66–74: 320
4,66,1: 320
4,70,1: 321f.
4,75,2: 344
4,77,2: 121, 155, 310
4,78: 315
4,78f.: 316
4,79,2: 244
4,80,5: 315
4,81: 316
4,81,1: 325
4,100,1: 321
4,101,3f.: 322
4,102–107: 348
4,102,2f.: 241
4,105,1: 348
4,108,7: 315
4,117–119: 326
4,117,1f.: 327
4,118f.: 156
4,118,2: 337
4,119,2: 156, 326
4,119,3: 326
4,120–123: 329
4,122,1f.: 329
4,129–132: 329
4,134: 185, 334
4,134,1: 334
4,135,1: 329, 331
5,1: 326
5,2–11: 330
5,14f.: 327
5,14,4: 335
5,16: 211, 302
5,16,3: 131
5,17,2: 156, 330–332, 337
5,18f.: 330
5,18,5: 239
5,18,5–8: 332
5,22: 332
5,22,1: 156, 331
5,22,2: 334
5,23: 332
5,25–83: 340
5,25f.: 346
5,25,1: 334
5,26: 339
5,26,1–4: 341
5,26,2: 337
5,26,5: 89
5,27: 334
5,27–31: 335
5,27,2: 334, 336
5,28,2: 335
5,30: 106
5,30,1: 107
5,30,1–3: 331
5,30,1–4: 349–351
5,30,2: 89, 156, 245f., 330, 332
5,30,2–4: 156
5,30,5: 28
5,31,1: 335
5,31,1–5: 332
5,31,5: 332
5,31,6: 336, 349, 351
5,32,1: 331
5,32,3–7: 335
5,32,4: 336
5,32,5–7: 337
5,32,6: 337
5,32,6f.: 337
5,32,7: 337, 346
5,35,7: 153
5,36–38: 337
5,39,1: 349
5,39,2f.: 332, 337
5,40,3: 335, 339
5,43,2: 339
5,44–47: 338
5,47,9: 28
5,48,1: 339
5,48,2: 337
5,48,3: 108, 338
5,50,5: 337
5,52,2: 340f.
5,53: 341f.
5,54,4: 343
5,55,1: 196, 343
5,55,1f.: 326
5,56,1–3: 343
5,57–74: 343

2. Stellenindex

5,57,2: 343
5,60,4: 344
5,64,4: 344
5,69,1: 335
5,75,3: 343
5,76–78: 343
5,80,2: 350
5,81,1: 344
5,81,2: 344, 354
5,82,1: 344, 349
5,82,2–6: 345
5,82,6: 345
5,83,1: 345f.
5,83,4: 349, 351
5,115,2: 347
5,115,3: 20, 347, 350
6,7,1: 345f.
6,7,1f.: 345
6,7,3f.: 351
6,7,4: 349
6,10,3: 347, 351
6,10,5: 349, 351
6,31,2: 318
6,34,3: 352
6,73,2: 352
6,88,7f.: 352
6,88,8–93,3: 353
6,95,1: 345
6,104: 353
6,104,1: 355
6,105: 345
6,105,1: 346
6,105,1f.: 346
6,105,2: 346
7,1: 353, 355

7,2,1f.: 355
7,7,1: 353
7,17,2–4: 355
7,18,4: 354
7,19,1: 361
7,19,1f.: 346, 356
7,19,3–5: 355
7,19,3f.: 354
7,19,4: 353
7,20: 345
7,25,9: 354
7,26: 345
7,31,1: 152
7,32: 354
7,33,4: 236
7,34: 355
7,34,5: 355
7,36,2f.: 355
7,39,2: 355
7,56,3: 352
7,57,7: 152, 354
7,58,3: 266, 286, 353f.
7,70,1: 355
7,86,2–4: 353
8,2: 356
8,2,4: 365
8,3,2: 359
8,5,4–6,5: 357
8,7: 358
8,7–11: 357
8,8,2: 358
8,9,1f.: 358, 361
8,10,1: 358
8,10,1f.: 358
8,11,2: 358

8,13: 359
8,20,1: 358
8,32,1: 359, 361
8,33,1: 359
8,48,6: 280
8,64,2–5: 360
8,70,2–71,3: 285
8,90,1–91,1: 285
8,98,2: 362
8,106,3: 359

Tim.
  FGrHist 566 F 98: 203

Xen.
  Hell. 1,7,35: 285
  Hell. 2,1,31f.: 362
  Hell. 2,2,9: 364
  Hell. 2,2,19–23: 362
  Hell. 2,2,20: 363
  Hell. 2,2,23: 364
  Hell. 2,4,21: 301
  Hell. 2,4,29f.: 365
  Hell. 3,2,25: 365
  Hell. 4,4,1–5: 366
  Hell. 4,8,15: 297
  Hell. 5,1,31: 297
  Hell. 5,4,65f.: 370
  Hell. 6,2,9: 142
  Hell. 7,2,1: 302
  Hell. 7,4,6–10: 367

Xenoph.
  frg. 2 (West): 53

www.ingramcontent.com/pod-product-compliance
Lightning Source LLC
Chambersburg PA
CBHW080410170426
43194CB00015B/2768